国家出版基金项目
NATIONAL PUBLICATION FOUNDATION

- 当代财经管理名著译库
- DSGE经典译丛
- 2011年度国家出版基金资助项目

[英] 迈克尔·威肯斯 著
(*Michael Wickens*)

冯文成 段鹏飞 译

宏观经济理论

动态一般均衡方法

（第二版）

Macroeconomic Theory

A Dynamic General Equilibrium Approach

东北财经大学出版社
Dongbei University of Finance & Economics Press
大连

辽宁省版权局著作权合同登记号：图字06-2014-46

图书在版编目（CIP）数据

宏观经济理论：动态一般均衡方法：第二版 /（英）威肯斯（Wickens，M.）著；冯文成，段鹏飞译.—大连：东北财经大学出版社，2016.1（2022.4重印）
（DSGE经典译丛）
ISBN 978-7-5654-2139-6

Ⅰ.宏… Ⅱ.①威… ②冯… ③段… Ⅲ.宏观经济学-研究生-教材 Ⅳ.F015

中国版本图书馆CIP数据核字（2015）第258123号

东北财经大学出版社出版发行
大连市黑石礁尖山街217号 邮政编码 116025
教学支持：（0411）84710309
营 销 部：（0411）84710711
总 编 室：（0411）84710523
网 址：http：//www. dufep. cn
读者信箱：dufep @ dufe. edu. cn
大连天骄彩色印刷有限公司印刷

幅面尺寸：185mm×260mm 字数：708千字 印张：39.5
2016年1月第1版 2022年4月第2次印刷
责任编辑：李 季 责任校对：王 娟
封面设计：张智波 版式设计：钟福建
定价：98.00元

教学支持 售后服务 联系电话：（0411）84710309
版权所有 侵权必究 举报电话：（0411）84710523
如有印装质量问题，请联系营销部：（0411）84710711

目录

前言 vii

1 导论 1

1.1 动态一般均衡宏观经济学和传统的宏观经济学 1

1.2 传统宏观经济学 3

1.3 动态一般均衡 (DGE) 宏观经济学 4

1.4 本书的结构 9

2 集中经济 14

2.1 导论 14

2.2 封闭经济体系的基本动态一般均衡模型 14

2.3 黄金法则解 16

2.4 最优解 19

2.5 对实际经济周期的动态分析 29

2.6 引进劳动力的基本模型 32

2.7 投资 35

2.8 结论 40

3 经济增长 42

3.1 导论 42

3.2 经济增长建模 43

3.3 Solow-Swan 增长模型 44

3.4 最优增长理论 48

3.5 内生增长 53

3.6 结论 58

4 分散经济 59
4.1 导论 . . . 59
4.2 消费 . . . 60
4.3 储蓄 . . . 69
4.4 生命周期理论 . . . 70
4.5 非耐用品消费和耐用品消费 . . . 73
4.6 劳动供给 . . . 75
4.7 厂商 . . . 77
4.8 分散经济的一般均衡 . . . 81
4.9 与集中经济模型的比较 . . . 86
4.10 结论 . . . 88

5 政府：支出与公共财政 89
5.1 导论 . . . 89
5.2 政府预算约束 . . . 91
5.3 为政府支出融资 . . . 94
5.4 财政状况的可持续性 . . . 102
5.5 稳定与增长公约 . . . 108
5.6 价格水平的财政理论 . . . 110
5.7 公共财政的优化 . . . 111
5.8 结论 . . . 127

6 对财政政策的深入探讨 129
6.1 导论 . . . 129
6.2 财政政策的时间一致性和时间不一致性 . . . 129
6.3 代际交叠模型 . . . 140

7 开放经济 154
7.1 导论 . . . 154
7.2 开放经济的最优解 . . . 155
7.3 贸易品和非贸易品 . . . 164

7.4 贸易条件和实际汇率 169
7.5 贸易品间的不完全替代性 173
7.6 经常账户的可持续性 177
7.7 结论 184

8 货币经济 186

8.1 导论 186
8.2 货币简史及其作用 187
8.3 居民户的名义预算约束 189
8.4 货币需求的现金先行模型 (CIA) 190
8.5 效用函数中的货币模型 193
8.6 货币作为中间产品或购物时间模型 196
8.7 交易成本 198
8.8 现金和信贷消费 200
8.9 一些经验证据 203
8.10 恶性通货膨胀和 Cagan 货币需求模型 205
8.11 最优通货膨胀率 207
8.12 货币的超中性 212
8.13 结论 215

9 不完全灵活的价格 217

9.1 导论 217
9.2 关于价格和工资的一些典型事实 218
9.3 不完全竞争下的价格设定 220
9.4 价格黏性 232
9.5 新凯恩斯主义的菲利普斯曲线 238
9.6 结论 243

10 失业 245

10.1 导论 245
10.2 劳动力市场的一些数据 246

10.3 搜寻理论与失业 248
10.4 效率工资理论 255
10.5 工资黏性与失业 260
10.6 失业及财政政策与货币政策的有效性 265
10.7 结论 267

11 资产定价和宏观经济学 269

11.1 导论 269
11.2 期望效用和风险 270
11.3 保险费 272
11.4 无套利和市场有效性 273
11.5 资产定价与或有权益 275
11.6 一般均衡资产定价 279
11.7 资产配置 289
11.8 不确定性下的消费 293
11.9 完备市场 295
11.10结论 299

12 金融市场 301

12.1 导论 301
12.2 股票市场 302
12.3 债券市场 309
12.4 外汇市场 335
12.5 结论 350

13 名义汇率 351

13.1 导论 351
13.2 1873–2011 年的国际货币协定 353
13.3 汇率的凯恩斯主义 IS-LM-BP 模型 359
13.4 UIP 和汇率的决定 370
13.5 汇率的 Mundell-Fleming 模型 372

13.6 汇率的货币模型 375
13.7 汇率的 Dornbusch 模型 381
13.8 黏性价格货币模型 388
13.9 Obstfeld-Rogoff Redux 模型 392
13.10结论 403

14 货币政策 406

14.1 导论 406
14.2 通货膨胀和费雪方程 411
14.3 凯恩斯主义的通货膨胀模型 413
14.4 新凯恩斯主义的通货膨胀模型 417
14.5 最优通货膨胀目标 438
14.6 运用新凯恩斯主义模型的最优货币政策 452
14.7 最优货币政策与财政政策 455
14.8 欧元区的货币政策 460
14.9 结论 467

15 银行、金融中介与非传统货币政策 470

15.1 导论 470
15.2 金融危机的若干教训 471
15.3 金融市场不完善 473
15.4 现代银行业简史及其在金融危机中的作用 480
15.5 部分准备金的银行业 484
15.6 银行挤兑理论 484
15.7 关于非传统货币政策的理论 493
15.8 包含违约的 DSGE 模型 496
15.9 结论 504

16 实际经济周期、DSGE 模型和经济波动 506

16.1 导论 506
16.2 RBC 分析的方法论 507

16.3 经验研究方法 513
16.4 RBC 模型的经验证据 516
16.5 货币经济的 DSGE 模型 526
16.6 楔子、摩擦与经济波动 532
16.7 新凯恩斯主义模型的识别 538
16.8 对构建 DSGE 模型时如何选择的一些思考 539
16.9 结论 540

17 数学附录 **542**

17.1 导论 542
17.2 动态优化 542
17.3 拉格朗日乘子法 544
17.4 连续时间的优化 552
17.5 动态规划 554
17.6 随机动态优化 558
17.7 时间一致性和时间不一致性 561
17.8 线性理性预期模型 563

索引 **584**

参考文献 **596**

译后记 **618**

前言

本书的第一版是以如下观察开篇的：

> 如果一个学科同时受到学术界和大众的关注，那么它就注定不会长久地保持不变。这是因为学界会对现实问题的既有解释不断地做出改善、现实中又会不断有新的问题提出、加之现实的（制度）背景也会不断地更迭，如此种种都使得该学科持久地处于变化之中。宏观经济学就属于这样的学科。

本书出版之后短短数周，如上陈述就被证实。2008 年席卷了发达经济体的金融危机——它侵蚀这些经济体的银行体系、货币和财政政策，带来了破产和衰退——又一次拷问了宏观经济理论。而动态随机一般均衡（dynamic stochastic general equilibrium approach，简称 DSGE 框架）的宏观经济学和金融学首当其冲地受到了广泛的质疑。我的看法（Wickens 2010b）是，这些批评者并没抓住 DSGE 框架宏观经济学的要害，他们回归旧的宏观经济研究框架的意图显然是个极大的退步。

近年来发展起来的 DSGE 宏观经济学，是自从 20 世纪 30 年代凯恩斯 (Keynes) 创立宏观经济学以来的最新进展。其主要特点是试图通过为宏观经济学提供微观基础而将宏观经济学和微观经济学加以整合。当今的大部分现代宏观经济研究都采用此分析框架。本书的任务正是介绍现代宏观经济学的 DSGE 框架，使得无论是新一代的初学者还是已经熟悉了过去研究方法的老一辈，都能掌握这种分析框架。需要指出的是，DSGE 框架对致力于为政府、中央银行或是企业提供政策建议的研究人员格外必要。

DSGE 框架宏观经济学的特点是：它自始至终把经济体当作一个完整的系统来看待。也就是说，它并不是将整个经济体系割裂开来：先分别独立地研究经济体的各个特征，最后再用这些零散的特征拼装出经济系统的整体图景。相反，DSGE 框架始终坚持系统地分析经济体的全局。这种强调整体视角的研究方法在做政策研究时格外关键，因为使用它可以考察出政策作用范围之外的更广泛的后果。这种超越政策本身的关怀，也正是政策研究者必须掌握这个分析框架的原因。

DSGE 宏观经济学发源于新古典宏观经济学以及实际经济周期（RBC）理论，但是它现在已经包括了宏观经济体系的所有方面，例如：开放经济、汇率、货币和财政政策等。它又整合进了凯恩斯和新凯恩斯经济学的成分，吸取了后者对宏观经济学微观基础以及对垄断竞争角色的强调，而这两者正是现代通货膨胀目标理论的关键元素。

一旦宏观经济学采用了 DSGE 框架，本来属于金融学内容的资产定价理论就被收归为宏观经济学的一部分，而对资产定价理论的阐述也正是本书的一个显著特点。书中将说明：那些用来研究消费或资本积累等宏观总量的模型也恰恰是可以用来研究股票、债券价格和汇率决定的基本面，从而不仅能够为风险定价，还可以识别出风险的来源。

本书的目标要是一步一步地陈述出一个对宏观经济体系逻辑一致（但并非无所不包）的表达。而对于更深更广的专题细节，有待读者通过查阅相应专业领域的书来获得。因此，本书有必要通过取舍来设定第一版所包含的内容，以及第二版所扩充的内容。第二版的新内容主要有两章，一是关于银行、金融中介与非传统货币政策（第 15 章），另一章是关于失业（第 10 章）。本书第一版最受读者好评的是金融学与宏观经济学相结合的处理。

银行、金融中介与非传统货币政策这一章，进一步讨论了宏观经济学与金融学的交互。传统 DSGE 模型中银行部门的缺位是此次金融危机所反映出来的传统 DSGE 模型的一个弱点，也是本章的关注点。最近涌现出很多试图弥补这个缺陷的工作论文，致力于研究流动性短缺情况下金融中介的作用。然而需要指出的是，银行流动性的短缺很可能是金融危机的结果而不是其成因，在我看来，其成因更可能是对违约风险的估算和定价。第 15 章首先分别从宏观经济实践和宏观经济理论的角度论述了金融危机的成因和后果，然后基于第 11 章和第 12 章对金融学的讨论，论述了金融摩擦和金融中介，最后建立了一个包含违约风险的宏观金融模型。

增加失业这一章一方面是为了说明搜寻理论（这是 2010 年诺贝尔经济学奖的获奖主题）和效率工资理论在宏观经济学中的应用。另一方面也为了说明，虽然这两个著名的理论能够解释稳态均衡时的失业，但是对于衰退时期高得多的失业水平缺乏解释力，因此，本章（基于第 9 章的讨论）提出了工资和价格黏性理论。

除了新增这两章之外，几乎其他各章也都增加了新的内容。按照第二版中的新章节顺序，有两处变化最大：第 12 章中增加了货币政策传导机制中期限结构的关键作用；第 14 章中增加了近期 DSGE 模型中关于价格和工资黏性的研究文献。

本书将动态一般均衡（dynamic general equilibrium，简称 DGE）作为副标题，是指本书介绍动态随机一般均衡宏观经济理论。在不引起歧义的情况下，为了简洁起见，省去了“随机”二字。宏观经济体系中的随机因素指的是未被预期到的冲击，它是如何导致商业周期的，是现代宏观经济理论的关键特征，而金融理论基本上也是研究未来不确定的前提下的资产定价问题，可见，研究的最终目标是要得出包含随机冲击的理论，即 DSGE 模型。

DSGE 模型的长处何在？曾经有个学生有点不高兴地向我抗议说，宏观经济学中有很多理论，为什么我只教给他们一个？我的回答是，一个 DSGE 框架足以分析整个经济体系。也许掌握一个普适于多个领域的理论要比掌握很多个各不相同的理论要容易一些。

我本人向 DSGE 宏观经济学的转变，是因读了 Robert Barro 的本科生教材《宏观经济学》（第一版）（Barro 1997）。这是第一本使用一般均衡方法来介绍宏观经济学的教材。多年前的 1987 年，我在 Florida 大学访问的时候，他们让我讲授一部分宏观经济学（二）课程。那时我的研究领域主要是在计量经济学，还从未讲过宏观经济学。我当年在伦敦政治经济学院（LSE）读本科的时候，就非常不喜欢凯恩斯主义研究宏观经济学的方法。部分地出于教学相长的考虑，我选择了 Barro 这本《宏观经济学》当教材。尽管学生们觉得学习它难度很大，但是我发现，将该书的框架与 Kydland 和 Prescott 的 RBC 理论相结合，得以高效地同时驾驭宏观经济学和计量经济学两种工具展开思考。

这使得我意识到，之所以传统的宏观经济计量学难以引起宏观经济理论家们的兴趣，是因为这种考察完一个方程再考察下一个方程的做法是有问题的：它们对模型的动态过程施加的规定过强，对模型的关键参数重视不够，对被估计模型在一般均衡视角的挖掘不足。此外，由于任何一个变量都可以被一个单变量时间序列很近似地表达，所以传统的宏观经济计量模型可能会犯的错误是：在改善拟合优度的过程中，使用了某种一般形式的动态过程，却有可能因此而遗漏了一些未明确定义却重要的变量。这给我的启示是：在宏观经济计量建模时，应极大地倚重于宏观经济理论，而减少对时间序列方法的依赖。但是这种观点在英国仍然不被主流观点所接受，对于 LSE 的早期毕业生，特别是那些接受了“传统 LSE”计量经济学训练的学生来说完全是异端邪说。

Barro 的《宏观经济学》用到的数学不多，本书则将提供更加形式化的阐述。在我看来，不掌握这些细节，就无法真正了解理论的力量和软肋。这方面的榜样是 Blanchard 和 Fischer 的经典教材《宏观经济学讲义》，它是第一本介绍 DSGE 框架宏观经济学技术细节的教材。本书可以看作是为 Barro 的《宏观经济学》补充了数理推导以及近期研究成果，或者看作是 Blanchard 和 Fischer 的《宏观经济学讲义》的更新版本。

为了保持本书论证过程的流畅，我尽可能少用脚注和参考文献。在此，我对那些在书中被引用而又没有被明确标注的文献作者深致歉意。不同文献之间的起承转合是原创的，以使本书内容更加综合和连贯。

凡是积极按照学术界研究前沿及时更新自己讲义的教师们，都会很理解我为什么要写作本书。那还是我在York大学给理科硕士生班上课的时候，因为我的授课内容与传统宏观经济学大不相同，市面却找不出能够涵盖我讲的全部内容的参考书。学生就抱怨这门课没有固定的教材，请求我把自己的讲稿影印给他们，我照做了；可又有学生抱怨说看不懂我手写的讲稿，请求我把讲稿排版打印出来，我照做了；接下来我听到的建议是，讲义很好，但如果我能把内容写得更全面具体，那就更好了，我再次照做了。后来，一些以前的学生听说我有新版讲义，就纷纷向我索要。于是我想，我何不把讲义直接整理成一本书，也借此兑现很久以前向普林斯顿大学出版社的Richard Baggaley做出的写书承诺。从此，我发给学生的就不再是讲义，而开始是这本书各章的书稿。如今他们的抱怨是：这门课的内容太多了，有些内容的技术性太强了。新增内容的确技术性很强，这其实反映了前沿文献中的技术处理。在此，我要感谢那些促使这本书问世的同学们，你们在每个阶段的督促是我不断改进本书的动力源泉。我还要感谢Richard Baggaley，没有他长期的支持和鼓励，我怀疑我是否会如此努力。

我要感谢我的同事们给本书第一版和第二版所提出的建议，特别是Harris Dellas，Patrick Minford，Paul Mizen，Gulcin Ozkan，Vito Polito，Neil Rankin以及Peter Smith。我非常感谢第一版的许多读者，他们写信给我提出了宝贵的修改和修正建议。我要感谢T&T公司的Sam Clark在排版和语言方面给予我的专业帮助。特别的感谢送给我的妻子Ruth，她对我数月乃至数年来伏案写作此书给予了最大的宽容。对本书的修订是个没有终点的工作，就如同宏观经济学的发展本身。坦率地说，写这本书对于我而言，与其说是工作，不如说是一项振奋人心的工程。我衷心希望读者在阅读本书的时候，能够和我有同样的热情，能够和我同样感受到采用DSGE方法研究宏观经济学带来的启迪！

Michael Wickens

1 导论

1.1 动态一般均衡宏观经济学和传统的宏观经济学

现代宏观经济学在解释总体经济现象时，致力于使用有着坚实微观经济学基础的理论。而传统凯恩斯主义的分析框架 则不同，它的推理起点是对各个宏观经济总量之间的关系直接施加的假设。现代宏观经济学认为经济体是一个动态随机一般均衡(DSGE)系统：每个理性行为人就一系列联系了现在和将来的变量做出决策，所有行为人的各种决策又通过各个市场的协调，形成宏观经济的总体特征。这种认为经济体始终处于均衡状态的信念，相当于认为：行为人的决策是给定信息条件下的最优化行为，并且行为人不会持久犯错。这也正是行为人理性假设的含义。错误的决策也会做出，但一定是来自于信息的差距，譬如未预期到的对经济体的冲击。

应当注意短期均衡和长期均衡之间的区别。经济体被假设是始终处于短期均衡中的。而长期均衡，或者叫稳定状态，指的是：当经济体所受到的所有冲击都已完全地作用完毕之后，描述此时其运动路径的宏观经济模型所具备的数学性质。它有可能是一个静态均衡，此时所有变量均为常数；但更常见地，它是一个增长均衡，因为此时没有了冲击，经济体也就不会偏离既定路径，通常，在这个既定的路径上，主要的宏观经济总量都保持相同的增长率。可见，处于长期均衡之中的，指的不是经济体，而是宏观经济模型。而之所以无论长期还是短期均衡，都被描述为一般均衡，是因为所有变量都被假设同时处于均衡，这不是仅有某些变量，或者仅有某个特定的市场处于均衡状态的局部均衡。

个体行为人决策被假设是求解如下最大化问题：目标函数是当期福利和未来期望福利之和的贴现值，并受制于偏好以及四个约束：预算或资源约束、禀赋、可达到的技术水平以及信息。因此，DSGE 宏观经济学的一个核心特点是决策的跨期性质：在当期消费还是为了将来的消费在当期进行储蓄。这使得行为人能够把当期收入转移到将来使用，或者能够把将来的收入转移到当期使用。这些转移可以通过持有金融资产或者通过在当期预支将来收入而完成。不同的决策将通过市场体系和市场价格 (包括资产价格) 来协调。因而，现代宏观经济学的焦点是研究行为人对冲击的反应，以及这些冲击可能会如何同时影响多个市场当期和未来的状况。比如，商业周期的起因就来自于这些冲击。

冲击常常是指那些在发生之前无法被预料到的随机变量。因此，动态一般均衡(DGE)模型经常又被称作是动态随机一般均衡模型 (DSGE)。因为当模型不显式地包含随机因素时更容易分析，所以在第 11 章的金融理论正式引入随机因素之前，书中常常使用 DGE 来指代 DSGE 模型。

经济行为主体主要进行三类决策。这三类决策分别与产品和服务、劳动力以及资产相关，并分别对应了三个总量市场。其中，资产包括实物资产 (资本存量、耐用品、住房等) 以及金融资产 (货币、债券和股权)。因此，根据个体在经济体中扮演的角色 (居民户、厂商还是政府) 来考虑问题是很方便的。大体而言，居民户的决策涉及消费、劳动力供给以及持有资产的数量。厂商决定产品和服务的提供数量、劳动力需求、投资、生产资本和金融资本以及利润的使用。政府决定其支出、税收、转移支付、基础货币量以及公债的发行。金融公司以及银行，则是通过金融市场协调以上三者的储蓄和借贷决策。

为了学习 DSGE 宏观经济学模型，可以首先考虑一个小型的但是囊括了我们所关注的主要宏观经济变量的一般均衡模型。该模型基于单个行为人生产一种产品，该产品可在当期被消费掉，或者用于投资以提高未来的产出和消费量。它通常被称为 Ramsey(1928) 模型或者典型行为人模型。由于它可以分析经济体的诸多核心特征而不需要很明确地界定这些特征，使其成为一个分析经济运行的有效工具。这些核心特征包括消费和储蓄，储蓄和投资，投资和股利支付，技术进步，决策的跨期性质，经济体均衡的性质，经济体的长期和短期行为 (经济周期和经济增长)，以及各类价格，例如实际工资和利率的决定机制。

可以粗略地将 Ramsey 模型解释为在一个没有市场结构的封闭经济体系中所有的决策都由一个中央计划者来协调制定的模型。使该模型更贴近现实的第一步尝试是允许决策的分散化。这要求我们引进市场和金融资产，引进市场可以协调决策，并且使我们可以放弃中央计划者的决策机制。接下来的步骤是引进政府部门以分析财政政策；引进货币以区分实际变量和名义变量；还可以引进国外部门这个维度 (经常账户，国际收支平衡，以及实际汇率和名义汇率)。在每个步骤中，经济体都被视为处于一般均衡的系统进行分析，并且可以分析每个加进来的经济变量对经济体的重要程度。由于它强调了个体行为，因此，这种方法的主要吸引力之一在于它提供了一个通过对深层次的结构参数分析经济政策的框架，这些结构参数通常不会随着政策而变动，当然，除非它们是随着政策变动而变动的政策参数。这也和传统的宏观经济模型分析方法不同，传统的宏观经济模型诸如凯恩斯主义模型，这些模型不是对深层次的结构参数的描述，而是对可能被政策改变的系数的描述，因此，从一定程度上看，这些系数并没有被详细描述出来，或者说它们是未知的。

1.2 传统宏观经济学

在过去的 25 年中，关于如何最优地分析诸如总消费、总产出以及通货膨胀等宏观经济变量的观点已经发生了很大的变化。在凯恩斯主义的影响下，人们把分析的重点放在经济体的短期行为上，也就是分析为何经济体会处于持续的非均衡状态，以及研究如何最优地将其拉回均衡状态，例如研究如何稳定经济。对于这些问题的研究，通常是在不同的方程中分别对各个宏观经济变量建模；之后，将这些方程结合起来以形成一个描述整个经济的模型。Brookings 宏观经济计量模型正是以这种方式进行的 (Dusenberry，1965)：第一步，将各个总体经济变量分配给不同的研究者，紧接着第二步，将各自建立的方程结合起来以完成对一个宏观经济计量模型的设计。因此，这些宏观经济模型倾向于利用局部均衡方法集中分析经济的短期行为，这导致了一种割裂的思维的产生，在这种思维下，很难形成一个整体经济如何对诸如政策工具等外生变量，或者外生冲击的变化可能做出的反应的整体视野。因此，很难将设计出来抗击冲击的政策的更宽泛和更长期的效应纳入考虑之中。同时，这导致了在设计和分析政策时，存在一种很狭隘的倾向。

20 世纪 30 年代发生的世界性大萧条在很大程度上推动了宏观经济学的研究，凯恩斯撰写《通论》(凯恩斯，1936) 的原意之一就是为了解释如此长时间的高失业是如何产生的。因此，从一开始人们便没有将兴趣直接放在研究经济系统的长期均衡状态上，而是研究经济为何好像出了问题，以至于会产生长时间的明显的非均衡，即对充分就业的偏离，以及研究人们可采取的对策。直至最近几年的宏观经济理论 (特别是宏观经济学教科书)，仍然主要将焦点集中在如何建立模型来解释所谓的经济的非均衡状态，以便制定合适的稳定政策将经济拉回均衡状态。制定这些稳定政策的理由是：当经济体偏离了均衡状态之后，如果仅仅依靠经济自身的作用，经济体将很难或者无法回到均衡状态。政策干预的目的是为了重构均衡或者试图更快地将经济拉回均衡状态 (或者说靠近均衡状态)。这种研究非均衡的方法倾向于将目光集中在分析单个市场而不是作为一个系统的整体上。同时，这种方法也仅强调经济中的需求方。这导致了以零碎的、局部均衡的方法研究宏观经济。这种强调非均衡状态的方法的一个必然结果是将均衡状态视为一个特殊的、次要的状态。

1.3 动态一般均衡 (DGE) 宏观经济学

与传统的宏观经济学研究方法相比，DSGE 宏观经济学假定经济行为主体不断地在做有约束的最优化，这使得宏观经济总是处于长期或者短期某种形式的均衡状态。按照这种观点，经济体当期的短期均衡状态也许会有别于其长期均衡状态，但是，如果这种短期均衡状态是稳定的，那么随着时间的推移它将逐步向长期均衡状态靠近；如果一定要说经济体是有可能处于非均衡状态的话，那指的只能是人们基于错误的信息做了决策。从这个角度看，即使将非均衡状态表述为 DSGE 宏观经济学的一个特殊状态也是不合适的。DSGE 模型先验地假定经济体永远处于均衡状态中。

尽管对大多数经济体来说，宏观经济学一直将焦点集中在分析经济体的短期行为和稳定状态上，但是从国内生产总值 (GDP) 这条路径的观察显示出经济体的主导特征是沿着潜在总产出的经济增长；相比而言，由于萧条造成的产出的损失则属于旁枝末节的问题。这意味着，与从需求角度提出试图将经济拉回到潜在产出的趋势上的稳定政策相比，从供给角度提出的提高潜在总产出增长率的政策显得重要得多。

DSGE 宏观经济学的研究始于 Lucas(1975)，Kydland 和 Prescott(1982)，以及 Long 和 Plosser(1983) 等人对于实际经济周期的研究。他们的目的是利用从经济增长模型中得到启发的、基于完全理性预期的均衡模型分析经济体的动态演化 (例如，实际产出的自协方差以及产出和其他宏观经济总量时间序列间的协方差关系)。最初的焦点集中在分析技术冲击在产生经济周期上的机制。从本质上来讲，Kydland 和 Prescott 使用的是 Ramsey 模型；此外，Lucas 使用的引进了政府支出和货币的模型也是 Ramsey 模型。其后的工作将该模型从不同的角度做了扩展，以用于检验其他冲击。我们将在第 16 章分析这些模型的主要结论。然而，这些问题并不是 DSGE 宏观经济学或者本书的唯一议题。

构建宏观经济模型的常见动机以及一个模型通常面临的第一个问题就是：它蕴涵了何种经济政策含义 (关于 DGE 模型在辅助制定政策上的重要性的近期讨论可参阅 Chari 和 Kehoe(2006))。但是，我们也应该意识到宏观经济学的目的不仅仅是分析经济政策问题。我们应该先提出几个问题，例如经济体如何在均衡状态中运行，以及经济体如何对外生变量的变化和外生冲击做出反应。寻求这些问题的答案已经构成学习宏观经济学的充分理由。我们经常想知道某宏观经济理论的政策含义，其隐含假设是：

我们一直在试图干预经济。但是寻找改变均衡解的经济政策并非总是必要的，尤其是如果我们还不清楚这些政策将产生哪些更宽泛的结果。可以说，仅是为了理解经济的运行这一点就足以成为学习宏观经济学的理由。

我们的大部分分析将集中在考虑哪些因素会影响经济体的均衡状态，以及经济体如何对这些因素做出反应。这些因素有可能是外生变量发生变化或者是外生冲击。这些因素可能是持久性的或者是暂时性的，预期到的或者是未预期到的，实际变量或者是名义变量，需求角度或者是供给角度，国内或者是国外的，同时，经济体可能对各种因素的影响做出不同的反应。因此，我们得到的诸多结论与基于传统宏观经济模型的分析经常会大相径庭。冲击可能是序列无关的，但是经济体的内在动态结构可能导致这些冲击对宏观经济变量有持续性的效应。这正是导致经济短期波动的根源，也构成了经济周期理论的基石。

DSGE 模型是前瞻性的，因而具有跨期的性质。当期的决策会受到对未来预期的影响。因此，我们使用跨期动态优化方法，该方法假定经济行为主体进行决策时能够理性地处理当期关于未来预期的信息并进行决策。获得正确的信息以及决定如何最好地利用这些信息是可以得到回报的。这些问题都直接和理性的概念相联系，理性假设是 DSGE 宏观经济学的另一个重要特征。经济学家对于理性假设的接受与否，立即将主流经济学分成了两大阵营。传统的宏观经济学研究基于经济行为主体的短视行为，这使得错误的决策即使意识到了也具有持续性。理性预期的中心思想是当经济行为主体意识到错误决策之后不会持续地犯同类错误。虽然我们经常做这样的假定，但是这并不意味着经济行为主体几乎拥有完全信息，因为错误在很大程度上都是由外生冲击或者未预期到的信息差距导致的。我们有充分的理由假设经济行为主体不会持续地犯错误。由于前瞻性的决策必须基于对未来的预期，因此这些决策有可能是不正确的；事前看起来是正确的决策并不意味着在事后一定正确。正如我们前面提到的，只有由这种类型的错误导致的结果将经济体视为处于非均衡状态才是合适的。

近期研究表明，只有当政府部门比私人部门有信息上的优势时，政府部门的政策干预才有可能是行之有效的。如果私人部门能够完全预见政府部门的政策干预，那么这种政策很可能就没有那么有效了。当政策干预涉及私人产品而非公共产品时，这种情况发生的可能性很大。当私人部门使用公共产品替代私人产品时，居民户是在用税收而不是税后收入购买这些产品。相比之下，由于私人总收益大于私人总成本，公共产品的供给将直接导致总产出的净增加。这些关于政府支出的论点将被更普遍地应用，当然，也将得到进一步的发展。

这种宏观经济学的跨期方法的另一个优点是它解决了凯恩斯主义的一大瑕疵。这涉及动态宏观经济学中定义均衡的方式。追溯到凯恩斯 (1930) 的《货币论》，在书中他将均衡的概念定义为一个流量均衡 (储蓄等于投资)。凯恩斯后来意识到这种对于均衡的描述是不正确的，所以他撰写《通论》的部分原因是试图纠正这个错误 (凯恩斯，1936)。在《货币论》中，利率这个变量同时肩负着使储蓄和投资均衡的任务。凯恩斯在《通论》中的解决办法是引入第二个变量 (收入)。这使得储蓄和投资可以在任意值上相等。不幸的是，凯恩斯仍然在使用不正确的均衡的定义，即流量均衡 的概念。Skidelski(1992) 指出，凯恩斯从未对《通论》完全满意。这很可能是由于他意识到他并没有完全解决宏观经济学中均衡的概念的问题。

正确的均衡概念是存量均衡而不是流量均衡。凯恩斯主要关注流量均衡，这很可能是因为他主要关注的是短期而非长期均衡。在 DSGE 宏观经济学模型中，个人的偏好涉及消费 (一个流量的变量)，但是经济中的均衡则被定义为关于资本存量 (一个存量) 的均衡。经济中可能存在无穷多种流量均衡，有时候我们也称之为暂时性 (或者短期) 的均衡，但是只有一种是和存量均衡相一致的。问题是如何获得这个流量均衡 (我们将指出这是趋向于均衡的唯一鞍点路径)。DSGE 宏观经济学的普遍做法是从如何获得这个存量均衡出发。

存量均衡的重要特征之一是它涉及一个前瞻性的成分，而不仅仅是追溯过去。这引出了经济学和自然科学的一个重要区别，同时也在一定程度上加大了经济学的研究难度。因为当人们进行前瞻性的决策时，其他人有可能为了谋取自身的利益而战略性地操控这些决策所基于的信息。单调乏味的自然科学，例如物理和化学，在它们的动态结构中并没有这种前瞻性的成分，因此，也没有这种策略维度问题。

存量，或者说是资本，包括物质资本和金融资本。这一点为宏观经济学与金融学提供了一个天然的联结纽带。金融理论在很大程度上是关于金融资产定价，尤其是债券和股权的定价。由于金融资产在宏观经济学中起着十分关键的作用，有时可以用它来代替实物资产的财富组合，资产定价理论现在已经成为宏观经济学的基础，不能再像过去那样忽视这一理论或仅将其看作是与宏观经济学不相关的学科。

一个与之相关的问题是时间单位的问题。在宏观经济学和金融学中常见的都是进行连续时间的分析而不是离散时间的分析——本书的分析也遵循这一传统。采取连续时间分析并不排除应用离散时滞，但的确是意味着决策是连续做出的。在某种意义上说，时间单位的选择取决于所观测时间的频度。连续时间通常更适合估测可能获得高频数据或非常高频数据的金融决策，如以分钟计的数据。而离散时间则更适合大多数无论是决策还是数据都不是那么高频的宏观经济学分析，如月度数据、季度数据，或者对于国民收入数据来说甚至只是年度数据。在实践中，连续时间和离散时间都只是近似估测。因此我们一定要谨记在心，我们在离散时间分析时所用的时间单位可能会取决于不同的日历时间单位，这取决于所要研究的具体问题。例如，在增长理论或代际交叠模型中的时间单位要比浮动汇率分析中的时间单位长的多。

在某种程度上，由于受到 2008 年金融危机的影响，宏观经济学的 DSGE 方法近来受到了较为严厉的批评。Krugman (2009) 在《纽约时报》撰文指出，过去三十年间的宏观经济学往好里说至多也就是百无一用，往差里说甚至可以说是有害无益。他坚称我们生活在宏观经济学的黑暗时代，完全丢失了前人来之不易积累的智慧。在他看来，

> 经济学专业已经误入歧途，因为经济学家们，作为一个群体，错误地将令人炫目的数学外衣当作了真理。不仅很少有经济学家能看到当前的经济危机的到来，更重要的是对极度可能出现的灾难性失败的职业性的视而不见。

凯恩斯的传记作家 Skidelski (2009) 表达了一相似的观点，颇值得稍加详述。自凯恩斯之后，宏观经济学日益变得与真实世界脱轨，因为它忽视了凯恩斯本人的根本性的洞见，即未来是具有不确定性的。在 Skidelski 看来，不确定性是凯恩斯宏观经济学的最光彩照人之处，这也是凯恩斯经济学与其后的宏观经济理论的主要区别。凯恩斯一些为人所熟知的有关不确定性的论断如下：

- 它 (不确定性) 使得投资——投资是前瞻性的——高度波动，比起消费来更是如此，消费是建立在当前收入和消费习惯的基础之上的；
- 在存在不确定性时，人们会更偏好持有货币而不是其他金融资产——凯恩斯的流动性偏好理论——由于有流动性陷阱，这会导致货币政策无效；
- 不确定性的存在意味着决策主体会把重点放在短期而不是长期，因为长期决策会更加受到不确定性的约束；
- 与此相关的，假设应该是现实的和适当的，而不是精心挑选以使得它能关注长期中可能起主导作用的主要因素，从而使分析更适合数学处理。

考虑到金融危机，Skidelski 强调了不确定性不能被简化为可计算的风险，从而它不仅对现代宏观经济学是一种持久战，现代金融理论也同样面对如此挑战。

这些批评有多大的合理性？虽然未来是不确定的这一点是无疑的，我们仍然要做出涉及长期的决策，如退休金、耐用商品 (如房屋和汽车等)、开办企业、投资于厂房

和机器设备等。这些使得我们在要考虑不确定性的情况下看待未来并以此来做出跨期决策——这是现代 DSGE 宏观经济学模型在处理不确定性时所要追求的最佳境界的关键。尽管有一些事件可能是不可预测的——甚至是灾难性的事件，比如地震 (特别是如果随之而来发生了海啸)——对宏观经济的大部分冲击都是可以模型化为随机过程的，因而也可以表示成可计算的风险。不过金融危机是否由基础性的不确定性所致这一点尚不明确。正如在第 15 章所讲，它可能是由人类的错误所致，这源于人类无法正确地解释和应用现有经济学理论与金融理论。采用数学方法的原因在于它能保证分析的逻辑性及由此而产生的准确性。在本书中，我所持的观点为，尽管可能存在着影响经济体的随机过程所致的不确定性，DSGE 宏观经济学，与现代金融理论结合在一起，为我们理解宏观经济提供了我们所能拥有的最好的方法。

人们有时对 DSGE 模型会提出其他各种批评。首先，宏观经济学运用过于简单的模型 用于捕捉纷繁复杂的实际经济现象，从而导致模型的实际价值受到了质疑。其次，有些熟悉工程学的人指出宏观经济模型由于过于复杂而缺少实际应用的价值。对大多数人来说，更容易倾向于同意第一种而非第二种观点。然而，从工程学的角度发现，要想取得进展，找到使问题简化的方式是非常必要的，在宏观经济学中可能也存在这样的道理。我们设计一个模型以刻画经济体的重要特征，通过抽象出一些非必要的细节而保持模型的简洁性，这样做是很有必要的。宏观经济模型的简洁性，通常被视为宏观经济模型的弱点，因此可能被视为它的潜在优势。所有的宏观经济政策都建立在这些简洁的模型的基础上，因此将从这些模型中得出的结论运用到简单的假设条件被破坏了的情况中是很危险的。然而，正如工程学一样，宏观经济学的简单模型通常都十分稳健并且实用。DGE 宏观经济学模型一般要比凯恩斯主义的模型要复杂，但这些模型本质上是高度程式化的。关于宏观经济学和工程学关系的另一种观点可参见 Mankiw(2006)。

一个时常受到批评的假设是代表性经济行为人假设。反对这一假设的一个有趣的论点是这会陷入“合成谬误”的误区。它的意思是如果每个个体试图做出某种行为，作为一个整体则可能会因总量加总问题得出相反的结果。这一说法最广为人知的例证是凯恩斯所说的如果每个居民户努力储蓄更多，结果却会是总消费及总产出下降，进而个体的收入都会下降，最终会引致储蓄下降而不是增加。

这一典型例子的问题在于它说明了使用局部均衡分析的危险，却无法说明一般均衡的危险。人们可能会问，是什么原因导致了储蓄愿望的增加，其动机是暂时性的还是永久性的增加个人储蓄。如果是暂时性的，则从一般均衡的分析的角度看，储蓄供给的额外增加会引起借贷成本的暂时性下降，因而刺激人们借入款项和增加消费，从而阻止了储蓄的增加。如果增加储蓄的动机是永久性的，借贷成本的下降会使得资本成本下降，因而会刺激额外的投资增加，提高资本存量的最优水平，进而增加产出和收入。暂时性的冲击不会被认为可能会影响资本存量的最优水平，因而也不会影响投资水平。从另一个角度说，如果引起储蓄额外增加的原因是假设在未来会有暂时性的负向冲击影响经济体的产出，那么这会导致前瞻性的居民户在当前进行更多的储蓄以平滑其消费。因此，一般均衡分析在很大程度上化解了所谓误区中的矛盾陷阱。

不过，这并不能改变代表性经济行为人的假设只是出于更易进行分析这一事实。处理宏观经济问题的更高级的方法中往往会允许异质性的存在。

1.4 本书的结构

本书沿着由浅入深的顺序，从基础模型不断拓展，直到构造一个能够反映经济整体概况并分析其主要特点的模型。书中首先介绍了基础的封闭经济模型，接着分别介绍了增长、市场、政府、实际开放经济、货币、价格黏性、资产定价决策、金融市场、国际货币体系、名义汇率和货币政策。本书的结尾是对 DSGE 模型经验事实的讨论。鉴于运用简单模型处理上述问题所受到的诘难，我们打算尽可能地运用一个最原始的模型，然后分别为其添加新的元素，这样做的好处在于能够为读者提供一个工具箱，让大家了解经济是怎样运行的，这比直接构建一个完整设定的模型对宏观经济分析更有用处，那样的模型的复杂程度就只能借助于数值方法进行分析了。

第 2 章作为起点，我们将学习一个以实际值为变量，封闭的集中经济的基础 DGE 模型，主要用来介绍 DSGE 宏观经济学的方法论。尽管模型的设定很简单，但它却是宏观经济学中一个非常有代表性的模型，可以用来研究包括实际经济周期在内的各种宏观经济学问题。这个模型抓住了 DGE 宏观经济学的关键问题 – 跨期决策，即经济行为主体决定是在今天消费还是投资以获得更多资本存量，进而扩大生产，在未来能够获取更多消费的问题。这个简单的模型展示了存量均衡和在某些稳态条件约束下的流量均衡序列之间的重要差别。

第 2 章的基础模型的稳态解是一个静态均衡。在第 3 章我们将对模型稍加修改，使其达到稳态解时经济是处于均衡经济增长路径上。这样我们就可以把这个静态解重新解释为对经济行为的稳态增长路径的描述。由于静态均衡分析起来比较简单，所以在后面的章节中我们将尽可能地忽略知识进步，从而使我们得以把研究重点放在经济对其稳态增长路径的偏离上。如果我们需要一个全面的解，只需要把偏离程度和稳态增长路径加起来就可以了。

在第 4 章，我们讨论分散决策的制定过程，并引入市场来协调这些决策的制定。这样我们就可以研究家庭和企业制定的联合决策以及他们在商品、劳动力和资本市场上的相互作用。我们发现，工资和资本回报率等等各种价格，虽然它们在基础模型里没有显式地表达，但其实是暗含其中的。我们还讨论了家庭和企业的关系，公司利润是怎样转化为公司的总价、股票价值、以及股东家庭的红利收入的。

我们在第 5 章将政府引入模型，讨论政府支出的基础以及如何最优地利用政府债务和税收为这些支出融资。在这一过程中，我们考虑政府债务和税收政策的最优化以及财政状况的可持续性。在第 6 章，我们将对政府的问题做进一步探讨来解决财政政策中时间不一致性的问题，并介绍代际交叠模型 (OLG Model)。这个模型对于制定财政或其他决策，尤其是那些涉及人的一生这种时期非常多的问题格外有用。我们可以用它来研究越来越重要的养老金融资问题。

第 7 章我们引入国外部门。国外部门对整个经济起着至关重要的作用，因为它改变了经济体的资源约束。一个经济体的消费量不再受约束于其本身的产出量，国内居民可以从国外借款或者向国外投资。这些都可以改善整个经济的福利水平。在开放经济中，也会产生许多新的问题和变量，大大复杂了我们的基础模型。例如国内和国外商品、服务的配置以及国内外相对价格 (贸易条件) 的制定问题，在不同国家的相对生活成本 (实际汇率) 问题和经常账户赤字的可持续性等问题。

截至目前，我们讨论的变量都是实际值，这可以部分地证明货币在大部分实际经济决策中起到微乎其微的作用。在第 8 章，我们将把货币引入到封闭经济的模型中以研究包括一般价格水平和最优通货膨胀率等名义量。我们研究的重点是：什么决定了货币需求以及利率是怎样影响货币需求的。尽管从局部均衡的角度看货币似乎意味着一个实际成本，但我们会证明在一般均衡中货币在影响实际变量的作用上并不显著。这一章主要是为接下来讨论货币政策铺平道路，因为货币在货币政策传导机制中起着关键的作用，而所谓货币政策传导机制，就是说货币和利率是怎样通过货币市场影响其他变量的。接下来我们将要考虑货币在短期是否有实际的影响。

至此，我们一直假设价格是完全灵活的，并且可以通过对价格的调节让各个市场在每期都出清。这一点被认为是 DSGE 模型与凯恩斯主义模型相比的主要缺点，因为凯恩斯主义强调价格不能被灵活的调节，而这恰恰是引起各个市场不能出清的原因。在第 9 章我们将展示如何将不完全灵活的价格引入到 DSGE 模型中并阐述在垄断竞争的产品和劳动力市场中价格可能不再灵活，并且会导致经济体的产出受到损失。这样做是为了既不丧失 DSGE 模型的优点和洞察能力，又成功地将黏性价格引入模型。这类模型有时候被称作新凯恩斯主义模型。凯恩斯主义和 DSGE 宏观经济学的主要区别在于，在 DSGE 理论框架中，我们假设经济体一直处于均衡状态中，而这个均衡是一个暂时均衡就够了，并不一定非要是一个长期均衡。所以模型认为，经济行为主体一直在他们所面临的约束条件下做出最优的选择，其面临的约束条件之一就是他们所拥有的信息量。因此，即使价格也都是优化选择的结果。在引入了价格黏性之后，我们讨论在决定通胀中起到关键作用的总供给函数，看它是怎样被价格黏性所决定的。

第 11 章和第 12 章采用与传统的宏观经济分析方法十分不同的方式讨论了资产价格的决定以及金融市场的行为。这些与金融相关的内容正在被划归为经济学特别是 DSGE 方法的必要组成部分。我们以前用来决策消费、储蓄和资本积累的基础 DGE 模型可以同样用来解决金融资产和资产定价的问题。这就为资产定价提供了一个基于经济学基本面的解释，它与金融中的相对资产定价法不同。这使得资产价格的高低与和它相关的其他宏观经济变量有关，而和与该资产相关的其他资产的价格无关。第 11 章介绍资产定价的一般均衡理论，第 12 章介绍该理论在债券、普通股和外汇交易 (FOREX) 市场的具体应用。

在第 11 章以前的大部分内容里，我们一直忽略这样两个事实：一个是跨期决策中所涉及的未来的不确定性，另一个是决策本身是凭借当期信息而对未来的预测做出的。因此我们一直在讨论的是一个非随机的，而不是随机的跨期优化问题。非随机的跨期优化问题用拉格朗日乘子法就能解决，不需要更复杂的随机动态优化。在资产定价的一般均衡问题中，未来收益的不确定性是它的一个主要特点。伴随着每项资产不确定性程度的不同，其收益也从固定到非常高的不确定性不等。固定收益的资产风险收益为零；而作为对承受风险的补偿，收益不确定的资产会有一定的风险收益纳入到风险溢价中。资产定价问题的主要特征就是决定风险溢价的大小从而让风险规避型的投资者愿意持有该风险资产，例如风险资产的期望收益一定要高于无风险资产。

在我们之前对经济的讨论中一直把储蓄作为一种无风险资产。这意味着如果可以把资金投资到风险资产上，我们要重新考证许多之前得到的结论。当然这会是一个相当复杂的工作，因为从头到尾都要考虑到风险的影响。但事实上我们在第 11 章的阐述就是为了说明我们并不需要做这样一件复杂的工作，唯一要做的就是对所有的收益做风险调整，例如将所有的风险收益减去相对应的风险溢价。这就意味着我们仍然可以继续只选择无风险资产并应用非随机优化方法。所以，在之前大部分的内容里我们才忽略这些不确定性。

在第 7 章中，名义汇率是给定的，我们只考虑如何决定实际汇率的问题。而第 13 章我们则研究如何决定名义汇率。由于汇率是一种资产价格 (国内和国外货币的相对价格)，所以我们需要用到第 11 章和第 14 章介绍的资产定价理论。FOREX 的无风险套利条件为无担保利率的平价条件，而这与国内和国外债券的汇率利差有关。关于汇率的宏观经济理论是以宏观经济变量怎样影响利率进而影响汇率为基础的。所以，13 章在开始分析汇率之前，先讨论了不同的国际货币安排对汇率的影响。

在第 14 章通过对货币政策的研究完成了我们对 DSGE 模型的全部学习。我们的分析是以新凯恩斯主义的通胀模型为基础的。为了了解这个模型的新特点，需要将其与传统的凯恩斯主义研究通胀的方法相对比。我们可以通过改变汇率、货币供给目标或通胀目标来改变指导货币政策的方式，在这里我们只把重点放在通胀目标上。我们分别考察在封闭经济和开放经济环境下浮动汇率优化通胀目标的方式。最后通过针对欧盟地区提出一个简单的货币政策的模型来结束我们的讨论。之所以选择欧盟，是因为它由许多独立的经济体构成，却有着统一的货币，所以也有着统一的利率。

本书的第 15 章又是一章新的内容，我们深入讨论了宏观经济学与金融学的内在联系。本章考虑了如下几个问题：借贷约束与违约问题，在 2008–2011 年的金融危机中银行与金融系统起了什么样的作用；我们检视了不同的银行部门模型，各个模型解释金融危机的能力以及哪些模型能更好地整合到 DSGE 模型体系中；我们在本章还提出了一个加入违约风险的 DSGE 模型。

在最后一章，第 16 章，我们对一个简单的 DSGE 模型在解释经济中主要典型事实的表现做了简要的评述，并尝试着指出它们的不足之处。我们只选择了实际经济周期研究中的一小部分来展开讨论，仅仅解释了几个重要论题。本章的重点在于说明，无论在封闭经济中还是开放经济里，这些模型单凭生产率冲击来解释经济周期的能力。最后则通过比较对 DSGE 模型施加包括货币政策冲击在内的大量不同的冲击对经济产生的影响来结束本章的讨论。

接下来我们讨论了一个据说能够很好解释经济波动的 DSGE 模型，该模型包括了不同的市场不完全与因不同冲击所引致的摩擦，如货币政策的冲击。这种方法的吸引人之处在于货币冲击可以有永久性的实际效应。然而，有人指出，这类模型也因无法解决识别问题而饱受困扰，因为这些市场不完全可能会有多种不同的解释。我们将这个问题一并与更一般性的问题，即 DSGE 模型是否可以识别共同讨论。本书中的 DSGE 的模型是多样化的，本章将以人们在构建 DSGE 模型时可能如何决定将哪些因素考虑进来而结束本章的讨论。

最后，我们列出了本书的数学附录，它包含了本书中在讨论 DSGE 宏观经济学时所应用的全部数学结论和方法。

本书还为学生配有习题 (包含答案)，这些内容可在普林斯顿大学出版社的网站上获得，网址如下：

http: //press.princeton.edu/titles/9743.html

2 集中经济

2.1 导论

本章介绍封闭经济体系下动态一般均衡模型的基本模型 (basic DGE)，旨在解释最优产出水平的决定以及产出在消费和资本积累间的最优分配，这个问题也可以表述为解释产出在当前和未来消费间的最优分配。本章模型中不包括政府、货币和金融市场，而且所有的变量都是实际值而非名义值。尽管受到如此明显的限制，这个基本模型也足以捕捉到宏观经济体系的大部分核心特征。本书后续章节将在此基础上逐步加入更多细节，却不会因此而根本性改变由该基本模型中得到的实质性结论。

这个基本模型已经有过各种不同的阐释方式。其中之一被称为 Ramsey 模型，以纪念 Frank Ramsey(1928)，是他首先引入了一个类似的模型用以研究税收问题 (Ramsey 1927)。Ramsey 模型可以被称为中央 (或者社会) 计划模型，即由中央计划者按照个体的偏好集中做出所有决策，而所有个体都被假定是有相同偏好的，换句话说，就是社会计划者将自己的偏好强加给了每个个体。本章这一基本模型的另一种阐释方式是代表性行为人模型，即假定所有经济主体都是同质的，每个主体同时担当居民户和厂商双重角色，此时不妨将该模型视为只有单个行为人的经济体，有时也被称为Robinson Crusoe 经济。在理解本章模型的分析过程中，上述两种阐释方式都会对读者大有裨益。此外，本章的基本模型还构成了现代经济增长理论的基石 (参见 Cass 1965；Koopmans 1967)。无论如何阐释，我们对该模型的兴趣是：如何利用它明确和分析宏观经济学的某些核心概念及宏观经济的核心特征。总之，该模型是对宏观经济体系进行高度简化的初步阐释，本章的任务就是介绍这一模型，它构成全书的基础。

2.2 封闭经济体系的基本动态一般均衡模型

该模型可描述如下：当期的产出可被用于消费或者投资，现有的资本存量可用于当期的消费或用于未来的生产，当期的投资会增加资本存量从而提高未来的产出。我们要研究的问题是：如何在当期和未来间最优地分配消费和投资 (也就是资本积累)，从而使未来能够有更多的产出和消费。

模型包含三个方程，第一个方程是国民收入恒等式：

$$y_t = c_t + i_t, \tag{2.1}$$

该式表示 t 时期的总产出 y_t 由消费 c_t 加上投资 i_t 构成。国民收入恒等式同时也是整个经济体的资源约束。在这个简单模型中，总产出就是总收入，它或者用于消费，或者被储蓄起来。而储蓄 $s_t = y_t - c_t$ 只能用于购买投资品，因此有 $i_t = s_t$。

模型的第二个方程为：

$$\Delta k_{t+1} = i_t - \delta k_t. \tag{2.2}$$

该式反映了 t 时期期初的资本存量 k_t 如何随时间积累的过程。资本存量在 t 时期的增加 (净投资) 等于新追加的 (总) 投资减去资本的折旧量，假定资本存量在各期的折旧 (即，消耗掉的资本) 占当期资本的比例为常数 δ。该式提供了模型的 (内在) 动态过程。

模型的第三个方程是生产函数：

$$y_t = F(k_t). \tag{2.3}$$

该式给出了利用 t 时期*期初*资本存量和可使用的技术在该时期间可生产出来的产出。资本存量的增加会提高产出，但是增加的速率是递减的，因此，$F > 0, F' > 0, F'' \leqslant 0$。同时，假定当资本趋近于无穷大时，资本的边际产品趋近于零；当资本趋近于零时，资本的边际产品趋近于无穷大，也就是说：

$$\lim_{k\to\infty} F'(k) = 0, \quad \lim_{k\to 0} F'(k) = \infty.$$

这就是 Inada(1964) 条件。这两个条件意味着，在原点处提高资本存量可以获得无穷大的产出增量，然而，随着资本存量的提高，产出增量逐渐减小，最终趋近于零。

如果假设模型中人口总量在某一时期是一常量，那么就可以使用人均量来表示产出、消费、投资以及资本存量的总量。例如，如果经济体中人口总量为常数 N，那么 $y_t = Y_t/N$ 表示人均产出，其中 Y_t 是整个经济体的总产出。

在随后的分析中，将上述三个方程中的产出和投资消去，模型简化为一个只有两个变量的方程，即得到经济体的资源约束为：

$$F(k_t) = c_t + \Delta k_{t+1} + \delta k_t. \tag{2.4}$$

这是对经济体的一个非线性动态约束。

在经济体的初始资本存量 (禀赋)k_t 既定的条件下，经济体要做出决策以选择 t 时期最优的消费水平 c_t 以及第 $t+1$ 期期初的资本存量 k_{t+1}。可以证明，与之等价的任务是：根据从模型中得出的各期最优的资本存量、产出、投资以及储蓄水平，选择时期 $t, t+1, t+2, \ldots$ 等各期的消费水平。

在确定经济体面临的约束后，下一步就是确定其偏好，即经济体在这些约束条件下要最大化的目标是什么？目标可能是产出、消费以及由消费获得的效用水平；我们关心的可能是这些目标的当期水平，也可能是其长期水平。我们同时还要考察这些目标当期的某个水平，日后是否具有可持续性？这实则是在讨论经济均衡的存在性和稳定性。我们将考虑两个解概念——“黄金法则解”和“最优解”。这两种解都假定经济体 (代表性经济行为人或中央计划者) 的目标是最大化消费，或者最大化从消费中获得的效用。两种解的不同之处在于对未来的态度：黄金法则解没有对未来进行贴现，而最优解中则对未来进行了贴现。这一点将导致在面对产出的负向冲击时，黄金法则解是不可持续的，而最优解是可持续的。

2.3 黄金法则解

2.3.1 稳态

首先讨论一种最常见的求解方式，即将最大化的目标设定为 t 时期的消费，这等同于最大化效用函数 $U(c_t)$。由资源约束条件 (2.4) 式可知，c_t 必须满足

$$c_t = F(k_t) - k_{t+1} + (1-\delta)k_t. \tag{2.5}$$

在第 t 期，最大化 c_t 意味着将当期全部产出 $F(k_t)$ 以及未折旧的资本 $(1-\delta)k_t$ 都消费掉，且当期不进行投资，即 $k_{t+1}=0$。由于没有资本投入生产，所以下一期的产出一定为 0，因此这个消费水平也就是不可持续的了。只有当经济主体极其短视或完全不考虑未来时才会做出这种选择。

因此，我们再加入另一个约束条件，即消费水平必须是可持续的。这意味着每期都要增加新的投资以补充资本存量从而继续下一期的生产。这实际上是将最大化的目标设定为*每一期*的消费水平。在不刻意区分当期消费与未来消费的情况下，问题也就从最大化一个极短期的目标转化为最大化一个极长期的目标。

我们仅从长期讨论求解 (故可省去其时间下标)，长期资本存量将是一个常数，由 (2.5) 式可求得长期消费水平：

$$c = F(k) - \delta k. \tag{2.6}$$

此时，为了使资本存量保持不变，消费应该等于产出减去用来弥补生产过程折旧掉的资本。因此投资仅仅是用于弥补折旧资本，其余的产出都将用于消费。

现在问题变成如何选择 k 的水平以使 c 最大化。使 c 最大化的一阶条件为

$$\frac{\partial c}{\partial k} = F'(k) - \delta = 0 \tag{2.7}$$

二阶条件为

$$\frac{\partial^2 c}{\partial k^2} = F''(k) \leqslant 0.$$

(2.7) 式意味着资本存量的最优值位于其边际产品 $F'(k)$ 等于折旧率 δ 之处。在达到这一点之前，资本存量的增加会使消费随之增加；超过这一点之后，每期用来弥补折旧资本而消耗掉的产出变得过多，导致消费开始下降。这个解也可用图 2.1 来直观地表达：资本边际产品随着资本存量的增加而下降，给定折旧率 δ，便可得到最优资本存量的值。折旧率越高，可持续维持的资本存量规模越小。

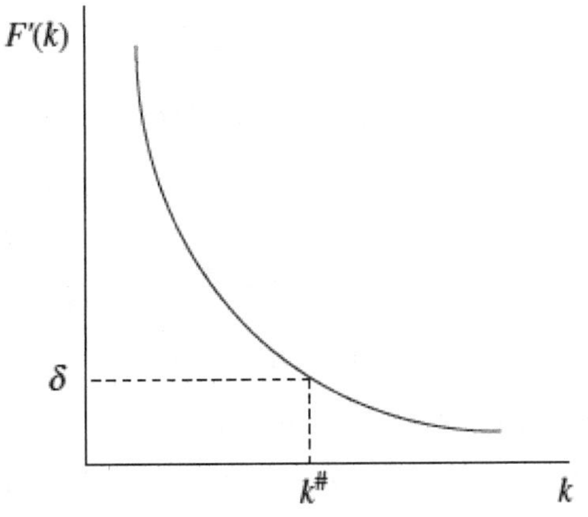

图 2.1　资本的边际产品

接下来我们可利用图 2.2 来确定最优消费水平。图中曲线代表由期初资本存量 k 所生产的产出水平 $F(k)$，即生产函数；直线表示用来弥补折旧的重置投资 δk 。二者之差是消费与净投资 (即资本积累) 之和，即

$$F(k) - \delta k = c + \Delta k$$

这也就是 (2.5) 式。方程左侧二者之差的最大值，也就是两条线相距最远之处，满足条件 $F'(k) = \delta$，即生产函数切线的斜率 (资本的边际产出 $F'(k)$) 等于直线的斜率 (总折旧率 δ) 之处。为了图形显示效果明显，作图时夸大了折旧率 δ 的取值。

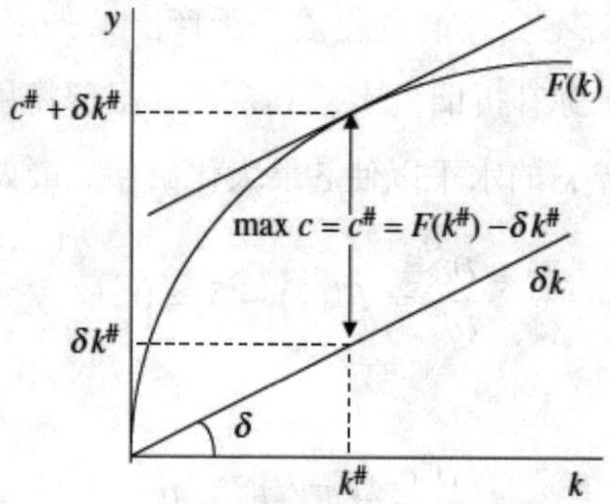

图 2.2　总产出、消费和弥补折旧的投资

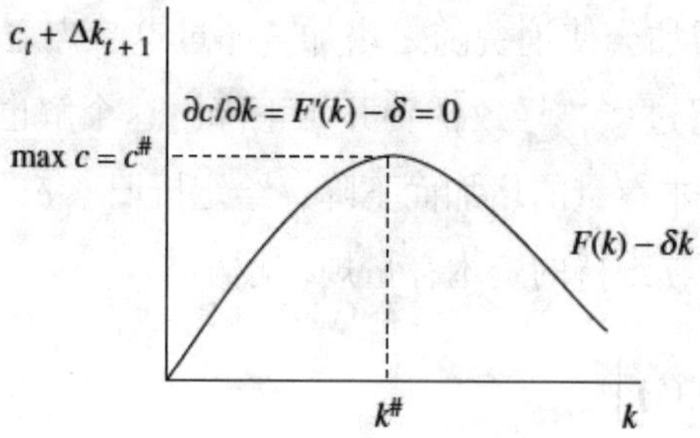

图 2.3　净产出

图 2.3 给出了另一种描述求解过程的方法。曲线所在坐标系的纵轴代表消费加净投资 (即净产出或图 2.2 中两条线之间的垂直距离)，横轴为资本存量。由约束条件 $F(k)-\delta k \geqslant c+\Delta k$ 知，曲线以上的点集为非可行集。当曲线切线的斜率为 0 时，消费加净投资达到最大值，此时净投资 $F(k)-\delta k=0$。

现在我们就可以求解出可持续的消费水平了。当资本存量在各期均为常数，也就是说 $\delta k=0$，或者说净投资为 0 时，消费水平是可持续的。此时，图 2.3 中曲线的最大值处也是最大化的可持续消费水平 $c^{\#}$，此时各期的资本存量也必然是常数 $k^{\#}$。这个解被称作黄金法则解。

2.3.2　对黄金法则解的动态分析

由于有资本存量必然为常数 $k^{\#}$ 的约束，因此 $c^{\#}$ 可以无限期地可持续的前提就是经济体不能受到冲击。一旦受到冲击，经济体在 $\{c^{\#},k^{\#}\}$ 处就是动态不稳定的。为说明黄金法则解不是一个稳定的解，我们考察这样一个动态过程：如果资本存量受到一个负向的扰动而偏离 $k^{\#}$，而经济体仍试图维持最大化的消费水平 $c^{\#}$，经济体的稳态将会发生什么变化。

若令 $k < k^{\#}$，则产出水平为 $F(k) < F(k^{\#})$。此时为了维持 $c^{\#}$ 的消费量，就必须消费掉一部分现有的资本存量，导致 $\Delta k < 0$，即资本存量无法保持不变，而是开始下降。随着资本存量的减少，下一期产出将会减少，再试图继续使消费量保持在 $c^{\#}$ 的水平，会引起资本存量的进一步下降。最终因资本存量减少而使产出水平小于维持 $c^{\#}$ 所需的水平时，这个消费水平 $c^{\#}$ 也就无以为继了。

这给了我们一个重要的启示：一个经济体如果消费过度，那么它迟早会发现自己因为侵蚀了自己的资本基础而使得其高消费无以为继。当然，在现实生活中，除少数特殊情况外，资本品是不能直接被消费的。不管怎么说，这个分析表明，如果经济体把本该用于生产资本品的资源用于生产消费品，那么经济体最终会失去其基础，消费亦无从谈起。同此可见，解的稳定性，虽然只是技术上的一个小小要求，它在宏观经济学中的意义却很深远。

对于上述资本存量的冲击，其实也可以有一个简单的应对办法。经济体可以暂时减少消费，并把节约出来的这部分产出用于增加资本存量，使其恢复到初始的均衡状态。这意味着经济系统的负向冲击，在短期会对消费有非常强烈的影响。从这个意义上说，追求每一期消费水平的最大化，可能并不必然带来长期消费水平的最大化。若想实现长期消费的最大化，可能需要暂时放弃某一时期消费目标。

当然，如果冲击是正向的，$k > k^{\#}$，那么产出会增加。此时可以暂时增加消费，直到资本存量下降到其可持续的水平 $k^{\#}$ 为止。在下文讨论过最优解后，我们将进一步考察在黄金法则解下经济体的稳定性。

2.4 最优解

2.4.1 基础欧拉方程的推导

我们现在假设经济主体认为当期消费要比未来的等量消费更好，而不是像之前那样假设二者等价。具体地说，我们将最大化的目标设定为最大化当期和未来效用的现值，即

$$\max_{\{c_{t+s},k_{t+s}\}} V_t = \sum_{s=0}^{\infty} \beta^s U(c_{t+s}),$$

其中，即时效用 $U_t = U(c_t)$ 会随着消费量的增加而提高，即 $U_t' > 0$，但效用增加的速率是递减的，即 $U_t'' \leqslant 0$。由于未来的效用值被一个 $0 < \beta < 1$ 的贴现因子或等价的贴现率 $\theta > 0$ 贴现到本期，其中 $\beta = 1/(1+\theta)$，也就是说，行为人认为未来的效用不如当期效用重要。模型的目标是：以 (2.4) 式为经济体的资源约束，选择本期和未来的消

费以最大化 V_t。

由于上述方程所涉及的变量属于不同的时期，所以这是一个动态优化问题。解决这类问题通常可以应用动态规划、变分法 或者采用极大值原理。但在这里，我们还没有把它设置为一个随机问题，所以尚可以用我们更为熟悉的拉格朗日乘子法来解决。(关于这些动态优化方法更详尽的讨论见数学附录。)

首先我们利用逐期的资源约束条件来定义拉格朗日方程

$$\mathcal{L}_t = \sum_{s=0}^{\infty}\{\beta^s U(c_{t+s}) + \lambda_{t+s}[F(k_{t+s}) - c_{t+s} - k_{t+s+1} + (1-\delta)k_{t+s}]\}, \tag{2.8}$$

其中 λ_{t+s} 为 t 时期之后第 s 期的拉格朗日乘子，方程的选择变量是 $\{c_{t+s}, k_{t+s+1}, \lambda_{t+s}; s \geqslant 0\}$。一阶条件是

$$\frac{\partial \mathcal{L}_t}{\partial c_{t+s}} = \beta^s U'(c_{t+s}) - \lambda_{t+s} = 0, \qquad s \geqslant 0, \tag{2.9}$$

$$\frac{\partial \mathcal{L}_t}{\partial k_{t+s}} = \lambda_{t+s}[F'(k_{t+s}) + 1 - \delta] - \lambda_{t+s-1} = 0, \quad s > 0, \tag{2.10}$$

加上约束条件 (2.4) 式和横截条件

$$\lim_{s\to\infty} \beta^s U'(c_{t+s})k_{t+s+1} = 0. \tag{2.11}$$

注意这里我们假定第 t 期的 k_t 是前定的，所以未对 k_t 求导。

为了帮助我们理解横截条件 (2.11) 式在跨期优化中的作用，考虑在时期 $t+s$ 拥有一个有限的资本存量情况。如果把它消费掉，贴现后的效用为 $\beta^s U'(c_{t+s}k_{t+s})$。如果决策期只是 $t+s$ 这一期，那么最优消费量显然是将所有资本存量在当期全部消费掉。因此，当 $s\to\infty$ 时，横截条件表达的是对无限期跨期最优消费量的一个约束条件。

从 (2.9) 式中求出拉格朗日乘子，并带入 (2.10) 式中的 λ_{t+s} 和 λ_{t+s-1}，得到

$$\beta^s U'(c_{t+s})[F'(k_{t+s}) + 1 - \delta] = \beta^{s-1}U'(c_{t+s-1}), \quad s > 0.$$

当 $s=1$ 时，该式可以写成

$$\beta\frac{U'(c_{t+1})}{U'(c_t)}[F'(k_{t+1}) + 1 - \delta] = 1. \tag{2.12}$$

(2.12) 式被称作欧拉方程，它是有动态约束的跨期优化问题的基础动态方程。应用上文提到的其他任何一种优化方法均可得到同样的方程。

2.4.2 对欧拉方程的解释

这里对欧拉方程给出一个直觉观的解释。考虑这样一个问题：如果我们减少一小点当期消费 c_t，标示为 dc_t，那么需要增加多少 c_{t+1} 的补偿才能使 V_t 保持不变呢？我们假设第 $t+1$ 期之外的消费都不受影响，则这个问题可以转化为一个只考虑 t 期和 $t+1$ 期的两期优化问题。我们令

$$V_t = U(c_t) + \beta U(c_{t+1})$$

对 V_t 求全微分。因为前提是保持 V_t 不变，这意味着

$$0 = \mathrm{d}V_t = \mathrm{d}U_t + \beta\,\mathrm{d}U_{t+1} = U'(c_t)\,\mathrm{d}c_t + \beta U'(c_{t+1})\,\mathrm{d}c_{t+1},$$

其中 $\mathrm{d}c_{t+1}$ 是由于 c_t 的减少而导致 c_{t+1} 发生的微小变动。由于我们减少了 c_t，所以 $\mathrm{d}c_t < 0$，则 t 时期的效用损失为 $U'(c_t)\,\mathrm{d}c_t$。为了使 V_t 保持不变，必须用贴现后的效用增加 $\beta U'(c_{t+1})\,\mathrm{d}c_{t+1}$ 来补偿这部分效用损失。因此 c_{t+1} 需要增加的数量为

$$\mathrm{d}c_{t+1} = -\frac{U'(c_t)}{\beta U'(c_{t+1})}\,\mathrm{d}c_t. \tag{2.13}$$

由于在每一期都要满足资源约束条件，所以在第 t 期和第 $t+1$ 期需要满足

$$F'(k_t)\,\mathrm{d}k_t = \mathrm{d}c_t + \mathrm{d}k_{t+1} - (1-\delta)\,\mathrm{d}k_t,$$

$$F'(k_{t+1})\,\mathrm{d}k_{t+1} = \mathrm{d}c_{t+1} + \mathrm{d}k_{t+2} - (1-\delta)\,\mathrm{d}k_{t+1}.$$

由于 k_t 是给定的，并且我们令资本存量在第 $t+1$ 期之后的各期均保持不变，所以只有第 $t+1$ 期的资本存量会和前期的不同，即 $\mathrm{d}k_t = \mathrm{d}k_{t+2} = 0$。因此，第 t 期和 $t+1$ 期的约束条件可以写成

$$0 = \mathrm{d}c_t + \mathrm{d}k_{t+1},$$

$$F'(k_{t+1})\,\mathrm{d}k_{t+1} = \mathrm{d}c_{t+1} - (1-\delta)\,\mathrm{d}k_{t+1}.$$

消去 $\mathrm{d}k_{t+1}$，这两个方程可以合并成一个关于 $\mathrm{d}k_{t+1}$ 和 $\mathrm{d}c_{t+1}$ 的方程，即

$$\mathrm{d}c_{t+1} = -[F'(k_{t+1}) + 1 - \delta]\,\mathrm{d}c_t. \tag{2.14}$$

该式的含义如下：在第 t 期不再用于消费的那部分产出被用于增加资本存量 k_{t+1}，并在 $t+1$ 期带来了产出增量 $-F'(k_{t+1})\,\mathrm{d}c_t$，这部分产出增量可用于 $t+1$ 期的消费。此外，由于我们不打算增加在 $t+1$ 期之后的资本存量，所以在第 $t+1$ 期我们还可以将

新增资本存量中未被折旧的部分 $(1-\delta)\,\mathrm{d}c_t$ 用于消费。这两部分就构成了 (2.14) 式中第 $t+1$ 期的消费量增量。这个消费增量所带来的效用增量贴现到第 t 期为

$$\beta U'(c_{t+1})\,\mathrm{d}c_{t+1} = -\beta U'(c_{t+1})[F'(k_{t+1})+1-\delta]\,\mathrm{d}c_t.$$

为了使 V_t 保持不变，效用的增量必须和第 t 期的效用损失相等，即

$$U'(c_t)\,\mathrm{d}c_t = \beta U'(c_{t+1})[F'(k_{t+1})+1-\delta]\,\mathrm{d}c_t.$$

两边消去 $\mathrm{d}c_t$ 并除以 $U'(c_t)$，便得到了 (2.12) 式的欧拉方程。

2.4.3 跨期生产可能性边界

生产可能性边界源于这样的生产函数：用一种或多种投入要素生产多于一种的产品。它衡量的是经济体运用既定数量的要素投入所能生产出的各种产品最大化产量的组合。在各产品产量构成的空间里，它是一个凹函数。跨期生产可能性边界 (IPPF) 则与不同时点的产出量相关，它取决于经济体的资源约束。这就给出了 c_t 和 c_{t+1} 之间关系的第二种表达方法：将第 t 期和 $t+1$ 期资源约束联立起来以消去 k_{t+1}，从而得到两期的跨期资源约束 (或 IPPF) 如下：

$$\begin{aligned} c_{t+1} &= F(k_{t+1}) - k_{t+2} + (1-\delta)k_{t+1} \\ &= F[F(k_t) - c_t + (1-\delta)k_t] - k_{t+2} + (1-\delta)[F(k_t) - c_t + (1-\delta)k_t] \end{aligned} \tag{2.15}$$

上式给出了一个关于 c_t 和 c_{t+1} 间的凹关系。

IPPF 切线的斜率为

$$\frac{\partial c_{t+1}}{\partial c_t} = -[F'(k_{t+1})+1-\delta]. \tag{2.16}$$

参照前文可知，这也是无差异曲线在与资源约束相切之处的斜率。所以，IPPF 也在此处与无差异曲线相切。由 (2.16) 式可知

$$\frac{\partial^2 c_{t+1}}{\partial c_t^2} = F''(k_{t+1}) < 0,$$

即 IPPF 的切线在 c_t 下降时变得平缓，说明 IPPF 是一个凹函数。下面的分析中我们将用到这个结论。

2.4.4 最优解的图形表示

两期的最优解问题可以用图 2.4 来表示。图中上方的是无差异曲线，表示在 V_t 不变的条件下，在今天消费和明天消费之间的权衡，它与资源约束相切。下方的曲线是

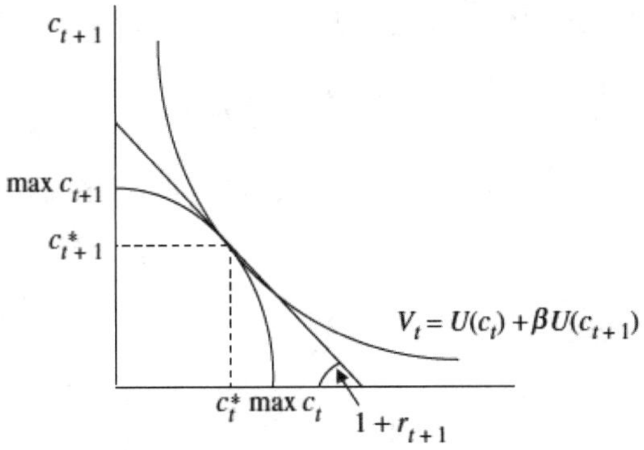

图 2.4　基于 IPPF 的最优解的图形表示

从生产的角度来权衡今天和明天的消费取舍，即 IPPF。它与预算约束相切，且在切点与无差异曲线也同时相切。当 (2.13) 式、(2.14) 式和 (2.16) 式所代表的三个均衡方程同时满足时即可得到这个最优解：

$$-\left.\frac{\mathrm{d}c_{t+1}}{\mathrm{d}c_t}\right|_{V_{\text{const}}} = F'(k_{t+1}) + 1 - \delta = 1 + r_{t+1} = -\left.\frac{\partial c_{t+1}}{\partial c_t}\right|_{\text{IPPF}}.$$

净边际产出 $F'(k_{t+1}) + 1 - \delta = r_{t+1}$ 可以被解释为扣除折旧后的资本隐含实际回报率。例如，由于技术冲击提高了第 $t+1$ 期资本的边际产出，导致 r_{t+1} 提高，使得资源约束更为陡峭，从而提高了 V_t，c_t 和 c_{t+1}。

2.4.5　静态均衡解

现在我们讨论整体的最优解并考察其长期均衡性质。长期均衡是一个静态解，这意味着当宏观经济系统没有受到冲击时，在考察期内的消费和资本存量将是个常量。因此，对于所有 t 时期都有 $c_t = c^*$、$k_t = k^*$、$\Delta c_t = 0$ 和 $\Delta k_t = 0$。因此，在静态均衡中，欧拉方程可以写为

$$\frac{\beta U'(c^*)}{U'(c^*)}[F'(k^*) + 1 - \delta] = 1,$$

这意味着

$$F'(k^*) = \frac{1}{\beta} + \delta - 1 = \delta + \theta.$$

可见，这个解和黄金法则解$F'(k) = \delta$ 是不一样的。图 2.1 也就相应地被图 2.5 取代。图中最优化的资本存量要低于黄金法则解的资本存量，原因在于未来的效用被以贴现率 $\theta > 0$ 加以贴现了。

关于消费的均衡解可由图 2.5 和图 2.6 加以描述。图 2.5 中最优解在生产函数切线的斜率为 $\delta + \theta$ 处取得。由于最优解处的切线一定比黄金法则解处的切线陡峭，这意味

着前者的最优资本存量一定更低。图 2.6 表明，低于黄金法则的资本存量水平所对应的消费水平同样较低。因此有 $c^* < c^\#$ 和 $k^* < k^\#$。

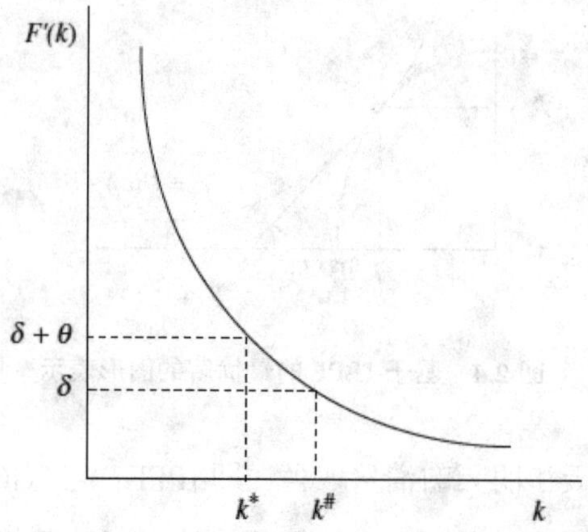

图 2.5　长期最优资本存量

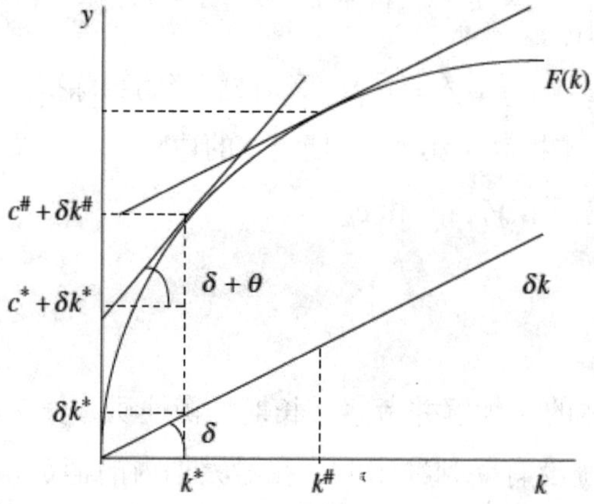

图 2.6　长期最优消费水平

至此我们已经证明，对未来的贴现会导致较低的消费水平。这似乎意味着如果不对未来贴现岂不是更好？想要了解贴现的好处，我们必须分析最优解的动态性和稳定性。

2.4.5.1　一个例子

假设效用函数的形式为幂函数

$$U(c) = \frac{c^{1-\sigma} - 1}{1 - \sigma}.$$

其中的 $\sigma = -cU''/U'$ 为相对风险厌恶系数。以 Cobb-Douglas 形式的生产函数为例，

$$y_t = Ak_t^\alpha$$

则 (2.12) 式的欧拉方程可以写成

$$\beta\frac{U'(c_{t+1})}{U'(c_t)}[F'(k_{t+1})+1-\delta] = \beta\left(\frac{c_{t+1}}{c_t}\right)^{-\sigma}[\alpha Ak_{t+1}^{-(1-\alpha)}+1-\delta] = 1$$

所以资本的稳态水平为

$$k^* = \left(\frac{\alpha A}{\delta+\theta}\right)^{1/(1-\alpha)}$$

消费的稳态水平为

$$\begin{aligned} c^* &= Ak^{*\alpha} - \delta k^* \\ &= \left(\frac{A}{\delta+\theta}\right)^{1-\alpha}\left(\frac{(1-\alpha)\delta+\theta}{\alpha^\alpha}\right). \end{aligned}$$

2.4.6 对最优解的动态分析

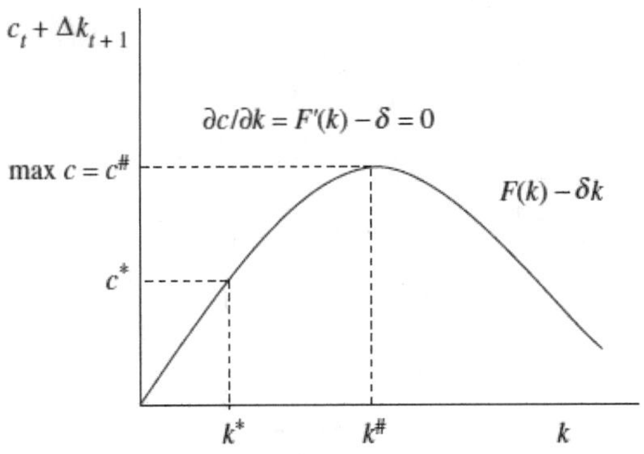

图 2.7 最优消费水平的比较

动态分析要用到所谓的相位图，它是在图 2.7 的基础上构建的。为了构建相位图，我们必须首先考虑欧拉方程和资源约束，它们刻画了每个时点上的最优解。为了方便起见，我们再次列示出这两个方程：

$$\begin{aligned} \frac{\beta U'(c_{t+1})}{U'(c_t)}[F'(k_{t+1})+1-\delta] &= 1, \\ \Delta k_{t+1} &= F(k_t) - \delta k_t - c_t. \end{aligned} \tag{2.17}$$

问题的复杂之处在于两个方程都是非线性的，因此我们考虑对欧拉方程进行线性化以求得一个区域解 (local solution，即在均衡点附近的领域内成立的解)。具体的做法是将 $U'(c_{t+1})$ 对 c_t 做一阶泰勒展开

$$U'(c_{t+1}) \simeq U'(c_t) + \Delta c_{t+1} U''(c_t).$$

所以有

$$\frac{U'(c_{t+1})}{U'(c_t)} \simeq 1 + \frac{U''}{U'}\Delta c_{t+1}, \quad \frac{U''}{U'} \leqslant 0,$$

则欧拉方程变为

$$\Delta c_{t+1} = -\frac{U'}{U''}\left[1 - \frac{1}{\beta[F'(k_{t+1}) + 1 - \delta]}\right]. \tag{2.18}$$

至此，我们得到了确定消费和资本变化的两个方程：(2.17) 式和 (2.18) 式。

这两个方程印证了前文的静态均衡解：当 $c_t = c^*$，$k_t = k^*$ 时，有 $\Delta c_{t+1} = 0$，$\Delta k_{t+1} = 0$，且 $F'(k^*) = \delta + \theta$。从 (2.18) 式知，当 $k > k^*$ 时，$F'(k) < F'(k^*)$，因此 $F'(k) + 1 - \delta < F'(k^*) + 1 - \delta$。那么，如果当 $k = k^*$ 时 $\Delta c = 0$，即消费是一个常数，则有：当 $k > k^*$ 时 $\Delta c < 0$，即消费必须减少。同理，当 $k < k^*$ 时 $\Delta c > 0$，即消费增加。也就是当 $k \gtreqless k^*$ 时，有 $\Delta c \lesseqgtr 0$，如图 2.8 所示。

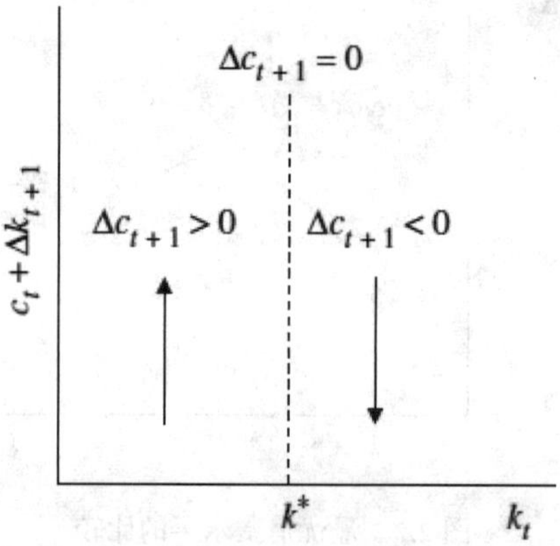

图 2.8　消费的动态特征

资本存量的动态行为则依据 (2.17) 式确定。当 $c_t \gtreqless F(k_{t+1}) - \delta k_t$ 时，有 $\Delta k_{t+1} \lesseqgtr 0$。如图 2.9 所示，曲线上方，消费与长期净投资之和超过了产出，资本存量因此相应减少以适应过多的消费。曲线下方表示在消费后，仍有充足的产出用来做资本积累。

合并图 2.8 和图 2.9 即可得到图 2.10，也就是我们所需要的相位图。需要注意的是：相位图并不需要做区域近似，它可适用于一般性的非线性情形。图中 B 点即为长期最

优解，穿过 B 点的 SS 线就是所说的鞍点路径，或稳定流型 (stable manifold)。只有在这条线上的点才是可能的均衡点。

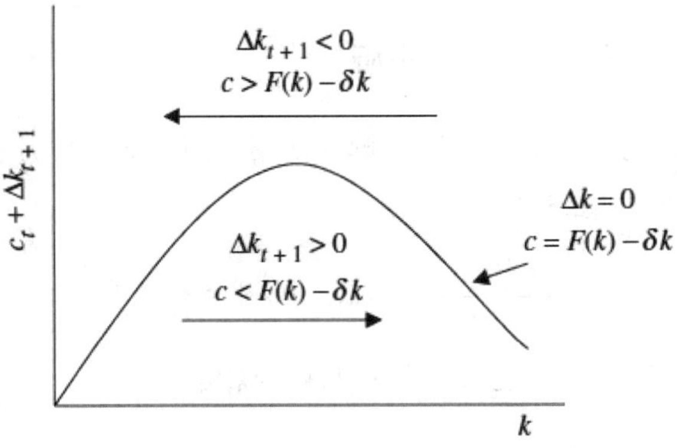

图 2.9　资本存量的动态特征

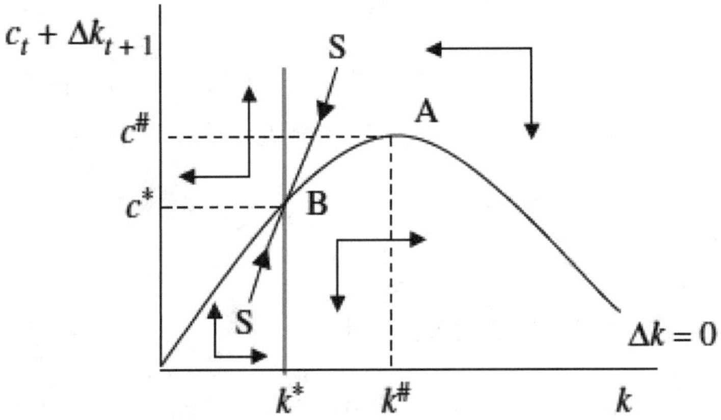

图 2.10　相位图

这个条件并不像看起来那么苛刻，因为鞍点路径的位置是由经济体 (或者说模型的参数) 决定的，并且原则上 SS 的位置可以位于任意地方，这取决于参数的具体取值。图中的箭头表示 c_t 和 k_t 的动态变化，这要看经济体处于四个可能区域中的哪一个。在东北方向的 SS 线上，消费水平很高，而且资本存量大到使得资本的边际产品低于 $\delta + \theta$，这种情况是不可持续的，因此消费和资本存量都必须减少。SS 线的箭头表示的就是这个意思。在 SS 线的西南方向则表示相反的情况，此时消费和资本存量都需要增加。相位图中的其他两个区域则无法实现均衡，略去不论。因此，经济体通过鞍点路径最终到达 B 点并实现均衡。在 B 点消费和资本都不需要再变动，所以经济体达到了均衡。若经济体离开 SS 线 (当然这是不可能的，而且它也无法离开)，上述动态过程将保证经济体无法实现均衡。如果在相位图中，存在两个稳定的区域和两个不稳定的区域 (正如我们这个最优解中所示)，则我们可以将其称为鞍点路径均衡。

2.4.7 鞍点路径动态过程的代数分析

对经济体动态行为变化进行代数分析的依据是两个非线性方程：欧拉方程和资源约束，它们刻画了模型的最优解：

$$\frac{\beta U'(c_{t+1})}{U'(c_t)}[F'(k_{t+1})+1-\delta]=1, \tag{2.19}$$

$$\Delta k_{t+1}=F(k_t)-\delta k_t-c_t. \tag{2.20}$$

从中可得静态 (或长期) 均衡的解 $\{c^*, k^*\}$ 为

$$F'(k^*)=\delta+\theta \tag{2.21}$$

$$c^*=F(k^*)-\delta k^* \tag{2.22}$$

因为方程 (2.19) 式和 (2.20) 式是关于 c 和 k 的非线性函数，因此我们的分析需要使用该非线性模型的一个区域线性近似。对方程 (2.19) 式的线性近似是在 $\{c^*, k^*\}$ 处对其做一阶泰勒展开：

$$\frac{U''(k^*)}{U'(k^*)}\Delta c_{t+1}+\beta[F'(k^*)+1-\delta+F''(k^*)(k_{t+1}-k^*)]\simeq 1.$$

将两个长期解 (2.21) 式和 (2.22) 式代入，可得

$$\frac{U''(k^*)}{U'(k^*)}(c_{t+1}-c^*)+\beta F''(k^*)(k_{t+1}-k^*)\simeq\frac{U''(k^*)}{U'(k^*)}(c_t-c^*). \tag{2.23}$$

对 (2.20) 式的线性近似为

$$\Delta k_{t+1}\simeq F(k^*)+F'(k^*)(k_t-k^*)-\delta k_t-c_t$$

或者

$$\begin{aligned} k_{t+1}-k^* &\simeq -\{c_t-[F(k^*)-\delta k^*]\}+[F'(k^*)+1-\delta](k_t-k^*) \\ &= -(c_t-c^*)+(1+\theta)(k_t-k^*). \end{aligned} \tag{2.24}$$

这样，就可以把 (2.24) 式和 (2.23) 式写成一个偏离长期均衡的矩阵方程：

$$\begin{bmatrix} c_{t+1}-c^* \\ k_{t+1}-k^* \end{bmatrix}=\begin{bmatrix} 1+\dfrac{U'F''}{(1+\theta)U''} & -\dfrac{U'F''}{U''} \\ -1 & 1+\theta \end{bmatrix}\begin{bmatrix} c_t-c^* \\ k_t-k^* \end{bmatrix}.$$

这是一个一阶向量自回归，它的一般形式为

$$x_{t+1} = Ax_t,$$

其中 $x_t = (c_t - c^*, k_t - k^*)'$。

下一步是决定该经济系统的动态变化行为。如数学附录中所表明的一样，经济的动态变化行为由矩阵 A 的特征根，或等价的，由如下二次方程的根决定：

$$B(L) = 1 - (\mathrm{tr}\, A)L + (\det A)L^2 = 0.$$

如果用 $1/\lambda_1$ 和 $1/\lambda_2$ 表示单位根，则它们满足

$$(1 - \lambda_1 L)(1 - \lambda_2 L) = 0.$$

如果经济体系的动态结构是个鞍点路径，那么其中一个单位根，比如 λ_1，一定是稳定的，且满足 $|\lambda_1| < 1$；而另一个根 λ_2 则是不稳定的，且满足 $|\lambda_2| \geqslant 1$ 。在数学附录中，我们证明了两个单位根约为

$$\begin{aligned}\{\lambda_1, \lambda_2\} &\simeq \left\{\frac{\det A}{\mathrm{tr}\, A}, \mathrm{tr}\, A - \frac{\det A}{\mathrm{tr}\, A}\right\} \\ &= \left\{\frac{1+\theta}{2+\theta+(U'F''/(1+\theta)U'')},\right. \\ &\qquad \left. 2+\theta+\frac{U'F''}{(1+\theta)U''} - \frac{1+\theta}{2+\theta+(U'F''/(1+\theta)U'')}\right\}.\end{aligned}$$

由于 $U'F''/U'' \geqslant 0$，所以 $0 < \lambda_1 < 1$ 且 $\lambda_2 > 1$。因此，如上节在图中所列示的一样，最优解的动态变化在鞍点路径上。我们同样可以得出，在之前的例子中

$$\frac{U'F''}{U''} = \frac{\alpha(1-\alpha)cy}{\sigma k^2} > 0.$$

2.5 对实际经济周期的动态分析

2.5.1 经济周期

现实经济体会受到各种冲击从而不断地偏离其长期均衡位置。这些冲击可能是短暂的或持久的，预期到的或未预期到的。依赖于冲击的不同类型，经济体的均衡位置可能保持不变或者发生改变；它向均衡位置的回归调整过程，可能是迅速的，也可能

是缓慢的。通常，将经济体调整回归到均衡位置的路径称为经济周期，尽管这个路径有时并非一个真正的周期。虽然在调整过程中，经济体并不处于长期均衡，但是在调整回到长期均衡的过程中，经济体却表现出了行为的最优性。实际上，经济体是在试图取得一系列的短期均衡，每个短期均衡都是所在时点的最优解。

稳定政策的传统目标是加速经济体回到均衡位置的过程。当考虑到诸如垄断竞争和价格的不灵活等方面所导致的市场不完美及其带来产出损失以及福利损失时，传统的稳定政策将会比我们的基本模型更有用武之地。在我们本章讨论的基本模型中，既没有明确刻画市场，也没有谈及市场的不完美。我们将在第 9 章、第 14 章和第 16 章对此展开讨论。

实际经济周期理论集中分析一种特定类型的冲击：技术 (生产率) 冲击 。其实我们已经拥有了一个可以完成这项分析任务的模型。前面的分析一直都假设经济体是非随机的，为了和这个假设保持一致，我们假定在发生生产率冲击之时，整个经济体都会充分了解到。技术冲击使生产函数发生向上位移，因此，资本存量 k 的每个取值所对应的产出 y 都会增加，则资本的边际产品 $F'(k)$ 也会增加。下面我们分别考察持久的和暂时的技术冲击的效应。

2.5.2 永久的技术冲击

正向技术冲击将提高资本的边际产品，如图 2.11所示，资本的边际产品从 F'_0 提高到 F'_1 。由于 $\delta+\theta$ 并未发生变化，所以资本的均衡最优水平将从 k_0^* 提高到 k_1^*。

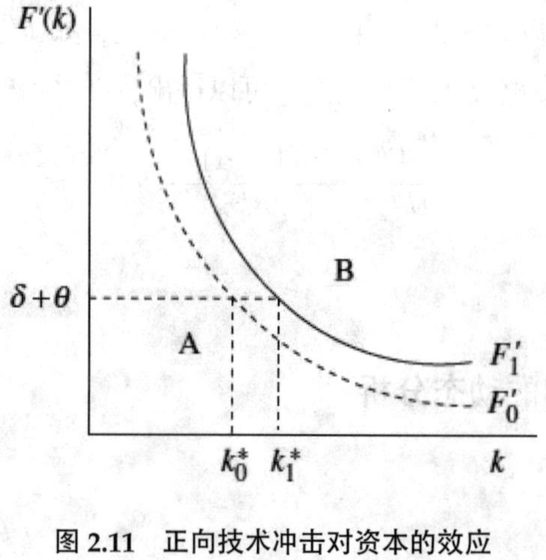

图 2.11　正向技术冲击对资本的效应

图 2.12描绘了上述资本提高的确切动态路径，以及消费同时所具备的动态特征：由最优消费和最优资本存量所定义的那条曲线，因正向技术冲击而向上位移。原来的

均衡在 A 点，新的均衡在 B 点，且鞍点路径现在会穿过 B 点。因为经济体必须永远位于鞍点路径上，那么经济体是如何从 A 点移动到 B 点的呢？初始资本存量为 k_0^*，它要经过一个时期才能发生改变。生产率的提高使得第 t 期的产出增加了，并且资本存量在当期是固定不变的，因此，第 t 期的消费会增加，使得经济体从 A 点移动到位于新的鞍点路径上的 C 点。而且，第 t 期还会有额外的投资，这些投资会引起第 $t+1$ 期资本存量的增加，这将导致产出和消费的进一步提高。因此，在第 $t+1$ 期，经济体将以几何递减的速度开始沿着鞍点路径移动，直至达到新的均衡点 B。因此，一个永久的正向技术冲击会同时引起消费和资本存量的增加，但是在受到冲击后的第一期，或者说短期内，只有消费会增加。

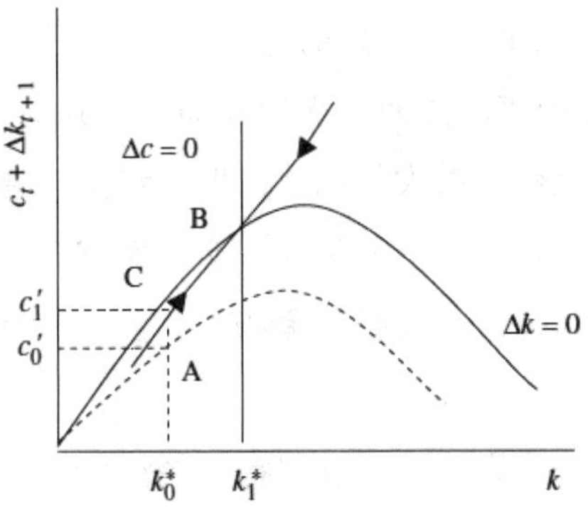

图 2.12　正向技术冲击对消费的效应

2.5.3　暂时的技术冲击

如果经济受到一系列暂时性独立的技术冲击 (仅持续一期)，有些为正向的，有些为负向的，但总体上的冲击大致为零，那么消费和资本的长期均衡水平不会发生变化。持续一期的正向技术冲击进而使第 t 期增加的产出水平将都被消费掉，因此没有净投资发生。在第 $t+1$ 期，消费回到初始的均衡水平上。而若技术冲击为负向，则消费水平将下降。

这也可以用于粗略地解释暂时性供给冲击的后果，或者解释经济周期的动态过程：虽然在严重的衰退中，资本存量通常会减少，但是当经济体从衰退中复苏时，资本存量的水平也将恢复。

2.5.4 对黄金法则的稳定性及其动态特征的再考察

至此我们可以对黄金法则解的稳定性及其动态特征有了更进一步的认识。图 2.10的 A 点即为黄金法则的均衡解。如前所述，黄金法则解并未对未来进行贴现，即它隐含了 $\theta = 0$ 的假定。因此，划分左半部和右半部的垂直线现在穿过 A 点，A 点为均衡点。

将欧拉方程 (2.12) 式进行适当变换 (约掉边际效用函数) 即可适用于解释黄金法则解，即欧拉方程变为 $F'(k) = \delta$，这个式子完全无动态性可言，它确定了 k_t。另一个方程是资源约束条件 (2.17) 式，该式确定了 c_t。因此，这个模型的唯一的动态源是 (2.17) 式，它确定了资本存量的动态过程。

图 2.10中的曲线上除了 $\{c^\#, k^\#\}$ 以外的每一点上都满足 $\Delta c_{t+1} < 0$；点 $\{c^\#, k^\#\}$ 上，$\Delta c_{t+1} = 0$。因此该点是均衡点。然而，正如我们所看到的，它不是一个稳定的均衡。因为如果想在每个时间点上获得最大的消费，要求经济体通过更高的消费来吸收正向冲击，或者通过消费掉资本存量来抵消负向冲击，而这会减少未来的消费。因此，在经济体受到负向冲击后，如果继续按照黄金法则的要求进行消费，经济体将无法回到原来的均衡。

黄金法则解之所以缺乏稳定性，可以归咎于经济体缺乏耐心。通过在当期消费和未来消费之间的权衡以及通过对未来消费的贴现，有可能求得一个稳定均衡的最优解。

接下来我们考察基本模型的两个扩展，即引进劳动力和投资。

2.6 引进劳动力的基本模型

前述的基本模型中并未直接包含劳动力，只隐含地假定了居民户参与生产并且在工作上花费固定的时间。现在我们对基准模型加以扩展，允许人们在工作和闲暇之间选择，以及决定花在两者上的时间。假定只有闲暇能直接带来效用，而工作是通过产生收入从而可以进行消费而间接地带来效用。这使得我们可以获得劳动供给函数和隐含的工资率。在现实生活中，人们通常只能选择参加工作与否，但是有很少的自由来选择工作的时间。我们将在第 4 章考虑这个问题。

假定所有可用的时间被标准化为 1 个单位，实际上，迄今为止我们考虑的基本模型中是假定劳动投入是一个完整单位。现在假定居民户可以在工作 n_t 和闲暇 l_t 之间做出选择，其中 $n_t + l_t = 1$。因此，实际上在以前的基本模型中是假定 $n_t = 1$，而现在我们假定居民可以对 n_t 任意选择。

假定居民户从消费和闲暇中获得效用，那么我们可以将瞬时效用函数重写为 $U(c_t, l_t)$ 的形式，其偏导数符号为 $U_c > 0$，$U_l > 0$，$U_{cc} \leqslant 0$，$U_{ll} \leqslant 0$。换句话说，对消费和闲暇而言，边际效用均为正且递减。为了方便，假定 $U_{cl} = 0$，它排除了消费和闲暇的替代。我们还假定劳动是生产的第二个要素，所以生产函数变成了 $F(k_t, n_t)$，它具有如下性质：$F_k > 0$，$F_{kk} \leqslant 0$，$F_n > 0$，$F_{nn} \leqslant 0$，$F_{kn} \geqslant 0$，此外生产函数还要满足 Inada 条件：$\lim_{k\to\infty} F_k = 0$，$\lim_{k\to 0} F_k = \infty$，$\lim_{n\to\infty} F_n = 0$ 以及 $\lim_{n\to 0} F_n = \infty$。

经济体最大化效用的贴现值，其约束条件是资源约束条件

$$F(k_t, n_t) = c_t + k_{t+1} - (1-\delta)k_t,$$

以及劳动供给约束条件 $n_t + l_t = 1$。通常，为了方便，可以用 $(1-n_t)$ 代替 l_t，但在这里为了明晰起见，我们明确地引入劳动供给约束条件。

因此，拉格朗日函数为

$$\mathcal{L}_t = \sum_{s=0}^{\infty}\{\beta^s U(c_{t+s}, l_{t+s}) + \lambda_{t+s}[F(k_{t+s}, n_{t+s}) - c_{t+s} - k_{t+s+1} + (1-\delta)k_{t+s}] \\ + \mu_{t+s}[1 - n_{t+s} - l_{t+s}]\}$$

最大化的选择变量是 $\{c_{t+s}, l_{t+s}, n_{t+s}, k_{t+s+1}, \lambda_{t+s}, \mu_{t+s}; s \geqslant 0\}$，一阶条件是

$$\frac{\partial \mathcal{L}_t}{\partial c_{t+s}} = \beta^s U_{c,t+s} - \lambda_{t+s} = 0, \qquad s \geqslant 0, \tag{2.25}$$

$$\frac{\partial \mathcal{L}_t}{\partial l_{t+s}} = \beta^s U_{l,t+s} - \mu_{t+s} = 0, \qquad s \geqslant 0, \tag{2.26}$$

$$\frac{\partial \mathcal{L}_t}{\partial n_{t+s}} = \lambda_{t+s} F_{n,t+s} - \mu_{t+s} = 0, \qquad s \geqslant 0, \tag{2.27}$$

$$\frac{\partial \mathcal{L}_t}{\partial k_{t+s}} = \lambda_{t+s}[F_{k,t+s} + 1 - \delta] - \lambda_{t+s-1} = 0, \quad s > 0. \tag{2.28}$$

从消费和资本的一阶条件中，可以得到和基本模型相同的解。当 $s = 1$，消费的欧拉方程和以前一样：

$$\beta \frac{U_{c,t+1}}{U_{c,t}}[F_{k,t+1} + 1 - \delta] = 1. \tag{2.29}$$

将 λ_{t+s} 和 μ_{t+s} 从消费、闲暇以及就业量的一阶条件中消去，对于 $s = 0$ 得到：

$$U_{l,t} = U_{c,t} F_{n,t}. \tag{2.30}$$

可以对上式做如下解释：如果放弃的闲暇 $\mathrm{d}l_t = -\mathrm{d}n_t < 0$，损失的效用为 $U_{l,t}\,\mathrm{d}l_t < 0$，当 $\mathrm{d}l_t = 1$ 时，它正是 (2.30) 式的左边。损失的效用被额外的产出 $F_{n,t}\,\mathrm{d}n_t = -F_{n,t}\,\mathrm{d}l_t$

带来的效用所补偿。消费每单位产出带来额外的 $U_{c,t}$ 单位的效用，故额外产出带来的效用增量为 $-U_{c,t}F_{n,t}\,\mathrm{d}l_t > 0$，当 $\mathrm{d}l_t = -1$ 时，这正是 (2.30) 式的右边。

这样我们就可以按顺序得出长期均衡解。在稳态均衡中，资本的长期均衡解可由下式得出

$$F_k = \theta + \delta$$

其中 $\beta = 1/(1+\theta)$。消费的长期均衡解可从资源约束条件中求得。到目前为止，这些都和基本模型的结论是一样的。给定 c 和 k，我们就能从 (2.30) 式以及劳动供给约束中解出 l_t 和 n_t。c_t 和 k_t 的短期解和原来一样，l_t 的短期动态特征与 c_t 类似。

现在我们可以得到工资率和资本的总回报率的表达式，它们都隐含在模型中，只是并没有被明确表示出来。如果生产函数是一次齐次的 (即生产函数是规模报酬不变的)①，那么我们可以得到

$$F(k_t, n_t) = F_{n,t}n_t + F_{k,t}k_t \tag{2.31}$$

如果我们将一般价格水平标准化为 1，那么 (2.31) 式即表明产出的总价值在劳动和资本间分配。式子右边的第一项是分配给劳动的份额，第二项是分配给资本的份额。如果按照劳动的边际产品给付劳动工资，就可以得到工资率：$F_{n,t} = w_t$，即每一单位劳动成本 (获得的回报) 等于工资率。类似地，如果按照资本的 (净) 边际产品给付资本报酬，那么 $F_{k,t} - \delta = r_t$ 就是资本的回报率。因此，$F_{n,t}$ 和 $F_{k,t} - \delta$ 就是基本模型中隐含的工资率和资本的回报率。

接下来，我们可以将 (2.31) 式写为

$$F(k_t, n_t) = w_t n_t + (r_t + \delta)k_t$$

这意味着实际工资率也可以用下式表达

$$w_t = \frac{F(k_t, n_t) - (r_t + \delta)k_t}{n_t}$$

在稳态下，即当 $r_t = \theta$ 时，上述两式变成

$$F(k^*, n^*) = wn^* + (\theta + \delta)k^*,$$
$$w^* = \frac{F(k^*, n^*) - (\theta + \delta)k^*}{n^*}$$

①某个函数 $f(x, y)$ 是 α 次齐次的，表示该函数满足 $\lambda^\alpha f(x, y) = f(\lambda x, \lambda y)$。另外，可以在 $k_t = n_t = 0$ 点对生产函数 $F(k_t, n_t)$ 做一阶泰勒展开，得到近似式 $F(k_t, n_t) \simeq F_{n,t}n_t + F_{k,t}k_t$。

之前我们已经提到，基本模型中并没有明确地包含劳动。但是，如果假设 $n_t = 1$，那么实际上相当于基本模型已经隐含地包括了劳动，这意味实际工资率也可以求得为

$$\begin{aligned} w_t &= F(k_t, 1) - F_{k,t} k_t \\ &= F(k_t) - (r_t + \delta) k_t \end{aligned}$$

在均衡状态下，这就是

$$w^* = F(k^*) - (\theta + \delta) k^*$$

总结一下：我们发现，当模型允许行为人自主决定其工作时间长短时，就相当于确定了工资率以及资本的回报率，而且消费和资本的解与基本模型的解相比也没有变化。这表明，在条件允许时，为了方便起见，我们仍可以继续将劳动从分析中忽略掉，因为我们知道实际上它是隐含在模型中的。而且，虽然模型中并未直接包含工资率和资本的回报率，但实际上它们也被隐含地定义出来了。

2.7 投资

基本模型中虽然明确地直接包含了投资，但是分析的重点在于资本存量而非投资本身。之前我们假定新资本的安置不需要安置成本，现在我们在有安置成本的情况下考察投资和资本积累。尽管我们将分析的焦点集中在 Tobin(1969) 的 q-理论上(另见 Hayashi，1982)，该理论有助于从更复杂的角度理解经济体的动态行为，但还是有其他方式考察投资对经济体动态行为的效应，比如下文我们将会考察的“建设时间”(time to build) 模型，这是 Kydland 和 Prescott(1982) 提出的方法，他们假设安置新投资需要时间。

2.7.1 q-理论

在基本模型中，我们将焦点集中于分析如何取得最优的消费水平以及资本存量水平上。由于资本存量的改变量等于总投资扣除折旧，因此它还隐含了一个关于净投资的理论。我们已经看到，当长期均衡资本存量水平发生一个永久变化时，随着时间推移，实际资本存量水平会沿着鞍点路径向新均衡位置作最优调整，这个最优资本调整路径也同时刻画了各期投资的最优水平。在到达新的长期一般均衡资本存量水平之前，各期最优投资水平都是不一样的。一旦资本存量达到了长期均衡的最优水平之后，投资就只用来弥补折旧掉的资本存量了。尽管资本存量向其新稳态水平的调整需要时间，

但是在基本模型中，还是假定投资是可以瞬时地调整至每期最优水平的。然而，在实践中，由于安置成本的存在，缓慢地调整投资才是最优的。资本的动态行为所刻画的，就是同时兼顾这两个调整过程。

为了阐明这个问题，假设新追加每单位投资需要的额外资源成本为 $\frac{1}{2}\phi i_t/k_t$，其中 $\phi > 0$。换句话说，每单位新追加投资的成本取决于其所占现存资本存量的比例大小。选择这种特殊的函数形式是为了数学上处理的方便，以及其后更容易解释其结果。现在，经济体面临的资源约束条件变成 i_t 和 k_t 的非线性形式，由下式给出

$$F(k_t) = c_t + \left(1 + \phi\frac{i_t}{k_t}\right)i_t, \quad \phi \geqslant 0, \tag{2.32}$$

为了简便起见，重新回到资本是唯一的生产要素的假定上，暂不考虑闲暇。由于我们此时主要的兴趣在于投资，所以没有将资源约束条件与资本积累方程结合起来，而是将它们作为两个不同的约束条件分别予以考察。

因而，最大化效用现值的拉格朗日函数为

$$\begin{aligned}\mathcal{L}_t = \sum_{s=0}^{\infty}\Bigg\{\beta^s U(c_{t+s}) + \lambda_{t+s}\left[F(k_{t+s}) - c_{t+s} - i_{t+s} - \frac{\phi}{2}\frac{i_t^2}{k_t}\right]\\ + \mu_{t+s}[i_{t+s} - k_{t+s+1} + (1-\delta)k_{t+s}]\Bigg\}.\end{aligned}$$

一阶条件为

$$\begin{aligned}\frac{\partial\mathcal{L}_t}{\partial c_{t+s}} &= \beta^s U_{c,t+s} - \lambda_{t+s} = 0, & s \geqslant 0,\\ \frac{\partial\mathcal{L}_t}{\partial i_{t+s}} &= -\lambda_{t+s}\left(1 + \phi\frac{i_{t+s}}{k_{t+s}}\right) + \mu_{t+s} = 0, & s \geqslant 0,\\ \frac{\partial\mathcal{L}_t}{\partial k_{t+s}} &= \lambda_{t+s}\left[F_{k,t+s} + \frac{\phi}{2}\left(\frac{i_{t+s}}{k_{t+s}}\right)^2\right] - \mu_{t+s-1} + (1-\delta)\mu_{t+s} = 0, & s > 0.\end{aligned}$$

关于投资的一阶条件意味着

$$i_{t+s} = \frac{1}{\phi}(q_{t+s} - 1)k_{t+s}, \quad s \geqslant 0, \tag{2.33}$$

其中，拉格朗日乘子的比率

$$q_{t+s} = \frac{\mu_{t+s}}{\lambda_{t+s}} \geqslant 1 \tag{2.34}$$

被称为 Tobin 的 q。可见：如果 $q_{t+s} > 1$，那么在时期 $t+s$ 会值得发生投资行为。

可对 q 做如下解释：新增一单位资本将提高产出，进而提高消费和效用水平。λ 表示减少一单位当期消费以获得一单位投资，进而得到额外的资本存量所带来的以效用

度量的边际好处．类似地，μ 表示额外一单位投资所带来的以效用度量的边际好处。因此，q 计算的是投资的边际好处除以资本的边际好处。如果用产出单位表示效用，则 q 可以被解释为一单位投资的市场价值与其成本的比率．

将上述三个一阶条件结合起来，当 $s=1$ 时，可以得到如下非线性动态关系：

$$F_{k,t+1}=\frac{U_{c,t}}{\beta U_{c,t+1}}q_t-(1-\delta)q_{t+1}-\frac{1}{2\phi}(q_{t+1}-1)^2. \tag{2.35}$$

上式与 (2.32) 至 (2.34) 式以及资本积累方程一起构成了四个非线性动态方程组成的系统，利用这些方程可以解出决策变量 c_t，k_t，i_t 以及 q_t。

2.7.1.1 长期解

在长期稳态下，$\Delta c_t=\Delta k_t=\Delta i_t=\Delta q_t=0$。在长期中，资本的积累方程以及 (2.33) 式意味着

$$\frac{i}{k}=\delta=\frac{1}{\phi}(q-1).$$

因此，q 的长期值为

$$q=1+\phi\delta\geqslant 1 \tag{2.36}$$

资本存量的长期水平可以从 (2.35) 式的稳态解中得到。由 $\beta=1/(1+\theta)$，以及 q 的长期解，可以将 (2.35) 式写为

$$F_k=\theta+\delta+\phi\delta(\theta+\tfrac{1}{2}\delta)\geqslant\theta+\delta. \tag{2.37}$$

当不存在安置成本时，$\phi=0$，于是 $q_t=1$，$F_k=\theta+\delta$。这与由基准的封闭经济体模型中得出的结论是一致的。从图 2.5 中可以看出，为了使 $F_k\geqslant\theta+\delta$，要一个较低水平的资本，这表明安置成本的存在降低了资本存量的长期最优水平，进而降低了消费和投资的长期最优水平。这是由于安置成本的存在减少了可用于消费和投资的资源。

2.7.1.2 短期动态分析

和长期解一样，安置成本的引入也会影响经济体的短期动态行为。为了洞察安置成本对经济体动态行为的影响，我们对 (2.35) 式进行线性化近似：假定消费位于稳态水平上，将二次项 q_{t+1} 在其稳态值 q 点上的做线性逼近，其中 q 的稳态值由 (2.36) 式给出。因此，运用前瞻性公式 (forward-looking equation) 可以得到 (2.35) 式的近似式

$$q_t=\beta q_{t+1}+\beta(F_{k,t+1}-\delta-\tfrac{1}{2}\phi\delta^2). \tag{2.38}$$

使用由 (2.35) 式得到的 $F_{k,t+1}$ 的稳态水平，(2.38) 式可用偏离长期均衡的离差形式重新表达为

$$q_t - q = \beta(q_{t+1} - q) + \beta(F_{k,t+1} - F_k). \tag{2.39}$$

逐步向前替代求解 (2.38)，得到 q_t 的解为

$$q_t = \sum_{s=0}^{\infty} \beta^{s+1}(F_{k,t+s+1} - \delta - \tfrac{1}{2}\phi\delta^2).$$

举例说明，如果我们假设生产函数的形式为 $F(k_t) = Ak_t^{\alpha}$，则有 $F_{kt} = \alpha y_t / k_t$。由于 αy_t 是总收入中资本所占的份额 (厂商的利润或称“所得”)，k_t 是企业的价值 (其股票数额乘以股票价格)，这样我们可以对资本的边际产品做进一步解释：它等于单位资本的利润或等于 1 加上持有股票所带来的回报。

$$\begin{aligned} F_k &= \frac{\text{每股收益}}{\text{股票价格}} \\ &= 1 + \text{股票收益率} \end{aligned}$$

这样一来，我们就可以有多种角度解释 q_t 的含义：可以解释为资本的净边际产品 (资本的边际产品减去折旧以及追加一单位新投资所需的安置成本) 的现值，也可以解释为资本存量的净现值，也可以解释为一单位投资的市场价值与其成本的比率，还可以解释为持有股票的净收益的净现值。实践中，对于 q_t 的度量确实是一个有多种理论方法的问题，但是人们通常使用公司的市场价值与其账面价值的比率来测度它，这意味着我们通常使用当前和历史投资的平均值来代替新追加投资的边际价值。

下一步考察 k_t 和 q_t 之间的动态交互影响。这个关系可以用两个方程加以刻画。第一个是 (2.39) 式，第二个是通过 (2.33) 式从资本积累方程消去 i_t 得到，即

$$i_t = \frac{1}{\phi}(q_t - 1)k_t = k_{t+1} - (1-\delta)k_t$$

这样我们得到了两个非线性方程：

$$\begin{aligned} q_t - q &= \beta(q_{t+1} - q) + \beta(F_{k,t+1} - F_k), \\ (q_t - q + \phi)k_t &= \phi k_{t+1}. \end{aligned}$$

可以在 k_t 和 q_t 的稳态水平处对上述两式做线性近似，得到

$$(1-\beta)(q_t - q) - \beta F_{kk}(k_t - k) = \beta\Delta q_{t+1} + \beta F_{kk}\Delta k_{t+1}, \tag{2.40}$$

$$k(q_t - q) = \phi\Delta k_{t+1}, \tag{2.41}$$

其中 k 是 k_t 的稳态水平。由于 $F_{kk}<0$，因此稳态的 k_t 和 q_t 负相关，两者间的关系通过下式表达

$$k_t - k = \frac{\theta}{F_{kk}}(q_t - q). \tag{2.42}$$

2.7.1.3 生产率提高带来的影响

k_t 和 q_t 的动态行为可以通过考察资本生产率的永久性提高所带来的影响来加以研究。在图 2.13 中，直线 $\Delta q=0$ 描述的是由 (2.42) 式得出的 k_t 和 q_t 之间的长期关系，这可以通过在 (2.40) 式中设定 $\Delta k_{t+1}=\Delta q_{t+1}=0$ 得到。在生产率提高之前，两条直线相交于 A 点，注意，初始均衡时 $q_t=1$。随着生产率的提高，q_t 有一个“跳跃式”的提高，使得 $q_t>1$。这导致了投资高于正常重置资本折旧 δk 的水平。起初 k_t 保持不变，所以经济体移动到 B 点。新追加的投资提高了各期的资本存量水平直至经济体从 B 点沿着鞍点路径达到其新的长期均衡点 C。在 C 点，q_t 重新回到长期均衡值 1 上，均衡的资本存量、产出以及消费都永久地提高了。

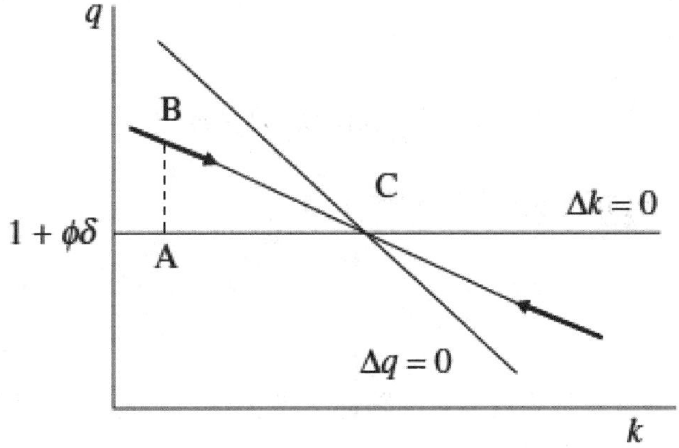

图 2.13　q 的相位图

2.7.2 建设时间

另一种使得基本模型具备更广泛的动态特征的方法是：假定安装新投资需要时间。Kydland 和 Prescott(1982) 首次将从新古典投资理论中得出的这种思想融入他们的实际经济周期的 DSGE(动态随机一般均衡) 宏观经济模型中 (另见 Altug，1989)。

为了刻画建设时间效应，需要重新设定资本积累方程 (2.2) 式，我们采用两种方法来讨论这个问题。首先，假设在第 t 期记账的投资支出是之前某期所做投资决策 i_t^s 的

结果，即假定第 t 期记账的投资支出的一定比例 φ_i 是始于第 $t-i$ 期所做的决策，写作：

$$i_t = \sum_{i=0}^{\infty} \varphi_i i_{t-i}^s. \tag{2.43}$$

如果投资的安置有时滞，初始的 φ_i 的值可能为零；如果最大时滞 J 为有限的值，那么对于部分 $i > J > 0$，有 $\varphi_i = 0$。此时，资本积累方程 (2.2) 式保持不变。此时我们就可以求得效用贴现值的最优化问题，就是在增加了约束 (2.43) 式的情况下，选择消费和资本存量，同时还要选择 i_t 与 i_t^s。这就是 Kydland 和 Prescott 所使用的方法。

重新表述资本积累方程 (2.2) 式的第二种做法是：假定第 t 期的投资中的一定比例 φ_i 在时期 $t+i$ 安装完成，并构成了该期资本存量的一部分，那么 (2.2) 式可以写作

$$\Delta k_{t+1} = \sum_{i=0}^{\infty} \varphi_i i_{t-i} - \delta k_t, \tag{2.44}$$

其中 $\sum_{i=0}^{J} \varphi_i = 1$。分布滞后函数的形式反映了安置成本。这种方法的一个变形是：将折旧包含在 φ_i 中，并且假定它反映了在时期 $t+i$ 将对生产资本做出贡献的第 t 期的投资。那么可在 (2.44) 式中令 $\delta = 0$。因此，运用国民收入恒等式 (2.1) 式以及生产函数，经济体的资源约束变为

$$\Delta k_{t+1} = \sum_{i=0}^{\infty} \varphi_i [F(k_{t-i}) - c_{t-i}]. \tag{2.45}$$

现在我们可在约束 (2.45) 式下最大化 $\sum_{s=0}^{\infty} \beta^s U(c_{t+s})$。

2.8 结论

本章对宏观经济学做了高度简化的陈述，建立了一个框架性的模型。本书其余部分的讨论都将建立在这个基础框架上。在今后的讨论中，这个框架本身并不需要太大的改动，只是需要注入更多的细节。

我们这里表述宏观经济体时，其关键之处在于描述其目标 (偏好)、它所面临的资源约束 (源自生产函数、资本积累方程以及国民收入恒等式) 及其禀赋 (初始资本存量)。我们发现，宏观经济学的核心问题是跨期：到底是今天消费还是将来再消费，到底是最大化每期的消费还是综合考虑将来的消费。将来消费的增加来源于减少今天的消费，从而增加储蓄，并将其投资生成额外的资本从而增加生产，进而使得将来能够有更多的消费。在不考虑将来消费或者不考虑将来的生产能力的情况下试图最大化今天的消费，都将被证明会造成经济体的不稳定，使得经济体在面对负向产出冲击时变得极其脆弱。

我们发现，基本模型中的动态性仅有两个来源：跨期效用函数和资源约束条件中存量的变动。宏观经济学的一个重要议题就是研究宏观经济的动态变化在多大程度上是受到这两个因素影响而形成的，或者说研究经济周期是否需要额外的条件。

我们沿着两个方向扩展了基本模型。其中一个方向是允许人们有在工作和闲暇间选择的灵活性，进而能够得到劳动供给函数和隐含的工资率。我们发现，消费和资本存量的解均与从基本模型中得到的解无本质区别。这意味着，在合适和方便的时候，我们仍然可以直接忽略劳动，只需要意识到它是暗含在模型中的。

另一个扩展方向是考虑了资本的安置成本，据此，我们能够推出投资函数。不存在安置成本时，尽管资本存量调整到所期望的水平需要花费一定的时间，但投资却是即时就可完成的。引入安置成本后，延缓了新增投资的完成时间并进一步降低资本存量的调整速度。在考察完建立在存在资本安置成本之上的投资理论后，注意到安置成本会加剧分析经济体短期行为的复杂性，因此，从简化问题的角度考虑，在今后分析中仍假设不存在安置成本。

本章的基本模型分析的是一个集中经济，在第 4 章，我们将分散化居民户和厂商的决策，并引入产品市场和劳动力市场来协调他们的决策。

对基本模型更为深入的讨论，请参见 Blanchard 和 Fisher(1989) 以及 Intriligator(1971)。

3 经济增长

3.1 导论

第 2 章的基本模型分析中，我们假设经济体在长期均衡状态下是静态的。对大多数经济体而言，一个更为现实的描述是经济会随时间推进而保持增长，而且长期的增长率为一个正的常数。换句话说，所谓的稳态应该是一个包含着增长的路径。本章将修正之前的分析以使之适用于稳态增长，从而我们可以运用修正的基本模型解释经济体在稳态增长路径中的行为了。我们将经济体动态行为分解为稳态增长路径和对稳态增长路径的偏离。在随后的章节里，我们将默认这种分解，从而不再讨论增长路径，而把焦点放在对稳态增长路径的偏离的讨论上。因此我们要知道这种分析方式并非对经济体的完整描述。关于增长理论核心的参考文献有：Cass(1965)、Koopmans(1965)、Shell(1967)、Slow(1956) 和 Swan(1956)。更多近些年的研究请参见 Aghion 和 Howitt(1998) ，Howitt (1999) 以及 Barro 和 Sala-i-Martin(2004)。

导致经济增长的因素主要有三个：资本存量的增加、体现于新的资本设备的技术进步以及劳动力投入的增加 (源于人口增长、移民、就职率的变化或人力资本水平的提高)。尽管随着时间的推移，很多发达国家劳动者的工作时间有慢慢减少的趋势，但在这里我们假设它为一个常数。因为有充分的证据可以说明技术进步主要来自于教育和研发，因此可以将经济增长归因于劳动力的进步而非资本的提高，这正是内生经济增长理论的基础。但是，在我们的讨论中，将把技术进步的速度当作一个外生的常数 μ。人口增长对经济增长的影响在不同国家、不同时期而有所不同。例如，美国由移民导致的人口增长一直是经济增长的一个重要源泉。而在欧洲和日本，人口增长远没有资本积累对经济增长重要。最近，由于欧盟 (EU) 的不断扩张，向英国迁入的移民提高了英国的 GDP 增长率。我们假设经济体的人口增长率为一个常数 n。

经济增长的重要性可由图 3.1 得以体现，该图以对数形式绘制了 1929–2010 年间美国的 GDP 和潜在 GDP，从中看出美国的平均经济增长率为 6.3%。该图显示的美国经济增长的主要特征是潜在 GDP (full capacity GDP) 的增长，除 20 世纪 30 年代大萧条时期 GDP 对潜在 GDP 的巨大偏离外，整个考察期内 GDP 对潜在 GDP 的偏离相对较小。从这个意义上说，由于经济福利来自于产出，这意味着增长对福利做出的贡献要远大于经济稳定，但历史上宏观经济学却一直更关注经济的稳定而不是增长。某一时段累计实际产出和累计潜在产出之比可大致地估计经济稳定的相对 (不) 重要性。图 3.1中显示这一比值为 94.7%，这意味着即使没能在潜在产出水平下生产，产出也仅仅损失了 5.3%。由于潜在产出是内生的，并且和资本存量以及投资有关，因此这种测度方法很可能会低估产出的损失。因为当经济运行十分接近潜在产出的状态时，人们预期到资本存量和投资的水平会继续升高，若稳定政策执行得很完美的话，潜在产出会比图 3.1中的要高。

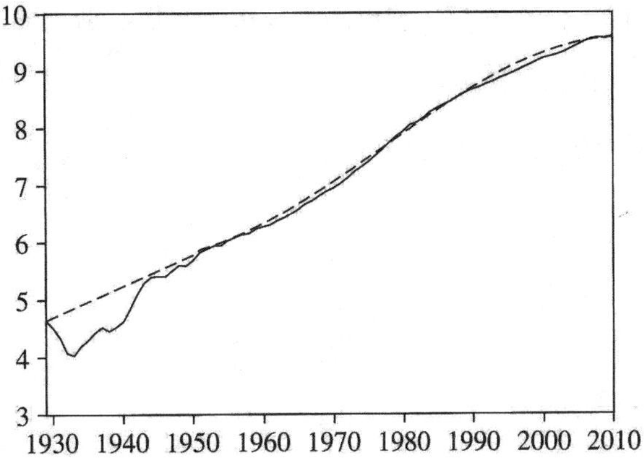

图 3.1　美国 1929–2010 年 GDP(实线) 和潜在 GDP(虚线)

3.2　经济增长建模

现在我们放松此前经济的长期增长率为零的假设，对此前的分析模型做出三点调整，所有的调整都是针对生产函数的。现在将生产函数设定为

$$Y_t = F(K_t, N_t, t)$$

本章我们用大写字母表示总产出、资本和劳动，小写字母则表示相应的人均值。此前的模型中，产出和资本都是以人均的形式度量的。对模型的第一点调整是将人口规模 N_t 考虑进来，并假设所有人都参加工作。第二点调整是引入了经济体的总产出水平 Y_t 和总资本存量 K_t。第三点是允许生产函数随着时间以一个常数速率 μ 增长，这样，生产函数中就包含了时间 t。这种调整的目的在于用来反映技术进步。在这种构想下，技

术进步是外生的，它并不明确是某项经济决策的直接结果，也没有资源成本的投入。更贴近现实的技术进步模型是假设技术进步需要人力资本、研发支出等资源的投入，而人力资本又部分地是由教育投资所创造的。这意味着对经济体而言，技术进步是内生的，而不是外生的。

为了便于理解，我们采用一个方便且应用广泛的假设，即假定生产函数为规模报酬不变的 Cobb-Douglas 形式：

$$Y_t = (1+\mu)^t K_t^{\alpha} N_t^{1-\alpha}$$

这意味着技术进步是中性的，且不是要素促进型的或与某一要素有相对促进型的，即技术进步能够同时提高两个要素的生产率。实际生活中，技术进步也往往内在体现在新的资本上，从而使得新资本的生产率更高，再进一步提高劳动的边际产量。

我们以人均的形式将生产函数改写为

$$y_t = (1+\mu)^t k_t^{\alpha},$$

其中，$y_t = Y_t/N_t$，$k_t = K_t/N_t$。

此时国民收入恒等式变为

$$Y_t = C_t + I_t$$

其中 C_t 是总消费，I_t 是总投资，且资本积累方程为

$$\Delta K_{t+1} = I_t - \delta K_t$$

由于 $\Delta N_{t+1}/N_t = n$，所以有

$$N_t = (1+n)^t N_0$$

其中 N_0 是基期的人口水平。

接下来，我们讨论两种分析方法，即 Solow-Swan 增长理论和“最优增长理论”。Solow-Swan 理论类似于黄金律解，而“最优增长理论”则是最优解的一般化。下文将表明这两个理论之间最关键的差别在于处理储蓄的方式不同。

3.3 Solow-Swan 增长模型

3.3.1 理论

Solow-Swan 增长理论的原型是在假设技术进步为外生的前提下，提供一个平衡增长模型。它也可用于讨论优化各期人均产出 y_t 增长率的问题 (见 Solow，1956；Swan，

1956)。根据生产函数，我们发现这相当于求解最大化人均资本存量 k_t。

我们将经济体的储蓄率表示为

$$\begin{aligned} s_t &= 1 - \frac{C_t}{Y_t} \\ &= 1 - \frac{c_t}{y_t}. \end{aligned}$$

Solow-Swan 模型的关键假设是经济体的储蓄率为常数，即 $s_t = s$。

如果储蓄能完全转化为投资，则

$$s_t = \frac{I_t}{Y_t} = i_t.$$

由于储蓄率为一个常数，所以投资率也是一个常数。资本存量的增长率为

$$\begin{aligned} \frac{\Delta K_{t+1}}{K_t} &= \frac{I_t}{K_t} - \delta \\ &= \frac{I_t/Y_t}{K_t/Y_t} - \delta \\ &= s\frac{Y_t/N_t}{K_t/N_t} - \delta \\ &= s\frac{y_t}{k_t} - \delta. \end{aligned}$$

所以，人均资本增长率是

$$\begin{aligned} \frac{\Delta k_{t+1}}{k_t} &= \frac{\Delta K_{t+1}}{K_t} - \frac{\Delta N_{t+1}}{N_t} \\ &= s\frac{y_t}{k_t} - (\delta + n), \end{aligned}$$

因此，资本积累方程为

$$\Delta k_{t+1} = sy_t - (\delta + n)k_t. \tag{3.1}$$

(3.1) 式表明，人均资本的变化等于人均总投资 (即储蓄 sy_t) 减去折旧和对人口增长率的调整，以满足资本增长速度高于人口增长速度的部分。

经济体能够持续的最大人均资本 k_t 的变化率是多少？我们利用图 3.2 和图 3.3 对此加以讨论，图中各个变量都是以人均值测度的。

图 3.2 描绘了生产函数、人均总投资以及折旧和人口增长对人均资本增长率的阻碍。Δk_{t+1} 由 sy_t 和 $(\delta + n)k_t$ 间的距离表示。

图 3.3 描绘了 Δk_{t+1} 和 k_t 的关系。穿过原点的直线 $\Delta k_{t+1} = \gamma k_t$ 的斜率代表了资本的增长率 γ。增长率的最大值出现在原点处，即 $k_t = 0$ 时。曲线的最高点表示 Δk_{t+1}

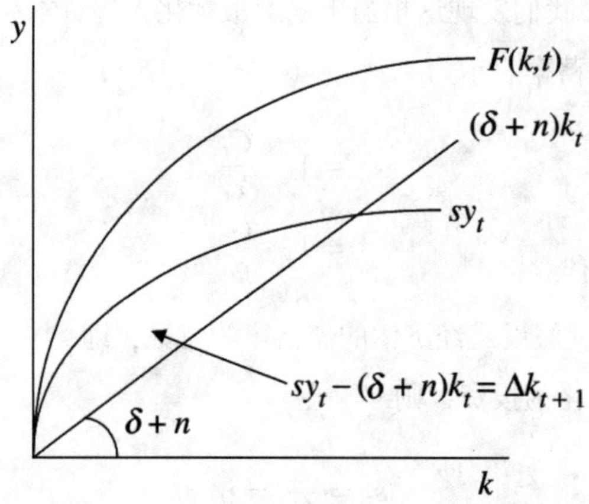

图 3.2　总产出和储蓄

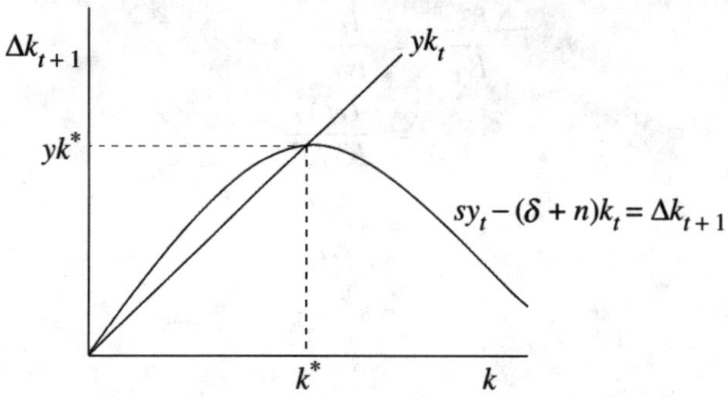

图 3.3　资本积累

可能达到的最大值，但这一点不是增长率的最大值。从原点出发的直线穿过这一点，令该点处的人均资本为 k^*。当 $k_t > k^*$ 时是次优的，因为 k_t 的增长率要低于它的必要水平。当 $k_t < k^*$ 时，k_t 会产生一个较高的增长率，但这个增长率是不可持续的，因为此时的产出水平过低。鉴于资本存量的增长率是资本存量规模的函数，则资本水平与它的增长率间的关系即可正式地以如下形式表达

$$\gamma(k_t) = s\frac{y_t}{k_t} - (\delta + n).$$

然后我们可得

$$\frac{\mathrm{d}\gamma(k_t)}{\mathrm{d}k_t} = \frac{s}{k_t}\left[\frac{\partial y_t}{\partial k_t} - \frac{y_t}{k_t}\right] = -\frac{sy_t}{k_t^2}\left[1 - \frac{k_t}{y_t}\frac{\partial y_t}{\partial k_t}\right] < 0,$$

因为资本的弹性为

$$\frac{k_t}{y_t}\frac{\partial y_t}{\partial k_t} < 1.$$

这样一来，由于资本的边际产量递减，导致资本存量越大，资本的增长率越低。

3.3.2 增长和经济发展

现在我们可以得出有关经济发展的重要结论。

1. 由于 $\partial\gamma/\partial k < 0$，欠发达 ($k$ 的水平较低的) 国家比发展程度高 (k 的水平较高的) 的国家增长速度要快。

2. 由于 $\partial\gamma/\partial s = y/k > 0$ 并且 $\partial\gamma/\partial\delta = \partial\gamma/\partial n < 0$，较高的储蓄率和较低的折旧率及人口增长率会提高 γ。

3. 每期的技术进步都会向上移动生产函数，所以会增加 y/k。由于 $\partial\gamma/\partial(y/k) = s > 0$，因此会提高 γ。

通常，发达国家倾向于有更高的储蓄率，技术进步更快；发展中国家的人口增长率较高。现实生活中，发展中国家的增长优势在于有一个较高的边际资本生产率，但人均值则通常会被更高的人口增长率抵消。发达国家凭借较高的技术进步率保持其经济增长率。

3.3.3 平衡增长

人均产出的增长率为

$$\begin{aligned}\frac{\Delta y_{t+1}}{y_t} &= \frac{\Delta Y_{t+1}}{Y_t} - \frac{\Delta N_{t+1}}{N_t} \\ &= \mu + \alpha\left[\frac{\Delta K_{t+1}}{K_t} - \frac{\Delta N_{t+1}}{N_t}\right] \\ &= \mu + \alpha\frac{\Delta k_{t+1}}{k_t} \\ &= \mu + \alpha\left[s\frac{y_t}{k_t} - (\delta + n)\right] \\ &= \mu + \alpha\gamma.\end{aligned}$$

由于 $c_t = (1-s)y_t$，所以人均消费的增长率由下式给出

$$\frac{\Delta c_{t+1}}{c_t} = \frac{\Delta y_{t+1}}{y_t}.$$

因此，尽管人均产出的增长率和人均消费的增长率相等，但人均资本的增长率却未必相同，这种情形叫做非平衡增长。而平衡增长要求人均产出、人均消费和人均资本都

以相同速率增长，即

$$\frac{\Delta y_{t+1}}{y_t}=\frac{\Delta c_{t+1}}{c_t}=\mu+a\gamma,$$
$$\frac{\Delta k_{t+1}}{k_t}=\gamma,$$

平衡增长要求

$$\gamma=\frac{\mu}{1-\alpha}.$$

所以，在这个模型中，除非有技术进步发生，否则平衡增长是不可能实现的。

3.4 最优增长理论

3.4.1 理论

当存在技术进步和人口增长时，我们将注意力从如何最大化人均产出转移到如何实现最优的人均消费水平上来。这与我们之前将黄金律解和最优解所做的比较非常相似。在静态的基本模型中，隐含着假设既不存在技术进步也不存在人口增长。所以，那时的长期均衡是一个静态均衡。现在，这个均衡将是一个增长均衡。换句话说，由于均衡点每期都在增长，问题的解由之前的 $\{c^*,k^*\}$ 变为现在的 $\{c_t^*,k_t^*\}$。

求解增长均衡的关键在于考虑对模型所做的变动，并重新解释之前的封闭经济模型。然后我们会发现，两个模型的解在本质上是一样的。具体的理由将在下文揭晓，首先我们将生产函数整理为

$$\begin{aligned}Y_t&=K_t^{\alpha}[(1+\mu)^{t/(1-\alpha)}N_t]^{1-\alpha}\\&=K_t^{\alpha}(N_t^{\#})^{1-\alpha},\end{aligned}$$

其中，$N_t^{\#}=(1+\mu)^{t/(1-\alpha)}N_t$ 可以被解释成有效劳动的投入。这等价于隐含地假设技术进步作用于劳动力上，即技术进步提高了劳动生产率。我们再次假设所有的人都参加工作，并且劳动力满足 $N_t=(1+n)^tN_0$，从而可以得到

$$N_t^{\#}=(1+\mu)^{t/(1-\alpha)}N_t=[(1+\mu)^{1/(1-\alpha)}]^t(1+n)^tN_0=(1+\eta)^tN_0,$$

在这里，使用了如下近似式

$$[(1+\mu)^{1/(1-\alpha)}]^t(1+n)^t\simeq(1+\eta)^t,$$
$$\eta\simeq n+\frac{\mu}{1-\alpha}.$$

我们现在定义单位有效劳动 (当期的或是基期的) 所对应的产出和资本为

$$y_t^{\#} = \frac{Y_t}{N_t^{\#}} = \frac{Y_t}{[(1+\mu)^{1/(1-\alpha)}]^t N_t} = \frac{Y_t}{(1+\eta)^t N_0},$$
$$k_t^{\#} = \frac{K_t}{N_t^{\#}} = \frac{K_t}{[(1+\mu)^{1/(1-\alpha)}]^t N_t} = \frac{K_t}{(1+\eta)^t N_0}.$$

生产函数就可改写为

$$y_t^{\#} = k_t^{\#\alpha}.$$

所以，通过引入单位有效劳动的产出和资本，我们把生产函数转化为之前用过的形式，这就是引进这种形式变化的原因。

国民收入恒等式并未受影响，可以写作

$$y_t^{\#} = c_t^{\#} + i_t^{\#},$$

其中

$$c_t^{\#} = \frac{C_t}{N_t^{\#}} = \frac{C_t}{(1+\eta)^t N_0},$$
$$i_t^{\#} = \frac{I_t}{N_t^{\#}} = \frac{I_t}{(1+\eta)^t N_0}.$$

将资本积累方程

$$K_{t+1} = I_t + (1-\delta)K_t$$

除以 $N_t^{\#}$，可以将其写成单位有效劳动的形式

$$\frac{K_{t+1}}{[(1+\mu)^{1/(1-\alpha)}]^{t+1} N_{t+1}} \frac{[(1+\mu)^{1/(1-\alpha)}]^{t+1} N_{t+1}}{[(1+\mu)^{1/(1-\alpha)}]^t N_t} = \frac{I_t}{[(1+\mu)^{1/(1-\alpha)}]^t N_t} + (1-\delta)\frac{K_t}{[(1+\mu)^{1/(1-\alpha)}]^t N_t}$$

或者

$$[(1+n)(1+\mu)^{1/(1-\alpha)}]k_{t+1}^{\#} = i_t^{\#} + (1-\delta)k_t^{\#}.$$

因此有

$$(1+\eta)k_{t+1}^{\#} = i_t^{\#} + (1-\delta)k_t^{\#}.$$

经济体的目标是最大化

$$\sum_{s=0}^{\infty} \beta^s U(C_{t+s})$$

约束条件为

$$F(K_t) = C_t + K_{t+1} - (1-\delta)K_t.$$

效用函数 $U(C_t)$ 可以写成以 c_t 表示的形式。考虑幂函数形式的效用函数

$$\begin{aligned}
U(C_t) &= \frac{C_t^{1-\sigma}-1}{1-\sigma} \\
&= \frac{[(1+\eta)^t N_0 c_t^{\#}]^{1-\sigma}-1}{1-\sigma} \\
&= \left[\frac{c_t^{\#1-\sigma}-[(1+\eta)^t N_0]^{-(1-\sigma)}}{1-\sigma}\right][(1+\eta)^t N_0]^{(1-\sigma)}.
\end{aligned}$$

为计算方便却又不失一般性，令 $N_0=1$，经济体所面临的最大化问题可以形式化表示为

$$\max_{c_{t+s},k_{t+s}} \sum_{s=0}^{\infty} \tilde{\beta}^s \left[\frac{c_{t+s}^{\#1-\sigma}-[(1+\eta)]^{-(1-\sigma)t}}{1-\sigma}\right][(1+\eta)]^{(1-\sigma)t},$$

其中 $\tilde{\beta}=\beta(1+\eta)^{1-\sigma}$，约束条件为

$$k_t^{\#\alpha} = c_t^{\#} + (1+\eta)k_{t+1}^{\#} - (1-\delta)k_t^{\#}.$$

拉格朗日函数为

$$\begin{aligned}
\mathcal{L}_t = \sum_{s=0}^{\infty}\Bigg\{&\tilde{\beta}^s\left[\frac{c_{t+s}^{\#1-\sigma}-(1+\eta)^{-(1-\sigma)t}}{1-\sigma}\right](1+\eta)^{(1-\sigma)t} \\
&+\lambda_{t+s}[k_{t+s}^{\#\alpha}-c_{t+s}^{\#}-(1+\eta)k_{t+s+1}^{\#}+(1-\delta)k_{t+s}^{\#}]\Bigg\}.
\end{aligned}$$

所以，一阶条件是

$$\begin{aligned}
\frac{\partial \mathcal{L}_t}{\partial c_{t+s}^{\#}} &= \tilde{\beta}^s c_{t+s}^{\#-\sigma}(1+\eta)^{(1-\sigma)t} - \lambda_{t+s} = 0, && s \geqslant 0, \\
\frac{\partial \mathcal{L}_t}{\partial k_{t+s}^{\#}} &= \lambda_{t+s}[\alpha k_{t+s}^{\#\alpha-1}+1-\delta] - \lambda_{t+s-1}(1+\eta) = 0, && s > 0.
\end{aligned}$$

我们注意到对于幂函数形式的效用函数，有

$$\frac{\tilde{\beta}U'_{t+1}}{U'_t} = \tilde{\beta}\left(\frac{c_{t+1}^{\#}}{c_t^{\#}}\right)^{-\sigma},$$

这表明欧拉方程可以写成

$$\tilde{\beta}\left(\frac{c_{t+1}^{\#}}{c_t^{\#}}\right)^{-\sigma}[\alpha k_{t+1}^{\#\alpha-1}+1-\delta] = 1+\eta.$$

这个形式和我们之前推导的静态经济体的欧拉方程很相似，如果令 $\eta=0$，则它就简化成了和静态经济一样的欧拉方程。

当存在增长时，稳态均衡的条件是单位有效劳动对应的消费和资本的增长率为零。即每期都有 $\Delta c^{\#}_{t+1} = \Delta k^{\#}_{t+1} = 0$。而当不存在增长时，这一条件就退化成静态经济的均衡条件 $\Delta c_{t+1} = \Delta k_{t+1} = 0$。所以，在稳态增长的情况下我们有

$$\tilde{\beta}[\alpha k^{\#\alpha-1}_{t+1} + 1 - \delta] = 1 + \eta.$$

这意味着

$$F'(k^{\#*}) = \alpha(k^{\#*})^{\alpha-1} = \delta - 1 + \frac{1+\eta}{\beta(1+\eta)^{1-\sigma}} \simeq \delta + \theta + \sigma\left(n + \frac{\mu}{1-\alpha}\right),$$

在这里我们运用了一阶泰勒展开近似式：

$$\eta = n + \frac{\mu}{1-\alpha},\ \ \beta = \frac{1}{1+\theta}$$

图 3.4 描绘了 $k^{\#*}$ 的解。若令 $n = \mu = 0$，$k^{\#*}$ 的最优水平即可与没有增长的模型加以比较，则我们可再次得到 $F'(k^{\#*}) = \delta + \theta$。

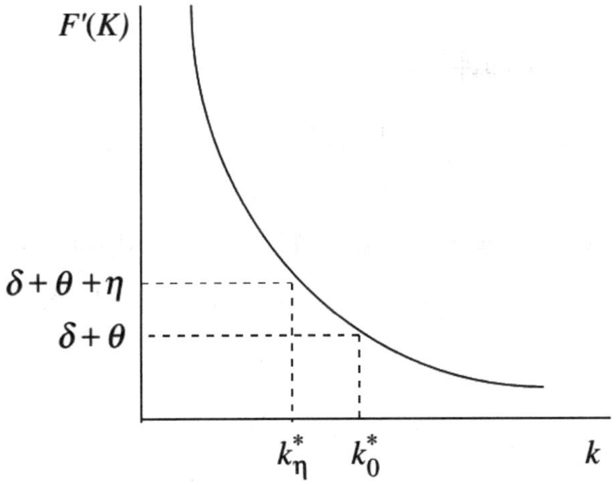

图 3.4　增长均衡中的最优资本

我们已经非常详尽地讨论了增长模型的各个细节，目的就是要明确地推导出 $k^{\#*}$ 的表达式，大体上说，这个表达式为：

$$k^{\#*} \simeq \left(\frac{\sigma(n + (\mu/(1-\alpha))) + \delta + \theta}{\alpha}\right)^{-1/(1-\alpha)}.$$

尽管在均衡路径上，单位有效劳动的资本在均衡路径上是一个常数，经济体的人均资本存量 K_t/N_t 却是不断增长的。由于

$$k^{\#}_t = \frac{K_t}{[(1+\mu)^{1/(1-\alpha)}]^t N_t},$$

由此可以推断出人均资本的最优路径为

$$\frac{K_t}{N_t}=\left(\frac{\sigma(n+(\mu/(1-a)))+\delta+\theta}{\alpha}\right)^{-1/(1-\alpha)}[(1+\mu)^{1/(1-\alpha)}]^t.$$

所以，K_t/N_t 的增长率约为 $\mu/(1-\alpha)$。

人均产出 Y_t/N_t 的最优增长率可由下式确定

$$y_t^{\#}=\frac{Y_t}{[(1+\mu)^{1/(1-\alpha)}]^t N_t}.$$

由于 $y_t^{\#}=k_t^{\#\alpha}$ 且 $\Delta k_{t+1}^{\#}=0$，这也意味着 $\Delta y_{t+1}^{\#}=0$。所以 Y_t/N_t 的增长率也约为 $\mu/(1-\alpha)$。最优人均消费 C_t/N_t 的增长率可以从 $\Delta c_{t+1}=0$ 和 $c_t^{\#}=C_t/([(1+\mu)^{1/(1-\alpha)}]^t N_t)$ 两个条件中得到。因此，C_t/N_t 的增长率同样约为 $\mu/(1-\alpha)$。将人口增长率加以整合后，我们可以得到总产出、总资本和总消费的最优增长率。加上人口增长率后，它们共同的增长率为 $\eta=n+(\mu/(1-\alpha))$。因为产出、资本和消费的增长率完全相等，所以最优解是一个平衡增长路径。

3.4.2 对最优增长的附加评论

求解最优增长问题的技术细节很可能掩盖了这个事实：即它是对求解静态问题的一个非常简单的拓展。由于是一个平衡增长，消费、资本、产出和投资的稳态增长路径是相同的；它们均以一个常数速率 η 保持增长。我们引进的这些变量的人均有效值可以被重新解释为它们偏离自身最优增长路径的比例。例如，如果最优增长路径上的产出为

$$\begin{aligned}Y_t^*&=(1+\eta)^t Y_0\\&=(1+\eta)^t N_0\frac{Y_0}{N_0}\\&=N_t^{\#}\frac{Y_0}{N_0},\end{aligned}$$

那么

$$y_t^{\#*}=\frac{Y_t}{N_t^{\#}}=\frac{Y_t}{Y_t^*}\frac{Y_0}{N_0}.$$

这个解与之前讨论的零增长情况下的解本质上是完全一致的。这些偏离都有一个静态均衡解，并且模型中初始变量的短期动态性现在是由对其最优增长路径的偏离来定义的，而不是对静态均衡的偏离。这些观察表明，在今后的分析中我们并不需要考虑最优增长路径的所有解，只需求解其静态解来简化我们的工作，将其视为同样描述了经济体在平衡稳态增长路径下的动态行为变化。

对比最优增长理论的解与 Solow-Swan 模型，二者主要的相似之处在于处于均衡时，二者的储蓄率都是一个常数。这是因为沿着最优增长路径的储蓄率由下式给出

$$s_t = 1 - \frac{C_t}{Y_t} = 1 - \frac{c_t^{\#}}{y_t^{\#}}.$$

所以，它们沿着最优增长路径增长的动态行为是一样的。二者的主要区别在于 Solow-Swan 模型是假设储蓄率不变，并且是一个外生变量，而在最优增长理论中储蓄率则不是外生的，它是由偏好、技术和折旧率及人口增长率决定的。为了证明这一点，我们注意到，在最优增长路径下，有

$$\begin{aligned} y_t^{\#} &= k_t^{\#\alpha}, \\ c_t^{\#} &= k_t^{\#\alpha} - (\eta + \delta) k_t^{\#}, \\ k_t^{\#} &= \left(\frac{\sigma\eta + \delta + \theta}{\alpha} \right)^{-1/(1-\alpha)}. \end{aligned}$$

由此推断储蓄率是一个常数

$$s_t = \frac{\alpha(\eta + \delta)}{\sigma\eta + \delta + \theta} = \frac{\alpha(n + (\mu/(1-\alpha)) + \delta)}{\sigma(n + (\mu/(1-\alpha))) + \delta + \theta}.$$

这两个理论的另一个区别在于短期中它们所预示的含义。最优增长理论中的储蓄率可以短期偏离最优水平，而在 Solow-Swan 模型中储蓄率则始终为常数。我们可以通过定义人均有效消费和资本，或总消费和总资本偏离最优增长路径的程度来分析最优增长模型的动态变化。结论是这些偏离的动态行为变化是一个鞍点路径。而 Solow-Swan 模型与黄金律解有相同的短期动态行为变化，所以是一个非稳定解。

3.5 内生增长

上文阐述的理论把经济增长归因为外生的技术进步和人口增长。事实上技术进步往往是顺势而为自然发生的，国家通常是无法控制技术进步的速度的。这是一个十分有用的简化，当然这不是对增长问题的正确表达方式。大多数国家都可以通过从别的国家进口新产品或者采纳其他国家新的生产工艺来获得新技术。尽管如此，事实上一定也有某些国家是在开发新技术。

由于新技术可以在全世界不断扩散，所以不同的国家可以采用同样的技术，单位生产成本较低的国家，特别是工资成本较低的国家，会在竞争中击败生产成本较高的国家。所以工资成本较高的国家在竞争中取胜的唯一方法就是进一步的创新，创造出一些它们拥有一定程度垄断定价能力的产品以节约劳动力以降低单位成本的新技术。

这意味着技术进步被极大地附加在新产品中，特别是新的资本投资上。技术进步大多发生在发达国家，但这一优势并不会保持很久。

为了保持技术创新的连续性和稳定性，对研发活动和人力资本技能的投入是十分必要的。从这个角度来说，技术进步将不再是外生的，而是经济决策的内生变量。现代增长理论的主流，如 Romer(1986，1987，1990)，Rebelo(1991)，以及 Aghion 和 Howitt(1998)、Barro 和 Sala-i-Martin(2004) 等人的研究大都可归类于此。内生增长理论有很多不同的模型，下面我们介绍内生增长的 AK 模型和内生增长的人力资本模型。

3.5.1 内生增长的 AK 模型

我们首先讨论 AK 模型 (见 Jones 和 Manuelli，1990；McGrattan，1998)。之所以叫 AK 模型，是因为假设生产函数采取如下简单形式

$$Y_t = AK_t, \quad A > 0,$$

这里 K_t 表示包括人力资本在内的所有资本。我们发现技术进步也可以蕴含在新的资本投资中，因而使新的资本比旧资本的生产效率更高，计算机就是最明显的一个例子。这个模型的关键特点是：技术进步不是外生的，以及 K_t 的规模收益不变。

我们用 y_t 表示人均产出，k_t 表示人均资本，因此生产函数可表示为

$$y_t = Ak_t.$$

根据之前 (3.1) 式的结论，可以得出 k_t 的增长率为

$$\begin{aligned}\gamma(k_t) &= s_t \frac{y_t}{k_t} - (\delta + n) \\ &= s_t A - (\delta + n).\end{aligned}$$

如果储蓄率是一个常数 $s_t = s$，则增长率也是一个常数。如果 $sA > \delta + n$，则增长率是一个正常数。所以，这一结果与之前不一样，增长率并不会随着资本存量的增加而出现下降。这是由于我们假设生产函数是规模报酬不变的。另外，增长率独立于初始的资本存量水平。这意味着，对于所有的国家而言，无论其发展程度 (这里即指当前的资本存量水平) 如何，都能实现一个不变的增长率。增长率自身由参数 s、A、δ 以及 n 共同决定。

因此，我们证明了当产出关于总资本 (无论是实物资本还是人力资本) 具有规模报酬不变的性质时，并不需要假设存在外生的技术进步。这个结论对 Solow-Swan 模型和最优增长理论都成立。

3.5.2 内生增长的人力资本模型

3.5.2.1 一部门模型

如果将人力资本从物质资本中分离出来，我们就能更清晰地论述人力资本及其在经济增长中的作用。令 h_t 代表人均人力资本，k_t 为人均物质资本，并且假设人均生产函数为

$$y_t = Ak_t^{\alpha}h_t^{1-\alpha}, \quad 0 \leqslant \alpha \leqslant 1. \tag{3.2}$$

注意，这里并未假定存在外生的技术进步。我们假设资本积累的过程和以前一样，而人力资本的积累需要投入实际资源。相应地我们可以得出

$$\Delta k_{t+1} = i_t^{\mathrm{k}} - \delta k_t,$$
$$\Delta h_{t+1} = i_t^{\mathrm{h}} - \delta h_t,$$

其中 i_t^{k} 和 i_t^{h} 分别表示对实物资本和人力资本的投入水平。为方便起见，假设人口增长率为零，并且人力资本的折旧率 δ 与物质资本相同。国民资源约束为

$$y_t = c_t + i_t^{\mathrm{k}} + i_t^{\mathrm{h}}. \tag{3.3}$$

即时效用函数为幂效用函数。这个模型被称为一部门模型，因为所有两类资本——物质资本和人力资本——都是采用相同的技术生产的。

通过最大化如下拉格朗日函数可以得到最优解

$$\mathcal{L}_t = \sum_{s=0}^{\infty}\left\{\beta^s \frac{c_{t+s}^{1-\sigma}-1}{1-\sigma} + \lambda_{t+s}[Ak_{t+s}^{\alpha}h_{t+s}^{1-\alpha} - c_{t+s} - (k_{t+s+1}+h_{t+s+1}) + (1-\delta)(k_{t+s}+h_{t+s})]\right\}.$$

一阶条件是

$$\frac{\partial \mathcal{L}_t}{\partial c_{t+s}} = \beta^s c_{t+s}^{-\sigma} - \lambda_{t+s} = 0, \quad s = 0, 1, 2, \ldots,$$
$$\frac{\partial \mathcal{L}_t}{\partial k_{t+s}} = \lambda_{t+s}[\alpha A k_{t+s}^{\alpha-1}h_{t+s}^{1-\alpha} + 1 - \delta] - \lambda_{t+s-1} = 0, \quad s = 1, 2, \ldots,$$
$$\frac{\partial \mathcal{L}_t}{\partial h_{t+s}} = \lambda_{t+s}[(1-\alpha)Ak_{t+s}^{\alpha}h_{t+s}^{-\alpha} + 1 - \delta] - \lambda_{t+s-1} = 0, \quad s = 1, 2, \ldots.$$

随之而来的欧拉方程也可以写成

$$\beta\left(\frac{c_{t+1}}{c_t}\right)^{-\sigma}\left[\alpha A\left(\frac{k_{t+1}}{h_{t+1}}\right)^{-(1-\alpha)} + 1 - \delta\right] = 1$$

并且

$$\frac{k_{t+1}}{h_{t+1}}=\frac{\alpha}{1-\alpha},$$

是一个常数。所以在均衡处可以写做 $k_t/h_t=k/h$，那么

$$\beta\left(\frac{c_{t+1}}{c_t}\right)^{-\sigma}\left[\alpha A\left(\frac{k}{h}\right)^{-(1-\alpha)}+1-\delta\right]=1,$$

消费的增长率 $\gamma(c_t)$ 也是一个常数，可由下式给出

$$\begin{aligned}\gamma(c_t)&=\Delta\ln c_{t+1}\\&=\frac{1}{\sigma}\left[\alpha A\left(\frac{k}{h}\right)^{-(1-\alpha)}-\delta-\theta\right].\end{aligned}$$

如果我们定义

$$r^{\mathrm{k}}=\alpha A\left(\frac{k}{h}\right)^{-(1-\alpha)}-\delta=A\alpha^{\alpha}(1-\alpha)^{1-\alpha}-\delta,$$

其中 r^{k} 可以被解释为资本的净回报率，则有

$$\gamma(c_t)=\frac{1}{\sigma}(r^{\mathrm{k}}-\theta).$$

我们还注意到，由于 k_t/h_t 也是一个常数，所以物质资本和人力资本的增长率是相同的，又因为增长是平衡的，所以它们的增长率都等于消费的增长率。

最后，我们还可以知道，如果将物质资本与人力资本的最优比率为一个常数的结论代入到生产函数中，便可以得到 AK 生产函数

$$y_t=A^*k_t,$$

其中 $A^*=A(\alpha/(1-\alpha))^{1-\alpha}$。

3.5.2.2 两部门模型

如果设定允许物质资本生产与人力资本生产分别采用不同的技术，我们可以将一部门模型一般化为两部门模型 (参见 Rebelo，1991；Barro 和 Sala-i-Martin，2004)。要完成这项任务需要对国民资源约束即 (3.3) 式加以修正，同时在生产函数中引入人力资本。新的资源约束条件为

$$y_t=c_t+i_t^{\mathrm{k}},\tag{3.4}$$

其中消费和实物投资是运用如下生产函数生成的

$$y_t=A(uk_t)^{\alpha}(vh_t)^{1-\alpha},\quad 0\leqslant\alpha,v,u\leqslant1,\tag{3.5}$$

其中 u 和 v 分别为该生产函数中物质资本和人力资本所占的份额。假定人力资本的形成由下式决定

$$i_t^{\mathrm{h}} = B[(1-u)k_t]^{\phi}[(1-v)h_t]^{1-\phi}, \quad 0 \leqslant \phi \leqslant 1, \tag{3.6}$$

其中 $1-u$ 和 $1-v$ 是在生产人力资本过程中投入的总物质资本和人力资本的份额。该模型的一个特例是，假设生产物质商品需要投入人力资本和物质资本两种资本，而生产人力资本则只需要投入人力资本，这意味着上式中 $u=1$。这就是 Uzawa(宇泽) 模型 (Uzawa，1965)。

更一般化的模型的拉格朗日函数为

$$\begin{aligned}\mathcal{L}_t = \sum_{s=0}^{\infty}\Bigg\{&\beta^s \frac{c_{t+s}^{1-\sigma}-1}{1-\sigma} \\ &+ \lambda_{t+s}[A(uk_{t+s})^{\alpha}(vh_{t+s})^{1-\alpha} - c_{t+s} - k_{t+s+1} + (1-\delta)k_{t+s}] \\ &+ \mu_{t+s}[B[(1-u)k_{t+s}]^{\phi}[(1-v)h_{t+s}]^{1-\phi} - h_{t+s+1} + (1-\delta)h_{t+s}]\Bigg\}.\end{aligned}$$

一阶条件为

$$\begin{aligned}\frac{\partial \mathcal{L}_t}{\partial c_{t+s}} &= \beta^s c_{t+s}^{-\sigma} - \lambda_{t+s} = 0, && s=0,1,2,\dots, \\ \frac{\partial \mathcal{L}_t}{\partial k_{t+s}} &= \lambda_{t+s}\left[\alpha u A(\frac{uk_{t+s}}{vh_{t+s}})^{-(1-\alpha)} + 1 - \delta\right] - \lambda_{t+s-1} \\ &\quad + \mu_{t+s}\phi(1-u)B[\frac{(1-u)k_{t+s}}{(1-v)h_{t+s}}]^{-(1-\phi)} = 0, && s=1,2,\dots, \\ \frac{\partial \mathcal{L}_t}{\partial h_{t+s}} &= \lambda_{t+s}(1-\alpha)vA\left(\frac{uk_{t+s}}{vh_{t+s}}\right)^{\alpha} - \mu_{t+s-1} \\ &\quad + \mu_{t+s}\left\{\phi(1-v)B[\frac{(1-u)k_{t+s}}{(1-v)h_{t+s}}]^{\phi} + 1 - \delta\right\} = 0, && s=1,2,\dots.\end{aligned}$$

上述解即为一个关于 c_t、k_t、h_t、λ_t 与 μ_t 的动态非线性函数，该最优解只能是区域解。

物质资本和人力资本的收益率，即它们的净边际产量，可以写成如下形式

$$\begin{aligned} r_t^{\mathrm{k}} &= \alpha u A\left(\frac{uk_t}{vh_t}\right)^{-(1-\alpha)} - \delta, \\ r_t^{\mathrm{h}} &= \phi(1-v)B\left[\frac{(1-u)k_t}{(1-v)h_t}\right]^{\phi} - \delta.\end{aligned}$$

资源有效配置的含义是二者边际产量必须相等，由此可以推断出

$$\frac{k_t}{h_t} = \left[\frac{A\alpha u}{B\phi(1-v)}\left(\frac{u}{v}\right)^{-(1-\alpha)}\left(\frac{1-u}{1-v}\right)^{-\phi}\right]^{1/(1=\alpha+\phi)}.$$

因此 k_t/h_t 是一个常数，且两类资本收益也必然是常数。将人力资本积累方程改写为如下形式即可推导出经济增长率，它是一个正的常数。

$$\begin{aligned}\frac{h_{t+1}}{h_t} &= (1-v)B\left[\frac{(1-u)k_t}{(1-v)h_t}\right]^{\phi} + 1 - \delta \\ &= \frac{r_t^{\mathrm{h}} + \delta}{\phi} + 1 - \delta > 0.\end{aligned}$$

为了完成我们的推导过程，将商品生产函数改写成

$$\frac{y_t}{h_t} = vA\left(\frac{uk_t}{vh_t}\right)^{\alpha}.$$

这表明 y_t/h_t 是个常数。由资源约束条件，我们可以得到

$$\begin{aligned}\frac{y_t}{h_t} &= \frac{c_t}{h_t} + \frac{k_{t+1}}{k_t}\frac{k_t}{h_t} - (1-\delta)\frac{k_t}{h_t} \\ &= \frac{c_t}{h_t} + \left(\frac{r_t^{\mathrm{h}} + \delta}{\phi}\right)\frac{k_t}{h_t},\end{aligned}$$

这意味着 c_t/h_t 也是个常数。

总结一下，至此我们已经证明，在没有引进外生技术进步的情况下，经济会因人力资本的不断形成而取得平衡增长。在具体分析中，我们将技术进步内生化，即将其内化于人力资本之中。

3.6 结论

本章的分析表明，大多数经济体的行为可以描述为在稳态增长路径附近的波动，并且经济增长使得经济体的福利大幅度提高。与之相比，保持经济稳定使其不会大幅度地偏离增长路径，却收效甚微。我们还阐述了经济增长主要归因于三个因素：技术进步、劳动力增长以及教育 (人力资本形成)。我们发现如果不存在技术进步，平衡的经济增长是无法实现的。而当我们投资于人力资本时，即使没有外生的技术进步，经济体的自我持续增长仍然是可能的。因此，事实上，人力资本积累是描述技术进步的另一种方式。

4

分散经济

4.1 导论

迄今为止，我们已经讨论了经济体的一个标准模型，在该模型中，单一经济行为人做出所有决策：消费、储蓄、闲暇、工作、投资和资本积累。换句话说，这个模型是由中央计划者为经济体中的每一个人做出所有这些决策，并对每个人做出的是相同的决策。这样，实际上经济体中只存在一个居民户 (居民)，或者更一般地称之为代表性经济行为人。基于这种解释，由于所有决策都是自动协调的，因而不需要研究市场结构。

本章我们将决策主体区分为居民户和厂商，从而使模型一般化。居民户进行消费决策，他们拥有企业 (因而能从企业中获得股息收入)，并向企业提供劳动，他们还以金融资产的形式进行储蓄。厂商的角色则是担任居民户代理人。他们进行有关产出、投资及雇佣决策，决定资本存量的大小、从居民户手中借款进行金融投资、向居民户支付工资、以股息的形式向居民户分配利润。将居民户和厂商的决策分散化以后，我们引入一系列其他的经济变量。为了协调居民户和厂商的决策，还要引入产品市场、劳动力市场和资本市场。

经过如此修正，模型变得更接近真实的宏观经济系统，同时也变得更加复杂。为简化分析，暂不考虑劳动问题，在假设劳动供给既定的情况下，首先考察居民户的消费和储蓄决策；接下来我们再将工作 – 闲暇决策内生化；再接下来，我们考察厂商关于投资、资本积累、金融负债的决策以及劳动需求决策。最后我们考察市场如何协调居民户和厂商的分散化决策，从而得到经济体的一般均衡状态。在这个分析过程中，我们需要有产品市场、劳动力市场、股票市场和债券市场。本章的结论是，分散经济体的行为在处于一般均衡状态时，与前文讨论的代表性行为人的基本模型十分相似。

4.2 消费

4.2.1 消费决策

假定代表性居民户追求效用现值的最大化，

$$\max_{\{c_{t+s},a_{t+s}\}} V_t = \sum_{s=0}^{\infty} \beta^s U(c_{t+s}), \tag{4.1}$$

其预算约束为

$$\Delta a_{t+1} + c_t = x_t + r_t a_t, \tag{4.2}$$

和以前一样，c_t 表示消费，$U(c_t)$ 代表即时效用 (($U_t' > 0$，$U_t'' \leqslant 0$))，贴现系数 $0 < \beta = 1/(1+\theta) < 1$ 是第 t 期期初的 (净) 金融资产存量；如果 $a_t > 0$，居民户为净贷款者，如果 $a_t < 0$，则为净借款者。r_t 是在期初给付的 t 时期的金融资产的利息率，x_t 为居民户的收入，目前假定收入是外生的。此时不需要详细说明 a_t 和 x_t。稍后我们会在不考虑政府的情形下，证明 a_t 即为厂商的债务，x_t 则为劳动收入加上居民户因拥有厂商股份而获得的股息收入。我们仍按照实际量的形式考察所有变量。

第 t 期期初，金融资产的存量为既定，厂商的资本存量也为既定 (该变量不由居民户决定)。居民户要在第 t 期选择 $\{c_t, a_{t+1}\}$，在第 $t+1$ 期选择 $\{c_{t+1}, a_{t+2}\}$，依此类推。这等价于选择一个完整的消费路径，即当期消费和所有未来消费 $\{c_t, c_{t+1}, c_{t+2}, \dots\}$。与基本模型相比，该模型的主要变化在于以金融资产存量代替资本存量、明确地引入利率以及用居民户的预算约束代替国民资源约束。

像以往一样，该问题可以利用拉格朗日乘子法求解，拉格朗日函数为

$$\mathcal{L} = \sum_{s=0}^{\infty} \{\beta^s U(c_{t+s}) + \lambda_{t+s}[x_{t+s} + (1 + r_{t+s})a_{t+s} - c_{t+s} - a_{t+s+1}]\}. \tag{4.3}$$

一阶条件为

$$\begin{aligned} \frac{\partial \mathcal{L}}{\partial c_{t+s}} &= \beta^s U'(c_{t+s}) - \lambda_{t+s} = 0, \qquad s \geqslant 0, \\ \frac{\partial \mathcal{L}}{\partial a_{t+s}} &= \lambda_{t+s}(1 + r_{t+s}) - \lambda_{t+s-1} = 0, \quad s > 0, \end{aligned}$$

除以上两式外，一阶条件还要再加上预算约束条件。

令 $s = 1$ 时解出一阶条件消去 λ_{t+s}，得到欧拉方程：

$$\frac{\beta U'(c_{t+1})}{U'(c_t)}(1 + r_{t+1}) = 1. \tag{4.4}$$

如果 $r_{t+1} = F'(k_{t+1}) - \delta$，则 (4.4) 式与从基本模型得出的欧拉方程是等价的。这就是之前我们将资本的净边际产品 $F'(k_{t+1}) - \delta$ 解释为实际利率的原因。

4.2.2 跨期预算约束

居民户的最优化问题可用另一种方式表达，即通过相继消去 $a_{t+1}, a_{t+2}, a_{t+3}, \dots$，可以从单期预算约束得到跨期预算约束。第 t 期和第 $t+1$ 期的预算约束为

$$a_{t+1} + c_t = x_t + (1 + r_t)a_t,$$
$$a_{t+2} + c_{t+1} = x_{t+1} + (1 + r_{t+1})a_{t+1}.$$

将上述两式合并，消去 a_{t+1}，就得到两时期的跨期预算约束

$$a_{t+2} + c_{t+1} + (1 + r_{t+1})c_t = x_{t+1} + (1 + r_{t+1})x_t + (1 + r_{t+1})(1 + r_t)a_t. \tag{4.5}$$

该式可改写为

$$\frac{a_{t+2}}{1 + r_{t+1}} + \frac{c_{t+1}}{1 + r_{t+1}} + c_t = \frac{x_{t+1}}{1 + r_{t+1}} + x_t + (1 + r_t)a_t. \tag{4.6}$$

进一步替代 $a_{t+2}, a_{t+3}, \dots$，得到居民户的财富为

$$W_t = \frac{a_{t+n}}{\prod_{s=1}^{n-1}(1 + r_{t+s})} + \sum_{s=0}^{n-1} \frac{c_{t+s}}{\prod_{s=1}^{n-1}(1 + r_{t+s})} \tag{4.7}$$

$$= \sum_{s=0}^{n-1} \frac{x_{t+s}}{\prod_{s=1}^{n-1}(1 + r_{t+s})} + (1 + r_t)a_t. \tag{4.8}$$

这样我们就有了两种度量居民户财富的形式，一是从其财富来源的角度来度量，即当期和未来收入的现值加上最初的金融资产 (4.8式)；二是依据其使用财富的形式来度量，即当期和未来消费的现值加上期末金融资产的贴现值 (4.7) 式。

将财富的极限取为无穷期，即当 $n \to \infty$ 时，可得到无穷期的跨期预算约束。当利率为常数 (等于 r) 时，可将财富表示为

$$W_t = \sum_{0}^{\infty} \frac{c_{t+s}}{(1 + r)^s} = \sum_{0}^{\infty} \frac{x_{t+s}}{(1 + r)^s} + (1 + r)a_t. \tag{4.9}$$

另一种表达居民户最优化问题的方式是最大化 V_t (4.1) 式，约束条件为财富约束 (4.9) 式。此时就只有一个拉格朗日乘子了。

我们还需要另一个被称为横截条件的最优化条件，其表达式为

$$\lim_{n \to \infty} \beta^n a_{t+n} U'(c_{t+n}) = 0. \tag{4.10}$$

如果将第 $t+n$ 期的金融资产用于消费，可获得效用的贴现值为 $\beta^n a_{t+n} U(c_{t+n})$。(4.10) 式意味着，当 $n \to \infty$ 时，这个贴现值为零。因为在 c_{t+n} 有限时，$U'(c_{t+n})$ 是正的，这

意味着 $\lim_{n\to\infty}\beta^n a_{t+n}=0$。由于

$$\beta^n=\frac{1}{\prod_{s=1}^{n-1}(1+r_{t+s})}$$

因此在稳态时我们可以有

$$\lim_{n\to\infty}\frac{a_{t+n}}{\prod_{s=1}^{n-1}(1+r_{t+s})}\geqslant 0. \tag{4.11}$$

这就是所谓的是非蓬齐博弈 (NPG) 条件。它意味着居民户不能永远靠着借款 (即通过持有负的金融资产) 来消费。

4.2.3 对欧拉方程的解释

可以用类似于第 2 章中的方法解释本章的欧拉方程。再次将问题简化为两期，并考虑若 c_t 减少一个很小的量 $\mathrm{d}c_t$，求解需要增加多少 c_{t+1} 才能对此完全补偿，也就是说，才能使 V_t 保持不变。因此，令

$$V_t=U(c_t)+\beta U(c_{t+1}).$$

对 V_t 求微分，因为 V_t 保持不变，所以有

$$0=\mathrm{d}V_t=\mathrm{d}U_t+\beta\,\mathrm{d}U_{t+1}=U'(c_t)\,\mathrm{d}c_t+\beta U'(c_{t+1})\,\mathrm{d}c_{t+1}$$

其中，$\mathrm{d}c_{t+1}$ 是由减少 c_t 所引起的 c_{t+1} 的微小变动。因而，第 t 期的效用损失是 $U'(c_t)\,\mathrm{d}c_t$。为了使 V_t 保持不变，损失的效用必须由贴现的效用增量 $\beta U'(c_{t+1})\,\mathrm{d}c_{t+1}$ 予以补偿。因此，我们需要增加的 c_{t+1} 为

$$\mathrm{d}c_{t+1}=-\frac{U'(c_t)}{\beta U'(c_{t+1})}\,\mathrm{d}c_t. \tag{4.12}$$

所有这些都和集中经济模型一样。

现在我们使用只有两期的跨期预算约束 (4.5) 式。假定利率、收入及资产持有量 a_t 和 a_{t+2} 都不变，那么跨期预算约束表明

$$\mathrm{d}c_{t+1}=-(1+r_{t+1})\,\mathrm{d}c_t,$$

由此可得

$$-\frac{\mathrm{d}c_{t+1}}{\mathrm{d}c_t}=1+r_{t+1}. \tag{4.13}$$

合并 (4.12) 和 (4.13) 两式，得到

$$-\frac{\mathrm{d}c_{t+1}}{\mathrm{d}c_t}=\frac{U'(c_t)}{\beta U'(c_{t+1})}=1+r_{t+1}, \tag{4.14}$$

整理可得

$$U'(c_t)(-\mathrm{d}c_t) = \beta U'(c_{t+1})[1 + r_{t+1}]\,\mathrm{d}c_t.$$

因此，在第 t 期由于减少消费、增加储蓄引起的效用损失 $-U'(c_t)\,\mathrm{d}c_t$，将由额外的储蓄在第 $t+1$ 期产生的利息收入所带来的效用增量的贴现值 $\beta U'(c_{t+1})[1 + r_{t+1}]\,\mathrm{d}c_{t+1}$ 来补偿。

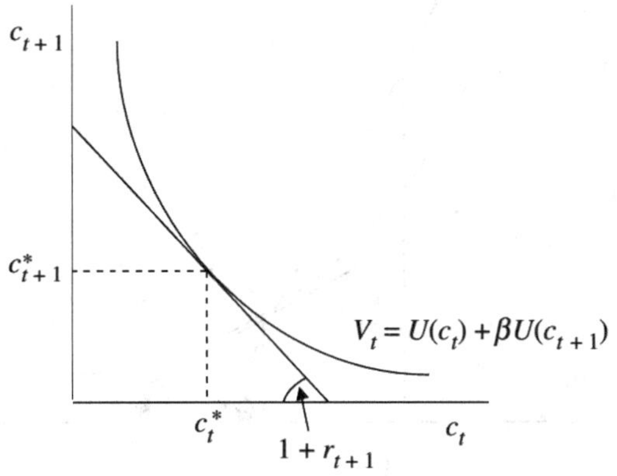

图 4.1　两时期的最优解

简单起见，我们以利率等于常数 r 的情形来将模型的解描绘在图 4.1中。$c_{t+1} = 0$ 时，c_t 取得最大值，此时，我们以在今天借款的方式消费了下一期的所有收入，并用下一期的收入偿还该借款。$c_t = 0$ 时，c_{t+1} 取得最大值，此时，我们将当期的所有收入用于储蓄。因此，由 (4.5) 式和 (4.6) 式可得，

$$\max c_t = x_t + \frac{x_{t+1}}{1+r} + (1+r)a_t,$$

$$\max c_{t+1} = (1+r)x_t + x_{t+1} + (1+r)^2 a_t.$$

上述两式决定了预算约束线和两个坐标轴的交点。预算约束线的斜率等于 $-(1+r)$，当预算线与能实现的最高的无差异曲线相切时，问题得到最优解。

第 t 期或第 $t+1$ 期的收入提高将使预算约束线向右移动，结果是可以得到更高的 c_t、c_{t+1} 和 V_t。

利率提高 (从 r_0 提高到 r_1) 将使预算约束线变陡峭，如图 4.2所示。利率提高也会影响 c_t 和 c_{t+1} 的最大值。如果 $a_t = 0$，那么 c_t 的最大值将减小 (从 $c^*_{t,0}$ 到 $c^*_{t,1}$)，因为凭借未来收入所能获得的借款量减少了；而 c_{t+1} 的最大值将提高，因为通过当前储蓄获得的利息增加了。因此，利率提高的结果是消费的跨期替代，即 c_t 下降，c_{t+1} 提高。

利率提高对 V_t 的影响不确定：预算约束线的切点既可能位于原无差异曲线上，也可能位于原无差异曲线的左侧 (意味着效用现值的减少) 或右侧 (意味着效用现值的增加)。

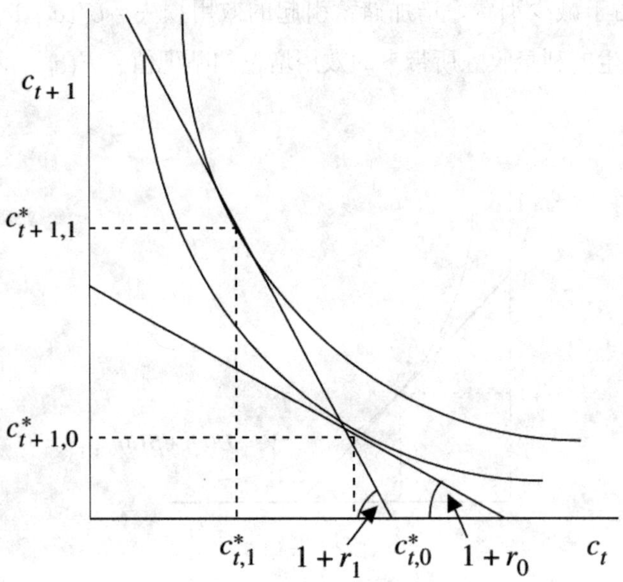

图 4.2　利率上升的影响

当 $a_t < 0$ 时，除 V_t 明确下降之外，其余结论皆相同。当 $a_t > 0$ 时，$\max c_{t+1}$ 的最大值仍将提高，如果 $x_{t+1}/(1+r) < (1+r)a_t$，那么 $\max c_t$ 的最大值也会提高。这将导致更高的 c_t、c_{t+1} 和 V_t，见图 4.2。现实生活中，居民户的大部分财富是以应领养老金的形式存在，由于应领养老金是在很远的将来才能实现的权益，要有很高的贴现系数，因而，居民户，尤其是有高额抵押贷款的居民户，其短期行业很可能会像净债务人 (即 $a_t < 0$) 一样进行消费决策。因此，我们的结论是：现实生活中，利率 r 的提高很可能引起 c_t 下降，c_{t+1} 提高。

4.2.4　消费函数

影响消费行为的因素有哪些呢？我们已经知道，第 t 期的消费会随着收入或者净资产的增加而增加，并可能随着利率的提高而减少。现在我们进一步详细地分析消费行为，将传统的消费函数 (即第 t 期的消费行为) 与沿着最优消费路径得到的未来的消费行为结合起来。

先考察最优路径上的消费行为 (这句话的确切含义后文会继续说明)。首先对欧拉

方程 (2.12) 式取线性近似。将 $U'(c_{t+1})$ 做关于 c_t 的一阶泰勒展开可得到

$$\begin{aligned}\frac{U'(c_{t+1})}{U'(c_t)} &\simeq 1+\frac{U''}{U'}\Delta c_{t+1}\\ &=1-\sigma\frac{\Delta c_{t+1}}{c_t},\end{aligned}\tag{4.15}$$

其中 $\sigma=-cU''/U'$ 为相对风险规避系数 (CRRA)。一般而言，CRRA 是时变的，但为了讨论的方便，考虑该系数为常数的情形。通过求解 (2.12) 式和 (4.15) 式，得到沿着最优路径的未来消费的增长率为

$$\frac{\Delta c_{t+1}}{c_t}=\frac{1}{\sigma}\left[1-\frac{1}{\beta(1+r_{t+1})}\right]\simeq\frac{r_{t+1}-\theta}{\sigma(1+r_{t+1})}.\tag{4.16}$$

因此，如果 $r_{t+1}=\theta$，那么未来的最优消费值将保持在第 t 期的值。在这种情形下，居民户进行储蓄直至储蓄的回报率降至与时间贴现率 θ 相等。这就是长期一般均衡解。当利率低于 θ 时，居民户更愿意消费而不是储蓄。在短期中，利率通常会偏离 θ。如果 $r_{t+1}>\theta$，消费将沿着最优路径增长，但由于储蓄回报率下降，这种增长是不可持续的。这是资本边际产量递减的结果。

合并 (4.16) 式与跨期预算约束 (4.7) 式，就得到第 t 期的消费，即消费函数。为方便讨论，再次假设利率为常数 r，将其推广到时变利率的一般情况也很容易完成。我们还要假设 $r=\theta$，这是其稳态值，即未来最优消费水平保持其第 t 期消费水平。这样我们就可以用 c_t 替代 (4.9) 式中的 c_{t+s} $(s>0)$，从而得到

$$\begin{aligned}W_t&=\sum_0^\infty\frac{c_{t+s}}{(1+r)^s}=\frac{1+r}{r}c_t\\ &=\sum_0^\infty\frac{x_{t+s}}{(1+r)^s}+(1+r)a_t.\end{aligned}$$

因此有

$$c_t=\frac{r}{1+r}W_t=r\sum_0^\infty\frac{x_{t+s}}{(1+r)^{s+1}}+ra_t.\tag{4.17}$$

(4.17) 式表明，第 t 期消费与财富水平成比例。c_t 的解是前瞻性的，其含义为预期到的未来收入变动对当期消费有直接的影响。在一般均衡中，收入是由劳动和资本决定的，因而这个解与基本模型的解非常相似。该解被称为“生命周期假说”，后文会对之所以如此命名做出解释 (见 Modigliani 和 Brumberg，1954；Modigliani，1970)。该解法也称为“永久收入假说”，因为收入的现值可以被解释为在不改变财富总值的前提下，每期可消费的财富量 (见 Friedman，1957)。这也意味着财富的暂时性增加可能被用于增加储蓄，而财富的暂时性下降会通过借款得以补偿。

在 $x_{t+s}=x_t\ (s\geqslant 0)$ 这种特殊情形时，消费函数 (4.17) 式变为

$$c_t=x_t+ra_t. \tag{4.18}$$

因此，c_t 等于当期总收入，也就是由储蓄得到的收入 ra_t 加上从其他渠道得到的收入 x_t。(4.18) 式即为我们熟悉的凯恩斯消费函数。它意味着边际消费倾向和平均消费倾向是一致的。

现在我们已经有关于消费的完整描述。最优消费路径决定了未来的消费行为是如何与当期消费相联系的。消费函数决定了当期的消费，因而也决定了最优消费路径。第 $t,t+1,t+2,\ldots$ 期的消费函数包含了同样的信息。因此它们一起构成了当期消费和最优消费路径的一个等价表示。

4.2.5 永久性冲击和暂时性冲击

在讨论收入和利率变化对消费的影响时，我们并未区分该变化是永久性还是暂时性的。这种区分是至关重要的，因为这将导致截然不同的结果，由此而形成的政策含义也十分重要。首先我们来考察对收入的冲击。

4.2.5.1 Income

为了方便，假设实际利率为常数，那么，一般地，消费将由 (4.17) 式决定。第 t 期收入的永久性变化将会影响到 x_t，x_{t+1}，x_{t+2}，$\ldots$。再次为了便于分析 x 变化带来的影响，我们假定 $x_{t+s}=x_t\ (s\geqslant 0)$。这种情况下，消费函数就简化成为 (4.18) 式。由此得出，收入的永久变动对边际消费倾向和平均消费倾向的影响都为 1，也就是说，没有将增加的收入用于储蓄。对一个随时间增长的经济体而言，收入的永久变动是常态。

收入的暂时性变动可用 (4.17) 式加以分析，将其重新整理为

$$c_t=\frac{r}{1+r}x_t+\frac{r}{(1+r)^2}x_{t+1}+\cdots+ra_t.$$

可见，x_t 的变化 (但不是 x_{t+1}，x_{t+2}，$\ldots$ 的变化) 对边际消费倾向的影响只有 $r/(1+r)$。因此，增加的 x_t 中的大部分被用于储蓄而不是增加消费。我们还知道，预期的消费 x_{t+1} 的增加也将使 c_t 提高，但由于 $t+1$ 期的收入贴现系数为 $1/(1+r)$，其对边际消费倾向的影响只有 $r/(1+r)^2$。收入的永久性冲击对消费的影响是当期和未来预期收入的贴现值的效应之和。

因此，凯恩斯消费理论中边际消费倾向 等于 1，隐含地假定收入的变化是永久性而非暂时性的。这种区分对执行政策的重要性是不言而喻的。一个试图暂时性影响收入的政策 (例如，暂时降低所得税) 对消费的影响十分有限。

4.2.5.2 利率

和以前一样，我们用 r_t 表示实际利率。实际利率的永久性提高是指 r_t，r_{t+1}，r_{t+2}，... 都提高。可通过在 (4.18) 式分析 r 提高的情形得到对消费的影响。对消费的效应取决于居民户拥有净资产还是净负债 (也就是说，是 $a_t > 0$ 还是 $a_t < 0$)。若 $a_t > 0$，利息收入及总收入都将永久性增加，这种增加的边际消费倾向等于 1，因为额外的利息收入没有被用于储蓄。但若 $a_t < 0$，那么偿债费用永久性增加，总收入下降。因而消费减少。

利率的暂时性提高可被居民户视为收入短暂性增加。例如，(2.1) 式表明 r_t 的提高只影响当期的利息收益 (或者偿债费用)。因此，大部分额外的利息收入被用于储蓄而不会增加消费。与此相比，预期到的 r_{t+1} 的提高则需要用 (refOPC) 式进行分析。其通过在不同时期的替代 (即跨期替代) 影响消费，这在之前已做了分析。回忆一下，利率对消费的影响取决于 a_t 为正还是为负。若 a_t 为负，居民户是净负债者，那么 c_t 将确定下降，c_{t+1} 将提高。因此，这再次表明区分利率的永久性变化和暂时性变化是重要的。

现实生活中，实际利率往往是围绕一个近似于常数的均值上下波动，这意味着实际利率是不太可能永久性提高的。我们至多只能把这当作一种方便的方法，用于分析实际利率的变化被视为持续许多期的情况。20 世纪 90 年代股市收益的持续增长也许是一个例子，该增长持续了如此之久以至于居民户近乎将其视为永久性变化。这或许可以解释为何储蓄率在此期间下降，以及为何当股市下行时消费却没有跟着下降。也许是由于消费者持有这样的观点，股市的下行只是暂时性的，因而他们试图保持原有消费水平。除了极少数类似的例子之外，大多时候应将实际利率的变动视为暂时性的，并认为实际利率的提高会降低当期消费，这样才更为合理，特别是在政策分析方面。

4.2.5.3 预期到的和未预期到的收入冲击

由于消费依赖于财富，并且财富是前瞻性的，未预期到的未来收入及利率变动就对当期消费没有影响。但在 t 期预期到的收入和利率变动则会影响当期消费水平。区别预期到的和未预期到的收入变动有助于解释文献中盛行一时的一个谜团。

(4.16) 式被视为和 (4.17) 式各有所长的不同的消费方程。由 (4.16) 式似乎可得出消费不受收入的影响的结论，所以它被当作一个相对而言较低级的理论。例如，若 $r_{t+1}=r=\theta$，那么 (4.16) 式意味着

$$c_{t+1}=c_t, \tag{4.19}$$

该式并未明确地涉及收入；c_{t+1} 完全由 c_t 决定。

为了解释为何这种理论是不正确的，考虑在 $t+1$ 期的一个永久性的但是未预期到的收入增加对消费的影响。x_{t+1}，x_{t+2}，$\ldots$ 将随之提高。对 (4.18) 式取一阶差分，并注意到资产存量保持不变，$t+1$ 期的消费函数可表示为

$$\begin{aligned} c_{t+1} &= x_{t+1}+ra_{t+1} \\ &= c_t+(x_{t+1}-x_t)+r(a_{t+1}-a_t) \\ &= c_t+(x_{t+1}-x_t). \end{aligned}$$

若收入保持不变 ($x_{t+1}=x_t$)，则消费也保持不变且满足 (4.19) 式。但是若 $x_{t+1}>x_t$，那么则有 $c_{t+1}>c_t$。所以 $t+1$ 期的消费对未预期到的 $t+1$ 期的收入提高做出反应。从 (4.177) 式可以看出，如果在 t 期就预期到 x_{t+1} 将会提高，那么 c_t 也会随之改变。结果如 (4.19) 式，根据 c_t 的信息就足以决定 c_{t+1}，也就不需要收入中包含的额外信息了。

这表明，严格说来，当引入未来的不确定性时，使用完全预见性假设 (perfect foresight) 进行分析是有局限性的。相应地应该将 (4.19) 式表示为

$$E_tc_{t+1}=c_t, \tag{4.20}$$

其中，E_t 表示基于包括 t 期在内的所有历史信息的条件期望。如果预期是理性的，那么预期的误差

$$e_{t+1}=c_{t+1}-E_tc_{t+1}$$

是无法利用基于包括 t 期在内的所有历史信息来预测的，也就是说 $E_te_{t+1}=0$。这说明消费是一个鞅过程 (在 $\mathrm{var}_t(\Delta c_{t+1})$ 为常数的特殊情形，鞅过程即为我们熟知的随机游走过程)。(4.20) 式是 Hall(1978) 首先提出来的。

因此，(4.19) 式并非另一种不同的消费理论，它实际上是对未预期到的与当期消费相关的未来消费行为的描述。当期消费由消费函数 (4.17) 式给出，或者当预期未来收入为常数时，当期消费由 (4.18) 式给出。对消费的完整描述同时需要 (4.17) 式和 (4.19) 式。因此，(4.19) 式不是与 (4.18) 式不同的另一种消费函数。

上述论断可由图4.3 加以说明。我们将消费行为 (取对数) 按时间序列绘制成图，该图有两个特征：斜率 (当 $r>\theta$ 时为正) 和位置。考察图中较低的部分。消费沿着这部分

的移动由欧拉方程决定，它以常数速率增长。这部分的位置 (即消费水平) 由消费函数决定。假设不久之后对消费有一个源自收入提高的永久性的正向冲击，这将导致消费跳跃至图中较高的部分。消费将沿着这部分的路径移动，继续以之前的恒定速率增长，这是由于欧拉方程并未受到这个跳跃的影响。反之，对消费的短暂性正向冲击将导致消费暂时性地跳跃至较高的部分，之后又回到较低的部分，继续以原速率增长，如图中虚线部分所示。如果之前就预期到收入的永久性提高，那么消费从该时刻就开始增长。从人们预期到收入永久性提高的时刻起，消费的路径将高于图 4.3 中较低的部分，并且在收入提高后会平滑地连接到较高的部分。

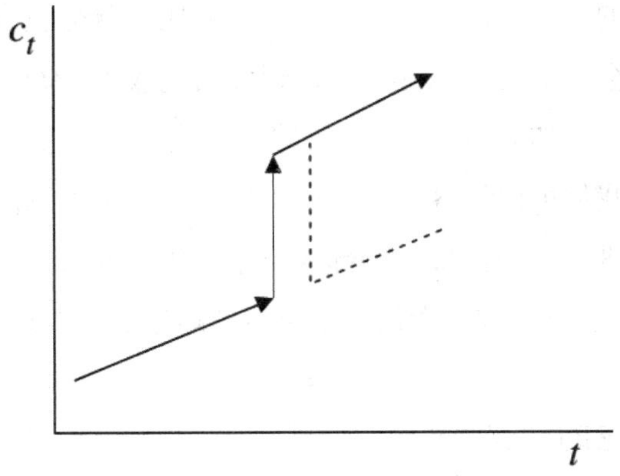

图 4.3　收入的永久性和暂时性冲击对消费的影响

4.3　储蓄

在介绍了消费之后，下面简要讨论储蓄。假设利率为常数 r，则储蓄为

$$s_t = x_t + ra_t - c_t.$$

利用 (4.17) 式消去 c_t，可以得到

$$\begin{aligned} s_t &= x_t - r\sum_{s=0}^{\infty}\frac{x_{t+s}}{(1+r)^{s+1}} \\ &= -\frac{r}{1+r}\sum_{s=1}^{\infty}\frac{x_{t+s}-x_t}{(1+r)^{s}} \\ &= -\sum_{s=1}^{\infty}\frac{\Delta x_{t+s}}{(1+r)^{s+1}}. \end{aligned}$$

该式有一个非常有趣的解释。它表明储蓄是为了应对 (可以预期到的) 未来收入下降的。收入的下降可能是暂时性的 (如暂时性的失业)，也可能是永久性的 (如退休)。因此，不考虑经济增长时，储蓄能够使消费水平在一生中保持不变。

4.4 生命周期理论

迄今为止，我们一直假设人是同质的并且是永生的。事实上，由于人的生命是有限的，年龄的不同是引起人们行为差异的主要原因。一个有所依靠且很多年之后才会退休的年轻人与一个已经退休的老年人相比，在消费和储蓄方式上会有明显差别。最明显的，一个有孩子的典型家庭，其支出占收入的比重就会较高，从而储蓄率就会较低。中年人则会通常会增加储蓄以提高自己退休后的收入。一个已经退休的老人则可能依赖于过去的储蓄，例如养老保险，他们将不再储蓄。显然，前述理论并未包含居民户的这些特征。但我们可以很容易对其做出修正，让它可以反映消费和储蓄与年龄有关这一主要特征。进一步，如果在全部人口中，年龄分布是相对稳定的，那么，作为一个近似，在分析总消费和总储蓄时我们可以忽略年龄因素。

4.4.1 生命周期理论的含义

在修正上述理论前，我们注意到它是可以解释我们的这些关切中的一部分的。该理论的核心结论是：一般而言，消费是关于财富的一个函数 (4.17式)。由于财富等于全部预期未来收入的贴现值加上当期的金融资产，我们可以认为它在各期都是比较稳定的。这意味着消费在各期也很稳定，并且和人的年龄是无关的。因此，如果人们不工作即收入为零，那么由于失业或退休对收入造成的波动在理论上不会影响当期的消费。这就是为何称该理论为生命周期理论；因为在理论上，它自动考虑了每个家庭在其生命周期中的状况。

生命周期理论有一系列很强的假设。尤其是它假设未来可以被合理、准确地预测。我们可以从另一角度做出一个强假设，即假设居民户持有收益时好时坏的多种资产，以此来抵消未预期到的收入变动所产生的影响，从而使财富水平保持不变。

另一个关键的假设是，即使当期的收入和资产不足以支持当期消费时，居民户仍然可以通过借款维持消费水平不变。但实际上，可能存在相当一部分居民户面临着流动性约束使其不能在入不敷出的情况下借款。因此他们的消费会受到当期收入的限制，因此消费会随着收入的变化而变化，而不是像生命周期理论所预示的那样，在各期间平滑消费。经验证据又反映了怎样的情况呢？图 4.4 绘制了美国 1947–2010 年间可支配

收入 (税后) 和总消费的变化趋势。图 4.5给出了同期总消费、非耐用品实际消费和耐用品实际消费的变化情况。(两图中 RDPI 代表实际可支配收入，RCONS 代表总实际消费，RNDCONS 代表耐用品实际消费。)

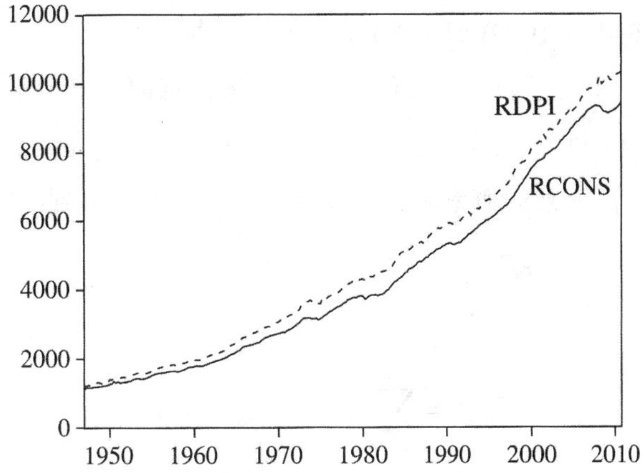

图 4.4　美国 1947–2010 年总实际消费与实际可支配收入

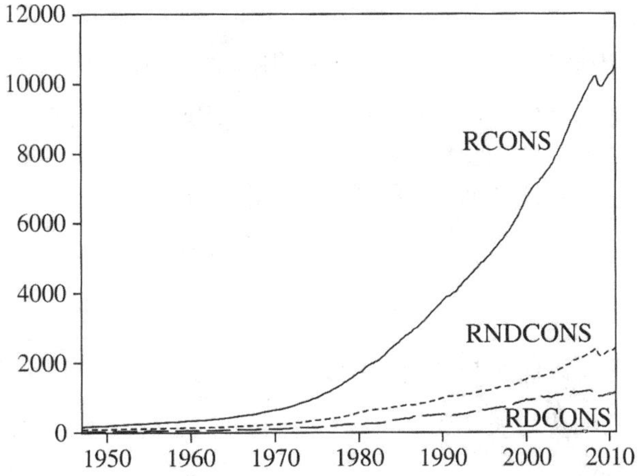

图 4.5　美国 1947–2010 年总实际消费、非耐用品实际消费与耐用品实际消费

图 4.4 反映出总消费是在总体平滑的情况下仍有波动，这种波动与收入的波动没有什么明显不同。图 4.5则说明总消费的波动更多的来源于耐用品消费而不是非耐用品消费。实际可支配收入和消费的年化增长率的标准差分别为 4.12% 和 3.39%，这意味着与收入波动相比，消费支出是相对平滑的。名义非耐用品消费和耐用品消费的年化增长率则分别为 5% 和 15%，这表明耐用品支出的波动幅度较大。与非耐用品支出不同，

耐用品支出是个存量而不是流量，由耐用品存量所产生的服务流才是一个流量。因此，严格地说，生命周期理论不适用于耐用品消费。我们需要重新检验耐用品的消费决策。

4.4.2 青春永驻模型

Blanchard 和 Fisher(1989) 以及 Yaari(1965) 的青春永驻理论修正了生命周期理论，明确地意识到了人的生命是有限的。假设每个个体在每期有一个不变的死亡概率 ρ，这个概率与年龄无关。因此，每个个体在每期活下来的概率是 $1-\rho$。在 s 期死亡的概率等于在前 $s-1$ 期存活下来的概率乘以在 s 期死亡的概率而得到的联合概率，即

$$f(s)=\rho(1-\rho)^{s-1}, \quad s=1,2,\ldots.$$

则预期寿命为

$$E(s)=\sum_{s=1}^{\infty} s\rho(1-\rho)^{s-1}=\rho^{-1}.$$

所以，当取极限 $\rho\to 0$ 时，就可以得到与基本模型一样的生命无限模型。如果各期新生儿有同样的死亡概率，为了使人口规模保持为常数，新出生的人数必须恰好等于死亡的人数。实际上，人口的平均寿命在不断增加意味着 ρ 在不断下降。

由于死亡时间不确定，居民户必须在不确定的情形下做出消费和储蓄决策。因此，我们必须用期望效用函数替代第 $t+s$ 期的效用函数 (*前提是该居民户仍然存活*)。在第 $t+s$ 期居民户仍然存活的概率为 $(1-\rho)^s$。期望效用函数的现值为

$$\begin{aligned} V_t &= \sum_{s=0}^{\infty} \beta^s(1-\rho)^s U(c_{t+s}) \\ &= \sum_{s=0}^{\infty} \tilde{\beta}^s U(c_{t+s}), \end{aligned}$$

其中 $\tilde{\beta}=\beta(1-\rho)$。所以居民户的目标函数与之前的形式是一样的，只是贴现率变了。由此我们得到最优的消费增长率为

$$\frac{\Delta c_{t+1}}{c_t}=\frac{1}{\sigma}\left[1-\frac{1}{\tilde{\beta}(1+r_{t+1})}\right]\simeq\frac{r_{t+1}-(\theta+\rho)}{\sigma(1+r_{t+1})}.$$

因此，对死亡的前瞻性提高了引致人们储蓄的最低回报率，降低了最优消费增长率，提高了消费水平。但在现实生活中，死亡的概率不是一个常数，而是随着年龄增长而提高，因而我们可以预期到，老人 (特别是在退休的人群中) 会有相对较高的消费和负的净储蓄。

总之，我们可以沿用以前的分析方法。虽然不需要变更之前的分析，但我们应该清楚贴现率所蕴含的意义。

4.5 非耐用品消费和耐用品消费

非耐用品和耐用品的关键差异在于前者是流量，后者是存量，但耐用品每期为人们所提供的服务是流量。作为一个存量，耐用品的折旧体现为随着时间的推移，对其不断地磨损或弃置。为了融合这些特点，我们对之前居民户消费的分析加以修正。本节中我们用 c_t 表示对实际非耐用品的消费，D_t 表示耐用品的存量，d_t 表示对耐用品的总投资支出。耐用品的积累方程如下

$$\Delta D_{t+1} = d_t - \delta D_t, \tag{4.21}$$

其中，δ 为折旧率。修正居民户的预算约束形式以反映居民户会同时购买非耐用品和耐用品，即

$$\Delta a_{t+1} + c_t + p_t^{\mathrm{D}} d_t = x_t + r_t a_t,$$

其中，p_t^{D} 是耐用品相对于非耐用品的价格，$p_t^{\mathrm{D}} d_t$ 表示以非耐用品价格度量的耐用品的总支出。因此，预算约束变为

$$\Delta a_{t+1} + c_t + p_t^{\mathrm{D}}[D_{t+1} - (1-\delta)D_t] = x_t + r_t a_t. \tag{4.22}$$

效用函数以 $U(c_t, D_t)$ 的形式把居民户的效用区分为来自于享受耐用品提供的服务和对非耐用品的消费两部分，其中 $U_c, U_D > 0$，$U_{cc}, U_{DD} \leqslant 0$，这反映出耐用品的存量越多，其在每期所提供的服务的流量越大。如果 $U_{cD} > 0$，则非耐用品和耐用品是互补品，而如果 $U_{cD} < 0$ ，则它们是替代品。

进而问题转化为求解 $\{c_{t+s}, D_{t+s+1}, a_{t+s+1};\ s \geqslant 0\}$ 以最大化

$$V_t = \sum_{s=0}^{\infty} \beta^s U(c_{t+s}, D_{t+s}),$$

约束条件为预算约束 (4.22) 式和耐用品积累方程 (4.21) 式。拉格朗日函数是

$$\begin{aligned}\mathcal{L} = \sum_{s=0}^{\infty} \{ & \beta^s U(c_{t+s}, D_{t+s}) + \lambda_{t+s}[x_t + (1 + r_{t+s})a_{t+s} - c_{t+s} \\ & - p_{t+s}^{\mathrm{D}} D_{t+s+1} + p_{t+s}^{\mathrm{D}}(1-\delta)D_{t+s} - a_{t+s+1}]\}.\end{aligned}$$

一阶条件为

$$\begin{aligned}
\frac{\partial \mathcal{L}}{\partial c_{t+s}} &= \beta^s U_{c,t+s} - \lambda_{t+s} = 0, & s \geqslant 0, \\
\frac{\partial \mathcal{L}}{\partial D_{t+s}} &= \beta^s U_{D,t+s} + \lambda_{t+s} p_{t+s}^{\mathrm{D}}(1-\delta) - \lambda_{t+s-1} p_{t+s-1}^{\mathrm{D}} = 0, & s > 0, \\
\frac{\partial \mathcal{L}}{\partial a_{t+s}} &= \lambda_{t+s}(1 + r_{t+s}) - \lambda_{t+s-1} = 0, & s > 0.
\end{aligned}$$

第一个方程和第三个方程是常见的欧拉方程，只是现在被以非耐用品的消费来加以定义

$$\frac{\beta U_{c,t+1}}{U_{c,t}}(1+r_{t+1})=1.$$

从一阶条件的三个方程中可得到近似解为

$$U_{D,t+1}=U_{c,t+1}p_{t+1}^{D}(r_{t+1}-\frac{\Delta p_{t+1}^{D}}{p_t^{D}}+\delta). \tag{4.23}$$

如果效用函数为 Cobb-Douglas 形式，即

$$U(c_t,D_t)=c_t^{\alpha}D_t^{1-\alpha},$$

则欧拉方程为

$$\beta\left(\frac{c_{t+1}/D_{t+1}}{c_t/D_t}\right)^{-(1-\alpha)}(1+r_{t+1})=1 \tag{4.24}$$

(4.23) 式可以改写为

$$\frac{c_{t+1}}{p_{t+1}^{D}D_{t+1}}=\frac{\alpha}{1-\alpha}(r_{t+1}-\frac{\Delta p_{t+1}^{D}}{p_t^{D}}+\delta). \tag{4.25}$$

(4.25) 式意味着，实际利率上升或耐用品相对于非耐用品的相对价格下降，将导致耐用品存量相对于非耐用品支出的价值减少。在稳态处，即当 $\Delta c_{t+1}=\Delta D_{t+1}=-\Delta p_{t+1}^{D}/p_t^{D}=0$ 时，我们有 $r_{t+1}=\theta$。所以

$$\frac{c}{p^{D}D}=\frac{\alpha}{1-\alpha}(\theta+\delta),$$

在长期，非耐用品对耐用品的消费支出比为

$$\frac{c}{p^{D}d}=\frac{\alpha}{1-\alpha}\frac{\theta+\delta}{\delta}.$$

短期行为会受到耐用品存量调整滞后的影响。尽管非耐用品和耐用品支出都可以立即对 t 期的冲击作出反应，但由于耐用品的存量在第 t 期已经给定，所以在第 t 期受到的冲击要到第 $t+1$ 期才能反映出来。例如，当在第 t 期收入发生了一个永久性的增长时，会立即引起第 t 期非耐用品和耐用品消费支出的永久性增加。非耐用品对耐用品支出的相对变化推导过程如下：从 (4.21) 式和 (4.24) 式中可得耐用品相对非耐用品的支出为

$$\begin{aligned}\frac{p_t^{D}d_t}{c_t}&=\frac{c_{t+1}}{c_t}\frac{p_t^{D}D_{t+1}}{c_{t+1}}-(1-\delta)\frac{p_t^{D}D_t}{c_t}\\&=\left[\frac{c_{t+1}}{c_t}\left(\frac{1+r_{t+1}}{1+\theta}\right)^{-1/(1-\alpha)}-1+\delta\right]\frac{p_t^{D}D_t}{c_t}\\&\simeq\left[\frac{\Delta c_{t+1}}{c_t}-\frac{1}{1-\alpha}(r_{t+1}-\theta)+\delta\right]\frac{p_t^{D}D_t}{c_t}.\end{aligned}$$

因此，当给定 D_t 时，c_t 的增加对这种相对支出的影响取决于方括号内部分的符号。如果该部分符号为负，则第 t 期耐用品的相对支出增加。这个结论是和事实相符的，耐用品消费的波动率要大于非耐用品的消费。

4.6 劳动供给

至此，我们在非利息收入 x_t 给定的情况下，集中讨论了居民户的消费和储蓄决策。现在转入考虑居民户的劳动供给决策。这是将非利息收入内生化的第一步，紧接着我们就要讨论厂商的劳动力需求以及劳动力市场是如何协调这些决策的。

在第 2 章的基本模型中，假定居民户工作的时间是固定的。我们通过区分工作和闲暇来扩展了基本模型，允许居民户在二者间选择。当时的分析是将工资率隐含在模型中的，现在我们将明确工资率 w_t。虽然花费在工作上的时间 n_t 创造了劳动收入并为消费 c_t 做出了贡献，但这是以牺牲闲暇 l_t 为代价的，而我们假设闲暇也是人们向往的。居民户可利用的总时间为 1 单位，所以 $n_t + l_t = 1$。与之前对劳动的分析不同，现在将即时效用函数写作

$$U(c_t, l_t) = U(c_t, 1 - n_t),$$

其中 $U_c > 0, U_l < 0, U_{cc} \leqslant 0, U_{ll} \leqslant 0, U_{\mathrm{n},t} = -U_{l,t}$，居民户的预算约束为

$$\Delta a_{t+1} + c_t = w_t n_t + x_t + r_t a_t, \tag{4.26}$$

其中，w_t 是每单位劳动时间的实际工资率，x_t 仍为外生的收入，只是不包括劳动收入了。r_t 是第 t 期期初持有的净资产 a_t 的实际利率。

拉格朗日函数为

$$\begin{aligned}\mathcal{L} = \sum_{s=0}^{\infty}\{&\beta^s U(c_{t+s}, 1 - n_{t+s}) \\ &+ \lambda_{t+s}[w_t n_t + x_t + (1 + r_{t+s})a_{t+s} - c_{t+s} - a_{t+s+1}]\}.\end{aligned}$$

通过求解 $\{c_{t+s}, n_{t+s}, a_{t+s+1};\ s \geqslant 0\}$ 使效用函数最大化，得到一阶条件为

$$\begin{aligned}\frac{\partial \mathcal{L}}{\partial c_{t+s}} &= \beta^s U_{c,t+s} - \lambda_{t+s} = 0, & s \geqslant 0,\\ \frac{\partial \mathcal{L}}{\partial n_{t+s}} &= -\beta^s U_{l,t+s} + \lambda_{t+s} w_{t+s} = 0, & s \geqslant 0,\\ \frac{\partial \mathcal{L}}{\partial a_{t+s}} &= \lambda_{t+s}(1 + r_{t+s}) - \lambda_{t+s-1} = 0, & s > 0,\end{aligned}$$

上述一阶条件与预算约束一起构成了模型的解。

令 $s=0$，从前两个方程中消去 λ_t，可以得到

$$\frac{U_{l,t}}{U_{\mathrm{c},t}}=w_t. \tag{4.27}$$

一旦确定了消费，就可以由上式中求解出劳动供给，它是关于消费和工资率的函数。

求解消费的方法和之前的方法相似。从第一个方程和第三个方程中可以得到和之前一样的欧拉方程，即 (2.12) 式，为了方便起见，我们将其重新写在这里:

$$\frac{\beta U_{\mathrm{c},t+1}}{U_{\mathrm{c},t}}(1+r_{t+1})=1. \tag{4.28}$$

然后将它与跨期预算约束，即新的即时预算约束 (4.26) 式合并，并假设利率为常数，可得

$$c_t=\frac{r}{1+r}W_t=r\sum_0^\infty\left[\frac{w_{t+s}n_{t+s}}{(1+r)^{s+1}}+\frac{x_{t+s}}{(1+r)^{s+1}}\right]+ra_t, \tag{4.29}$$

其中，财富由下式给出

$$W_t=\sum_0^\infty\left[\frac{w_{t+s}n_{t+s}}{(1+r)^s}+\frac{x_{t+s}}{(1+r)^s}\right]+(1+r)a_t.$$

因此，财富包括当期和未来收入的贴现值。(4.27) 式、(4.29) 式以及劳动约束是关于 $\{c_{t+s},l_{t+s},n_{t+s}\}$ 的三个联立方程，通过它们可求出消费和劳动供给的最优水平。

考虑一个特例，即当 $w_{t+s}=w_t$ 和 $x_{t+s}=x_t$ $(s\geqslant 0)$ 时的情况。此时消费函数变为

$$c_t=w_tn_t+x_t+ra_t. \tag{4.30}$$

所以，我们又一次得到消费 c_t 等于当期收入的结论，即来自劳动收入 w_tn_t 以及来自储蓄 ra_t 和 x_t 的收入。从 (4.27) 式和 (4.30) 式可得到劳动供给。

为说明这一点，假设即时效用函数是可分的幂函数形式

$$U(c_t,l_t)=\frac{c_t^{1-\sigma}-1}{1-\sigma}+\ln l_t,$$

其中 $\sigma>0$，则有

$$U_{\mathrm{c},t}=c_t^{-\sigma}\ \text{和}\ U_{l,t}=\frac{1}{l_t}.$$

这样，(4.27) 式变为

$$\frac{1/(1-n_t)}{c_t^{-\sigma}}=w_t,$$

这意味着劳动供给为

$$n_t=1-\frac{c_t^\sigma}{w_t}. \tag{4.31}$$

因此，在 c_t 给定的情况下，w_t 提高会导致劳动供给增加，劳动总收入也会增加。然而，从 (4.29) 式中可以发现，劳动收入的提高会增加消费，(4.31) 式又表明消费的增加会导致劳动供给减少。这意味着工资率提高影响劳动供给的净效应是不确定的。合并 (4.30) 式和 (4.31) 式，消去 c_t 后可得到劳动供给函数：

$$n_t = N^s(w_t, x_t, r, a_t).$$

进而可以得到

$$\frac{\partial n_t}{\partial w_t} = \frac{1}{w_t}\left(\frac{1}{\sigma c_t^{\sigma-1}+1} - n_t\right),$$

该式的符号仍然不确定。不过，消费量越小，上式符号为正的可能性就越大。而 x_t，a_t 或 r 的提高一定会引起 c_t 增加，从而导致劳动供给下降。

4.7 厂商

接下来考察代表性厂商的决策。厂商对产出、要素投入 (资本和劳动) 以及产品的价格做出决策。厂商还要确定其资产结构——是采用股权融资还是负债融资——以及用于支付股息的利润比例。假定厂商通过选择适当的产量、投资、资本存量、劳动力以及债务融资以追求当期和未来利润的现值的最大化。实际上，我们是假定厂商是采用负债而不是普通股权的形式来融资的，并且这些负债是从居民户手中借得的。因此，厂商的负债就是居民户的资产。

我们首先考虑没有调整成本的劳动力需求问题，然后再检验有调整成本的劳动需求。我们要用到在第 2 章中考察过的集中经济模型中的资本调整成本问题。

4.7.1 没有调整成本时的劳动需求

我们用不变的实际利率 r 贴现实际利润流，得到其现值为

$$\mathcal{P}_t = \sum_{s=0}^{\infty}(1+r)^{-s}\Pi_{t+s}, \tag{4.32}$$

其中第 t 期厂商的实际利润 (净收入) 为

$$\Pi_t = y_t - w_t n_t - i_t + \Delta b_{t+1} - r b_t,$$

这里的 w_t 为实际工资率，n_t 为劳动投入，b_t 为厂商在第 t 期期初未偿付的负债存量，也就是说，b_t 为厂商的负债，居民户是债权人。由于仍在使用实际量，我们将价格水平设定为 1。

生产函数取决于两种生产要素，

$$y_t = F(k_t, n_t),$$

资本积累方程如下

$$\Delta k_{t+1} = i_t - \delta k_t.$$

因此，厂商的净收入 (利润) 为

$$\Pi_t = F(k_t, n_t) - w_t n_t - k_{t+1} + (1-\delta)k_t + b_{t+1} - (1+r)b_t.$$

厂商通过选择 $\{n_{t+s}, k_{t+s+1}, b_{t+s+1};\ s \geqslant 0\}$ 以求利润现值最大化，即它要最大化

$$\mathcal{P}_t = \sum_{s=0}^{\infty}(1+r)^{-s}\{F(k_{t+s}, n_{t+s}) - w_{t+s}n_{t+s} - k_{t+s+1} \\ + (1-\delta)k_{t+s} + b_{t+s+1} - (1+r)b_{t+s}\}.$$

一阶条件为

$$\begin{aligned} \frac{\partial \mathcal{P}_t}{\partial l_{t+s}} &= (1+r)^{-s}\{F_{n,t+s} - w_{t+s}\} = 0, && s \geqslant 0, \\ \frac{\partial \mathcal{P}_t}{\partial k_{t+s}} &= (1+r)^{-s}[F_{k,t+s} + 1 - \delta] - (1+r)^{-(s-1)} = 0, && s > 0, \\ \frac{\partial \mathcal{P}_t}{\partial b_{t+s}} &= (1+r)^{-s}(1+r) - (1+r)^{-(s-1)} = 0, && s > 0. \end{aligned}$$

根据最普通的优化条件，即劳动的边际产品等于实际工资，即可得到劳动需求

$$F_{n,t} = w_t,$$

劳动需求取决于资本存量。对于给定的资本存量和技术水平，工资率提高会减少对劳动的需求。

我们利用下式求得资本的需求

$$F_{k,t+1} = r + \delta$$

即资本需求等于上式的反函数 $F_{k,t+1}^{-1}(r+\delta)$ ，所以总投资为

$$i_t = F_{k,t+1}^{-1}(r+\delta) - (1-\delta)k_t.$$

因此，利率提高使投资减少。资本边际产量提高 (比方说因永久性技术冲击导致的)，会增加最优资本存量和投资。该解隐含地假定投资的调整没有滞后期，每一期投资和资

本存量都能够在瞬间达到最优水平。如果投资有额外的成本，如 Tobin 的 q 理论，那么厂商将更愿意花更多时间将资本存量调整到长期最优水平。正如我们在第 2 章中看到的，这将在投资和资本积累的决策中引入额外的动态性，并进一步影响到整个经济体。

短期中，厂商通过选择资本存量使资本的净边际产量等于融资成本，这也是持有债券的机会成本。在长期 (即一般均衡状态)，居民户进行储蓄直至储蓄的收益率降至居民户的时间偏好率 θ。在该点，$F_{k,t+1} - \delta = \theta$，这与从集中经济的基本模型中得到的结果是一致的。

$\partial \mathcal{P}_t / \partial b_{t+s} = 0$ 这个条件独立于 b_t，因而该条件对于包括 0 在内的所有 b_t 的取值均成立。因为债务的任意值都与利润最大化目标一致，所以厂商在为新投资融资时，既可采用负债的形式，也可使用利润 (即未分配利润)。这是 Modigliani-Miller 定理 (见 Modigliani 和 Miller，1958) 的一种表述方式 (见 Modigliani 和 Miller，1958)。

4.7.2 有调整成本时的劳动需求

实际上，我们假定劳动是由工人的人均工作小时数构成的。对该假定的一种扩展是将劳动分解为工人数和每个工人工作的小时数。个人可以选择是否参加工作 (劳动参与决策) 以及工作的时间。在现实中，居民户的选择可能会受到厂商的诸多限制，例如全日制工作、兼职或加班。因此，雇佣的工人数和工作时间之间的均衡是由厂商主导的。Hansen(1985) 的不可分劳动模型假设工作时间由厂商固定，个人只能决定是否参加工作。我们对此做的修正是，假定居民户可以选择是否参加工作，但若居民户一旦确定加入劳动力大军，则由厂商来选择工作的时间。

由于让工人工作更长时间通常意味着要提高加班工资率，而雇佣和解雇工人则需要负担额外的成本。调整劳动投入时，厂商必须在调整劳动力人数时的成本和改变工作时间的成本间做出权衡。直觉上，当劳动力需求短暂性提高时，通过增加工作时间所需的成本较低，而当劳动力需求永久性提高时，通过增加工人数所需的成本较低。我们通过构建一个简单的模型来阐释如何融入劳动力市场中的这些特性。为了讨论的方便，我们暂不考虑厂商的资本和借贷决策。

假定厂商的生产函数为

$$y_t = F(n_t, h_t),$$

其中 n_t 为工人人数，h_t 为工人的人均工作时间。并且有 $F_n > 0$，$F_h > 0$；$F_{nn} \leqslant 0$，$F_{hh} \leqslant 0$，$F_{nh} \geqslant 0$。每位工人的工资 $W(h_t)$ 满足 $W' \geqslant 0$，$W' \geqslant 0$ 反映了人均工作时间越长，需要给付的小时工资率越高。

我们还假定雇佣和解雇需要成本。劳动力人数的改变可用下式表示

$$n_t = v_t - q_t + n_{t-1},$$

其中，v_t 表示新雇佣的总人数，q_t 表示辞职的总人数。雇佣新职工及解雇老职工都需要成本。如果 $v_t = q_t$，表示劳动力总人数没有改变，但仍可能存在由每期的工人自然更替 (turnover) 带来的雇佣和解雇成本。这种成本可能会因时机不同而不同，例如，经济繁荣时期可能会有更多的工人离职谋求更好的工作，这导致需要雇佣更多新人以替代离职的工人。然而为了简便，我们仅简单地假定存在由人数增加或减少引起的工人总数变化带来的成本，并忽略自然更替的问题。按照这个思路，我们假定厂商追求利润现值 $\mathcal{P}_t$ 的最大化，即 (4.32) 式，厂商第 t 期的净利润由下式给出

$$\Pi_t = F(n_t, h_t) - W_t(h_t)n_t - \tfrac{1}{2}\lambda(\Delta n_{t+1})^2.$$

该式最后一项反映了第 t 期的雇佣和解雇成本。我们通过调整 λ 取值的大小来解决前述提到的工人的自然更替问题：当经济处于繁荣期时，工人自然更替较多，λ 取值较大；当经济处于衰退期时，工人更替较少，则 λ 取值较小。但在此我们假定 λ 保持不变。

以 $\{n_{t+s}, h_{t+s};\, s \geqslant 0\}$ 为选择变量求得 $\mathcal{P}_t$ 最大化的一阶条件为

$$\frac{\partial \mathcal{P}_t}{\partial n_{t+s}} = (1+r)^{-s}(F_{n,t+s} - W_{t+s} + \lambda\Delta n_{t+s+1}) + (1+r)^{-(s-1)}\lambda\Delta n_{t+s} = 0,$$
$$\frac{\partial \mathcal{P}_t}{\partial h_{t+s}} = (1+r)^{-s}(F_{h,t+s} - W'_{t+s}n_{t+s}) = 0.$$

由第二个一阶条件可得

$$\frac{F_{h,t}}{n_t} = W'_t. \tag{4.33}$$

这意味着额外一小时的工人人均边际产品等于边际小时工资率。要说明的是，(4.33) 式表示的调整过程是即时完成的。在给定工人人数的情况下，根据该式可求出每个工人工作的小时数。如果只存在单一的小时工资率，那么 W'_t 独立于 h_t。由第一个一阶条件[①]可以求出雇佣人数的表达式为，

$$\Delta n_t = \frac{1}{1+r}\Delta n_{t+1} + \frac{1}{\lambda(1+r)}(F_{n,t} - W_t) \tag{4.34}$$

$$= \frac{1}{\lambda(1+r)}\sum_{s=0}^{\infty}(1+r)^{-s}(F_{n,t+s} - W_{t+s}). \tag{4.35}$$

①译者注：原文这里为“第二个一阶条件”，疑为作者笔误。

(4.35) 式表明，如果当期或未来的劳动力边际产品超过总工资，那么需要增加雇佣的工人数。在稳态处，当 $F_{n,t}=W_t$ 时，我们有 $\Delta n_t=0$ 。这就是通常的劳动边际生产率条件，即每个工人按照其边际产量大小获得其工作时间总数的工资。

可将 (4.34) 式整理成雇佣人数的形式

$$n_t=\frac{1}{2+r}n_{t+1}+\frac{1+r}{2+r}n_{t-1}+\frac{1}{\lambda(2+r)}(F_{n,t}-W_t). \tag{4.36}$$

这表明厂商对其雇佣人数的调整随着时间推移而变化。工人自然更替人数越多，则 λ 越大，雇佣人数的调整也就越慢。

边际产品 $F_{n,t}$ 和 $F_{h,t}$ 的提高度量了劳动力需求的永久性提高，现在我们来考察其对工人工作时间和雇佣数量的影响。为使问题更清晰，假定生产函数可以表示为工时数的形式，即 $F(n_t h_t)$。因此，边际产品的提高需要增加工时数。由于 $F_{h,t}=F'_t n_t$ 和 $F_{n,t}=F'_t h_t$ ，在长期中有

$$\frac{F_{h,t}}{n_t}=F'_t=W'_t,$$
$$F_{n,t}=F'_t h_t=W_t.$$

由于工资函数是凸函数，$W'_t\geqslant W_t/h_t$。因此，增加人均工作时间的成本要高于增加工人数的成本。所以，长期中，工作时间将保持不变，而雇佣的工人数会增加。但是短期中，由于雇佣需要时间调整，工作时间将暂时性增加。劳动力需求的短暂性提高对工作时间和雇佣人数的影响，取决于雇佣和解雇的成本与提高工作时间的成本的相对大小。

对劳动力市场的进一步讨论，包括工资的决定、工资谈判、工资黏性以及失业等问题，可以参见本书第 9 章和第 10 章。

4.8 分散经济的一般均衡

一般均衡是通过市场协调居民户和厂商的决策实现的。产品市场协调居民户的消费决策和厂商的产出、投资决策。劳动力市场通过实际工资率使得劳动力的需求和供给相等，以此协调厂商对劳动力的需求和居民户对劳动力的供给。资本市场通过实际利率协调居民户的储蓄决策和厂商的借款需求。债券市场协调居民户对金融资产的储蓄和厂商的借款需求。在不考虑风险的情况下，债券的价格是由债券的长期收益率等于居民户的时间偏好率决定的。股票市场对厂商的资本定价使得资本的收益率等于债券的收益率。

4.8.1 居民户和厂商的预算约束的整合

在进一步考察一般均衡状态之前，我们考虑一下到目前为止，我们区分了居民户和厂商的不同约束条件的后果，以及如何将这些约束条件合并或整合起来。这样就可以确定前文定义的一系列变量，例如，外生的收入 x_t、居民户的资产 a_t、厂商的债务 b_t 及利润 Π_t。

国民收入恒等式为

$$y_t = c_t + i_t = F(k_t, n_t).$$

居民户的预算约束为

$$\Delta a_{t+1} + c_t = w_t n_t + x_t + r_t a_t.$$

该式中包含了劳动收入、外生的收入及利息收入，将这些与如下的资本积累方程相结合

$$\Delta k_{t+1} = i_t - \delta k_t,$$

可得

$$x_t = F(k_t, n_t) - w_t n_t - \Delta k_{t+1} - \delta k_t + \Delta a_{t+1} - r a_t. \tag{4.37}$$

对厂商而言，利润为

$$\Pi_t = F(k_t, n_t) - w_t n_t - \Delta k_{t+1} - \delta k_t + \Delta b_{t+1} - r b_t. \tag{4.38}$$

由 (4.37) 式减去 (4.38) 式可得

$$x_t - \Pi_t = \Delta(a_{t+1} - b_{t+1}) - r(a_t - b_t).$$

因为居民户的金融资产即为厂商的负债，所以 $a_t = b_t$。这是债券市场的均衡条件 (如果厂商没有面临任何债务，那么 $a_t = 0$)。这表明 $x_t = \Pi_t$。因此，与之前假定的 x_t 是外生的不同，我们已经表明 x_t 就是厂商分配给居民户的利润，它以红利的形式分配。

由于 $F_{n,t} = w_t$ 和 $F_{k,t} = r + \delta$ 对所有的 t 都成立 (因为 r 和 δ 都为常数)，将厂商的利润重新整理为

$$\begin{aligned}\Pi_t &= F(k_t, n_t) - F_{n,t} n_t - \Delta k_{t+1} - (F_{k,t+1} - r) k_t + \Delta b_{t+1} - r b_t \\ &= F(k_t, n_t) - F_{n,t} n_t - F_{k,t} k_t - \Delta(k_{t+1} - b_{t+1}) + r(k_t - b_t).\end{aligned}$$

如果生产函数为规模报酬不变 (或在 $n_t = k_t = 0$ 处做泰勒展开做近似逼近)，那么

$$F(k_t, n_t) = F_{n,t} n_t + F_{k,t} k_t.$$

因此，

$$\Pi_t = -(k_{t+1} - b_{t+1}) + (1+r)(k_t - b_t), \tag{4.39}$$

其中 $k_t - b_t$ 可以看作是厂商的净值。

从 (4.39) 式出发，可将厂商的净值整理成如下前瞻性差分方程

$$k_t - b_t = \frac{\Pi_t + (k_{t+1} - b_{t+1})}{1+r}.$$

由于 $1/(1+r) < 1$，向前递推求解可得到

$$k_t - b_t = \sum_{s=0}^{\infty} \frac{\Pi_{t+s}}{(1+r)^{s+1}},$$

这里我们假定横截条件成立，即

$$\lim_{s \to \infty} \frac{k_{t+s} - b_{t+s}}{(1+r)^s} = 0$$

横截条件意味着厂商净值的贴现值趋向于零。因此，厂商的价值就等于当期和未来利润的现值。如果利润为常数 Π，那么厂商的净值简化为下式

$$k_t - b_t = \frac{\Pi}{r}.$$

换句话说，厂商的净值 $k-b$ 等于厂商利润的现值 Π/r。更进一步，由于 $x = \Pi$ 且 $a = b$，那么居民户的总资产收入为 $x + ra = rk$。

如果将所有利润都用于红利分配，没有将任何未分配利润用于金融投资，那么 $k-b$ 也等于红利支付总额的现值。将 $k-b$ 和 Π/r 同时除以在 t 时刻存量的股票数 $n_{s,t}$，即可得到每股价值的标准公式，即每股当期利润和每股未来期望利润 (通常也称作收益) 的现值。如果所有利润都被用于红利分配，并假定预期未来的每股股利 d_t 都相等，每股价值也可以表示为

$$\frac{k_t - b_t}{n_{s,t}} = \frac{d_t}{r}. \tag{4.40}$$

因此，$d_t = r((k_t - b_t)/n_{s,t})$，这表明股利收入等于厂商的净值带来的永久性收入。资本的收益率是 $r = F_k - \delta$，即资本的净边际产品。r 也是债券的收益率，并且我们已经看到，在长期，债券的收益率还等于 θ，θ 为居民户的时间偏好率，它限定了居民户进行储蓄的愿望，也就是借款给厂商的愿望。因而，金融市场使各种形式资本的收益率都相等，并决定了来自资产的收入流。在本书的第 11 章，我们将考察决定资产价格和收益的其他因素，例如风险收益和无套利的概念。

如果留存一些利润用于投资，那么，每股价值也会在未来某个 $T > t$ 的时点上取决于厂商现值的贴现值。此时的每股价值可以表示为

$$\frac{k_t - b_t}{n_{s,t}} = \sum_{s=0}^{T-1} \frac{d_{t+s}}{n_{s,t}(1+r)^{s+1}} + \frac{k_T - b_T}{n_{s,t}(1+r)^{T+1}}. \tag{4.41}$$

如果假设所有利润最终都被用于红利分配，那么，当 $T \to \infty$ 时，(4.41) 式就简化为 (4.40) 式。

4.8.2 劳动力市场

如果不考虑劳动力市场的调整成本和非线性工资函数，劳动力需求和供给可以分别由以下两式确定

$$F_{n,t} = w_t,$$

$$U_{\mathrm{n},t} = -w_t U_{\mathrm{c},t}.$$

实际工资调整至市场出清，那么

$$w_t = F_{n,t} = -\frac{U_{\mathrm{n},t}}{U_{\mathrm{c},t}}.$$

这是劳动力市场的局部均衡解。因为，一般而言，劳动的边际产品和另两个边际效用都会依赖于其他内生变量，即经济体内部决定的变量。完整的一般均衡解要求每个内生变量都由外生变量决定。

如果引入具体的函数形式，问题将变得更明了。例如，若将生产函数设定为满足规模报酬不变的 Cobb-Douglas 函数形式，那么

$$y_t = A k_t^{\alpha} n_t^{1-\alpha}$$

从而

$$F_{n,t} = (1-\alpha) A \left(\frac{k_t}{n_t} \right)^{\alpha},$$

这意味着劳动需求为

$$n_t^d = \left[\frac{w_t}{(1-\alpha)A} \right]^{-\alpha} k_t,$$

其中 k_t 是在 t 时刻时给定的。如果效用函数是之前考虑的形式，即

$$U(c_t, l_t) = \frac{c_t^{1-\sigma} - 1}{1-\sigma} + \ln(1 - n_t),$$

那么，劳动供给为

$$n_t^s = 1 - \frac{c_t^\sigma}{w_t}.$$

因此，劳动供给取决于内生变量 c_t。劳动力的均衡数量为

$$n_t = \left[\frac{w_t}{(1-\alpha)A}\right]^{-\alpha} k_t = 1 - \frac{c_t^\sigma}{w_t}.$$

由该式可推导出均衡实际工资，它不存在闭合式的解析解，而是取决于 c_t 和 k_t。如果均衡实际工资为

$$w_t = w(c_t, k_t),$$

则劳动力的均衡数量为

$$\begin{aligned} n_t &= \left[\frac{w(c_t, k_t)}{(1-\alpha)A}\right]^{-\alpha} k_t \\ &= n(c_t, k_t). \end{aligned}$$

这也表明，在均衡状态处，劳动收入为

$$\begin{aligned} w_t n_t &= w_t - c_t^\sigma \\ &= f(c_t, k_t). \end{aligned}$$

4.8.3 产品市场

产品市场的均衡意味着总需求等于总供给。总需求为

$$\begin{aligned} y_t^d &= c_t + i_t \\ &= c_t + k_{t+1} - (1-\delta)k_t \\ &= c_t + F_{k,t}^{-1}(r+\delta) - (1-\delta)k_t, \end{aligned}$$

这里我们用到了以下结论：消费等于财富的一个比例，资本的净边际产品 $F_{k,t} - \delta = r$，因而 k_{t+1} 为 $r+\delta$ 的反函数。假定生产函数为 Cobb-Douglas 形式，即

$$F_{k,t}^{-1}(r+\delta) = \left[\frac{\alpha A}{r+\delta}\right]^{1/(1-\alpha)} n_t.$$

那么，

$$y_t^d = c_t + \left[\frac{\alpha A}{r+\delta}\right]^{1/(1-\alpha)} n_t - (1-\delta)k_t.$$

考虑到 c_t 等于财富的一个比例，因而财富可由消费 c_t 来代替。

总供给可从生产函数在中求得。于是，产品市场的均衡可用下式表达

$$Ak_t^{\alpha}n_t^{1-\alpha} = c_t + \left[\frac{\alpha A}{r+\delta}\right]^{1/(1-\alpha)} n_t - (1-r-\delta)k_t.$$

我们已经表明，在稳态处有

$$\begin{aligned} c_t &= w_t n_t + x_t + r a_t \\ &= w_t n_t + \Pi_t + r a_t \\ &= w_t n_t + r k_t. \end{aligned}$$

总供给可从生产函数中求得。因此，产品市场的均衡为

$$Ak_t^{\alpha}n_t^{1-\alpha} = \left\{w_t + \left[\frac{\alpha A}{r+\delta}\right]^{1/(1-\alpha)}\right\} n_t - (1-r-\delta)k_t.$$

这涉及三个变量：k_t，n_t 和 w_t，将以下三式联立即可解出这三个变量

$$\begin{aligned} w_t &= w(c_t, k_t) = w^*(k_t, n_t, r), \\ n_t &= n(c_t, k_t) = n^*(k_t, n_t, r), \\ k_t &= \left[\frac{\alpha A}{r+\delta}\right]^{1/(1-\alpha)} n_t. \end{aligned}$$

至此，我们得到了模型的完整解。

4.9 与集中经济模型的比较

我们可以将集中经济的基本模型和分散经济模型的相似之处做以下总结。在集中经济的基本模型中并未明确直接包含劳动，但实际上该模型假定有一个单一单位的劳动。除此之外，无论是在集中经济的基本模型还是分散经济模型中，资本存量都由资本的边际产品决定，投资可从资本的积累方程中得到，消费则可从国民收入恒等式中求得。

在集中经济模型中，资本由下式的条件确定

$$F'(k_{t+1}) = \theta + \delta.$$

而在分散经济模型中，该解则从以下条件中求得

$$F_{k,t+1} = r + \delta.$$

在基本模型中仅有一单位劳动，即 $n_t = 1$，所以 $F_{k,t+1}$ 不取决于劳动，或者等价地表述为 $F'(k_{t+1})$ 间接地包含劳动。进一步地，在稳态处有 $r = \theta$。其含义为居民户会持续进行储蓄，厂商会持续积累资本，直至收益率降至 θ，这时，居民户将不再进行储蓄，厂商将不再有意愿积累资本。因此，集中经济模型隐含了实际利率，它等于资本的净边际产品：

$$r = F'(k_{t+1}) - \delta.$$

尽管基本模型中并未明确给出实际工资率，但它也隐含在模型中。由于基本模型中只有一单位劳动，实际工资率也就等于劳动的总成本。根据下式

$$F(k_t, n_t) = F_{n,t} n_t + F_{k,t+1} k_t$$

加上劳动的边际产品等于实际工资以及 $n_t = 1$ 这两个条件，即可求得模型中隐含的实际工资率：

$$w_t = F(k_t) - F'(k_{t+1}) k_t. \tag{4.42}$$

在集中经济的基本模型中，没有债务或金融资产，只有资本，或者说股本。可以根据分散经济对利润的定义求出基本模型中隐含的利润。如果按 (4.42) 式定义 w_t，并设定 $n_t = 1$ 及 $b_t = 0$，那么，厂商的利润就为

$$\Pi_t = F(k_t) - [F(k_t) - F'(k_{t+1}) k_t] - \Delta k_{t+1} - \delta k_t.$$

带入 $F'(k_{t+1}) = \theta + \delta$ ，得

$$\Pi_t = -k_{t+1} + (1+\theta) k_t.$$

因此，基础模型中资本存量 (股本) 的价值为

$$\begin{aligned} k_t &= \frac{\Pi_t + k_{t+1}}{1+\theta} \\ &= \sum_{s=0}^{\infty} \frac{\Pi_{t+s}}{(1+\theta)^{s+1}}, \end{aligned}$$

即等于当期和未来利润的贴现值。如果以常数 Π 标记利润，则有

$$k_t = \frac{\Pi}{\theta}.$$

基本模型中的消费可从资源约束中求得：

$$c_t = F(k_t) - k_{t+1} + (1-\delta) k_t.$$

当 $n_t = 1$ 时，分散经济模型中的消费也是由这个方程中求得。

4.10 结论

本章我们描述了分散化的行为主体是如何做出决策的，以及市场，特别是劳动力市场和金融市场，是如何协调这些决策的。这种扩展给集中经济的基本模型注入了许多有用的细节，它使我们可以引入诸如储蓄、金融资产、利率、劳动力及实际工资率等变量，并且使我们更容易且深入地探讨一系列问题。本章的分析也表明了集中经济的基本模型的核心结论并未发生改变。由于使用集中经济基本模型分析一般均衡要比使用分散经济模型简单得多，分散经济模型考虑了更多细节却未改变主要结论，所以，当方便讨论且结论基本不受影响时，我们更喜欢使用集中经济模型而非分散经济模型。此外，我们还进一步了解到，在模型中引入劳动仅使之前的结论有微小的变化。因此，在适当和可行的情况下，我们都将不考虑劳动变量。

分散经济一般均衡模型提供了一个基准，之后的模型都可以以此作为参照。当然，这并不是说该模型适合于分析所有问题。我们还未引入政府、货币和名义量，还未考虑本国和世界其他各国的交易。此外，我们还假定居民户和厂商都有完美预见性，并且不存在由垄断力量或者摩擦等原因引起的市场不完备。正是由于这些特征的存在，才在很大程度上带来了制定诸如控制通货膨胀和稳定宏观经济等货币政策和及政政策的复杂性。没有对这些问题的考量，货币政策和财政政策是否有必要存在都是值得讨论的了。

5

政府：支出与公共财政

5.1 导论

本章我们将政府引入一般均衡模型中，主要探讨在稳态均衡中政府的作用，即政府支出及通过税收和举债为其支出融资而形成的政府预算的基本含义。为完整起见，本章将引入货币和一般价格水平，但是不会具体分析货币需求、货币政策及通货膨胀等，这些分析将会在稍后的章节中进行。

政府的主要作用是提供公共物品与服务。大多数政府还会在不同社会群体间实行收入转移，目标通常是出于社会公平的考量，或者说的更实际些，就是为了改善最贫困人群的福利状况。政府通常会用以下三种方式为这些支出筹集资金来源：税收、举债 (向公众发行债务) 和发行货币 (这事实上是向中央银行借债)。实际上这三种形式都只是税收的不同形式而已。向公众举债只是一种递延税收，因为债务必须在将来偿还本息。而印发货币通常会引发通货膨胀，价格上涨会使得人们所持有的名义货币的实际购买力下降，从而成为事实上的一种课税。

在政府提供公共物品与服务这个问题上，有一系列新的问题需要我们检视：抛开社会公平的问题不论，为什么要由政府而不是私人部门来提供商品与服务？哪些商品与服务应由政府部门来提供？哪些商品和服务应该由私人部门自身提供？由于债务必须在将来偿付本息，在较长的时期来看，当代人的举债行为要由下一代人的税收偿还，这又引起了关于长期债务所涉及的代际间转移问题。因此，政府采用债务融资 (即递延税收) 的方式而不是用当期税收的方式为其支出买单是否是公正的？在什么情况下这种方式是公正的？

纯公共物品是指一个人对它的消费并不会排除其他人对该物品的消费，即不具有排他性的物品。最接近纯公共物品的例子是国防、司法体系、警察、环境保护和公路等。应该由谁来提供这些公共物品——私人部门还是政府？由私人提供公共物品就意味着要向所有人提供，而公共物品的生产是要花费成本的，因此只要有别的人肯提供，任何个人就都没有激励去做这事。这就是说，要想能够提供出公共物品，就必须要求人是利他的，其他的人就可以成为“搭便车者”了。因此如果由私人部门来供应公共产品，则公共产品的数量将会低于 (可能是远远低于) 社会作为一个整体达到福利最大化所需要的数量。政府之所以有必要存在的一个主要原因就是解决此类问题。政治体制的作用就是使人们能够显示其有关公共物品的种类及数量的偏好，政府据此做出公共产品的供给决策，并在居民户中分摊成本，成本如何分摊取决于具体的融资方式。

很多州政府还提供并非纯公共物品的产品和服务。这类政府提供的产品或服务的特点是，当某些人消费这些产品和服务时，就减少了其他人对这些产品和服务的消费，例如政府提供的教育、医疗和某种形式的公共交通等。政府提供这类产品和服务的目的通常是出于公平或因规模经济而引致的效率考量。不过这类产品与服务的公共提供常常会成为政治争论的主要原因。政府除了用于提供这些产品和服务的支出，还会有出于社会保障原因而发生的转移支出，如失业补偿、家庭救济和养老金等。

大多数人都认为政府支出占了 GDP 的很大比例，这已经是习以为常的事了。事实上这只不过是最近这些年才有的现象而已。图 5.1描述了自 1901 年以来美国和英国政府支出占其 GDP 的比例，从图中可以看出，政府用于提供物品和服务的实际支出以及社会保障福利的实际支出等占 GDP 的比例，在过去的一百年间有了巨幅的增长。1901 年，美国的这一比例只有 2.3%，英国是 13.5%。在大多数西方国家，这一比例从二战前的大约 10%~20% 间上升到战后的大约 40%~50% 间。二战本身就是政府支出迅速扩张的时期。自二战以后，政府支出占 GDP 的份额一直是比较稳定地增加，并未受到经济周期的过多影响。与此形成对照的是，实际的失业救济支出变化则呈现出明显的逆周期特征。平均来说，用在商品和服务上的政府支出规模大致上与转移支付的规模是相等的。政府支出的总额中还包括政府债务上的利息支出。

图 5.1　美国 (实线) 与英国 (虚线)1910–2010 年政府支出占 GDP 的比重

政府收入的主要来源是税收收入：对所得和支出的直接课税、社会保障税以及公司税等。税额在不同国家间的差异较大，但对于大多数发达国家来说，直接税和社会保障税 (这实际上也是对所得的课税) 大约占税收总额的 60%，消费税约占 25%，公司税约占 10%。平均所得税率 (包括社保税) 大约在 42% 左右。政府的税收收入比起政府支出更容易受到经济周期的影响，这也是为什么在经济衰退时政府赤字往往会增加的主要原因。

正如前文所述，政府还可以通过向公众借款或向中央银行借款 (即发行货币) 来筹集额外的收入。政府通过向公众发行中央银行的现金支票，可以轻易地透支其在中央银行的账户。

在没有微观基础的宏观经济学中，如在凯恩斯宏观经济学中，通常认为政府支出是没有福利收益的。在分析中之所以要考虑政府支出，仅仅是因为只有如此才能将财政政策包含在整体分析中，才能使财政乘数的大小可以计算。在标准的凯恩斯模型中，研究政府支出只是研究政府相机调整政府支出对 GDP 的实际影响。由于把政府支出只是看作等价于购买了商品或服务，然后再扔掉它们 (或者像凯恩斯自己所说的那样——埋掉它们)，因此这不是一个令人满意的有关财政政策的表述。我们在本章的分析中首先将政府支出引入到家庭部门的效用函数中，然后再讨论政府支出最优规模的问题。接下来本章会分析公共财政问题：如何最有效地为政府支出筹集资金并满足政府的预算约束。本章还将讨论最优税收政策、最优债务和在较长时期内财政赤字的可持续性等问题。最后，我们会对结论加以总结，找出最好的财政政策的管理手段。

5.2 政府预算约束

5.2.1 名义政府预算约束

我们首先考虑政府的预算约束、财政状况的可持续性以及各种财政计划如欧盟《稳定与增长公约》的含义等。名义政府预算约束可以写成：

$$P_t g_t + P_t h_t + B_t^{\mathrm{G}} = P_t^{\mathrm{B}} B_{t+1}^{\mathrm{G}} + \Delta M_{t+1} + P_t T_t, \tag{5.1}$$

其中 g_t 是实际政府支出，h_t 是对居民户的实际转移支付，T_t 是实际总税收，M_t 是基础货币存量，或者说是外部的名义货币，即在 t 时期初，政府 (中央银行) 供给的流通中的无利息货币。总货币存量包括外部货币和内部货币，其中内部货币是指由商业银行体系提供的货币 (主要是信贷)。

如果政府发行的债券是期限为 1 期、面值 (即到期值) 为 1 元的债券，则 B_t^{G} 就既是政府在 $t-1$ 期期初发行的债券的数量，又是在第 t 期为赎回这些债券而付出的名义支出。这样，B_t^{G} 就代表在第 $t-1$ 期公众所持有的名义政府债务存量的到期值，在第 t 期期初，政府发行新债券 B_{t+1}^{G}，发行价格是 P_t^{B}，因而政府共借款 $P_t^{\mathrm{B}}B_{t+1}^{\mathrm{G}}$。

债券的价格可以写成

$$P_t^{\mathrm{B}}=\frac{1}{1+R_t},$$

其中 R_t 代表一单位货币在下一期的折现率，它还代表政府在第 t 期期初发行、在第 $t+1$ 期必须偿还政府债务的名义利率。在排除政府的违约风险 (即背弃诺言，到期不回收其债券的风险) 后，则 R_t 就是政府债券在第 t 期已知的*无风险回报率*。在实际操作中，政府会在每一期都发行不同到期日的债券，为方便起见，这里我们假定所有债券的发行都是 1 期的。

更一般地说，债券可能到期时限较长，而且可能会在每一期都会按票面值的一定比例派发票息 ν，债券还可以在到期前被出售。根据以上情况，我们重新将债券的收益定义为:

$$1+R_{t+1}^{\mathrm{B}}=\frac{P_{t+1}^{\mathrm{B}}+\nu}{P_t^{\mathrm{B}}}.$$

在购买债券的第 t 期，P_{t+1}^{B} 是未知的，因此，其投资收益率 R_{t+1}^{B} 也就是未知的。这就是为什么收益 R_{t+1}^{B} 要表示为第 $t+1$ 期而不是第 t 期的原因。正因如此，R_{t+1}^{B} 就是风险收益。我们在第 12 章会详细讨论债券的定价问题，在第 15 章我们将讨论违约问题，在事涉政府债券时，这个问题就是所谓的主权债务违约问题。

(5.1) 式的左边表示总的名义支出，右边表示的是总收入加上政府当前可用的额外金融资源。尽管额外的货币是由中央银行供给的，我们还是可以将央行视为政府的一个工具整合进政府预算约束中。

5.2.2 实际政府预算约束

将名义政府预算约束除以总价格水平 P_t，即可得到实际政府预算约束

$$\begin{aligned}
g_t+h_t+b_t^{\mathrm{G}}&=T_t+P_t^{\mathrm{B}}\frac{P_{t+1}}{P_t}\frac{B_{t+1}^{\mathrm{G}}}{P_{t+1}}+\frac{P_{t+1}}{P_t}\frac{M_{t+1}}{P_{t+1}}-\frac{M_t}{P_t}\\
&=T_t+\frac{1+\pi_{t+1}}{1+R_t}b_{t+1}^{\mathrm{G}}+(1+\pi_{t+1})m_{t+1}-m_t\\
&=T_t+\pi_{t+1}m_t+\frac{1}{1+r_{t+1}}b_{t+1}^{\mathrm{G}}+(1+\pi_{t+1})\Delta m_{t+1},
\end{aligned}$$

这里 $\pi_{t+1} = \Delta P_{t+1}/P_t$ 是通货膨胀率，$b_t^{\mathrm{G}} = B_t^{\mathrm{G}}/P_t$ 代表政府债务的实际存量，$m_t = M_t/P_t$ 代表实际货币存量，而 r_t 则是实际利率，它满足

$$1 + r_{t+1} = \frac{1 + R_t}{1 + \pi_{t+1}},$$

这意味着 $r_{t+1} \simeq R_t - \pi_{t+1}$。

在上述政府实际预算约束的右侧，$\pi_{t+1}m_t$ 衡量了名义非生息货币持有者给政府财力所做的“贡献”，即通常所说的“铸币税”，它是事实上的税收，当政府无法通过其他方式筹集收入时，通常会采用“铸币税”的形式。通货膨胀率越高，政府可获得的“铸币税”就越多。当然，如果通货膨胀过高，高于某一水平时，人们会停止持有货币，这种情况下“铸币税”就无从收起了。

超高的通货膨胀率通常被认为是货币政策失败所致。事实上，它更可能是财政政策失败的信号。在一个没有足够税基的国家，如 20 世纪 90 年代的前苏联各加盟共和国以及较近的 2007 年的津巴布韦等，不得不靠印发钞票来支撑其财政支出。而在通货膨胀率较低的发达国家，“铸币税”收入在政府的全部收入中基本可以忽略不计了。

为了区分通货膨胀与纯货币融资对财政支出来源的不同意义，我们假设一国经济中，基础货币对 GDP 的比率只有 0.2，而政府支出占 GDP 的比例则达到 50%。政府如果想筹集到足够的“铸币税”收入，通货膨胀率将需要达到

$$\pi = \frac{(g+h)/y}{m/y} = 250\%.$$

这正是前苏联各加盟共和国在没有建立传统的税收框架之前所经受的最典型的通货膨胀率。

5.2.3 政府预算约束另一种表示方法

在随后的分析中，为方便起见，我们将政府预算中的债务部分表达成明确包括利率支付。据此，我们将政府在第 t 期由销售债券而筹集的收入改写成 B_{t+1}，而不再用 $P_t^{\mathrm{B}}B_{t+1}^{\mathrm{G}}$ 表示；第 t 期的支出用 $(1+R_t)B_t$ 表示，而不再用 B_t^{G}。这样我们就可以将 R_tB_t 解释成政府在第 t 期期初支付的第 $t-1$ 期发行的债务的利息。

因此名义政府预算约束就变成

$$P_tg_t + P_th_t + (1+R_t)B_t = B_{t+1} + \Delta M_{t+1} + P_tT_t, \tag{5.2}$$

而实际政府预算约束可以写成：

$$g_t + h_t + (1+R_t)b_t = T_t + (1+\pi_{t+1})(b_{t+1} + m_{t+1}) - m_t, \tag{5.3}$$

其中 $b_t = B_t/P_t$。我们稍后将用 (5.3) 式进行深入的研究。

5.3 为政府支出融资

现在我们转向考虑政府支出的不同融资方式以及财政政策的一些含义，我们暂时忽略货币融资的办法，集中研究税收和债务融资的方式。传统的凯恩斯模型中得到的著名的平衡预算乘数表明，以税收为基础的融资方式使政府支出永久性地增加，进而永久性提高产出和消费。在我们的动态一般均衡模型中，这一结果是否仍然成立？暂时性的财政政策与利用债务融资的效果有什么不同？为简化起见，这里我们暂时忽略与货币和通货膨胀相关的问题，假设利率为常数。

5.3.1 税收融资

首先考虑在第 t 期通过增加一次总付性税收 ΔT_t 而使政府支出获得的永久性增加 Δg_t 。则第 $t-1$ 期、第 t 期和第 $t+1$ 期的政府预算约束分别为

$$\begin{aligned} t-1: \quad & g_{t-1} + Rb_t = T_{t-1}, \\ t: \quad & g_{t-1} + \Delta g_t + Rb_t = T_{t-1} + \Delta T_t, \\ t+1: \quad & g_{t-1} + \Delta g_t + Rb_t = T_{t-1} + \Delta T_t. \end{aligned}$$

据此，如果政府支出是永久性地通过 by Δg_t 筹集的，则必须使税收永久性地增加相同的数量以满足政府预算约束，现在我们就来检视一下其对消费和 GDP 的影响。

前面的动态一般均衡模型中证明了消费是财富的一定比例，而不是传统凯恩斯模型所说的是收入的一定比例。如果通货膨胀率是零，消费和居民户和财富分别是

$$c_t = \frac{R}{1+R} W_t,$$
$$W_t = \sum_{s=0}^{\infty} \frac{(x_{t+s} - T_{t+s})}{(1+R)^s} + (1+R)b_t,$$

其中 x_t 是税前收入，这里我们假定它是外生的。如果未来预期的收入和税收都保持在与 t 期和 $t-1$ 期相同的水平，则对于所有的 $s \geqslant 0$，有 $x_{t+s} = x_t = x_{t-1}$ 及 $T_{t+s} = T_t$。这意味着消费是由当期总收入决定的：

$$c_t = x_t - T_t + Rb_t. \tag{5.4}$$

现在我们假定政府支出在 t 时期有了一个永久性的增加，因为税收也会永久性增加 ΔT，则第 $t-1$ 期和第 t 期的消费变成了：

$$\begin{aligned} c_{t-1} &= x_{t-1} - T_{t-1} + Rb_t, \\ c_t &= x_t - (T_{t-1} + \Delta T_t) + Rb_t \\ &= c_{t-1} - \Delta T_t \\ &= c_{t-1} - \Delta g_t. \end{aligned}$$

从式中可以看出，由于政府征收额外税收，家庭的财富数量会下降，进而私人消费将会减少，结果是完全抵销了政府支出的增加。如果在第 $t-1$ 期的国民收入恒等式是

$$y_{t-1} = c_{t-1} + g_{t-1},$$

则有

$$y_t = c_{t-1} + \Delta c_t + g_{t-1} + \Delta g_t = y_{t-1}.$$

由于 $\Delta c_t = -\Delta g_t$，所以 GDP 没有变化，因此财政政策刺激完全没有效果，政府注入的支出完全被预期税收的增加所挤出了。

如果财政支出的增加是以增加转移支付的方式实现的，那么较高的税率也会完全抵销掉较高的转移收入，因此总体上财富并没有变化，消费和 GDP 也就都没有变化，因为不变的收入水平 x_t 和永久增加的转移收入 Δh_t，在第 t 期的财富将会是：

$$W_t = \frac{(1+R)(x_t + h_{t-1} + \Delta h_t - T_{t-1} - \Delta T_t)}{R} + (1+R)b_t = W_{t-1}.$$

将这个结果与标准的凯恩斯平衡预算乘数比较，标准的凯恩斯消费函数是假定消费占收入的比例是 $0 < \mu < 1$ ，因此 (5.4) 式将会被下式替代

$$c_t = \mu(x_t - T_t + Rb_t).$$

在政府支出增加后，可以得出

$$\begin{aligned} y_t &= \mu(x_t - T_{t-1} - \Delta T_t + Rb_t) + g_{t-1} + \Delta g_t \\ &= y_{t-1} + (1-\mu)\Delta g_t > y_{t-1}. \end{aligned}$$

这样，如果 $0 < \mu < 1$，则在凯恩斯模型中，GDP 会增加，财政政策也会是有效的。

5.3.2 债券融资

现在我们假定政府仅采用债券融资的方式，即通过发行额外的付息债券来筹集政府支出所需的资金。这里要区分一下政府支出的永久性增加和暂时性增加。

5.3.2.1 在第 t 期永久性增加政府支出 Δg_t

在 $t-1$ 期、t 期和 $t-1$ 期 $\cdots$ 政府支出永久性增加的政府预算约束序列为：

$$\begin{aligned}
t-1: &\quad g_{t-1}+Rb_t=T_{t-1},\\
t: &\quad g_t+\Delta g_t+Rb_t=T_{t-1}+\Delta b_{t+1},\\
t+1: &\quad g_t+\Delta g_t+R(b_t+\Delta b_{t+1})=T_{t-1}+\Delta b_{t+2},\\
&\quad \vdots\\
t+n-1: &\quad g_t+\Delta g_t+Rb_t+R\sum_{s=1}^{n-1}\Delta b_{t+s}=T_{t-1}+\Delta b_{t+n}.
\end{aligned}$$

于是有

$$\Delta b_{t+n}=(1+R)^{n-1}\Delta g_t$$

并且

$$b_{t+n}=b_t+\sum_{s=1}^{n}\Delta b_{t+s}=b_t+(1+R)\left[\frac{(1+R)^{n-1}-1}{R}\right]\Delta g_t.$$

因此有

$$\frac{b_{t+n}}{(1+R)^n}=\frac{b_t}{(1+R)^n}+\left[\frac{1}{R}-\frac{1}{R(1+R)^{n-1}}\right]\Delta g_t$$

且

$$\lim_{n\to\infty}\frac{b_{t+n}}{(1+R)^n}=\frac{1}{R}\Delta g_t\neq 0.$$

由于债务折现后不等于 0，结果就是债务会无限地增长。这就违反了跨期预算约束的要求，因此以债券方式融资以期达到使政府支出永久性增加是不可持续的。

5.3.2.2 只在第 t 期暂时性增加政府支出 Δg_t (或减少税收 T)

在这种情况下，$t-1$ 期、t 期和 $t-1$ 期 $\cdots$ 等政府支出临时性增加的政府预算约束序列为：

$$\begin{aligned}
t-1: &\quad g_{t-1}+Rb_t=T_{t-1},\\
t: &\quad g_{t-1}+\Delta g_t+Rb_t=T_{t-1}+\Delta b_{t+1},\\
t+1: &\quad g_{t-1}+R(b_t+\Delta b_{t+1})=T_{t-1}+\Delta b_{t+2},\\
&\quad \vdots\\
t+n-1: &\quad g_{t-1}+R\left(b_t+\sum_{s=1}^{n}\Delta b_{t+s}\right)=T_{t-1}+\Delta b_{t+n},
\end{aligned}$$

其中，

$$\begin{aligned}\Delta b_{t+1} &= \Delta g_t,\\ \Delta b_{t+2} &= R\Delta g_t,\\ \Delta b_{t+3} &= R(1+R)\Delta g_t,\\ &\vdots\\ \Delta b_{t+n} &= R(1+R)^{n-2}\Delta g_t.\end{aligned}$$

于是有

$$\begin{aligned}b_{t+n} &= b_t + \sum_{s=1}^{n}\Delta b_{t+s}\\ &= b_t + \left[1 + R\sum_{s=0}^{n-2}(1+R)^s\right]\Delta g_t\\ &= b_t + (1+R)^{n-1}\Delta g_t,\\ \frac{b_{t+n}}{(1+R)^n} &= \frac{b_t}{(1+R)^n} + \frac{1}{1+R}\Delta g_t,\end{aligned}$$

且

$$\lim_{n\to\infty}\frac{b_{t+n}}{(1+R)^n} = \frac{1}{1+R}\Delta g_t \neq 0.$$

由于债务折现后不等于 0，财政政策仍然不可持续。

不过，假设政府支出的暂时性变化是随机冲击，而且每期的随机冲击的平均值是 0, 我们可以把政府支出的变化写成 $\Delta g_t = e_t$, 其中 $E(e_t) = 0$ 且 $E(e_t e_{t+s}) = 0$。现在我们来看政府债务的平均贴现值，它等于

$$\lim_{n\to\infty} E\left[\frac{b_{t+n}}{(1+R)^n}\right] = \frac{1}{1+R}E[\Delta g_t] = 0.$$

该式表明债务不会再扩张了，因此可以证明如果暂时性增加政府支出，其平均变化量为 0(即财政政策冲击)，则利用债券融资是可持续的政策，因为正向的财政政策冲击可以预期到在未来一段时间内被负的冲击全部抵消。

与此相似的分析框架可以很好地应用于对经济周期的分析。经济的冲击可能会是时序连续相关的，如果在衰退时期增加政府支出，就会被繁荣期减少的政府支出所抵消，如果在一个完整的周期内可以实现这种相互抵消，则债务融资的方式就是可行的。具体说来，就是在衰退期不必像现在许多政府所做的那样，仅仅因为政府赤字增长就要通过提高税率来筹集资金。不过，这里的重点是当经济开始复苏回暖，出现财政盈

余时，得能够保证这些盈余被用于偿付债务而不会被用于减税。事实上，在经济繁荣期，政府通常会面临较大的减税压力。当然，很有必要强调要努力避免债务累积跨越一个周期，以使公共财政在较长期内可以保持在一个可持续的路径上。

5.3.3 跨期的财政政策

假定政府对经济施行暂时性的刺激计划。一个可能的政策方案是在当期减税，而通过借债做为当期的融资手段，这样由于刺激是暂时的，会在未来恢复税收收入。在这种情况下财政政策是可持续的，这对政府预算约束和 GDP 会有什么影响？

令减税在第 t 期进行，并假定在 t+2 期的 GBC 会恢复到第 $t-1$ 期的情况，因此第 $t-1$ 期、第 t 期、第 $t+1$ 期和第 $t+2$ 期的政府预算约束为：

$$
\begin{aligned}
t-1: &\quad g_{t-1}+Rb_{t-1}=T_{t-1},\\
t: &\quad g_t+Rb_t=g_{t-1}+Rb_{t-1}=T_{t+1}+\Delta b_{t+1}=T_{t-1}+\Delta T_t+\Delta b_{t+1},\\
t+1: &\quad g_{t+1}+Rb_{t+1}=g_{t-1}+R(b_{t-1}+\Delta b_{t+1})=T_{t+1}+\Delta b_{t+2}=T_{t+1}-\Delta b_t,\\
t+2: &\quad g_{t+2}+Rb_{t+2}=g_{t-1}+Rb_{t-1}=T_{t-1},
\end{aligned}
$$

由于是减税，有 $\Delta T_t<0$，则

$$
\begin{aligned}
\Delta b_{t+1}&=-\Delta T_t,\\
T_{t+1}&=T_{t-1}+(1+R)\Delta b_{t+1}=T_{t-1}-(1+R)\Delta T_t.
\end{aligned}
$$

因此，为了使第 $t+2$ 期的政府预算约束恢复到 $t-1$ 期的水平，则必须在第 $t+1$ 期增加税收，一方面使税收收入恢复到原来的水平，同时还要能支付第 $t+1$ 期发生的债务利息支出。

通过下式可以表明，在第 $t-1$ 期和第 t 期，消费没有受到影响，因而财富的价值也没有受到影响。假设在考察期收入和税收都是常数，那么第 t 期不减税的消费 (c_t) 和

第 t 期与第 $t+1$ 期减税后的消费 (c_t^* 和 c_{t+1}^*) 分别是:

$$
\begin{aligned}
c_t &= x - \frac{R}{1+R}\sum_{s=0}^{\infty}\frac{T_{t+s}}{(1+R)^s} + Rb_t = x - T + Rb,\\
c_t^* &= x - \frac{R}{1+R}\left[T + \Delta T_t + \frac{T-(1+R)\Delta T_t}{1+R} + \sum_{s=2}^{\infty}\frac{T}{(1+R)^s}\right] + Rb = c_t,\\
c_{t+1}^* &= x - \frac{R}{1+R}\left[T + \Delta T_t + \frac{T-(1+R)\Delta T_t}{1+R} + \sum_{s=2}^{\infty}\frac{T}{(1+R)^s}\right] + R(b + \Delta b_{t+1})\\
&= c_t.
\end{aligned}
$$

在消费者的生命周期内，无论税收是否恢复到其原始水平，这个相应的结果都会成立。我们曾假设消费者是无限生命周期的，且收入水平恒定。现实生活中，人的生命周期是有限度的，税负也会发生变化，这两种情况都有可能影响最终的消费结果。然而，总的来说我们还是得出这样的要点：暂时性的减税不太可能给经济提供重大刺激。当然，也会有可能有重要的例外。如，由于暂时性的削减消费税，消费者很可能会马上增加消费，因而这种减税就会导致消费的直接暂时性增加，这又会因未来消费水平可能会下降到低于其在减税前所预计的水平所抵消。即使如此，财富——既可以按着消费流的现值衡量，也可以用净收入流的现值来衡量——还是会保持不变

5.3.4 李嘉图等价定理

上述有关财政政策的两个例子已经表明财政政策在长期内对提高消费水平是无效的。这是因为公众会预期到未来的税收会因平衡预算而增加，因此会相应地调整其对财富水平的估计。因此，无论是通过提高一次总付性税收来为增加政府支出融资还是通过借债支撑暂时性减税，这两种方式对于刺激经济都是无效的。这些例子被 Barro 等人用来很好地例证了著名的“李嘉图等价定理”见 (Barro，1974，1989；Woodford，1995，2001)。Barro 提出了一个关于政府债券究竟是不是私人部门的净财富的问题，他认为，由于公众会正确地预期到未来税负会增加，政府债券不会成为私人部门的净财富。这个定理是以 19 世纪经济学家李嘉图 (David Ricardo) 的名字命名的，李嘉图于 1820 年提出这样一个问题，为筹集战争经费，究竟是以征税的方式一次性筹集 2,000 万英镑好，还是以 5% 的利率来每年永续地借款 100 万英镑更好。李嘉图的结论是“在经济的意义上”，“二者是完全等价”的。但是他本人似乎又随后对纳税人是否会认可这一点表示怀疑。因此李嘉图本人究竟是否真的相信税收和债务对经济的影响是等价的，还是一个颇有争议的问题 (见 Buchanan，1976；O'Driscoll，1977)。

与李嘉图等价定理形成对照的是基于凯恩斯模型的主流观点：当前的消费只取决于当前的税后收入，而不是取决于财富。如果当期的收入增加了，则消费和 GDP 都会增加。凯恩斯模型因而假定未来税收的增加对当期消费没有影响，这意味着家庭要么是短视的，要么是因他们面临着信贷市场的约束，使每期的消费都被限定在当期收入以内，即使他们愿意借债多消费也无法达成愿望。

李嘉图等价定理的一个反例是代际交叠模型 (OLG)，本书的第 6 章将会对此进行详细讨论。OLG 模型的显著特点是关于时期长度的假设——典型经济行为人只生活两期。年轻一代在两期都缴税，而老一代则只在第一期缴税。两代人都会享受到财政扩张 (减税) 的好处，但是只有年轻一代会在下一期税收增加时为此付出代价。在这种情况下，老一代将会在第 t 期因减税而使财富增加，进而会提高其第 r 期的消费水平。假定下一期还会有新的一代与当前的年轻一代分担税负，结果是当期的减税会完全被下一期的高税率所抵消，因此当期年轻一代的财富不会有变化，他们将保持其现有的消费水平。这样最终的结果是当期的总消费和 GDP 将会增加。

更一般地说，人们用于工作的时间要长于退休的时间，所以我们需要超出 OLG 模型所设定的两期时间考虑问题，这将会使税负可以被未来的新一代分担一些，从而会减轻当代年轻人的税负，结果就是当期的减税对经济的刺激作用可能更大些。此外，未来增税的时间推迟的越久，未来新一代 (分担的) 税负就越重，当期年轻一代的税负就越轻，同样的道理，对当期经济的刺激效果就越大。

由于 OLG 模型简化了动态性，因而它通常是一个很方便的分析工具。该模型主要的缺点是它可能会过度扭曲时间因素。例如，所有代际的人都预期要承担税收增加的负担，除非预期增税将发生于遥远的未来。相反，为了维持代际间的公平，预期会对将来子孙永久受益的政府支出 (通常是资本支出)，也应该由将来的子孙后代承担一部分，而非由当代人全部承担。这可以通过以下方式来实现：政府支出一部分通过提高当期税收来融资，另一部分通过政府借款来融资，但这部分借款由未来子孙后代的税收偿还。在这种方式下，所有代际的人都要分担该支出成本。

我们在图 5.2中可以看到，在战争期间或者战争刚刚结束时，政府支出会大幅度提高。由于战争经费往往是通过债务融资的方式筹集的，因此也通常会伴随着政府债务水平的大幅提高。该图描绘了美国自 1790–2010 年间以及英国 1695–2010 年间债务与 GDP 比率。美国独立战争 (1775–1783) 后的 1790 年债务水平很高。在美国南北战争 (1861–1865 年) 以及第一次世界大战 (美国 1917–1918 年参战) 期间，政府债务激增；第二次世界大战 (美国 1942–1945 年参战) 期间也同样债务激增，最近的债务增加发生在

20 世纪 80 年代。英国政府债务水平在 18 世纪尤其是美国独立战争期间稳步提高，并且在拿破仑战争 (1792–1815) 期间及其后达到顶峰。(现在仍有可能会买到为拿破仑战争融资的债券。) 英国的债务在第一次世界大战期间及其后迅速急剧上升，并在第二次世界大战 (1939–1945) 之后又迅速上升。英国政府此后迅速地偿还债务，并在 2006 年偿还了来自美国的最后一笔贷款。使用债务为战争融资的基本理由是，因为后代能够分享胜利果实，因而他们要分担这个成本。近些年来每个国家的债务 – GDP 比率都有所上升，大多数国家是因 2007–2008 年的金融危机所致。第 15 章会对此详加讨论。

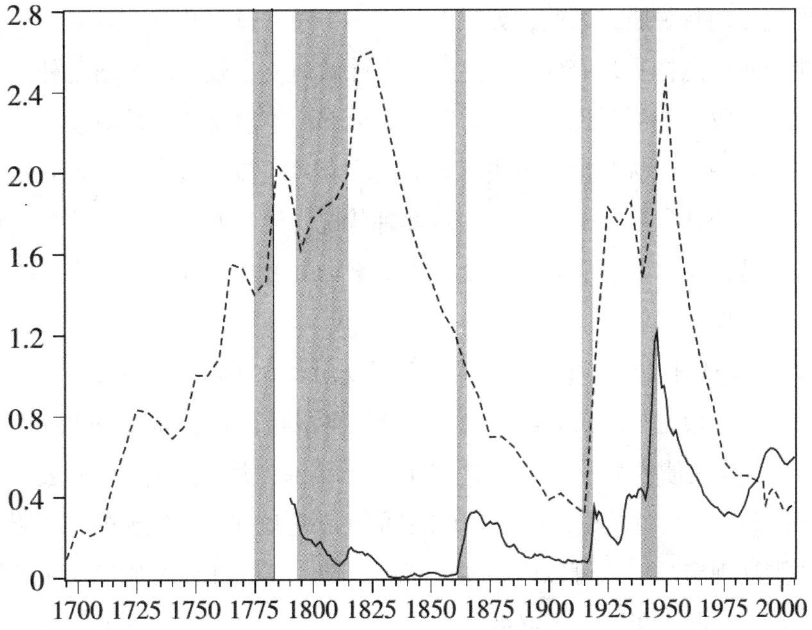

图 5.2　美国 (实线) 与英国 (虚线)1695–2010 年政府债务占 GDP 的比率

无论李嘉图的观点是什么以及李嘉图等价定理的一般适用性如何，该定理事实上已经成为经济体 DSGE 模型中的一个关键命题，这主要归因于该定理注重分析通过债务融资的财政政策刺激经济的效果，以及政府债务和未来政府净收入间的关系。它在很大程度上影响了政府政策。例如，大约 15 年前，英国政府提出了一个公共财政的“黄金法则”，该规则指出债务融资不得与经济周期相关联，因而只允许用于政府投资(而非消费)。当然，该投资最终还是要由税收融资的。该项政策没有明确指出的是，只有在未来纳税人同样也受益于该项投资时才是合理的。如果当代人也受益于该项投资，那么当代人也要为此支付一部分税收。下面我们深入考察公共财政长期可持续性的具体细节。

5.4 财政状况的可持续性

政府支出既可以通过税收筹资，也可以通过借贷筹资，无论如何在二者间权衡，都必须始终满足政府预算约束。短期内要满足政府预算约束通常会通过债务融资解决。私人部门愿意持有政府债务尤其是在较长期限内持有政府债务的前提是，它必须对政府到期一定会清偿债务保持信心。换句话说，政府的财政状况 (公共财政) 必须是可持续的。如果他们预期政府的债务 – GDP 比率可能会无限期增长，他们就会担心政府将无力履行其债务责任，只有求助于将债务货币化，这必然会引起较高的通货膨胀率，甚至会出现超级通货膨胀。因此，如果财政支出持续超过财政收入且差额较大，私人部门很可能会不愿意持有政府债务。这种情况除政府支出较高时会出现外，因较薄弱的税基而致税收收入较低时也会出现。如果私人部门不愿意持有政府债务，政府则只好印发货币。如果这种状况持续下去，不久就会导致超级通货膨胀。如前所述，在苏联解体后有些加盟共和国甫一独立便出现此种状况。更一般地说，当前财政状况可持续的必要条件是，人们可以预期政府债务及债务 – GDP 比率保持在一个有限度的范围内且不会过度膨胀。

欧盟《稳定与增长公约》(SGP)及英国公共支出黄金法则都是旨在使财政状况可以持续。按照欧盟《稳定与增长公约》规定，欧盟各成员国政府均不得使政府赤字高于 GDP 的 3%，或者使债务水平超过 GDP 的 60%。英国公共支出黄金法则要求在整个经济周期内平衡预算，也就是说，债务占 GDP 的比率应该在一个完整的经济周期内保持恒定。该法则还规定政府只可以因融通投资而借债，不允许为增加消费而借债。接下来我们就讨论财政状况可持续的必要条件，进而检验一下欧盟和英国的财政规则是否有意义。

我们首先将政府预算约束改写成各个变量占 GDP 比例的形式。由于这些比例通常不太会随着时间变化，所以对于研究不断增长的经济而言，这种表达方式是很方便的。税收占产出的比例也因此可以被当作平均有效税率。将名义政府预算约束 (5.2) 式除以名义 GDP，即 $P_t y_t$，得到

$$\frac{P_t g_t}{P_t y_t} + \frac{P_t h_t}{P_t y_t} + \frac{(1+R_t)B_t}{P_t y_t} = \frac{P_t T_t}{P_t y_t} + \frac{B_{t+1}}{P_t y_t} + \frac{M_{t+1}}{P_t y_t} - \frac{M_t}{P_t y_t}. \tag{5.5}$$

此式可以改写为:

$$\frac{g_t}{y_t} + \frac{h_t}{y_t} + (1+R_t)\frac{b_t}{y_t} = \frac{T_t}{y_t} + (1+\pi_{t+1})(1+\gamma_{t+1})\left(\frac{b_{t+1}}{y_{t+1}} + \frac{m_{t+1}}{y_{t+1}}\right) - \frac{m_t}{y_t}, \tag{5.6}$$

其中 γ_t 代表 GDP 增长率，T_t/y_t 表示平均税率。

我们将名义政府总赤字 (或公共部门借款需求) 定义为:

$$P_tD_t = P_tg_t + P_th_t + R_tB_t - P_tT_t - \Delta M_{t+1}; \tag{5.7}$$

因此我们可以求得实际政府赤字占 GDP 的比例 D_t/y_t 为

$$\begin{aligned}\frac{D_t}{y_t} &= \frac{g_t}{y_t} + \frac{h_t}{y_t} + R_t\frac{b_t}{y_t} - \frac{T_t}{y_t} - (1+\pi_{t+1})(1+\gamma_{t+1})\frac{m_{t+1}}{y_{t+1}} + \frac{m_t}{y_t} \\ &= (1+\pi_{t+1})(1+\gamma_{t+1})\frac{b_{t+1}}{y_{t+1}} - \frac{b_t}{y_t}.\end{aligned} \tag{5.8}$$

该式的右边以债务占 GDP 比例的方式表示政府为弥补赤字所需要的借款额。

我们将名义基础预算赤字P_td_t(总赤字减去债务利息支付) 定义为

$$P_td_t = D_t - R_tB_t. \tag{5.9}$$

因此基础预算赤字占 GDP 比例就是

$$\begin{aligned}\frac{d_t}{y_t} &= \frac{g_t}{y_t} + \frac{h_t}{y_t} - \frac{T_t}{y_t} - (1+\pi_{t+1})(1+\gamma_{t+1})\frac{m_{t+1}}{y_{t+1}} + \frac{m_t}{y_t} \\ &= -(1+R_t)\frac{b_t}{y_t} + (1+\pi_{t+1})(1+\gamma_{t+1})\frac{b_{t+1}}{y_{t+1}}.\end{aligned} \tag{5.10}$$

公式 (5.8) 式和 (5.10) 式都是决定债务比例 b_t/y_t 形成的差分方程，前者是按总赤字表示的，后者是按基础预算赤字表示的。由于名义增长率 $\pi_{t+1} + \gamma_{t+1}$ 几乎总是严格为正的，因此 (5.8) 式是一个不稳定的差分方程，必须前向求解此差分方程。与此相对的是 (5.10) 式，它既可能是稳定的也可能是不稳定的，这取决于

$$\frac{1+R_t}{(1+\pi_{t+1})(1+\gamma_{t+1})}$$

是大于 1(不稳定) 还是小于 1(稳定)。如果差分方程是稳定的，则 b_t/y_t 是有限界的；如果差分方程是不稳定的，则 b_t/y_t 可能是有限界的也可能是无限界的。债务 – GDP 比率要有限界是私人部门愿意持有政府债务的必要 (非充分) 条件。债务 – GDP 比率的激增足以导致财政状况不可持续，因此我们希望找到能使 b_t/y_t 为有限界的条件。

我们首先来看 (5.10) 式。简单起见，假设 R_t、π_t 和 γ_t 是常数。在更一般的分析中，各个变量可以是时变的，可参见 Pollito 和 Wickens(2007，2011)。根据上边的假设我们有

$$\begin{aligned}\frac{d_t}{y_t} &= \frac{g_t}{y_t} + \frac{h_t}{y_t} - \frac{T_t}{y_t} - (1+\pi)(1+\gamma)\frac{m_{t+1}}{y_{t+1}} + \frac{m_t}{y_t} \\ &= -(1+R)\frac{b_t}{y_t} + (1+\pi)(1+\gamma)\frac{b_{t+1}}{y_{t+1}}.\end{aligned}$$

因此债务 – GDP 比率将根据以下差分方程演进

$$\frac{b_t}{y_t}=-\frac{1}{1+R}\frac{d_t}{y_t}+\frac{(1+\pi)(1+\gamma)}{1+R}\frac{b_{t+1}}{y_{t+1}}. \tag{5.11}$$

5.4.1 情形 1：$[(1+\pi)(1+\gamma)]/(1+R)>1$ (稳定)

在这种情况下，名义 GDP 增长率高于名义利率，即 $R<\pi+\gamma$。因而我们把政府预算约束 (5.11) 式写成差分方程

$$\frac{b_{t+1}}{y_{t+1}}=\frac{1+R}{(1+\pi)(1+\gamma)}\frac{b_t}{y_t}+\frac{1}{(1+\pi)(1+\gamma)}\frac{d_t}{y_t}. \tag{5.12}$$

由于 $0<(1+R)/[(1+\pi)(1+\gamma)]<1$，这是一个稳定的差分方程，所以可以通过连续替换后向迭代求解。对于 $n>0$，我们可以得到

$$\frac{b_{t+n}}{y_{t+n}}=\left(\frac{1+R}{(1+\pi)(1+\gamma)}\right)^n\frac{b_t}{y_t}+\frac{1}{(1+\pi)(1+\gamma)}\sum_{s=0}^{n-1}\left(\frac{1+R}{(1+\pi)(1+\gamma)}\right)^{n-s-1}\frac{d_{t+s}}{y_{t+s}}.$$

当 $n\to\infty$ 时取极限

$$\lim_{n\to\infty}\left(\frac{1+R}{(1+\pi)(1+\gamma)}\right)^n\frac{b_t}{y_t}=0,$$

因此可以得到

$$\lim_{n\to\infty}\frac{b_{t+n}}{y_{t+n}}=\frac{1}{(1+\pi)(1+\gamma)}\sum_{s=0}^{\infty}\left(\frac{1+R}{(1+\pi)(1+\gamma)}\right)^{n-s-1}\frac{d_{t+s}}{y_{t+s}}. \tag{5.13}$$

下面我们讨论 (5.13) 式的含义。

含义

(1) 当基础预算赤字占 GDP 的比率预期在未来保持不变的特殊情况下，即

$$\frac{d_{t+s}}{y_{t+s}}=\frac{d_t}{y_t},\ \forall\ s\geqslant 0,$$

(5.13) 式变为

$$\lim_{n\to\infty}\frac{b_{t+n}}{y_{t+n}}=\frac{1}{(1+\pi)(1+\gamma)-(1+R)}\frac{d_t}{y_t}\simeq\frac{1}{\pi+\gamma-R}\frac{d_t}{y_t}>0. \tag{5.14}$$

因此，如果 $\pi+\gamma>R$，债务 – GDP 比率会保持为有限界，与 d_t/y_t 的初始值无关。所以无论 d_t/y_t 的值为多少，财政政策都是可持续的，甚至可以永久保持基础预算赤字 (即 $d/y>0$) 并且债务 – GDP 比率保持不变。

(2) 原则上来说，财政状况可持续仅要求债务 – GDP 比率保持有限界，并且市场愿意持有政府债券。因此，通常 d_{t+s}/y_{t+s} 可以随时间变化。然而，随着债务 – GDP 比率的上升，对政府违约的担心也会增加。因而，谨慎起见，市场倾向于将债务 – GDP 比率限制在可接受的规模。结果是在财政实践中，各国都像在欧盟《稳定与增长公约》中要求的那样，制定一个债务 – GDP 比率的上限。对于债务 – GDP 比率上限的精确选择难免会有些随意，政策运行实践表明，即使债券 -GDP 比率高于欧盟《稳定与增长公约》中规定的时候，市场仍有可能愿意继续持有政府债券。当财政政策在已公布的限值上不可持续时，或许就存在着提升该限值的诱惑。其不利之处在于，长此以往会损害财政政策的可信度。

(3) 尽管不是严格必要，但为了使财政政策更加清晰，从而更加容易解释，政府会希望在第 $t+n$ 期实现一个特定的债务 – GDP 比率，该值可能与第 t 期的值相同。政府甚至可能更进一步希望未来每一期的 b_t/y_t 和 d_t/y_t 都为常数。从 (5.14) 式可知，这需要满足下式的条件：

$$\frac{b_t}{y_t} \geqslant \frac{1}{\pi+\gamma-R}\frac{d_t}{y_t}. \tag{5.15}$$

如果债务水平的演进 (由式子的右边给出) 不超过目标的债务 – GDP 比率，则财政状况是可持续的，所以 (5.14) 式中的等号换成了不等号。更一般地，这让我们对于任意不变的 d_t/y_t 和任意正的 $\pi+\gamma-R$ 都能够找到一个可持续的债务 – GDP 比率。换句话说，财政的可持续性是可以实现的，但并不一定是在所规定的债务 – GDP 比率上，而可能是在一个不同的值上。

(4) 我们可以直接通过改写政府预算约束 (5.11) 式得到这个结果

$$(1+\pi)(1+\gamma)\Delta\frac{b_{t+1}}{y_{t+1}} = -(\pi+\gamma-R)\frac{b_t}{y_t}+\frac{d_t}{y_t}=0.$$

如果债务 – GDP 比率是一个常数，则 $\Delta(b_{t+1}/y_{t+1})=0$，从而可以得到 (5.15) 式。

(5) 财政状况不仅在存在永久的基础预算赤字时可以持续，在存在永久的总赤字时也是可以持续的，由于

$$\frac{D_t}{y_t}=\frac{d_t}{y_t}+R\frac{b_t}{y_t},$$

我们有

$$\frac{b_t}{y_t} \geqslant \frac{1}{\pi+\gamma-R}\frac{d_t}{y_t} \geqslant \frac{1}{\pi+\gamma-R}\left(\frac{D_t}{y_t}-R\frac{b_t}{y_t}\right) \geqslant \frac{D_t/y_t}{\pi+\gamma}. \tag{5.16}$$

$D_t>0$ 意味着财政的可持续性也与永久的总赤字也并不矛盾，特别是，尽管平衡预算常常是被看作稳健财政政策的必要条件，但对财政的可持续性来说预算平衡并不是必需的。

5.4.2 情形 2：$0 < [(1+\pi)(1+\gamma)]/(1+R) < 1$ (不稳定)

在这种情况下，名义利率高于名义 GDP 的增长率，即 $R > \pi + \gamma$。则政府预算约束是一个不稳定的差分方程，它必须前向而不是后向去迭代，即

$$\begin{aligned}\frac{b_t}{y_t} &= \left(\frac{(1+\pi)(1+\gamma)}{1+R}\right)\frac{b_{t+1}}{y_{t+1}} - \frac{1}{1+R}\frac{d_t}{y_t}\\ &= \left(\frac{(1+\pi)(1+\gamma)}{1+R}\right)^n\frac{b_{t+n}}{y_{t+n}} - \frac{1}{1+R}\sum_{s=0}^{n-1}\left(\frac{(1+\pi)(1+\gamma)}{1+R}\right)^s\frac{d_{t+s}}{y_{t+s}}.\end{aligned}$$

当 $n \to \infty$ 时取极限，如果

$$\lim_{n\to\infty}\left(\frac{(1+\pi)(1+\gamma)}{1+R}\right)^n\frac{b_{t+n}}{y_{t+n}} = 0, \tag{5.17}$$

那么

$$\frac{b_t}{y_t} \leqslant \frac{1}{1+R}\sum_{s=0}^{\infty}\left(\frac{(1+\pi)(1+\gamma)}{1+R}\right)^s\left(\frac{-d_{t+s}}{y_{t+s}}\right), \tag{5.18}$$

其中 $-d_t > 0$ 是基础预算盈余。我们在此引入不等号是因为当期和未来盈余的现值超过了当期债务 – GDP 比率这一结果也是与财政的可持续性是一致的。极限条件，方程 (5.17) 式就是所谓的非蓬齐条件。非蓬齐条件不允许通过发行新的债务来偿还已有债务的利息。(蓬齐博弈是一个金字塔式的体系，参与者可以获得其投资的利息，但利息是靠新参与者的投资来支付的。当然，在某一时刻，会由于没有足够的新投资者而导致金字塔的崩塌。)

含义

(1)(5.18) 式的右端是当期和未来基础预算盈余的现值占 GDP 的比例。所以，为了保持财政的可持续性，该现值必须足以应对当期的偿债义务。这就使 d_t/y_t 可以随时间而变化。引起 d_t/y_t 随时间变化的一个原因是经济周期。d_t/y_t 在经济衰退时通常为正，而在经济繁荣时为负。对财政可持续性条件的更切合实际的解释是，在完整的经济周期中要求基础预算盈余的现值为零。因此，在经济衰退时债务 - GDP 比率会上升，繁荣时会下降，但在整个周期内保持不变。这就是英国政府财政政策黄金法则的基础。

(2) 在以下特定的情况下

$$\frac{d_{t+s}}{y_{t+s}} = \frac{d_t}{y_t}\ \forall\ s > 0,$$

我们得到

$$\frac{b_t}{y_t} \leqslant \frac{1}{1+R}\sum_{s=0}^{\infty}\left(\frac{(1+\pi)(1+\gamma)}{1+R}\right)^s\left(\frac{-d_t}{y_t}\right) \simeq \frac{1}{R-\pi-\gamma}\left(\frac{-d_t}{y_t}\right). \tag{5.19}$$

当该式等号成立时，结果与稳定情形下相同，只有一点小区别在于，因为 $R-(\pi+\gamma)$ 的符号改变，d 的符号也发生了变化 (即我们需要用盈余来偿还债务)。不等号反映了正的现值使当前债务也可以得到清偿。我们注意到不等号在不稳定情形下与稳定情形下是相反的，原因在于，在稳定情形下，未来基础预算赤字不会引起未来的债务 – GDP 比率超过给定的上限界，而在不稳定的情形下，未来基础预算盈余必须足够大以应对当期的偿债义务。

(3) 尽管政府的基础预算盈余很必要，但也仍然有可能出现总赤字，由

$$\frac{D_t}{y_t}=\frac{d_t}{y_t}+R\frac{b_t}{y_t},$$

我们有

$$\begin{aligned}\frac{b_t}{y_t}&\leqslant\frac{1}{R-\pi-\gamma}\left(\frac{-d_t}{y_t}\right)\\&\leqslant\frac{1}{R-\pi-\gamma}\left(R\frac{b_t}{y_t}-\frac{D_t}{y_t}\right)\\&\geqslant\frac{D_t/y_t}{\pi+\gamma}.\end{aligned}\tag{5.20}$$

这和 (5.16) 式是相同的——甚至不等号的方向都是一样的。该式可以区分为三种情形：

$$\begin{aligned}&\frac{b}{y}>\frac{1}{\pi+\gamma}\frac{D}{y},\quad \text{债务 – GDP 比率下降,}\\&\frac{b}{y}=\frac{1}{\pi+\gamma}\frac{D}{y},\quad \text{债务 – GDP 比率不变,}\\&\frac{b}{y}<\frac{1}{\pi+\gamma}\frac{D}{y},\quad \text{债务 – GDP 比率上升。}\end{aligned}$$

前两种情形的财政状况是可持续的，而第三种债务 – GDP 比重上升的情形最终将是不可持续的。

(4) 考虑在政府已经存在债务但却保持基础预算赤字为零 (即 $d_t/y_t=0$) 的情况下会发生什么。为了应对现有债务产生的利息，政府不得不发行更多的债务，因而债务被没有限界地积累下去，这种情况下的预算约束可写作

$$\frac{b_t}{y_t}=\frac{(1+\pi)(1+\gamma)}{1+R}\frac{b_{t+1}}{y_{t+1}}$$

因此

$$\frac{b_t}{y_t}=\lim_{n\to\infty}\left(\frac{(1+\pi)(1+\gamma)}{1+R}\right)^n\frac{b_{t+n}}{y_{t+n}}.$$

该非蓬齐博弈条件意味着只有初始债务为零，才会使极限趋向于零，也才能够满足 (5.17) 式。如果初始债务不为零，那么必须有基础预算盈余，否则债务的增长速度将过快。

5.4.3 财政规则

我们在分析财政可持续问题时是将基础预算赤字当作外生的。假如代之以一个稳定的财政规则，规定随着债务 – GDP 比率的升高，基础预算赤字将自动削减，即

$$\frac{d_t}{y_t} = z_t - \eta \frac{b_t}{y_t},$$

其中 $\eta > 0$ ，我们将 z_t 视为外生。由 (5.11) 式中消去 d_t/y_t ，则债务 – GDP 比率将按下式的路径演进

$$\frac{b_t}{y_t} = -\frac{1}{1+R-\eta} z_t + \frac{(1+\pi)(1+\gamma)}{1+R-\eta} \frac{b_{t+1}}{y_{t+1}}.$$

假如可以通过选择 η 以使 $\eta > R - (\pi + \gamma) > 0$, 上式即为稳定的，且债务 – GDP 比率会保持在有限界内。这表明对财政政策附加一定的财政规则是为保持财政政策可持续性提供了基础。

5.5 稳定与增长公约

欧盟《稳定与增长公约》设定了债务 – GDP 比率和总赤字占 GDP 比重的上限界。前者的最大值为 $b/y = 0.6$ (占 GDP 的 60%)，后者的最大值为 $D/y = 0.03$(占 GDP 的 3%)。这对财政的可持续性意味着什么呢？由 (5.16) 式可知

$$\frac{b_t}{y_t} \geqslant \frac{1}{\pi+\gamma} \frac{D_t}{y_t}, \qquad 60 \geqslant \frac{1}{\pi+\gamma} 3, \qquad \pi + \gamma \geqslant \frac{3}{60} \equiv 5.$$

所以即使债务和赤字达到了《稳定与增长公约》的限制，只要名义增长率不低于 5%，财政状况仍然是可持续的。如果名义增长率低于 5%，即使赤字满足上限的限制，债务也会上升并超过 60%。因此欧盟《稳定与增长公约》不是财政状况可持续的充分条件。

《稳定与增长公约》也不是财政状况可持续的必要条件。即使赤字或负债超过了上限，名义增长率仍然可以保持财政的可持续性。例如，如果赤字超过了 3% ，只要名义增长率超过 5% ，仍然可能使债务 – GDP 的比率满足不超过 60% 的限制。而如果债务 – GDP 的比率超过 60%，但赤字满足 3% 的限制，即使名义增长率低于 5%，仍然可以满足可持续性。

以 1993 年比利时的财政状况为例，这一年的《Maastricht 条约》首次将欧盟《稳定与增长公约》奉为圭臬，比利时的财政状况是

$$\frac{b}{y} = 145\%, \qquad \frac{D}{y} = 6.5\%, \qquad R = 7.8\%, \qquad \pi + \gamma = 4.$$

很明显，比利时的债务和赤字都超过了上限，因此不满足欧盟《稳定与增长公约》的要求。但它的财政状况一定能做到可持续吗？答案是否定的，因为

$$\frac{b_t}{y_t} = 1.45 \geqslant \frac{1}{\pi+\gamma}\frac{D_t}{y_t} = \frac{0.065}{0.04} = 1.63.$$

这种情况下比利时无法满足财政的可持续性条件，它要求名义 GDP 的增长率要略高于 4.5% 或赤字水平仅为 5.8%。

我们已经有了名义利率的数据，它超过了名义 GDP 增长率 (7.8 > 4)，据此我们可以计算出基础预算赤字，还可以估计出以当前和未来基础预算盈余现值表达的可持续条件。基础预算赤字是

$$\begin{aligned}\frac{d_t}{y_t} &= \frac{D_t}{y_t} - R\frac{b_t}{y_t}\\ &= 0.065 - 0.078 \times 1.45 = -0.048.\end{aligned}$$

因而比利时在 1993 年有基础预算盈余。财政可持续性的现值条件是

$$\frac{b_t}{y_t} \leqslant \frac{1}{R-\pi-\gamma}\left(\frac{-d_t}{y_t}\right).$$

比利时 1993 年的债务 – GDP 比率为 $b/y = 1.45$，其未来基础预算盈余的现值为 1.26，也就是说当前和未来基础预算盈余的现值不足以支付当前的债务。因此现值条件与总赤字条件给出的结果一样。只有名义利率为 3.6%(可以想象这是一个相当低的数字)，财政的可持续性才能得到满足。总之，比利时 1993 年不仅不满足《Maastricht 条约》的条件或欧盟《稳定与增长公约》的条件，而且无论用什么样的方法衡量，它的财政状况也不可持续。我们还看到名义 GDP 增长率的小幅提高、财政赤字小幅削减或利率水平相当低，就可能会使财政政策变得可持续。不过，就算经受不起这些检验，比利时还是能继续卖出它的债务。

最近法国和德国也在为满足欧盟《稳定与增长公约》的要求上遇到了巨大困难。根据欧盟《稳定与增长公约》的执法规定，这可能会使它们遭到巨额罚款。表 5.1给出了 2002 年的数据。

为了保持财政的可持续性，我们要求表中最后一行的值要小于当前债务 – GDP 的比率。我们注意到两个国家都不满足这一条件。它们的问题在于尽管基本满足了欧盟《稳定与增长公约》的要求，但名义 GDP 增长率太低了。法国的名义 GDP 增长率需要达到 5.2%，德国需要达到 5.9%，才能满足财政可持续条件。给定当前法国和德国的名义 GDP 增长率，它们需要将赤字减少到 3% 以下来满足债务 – GDP 比率的上限。所以

表 5.1　2002 年法国和德国财政的可持续性

	法国 (%)	德国 (%)
D/y	3.1	3.6
b/y	59.1	60.8
π	1.9	1.3
γ	1.2	0.2
$\frac{1}{\pi+\gamma}\frac{D}{y}$	100	240

尽管他们的债务和赤字达到了欧盟《稳定与增长公约》的标准，但法国和德国的财政状况仍然不满足财政的可持续性条件。

对财政可持续性问题的深入研究可以在以下文献中找到，如 Bohn (1995)，Polito 和 Wickens (2007, 2011) 以及 Wilcox (1989)。

5.6　价格水平的财政理论

我们说明了当 $R > \pi + \gamma$ 时财政可持续的条件，即要求当前债务 (即未偿债务) 需要与预期收入的净现值 (基础预算盈余) 相匹配。一个暗含的假设是，为了满足这个条件，政府需要改变它的财政状况以产生适量的基础预算盈余并减少总赤字。能够实现这个目的的政策被命名为“李嘉图式政策”。相反“非李嘉图式政策”是说把当前的财政状况当作是既定的，即使它不满足政府跨期预算约束，也能自动维持均衡。这种说法据称是源于“价格水平的财政理论”。

“价格水平的财政理论”主张当期价格水平的某个取值会使政府的跨期预算约束自动得到满足，而价格水平也会为此瞬间调整到该值 (见 Sims，1994；Woodford，1995，2001)。例如，如果因暂时性的减税且居民户不会预期到这部分减税将在未来用增税来抵偿，这致使政府跨期预算无法满足，那么居民户的财富就会被认为可能会增加。而这会提高总需求进而引到价格水平上升，直到政府的跨期预算约束再次得到满足。并且即使在经济体系中没有货币，这一说法也成立。按照“价格水平的财政理论”，价格水平不是由经济体中的货币量决定的，而是由财政因素所决定的，这就是该理论得名的原因。

为了解释这一理论，考虑政府的跨期预算约束 (5.18) 式，它可以重写为

$$\frac{B_t}{P_t} = \frac{y_t}{1+R}\sum_{s=0}^{\infty}\left(\frac{1+\pi+\gamma}{1+R}\right)^s\left(\frac{-d_{t+s}}{y_{t+s}}\right) \tag{5.21}$$

对于 $\{B_t, d_t, y_t, \pi, R\}$ 的任意给定值，可以解出 P_t。然后我们有

$$P_t = \frac{B_t}{\frac{y_t}{1+R}\sum_{s=0}^{\infty}\left(\frac{1+\pi+\gamma}{1+R}\right)^s\left(\frac{-d_{t+s}}{y_{t+s}}\right)}.$$

因此，如果未偿还的名义政府债务超过了分母，那么由“价格水平的财政理论”可知价格水平会自动迅速地增加。这样，政府的跨期预算约束就总是会得到满足。

这个理论耐人寻味之处在于价格水平是由财政政策而不是货币政策决定的。“价格水平的财政理论”理论到底有多么可信呢？它暗含的假设是价格水平非常灵活，它可以在瞬间进行调整。但实际上，价格的调整并不是瞬时的。相反，价格是黏性的，价格水平的调整需要花费时间 (参见第 9 章)，这就是为什么货币政策在短期有很强实际效果的主要原因之一。因此，“价格水平的财政理论”似乎在短期不是一个有用的价格决定理论。而在长期，跨期预算约束中所有的变量都是内生的，不仅仅是价格水平，而是所有变量都会调整到一般均衡的水平。

政府跨期预算总是会得到满足的一个更可靠的解释是 (虽然有些争议)，利率是完全灵活的，可以迅速调整。金融市场观察到政府的跨期预算似乎要出现无法满足的迹象，会马上调整政府债务的价格，随之而来的就是利率的调整——与债券价格相反 (参见本书第 12 章)。这种调整的结果是对未来净盈余的现值计算的贴现率——(5.21) 式的右项——满足政府跨期预算。

5.7 公共财政的优化

到目前为止，我们对财政政策的讨论集中于政府的预算约束以及当政府跨期预算约束得到满足时，财政状况是否可持续的问题。我们看到这取决于对财政工具的选择：政府支出水平、税收收入、税率和政府债务。我们现在开始讨论在满足政府预算约束时，为最大化居民户的福利，政府如何最优的选择这些工具。我们还将限定政府要尊重私人部门的决策框架，然后来探究政府的最优政策是否改变私人部门的行为从而扭曲了他们的决策。由于我们希望政府将私人部门的最优决策框架考虑在内，所以主要采用分散经济的模型来分析问题。

不过，为了检验由一次性总付税或者比例税融资的最优政府支出水平，我们的分析要始于一个集中经济模型，在该模型中假设社会计划者能代表每个个体的利益做出所有优化问题的决策。然后我们再考虑一个分散经济，私人部门和政府部门分别行动做出自己的决策。对分散经济的分析会相当复杂，因为需要考虑私人部门和政府间彼

此决策所产生的后果。私人部门在政府支出和税率给定的情况下做出自己的决策，然后政府在考虑到私人部门对税收做出的反映后再选择消费税、收入税和资本利得税的税率以最大化社会福利。接下来我们重新讨论最优债务水平的问题。最后，讨论最优财政政策的关键组成因素进而总结得出结论。

5.7.1 最优政府支出

5.7.1.1 一次性总付税

假设政府在最大化居民户效用的前提下选择自己的支出水平，该支出要满足以一次性总付税筹资的政府预算约束。可以令政府债务为 0，此时政府预算约束为 $g_t = T_t$。为了让分析变得尽可能地简明，我们首先利用集中经济的模型来求解最优解。可以证明，分散经济与集中经济所得的结果是一样的。

我们假设居民户从私人支出和公共支出中获得效用。因此，居民户的效用函数写作

$$U(c_{t+s}, g_{t+s}), \quad U_c > 0,\ U_{cc} \leqslant 0,\ U_g > 0,\ U_{gg} \leqslant 0,\ U_{cg} \leqslant 0.$$

这意味着 c_t 和 g_t 是替代品。在集中经济中，政府的任务是选择 c_t、k_t 和 T_t 以最大化

$$\sum_{s=0}^{\infty} \beta^s U(c_{t+s}, g_{t+s})$$

约束条件为经济体的资源约束与政府预算约束。资源约束方程为

$$F(k_t) = c_t + k_{t+1} - (1-\delta)k_t + g_t$$

目前尚无必要把政府预算明确表达出来，因为它已经暗含在国家的资源约束中，但是我们仍然这么做就是为了阐述如果这样做会发生什么。

这个问题的拉格朗日函数是

$$\mathcal{L} = \sum_{s=0}^{\infty} \{\beta^s U(c_{t+s}, g_{t+s}) + \lambda_{t+s}[F(k_{t+s}) - k_{t+s+1} + (1-\delta)k_{t+s} - c_{t+s} - g_{t+s}] \\ + \mu_{t+s}(g_{t+s} - T_{t+s})\}.$$

一阶条件是

$$\begin{aligned}
\frac{\partial \mathcal{L}}{\partial c_{t+s}} &= \beta^s U_{c,t+s} - \lambda_{t+s} = 0, && s \geqslant 0, \\
\frac{\partial \mathcal{L}}{\partial k_{t+s}} &= \lambda_{t+s}(F_{k,t+s} + 1 - \delta) - \lambda_{t+s-1} = 0, && s > 0, \\
\frac{\partial \mathcal{L}}{\partial g_{t+s}} &= \beta^s U_{g,t+s} - \lambda_{t+s} + \mu_{t+s} = 0, && s \geqslant 0, \\
\frac{\partial \mathcal{L}}{\partial T_{t+s}} &= -\mu_{t+s} = 0, && s \geqslant 0.
\end{aligned}$$

最后一个一阶条件意味着对于 $s \geqslant 0$ 时，$\mu_{t+s} = 0$ ，也就是说采用一次性总付税为政府支出融资不影响其他边际条件，因而不会扭曲居民户的行为。一次总付税可以简单地设置为 $T_t = g_t$。

消费和资本的一阶条件我们都很熟悉，可以求出和以往类似的 c_t 和 k_t，但多了一项 g_t。所以欧拉方程是

$$\frac{\beta U_{c,t+1}}{U_{c,t}}(F_{k,t+1} + 1 - \delta) = 1.$$

在长期，$F_{k,t} - \delta = \theta$ ，从下式可得 c_t 为

$$c_t = F(k_t) - \delta k_t - g_t.$$

但我们现在更感兴趣的是 g_t 的最优解，这个解可以从消费和政府支出的一阶条件中求得，即

$$U_{g,t} = U_{c,t}.$$

因而 g_t 的最优水平是一个仅仅关于 c_t 的函数。如果居民户的效用是与其他参数 (如闲暇) 不可分的函数，那么 g_t 不平也同样要取决于这些参数。

我们考虑两个特殊情况。

1. c_t 和 g_t 是完全替代的。

   在这种情况下效用函数可以写作 $U(c_t + g_t)$，因而 c_t 和 g_t 间的区别对居民户是无差异的。由于居民户可以为自己提供这些商品，所以政府似乎没有理由为他们代劳。并且，如果政府提供这些商品的成本很高 (因为往往还要付出不必要的行政费用)，那这么做一定不是最优的。

2. g_t 是公共产品。

在纯公共产品的情况下，如果为一个居民户提供一定量的实际支出 g_t，则相当于为所有居民户提供了 g_t。因此，与其为所有居民户重复提供这些商品和服务，不如只提供一次，这样可以减少提供成本。假设政府可以避免搭便车问题，则所有居民户共同分担提供公共产品的成本。因此，居民户需要向政府纳税，以支撑政府在提供公共产品上的支出，与居民户自己提供纯公共产品相比，该税收水平只是自己提供公共产品时成本的一部分。

在实际生活中，政府支出是私人产品和公共产品两种特征的混合体。像医疗和教育等服务具有更多的私人产品成分；治安和国防有更多的公共产品成分。公共产品的成分越大，政府应该供给的比例就越高。

5.7.1.2 比例税

原则上税收可以采取一次总付税或是比例税的形式，也可以按照固定的或随时间变化的税率征税。一次总付税最吸引人的地方在于它不影响居民户的边际条件，因而是一种非扭曲税。但这种不扭曲的特点也正是它主要缺点的根源。由于一次总付税不考虑收入和财富而对所有人征同样的税，所以它对于社会公平是一种退化，并且与富人相比，对穷人征收了占其总收入 (在征消费税的时候是对支出征税) 更高比例的税额。因此在政策实践中政府几乎完全通过比例税来获得税收收入。

考虑对产出征收比例税。那么政府预算约束为

$$g_t = \tau_t F(k_t),$$

其中 τ_t 是税率。可以证明这与征一次性总付税时得到的产出是一样的，所以也是非扭曲税。用关于 τ_t 的一阶条件替换 T_{t+s} 的一阶条件，得

$$\frac{\partial \mathcal{L}}{\partial \tau_{t+s}} = -\mu_{t+s} F(k_{t+s}) = 0.$$

所以，对于 $k_{t+s} > 0$，我们再次得到当 $s \geqslant 0$ 时 $\mu_{t+s} = 0$。因而政府必须设定税率为 τ_{t+s} 以使得政府预算约束在每期都得到满足。最优解为 $\tau_t = g_t/f(k_t)$，它随着政府购买占总产出比例的变化而变化。

如果比例税率为一个常数，即 $\tau_t = \tau$，那么除非政府支出占 GDP 的比率保持不变，否则在一般情况下，如果政府不发债，政府预算约束很难被满足。在这种情况下，关于不变税率 τ 的一阶条件为

$$\frac{\partial \mathcal{L}}{\partial \tau} = -\sum_{s=0}^{\infty} \mu_{t+s} F(k_{t+s}) = 0.$$

对于某些 s，即使 $\mu_{t+s} \neq 0$ 上式可能也成立，这将会影响最优解。因而我们得到的结论是，保持不变的比例税率总体上会产生扭曲。

5.7.2 最优税率

前面我们已经注意到，在大多数国家，超过一半的税收收入来自于劳动收入税 (所得税以及社会保障税)，仅有不到 $\frac{1}{3}$ 的税收来自于消费 (销售) 税，剩下的部分主要由资本利得税 (对利润税和储蓄征税) 组成。因此，我们考虑劳动收入、消费以及资本的最优税率。

现在的分析方法与之前大不相同，标志着我们向更加贴近现实的方面迈出了深远的一步。我们不再使用由社会计划者代表每个行为人做出决策的集中经济模型，而是基于分散经济的模型，在该模型中决策是序贯做出的。首先，私人部门在将政府支出及税收决策当作既定的情形下，决定消费需求、劳动供给以及资本供给等。接下来，政府部门选择支出和税收水平以最优化社会福利，并受约束于预算约束和私人部门决策得出的边际条件。在均衡状态下，私人部门可以准确地预期到政府的决策。我们的分析基于 Chari 等人 (1994) 以及 Chari 和 Kehoe(1999) 的研究 (另见 Chamley，1986；Judd，1985；Ljunqvist 和 Sargent，2004)。

5.7.2.1 居民户的问题

首先我们来考察居民户的决策，他们将税率当作既定，且对不同类型的税收作出区别后，可将其预算约束可以写为

$$(1+\tau_t^{\mathrm{c}})c_t + k_{t+1} + b_{t+1} = (1-\tau_t^{\mathrm{w}})w_t n_t + [1+(1-\tau_t^{\mathrm{k}})r_t^{\mathrm{k}}]k_t + (1+r_t^{\mathrm{b}})b_t, \tag{5.22}$$

其中，c_t 为消费，k_t 为股权资本，b_t 为政府债务，w_t 为平均工资率，n_t 为就业水平 (闲暇为 $l_t = 1 - n_t$)，$r_t^{\mathrm{k}} = F_{k,t} - \delta$ 为股权资本的收益率，r_t^{b} 为政府债券的收益率。所有变量都是实际变量。τ_t^{c} 、τ_t^{w} 和 τ_t^{k} 分别为消费税率、工资税率以及资本利得税率。实际资本回报率的决定已经在之前的集中经济模型中讨论过。我们既可以将政府债务视为未被征收税，因为其收益率由政府决定；也可认为 r_t^{b} 为税后收益率，其税率是由政府决定的。

因为我们引入了对劳动所得征税的问题，所以将闲暇引进居民户的效用函数中，并将劳动引进生产函数中。为了方便，我们不再将政府支出直接包含在效用函数中。

假定生产函数是一次齐次的，并且对要素按照其边际产出支付报酬。因此有，

$$\begin{aligned} F(k_t, n_t) &= F_{k,t}k_t + F_{n,t}n_t \\ &= (r_t^{\mathrm{k}} + \delta)k_t + w_t n_t. \end{aligned}$$

资源约束就可以写为如下形式

$$r_t^{\mathrm{k}}k_t + w_t n_t = c_t + k_{t+1} - k_t + g_t. \tag{5.23}$$

居民户的问题是在其预算约束的基础上最大化跨期效用函数。该问题的拉格朗日函数为

$$\begin{aligned} \mathcal{L} = \sum_{s=0}^{\infty}\{\beta^s U(c_{t+s}, l_{t+s}) + \lambda_{t+s}[(1-\tau_{t+s}^{\mathrm{w}})w_{t+s}n_{t+s} + [1+(1-\tau_{t+s}^{\mathrm{k}})r_{t+s}^{\mathrm{k}}]k_{t+s} \\ + (1+r_{t+s}^{\mathrm{b}})b_{t+s} - (1+\tau_{t+s}^{\mathrm{c}})c_{t+s} - k_{t+s+1} - b_{t+s+1}]\}. \end{aligned}$$

一阶条件为

$$\begin{aligned} \frac{\partial \mathcal{L}}{\partial c_{t+s}} &= \beta^s U_{c,t+s} - \lambda_{t+s}(1+\tau_{t+s}^{\mathrm{c}}) = 0, & s \geqslant 0, \\ \frac{\partial \mathcal{L}}{\partial n_{t+s}} &= -\beta^s U_{l,t+s} + \lambda_{t+s}(1-\tau_{t+s}^{\mathrm{w}})w_{t+s} = 0, & s \geqslant 0, \\ \frac{\partial \mathcal{L}}{\partial k_{t+s}} &= \lambda_{t+s}[1+(1-\tau_{t+s}^{\mathrm{k}})r_{t+s}^{\mathrm{k}}] - \lambda_{t+s-1} = 0, & s > 0, \\ \frac{\partial \mathcal{L}}{\partial b_{t+s}} &= \lambda_{t+s}(1+r_{t+s}^{\mathrm{b}}) - \lambda_{t+s-1} = 0, & s > 0. \end{aligned}$$

由消费和闲暇的一阶条件，我们得到

$$\frac{U_{l,t+s}}{U_{c,t+s}} = \frac{(1-\tau_{t+s}^{\mathrm{w}})w_{t+s}}{1+\tau_{t+s}^{\mathrm{c}}}, \quad s \geqslant 0. \tag{5.24}$$

由资本和债券的一阶条件，我们得到

$$\frac{\lambda_{t+s-1}}{\lambda_{t+s}} = 1 + (1-\tau_{t+s}^{\mathrm{k}})r_{t+s}^{\mathrm{k}} = 1 + r_{t+s}^{\mathrm{b}}, \quad s > 0. \tag{5.25}$$

因此，股票和债券间的无套利条件为

$$(1-\tau_{t+s}^{\mathrm{k}})r_{t+s}^{\mathrm{k}} = r_{t+s}^{\mathrm{b}}, \quad s > 0. \tag{5.26}$$

换句话说，居民会会一直投资于股票，直到股票资本的税后收益率 $(1-\tau_{t+s}^{\mathrm{k}})r_{t+s}^{\mathrm{k}}$ 等于政府债券的收益率，即事实上的借款成本 r_{t+s}^{b}。

由消费和资本的一阶条件中可以得到欧拉方程

$$\frac{\beta U_{c,t+1}}{U_{c,t}} \frac{1+\tau_t^{\mathrm{c}}}{1+\tau_{t+1}^{\mathrm{c}}}[1+(1-\tau_{t+1}^{\mathrm{k}})r_{t+1}^{\mathrm{k}}] = 1.$$

因此，在长期有

$$\beta[1+(1-\tau^{\mathrm{k}})r^{\mathrm{k}}] = 1 \tag{5.27}$$

或者 $(1-\tau^{\mathrm{k}})r^{\mathrm{k}} = r^{\mathrm{b}} = \theta$，$\theta$ 为时间偏好率。

与一次总付税或者对产出的比例税相比，这些比例税影响了居民户对消费、劳动以及资本决策的边际条件，因此是扭曲的。(5.24) 式表明消费税和劳动所得税在边际效用和实际工资之间打进了一个楔子。如果我们将该式写成如下形式

$$\frac{U_{\mathrm{c},t}}{1+\tau_t^{\mathrm{c}}} = \frac{U_{l,t}}{(1-\tau_t^{\mathrm{w}})w_t},$$

很明显，消费税引起居民户消费减少。劳动所得税使得居民要求更高的工资才能保持相同的劳动供给，如果工资保持不变，那么劳动供给将会下降 (闲暇提高)。(5.27) 式意味着对资本征税会提高对资本边际投资的收益率。由于 $r^{\mathrm{k}} = F_k - \delta$ 以及 $F_{kk} < 0$，这也意味着较低的最优资本水平，因而导致较低的产出和消费水平。

5.7.2.2 政府的问题

我们现在考察政府最优税率的选择问题。假定政府希望在决策中考虑到居民户的最优条件，并受这些条件约束。我们可以通过所谓的可执行力条件 (implementability condition)得到居民户对政府决策所施加的约束，该条件可以通过以下分析得到。

将资本以及债券的收益率带入居民户的预算约束，利用 (5.25) 式，得到

$$(1+\tau_{t+s}^{\mathrm{c}})c_{t+s} + k_{t+s+1} + b_{t+s+1} = (1-\tau_{t+s}^{\mathrm{w}})w_{t+s}n_{t+s} + \frac{\lambda_{t+s-1}}{\lambda_{t+s}}(k_{t+s}+b_{t+s}).$$

将上式向前求解得到居民户的跨期预算约束

$$\lambda_{t-1}(k_t+b_t) = \sum_{s=0}^{\infty} \lambda_{t+s}[(1+\tau_{t+s}^{\mathrm{c}})c_{t+s} - (1-\tau_{t+s}^{\mathrm{w}})w_{t+s}n_{t+s}], \tag{5.28}$$

如果下面的横截条件成立：

$$\lim_{n\to\infty} \lambda_{t+n}k_{t+n+1} = 0 \text{ 和 } \lim_{n\to\infty} \lambda_{t+n}b_{t+n+1} = 0$$

利用消费和工作时间的一阶条件，(5.28) 式就可以写为

$$\lambda_{t-1}(k_t+b_t) = \sum_{s=0}^{\infty} \beta^s (U_{c,t+s}c_{t+s} - U_{l,t+s}n_{t+s}). \tag{5.29}$$

该式即为可执行力条件。注意到在 t 时刻，该式的左边是前定的。

在时刻 t 政府的预算约束变为

$$g_t + (1 + r_t^{\mathrm{b}})b_t = \tau_t^{\mathrm{c}} c_t + \tau_t^{\mathrm{w}} w_t n_t + \tau_t^{\mathrm{k}} r_t^{\mathrm{k}} k_t + b_{t+1}. \tag{5.30}$$

由于我们可以从居民户及政府的预算约束中得到经济体的资源约束，政府的问题可以表述为：在可执行力性条件 (5.29) 式和经济体资源约束 (5.23) 式的共同约束下最大化居民户的跨期效用。我们知道，虽然三种税率都出现在政府的预算约束 (5.30) 式中，但是并未全部出现在资源约束或者拉格朗日函数中，拉格朗日函数如下

$$\mathcal{L} = \sum_{s=0}^{\infty}\{\beta^s U(c_{t+s}, l_{t+s}) + \phi_{t+s}[r_{t+s}^{\mathrm{k}} k_{t+s} + w_{t+s} n_{t+s} - c_{t+s} - k_{t+s+1} + k_{t+s} - g_{t+s}]\}$$
$$+ \mu\left[\sum_{s=0}^{\infty}\beta^s(U_{c,t+s}c_{t+s} - U_{l,t+s}n_{t+s}) - \lambda_{t-1}(k_t + b_t)\right].$$

该问题可以表达为更紧凑的形式，如果我们定义下式

$$V(c_{t+s}, l_{t+s}, \mu) = U(c_{t+s}, l_{t+s}) + \mu(U_{c,t+s}c_{t+s} - U_{l,t+s}n_{t+s}). \tag{5.31}$$

那么拉格朗日函数可以写为

$$\begin{aligned}\mathcal{L} = \sum_{s=0}^{\infty}\{&\beta^s V(c_{t+s}, l_{t+s}, \mu) \\ &+ \phi_{t+s}[r_{t+s}^{\mathrm{k}} k_{t+s} + w_{t+s} n_{t+s} - c_{t+s} - k_{t+s+1} + k_{t+s} - g_{t+s}]\} \\ &- \mu\lambda_{t-1}(k_t + b_t).\end{aligned} \tag{5.32}$$

则消费、劳动以及资本的一阶条件分别为

$$\begin{aligned}\frac{\partial \mathcal{L}}{\partial c_{t+s}} &= \beta^s V_{c,t+s} - \phi_{t+s} = 0, && s \geqslant 0,\\ \frac{\partial \mathcal{L}}{\partial n_{t+s}} &= -\beta^s V_{l,t+s} + \phi_{t+s} w_{t+s} = 0, && s \geqslant 0,\\ \frac{\partial \mathcal{L}}{\partial k_{t+s}} &= \phi_{t+s}(1 + r_{t+s}^{\mathrm{k}}) - \phi_{t+s-1} = 0, && s > 0.\end{aligned}$$

下面我们将考察这些一阶条件对三种最优税率选择的含义。

5.7.2.3 资本税

考虑在长期和短期对资本征税的含义。现在的欧拉方程为

$$\frac{\beta V_{c,t+1}}{V_{c,t}}(1 + r_{t+1}^{\mathrm{k}}) = 1.$$

该欧拉方程意味着，在长期有下式成立

$$\beta(1 + r^{\mathrm{k}}) = 1, \tag{5.33}$$

该式给出了我们熟悉的结论 $F_k - \delta = r^{\mathrm{k}} = \theta$。

我们对比 (5.33) 式和 (5.27) 式，即 $\beta[1 + (1 - \tau^{\mathrm{k}})r^{\mathrm{k}}] = 1$。要使居民户和政府同时达到最优化，这两式必须同时成立。由此可得，长期的最优税率，也就是使得两式保持一致的税率为 $\tau^{\mathrm{k}} = 0$。该结论首先由 Chamley(1986) 得出，其含义为，在第 t 期之后所有各期的最优资本税率为零。

在第 t 期 (第一期)，资本 k_t 和债券 b_t 都是给定的，因此无法对税率做出反应。我们已经假定在第 t 期资本的税率为零。如果政府能够在第 t 期对资本征税，那么拉格朗日函数 (5.32) 式的最后一项将为 $\mu\lambda_{t-1}(\tau_t^{\mathrm{k}} k_t + b_t)$。针对 τ_t^{k} 求最大化，得到

$$\frac{\partial \mathcal{L}}{\partial \tau_t^{\mathrm{k}}} = -\mu\lambda_{t-1}k_t,$$

由于是采用扭曲性税收，如果 $\mu > 0$，那么上式将严格为正。

如果没有扭曲性税收，即 $\mu = 0$，这意味着预算约束的现值不影响居民户的决策。为了避免使用扭曲性税收，将当期和未来的所有比例税率设为零，那么政府只能通过对 k_t 征税以筹集足够的税收收入，这意味着 $\mu = 0$。该结果能够成立的条件是由于 k_t 和 b_t 都是给定的，并且有一个著名的命题作保证，该命题指出商品和服务的固定供给仅产生经济租，在不考虑跨期问题时，对经济租的最优税率为 100% (注意，不要将经济租和房租等混淆。经济租是指供给曲线的垂直部分得到的收入，在该部分供给曲线不再对更高的价格作出反应)。

如果私人部门事先已经知道资本的税率为 100%，那么，居民户从一开始就没有投资新资本的动机。只有在政府说服私人部门相信政府不会执行该政策的情况下，这种政策才有效。一旦对资本执行了 100% 的税率政策，私人部门就会认为该政策会被永远执行下去，这会完全阻止居民户进行资本积累。因此，为了实现对初始资本征税的政策，便要求私人部门不会从过去的经历中学习。由于这是不现实的，所以我可以得出这样的结论：包括第一期在内的所有期的最优资本税率为零。

5.7.2.4 消费税和劳动所得税

根据一阶条件以及劳动的边际条件，得到

$$\frac{V_{l,t}}{V_{c,t}} = w_t. \tag{5.34}$$

我们想知道对消费和劳动的税率是如何选择的，从而使得上式和与其等价的 (5.24) 式都能成立。由 (5.31) 式我们可以将 (5.34) 式重新写为

$$\frac{V_{l,t}}{V_{c,t}} = \frac{(1+\mu)U_{l,t} + \mu(U_{cl,t}c_t - U_{ll,t}n_t)}{(1+\mu)U_{c,t} + \mu(U_{cc,t}c_t - U_{lc,t}n_t)} = w_t.$$

因此，根据 (5.24) 式可得，

$$\frac{V_{l,t}}{V_{c,t}} = \frac{(1+\mu)U_{l,t} + \mu(U_{cl,t}c_t - U_{ll,t}n_t)}{(1+\mu)U_{c,t} + \mu(U_{cc,t}c_t - U_{lc,t}n_t)} = \frac{1+\tau_t^{\mathrm{c}}}{1-\tau_t^{\mathrm{l}}}\frac{U_{l,t}}{U_{c,t}}. \tag{5.35}$$

可以得出，如果效用函数是位似的，即，如果对于任意的 θ，

$$\frac{U_c[\theta c, \theta l]}{U_l[\theta c, \theta l]} = \frac{U_c(c,l)}{U_l(c,l)}, \tag{5.36}$$

对上式中的 θ 求微分，并且令 $\theta = 1$，可得

$$\frac{U_{cc,t}c_t - U_{lc,t}l_t}{U_{c,t}} = \frac{U_{cl,t}c_t - U_{ll,t}l_t}{U_{l,t}}. \tag{5.37}$$

将 (5.37) 式带入 (5.35) 式，得到

$$\frac{V_{l,t}}{V_{c,t}} = \frac{U_{l,t}}{U_{c,t}} = \frac{1+\tau_t^{\mathrm{c}}}{1-\tau_t^{\mathrm{w}}}\frac{U_{l,t}}{U_{c,t}}.$$

因此，最优税率为 $\tau_t^{\mathrm{c}} = \tau_t^{\mathrm{w}} = 0$ 或者 $\tau_t^{\mathrm{c}} = -\tau_t^{\mathrm{w}}$。

由于两种税收都是扭曲税，所以将它们设为零是最优的，因而产生了第一个解。第二个解则意味着通过对工资进行补贴 ($\tau_t^{\mathrm{w}} = -\tau_t^{\mathrm{c}} < 0$) 以补偿对消费的征税 ($\tau_t^{\mathrm{c}} > 0$) 是最优的。此时居民户和政府的预算约束变为

$$\begin{aligned}(1+\tau_t^{\mathrm{c}})(c_t - w_t n_t) + k_{t+1} + b_{t+1} &= [1 + (1-\tau_t^{\mathrm{k}})r_t^{\mathrm{k}}]k_t + (1+r_t^{\mathrm{b}})b_t,\\ g_t + (1+r_t^{\mathrm{b}})b_t &= \tau_t^{\mathrm{c}}(c_t - w_t n_t) + \tau_t^{\mathrm{k}} r_t^{\mathrm{k}} k_t + b_{t+1}.\end{aligned}$$

因此，当且仅当消费超过工资收入时，政府才能有税收收入 (居民户纳税)。为超过当期工资收入部分的消费而进行的借款将会被征税，但是将工资收入进行储蓄将会得到补贴。

在现实生活中，由于政府必须满足预算约束，因此它必须进行征税。我们已经证明一次总付税或者对总产出征收的比例税不是扭曲税，而对消费、工资或者资本征收的比例税则是扭曲税。因此为了达到最优化，税收必须为一次性总付税或是对总产出征税。尽管这个结论成立，但是大部分税收还是采取比例税的形式。此外，税率通常会随着收入的提高而提高，这被称为累进税制，其目的是为了对更高收入的人群征收

更多的税，并且将部分税收转移给低收入人群。由于大部分资本收入由高收入人群获得，因而也有类似的主张用于支持开征资本税。在我们的分析中，累进税制不是最优的，因为居民户的效用函数是相互独立的。支出累进税制的理由之一是，假定高收入群体的满足感来自于低收入群体效用水平或消费水平的提高。这就是政府转移支付的目的，它反映了人们的集体利他性。

5.7.2.5 税收的平滑性

我们已经讨论过，从长期视角看，财政可持续性的要求决定了政府支出必须由税收来支撑。在应该开征哪类税种的问题上，如果我们排除依靠信用征收初始资本税，那么在长期，政府对产出和劳动征税是最优的，并且可以自由地在二者间选择。尽管我们说到在短期，政府不得不通过发行债券或赎回债券来满足每期的预算约束，但我们没有讨论每期的税收和债务应该以怎样的比例搭配才是最优的。在短期是否需要利用改变税收和债务来缓解冲击？我们利用 Barro(1979) 的分析来回答这一问题 (也可以参考 Chari 和 Kehoe (1999))。

很显然，频繁地变更税收政策会产生行政管理成本，对政府来说使这些成本最小化才是最优的。假设管理成本是一个关于总税收收入水平的增函数 (即非线性的)，则

$$\Phi(T_t) = \phi_1 T_t + \tfrac{1}{2}\phi_2 T_t^2, \qquad \Phi'(T_t) \geqslant 0$$

假设政府想要通过选择 T_t 和 b_t 以最小化与相关的管理成本的现值 $\sum_{s=0}^{\infty}\beta^s\Phi(T_{t+s})$ ，其预算约束为

$$\Delta b_{t+1} = g_t - T_t + r_t^{\mathrm{b}} b_t, \tag{5.38}$$

其中 g_t 和 r_t^{b} 是既定的。

拉格朗日函数为

$$\mathcal{L} = \sum_{0}^{\infty}\{\beta^s[\phi_1 T_{t+s} + \tfrac{1}{2}\phi_2 T_{t+s}^2] + \mu_{t+s}[g_{t+s} - T_{t+s} - b_{t+s+1} + (1 + r_t^{\mathrm{b}})b_{t+s}]\}.$$

一阶条件为

$$\frac{\partial\mathcal{L}}{\partial T_{t+s}} = \beta^s[\phi_1 + \phi_2 T_{t+s}] - \mu_{t+s} = 0,$$
$$\frac{\partial\mathcal{L}}{\partial b_{t+s}} = \mu_{t+s}(1 + r_t^{\mathrm{b}}) - \mu_{t+s-1} = 0.$$

因此，

$$T_{t+1} = \frac{\phi_1[1 - (1 + r_t^{\mathrm{b}})\beta]}{\phi_2(1 + r_t^{\mathrm{b}})\beta} + \frac{1}{\beta(1 + r_t^{\mathrm{b}})}T_t. \tag{5.39}$$

如果政府的贴现率和居民户的时间偏好率相等，那么 $\beta = 1/(1+\theta)$，并且如果政府选择令 $r_t^{\mathrm{b}} = \theta$，那么，(5.39) 式变为

$$T_{t+1} = T_t.$$

也就是说，政府最优的选择是保持 T_t 为不变的常数，然后利用债务来缓冲其他对经济体的冲击。

以上分析均假设经济面对的是确定性的世界。现在我们假设政府支出是一个随机变量，并假设政府试图最小化 $E_t[\sum_{s=0}^{\infty} \beta^s \Phi(T_{t+s})]$。可以证明，最优的税收规则变为

$$T_t = E_t T_{t+1}.$$

这意味着政府的任务是设定一个预期在未来保持不变的量作为今天的税额。如果预期是理性的，我们通过下式定义税收的变动 e_{t+1}

$$T_{t+1} = E_t T_{t+1} + e_{t+1} \quad 和 \quad E_t e_{t+1} = 0.$$

因此最优税收收入应遵循随机游走 (或更一般地说为鞅过程)：

$$\Delta T_{t+1} = e_{t+1}.$$

我们现在来考虑债务的含义，政府预算约束 (5.38) 式可以写成

$$b_t = \frac{T_t - g_t}{1+\theta} + \frac{1}{1+\theta} E_t b_{t+1} = E_t \sum_{s=0}^{\infty} \frac{T_{t+s} - g_{t+s}}{(1+\theta)^{s+1}}.$$

如果 $T_t = E_t T_{t+1}$，则 $E_t T_{t+s} = T_t$，由下式可得债务为

$$b_t = \frac{T_t}{\theta} - E_t \sum_{s=0}^{\infty} \frac{g_{t+s}}{(1+\theta)^{s+1}}.$$

政府支出暂时性增加的情形　假设每期 g_t 都会受到暂时的且不可预测的冲击，即

$$g_t = g + \varepsilon_t \quad 和 \quad E_t \varepsilon_{t+1} = 0,$$

那么

$$b_t = \frac{T_t}{\theta} - E_t \sum_{s=0}^{\infty} \frac{g_{t+s}}{(1+\theta)^{s+1}} = \frac{T_t}{\theta} - \frac{g}{\theta} - \frac{\varepsilon_t}{1+\theta}.$$

由于 b_t 是既定的，那么在第 t 期有

$$T_t = g + \theta b_t + \frac{\theta}{1+\theta} \varepsilon_t.$$

因而为了满足政府预算约束，T_t 必须增加 $(\theta/(1+\theta))\varepsilon_t$。

在 $t+1$ 期，由于 $E_t\varepsilon_{t+1}=0$ 以及 $E_tT_{t+1}=T_t$，所以有

$$b_{t+1}=\frac{T_{t+1}}{\theta}-\frac{g}{\theta}-\frac{\varepsilon_{t+1}}{1+\theta}.$$

因此

$$E_tb_{t+1}=\frac{E_tT_{t+1}}{\theta}-\frac{g}{\theta}=\frac{T_t}{\theta}-\frac{g}{\theta}=b_t+\frac{\varepsilon_t}{1+\theta},$$

意味着现在债务有所增加。在接下来的各期

$$E_tb_{t+n}=b_t+\frac{\varepsilon_t}{1+\theta}\quad\forall n>0.$$

因此，最优的方法是永久性地提高债务规模 $\varepsilon_t/(1+\theta)$。未来的冲击 $\varepsilon_{t+1},\varepsilon_{t+2},\ldots$ 会进一步影响未来债务。但是由于冲击的均值为 0，所以各期的冲击在总体上会相互抵消，进而平均债务水平会保持在初始水平 b_t 不变。

总结一下，我们已经证明，尽管我们的目的是平滑税收使得 $T_t=E_tT_{t+1}$，但这并不意味着 T_t 不受冲击 ε_t 的影响。冲击中有 $\theta/(1+\theta)$ 部分被 T_t 所吸收，其余的 $1/(1+\theta)$ 部分则被债务吸收。由于 θ 很小，所以债务吸收了绝大部分的冲击。图5.3描述了冲击 ε_t 发生后，T_t 和 b_t 的时间路径。

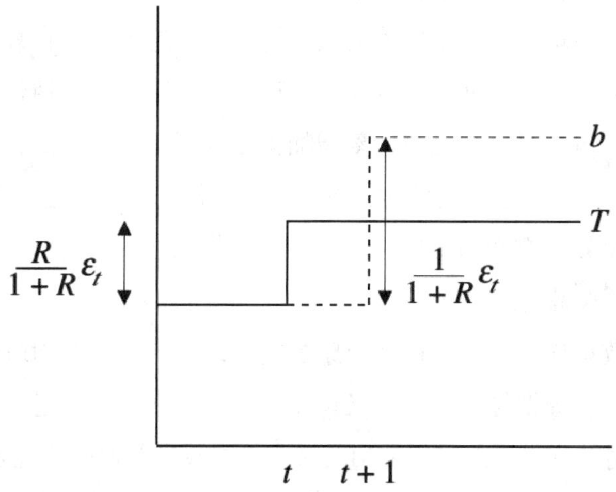

图 5.3　债务和税收对暂时冲击的反应

政府支出永久性增加的情形　我们假设政府支出在第 t 期永久性地增加 Δg。假设在 $t-1$ 期

$$b_{t-1}=\frac{T_{t-1}}{\theta}-\frac{g}{\theta}.$$

在第 t 期，当发生政府支出的永久性冲击时，

$$b_t = \frac{T_t - (g + \Delta g)}{1 + \theta} + \frac{1}{1 + \theta} E_t b_{t+1}.$$

由于税收的平滑性，$T_t = E_t T_{t+1}$，所以

$$E_t b_{t+1} = \frac{E_t T_{t+1}}{\theta} - \frac{g + \Delta g}{\theta} = \frac{T_t}{\theta} - \frac{g + \Delta g}{\theta} = b_t.$$

因此，第 t 期的政府预算约束可以写为

$$b_t = \frac{T_t}{\theta} - \frac{g + \Delta g}{\theta}.$$

随之而来的有

$$T_t = T_{t-1} + \Delta g = E_t T_{t+n}, \quad n \geqslant 0.$$

结果，政府支出永久性地增加 Δg 引起 T_t 和 $E_t T_{t+n}$ 增加 Δg，而 b_t 和 $E_t b_{t+n}$ 却保持不变。这意味着对于永久性的支出冲击，最好的缓解办法是完全通过征税来吸收。

如果我们假设财政冲击是序列相关的，重新诠释这个结果以使其适用于分析经济周期，那么我们就会加强此前分析中关于如何执行财政政策的结论。此处的结果意味着在整个经济周期中，财政赤字和盈余应该几乎完全利用债务来融资。因而从一个周期到另一个周期的平均债务水平应该大致保持不变。这就要求在衰退期，当财政出现赤字时要增加债务；在繁荣期，当目标是会产生盈余时，应当清偿债务。因此，当政府观察到一个财政盈余时，不应该立刻增加支出或者减税。相反，政府支出永久性的增加，即持续期超过一个经济周期时，应该通过征税来融资。这意味着永久性的支出，例如在医疗卫生及教育方面的支出，应该利用税收来融资；而暂时性支出，如失业补偿金，应利用债务来融资。

英国的财政政策诠释了这种保持健康公共财政的方法。英国政府在整个经济周期内利用债务融资，在周期结束时债务又恢复到之前的水平。不过，这与上文的规则不符；因为只有暂时性支出与经济周期相关时，英国政府的财政状况才能得到合理解释。大部分的暂时性支出确实都与经济周期相关，但也有例外，比如紧急支出，由于是自然灾害，与经济周期不相关，但仍可以用债务融资，因为它们属于 0 均值的随机事件。

5.7.2.6 模拟分析

Chari 等人 (1994) 运用基于 DSGE 模型的模拟分析方法比较了对资本和劳动的不同税收政策的福利结果。他们发现，对初始资本存量征收较高的资本税，而对初始劳

动存量征收负的劳动税，能够获得最大的福利收益。其后，他们发现资本税税率应该接近于零，劳动税税率应该为正，且不应该有太大的波动。然而，他们还发现，实施零资本税率的收益极其小。这意味着尽管政府已经承诺不对资本征税，但是在后期依然会有对资本征税的冲动，这种冲动是很强烈的。尤其在政府支出不可预期地提高或税收收入不可预期地下降的情形下，对资本征税的冲动会膨胀到最大。当然，如果政府屈服于这种冲动，那它承诺不对未来资本收益征税的可信性将永远消失。一旦私人部门相信资本要被征税，便会产生大量的福利损失。

在第 6 章对经济政策时间不一致性的分析中，我们将会重新考虑政府对已申明的政策做出改变的问题。在第 10 章和第 16 章，我们将讨论财政政策有效性的证据，以及对不同融资方式如何影响财政政策有效性做出评论。

5.7.3 最优债务水平

对政府债务最优水平的讨论通常是将现有的债务水平作为既定，集中讨论在面对经济波动及政府预算赤字时，如何最好地维持既定的债务水平。这也是我们到目前为止所采用的方法。因此我们就有兴趣思考一下，在不考虑与当前债务水平相关联的情况下，最优债务水平大致应该是什么水平？这将会为债务水平提供一个非常有用的基准标尺。

我们已经看到，在现实生活中，战争时期债务往往是迅速增长，用于军队的公共支出数额如此巨大，用高额税收支付军费是不太可行的，这会极度削弱整体经济发展。(如果坚持采用税收的方式筹集军费，很可能是阻止卷入战争的主要因素。) 战争对政府债务的影响可由图 5.2中得到说明，图中可以看到在拿破仑战争及一战、二战后英国政府债务激增。战后，战胜方往往在一个较长的时间内偿付债务，而战败方通常会注销其债务或者要向战胜方支付赔偿金，第一次世界大战后即是此种情形。除了这种极端的战时情形，债务通常会在经济衰退期迅速增加，然后会在税收收入逐渐恢复后得到清偿。

近年来一个有趣的例外是发生于 2007–2008 年间的金融危机以及许多西方国家接踵而至的衰退。这些国家中的大多数政府债务激增，有些国家是因为要用政府贷款救助其银行体系，政府贷款主要靠发行政府债务来融资，而有些欧元区国家则是因为其在危机爆发前过度借贷所致。

我们曾指出执行财政政策的最优方法是对永久性政府支出 (包括利息) 采用以税收筹资的方式，而对暂时性的经常性支出和资本支出采用以债券的方式融资。在不考虑战争的情况下，这意味着政府债务的最优水平从长期看应该仅仅由政府的资本支出水平决定。为了说明这一点对政府债务水平的影响，我们来考虑一个简单的例子。

如果我们用 I_t 代表第 t 期新增公共资本投资 (全部由债务融资)，K_t 为政府资本存量，则

$$\Delta K_{t+1} = I_t + \delta K_t,$$

其中 δ 是每期的资本折旧率。假定 $B_{t,n}$ 是第 t 期为筹集 I_t 所需新发行的政府债务，债务在第 $t+n$ 期到期，因此 B_t 为第 t 期政府债务的总额。用 θ_n 代表投资额中由债务融资支撑且于第 $t+n$ 期到期偿还的比例，则

$$B_{t,n} = \theta_n I_t, \qquad \theta_0 = 0,$$

$$I_t = B_{t,1} + B_{t,2} + \cdots = \sum_{i=1}^{n} B_{t,i}, \qquad B_{t+1} = \sum_{s=1}^{n}\left(\sum_{i=s}^{n} B_{t-s+1,i}\right).$$

接下来，假定每期用于公共投资的支出占 GDP(Y_t) 的比例是 $\alpha = I_t/Y_t$，GDP 的增长率为 γ，且 $\theta_n = \lambda\theta^n$，其中 $0 < \theta < 1$。当 $n \to \infty$ 时，$\lambda \to (1-\theta)/\theta$，债务－GDP 比率可以表示为

$$\frac{B_{t+1}}{Y_{t+1}} = \sum_{s=1}^{n}\left(\sum_{i=s}^{n}\theta_i \frac{I_{t-s+1}}{Y_{t-s+1}}\prod_{j=1}^{s}\frac{Y_{t-s+1}}{Y_{t-s+2}}\right) = \frac{(1-\theta)\alpha}{\theta}\sum_{i=1}^{n}\sum_{i=s}^{n}\frac{\theta^i}{(1+\gamma)^s}$$
$$\to \frac{\alpha}{1+\gamma-\theta}.$$

为了大致了解这个结果的数量含义，假定 $\alpha = I/Y = 10\%$、$\gamma = 2.5\%$、$\theta = 0.5$，这意味着债务平均到期期限

$$\frac{1-\theta}{\theta}\sum_{i=1}^{\infty} i\theta^i = \frac{1}{1-\theta},$$

为两年，则 $B/Y = 19\%$；如果 $\theta = 0.8$，那么债务平均到期期限为五年，则 $B/Y = 44\%$；但是如果 $\theta = 0.9$，债务平均到期期限则为十年，$B/Y = 80\%$。大多数发达国家债务平均到期期限在五到七年之间。英国是个例外，其债务平均到期期限几乎高达十四年 (要知道债务平均到期期限越短，意味着就要越频繁地重新融资，因而政府债务的利息支付就越容易受到利率提高的困扰)。

这一分析只是对长期最优政府债务规模给出了大致的了解。要深入细致地研究这个问题还需要考虑到债务的最优到期结构、利息支付的成本以及政府投资对经济增长的影响等。而由于经济周期等原因，政府债务的短期最优水平则与此不同。

这些结论表明，在长期，政府债务水平应当由政府的资本规模决定而不是由当前的支出水平决定，后者只应在短期影响债务水平。Sargent 和 Wallace(1981) 在一篇名

为《一些令人不快的算法》(Some Unpleasant Arithmetic) 的文章中提到，债务 – GDP 比率存在一个上限界，超过了这个上限界，金融市场将不愿再持有更多的政府债务，因此他们主张此时政府将需要利用货币进行融资。论文的标题反映了由此引致的货币供给的实际增长率可能会超过货币当局设定的目标。这是一个财政政策如何致使货币政策不稳定的例证。政府债务规模可能过大的一个信号可以由其成本得以反映。政府因其债务规模过大而致对债务违约的可能性越大，对政府债务要求的风险贴水就越高，因而市场就会要求更高的利率才能愿意持有政府债务。因为这会降低政府债券可以出售的价格，因此也会减少政府可以由到期偿付的每一块钱中可以借得的钱数。本书第 15 章会对这些问题加以详细讨论。

5.8 结论

从本章的分析中我们就如何最好地执行财政政策可以得出哪些结论？下面列出我们的主要结论:

1. 从经济的观点来看 (纯政治观点的对立面)，政府支出得以成为必要的原因主要是以下三点：提供公共物品而不是私人物品；作为自动稳定器；(代际间的) 福利公平。

2. 政府支出的永久性增加需要通过增税来融资；而由于经济衰退等原因引致的政府支出暂时性增加，则要用债务来融资，这是为了实现税收的平滑性。

3. 一次性总付税是非扭曲税，但对消费、劳动力以及资本所征收的比例税是扭曲税。政府征收扭曲税是基于政府支出的需要以及政府公平征税的愿望。

4. 在长期，对资本征收很低的税、甚至零税收，才是最优的。要避免试图在短期中对资本征很高的税，因为这会破坏政府的信誉，而且会产生事与愿违的结果。

5. 如果当期和预期未来初始财政盈余的现值能够满足当期政府债务，那么财政状况 (或具体地称之为财政赤字) 就是可持续的。

6. 欧盟《稳定与增长公约》对于实现财政状况可持续性而言，似乎既不是充分的，也不是必要的。

7. 最优财政政策首先包含了确定最优的政府支出水平。设定长期税收水平以用于支付长期政府支出。在短期，债务融资用于弥补赤字的短暂性提高；在长期，债务融资用于实现代际间的公平，这主要是对资本投资项目而言。在任何时刻，财政状况都应该看起来是可持续的。

我们对财政政策可持续性的讨论是围绕着财政赤字对产生政府债务的作用而展开的。有一系列理由让我们对债务水平高企表示忧虑。首先，发行债务的成本也会很高，进而需要更高的税收收入来偿还。第二，正如阿根廷以及最近欧元区一些国家的金融危机所显示的那样，市场可能不会愿意为过高水平的政府债务融资，或者要收取高额的惩罚性利率。这样的后果就是财政政策可能不得不放弃其正常的目标以减少债务水平。而这又可能蕴含着巨大的社会，最近的希腊政府就面临着这种窘境。第三，通过发行债务而不是征集税收来支付当前的政府支出，不仅意味着递延了税收，还意味着当代人是准备想要未来的后代人为债务买单。只有可以预见到子孙后代可以由债务融资支持资本支出中受益，才有更好的理由采用债务融资为资本支出筹资

进一步说，我们的分析暗含了有关政府债务的官方统计数据完整地反映了其财务负担并且在政府预算约束中已经将此全部纳入考量。在政策实践中，报告政府债务的国际惯例是允许省略掉大宗的项目的，也就是存在大量的资产负债表的表外项目。这其中的最大项目是未提准备金的短期养老金负债。英国政府已经宣布自 2011 年起会设立一组独立的账户将这些负债包括进来。这将会使政府债务水平由当前报告的占 GDP 的 71% 上升到翻倍的水平。

6 对财政政策的深入探讨

6.1 导论

本章我们探讨财政政策中的两个更深入的问题：时间不一致性和养老金政策。政府有时会公布一项关于未来的政策，但后来可能发现当下的条件已与之前的预期不尽相同，所以当要执行政策时却发觉另一项政策才是最优的。这种政策的调整被称作时间不一致性问题。而在未来不需调整却仍然是最优的政策则被称作时间一致性。数学附录中包含了对时间不一致性问题的综合讨论。本章的主要理论是用来检验在何种情形下使用时间一致性和不一致性的财政政策才是最优的。

许多宏观经济问题的时间期限中单一时期的跨度很长，使传统的动态分析方法不再适用。例如，不同于传统日历时间的一月或者一年，有些经济模型的时期以代际为单位。当代人所做的决策也许会影响到后代人，但是后代人却对该决策没有话语权。许多财政决策便属于此类问题，例如，短期现收现付制的养老金和某些公共投资问题。为了分析这些问题，我们可能需要运用代际交叠模型 (OLG)。本章我们将讨论代际交叠模型，并且通过分析养老金问题阐述 OLG 模型的应用。我们还将考察完全基金积累制养老金计划和现收现付制养老金计划的相对优缺点。

需要指出的是，读者可能会发现，对这些问题的分析在技术层面会比本书大部分其他内容复杂许多。

6.2 财政政策的时间一致性和时间不一致性

根据 Chari 和 Kehoe(2006) 的分析方法，跨期情形下的最优政策包括三个要素：预测人们在不同政策下做出反应的模型，用以对不同政策效果排序的福利标准，以及对未来如何制定政策的描述。通常，这些政策的制定都以对未来的预期为条件。如果条件发生变化，那么要随之调整政策才是最优的，这便产生了时间不一致性。时间不一致性问题起源于对公共财政的研究，具体地说是源自 Ramsey(1927) 对税收问题的讨论。因此，有时也将随时间推移而不断衍变的一系列最优政策称作 Ramsey 政策，并将与这些政策相关产生的后果称作 Ramsey 效果 (另见 Chari 等 (1989))。

在第 5 章讨论资本税的最优税率时，我们曾遇到过财政政策的时间不一致性问题。Fischer(1980) 关于时间不一致性的处理方法对后续的研究产生了巨大影响。本章将使用稍作修正的版本来阐述之前讨论过的许多财政政策问题，以及财政政策时间一致性和不一致性间的区别。本章还将论述非扭曲税和扭曲税的区别，对劳动收入征税和对资本征税的区别，以及为什么涉及资本税而非劳动税的时间不一致性政策有时会优于之前承诺的政策。

为了概括时间不一致性问题的主要特征，Fischer 对所考察的问题做了大量的简化和抽象。假定模型只有两期，私人部门的跨期效用函数如下

$$\mathcal{U}_t = U(c_t, l_t, g_t) + \beta U(c_{t+1}, l_{t+1}, g_{t+1}),$$
$$U(c_t, l_t) = \ln c_t + \alpha \ln l_t + \gamma \ln g_t,$$

其中，c_t 为消费，$l_t = 1 - n_t$ 为闲暇，n_t 为就业，g_t 为政府支出。为了简化分析，假定在第一期私人部门不从事劳动，因而也就没有产出，但他们可以靠其初始资本禀赋 k_t 谋生，p 因为资本可用于消费或者储蓄。由此我们得出私人部门在第一期的预算约束为

$$c_t + \Delta k_{t+1} = rk_t, \tag{6.1}$$

其中，资本存量 k_t 被视为前定的，且资本折旧率为零，r 为资本收益率。另外一个简化的假定是政府在第 t 期没有任何支出。因此，第 t 期的 n_t 和 g_t 都为零。

在第二期，私人部门开始从事劳动，产出为 y_{t+1}，其线性生产函数形式如下

$$y_{t+1} = wn_{t+1} + rk_{t+1},$$

其中，w 和 r 分别为劳动和资本的边际产出 (常数)。现在政府支出为 g_{t+1}，因而经济体在第二期的资源约束为

$$c_{t+1} + g_{t+1} = wn_{t+1} + rk_{t+1}. \tag{6.2}$$

政府通过一次总付税 T_{t+1}，或者通过对资本和劳动征税以满足其预算约束。因此，政府预算约束为 $g_{t+1} = T_{t+1}$，或者写作

$$g_{t+1} = \tau^{\mathrm{w}} wn_{t+1} + (R - R^{\tau})k_{t+1}, \tag{6.3}$$

其中，τ^{w} 为工资的比例税率，则 $w^{\tau} = (1 - \tau^{\mathrm{w}})w$ 为税后工资率。如果 $R = 1 + r$ 为资本的总收益率，R^{τ} 为税后总收益率，那么资本税率为 $R - R^{\tau}$。资本税由资本收益税和

资本存量税组成，其中资本收益税率为 τ^{r}，因此税后资本收益率为 $r^{\tau}=(1-\tau^{\mathrm{k}})r$，当

$$R-R^{\tau}=\tau^{\mathrm{k}}+\tau^{\mathrm{r}}r.$$

时，资本存量税率为 τ^{k}。

因此，第二期时私人部门的预算约束可以写为如下两种形式中的一种，即

$$c_{t+1}+\Delta k_{t+2}+T_{t+1}=wn_{t+1}+rk_{t+1} \tag{6.4}$$

或

$$c_{t+1}+\Delta k_{t+2}=w^{\tau}n_{t+1}+R^{\tau}k_{t+1}, \tag{6.5}$$

其中 $k_{t+2}=0$

我们将考察在中央计划经济或者指令经济中，政府分别以一次总付税和比例税两种融资方式代表整个经济体所做出的最优决策。然后考察在分散经济模型，即首先由私人部门基于对第 $t+1$ 期政府行为的预期做出决策；然后，政府在将私人部门第一期的决策和结果当作既定的前提下 (假设私人部门在第一期对政府财政收入和支出所做的预期正确)，可以再优化第二期的决策；最后，允许私人部门和政府都在第 t 期结果既定的前提下，再优化第 $t+1$ 期的决策。时间一致性问题便会由此产生。

6.2.1 一次总付税

6.2.1.1 中央计划解

政府的优化问题是在经济体的跨期资源约束下，最大化跨期效用 $\mathcal{U}_t$。经济体跨期资源约束为

$$(1+r)c_t+c_{t+1}+g_{t+1}=wn_{t+1}+(1+r)^2k_t.$$

拉格朗日函数为

$$\begin{aligned}\mathcal{L}=&\ln c_t+\alpha\ln l_t+\beta(\ln c_{t+1}+\alpha\ln l_{t+1}+\gamma\ln g_{t+1})\\&+\lambda[wn_{t+1}+(1+r)^2k_t-(1+r)c_t-c_{t+1}-g_{t+1}].\end{aligned}$$

需要注意的是，由于假定在第 t 期没有产出，所以 $l_t = 1 - n_t$ 可以被省略。一阶条件为

$$\frac{\partial \mathcal{L}}{\partial c_t} = \frac{1}{c_t} - \lambda(1+r) = 0,$$
$$\frac{\partial \mathcal{L}}{\partial c_{t+1}} = \beta \frac{1}{c_{t+1}} - \lambda = 0,$$
$$\frac{\partial \mathcal{L}}{\partial n_{t+1}} = -\alpha\beta \frac{1}{1-n_{t+1}} + \lambda w = 0,$$
$$\frac{\partial \mathcal{L}}{\partial g_{t+1}} = \beta\gamma \frac{1}{g_{t+1}} - \lambda = 0,$$

这意味着

$$\begin{aligned} c_t &= \frac{((w - g_{t+1})/(1+r)) + (1+r)k_t}{1+(1+\alpha)\beta} \\ &= \frac{(w/(1+r)) + (1+r)k_t}{1+(1+\alpha+\gamma)\beta}, \end{aligned} \tag{6.6}$$

$$c_{t+1} = \beta(1+r)c_t, \tag{6.7}$$

$$l_{t+1} = (\alpha/w)c_{t+1}, \tag{6.8}$$

$$g_{t+1} = T_{t+1} = \gamma c_{t+1}, \tag{6.9}$$

$$k_{t+1} = (1+r)k_t - c_t. \tag{6.10}$$

6.2.1.2 分散经济解

跨期优化解

(i) 私人部门的优化问题 私人部门在第一期将政府支出和一次总付税当作既定条件的前提下，最大化其效用 $\mathcal{U}_t$ 其跨期预算为

$$(1+r)c_t + c_{t+1} + g_{t+1} = wn_{t+1} + (1+r)^2 k_t.$$

拉格朗日函数为

$$\begin{aligned} \mathcal{L} = \ln c_t + \alpha \ln l_t + \beta(\ln c_{t+1} + \alpha \ln l_{t+1} + \gamma \ln g_{t+1}) \\ + \lambda[wn_{t+1} + (1+r)^2 k_t - (1+r)c_t - c_{t+1} - g_{t+1}] \end{aligned}$$

一阶条件为

$$\begin{aligned}\frac{\partial\mathcal{L}}{\partial c_t}&=\frac{1}{c_t}-\lambda(1+r)=0,\\ \frac{\partial\mathcal{L}}{\partial c_{t+1}}&=\beta\frac{1}{c_{t+1}}-\lambda=0,\\ \frac{\partial\mathcal{L}}{\partial n_{t+1}}&=-\alpha\beta\frac{1}{1-n_{t+1}}+\lambda w=0,\end{aligned}$$

这意味着

$$c_{t+1}=\beta(1+r)c_t, \tag{6.11}$$

$$l_{t+1}=(\alpha/w)c_{t+1}, \tag{6.12}$$

$$c_t=\frac{w-g_{t+1}+(1+r)^2k_t}{[1+(1+\alpha)\beta](1+r)}, \tag{6.13}$$

$$k_{t+1}=(1+r)k_t-c_t. \tag{6.14}$$

这和中央计划下的解完全一致。

(ii) 政府的优化问题 由于政府将私人部门第一期的决策当作既定的，所以它的优化问题是要在第 $t+1$ 期经济体的资源约束和第 t 期私人部门决策结果的约束下，选择 g_{t+1} 以最大化自身在第 $t+1$ 期的效用。这意味着在约束条件中要考虑 (6.12) 式，并将 c_t 和 k_{t+1} 当作既给定条件。拉格朗日函数为

$$\begin{aligned}\mathcal{L}=&\ln c_{t+1}+\alpha\ln l_{t+1}+\gamma\ln g_{t+1}\\ &+\lambda\left[l_{t+1}-\frac{\alpha}{w}c_{t+1}\right]+\mu[wn_{t+1}+(1+r)k_{t+1}-c_{t+1}-g_{t+1}].\end{aligned}$$

一阶条件为

$$\begin{aligned}\frac{\partial\mathcal{L}}{\partial c_{t+1}}&=\frac{1}{c_{t+1}}-\lambda\frac{\alpha}{w}=0,\\ \frac{\partial\mathcal{L}}{\partial n_{t+1}}&=-\alpha\frac{1}{1-n_{t+1}}+\lambda w=0,\\ \frac{\partial\mathcal{L}}{\partial g_{t+1}}&=\gamma\frac{1}{g_{t+1}}-\mu=0.\end{aligned}$$

因此

$$g_{t+1}=\gamma c_{t+1}.$$

这个结果再一次和中央计划经济的解完全一致。

现在我们考察政府在第 $t+1$ 期进行再优化是否能够受益。

第 $t+1$ 期的再优化

(i) 私人部门的优化问题 如果私人部门在 k_{t+1}、g_{t+1} 及税率为既定的情形下再优化第 $t+1$ 期的决策，那么私人部门将基于第 $t+1$ 期的资源约束 ((6.5) 式) 来最大化 $U(c_{t+1}, l_{t+1}, g_{t+1})$。拉格朗日函数为

$$\mathcal{L} = \ln c_{t+1} + \alpha \ln l_{t+1} + \gamma \ln g_{t+1} + \lambda(w^{\tau} n_{t+1} + R^{\tau} k_{t+1} - c_{t+1}).$$

一阶条件为

$$\frac{\partial \mathcal{L}}{\partial c_{t+1}} = \frac{1}{c_{t+1}} - \lambda = 0,$$
$$\frac{\partial \mathcal{L}}{\partial n_{t+1}} = -\alpha \frac{1}{1 - n_{t+1}} + \lambda w^{\tau} = 0.$$

这与之前的解完全相同

(ii) 政府的优化问题 政府在第二期所面临的问题与之前相同。因而使用一次总付税不会产生政策的时间不一致性问题。

将前述对私人部门决策与之结合，我们可以得出结论：在分散经济中，政府在第 $t+1$ 期的再优化完全复制了中央计划解及其最优政策。因此，采用一次总付税时，不存在政策的时间不一致性问题。

6.2.2 对劳动和资本征税

6.2.2.1 中央计划解

政府在经济体的跨期资源约束和 $t+1$ 期的预算约束下，最大化跨期效用 $\mathcal{U}_t$。拉格朗日函数为

$$\begin{aligned}\mathcal{L} = \ln c_t + \alpha \ln l_t + \beta(\ln c_{t+1} + \alpha \ln l_{t+1} + \gamma \ln g_{t+1})\\ + \lambda[w n_{t+1} + R^2 k_t - R c_t - c_{t+1} - g_{t+1}]\\ + \mu[\tau^{\mathrm{w}} w n_{t+1} + (R - R^{\tau})(R k_t - c_t) - g_{t+1}].\end{aligned}$$

一阶条件为

$$\begin{aligned}
\frac{\partial \mathcal{L}}{\partial c_t} &= \frac{1}{c_t} - \lambda(1+r) - \mu(R - R^\tau) = 0, \\
\frac{\partial \mathcal{L}}{\partial c_{t+1}} &= \beta \frac{1}{c_{t+1}} - \lambda = 0, \\
\frac{\partial \mathcal{L}}{\partial n_{t+1}} &= -\alpha\beta \frac{1}{1 - n_{t+1}} + \lambda w + \mu \tau^{\mathrm{w}} w = 0, \\
\frac{\partial \mathcal{L}}{\partial g_{t+1}} &= \beta\gamma \frac{1}{g_{t+1}} - \lambda - \mu = 0, \\
\frac{\partial \mathcal{L}}{\partial \tau^{\mathrm{w}}} &= \mu w n_{t+1} = 0, \\
\frac{\partial \mathcal{L}}{\partial R^\tau} &= -\mu(R k_t - c_t) = 0.
\end{aligned}$$

由于有 $\mu = 0$ ，则

$$c_{t+1} = \beta R c_t = \beta(1+r)c_t, \tag{6.15}$$

$$l_{t+1} = \frac{\alpha}{w} c_{t+1}, \tag{6.16}$$

$$g_{t+1} = \gamma c_{t+1}. \tag{6.17}$$

以上三式和一次总付税的结果 (6.7) 式至 (6.9) 式是一致的。然而，由于预算约束不同，c_t 的解则有所不同，即

$$c_t = \frac{(w/R) + R k_t}{1 + \beta(1 + \alpha + \gamma)}. \tag{6.18}$$

6.2.2.2　分散经济解

跨期优化解

(i) 私人部门的优化问题　私人部门在第一期将政府支出和劳动所得税及资本税当作既定条件的前提下，在其跨期预算约束下最大化其效用 $\mathcal{U}_t$。私人部门预算约束为.

$$R^\tau c_t + c_{t+1} = w^\tau n_{t+1} + R R^\tau k_t,$$

其中 w^τ 为税后工资率，R^τ 为税后资本收益率。拉格朗日函数为

$$\begin{aligned}
\mathcal{L} = \ln c_t + \alpha \ln l_t + \beta(\ln c_{t+1} + \alpha \ln l_{t+1} + \gamma \ln g_{t+1}) \\
+ \lambda[w^\tau n_{t+1} + R R^\tau k_t - R^\tau c_t - c_{t+1}].
\end{aligned}$$

一阶条件为

$$\frac{\partial \mathcal{L}}{\partial c_t} = \frac{1}{c_t} - \lambda R^\tau = 0,$$
$$\frac{\partial \mathcal{L}}{\partial c_{t+1}} = \beta \frac{1}{c_{t+1}} - \lambda = 0,$$
$$\frac{\partial \mathcal{L}}{\partial n_{t+1}} = -\alpha\beta \frac{1}{1-n_{t+1}} + \lambda w^\tau = 0,$$

这意味着

$$c_t = \frac{(w^\tau/R^\tau) + Rk_t}{(1+\alpha)\beta}, \tag{6.19}$$

$$c_{t+1} = \beta R^\tau c_t, \tag{6.20}$$

$$l_{t+1} = \frac{\alpha}{w^\tau} c_{t+1}, \tag{6.21}$$

$$k_{t+1} = (1+r)k_t - c_t. \tag{6.22}$$

与一次总付税情形的解相比较可以发现，w 被 w^τ 替代，而 R 则被 R^τ 替代，即现在使用的是税后工资率和税后资本收益率。这说明按这种方式征收的劳动所得税和资本税是扭曲税。

(ii) 政府的优化问题 政府将第一期私人部门的决策当作给定的，在经济体第 $t+1$ 期的资源约束和第 t 期行为决策结果的约束下，选择 g_{t+1} 以及劳动所得税和资本税以最大化第 $t+1$ 期的效用。这意味着要将 (6.12) 式纳入考虑，同时还要把 c_t 和 k_{t+1} 当作给定条件。拉格朗日函数可以写为

$$\begin{aligned}\mathcal{L} = \ln c_{t+1} + \alpha \ln l_{t+1} + \gamma \ln g_{t+1} + \lambda\left[l_{t+1} - \frac{\alpha}{w^\tau} c_{t+1}\right] \\ + \mu[\beta R^\tau c_t - c_{t+1}] + \phi[\tau^{\mathrm{w}} w n_{t+1} + (R - R^\tau)k_{t+1} - g_{t+1}].\end{aligned}$$

一阶条件为

$$\frac{\partial \mathcal{L}}{\partial c_{t+1}} = \frac{1}{c_{t+1}} - \lambda\frac{\alpha}{w^\tau} - \mu = 0,$$
$$\frac{\partial \mathcal{L}}{\partial n_{t+1}} = -\alpha \frac{1}{1-n_{t+1}} - \lambda + \phi\tau^{\mathrm{w}} w = 0,$$
$$\frac{\partial \mathcal{L}}{\partial g_{t+1}} = \gamma \frac{1}{g_{t+1}} - \phi = 0,$$
$$\frac{\partial \mathcal{L}}{\partial \tau^{\mathrm{w}}} = -\lambda \frac{\alpha w}{(w^\tau)^2} c_{t+1} + \phi w n_{t+1} = 0,$$
$$\frac{\partial \mathcal{L}}{\partial R^\tau} = \mu\beta c_t - \phi k_{t+1} = 0.$$

通过对这些方程求解可得到最优税收，但是解的形式将非常复杂且高度非线性。因此，对劳动和资本征税后，分散经济的解将有别于中央计划经济的问题。

第 $t+1$ 期的再优化

(i) 私人部门的优化问题　在 $t+1$ 期，私人部门将 k_{t+1}、g_{t+1} 以及税率视作给定条件进行再优化，即在第 $t+1$ 期预算约束 (6.5 式) 的约束下，最大化其效用 $U(c_{t+1}, l_{t+1}, g_{t+1})$。拉格朗日函数为

$$\mathcal{L} = \ln c_{t+1} + \alpha \ln l_{t+1} + \gamma \ln g_{t+1} + \lambda(w^\tau n_{t+1} + R^\tau k_{t+1} - c_{t+1}).$$

一阶条件为

$$\begin{aligned}
\frac{\partial \mathcal{L}}{\partial c_{t+1}} &= \frac{1}{c_{t+1}} - \lambda = 0,\\
\frac{\partial \mathcal{L}}{\partial n_{t+1}} &= -\alpha \frac{1}{1-n_{t+1}} + \lambda w^\tau = 0.
\end{aligned}$$

由此我们得到

$$c_{t+1} = \frac{w^\tau + R^\tau k_{t+1}}{1+\alpha}, \tag{6.23}$$

$$l_{t+1} = \frac{\alpha}{w^\tau} c_{t+1}. \tag{6.24}$$

(ii) 政府的优化问题　政府将基于第 $t+1$ 期的预算约束 (6.3) 式和 (6.23) 式、(6.24) 式来最大化 $U(c_{t+1}, l_{t+1}, g_{t+1})$，拉格朗日函数为

$$\begin{aligned}
\mathcal{L} = \ln c_{t+1} &+ \alpha \ln l_{t+1} + \gamma \ln g_{t+1} + \lambda\left(l_{t+1} - \frac{\alpha}{w^\tau} c_{t+1}\right)\\
&+ \mu\left(c_{t+1} - \frac{w^\tau + R^\tau k_{t+1}}{1+\alpha}\right) + \phi(\tau^{\mathrm{w}} w n_{t+1} + (R - R^\tau) k_{t+1} - g_{t+1}).
\end{aligned}$$

一阶条件为

$$\begin{aligned}
\frac{\partial \mathcal{L}}{\partial c_{t+1}} &= \frac{1}{c_{t+1}} - \frac{\alpha}{w^\tau}\lambda + \mu = 0,\\
\frac{\partial \mathcal{L}}{\partial n_{t+1}} &= -\alpha \frac{1}{1-n_{t+1}} - \lambda + \phi \tau^{\mathrm{w}} w = 0,\\
\frac{\partial \mathcal{L}}{\partial g_{t+1}} &= \gamma \frac{1}{g_{t+1}} - \phi = 0,\\
\frac{\partial \mathcal{L}}{\partial \tau^{\mathrm{w}}} &= -\lambda \frac{\alpha w}{(w^\tau)^2} c_{t+1} + \mu \frac{w}{1+\alpha} + \phi w n_{t+1} = 0,\\
\frac{\partial \mathcal{L}}{\partial R^\tau} &= -\mu \frac{k_{t+1}}{1+\alpha} - \phi k_{t+1} = 0.
\end{aligned}$$

从这些条件中可以看出，这意味着 $l_{t+1}=(\alpha/w)c_{t+1}$。除非 $\tau^{\mathrm{w}}=0$，否则模型的解将不满足约束条件 $l_{t+1}=(\alpha/w^{\tau})c_{t+1}$。由此可见，劳动税率的最优值应为零。因此，尽管私人部门预期在第 $t+1$ 期工资会被征税，但当第 $t+1$ 期真的到来时，实际上政府的最优决策却并不会如此，而是会鼓励就业和产出。

最优资本税率必须满足政府预算约束。由于最优的政府支出水平为

$$g_{t+1}=\gamma c_{t+1},$$

这和一次总付税的结论相同，所以最优税后资本总收益率为

$$R^{\tau}=\frac{(1+\alpha)R-(\gamma w/k_{t+1})}{1+\alpha+\gamma}, \tag{6.25}$$

这意味着资本税率为

$$R-R^{\tau}=\frac{\gamma(R-(w/k_{t+1}))}{1+\alpha+\gamma}.$$

此前我们知道 $R-R^{\tau}=\tau^{\mathrm{k}}+\tau^{\mathrm{r}}r$，这既可以通过单独对资本存量或资本收益征税来实现，也可以在有必要的情况下对二者同时征税来满足政府的预算约束。

确定开征的税收后，c_{t+1} 的解即为

$$c_{t+1}=\frac{w+Rk_{t+1}}{1+\alpha+\gamma}.$$

从中可以看出，c_t 的解恰好是 (6.18) 式，即中央计划经济的解。

所以我们得到的结论是：在对劳动和资本征税的分散经济中，政府在第 $t+1$ 期的再优化行为所得到的优化解，无再优化时的跨期优化解不同，导致了时间不一致问题。然而，再优化后时间不一致的解和中央计划经济的解相同，这是因为第 $t+1$ 期资本税与私人部门第 t 期的预期不符，这等价于在 $t+1$ 期实行一次总付税。

6.2.2.3 时间一致的优化解

在分散经济中，即使存在扭曲税，我们仍可推导出最优解。而政府在第 $t+1$ 期时并不想偏离这个最优解。这就是时间一致的解，可以通过动态规划的“最优性原理”得到。动态规划逆转了原来两期解的求解顺序。首先在 $t+1$ 期，私人部门和政府都在 k_{t+1} 给定的前提下做出最优化选择，所得的解与上文基于第 $t+1$ 期再优化行为得到的解相同。私人部门再视该解为给定的 (即给定 τ^{w}、R^{τ} 和 g_{t+1} 的值)，通过选择 k_{t+1} 优化两期间的跨期效用函数，由此便可得到完整解。

此时，在 t 期要做出优化的跨期效用函数为

$$\mathcal{U}^{*}=\ln c_t+\alpha\ln l_t+\beta(\ln c_{t+1}+\alpha\ln l_{t+1}+\gamma\ln g_{t+1}),$$

其中 c_{t+1}、l_{t+1} 和 g_{t+1} 为第 $t+1$ 期的最优解。我们再一次假设在第 t 期没有生产，所以可以再次将 l_t 省略。在将 τ^{w}、R^τ 和 g_{t+1} 视作给定的前提下，私人部门在 (6.23) 式，(6.24) 式和第一期的预算约束 (6.1) 式的约束下最大化其 $\mathcal{U}^*$ 。我们将三个约束条件直接带入效用函数 $\mathcal{U}^*$ 中，可以得到

$$\mathcal{U}^* = \ln(Rk_t - k_{t+1}) + \alpha \ln l_t + \beta(1+\alpha)[\ln(w^\tau + R^\tau k_{t+1}) - \ln(1+\alpha)] + \alpha \ln \frac{\alpha}{w^\tau} + \gamma \ln g_{t+1}.$$

这里唯一需要决策的如何选择 k_{t+1}。一阶条件为

$$\frac{\partial \mathcal{U}^*}{\partial k_{t+1}} = -\frac{1}{Rk_t - k_{t+1}} + \frac{\beta(1+\alpha)R^\tau}{w^\tau + R^\tau k_{t+1}} = 0.$$

因此，

$$k_{t+1} = \frac{(1+\alpha)\beta Rk_t - (w^\tau/R^\tau)}{1+(1+\alpha)\beta}, \tag{6.26}$$

并且

$$c_t = \frac{Rk_t + (w^\tau/R^\tau)}{1+(1+\alpha)\beta}. \tag{6.27}$$

为了获得时间一致的最优资本税 R^τ，我们需要联立 (6.26) 式和 (6.25) 式来消去 k_{t+1}，得到以下关于 R^τ 的二次方程：

$$(R^\tau)^2(1+\alpha+\gamma)\beta Rk_t - R^\tau[w(1-\beta\gamma) + R^2(1+\alpha)\beta k_t] + wR = 0.$$

时间一致性解的假设是私人部门在优化第 t 期的决策时，将政府在 $t+1$ 期关于 τ^{w}、R^τ 和 g_{t+1} 的决策当作既定的；政府在优化第 $t+1$ 期的决策时，将私人部门对 $t+1$ 期的决策当作给定的。如果私人部门愿与政府合作，那么与合作型决策的解相比，时间一致性的解导致了福利损失。资本税 R^τ 的最优水平取决于私人部门在第一期的行动：如果私人部门愿意合作，即使明知资本会被征税也愿意进行投资，那么资本税将会较低，这会鼓励资本积累；但是如果私人部门没有合作的意愿，那么资本税将会很高。

我们可以对涉及劳动税和资本税的不同场景进行个简单排序：最好的福利效果来自于中央计划解，时间不一致的解排在第二位，政府将私人部门的跨期优化决策纳入约束考虑的跨期最优解排在第三位，排在最后的为时间一致解。

6.2.3 结论

我们已经分析了超过一期的多期政策选择是如何导致政府会有动机调整其初始政策的，而且这对经济体整体而言可能是最优的。对这一问题的分析很复杂，因而现有

文献中几乎没有相关的讨论。因此，虽然 Fischer 的模型高度程式化，但仍然具有重要的参考价值。除此之外，Fischer 的结论对不同政策情景的效果十分敏感，其关键在于我们假设政策问题只涉及两期。而在现实中，这是一个涉及多期而又不断重复的问题。如果对政府而言，只有在每期都进行再优化才是最优的，那么无论该计划涉及多少期，都只有第一期的计划会被实施。私人部门意识到这个问题之后，在做相应决策时，会无视政府对本期之外任何一期所做的任何承诺。正因如此，多期问题才能被有效地简化为一系列单期问题。

6.3 代际交叠模型

6.3.1 导论

到目前为止我们所讨论的都是代表性行为人模型，均假设无论是居民户还是厂商都是同质的，同时还假设代表性行为人有无限寿命。即使在 Blanchard-Yaari 模型中每期都存在不变且有限的非零死亡率，在第 4 章我们还是通过重新定义一个贴现率将其转化为无限寿命的模型。无限寿命的代表性行为人模型在分析大部分问题时是十分方便的，但是，这种模型对经济体的行为有着很强的限制，而这些限制有时并不适宜。它消除了年龄对经济体产生的大部分影响，特别是涉及代际问题时。比如，模型消除了代际转移的可能性，但是代际转移问题对分析养老金问题是至关重要的，而养老金又是居民户储蓄的重要原因之一。忽略年龄问题还会影响某些我们早前得到有关于财政政策的结论。

在实际生活中，政府履行义务的期限往往是无限的，而人们的生命却是有限的。政府因执行某项政策而被终止执政的概率是微乎其微的，从现实角度来看，这种概率是可以被忽略不计的。假设当代的老年人为他们自己投票，要求政府降低税率、提高福利并加大政府支出，所有这一切要通过向年轻一代借款来支撑。由于老年人活不到偿还债务的时候，所以这一负担会落在明天的老年人 (今天的年轻人) 肩上。因而今天的老年人从当下年轻人的支出中获得了福利。当然，这种情况会如此反复，下一期的老年人 (今天的年轻人) 会利用向再下一期的年轻人借钱来偿还债务。

为了分析由此引出的问题，我们由使用代表性行为人模型转向使用代际交叠模型 (以下简称 OLG 模型)。在开始研究 OLG 模型时，可以把它看作仅仅是之前所使用的代表性行为人跨期宏观经济模型的一种替代方案。我们所讨论的 OLG 模型是由 Diamond(1965)(在 Samuelson(1958) 最初的纯交换 OLG 模型中加入了供给方)，Blanchard 和 Fischer(1989)，Barro 和 Sala-i-Martin(2004) 以及 Michel 和 de la Croix(2002) 发展而来的。我们利用该模型来分析养老金的各种融资方式。最后，考察该模型如何影响之前所得到的一些关于财政政策的结论。

尽管我们是利用 OLG 模型研究代际问题，但实际上它也可以用于分析一些涉及不同阶段的决策问题。

6.3.2 基本的代际交叠模型

为简明起见，我们基本的 OLG 模型仍然是高度抽象化的。模型的关键假设是每个人的生命只有两期：青年和老年，所以在每期中都只有年轻人和老年人。他们都做跨期决策：年轻人做两期的决策，而老年人只做一期决策。很明显，OLG 模型的时间期限与之前的模型是不同的，每一期代表的是一代而不是几个月或几年。

假设只有年轻人工作 (老人都退休了。) 如果总人口是 N_t，那么在第 t 期，有 N_{1t} 的年轻人和 N_{2t} 的老年人，那么

$$N_t = N_{1t} + N_{2t}.$$

本期的老年人是上期的年轻人，所以

$$N_{2t} = N_{1,t-1}.$$

则

$$N_t = N_{1t} + N_{1,t-1}.$$

我们假设人口增长率恒为 n，所以

$$N_{1,t} = (1+n)N_{1,t-1} \tag{6.28}$$

及

$$N_t = N_{1,t} + \frac{1}{1+n}N_{1,t}.$$

如果 c_{1t} 和 c_{2t} 分别代表年轻人和老年人的人均消费，则第 t 期年轻人和老年人的总消费为

$$C_{it} = c_{it}N_{it}, \quad i = 1, 2.$$

当代年轻人在 $t+1$ 期成为老年人时的人均消费为 $c_{2,t+1}$。t 时刻的总消费为

$$\begin{aligned} C_t &= C_{1t} + C_{2t} \\ &= \left(c_{1t} + \frac{1}{1+n}c_{2t}\right)N_{1t}. \end{aligned}$$

国民收入恒等式为

$$Y_t = C_t + I_t,$$

其中 I_t 为投资。资本积累条件为

$$\Delta K_{t+1} = I_t - \delta K_t,$$

此处折旧率会比之前的代表性行为人模型更接近于 1。因此，经济体的资源约束条件可以写为

$$Y_t = \left(c_{1t} + \frac{1}{1+n}c_{2t}\right)N_{1t} + K_{t+1} - (1-\delta)K_t. \tag{6.29}$$

以人均形式表达的资源约束条件可以为

$$\begin{aligned} y_t &= \frac{N_{1t}}{N_t}\left(c_{1t} + \frac{1}{1+n}c_{2t}\right) + \frac{N_{1t}}{N_t}\frac{N_{1,t+1}}{N_{1t}}\frac{K_{t+1}}{N_{1,t+1}} - (1-\delta)\frac{N_{1t}}{N_t}\frac{K_t}{N_{1t}} \\ &= \frac{1}{1+1/(1+n)}\left[c_{1t} + \frac{1}{1+n}c_{2t} + (1+n)k_{t+1} - (1-\delta)k_t\right], \end{aligned}$$

其中 $k_t = K_t/N_{1t}$.

由于只有年轻人工作，我们可以假设生产函数为

$$Y_t = F(K_t, N_{1t})$$

假设生产函数是规模报酬不变的，所以全部人口的人均产出为

$$\begin{aligned} y_t &= \frac{Y_t}{N_t} = \frac{N_{1t}}{N_t}F\left(\frac{K_t}{N_{1t}}, 1\right) \\ &= \frac{1}{1+1/(1+n)}f(k_t), \end{aligned}$$

其中 $k_t = K_t/N_{1t}$。因此人均资源约束是

$$f(k_t) = c_{1t} + \frac{1}{1+n}c_{2t} + (1+n)k_{t+1} - (1-\delta)k_t. \tag{6.30}$$

最大化利润意味着资本收益率 r_t 与资本净边际产出相等，

$$f'(k_t) - \delta = r_t, \tag{6.31}$$

并且年轻人的工资为其边际产出。在给定规模报酬不变的假设下，他们的工资率 (也就是每个年轻人的收入) 为

$$w_t = f(k_t) - k_t f'(k_t). \tag{6.32}$$

年轻人消费 c_{1t} ，因此其储蓄为

$$s_{1t} = w_t - c_{1t}. \tag{6.33}$$

因为年轻人会投资于储蓄，所以当他们成为老年人时会获得 $(1+r_{t+1})s_{1t}$ 的收入。而由于老年人会消费掉他们的全部收入并且不再储蓄，因而其跨期预算约束为：

$$c_{2,t+1} = (1+r_{t+1})(w_t - c_{1t}). \tag{6.34}$$

该式还可以写成一个我们更熟悉的两期跨期预算约束的形式

$$c_{1t} + \frac{c_{2,t+1}}{1+r_{t+1}} = w_t.$$

从整个经济体在第 t 期的资源约束中可得出净投资为

$$\begin{aligned}\Delta K_{t+1} &= Y_t - c_{1t}N_{1t} - c_{2t}N_{1,t-1} - \delta K_t \\ &= w_t N_{1t} + r_t K_t - c_{1t}N_{1t} - c_{2t}N_{1,t-1}.\end{aligned}$$

根据 $c_{1t} = w_t + s_t$ 和 $c_{2t} = (1+r_t)s_{t-1}$ ，我们可得

$$K_{t+1} - s_t N_{1t} = (1+r_t)(K_t - s_{t-1}N_{1,t-1}).$$

这个发散的差分方程对于所有的 t 满足一个退化的解

$$K_{t+1} = s_t N_{1t}. \tag{6.35}$$

也就是说，对资本的总需求必须等于储蓄的总供给。储蓄只来自于年轻人，他们是下一期资本存量的所有者。如果假设老年人在去世时不打算留下任何遗产的话，那么年轻人会在下一期成为老年人时，把他们的资本卖给新的年轻人。因此可以将 (6.35) 式改写成人均的形式

$$s_t = \frac{K_{t+1}}{N_{1t}} = (1+n)k_{t+1}. \tag{6.36}$$

相应地，年轻人在老年时的消费和下一期的资本存量有关，即

$$c_{2,t+1} = (1+r_{t+1})(1+n)k_{t+1}. \tag{6.37}$$

假设两代人的偏好相同，不同之处在于他们剩余的寿命，所以消费决策取决于个体行为人的年龄。年轻人能活两期，所以第 t 期的跨期效用函数为

$$\mathcal{U} = U(c_{1t}) + \beta U(c_{2,t+1}).$$

给定 w_t 和 r_{t+1}，年轻人在跨期预算约束下最大化其效用 $\mathcal{U}$ 。拉格朗日函数为

$$\mathcal{L} = U(c_{1t}) + \beta U(c_{2,t+1}) + \lambda[c_{2,t+1} - (1 + r_{t+1})(w_t - c_{1t})].$$

一阶条件为

$$\frac{\partial \mathcal{L}}{\partial c_{1t}} = U_{c_1,t} + \lambda(1 + r_{t+1}) = 0, \tag{6.38}$$

$$\frac{\partial \mathcal{L}}{\partial c_{2,t+1}} = \beta U_{c_2,t+1} + \lambda = 0. \tag{6.39}$$

因此

$$\frac{\beta U_{c_{2,t+1}}(1 + r_{t+1})}{U_{c_{1,t}}} = 1. \tag{6.40}$$

这是 OLG 版本欧拉方程，即它与基本的代表性行为人模型中的欧拉方程等价，它将下一期消费和本期消费关联起来。令 $\beta = 1/(1+\theta)$，其中 θ 是贴现率，我们有

$$\frac{U_{c_{2,t+1}}}{U_{c_{1,t}}} = \frac{1+\theta}{1+r_{t+1}}.$$

举例加以说明：如果效用函数为幂函数形式，即

$$U(c_{it}) = \frac{c_{it}^{1-\sigma} - 1}{1-\sigma}, \quad i = 1, 2,$$

则 $U_{c_{it}} = c_{it}^{-\sigma}$ ，并且

$$c_{2,t+1} = \left(\frac{1+r_{t+1}}{1+\theta}\right)^{1/\sigma} c_{1t}. \tag{6.41}$$

假设 $U'' < 0$ ，我们会发与当 $r_{t+1} \lesseqgtr \theta$ 时，$c_{1t} \gtreqless c_{2,t+1}$。也就是说，如果储蓄实际收益率小于时间贴现率，即当对未来储蓄的激励不足以抵销未来效用的贴现值时，年轻时的消费就会多于年老时的消费。

6.3.3 短期动态和长期均衡

经济体的动态行为和稳态解可以由 (6.32)、(6.33)、(6.37) 和 (6.41) 式推导出来。运用 (6.41) 式从 (6.33) 中消除 c_{1t} 得

$$s_t = w_t - \left(\frac{1+r_{t+1}}{1+\theta}\right)^{-1/\sigma} c_{2,t+1}.$$

将 s_t 代入 (6.34) 式并整理化简可得

$$\left[1 + \frac{(1+r_{t+1})^{1-1/\sigma}}{(1+\theta)^{-1/\sigma}}\right] c_{2,t+1} = (1 + r_{t+1}) w_t.$$

将 $c_{2,t+1}$ 代入 (6.37) 式，并利用工资的最优解 (6.32) 式，可得到如下关于 k_t 的非线性差分方程：

$$k_{t+1}=(f(k_t)-f'(k_t)k_t)\bigg/\left((1+n)\left[1+\frac{(1+r_{t+1})^{1-1/\sigma}}{(1+\theta)^{-1/\sigma}}\right]\right), \tag{6.42}$$

其中 $r_t=f'(k_t)-\delta$ 也是关于 k_t 的函数。

由于动态方程的非线性，我们无法求得 k_t 的闭合解析通解，因此我们考虑它的一个特解。比较方便的假设是将函数设定为对数形式，这意味着 $\sigma=1$，从而可以从 (6.42) 式中消去 r_{t+1}。我们还假设生产函数是 Cobbe-Douglas 形式 $f(k_t)=k_t^{\alpha}$，则有 $f'(k_t)=\alpha k_t^{-(1-\alpha)}$。因此，(6.42) 式可以写成

$$\begin{aligned}k_{t+1}&=\frac{1}{(1+n)(2+\theta)}[f(k_t)-f'(k_t)k_t]\\&=\phi k_t^{\alpha},\end{aligned} \tag{6.43}$$

其中 $\phi=(1-\alpha)/((1+n)(2+\theta))$。

长期均衡存在且稳定的条件是

$$-1<\frac{\mathrm{d}k_{t+1}}{\mathrm{d}k_t}<1,$$

以及由 (6.43) 式中得到的

$$\frac{\mathrm{d}k_{t+1}}{\mathrm{d}k_t}=\alpha\phi k_t^{-(1-\alpha)}.$$

资本的动态行为既可以用代数分析也可以用图形分析。首先我们来检验局部稳定。假设存在一个长期解：

$$k^*=\left[\frac{1-\alpha}{(1+n)(2+\theta)}\right]^{1/(1-\alpha)}.$$

对 (6.43) 式的右侧在 k^* 处做泰勒展开，得

$$\Delta k_{t+1}=-(1-\alpha)(k_t-k^*),$$

该式为一个局部调整模型。我们知道 $\mathrm{d}k_{t+1}/\mathrm{d}k_t=\alpha<1$，所以 (6.42) 式是局部稳定的。

图 6.1 提供了这个问题的图形解。图中的曲线表示的就是 (6.42) 式。沿着 45° 线上各点表示 $k_{t+1}=k_t$。两条线的交点 B 表示是 k^* 。 B 点处曲线的斜率小于 45° 线的斜率，因此有 $0<\mathrm{d}k_{t+1}/\mathrm{d}k_t<1$，所以长期解是全局稳定的。图6.1还描述了从 A 点到 B 点的调整路径，这种调整使得 A 点在曲线上发生了永久性的上移，这种变化提高了资本的均衡值。

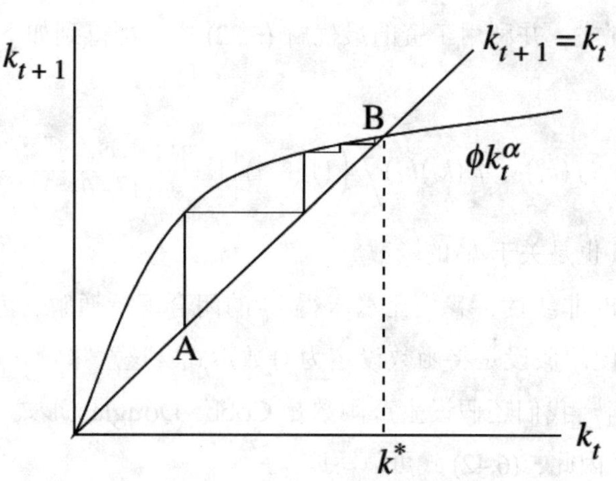

图 6.1　资本的调整路径

由 (6.33) 式以及 $c_2^*=((1+r^*)/(1+\theta))c_1^*$，可以得到

$$c_1^*=\frac{1+\theta}{2+\theta}w^*,$$
$$s^*=\frac{1}{2+\theta}w^*,$$
$$c_2^*=(1+r^*)s^*=\frac{1+r^*}{2+\theta}w^*,$$

其中 $*$ 号代表长期均衡值，所以

$$c_2^*-c_1^*=\frac{r^*-\theta}{2+\theta}w^*.$$

由于预期 $r^*\geqslant\theta$，所以我们有 $c_2^*\geqslant c_1^*$。

在更一般化的情况下，即不假设效用函数为对数形式时，，当 $r_{t+1}>\theta$ 时，σ 大于 1 越多，k^* 会越小，并且当 n 越大时，k^* 也会越小。虽然我们把 n 作为年轻人的人口增长率引入模型中，但是我们还可以对它作另外一种解释——劳动生产率的增长率，这种增长可能是通过不断增加的知识实现的，那么 N_1 则可被解释为有效劳动，消费和资本便可以用单位有效劳动来测度了。

6.3.4　与代表性行为人模型的比较

在代表性行为人模型的静态均衡中每个人的消费水平相同，我们关心的一个问题是，这个消费水平与 OLG 模型中年轻人和老年人的消费相比究竟谁多谁少呢？在 OLG 模型中，老年人的收入来自于年轻时的储蓄，而在代表性行为人的模型中人们在整个生命过程中都可以获得工资收入。跨期模型就是通过今天储蓄以弥补明天收入减少从而达到平滑消费的目的，这意味着在 OLG 模型中居民户的储蓄比在代表性行为人模型中要多，所以我们可以预期 OLG 模型中的资本存量会大一些。给定同样的资本存量和相同的机会来降低储蓄占收入的比例，我们可以预期代表性行为人模型中的消费会比 OLG 模型中年轻人的消费要多。但 OLG 模型中更大的资本存量则会让我们得出相反的结论。

为了做出更正式的比较，假设 OLG 模型中的 $n=0$，代表性行为人模型中的生产函数为 $f(k)=k^{\alpha}$，两者效用函数都为对数形式。代表性行为人模型的最优解为

$$
\begin{aligned}
k^{\#} &= \left(\frac{\alpha}{\delta+\theta}\right)^{1/(1-\alpha)}, \\
w^{\#} &= (1-\alpha)k^{\#\alpha}, \\
c^{\#} &= w^{\#}.
\end{aligned}
$$

当 $n=0$ 时 OLG 模型的解是

$$
\begin{aligned}
k^{*} &= \left[\frac{1-\alpha}{2+\theta}\right]^{1/(1-\alpha)}, \\
w^{*} &= (1-\alpha)k^{*\alpha}, \\
c_1^{*} &= \frac{1+\theta}{2+\theta}w^{*}, \\
c_2^{*} &= \frac{1+r^{*}}{2+\theta}w^{*}.
\end{aligned}
$$

可以证明，当 $\delta \lesseqgtr \dfrac{\alpha(2+\theta)}{1-\alpha}-\theta$ 时，有

$$k^{\#} \gtreqless k^{*} \quad 和 \quad w^{\#} \gtreqless w^{*}$$

一般来说，符号的方向并不是一目了然的。但是，如果 $\alpha=0.25$，则有 $\delta \lesseqgtr \frac{2}{3}(1-\theta)$，因而有可能存在 $k^{\#}<k^{*}$ 以及 $w^{\#}<w^{*}$ 。如果资本在当期内完全折旧，即 $\delta=1$，那么会有 $k^{\#}<k^{*}$，这符合我们的直觉。但即便这样，也不能判断 $c^{\#}$ 和 c_1^{*} 的相对大小。

6.3.5 用 OLG 模型分析财政政策: 养老金问题

OLG 模型特别适合分析那些将年轻人和老年人区别对待的财政政策问题，例如提供完全基金制养老金和现收现付制养老金，对年轻人的福利政策，如失业救济或教育补贴资助，还有一些使子孙后代受益的政府投资项目。我们从一个具有一般性的问题

开始分析，即政府分别向年轻人和老年人征收不同的一次总付税。征税额可以为负，也可以称为补贴。政府还可以发行期限为 1 期的债券来弥补赤字，但只有年轻人会购买债券。

储蓄的根本原因是为了退休时提供养老金。完全基金制的养老金是指全部的养老金都是由过去的储蓄支持。但在许多国家，养老金是靠当期税收而不是过去的储蓄支付的，这种形式的养老金叫非完全基金式，或现收现付制 (PAYG/pay-as-you- go)。人们寿命的不断延长和人口增长率的不断降低，会使得现收现付制养老金的税收负担不断增长，这也是我们当前关心和思考养老金问题的重要原因。OLG 模型非常适合分析养老金问题，无论养老金采用完全基金制还是现收现付制。

6.3.5.1 完全基金制养老金

如果完全基金制养老金是由私人储蓄提供的，那么我们的分析中就没有必要引入政府。从之前对 OLG 模型的分析中已知，老年人的收入实际上是由过去的储蓄所形成的养老金。如果此外还存在国家养老金，情况就会变化。如果国家养老金是完全基金式的，那么政府对当代年轻人征税，将之用于投资并在这代年轻人退休后连本带利还给他们。这样看来，政府似乎在强制年轻人去储蓄比他们的意愿更多的钱。我们将更详细地讨论这种情况。

假设政府对每个年轻人征收 τ_t 用于投资。投资所获得的收益将在他们退休后以养老金 p_{t+1} 的形式返还。对于这个完全基金制的养老金计划，有

$$p_{t+1} = (1 + r_{t+1})\tau_t.$$

所以，在一个随机性的经济中，p_{t+1} 是无法确知的。

年轻人的预算约束为

$$s_{1t} = w_t - c_{1t} - \tau_t$$

他们年老时的消费为

$$\begin{aligned} c_{2,t+1} &= (1 + r_{t+1})s_t + p_{t+1} \\ &= (1 + r_{t+1})(s_t + \tau_t). \end{aligned}$$

因此跨期预算约束仍为

$$c_{2,t+1} = (1 + r_{t+1})(w_t - c_{1t}) \tag{6.44}$$

并且欧拉方程 (2.12) 式也不变。

现在，整个经济在 t 时刻的资源约束为

$$\begin{aligned}\Delta K_{t+1} &= w_t N_{1t} + r_t K_t - c_{1t}N_{1t} - c_{2t}N_{1,t-1} \\ &= w_t N_{1t} + r_t K_t - (w_t - s_t - \tau_t)N_{1t} - (1+r_t)(s_{t-1}+\tau_{t-1})N_{1,t-1}.\end{aligned}$$

因此，

$$K_{t+1} - (s_t - \tau_t)N_{1t} = (1+r_t)[K_t - (s_{t-1}+\tau_{t-1})N_{1,t-1}],$$

其人均值的解为

$$s_t + \tau_t = (1+n)k_{t+1}. \tag{6.45}$$

因而实际上，s_t 被 $s_t + \tau_t$ 代替了。

由于 τ_t 是由政府外生决定的，所以假如 $\tau_t < (1+n)k_{t+1}$，即当没有政府干预时，税收不会超过总储蓄，因此，期望的资本存量及由此而决定的总储蓄与没有政府的完全基金制养老金时是相同的。在这种情况下，国家养老金的作用微乎其微，因为行为人会等量地减少他们的自愿储蓄来缴纳国家养老金，所以他们退休后得到的收入与之前是完全相同的。

6.3.5.2 现收现付制养老金

在现收现付制度下，老年人的养老金由当代的税收收入来支付。假设对两代人都征收人头税，t 时刻的政府预算约束为

$$\tau_t(N_{1t} + N_{2t}) = p_t N_{2t}.$$

因为之前假设 $N_{2t} = N_{1,t-1} = N_{1t}/(1+n)$，所以税后的养老金为

$$p_t - \tau_t = (1+n)\tau_t.$$

此时年老时的消费为

$$\begin{aligned}c_{2,t+1} &= (1+r_{t+1})s_t + (p_{t+1} - \tau_{t+1}) \\ &= (1+r_{t+1})s_t + (1+n)\tau_{t+1}.\end{aligned} \tag{6.46}$$

因此私人储蓄的收益率是 r_{t+1}，而强制缴纳的养老金的收益率为 n。跨期预算约束变为

$$c_{2,t+1} = (1+r_{t+1})(w_t - c_{1t} - \tau_t) + (1+n)\tau_{t+1}, \tag{6.47}$$

这与 (6.44) 式的预算约束形式是不同的。

现在，整个经济在 t 时刻的资源约束为

$$\begin{aligned}\Delta K_{t+1} &= w_t N_{1t} + r_t K_t - c_{1t} N_{1t} - c_{2t} N_{1,t-1} \\ &= w_t N_{1t} + r_t K_t - (w_t - s_t - \tau_t) N_{1t} - [(1+r_t) s_{t-1} + (1+n)\tau_{t-1}] N_{1,t-1}.\end{aligned}$$

因此

$$K_{t+1} - (s_t + \tau_t) N_{1t} = (1+r_t)[K_t - (s_{t-1} + \tau_{t-1}) N_{1,t-1}] - (n - r_t)\tau_{t-1} N_{1,t-1}$$

或者

$$(1+n)k_{t+1} - (s_t + \tau_t) = \frac{1+r_t}{1+n}[(1+n)k_t - (s_{t-1} + \tau_{t-1})] - \frac{n - r_t}{1+n}\tau_{t-1}.$$

该差分方程的解取决于 r_t 与 n 的相对高低。在给定不变的税率 τ_t 和利率 r_t 的情况下，稳态解为

$$s_t = (1+n)k_{t+1},$$

这与没有国家养老金时所得到的关系式是一样的，但这并不意味着储蓄或资本存量也是在同样的水平。

年轻人的优化问题是在给定工资、利率和税率的跨期预算约束下最大化其效用 $\mathcal{U}$。拉格朗日函数为

$$\mathcal{N} = U(c_{1t}) + \beta U(c_{2,t+1}) + \lambda[c_{2,t+1} - (1+r_{t+1})(w_t - c_{1t} - \tau_t) - (1+n)\tau_{t+1}].$$

消费的一阶条件及由此得到的欧拉方程和没有养老金时的解 (6.38) 式、(6.39) 式和 (2.12) 式是相同的。假设效用函数为幂函数形式，我们可得

$$\begin{aligned}c_{2,t+1} &= (1+r_{t+1})(w_t - c_{1t} - \tau_t) + (1+n)\tau_{t+1} \\ &= (1+r_{t+1})\left[w_t - \left(\frac{1+r_{t+1}}{1+\theta}\right)^{-1/\sigma} c_{2,t+1} - \tau_t\right] + (1+n)\tau_{t+1}.\end{aligned}$$

所以当 $\sigma = 1$ 并且税率不变时，

$$c_{2,t+1} = \frac{1+r_{t+1}}{2+\theta} w_t + \frac{n - r_{t+1}}{2+\theta}\tau_t. \tag{6.48}$$

利用 (6.46) 式以及 $s_t = (1+n)k_{t+1}$，并假设 $f(k_t) = k_t^\alpha$，我们可以得到 $w_t = (1-\alpha)k_t^\alpha$ 以及 $r_t = \alpha k_t^{-(1-\alpha)} - \delta$。(6.48) 式的左右两边因此可以写成

$$(1 - r_{t+1})(1+n)k_{t+1} = \frac{1 - r_{t+1}}{2+\theta}(1-\alpha)k_t^\alpha + \frac{n - r_{t+1}}{2+\theta}\tau_t;$$

所以

$$k_{t+1} = \frac{1-\alpha}{(2+\theta)(1+n)}k_t^\alpha - \frac{1}{(2+\theta)}\left[\frac{1+\theta}{1+r_{t+1}} + \frac{1}{1+n}\right]\tau_t$$
$$= \phi k_t^\alpha - \lambda_t\tau_t,$$

其中

$$\lambda_t = \frac{1}{(2+\theta)}\left[\frac{1+\theta}{1+r_{t+1}} + \frac{1}{1+n}\right] > 0.$$

该式可以由图 6.2给出图形解的说明。

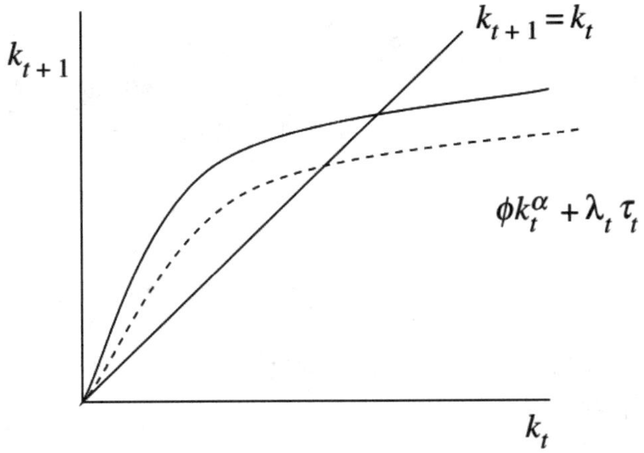

图 6.2　税率增加对资本的影响

图中可以看出，现收现付式国家养老金的增加使税收增加，同时使曲线向下移动，这导致更低的均衡资本存量，从而导致更低的储蓄。显而易见，只有当代的老年人从中获益，而未来的老年人将来不会受益，当代的年轻人也不会受益。

因此我们得到的结论为，对于一个处于人口稳态或人口增长速度很慢的国家，现收现付制的养老金计划在长期会降低经济体的福利。对于这样的人口状况，完全基金制的养老金更加适用，而现收现付式则只适用于人口高速增长的国家。

6.3.5.3　以债务支付养老金的财政政策

目前为止所讨论的政府养老金政策之所以会保持预算平衡，是因为政府每期向老年人支付的养老金来自于年轻人所缴纳的税收。然而，我们可以假设政府还可以利用债务来融资。更一般地，政府的预算约束可以表示为

$$\Delta B_{t+1} = \tau_{1t}N_{1t} + \tau_{2t}N_{2t} + r_tB_t,$$

其中 τ_{1t} 和 τ_{2t} 分别为对年轻人和老年人征收的税额 (如果是负的，则为补贴)。B_{t+1}①是年轻人在第 t 期持有的为期一期政府债券，其发行量取决于政府预算约束和需要支付的利息数额。政府预算约束的人均形式为

$$(1+n)b_{t+1} = \tau_{1t} + \frac{\tau_{2t}}{1+n} + (1+r_t)b_t, \tag{6.49}$$

其中 $b_t = B_t/N_{1t}$。

年轻人的预算约束为

$$s_{1t} = w_t - c_{1t} - \tau_{1t} - (1+n)b_{t+1}$$

他们年老时的消费为

$$c_{2,t+1} = (1+r_{t+1})[s_t + (1+n)b_{t+1}] - \tau_{2,t+1}.$$

因此，跨期预算约束为

$$c_{2,t+1} = (1+r_{t+1})[w_t - c_{1t} - \tau_{1t}] - \tau_{2,t+1}.$$

可以发现，上式中并不含有债务。所以，最优决策和以前相同。

整个经济在 t 时刻的资源约束为

$$\begin{aligned}\Delta K_{t+1} &= w_t N_{1t} + r_t K_t - c_{1t}N_{1t} - c_{2t}N_{1,t-1}\\ &= w_t N_{1t} + r_t K_t - [w_t - s_t - \tau_{1t} - (1+n)b_{t+1}]N_{1t}\\ &\qquad - \{(1+r_t)[s_{t-1} + (1+n)b_t] - \tau_{2,t}\}N_{1,t-1}.\end{aligned}$$

因此

$$\begin{aligned}&K_{t+1} - [s_t + (1+n)b_{t+1}]N_{1t}\\ &\qquad = (1+r_t)\{K_t - [s_{t-1} + (1+n)b_t]N_{1,t-1}\} + \tau_{1t}N_{1t} + \tau_{2,t}N_{1,t-1}\end{aligned}$$

或者

$$(1+n)(k_{t+1} + b_{t+1}) - s_t = \frac{1+r_t}{1+n}[(1+n)(k_t + b_t) - s_{t-1}] + \tau_{1t} + \frac{\tau_{2,t}}{1+n}.$$

利用政府预算约束 (6.49)，有

$$(1+n)k_{t+1} - s_t = \frac{1+r_t}{1+n}[(1+n)k_t - s_{t-1}].$$

①译者注：此处原文符号为 B_t，疑似笔误。

所以稳态解为 $s_t = (1+n)k_{t+1}$，与无政府时的经济相同。

如果政府债务既不影响跨期预算约束也不影响储蓄决策，那么也就不会影响最优解。我们得到的结论便是，与预算平衡相比，预算不平衡没有任何优势。因此我们重新考虑之前对养老金的分析。现收现付养老金制度下的政府预算约束有 $\tau_{1t} = \tau_t$，$\tau_{2t} = \tau_t - p_t$，且没有债务；而完全基金制养老金下有 $\tau_{1t} = \tau_t$ 和 $\tau_{2t} = -p_t = -(1+r_t)\tau_{t-1}$。那么政府预算约束为

$$(1+n)b_{t+1} = \tau_t - \frac{(1+r_t)\tau_{t-1}}{1+n} + (1+r_t)b_t$$

或

$$(1+n)b_{t+1} - \tau_t = \frac{1+r_t}{1+n}[(1+n)b_t - \tau_{t-1}].$$

因此 $\tau_t = (1+n)b_{t+1}$。进而可知，缴纳养老金和购买政府债券是等价的，而且养老金的支付额与债务偿还额也相同。

6.3.6 结论

OLG 模型适合分析每期的时间跨度都很长的经济问题，在分析中假设人们只活几期 (通常是两期)。OLG 模型的一个主要特点是后代无法控制前辈们之前所做的决策。运用 OLG 模型所分析的问题迅速地变得非常复杂，因而我们所使用的模型通常都是被高度简化的或在一定程度上被抽象化的，即假设时间期限只有两期。在现实经济问题中，时间期限超过几个月甚至几年是很正常的，但通常会少于一代，比方说大约为 25 年。这意味着模型的设置应多于两期，但困难在于随着代际的增加，模型的分析也变得更加复杂。所以通常来说，更方便的做法是假设模型的时间期限为无限期。即便如此，我们发现比较两期的 OLG 模型和无限期模型的解仍然非常困难。

我们利用 OLG 模型比较了完全基金制和现收现付制养老金，得到的结论为人口增长速度越慢的国家，越适合采用完全基金式养老金。我们还得出这样的结论，即通过政府债务的方式为现收现付制养老金融资，结果与采用完全基金制养老金计划时相同。

7 开放经济

7.1 导论

封闭经济和开放经济的核心区别在于二者所受约束不同。在开放经济中，存在商品和服务的国际贸易以及资本的国际流动。进口解除了消费和投资受限于国内经济体产能的局面，出口则改变了厂商的销售受限于国内需求的局面，国际资本流动使得国内经济体可以向国外借贷并且可以持有国外资产。一般而言，由于受到的限制变少，开放经济能够比封闭经济达到更高的福利水平。例如，通过向国外借款，可以在经济不景气时帮助平滑消费。

封闭经济和开放经济间最受关注的是要区分国内与国外的商品和服务。这种区分的重要性取决于国内与国外间商品和服务的相互替代程度，因为这种替代性会影响到经济体间的相对消费和相对价格，即 (实际) 贸易条件。严格地说，贸易条件是指以本币表示的进口价格和出口价格的比值。例如，如果所有的商品和服务都可以进行贸易，并且国内和国外的商品和服务是完全替代品，那么贸易条件就为一个常数 (也就是说在不考虑运输成本的情况下，贸易条件为 1)，此时商品和服务只有单一的国际价格。尽管如此，在研究中考虑国内外商品和服务的区别仍然非常重要。

由于并不是所有的商品和服务都可以进行国际贸易，所以要区分可贸易的和不可贸易的商品和服务 (即贸易品和非贸易品)。我们还要区分贸易条件 (仅指贸易品) 和实际汇率。实际汇率是指各贸易伙伴国价格水平与国内经济体一般价格水平比值的 (以贸易额为权重的加权) 平均数。贸易品的国际间比价越趋向单一国际价格，则国内外间不可贸易品间的相对价格就越能引起实际汇率与贸易条件间的差异。

实际汇率和名义汇率也不同，实际上从传统的意义上讲，实际汇率根本就不能叫作汇率。实际汇率是指国内商品和服务的价格与国外价格的相对大小，这两种价格水平均以本币的形式表达。在计算实际汇率时，是通过乘以名义有效汇率来把国外的平均价格水平转化为以本币表示的价格水平。价格水平既可以是消费者价格指数 (CPI)，也可以是基于生产角度的 GDP 平减指数。使用 CPI 时，实际汇率更像是度量相对生活成本的指标而非汇率；使用 GDP 平减指数时，实际汇率更像是反映相对生产成本的指标。因此这两种度量实际汇率的方式传递了不同的信息。与此相反，名义汇率是货币的相对价格：是以本币表示的外币价格。名义汇率是一个双边的比率，即以其他货币表示某一货币的价格。有效名义汇率是贸易伙伴间双边汇率的 (以贸易额为权重的加权) 平均值。

开放经济中的另一个问题是对国内资产和国外资产的区分。在不存在诸如资本管制，或者使得资产在不同国家以不同的贴现率被贴现，并据此差别化计价这种市场不完备等市场失灵的情形下，选择持有哪种资产主要取决于资产的相对收益率。在不存在资本管制时，任何由国内外资产收益率 (用相同货币表示) 差异引起的潜在利润都将会导致国家间巨额的资本流动，这将引起资产收益率更高的国家的名义汇率上升 (升值)，从而消除不同国家间的利差。因此，在决定浮动汇率时，资本账户往往占据了主导地位，作用超过了经常账户。强制进行资本管制是布雷顿森林体系固定汇率制度得以稳定的一个重要因素。在浮动汇率制取代布雷顿森林体系之后，资本管制就变得没有必要了。本章我们在名义汇率给定的条件下集中讨论国内外可贸易品间的选择、可贸易品和非贸易品间的选择、贸易条件和实际汇率的决定、经常账户净资产持有额的含义和经常账户赤字的可持续性问题。换句话说，我们在实际面而不是在名义面上讨论开放经济问题。

关于开放经济更详细、更一般的讨论见 Obstfeld 和 Rogoff(1996)，最新的研究进展可参考 Lane(2001) 和 Obstfeld (2 001)。

7.2 开放经济的最优解

7.2.1 开放经济的资源约束

由于引入国际贸易和资本流动，开放经济下的资源约束和封闭经济不尽相同，其差异来自于开放经济的国民收入恒等式和国际收支平衡关系。国民收入恒等式变为

$$y_t = c_t + i_t + x_t - Q_t x_t^{\mathrm{m}}, \tag{7.1}$$

其中 x_t 表示出口额，x_t^{m} 表示以国外实际价格水平表示的进口额。在这一阶段，我们假设本国经济只生产一种产品，其他国家也是如此。所以，Q_t 最初不仅代表贸易条件 (以本币表示的进出口相对价格)，当它以 GDP 平减指数测度时，又表示实际汇率 (以本币表示的国外生产者价格水平对国内生产者价格水平的相对价格)。我们还假设 Q_t 是外生的，并且可以随时间而变化。其实也可以假设单一的国际价格水平，这样贸易条

件就不随时间变化，便可令 $Q_t = 1$。我们之所以保留 Q_t，只是想说明当它要发生变动时，是如何被纳入分析框架中的。这样，$Q_t = 1$ 在分析中就会变成内生变量。假设国内价格水平永远为1，$Q_t x_t^{\mathrm{m}}$ 是以本币表示的进口额，$x_t - Q_t x_t^{\mathrm{m}}$ 是净贸易额。我们注意到形成国内支出的 c_t 和 i_t 都包含一部分进口额。因为国内产出是对国内消费和投资支出使用的国产产品之和 (加上销往国外部门的国产产品)，所以为求得国内产出，必须从国内总支出中减掉 $Q_t x_t^{\mathrm{m}}$。

以名义量表示的国际收支平衡 (BOP)关系为

$$CA_t = P_t x_t - S_t P_t^* x_t^{\mathrm{m}} + R_t^* S_t B_t^* - R_t B_t^{\mathrm{F}} = S_t \Delta B_{t+1}^* - \Delta B_{t+1}^{\mathrm{F}}, \tag{7.2}$$

其中 CA_t 表示本国名义货币的经常账户余额，R_t 和 R_t^* 分别表示国内和国外的名义利率，B_t^* 是以外币表示的国内部门所持有的国外名义资产，B_t^{F} 是国外部门持有的以本币表示的国内名义资产，$F_t = S_t B_t^* - B_t^{\mathrm{F}}$ 是以本币表示的净资产头寸，而 $R_t^* S_t B_t^* - R_t B_t^{\mathrm{F}}$ 是以本币表示的净国外资产收入。

S_t 是名义汇率 (外汇的国内价格，或一单位外币的价格)。S_t 的增加意味着本币贬值，外币变得相对升值。严格地说，S_t 是名义*有效*汇率，而不是双边名义汇率，因此它是双边汇率的加权平均，每种货币的权重由国际贸易间使用该货币的比例来确定。我们在用到*汇率*这个词时通常就是在名义汇率的意义上使用它。本书在第 13 章将讨论资本账户在决定浮动汇率中的作用，那时再处理双边汇率问题。本章中我们主要考虑贸易账户，因而仅涉及有效汇率。我们用 $P_t x_t - S_t P_t^* x_t^{\mathrm{m}}$ 表示以本币度量的贸易账户余额，$x_t - Q_t x_t^{\mathrm{m}}$ 表示以实际值度量的贸易账户余额，其中 $Q_t = S_t P_t^* / P_t$。

剔除国内价格水平 P_t，就可以得到以实际量表示的国际收支平衡关系 (以下简称为 BOP):

$$x_t - \frac{S_t P_t^*}{P_t} x_t^{\mathrm{m}} + (1 + R_t^*) S_t \frac{B_t^*}{P_t} - (1 + R_t) \frac{B_t^{\mathrm{F}}}{P_t} = \frac{S_t}{P_t} B_{t+1}^* - \frac{B_{t+1}^{\mathrm{F}}}{P_t},$$

或

$$x_t - \frac{S_t P_t^*}{P_t} x_t^{\mathrm{m}} + (1 + R_t^*) \frac{S_t P_t^*}{P_t} \frac{B_t^*}{P_t^*} - (1 + R_t) \frac{B_t^{\mathrm{F}}}{P_t} = \frac{P_{t+1}}{P_t} \frac{S_t}{S_{t+1}} \frac{P_{t+1}^* S_{t+1}}{P_{t+1}} \frac{B_{t+1}^*}{P_{t+1}^*},$$

若 $f_t = F_t / P_t = Q_t b_t^* - b_t^{\mathrm{F}}$，且小写字母表示相应的实际变量，$\pi_{t+1} = \Delta P_{t+1} / P_t$ 是通货膨胀率，那么 BOP 变为

$$x_t - Q_t x_t^{\mathrm{m}} + (1 + R_t^*) Q_t b_t^* - (1 + R_t) b_t^{\mathrm{F}} = (1 + \pi_{t+1}) \left[\frac{Q_{t+1} b_{t+1}^*}{1 + \Delta s_{t+1}} - b_{t+1}^{\mathrm{F}} \right] \tag{7.3}$$

或

$$x_t - Q_t x_t^{\mathrm{m}} + (1+R_t^*)f_t - (R_t - R_t^*)b_t^{\mathrm{F}} = \left(\frac{1+\pi_{t+1}}{1+\Delta s_{t+1}}\right)(f_{t+1} - \Delta s_{t+1} b_{t+1}^{\mathrm{F}}), \tag{7.4}$$

其中 f_t 是在第 t 期期初所持有的以本国价格度量的净国外资产，f_t 可以为正 (净持有) 也可以为负 (净债务) 且 $s_t = \ln S_t$；所以，Δs_{t+1} 是第 t 期与 $t+1$ 期之间汇率的变动比率。

若假设通货膨胀率为 0 且名义有效汇率保持常数不变，则在分析以实际量度量的开放经济时会十分方便。在该假设下 $\Delta s_{t+1} = 0$ 并且名义利率等于实际利率。据此，可以把它们分别改写成 r_t 和 r_t^*，并有 $r_t = r_t^*$。此时方程 (7.4) 式可以写得更简洁些

$$x_t - Q_t x_t^{\mathrm{m}} + r_t^* f_t = ca_t = \Delta f_{t+1}, \tag{7.5}$$

其中 $CA_t = CA_t/P_t$ 是经常账户实际余额。

假设国内经济无资本管制且该经济体很小，从国际资本市场借入 (或借出) 资金不会影响 r_t^*。因此 $r_t^* f_t$ 表示持有国外资产 (或债务) 的利息收入 (或支出)，当然这也是以本国价格水平度量的。(7.4) 式的左侧是经常账户头寸，它和净国外资产头寸，即资本账户的变动是相等的。因此，经济体为了增加净储蓄，必须使得经常账户盈余。如果经济体想通过经常账户赤字使得当期的消费比封闭经济时多，进而放松生产可能性边界所带来的约束，那么它必须向世界其他国家借贷。如果其他国家希望持有更多该经济体的资产，那么它必须接受一个更大的经常账户赤字 (或更小的经常账户盈余)，或者保持经常账户的盈余情况不变，通过重估本国资产价值来吸收资产需求的变动。这就是美国自 20 世纪 90 年代以来的状况：其他国家想要持有美国资产，所以美国不得不让经常账户赤字。

通过合并国民收入恒等式 (7.1) 式和国际收支平衡关系 (7.4) 式，并消掉净贸易额 $x_t - Q_t x_t^{\mathrm{m}}$，就可以得到开放经济的预算约束，即

$$(y_t + r_t^* f_t - c_t) - i_t = \Delta f_{t+1}, \tag{7.6}$$

其中 $y_t + r_t^* f_t - c_t$ 可解释为国民储蓄 (总收入减消费)。因此预算约束表明经常账户余额就是国民储蓄减去投资 (即净国民储蓄)，并且与开放经济体所持有的国外资产的净增长是相等的——也就是国际收支平衡表中的资本账户。

7.2.2　最优解

若要求得集中经济下开放经济的最优解，需要最大化当期和未来效用的现值

$$\max_{\{c_{t+s},k_{t+s},f_{t+s}\}} V_t = \sum_{s=0}^{\infty} \beta^s U(c_{t+s})$$

选择变量为 c_{t+s}、k_{t+s} 和 f_{t+s}，预算约束为 (7.6) 式，资本积累方程为

$$\Delta k_{t+1} = i_t - \delta k_t, \tag{7.7}$$

生产函数为

$$y_t = F(k_t). \tag{7.8}$$

因此开放经济的预算约束可以写为

$$F(k_t) = c_t + k_{t+1} - (1-\delta)k_t + f_{t+1} - (1+r_t^*)f_t. \tag{7.9}$$

拉格朗日函数为

$$\begin{aligned}\mathcal{L} = \sum_{s=0}^{\infty} \{ &\beta^s U(c_{t+s}) \\ &+ \lambda_{t+s}[F(k_{t+s}) - c_{t+s} - k_{t+s+1} + (1-\delta)k_{t+s} - f_{t+s+1} + (1+r_{t+s}^*)f_{t+s}]\}.\end{aligned}$$

对 $\{c_{t+s}, k_{t+s+1}, f_{t+s+1};\ s \geqslant 0\}$ 的一阶条件是

$$\begin{aligned}\frac{\partial \mathcal{L}}{\partial c_{t+s}} &= \beta^s U'(c_{t+s}) - \lambda_{t+s} = 0, & s \geqslant 0,\\ \frac{\partial \mathcal{L}}{\partial k_{t+s}} &= \lambda_{t+s}[F'(k_{t+s}) + 1 - \delta] - \lambda_{t+s-1} = 0, & s > 0,\\ \frac{\partial \mathcal{L}}{\partial f_{t+s}} &= \lambda_{t+s}[1 + r_{t+s}^*] - \lambda_{t+s-1} = 0, & s > 0,\end{aligned}$$

以及预算约束 (7.9) 式。

合并消费和净国外资产的一阶条件以消掉拉格朗日乘子，得到开放经济的欧拉方程：

$$\frac{\beta U'(c_{t+1})}{U'(c_t)}(1 + r_{t+1}^*) = 1. \tag{7.10}$$

与分散的封闭经济相比，国外的收益率替代了国内的收益率。合并资本和净国外资产的一阶条件，得到决定最优资本存量的方程

$$F'(k_{t+1}) = \delta + r_{t+1}^*. \tag{7.11}$$

将资本的净边际产出与国际利率相等，即 $F'(k_{t+1})-\delta=r_{t+1}^*$ 代入欧拉方程，会得到与封闭经济的欧拉方程相似的结果。资本存量的最优解与分散经济的解很相似，只是用国际利率替代了国内利率。如果市场是完全的 (参见第 11 章)，则 $r_{t+1}^*=r_{t+1}=\theta$。

7.2.3 最优解的解释

考虑只有 t 期和 $t+1$ 期两期的情形，假设 c_t 略微减少了 $\mathrm{d}c_t$，而 c_{t+1} 略微增加了 $\mathrm{d}c_{t+1}$ ，因而 V_t 保持不变，这里

$$V_t=U(c_t)+\beta U(c_{t+1}).$$

第 4 章已经证明上式所形成的无差异曲线的斜率为

$$\frac{\mathrm{d}c_{t+1}}{\mathrm{d}c_t}=-\frac{U'(c_t)}{\beta U'(c_{t+1})}.$$

开放经济中第 t 期和 $t+1$ 期的预算约束分别为

$$ca_t=\Delta f_{t+1}=y_t+r_t^*f_t-c_t-i_t,$$
$$ca_{t+1}=\Delta f_{t+2}=y_{t+1}+r_{t+1}^*f_{t+1}-c_{t+1}-i_{t+1}.$$

假设 $f_t=f_{t+2}=0$ 并消去 f_{t+1} ，得到两期的跨期预算约束

$$y_t-i_t+\frac{y_{t+1}-i_{t+1}}{1+r_{t+1}^*}=c_t+\frac{c_{t+1}}{1+r_{t+1}^*}.$$

该预算约束的斜率是

$$\frac{\mathrm{d}c_{t+1}}{\mathrm{d}c_t}=-(1+r_{t+1}^*).$$

当预算约束与无差异曲线相切时，二者斜率相同，意味着

$$-\frac{\mathrm{d}c_{t+1}}{\mathrm{d}c_t}=\frac{U'(c_t)}{\beta U'(c_{t+1})}=1+r_{t+1}^*.$$

这便是开放经济的欧拉方程 (7.10) 式。

图7.1描述了模型的解。我们曾假设在第 t 期存在贸易赤字，在无差异曲线和预算线相切之处可以求得 $\{c_t,c_{t+1}\}$ 的最优值。图中还描绘了国内经济体的跨期生产可能性边界 (IPPF)，表示无国际贸易时仅以国内产能为基础，第 t 期和第 $t+1$ 期消费的可能性。预算线也与 IPPF 相切，但切点的位置通常与封闭经济的不同：此时仍然相切于 $(y_t-i_t,y_{t+1}-i_{t+1})$，但是从开放经济的国民收入恒等式 (7.1) 式

$$(y_t-i_t)-c_t=x_t-Q_tx_t^{\mathrm{m}},$$

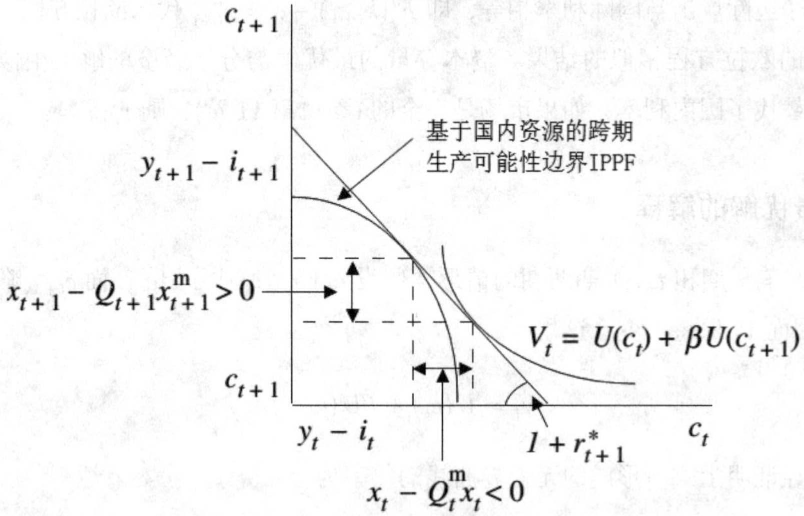

图 7.1　开放经济的跨期优化解

可知，如果存在贸易不平衡差额 $x_t-Q_tx_t^{\mathrm{m}}$，则 y_t-i_t 不一定等于 c_t。

所以，在图 7.1 所示的例子中，第 t 期存在贸易赤字，而第 $t+1$ 期存在贸易盈余。这是因为第 t 期的消费比封闭经济下仅依靠国内产品时要多；而在 $t+1$ 期，经济体的消费必须少于封闭经济时的消费才能弥补赤字。为了给第 t 期的贸易赤字融资，经济体不得不借贷 (或减少净资产)，导致在 $t+1$ 期期初净国外资产下降。到了第 $t+1$ 期情况则会发生逆转，经济体通过积累净国外资产存量实现贸易盈余，使其净国外资产在 $t+2$ 期恢复到初始水平。我们还可以从另一个角度去解释，即经济体在 t 期实现贸易盈余而在 $t+1$ 期出现贸易赤字。这里的关键在于通过国际贸易和国际间资本的借入 (或借出)，可以使经济体的福利 V_t 相对于封闭经济得到改善。

7.2.4　长期均衡

开放经济的长期均衡取决于实际国际收益率 r_t^*，除了像美国这样的最大的经济体外，其他所有国家都相对太小，从而对这一收益率几乎没有任何影响。如果假设无论国内还是国外都有一个相同的时间偏好率 θ，那么由于资本的可流动性，在长期有 $r_t=r_t^*=\theta$。因此在开放经济中，长期资本存量、投资和产出都为常数，且资本存量由 (7.11) 式决定，即由净边际产出等于实际国际利率决定。

利用国际收支平衡关系恒等式 (7.5) 式消去国民收入恒等式 (7.1) 式中的国际贸易，

获得均衡条件下的消费水平，加上均衡时 $i_t = \delta k_t$，所以

$$\begin{aligned} c_t &= y_t + r^* f_t - i_t \\ &= F(k_t) + r^* f_t - \delta k_t. \end{aligned} \tag{7.12}$$

尽管进口是总消费的一部分，但我们无法运用这个模型反映均衡时的均衡进口水平。这是因为模型中暗含了进口是其他消费的完全替代品这一假设。稍后我们会回到这一话题的讨论，在考虑到国产商品不能被进口商品完全替代的情况下讨论最优解。

最后考虑长期均衡中的净国外资产存量。根据国际收支平衡关系恒等式 (7.5) 式，初始的净资产持有额 (被当作是既定的) 必须满足

$$\begin{aligned} f_t &= \frac{1}{1+r^*}(Q_t x_t^{\mathrm{m}} - x_t + f_{t+1}) \\ &= \frac{1}{1+r^*}\sum_{s=0}^{\infty}\left[\frac{Q_{t+s}x_{t+s}^{m} - x_{t+s}}{(1+r^*)^s}\right], \end{aligned} \tag{7.13}$$

且需满足横截条件

$$\lim_{n\to\infty}\sum_{s=1}^{n}\frac{f_{t+s}}{(1+r^*)^s} = 0$$

如果 Q_t 和 x_t 是常数，由于 x_t^{m} 是总消费的一部分，也是一个常数，则 (7.13) 意味着稳态时的净国外资产满足

$$f_t = -\frac{x_t - Q_t x_t^{\mathrm{m}}}{r^*}, \tag{7.14}$$

该式可以改写为

$$x_t - Q_t x_t^{\mathrm{m}} + r^* f_t = 0.$$

因此，在稳态时，净国外资产存量是一个与其初始水平相同的常数，并且经常账户一定保持平衡。

在解释 (7.14) 式时，我们用到 f_t 和 r^* 是给定的这一条件，因而该式决定了长期的贸易盈余或赤字。如果初始净国外资产为正，那么 (7.14) 式表明了在给定当期国外资产利率收入时一个国家可以承受的永久贸易赤字规模。如果贸易赤字小于这个规模，那么事实上相对于其消费水平，该国的国外资产规模过大了，也就是所谓的动态无效率。这意味着经济体可以增加对国外商品和服务的消费。如果贸易赤字比这个规模大，那么经常账户的头寸通常是不可持续的。下文将更详细地讨论这些问题。

7.2.5 对经常账户的冲击

开放经济会受到来自外部和内部两个方面的冲击。为了说明这些冲击的影响，我们分别考虑外生性的暂时性的和永久性外部冲击对出口的影响。举例来说，这种冲击可能来自于国外收入状况或对商品偏好的变化。我们仍然假设经济体在初始状态是均衡的且分别有 $r_t^* = r^* = \theta$ 和 $Q_t = Q$ 。

7.2.5.1 对出口的暂时性冲击

考虑在第 t 期对出口有一个负向的冲击 $\Delta x < 0$。根据国际收支平衡关系恒等式 (7.5) 式得到

$$\begin{aligned} f_{t+1} &= x_t + \Delta x - Q x_t^{\mathrm{m}} + (1+r^*) f_t \\ &= f_t + \Delta x < f_t. \end{aligned}$$

所以在第 $t+1$ 期所持有的净资产 f_{t+1} 有暂时性的下降。接下来的各期，进口和净国外资产存量都会受到影响。假设进口与消费成比例，即

$$c_t = \phi Q x_t^{\mathrm{m}}, \quad 0 < \phi < 1,$$

那么，根据 (7.12) 式，进口会下降

$$\begin{aligned} x_{t+1}^{m} &= \frac{F(k_{t+1}) + r^* f_{t+1} - \delta k_{t+1}}{\phi Q} \\ &= x_t^{\mathrm{m}} + \frac{r^* \Delta x}{\phi Q} < x_t^{\mathrm{m}}, \end{aligned}$$

所以

$$\begin{aligned} f_{t+2} &= x_t - Q\left(x_t^{\mathrm{m}} + \frac{r^* \Delta x}{\phi Q}\right) + (1+r^*)(f_t + \Delta x) \\ &= f_{t+1} + r^*\left(1 - \frac{1}{\phi}\right)\Delta x > f_{t+1} \\ &= f_t + \left[1 + r^*\left(1 - \frac{1}{\phi}\right)\right]\Delta x < f_t, \end{aligned}$$

假设 $0 < [1 + r^*(1 - 1/\phi)] < 1$，更一般地可有

$$f_{t+s} = f_t + \left[1 + r^*\left(1 - \frac{1}{\phi}\right)\right]^{s-1} \Delta x,$$

并且 $\lim_{s\to\infty} f_{t+s} = f_t$。因此，尽管金融资产存量在初期出现下降，但从下一期开始，金融资产存量进入了向初始均衡水平恢复的过程。由于 θ 和 δ 都不会改变，所以资本存量 k_t 将保持不变。

7.2.5.2 对出口的永久性冲击

我们分别考察两种情形：一种是像前面讨论的那样贸易条件保持不变，另一种是贸易条件可以恢复到稳态均衡。

Q 是固定的情形 假设出口永久性地从 x_t 增加到 $x_t + \Delta x$，在给定进口水平的情况下，这会导致净国外资产存量的增加，即

$$\begin{aligned} f_{t+1} &= x_t + \Delta x - Qx_t^{\mathrm{m}} + (1+r^*)f_t \\ &= f_t + \Delta x, \\ f_{t+s} &= f_t + \frac{(1+r^*)^s - 1}{r^*}\Delta x. \end{aligned}$$

因此如果进口保持不变，f_{t+s} 会迅速增加。然而，净国外资产的增加会引起消费的增加，从而导致进口增加，而进口的增加额必须和出口的增加额相等以使净国外资产不变。因此，结果就是进口必须永久性地增加 $Q\Delta x^m = \Delta x$，从而净资产头寸保持不变。但问题在于进口是如何增加的。从总体上讲，进口额取决于 Q，因此可以通过改变 Q 来实现进口额的增加，而到目前为止我们一直是假设 Q 保持不变。现在我们来考虑下 Q 要如何变动。

Q 是可变的情形 假设出口和进口都是 Q_t 的函数。假设出口函数为

$$x_t = x(Q_t) + z_t, \quad x' > 0,$$

其中 z_t 是出口的外生性效应，而进口函数为

$$x_t^{\mathrm{m}} = x^m(Q_t), \quad x^{m\prime} < 0.$$

我们知道 $f_t = Q_t b_t^* - b_t^{\mathrm{F}}$，那么从 (7.14) 式中得到，

$$r^* f_t = r^*(Q_t b_t^* - b_t^{\mathrm{F}}) = Q_t x_t^{\mathrm{m}}(Q_t) - x_t(Q_t) - z_t.$$

如果 Δz 表示外生性的出口永久性增加，并假设 b_t^* 和 b_t^{F} 为给定的，那么

$$r^*\Delta f = r^* b^* \Delta Q = (x^m + Qx^{m\prime})\Delta Q - (x'\,\mathrm{d}Q + \Delta z).$$

因此，

$$\begin{aligned}\Delta z &= (x^m + Qx^{m\prime} - x'^*b^*)\Delta Q \\ &= -[(\epsilon^x + \epsilon^m - 1)x^m + r^*b^*]\Delta Q \\ &= -\frac{1}{\psi}\Delta Q,\end{aligned}$$

其中 $\psi = [(\epsilon^x + \epsilon^m - 1)x^m + r^*b^*]^{-1}$，$\epsilon^x$ 和 $-\epsilon^m$ 分别是出口和进口的价格弹性，我们还假设 $x \simeq Qx^m$。如果贸易在初始时是均衡的，那么，当 $\epsilon^x + \epsilon^m \gtreqless 1$ 时，

$$\frac{\partial(x - Qx^m)}{\partial Q} = (\epsilon^x + \epsilon^m - 1)x^m \gtreqless 0. \tag{7.15}$$

这就是所谓的 Marshall-Lerner 条件，即如果贸易弹性之和大于或等于 1，在出口下降时为了不使资本外流，在 $\psi > 0$ 的情况下 Q_t 必须增加。Q 的增加不仅可以导致来自国外的利息收入的增加，还可以在贸易弹性之和大于 1 的前提下促进贸易余额。

更一般地说，在长期净资产头寸保持不变的情况下，外生性的出口永久性增加对出口、进口和净贸易额的长期影响为

$$\begin{aligned}\Delta x &= (1 - \psi\epsilon^x x^m)\Delta z, \\ \Delta(Qx^m) &= -(1 - \epsilon^m)x^m\psi\Delta z, \\ \Delta(x - Qx^m) &= r^*b^*\psi\Delta z.\end{aligned}$$

在下面的讨论中，Q_t 在短期更多地由名义汇率 S_t 决定，而不是由相对价格决定，并且 S_t 在短期几乎完全由短期资本账户条件决定，而不是由贸易账户决定。所以，不应该用分析 Q_t 长期结果的方法去讨论 Q_t 的短期行为。

7.3 贸易品和非贸易品

迄今为止我们假定所有的商品和服务都可以进行国际贸易，而现实中诸如建筑和道路等产品是不可贸易的，大部分服务也无法进行贸易。但金融服务是一个典型的例外，因为它可以在国际上进行买卖。我们现在对贸易品和非贸易品作正式的区分，分别用上标字母“T”和“N”表示贸易品和非贸易品。

除此之外，模型的具体设定与前文的开放经济模型类似。表 7.1对此做了相应总结，其中 i_t^{T} 和 i_t^{N} 分别表示贸易品的总投资和非贸易资本品的总投资。

在区分了贸易品和非贸易品之后，还需要考虑它们的相对价格。为了表达得更清楚，我们对二者各自设定一个价格，而非仅仅考虑其相对价格 (或者也可以将其中一个

表 7.1　模型和符号

	贸易品	非贸易品
产出	$y_t^{\mathrm{T}} = F(k_t^{\mathrm{T}}, k_t^{\mathrm{N}})$	$y_t^{\mathrm{N}} = G(k_t^{\mathrm{T}}, k_t^{\mathrm{N}})$
消费	c_t^{T}	c_t^{N}
资本	k_t^{T}	k_t^{N}
投资	$i_t^{\mathrm{T}} = \Delta k_{t+1}^{\mathrm{T}} + \delta^{\mathrm{T}} k_t^{\mathrm{T}}$	$i_t^{\mathrm{N}} = \Delta k_{t+1}^{\mathrm{N}} + \delta^{\mathrm{N}} k_t^{\mathrm{N}}$
价格	P_t^{T}	P_t^{N}

的价格设定为 1，则另一个就变成相对价格)。除此之外，我们还需要知道经济体的一般价格水平 P_t。

现在效用水平取决于这两种商品，通常可以写为 $U(c_t^{\mathrm{T}}, c_t^{\mathrm{N}})$。然而，更方便的假定是令 c_t^{T} 和 c_t^{N} 为用来生产总消费品和服务 c_t 的中间产品和服务。这能让我们沿用之前的假设，即效用函数为 $U(c_t)$。具体地，假定效用函数为指数形式：

$$U(c_t) = \frac{c_t^{1-\sigma} - 1}{1-\sigma}, \quad \sigma > 0,$$

并且通过常替代弹性 (CES) 函数定义总消费

$$c_t = [\alpha(c_t^{\mathrm{T}})^{1-1/\gamma} + (1-\alpha)(c_t^{\mathrm{N}})^{1-1/\gamma}]^{1/(1-1/\gamma)}, \quad 0 < \alpha < 1,\ \gamma > 0, \tag{7.16}$$

其中，$\gamma \geqslant 1$ 为贸易品和非贸易品之间的替代弹性。[①] 我们选择 CES 函数而非 Cobb-Douglas 函数，目的就是在于阐述替代性的作用。

实际总消费支出可以写作

$$P_t c_t = P_t^{\mathrm{T}} c_t^{\mathrm{T}} + P_t^{\mathrm{N}} c_t^{\mathrm{N}}.$$

尽管现在有三个价格，但是只有两个是相互独立的，因此，可以将第三个价格设定为 1。但为了使分析更有借鉴性，我们在这一步先不设定这个限制条件。类似地，实际总

① c^{T} 和 c^{N} 之间的替代弹性被定义为

$$\sigma^{\mathrm{ES}} = \frac{\mathrm{d}\ln(c^{\mathrm{T}}/c^{\mathrm{N}})}{\mathrm{d}\ln(MP_{c^{\mathrm{T}}}/MP_{c^{\mathrm{N}}})} \geqslant 0,$$

其中

$$MP_{c^{\mathrm{T}}} = \frac{\partial c}{\partial c^{\mathrm{T}}} \quad 和 \quad MP_{c^{\mathrm{N}}} = \frac{\partial c}{\partial c^{\mathrm{N}}}.$$

换句话说，替代弹性是投入品 c^{T} 和 c^{N} 比例的变化率除以其边际产出之比的变化率。受到更严格限制的 Cobb–Douglas 函数 $c = (c^{\mathrm{T}})^{\alpha}(c^{\mathrm{N}})^{1-\alpha}$ 有 $\sigma^{\mathrm{ES}} = 1$. 当 $\sigma^{\mathrm{ES}} \to \infty$ (即 $\gamma \to \infty$), 函数趋向线性化形式。当 $\sigma^{\mathrm{ES}} \to 0$ (即 $\gamma \to 1$), c^{T} 和 c^{N} 被以固定比例消费。

投资支出和产出为

$$P_t i_t = P_t^{\mathrm{T}} i_t^{\mathrm{T}} + P_t^{\mathrm{N}} i_t^{\mathrm{N}},$$
$$P_t y_t = P_t^{\mathrm{T}} y_t^{\mathrm{T}} + P_t^{\mathrm{N}} y_t^{\mathrm{N}}.$$

经济体的实际资源约束是 (7.9) 式的一般化形式，可以被表示为

$$\begin{aligned}\frac{P_t^{\mathrm{T}}}{P_t}F(k_t^{\mathrm{T}},k_t^{\mathrm{N}})+\frac{P_t^{\mathrm{N}}}{P_t}G(k_t^{\mathrm{T}},k_t^{\mathrm{N}}) &= \frac{P_t^{\mathrm{T}}}{P_t}[c_t^{\mathrm{T}}+k_{t+1}^{\mathrm{T}}-(1-\delta^{\mathrm{T}})k_t^{\mathrm{T}}]\\ &\quad+\frac{P_t^{\mathrm{N}}}{P_t}[c_t^{\mathrm{N}}+k_{t+1}^{\mathrm{N}}-(1-\delta^{\mathrm{N}})k_t^{\mathrm{N}}]+\Delta f_{t+1}-(1+r_t^*)f_t\end{aligned} \tag{7.17}$$

现在可以将开放经济的问题表述为求解 $\{c_{t+s}^{\mathrm{T}},c_{t+s}^{\mathrm{N}},k_{t+s+1}^{\mathrm{T}},k_{t+s+1}^{\mathrm{N}},f_{t+s+1};\ s\geqslant 0\}$ 以最大化 $\sum_{s=0}^{\infty}\beta^s U(c_{t+s})$，约束条件为各个生产函数、资本积累方程以及国家资源约束 (7.17) 式。拉格朗日函数可以表示为

$$\begin{aligned}\mathcal{L}=\sum_{s=0}^{\infty}\Bigg\{&\beta^s U(c_{t+s})+\lambda_{t+s}\Bigg[\frac{P_{t+s}^{\mathrm{T}}}{P_{t+s}}[F(k_{t+s}^{\mathrm{T}},k_{t+s}^{\mathrm{N}})-c_{t+s}^{\mathrm{T}}-k_{t+s+1}^{\mathrm{T}}+(1-\delta^{\mathrm{T}})k_{t+s}^{\mathrm{T}}]\\ &+\frac{P_{t+s}^{\mathrm{N}}}{P_{t+s}}[G(k_{t+s}^{\mathrm{T}},k_{t+s}^{\mathrm{N}})-c_{t+s}^{\mathrm{N}}-k_{t+s+1}^{\mathrm{N}}+(1-\delta^{\mathrm{N}})k_{t+s}^{\mathrm{N}}]\\ &-f_{t+s+1}+(1+r_{t+s}^*)f_{t+s}\Bigg]\Bigg\}.\end{aligned}$$

一阶条件为

$$\frac{\partial\mathcal{L}}{\partial c_{t+s}^{\mathrm{T}}}=\beta^s c_{t+s}^{-\sigma}\alpha\left(\frac{c_{t+s}}{c_{t+s}^{\mathrm{T}}}\right)^{1/\gamma}-\lambda_{t+s}\frac{P_{t+s}^{\mathrm{T}}}{P_{t+s}}=0,\qquad s\geqslant 0,$$

$$\frac{\partial\mathcal{L}}{\partial c_{t+s}^{\mathrm{N}}}=\beta^s c_{t+s}^{-\sigma}(1-\alpha)\left(\frac{c_{t+s}}{c_{t+s}^{\mathrm{N}}}\right)^{1/\gamma}-\lambda_{t+s}\frac{P_{t+s}^{\mathrm{N}}}{P_{t+s}}=0,\qquad s\geqslant 0,$$

$$\frac{\partial\mathcal{L}}{\partial k_{t+s}^{\mathrm{T}}}=\lambda_{t+s}\left\{\frac{P_{t+s}^{\mathrm{T}}}{P_{t+s}}[F_{k^{\mathrm{T}},t+s}+1-\delta^{\mathrm{T}}]+\frac{P_{t+s}^{\mathrm{N}}}{P_{t+s}}G_{k^{\mathrm{T}},t+s}\right\}-\lambda_{t+s-1}\frac{P_{t+s-1}^{\mathrm{T}}}{P_{t+s-1}}=0,\qquad s>0,$$

$$\frac{\partial\mathcal{L}}{\partial k_{t+s}^{\mathrm{N}}}=\lambda_{t+s}\left\{\frac{P_{t+s}^{\mathrm{N}}}{P_{t+s}}[G_{k^{\mathrm{N}},t+s}+1-\delta^{\mathrm{N}}]+\frac{P_{t+s}^{\mathrm{T}}}{P_{t+s}}F_{k^{\mathrm{N}},t+s}\right\}-\lambda_{t+s-1}\frac{P_{t+s-1}^{\mathrm{N}}}{P_{t+s-1}}=0,\qquad s>0,$$

$$\frac{\partial\mathcal{L}}{\partial f_{t+s}}=\lambda_{t+s}[1+r_{t+s}^*]-\lambda_{t+s-1}=0,\qquad s>0.$$

令 $s=0$，那么从 $\partial\mathcal{L}/\partial c_t^{\mathrm{T}}$ 和 $\partial\mathcal{L}/\partial c_t^{\mathrm{N}}$ 这两个条件可以得到贸易品和非贸易品的相对消费是它们相对价格的函数，即

$$\frac{c_t^{\mathrm{T}}}{c_t^{\mathrm{N}}}=\left(\frac{\alpha}{1-\alpha}\frac{P_t^{\mathrm{N}}}{P_t^{\mathrm{T}}}\right)^{\gamma}.$$

因此，贸易品相对价格的上升减少了贸易品相对于非贸易品的消费量。若替代弹性 $\gamma \to 0$，贸易品和非贸易品的消费量趋于一个固定比例；若 $\gamma \to \infty$，即当贸易品和非贸易品可以完全替代时，P_t^{N} 与 P_t^{T} 的比值不变。

因此，可以将实际总消费表示为

$$\begin{aligned}c_t &= [\alpha(c_t^{\mathrm{T}})^{1-1/\gamma} + (1-\alpha)(c_t^{\mathrm{N}})^{1-1/\gamma}]^{1/(1-1/\gamma)} \\ &= \alpha^{1/(1-1/\gamma)} c_t^{\mathrm{T}} \left[1 + \left(\frac{1-\alpha}{\alpha}\right)^{\gamma} \left(\frac{P_t^{\mathrm{N}}}{P_t^{\mathrm{T}}}\right)^{1-\gamma}\right]^{1/(1-1/\gamma)}.\end{aligned}$$

总消费支出为

$$\begin{aligned}P_t c_t &= P_t^{\mathrm{T}} c_t^{\mathrm{T}} + P_t^{\mathrm{N}} c_t^{\mathrm{N}} \\ &= P_t^{\mathrm{T}} c_t^{\mathrm{T}} \left[1 + \left(\frac{1-\alpha}{\alpha}\right)^{\gamma} \left(\frac{P_t^{\mathrm{N}}}{P_t^{\mathrm{T}}}\right)^{1-\gamma}\right].\end{aligned}$$

从这两个方程中消去 c_t^{T}/c_t，得到一般价格水平的表达式为

$$\begin{aligned}P_t &= P_t^{\mathrm{T}} \frac{c_t^{\mathrm{T}}}{c_t} \left[1 + \left(\frac{1-\alpha}{\alpha}\right)^{\gamma} \left(\frac{P_t^{\mathrm{N}}}{P_t^{\mathrm{T}}}\right)^{1-\gamma}\right] \\ &= [\alpha^{\gamma}(P_t^{\mathrm{T}})^{1-\gamma} + (1-\alpha)^{\gamma}(P_t^{\mathrm{N}})^{1-\gamma}]^{1/(1-\gamma)}. \qquad (7.18)\end{aligned}$$

因此，一般价格水平是贸易品价格和非贸易品价格的函数，其中加总函数也是一个 CES 函数。注意，我们仍可以将其中任意一个价格设定为 1。

据此得出个人消费函数为

$$\frac{c_t^{\mathrm{T}}}{c_t} = \alpha^{\gamma}\left(\frac{P_t^{\mathrm{T}}}{P_t}\right)^{-\gamma} \quad 和 \quad \frac{c_t^{\mathrm{N}}}{c_t} = (1-\alpha)^{\gamma}\left(\frac{P_t^{\mathrm{N}}}{P_t}\right)^{-\gamma}.$$

因此，贸易品 (非贸易品) 占总消费的份额随着贸易品 (非贸易品) 相对价格的提高而下降；其变化的幅度随着贸易品对非贸易品替代性 (替代弹性 γ) 的提高而增加。

从欧拉方程和这两个消费方程中可以得到模型的短期动态性。例如对于贸易品而言，净资产的一阶条件可以重新表示为

$$\frac{\partial \mathcal{L}}{\partial c_{t+s}^{\mathrm{T}}} = \frac{P_{t+s}^{\mathrm{T}}}{P_{t+s}} \beta^s c_{t+s}^{-\sigma} - \lambda_{t+s} \frac{P_{t+s}^{\mathrm{T}}}{P_{t+s}} = 0, \quad s \geqslant 0.$$

因此，从一阶条件 $\partial \mathcal{L}/\partial f_{t+1} = 0$ 中可知，消费的欧拉方程形式和以往相同：

$$\beta\left(\frac{c_{t+1}}{c_t}\right)^{-\sigma}(1 + r_{t+1}^*) = 1.$$

通过非贸易品的方程仍然可以获得相同的结果。

贸易品和非贸易品两类资本存量的解，会受到对生产函数选择的影响，我们可以由 $\partial\mathcal{L}/\partial k_{t+1}^{\mathrm{T}}$，$\partial\mathcal{L}/\partial k_{t+1}^{\mathrm{N}}$ 以及 $\partial\mathcal{L}/\partial f_{t+s}$ 这三个一阶条件得到这个解：

$$\frac{P_{t+1}^{\mathrm{T}}/P_{t+1}}{P_t^{\mathrm{T}}/P_t}\left\{[F_{k^{\mathrm{T}},t+1}+1-\delta^{\mathrm{T}}]+\frac{P_{t+1}^{\mathrm{N}}}{P_{t+1}^{\mathrm{T}}}G_{k^{\mathrm{T}},t+1}\right\}=1+r_{t+1}^*,$$
$$\frac{P_{t+1}^{\mathrm{N}}/P_{t+1}}{P_t^{\mathrm{N}}/P_t}\left\{[G_{k^{\mathrm{N}},t+1}+1-\delta^{\mathrm{N}}]+\frac{P_{t+1}^{\mathrm{T}}}{P_{t+1}^{\mathrm{N}}}F_{k^{\mathrm{N}},t+1}\right\}=1+r_{t+1}^*.$$

将这两个方程联立，便可求得两种资本存量的长期解。

在只用可贸易的资本品去生产贸易品的特殊情形下，大括号中的第二项将会消失(对于非贸易品也如此)。此时，除了用国际利率代替国内利率之外，这两个方程和基本的封闭经济模型非常相似。因此，我们会得到

$$F_{k^{\mathrm{T}},t+1}=r_{t+1}^*+\pi_{t+1}-\pi_{t+1}^{\mathrm{T}}+\delta^{\mathrm{T}},$$
$$G_{k^{\mathrm{N}},t+1}=r_{t+1}^*+\pi_{t+1}-\pi_{t+1}^{\mathrm{N}}+\delta^{\mathrm{N}},$$

其中，π_t^{T}，π_t^{N} 以及 π_t 分别表示贸易品、非贸易品和一般价格水平的通货膨胀率。如果这三个通货膨胀率相等 (我们在稳态中可以预期到这种情况)，那么用于表示通货膨胀的各项可以省略掉。

7.3.1 长期解

长期均衡时所有变量都为常数，因此可以省略时间下标。从消费的欧拉方程中得出 $r^*=\theta$，即国外的收益率等于国内的时间偏好率。本书第 11 章会更清楚地表明，这个结果意味着假设世界市场是“完全”的，即国内偏好与国外偏好是相同的。

可贸易商品和服务与不可贸易商品和服务二者净资本边际产品相等并满足

$$F_{k^{\mathrm{T}}}-\delta^{\mathrm{T}}+\frac{P^{\mathrm{N}}}{P^{\mathrm{T}}}G_{k^{\mathrm{T}}}=G_{k^{\mathrm{N}}}-\delta^{\mathrm{N}}+\frac{P^{\mathrm{T}}}{P^{\mathrm{N}}}F_{k^{\mathrm{N}}}=r^*=\theta.$$

从该式可以得到资本存量的最优稳态水平 k^{T} 和 k^{N}。在可贸易资本品仅包含贸易品，非贸易资本品仅包含非贸易品的特殊情形下，可以得到更为简单的条件

$$F_{k^{\mathrm{T}}}-\delta^{\mathrm{T}}=G_{k^{\mathrm{N}}}-\delta^{\mathrm{N}}=r^*=\theta.$$

在边际值上，这两种资本存量都不断增加直到它们的净边际产品等于各自的借款成本，而借款成本在长期均衡中是储蓄者的时间偏好率。

其他变量的长期均衡值为

$$c^{\mathrm{T}} = F(k^{\mathrm{T}}) - \delta^{\mathrm{T}} k^{\mathrm{T}}, \tag{7.19}$$

$$c^{\mathrm{N}} = G(k^{\mathrm{N}}) - \delta^{\mathrm{N}} k^{\mathrm{N}}, \tag{7.20}$$

$$\frac{P^{\mathrm{T}}}{P^{\mathrm{N}}} = \frac{\alpha}{1-\alpha}\left(\frac{c^{\mathrm{T}}}{c^{\mathrm{N}}}\right)^{\gamma}, \tag{7.21}$$

$$P = [\alpha^{\gamma}(P^{\mathrm{T}})^{1-\gamma} + (1-\alpha)^{\gamma}(P^{\mathrm{N}})^{1-\gamma}]^{1/(1-\gamma)}, \tag{7.22}$$

$$c = \alpha^{-\gamma}\left(\frac{P^{\mathrm{T}}}{P}\right)^{\gamma} c^{\mathrm{T}} = (1-\alpha)^{-\gamma}\left(\frac{P^{\mathrm{N}}}{P}\right)^{\gamma} c^{\mathrm{N}}. \tag{7.23}$$

现在我们得到一套完整的长期均衡解。求解的逻辑是首先确定资本存量，接着确定可贸易和不可贸易的商品和服务的消费，并由此得出总消费。可贸易和不可贸易的商品和服务的相对消费量决定了它们的相对价格。为了确定各自的价格，我们需要引入之前讨论过的标准化规则。例如，我们可以设定 $P = 1$，然后可以通过最后两个方程同时解出另外的两个价格。

长期均衡解会受到可贸易和不可贸易的商品和服务的生产率冲击的影响。$F(k^{\mathrm{T}})$ 生产率的永久性提高会增加 c^{T} ，因而会提高 $P^{\mathrm{N}}/P^{\mathrm{T}}$，这意味着 P^{T} 会下降。类似地，$G(k^{\mathrm{N}})$ 生产率的永久性提高会增加 c^{N}，因而会降低 $P^{\mathrm{N}}/P^{\mathrm{T}}$，这意味着 P^{N} 会下降。

7.4 贸易条件和实际汇率

回忆一下，贸易条件是指 (以本币表示的) 进口相对于出口的价格，实际汇率则指 (以本币表示的) 国际价格水平和本国价格水平的比值。因此，贸易条件仅涉及可贸易的商品和服务，而实际汇率既涉及可贸易的商品和服务又涉及不可贸易的商品和服务。实际汇率只是作为价格水平 (生产成本或生活成本) 的一种比较，因此在某种程度上都算不得是汇率 (甚至可能根本都没有交易发生)。如果不存在不可贸易的商品和服务，那么实际汇率和贸易条件是一样的。

贸易条件可表示为

$$Q^{\mathrm{T}} = \frac{SP^{\mathrm{T}*}}{P^{\mathrm{T}}},$$

其中，P^{T} 和 $P^{\mathrm{T}*}$ 分别表示国内和国外贸易品的价格，S 为名义 (有效) 汇率，则 $SP^{\mathrm{T}*}$ 表示以本币计量的进口价格。现在我们把实际汇率表示为

$$Q = \frac{SP^{*}}{P},$$

其中，P 和 P^* 分别表示国内和国际的价格水平。Q^{T} 的提高意味着货币贬值，即货币竞争力的提高。Q 的提高可以解释为国内居民购买力的提高，或者说是相对于世界上的其他地方，国内生活成本下降。下面我们讨论它们的一些性质，包括一些特殊情形。

7.4.1 一价定律

根据一价定律 (The Law of One Price，简写为 LOOP)可知，当用同一种货币表示价格时，每种贸易品在全世界仅存在一个唯一的价格 (见 Isard，1977)。这是由商品套利导致的结果，即从最便宜的地方买入再去最贵的地方卖出。如果所有贸易品都满足该条件，并且不同国家的偏好相同、不存在贸易限制或者垄断、价格能够瞬时调整，那么每个国家的贸易权重都相等，并且他们的贸易条件均相等且不变。由此，当 $Q^{\mathrm{T}}=1$ 时，可得

$$P^{\mathrm{T}}=SP^{\mathrm{T}*}$$

在更一般地情况下，如果国内和国外生产不同的产品，那么 LOOP 并不意味着贸易条件为常数。当然，这些都是很强的假设条件，但在开放经济的宏观经济学中通常都隐含着这些假设，特别是在决定浮动汇率问题的时候。

7.4.2 购买力平价

购买力平价 (Purchasing power parity，简写为 PPP) 是指本国居民的购买力与世界其他国家居民的购买力的相对值是一个常数。换句话说也就是实际汇率为常数。严格意义上的 PPP 概念要求实际汇率时刻保持不变，而较宽松的概念则只要求实际汇率在长期是常数；相对 PPP 则假定实际汇率的变化率为常数。

一般而言，即使在长期，Q 也不太可能保持为常数。为表明这一点，我们考虑上述理论中可能引起 Q 变化的原因：贸易品价格的变化、非贸易品价格的变化和名义汇率的变化。在现阶段，我们依然使用实际值而不去关注名义价格的决定，因此我们还要假定所有能够引起名义汇率 S 变化的因素都是外生的。为方便起见，如果我们假定国内外的参数相同，即 $\alpha=\alpha^*$ 以及 $\gamma=\gamma^*$，那么从 (7.22) 式可以推出

$$\begin{aligned}Q&=\frac{SP^*}{P}\\&=S\left[\frac{\alpha^{\gamma}(P^{\mathrm{T}*})^{1-\gamma}+(1-\alpha)^{\gamma}(P^{N*})^{1-\gamma}}{\alpha^{\gamma}(P^{\mathrm{T}})^{1-\gamma}+(1-\alpha)^{\gamma}(P^{\mathrm{N}})^{1-\gamma}}\right]^{1/(1-\gamma)}\\&=\frac{SP^{\mathrm{T}*}}{P^{\mathrm{T}}}\left[\left(1+\left(\frac{1-\alpha}{\alpha}\right)^{\gamma}\left(\frac{P^{N*}}{P^{\mathrm{T}*}}\right)^{1-\gamma}\right)\Big/\left(1+\left(\frac{1-\alpha}{\alpha}\right)^{\gamma}\left(\frac{P^{\mathrm{N}}}{P^{\mathrm{T}}}\right)^{1-\gamma}\right)\right]^{1/(1-\gamma)}.\end{aligned}$$

右边第一项表示贸易条件，因此，Q 取决于贸易条件和国内非贸易品与贸易品的相对价格以及国外非贸易品与贸易品的相对价格，即 $P^{\mathrm{N}}/P^{\mathrm{T}}$ 和 $P^{N*}/P^{\mathrm{T}*}$ 。

如果贸易条件为常数，那么可以将实际汇率重新表示为

$$Q=\left[\left(1+\left(\frac{1-\alpha}{\alpha}\right)^{\gamma}\left(\frac{SP^{N*}}{P^{\mathrm{T}}}\right)^{1-\gamma}\right)\Big/\left(1+\left(\frac{1-\alpha}{\alpha}\right)^{\gamma}\left(\frac{P^{\mathrm{N}}}{P^{\mathrm{T}}}\right)^{1-\gamma}\right)\right]^{1/(1-\gamma)}, \tag{7.24}$$

这表明在以同一种货币表示时，长期实际汇率由非贸易品的相对价格而不是贸易品的相对价格来决定。如果替代弹性 $\gamma=1$，实际汇率取决于非贸易品相对价格的特点将更加明显。此时，运用洛必达法则 (l'Hôpital's rule) 可得

$$\lim_{\gamma\to 1}Q=\left[\frac{SP^{N*}}{P^{\mathrm{N}}}\right]^{1-\alpha}. \tag{7.25}$$

如果将 Q 理解为字面意义上的汇率概念，那么由无法进行交易的非贸易经济行为决定汇率这件事无疑是违反直觉的。因此，我们通过考察国内非贸易品生产率相对于国外非贸易品生产率的提高所产生的影响来解释这一现象。国内非贸易品生产率相对提高，会使本国非贸易品价格下降，从而导致实际汇率提高 (Q 的提高)；它还会提高国内经济体中非贸易品相对于贸易品的吸引力，从而减少对贸易品的需求，无论该需求来自国内还是国外。因此，贸易品相对于非贸易品的竞争力下降，使得人们对贸易品与非贸易品间的支出发生变化，而这一点正好反映在实际汇率的提高上。这种引起 Q 在长期发生变化的因素便是著名的 Balassa-Samuelson 效应的一个例子 (参见 Balassa 1964)。

7.4.3 关于贸易条件和实际汇率的一些典型事实

尽管 PPP 意味着 Q 为一个常数并且由 LOOP 也能够带来贸易条件是常数的结论，然而经验证据却表明无论是在短期还是长期，二者都不为常数。主要的经验事实有以下几点 (见 Froot 和 Rogoff (1995)，Goldberg 和 Knetter(1997)，Engel(2000)，Obstfeld 和 Rogoff(2000)，或者 Obstefeld(2001) 的总结)。

- 对于大多数实行自由浮动名义汇率 (即不是管理浮动汇率) 的国家而言，实际汇率和贸易条件的统计特征非常相似。

- 对实际汇率的冲击要经过很长一段的时间才会消失。有人估计得出，吸收掉一半这种冲击产生的影响即需要 2 年～ 4.5 年。

- 实际汇率和贸易条件的波动幅度几乎与名义汇率 S 的波动相同。

- 对于大部分 OECD 国家而言，当以同一种货币 (即 SP^{N*}/P^{N}) 测度时，实际汇率与贸易条件以及非贸易品相对价格间的相关系数都介于 0.92–1.00 之间，并在 5 年后接近于 1。

- 实际汇率与贸易条件间的相关性随着 S 波动性的增大而提高。

对这些研究结果有两种可能的解释：一种解释是，所有这些事实都表明名义汇率的变动决定了实际汇率、贸易条件以及贸易和非贸易产品价格的变动，然而相比之下，产品价格的变动比较缓慢，即价格是有黏性的；另一种不太确切的说法是，有些证据表明，是本国和国外执行钉住价格水平的货币政策从而引致汇率出现如上行为。

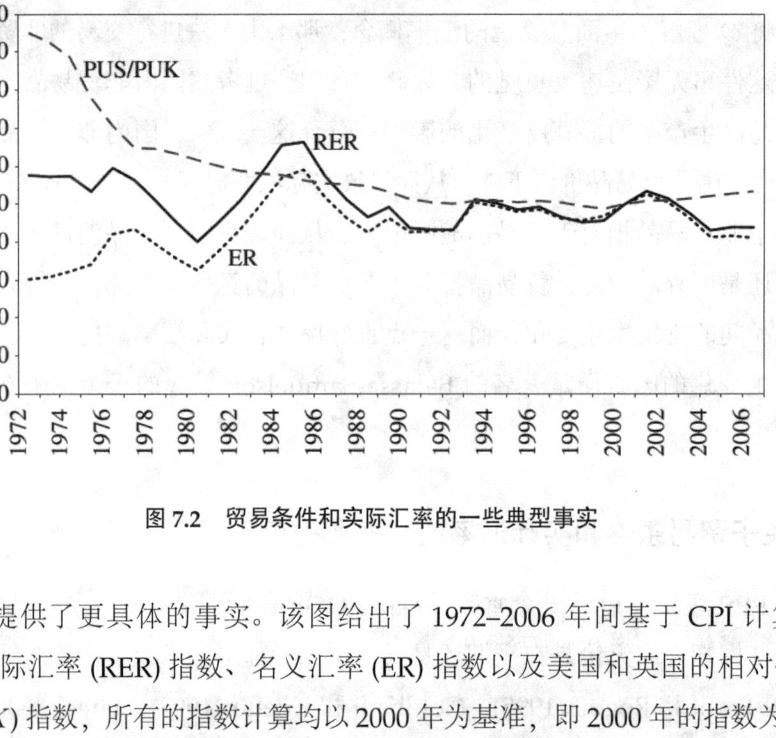

图 7.2 贸易条件和实际汇率的一些典型事实

图 7.2 提供了更具体的事实。该图给出了 1972–2006 年间基于 CPI 计算的美国和英国间实际汇率 (RER) 指数、名义汇率 (ER) 指数以及美国和英国的相对价格水平 (PUS/PUK) 指数，所有的指数计算均以 2000 年为基准，即 2000 年的指数为 100。该图表明，随着英国于 1973 年建立浮动汇率制度以及 1981 年取消资本管制，实际汇率和名义汇率迅速趋同。相比之下，两国的相对价格水平 (英国对美国的价格水平比率，同时也是实际汇率指数对名义汇率指数的比率) 波动很小，并且在平稳地下降。这反映了与美国相比，英国在 20 世纪 70 年代高通货膨胀率的下降，以及之后两国通货膨胀率变化的相似性；当然，在此期间两国的价格水平都在稳步上升。因此，1990 年之后的货币政策似乎导致了两种汇率的趋同，并且表明实际汇率的波动几乎完全来自于名义汇率的变化。

7.5 贸易品间的不完全替代性

此前我们曾考虑了贸易品与非贸易品间的不完全替代性，现在我们来考察贸易品之间的不完全替代性。首先，讨论贸易品间的可替代性程度对定价的作用；接下来，建立一个贸易品间不完全替代以及贸易品与非贸易品不完全替代的模型。

7.5.1 因市定价，当地货币定价以及生产者货币定价

经济体通常要同时消费来自本国和国际贸易的商品和服务。在不存在贸易限制时，这意味着国内和国外进行贸易的商品在总体上一定是不完全替代的。如果国内贸易品和国外贸易品为近似替代品，那么对于典型的小型经济体，其进出口价格都取决于国际价格。在这种情形下，国内货币贬值或者国际价格提高，将导致出口额增加以及以本币计价的进口价格上升。

然而，但如果本国经济体很大，那么国内的贸易品价格很可能主导国外的贸易品价格。进口价格将很大程度上取决于当地竞争性产品的价格，这就是所谓的因市定价(pricing-to-market)或当地货币定价 (local-currency pricing，简写为 LCP)。此时，汇率下降对国内价格几乎没有影响。

现在假设国内和国外贸易品的替代弹性很低。在这种情形下，本国和外国的生产者在其本国内以及国外市场上都拥有垄断势力，这使得他们可以在两个市场上分别定价。这就是 Betts 和 Devereux(1996) 以及 Devereux(1997) 提出的生产者货币定价 (producer-currency pricing 简写为 PCP)(也可参见 Knetter 1993)。此时，汇率贬值不一定会影响以本币度量的进出口价格，贸易条件也不会提高。

7.5.2 贸易品和非贸易品的不完全替代性

现在我们构建一个贸易品间不完全替代以及贸易品与非贸易品间不完全替代的模型。继续沿用效用函数为 $U(c_t) = (c_t^{1-\sigma} - 1)/(1-\sigma)$ 的假设，但是假定总消费 c_t 为双层的 Cobb-Douglas 函数

$$c_t = \frac{(c_t^{\mathrm{T}})^{\gamma}(c_t^{\mathrm{N}})^{1-\gamma}}{\gamma^{\gamma}(1-\gamma)^{1-\gamma}}, \tag{7.26}$$

$$c_t^{\mathrm{T}} = \frac{(c_t^{\mathrm{H}})^{\alpha}(c_t^{\mathrm{F}})^{1-\alpha}}{\alpha^{\alpha}(1-\alpha)^{1-\alpha}}, \tag{7.27}$$

这里符号的含义与之前相同，c_t^{T} 和 c_t^{N} 分别为贸易品消费和非贸易品消费，c_t^{H} 和 c_t^{F} 分别为本国与国外生产的贸易品消费。若将其表示为本章第一个模型的形式，这个符号

系统等价于将出口记为 $x_t=c_t^{\mathrm{F}*}$，进口记为 $x_t^{\mathrm{m}}=c_t^{\mathrm{F}}$。使用 Cobb-Douglas 函数比之前使用 CES 函数受到的限制更大，因为 Cobb-Douglas 函数是 CES 函数的一个特殊形式，它假定替代弹性为 1，从而简化了分析。

消费支出为

$$P_t c_t = P_t^{\mathrm{T}} c_t^{\mathrm{T}} + P_t^{\mathrm{N}} c_t^{\mathrm{N}}, \tag{7.28}$$

$$P_t^{\mathrm{T}} c_t^{\mathrm{T}} = P_t^{\mathrm{H}} c_t^{\mathrm{H}} + P_t^{\mathrm{F}} c_t^{\mathrm{F}}, \tag{7.29}$$

其中，P_t 既表示消费者价格水平也表示一般价格水平，P_t^{T} 和 P_t^{N} 分别表示贸易品和非贸易品的价格，P_t^{H} 和 P_t^{F} 分别表示国内和国外贸易品的价格。将国内产出的价格记为 P_t^{H}，国外产出的价格记为 $P_t^{\mathrm{H}*}$ 。

贸易条件现在变为

$$Q_t^{\mathrm{T}} = \frac{P_t^{\mathrm{F}}}{P_t^{\mathrm{H}}} = \frac{S_t P_t^{\mathrm{H}*}}{P_t^{\mathrm{H}}},$$

这是因为 $P_t^{\mathrm{F}}=S_tP_t^{\mathrm{H}*}$，其中 $P_t^{\mathrm{H}*}$ 为以外币表示的国外贸易品 (本国进口) 的价格。

为简便起见，我们将国内总产出 y_t 当作外生的，它满足下式

$$P_t y_t = P_t^{\mathrm{H}} c_t^{\mathrm{H}} + P_t^{\mathrm{N}} c_t^{\mathrm{N}} + P_t^{\mathrm{H}} c_t^{\mathrm{F}*}, \tag{7.30}$$

其中 $c_t^{\mathrm{F}*}$ 为国内出口额。名义收支平衡条件被国内价格水平 P_t 平减后变为

$$\frac{P_t^{\mathrm{H}}}{P_t} c_t^{\mathrm{F}*} - \frac{P_t^{\mathrm{F}}}{P_t} c_t^{\mathrm{F}} + r_t^* f_t = \Delta f_{t+1}.$$

将该式与 (7.30) 式联立并消去出口项，得到实际资源约束：

$$y_t = \frac{P_t^{\mathrm{H}}}{P_t} c_t^{\mathrm{H}} + \frac{P_t^{\mathrm{N}}}{P_t} c_t^{\mathrm{N}} + \frac{P_t^{\mathrm{F}}}{P_t} c_t^{\mathrm{F}} + f_{t+1} - (1+r_t^*) f_t. \tag{7.31}$$

拉格朗日函数为

$$\begin{aligned}\mathcal{L} = \sum_{s=0}^{\infty} \Big\{ & \beta^s U(c_{t+s}) \\ & + \lambda_{t+s} \Big[y_{t+s} - \frac{P_{t+s}^{\mathrm{H}}}{P_{t+s}} c_{t+s}^{\mathrm{H}} - \frac{P_{t+s}^{\mathrm{N}}}{P_{t+s}} c_t^{\mathrm{N}} - \frac{P_{t+s}^{\mathrm{F}}}{P_{t+s}} c_{t+s}^{\mathrm{F}} - f_{t+s+1} + (1+r_{t+s}^*) f_{t+s} \Big] \Big\}.\end{aligned}$$

关于 $\{c_{t+s}^{\mathrm{H}}, c_{t+s}^{\mathrm{F}}, c_{t+s}^{\mathrm{N}}, f_{t+s+1};\ s \geqslant 0\}$ 的一阶条件是

$$\begin{aligned}\frac{\partial \mathcal{L}}{\partial c_{t+s}^{\mathrm{H}}} &= (\beta^s c_{t+s}^{-\sigma}) \left(\gamma \frac{c_{t+s}}{c_{t+s}^{\mathrm{T}}} \right) \left(\alpha \frac{c_{t+s}^{\mathrm{T}}}{c_{t+s}^{\mathrm{H}}} \right) - \lambda_{t+s} \frac{P_{t+s}^{\mathrm{H}}}{P_{t+s}} = 0, \qquad s \geqslant 0, \\ \frac{\partial \mathcal{L}}{\partial c_{t+s}^{\mathrm{F}}} &= (\beta^s c_{t+s}^{-\sigma}) \left(\gamma \frac{c_{t+s}}{c_{t+s}^{\mathrm{T}}} \right) \left[(1-\alpha) \frac{c_{t+s}^{\mathrm{T}}}{c_{t+s}^{\mathrm{F}}} \right] - \lambda_{t+s} \frac{P_{t+s}^{\mathrm{F}}}{P_{t+s}} = 0, \quad s \geqslant 0,\end{aligned}$$

$$\frac{\partial \mathcal{L}}{\partial c_{t+s}^{\mathrm{N}}} = (\beta^s c_{t+s}^{-\sigma})\left[(1-\gamma)\frac{c_{t+s}}{c_{t+s}^{\mathrm{N}}}\right] - \lambda_{t+s}\frac{P_{t+s}^{\mathrm{N}}}{P_{t+s}} = 0, \qquad s \geqslant 0,$$
$$\frac{\partial \mathcal{L}}{\partial f_{t+s}} = \lambda_{t+s}[1 + r_{t+s}^*] - \lambda_{t+s-1} = 0, \qquad s > 0.$$

当 $s = 0$ 时，由前两个一阶条件中可知，国内和国外产品的相对消费是贸易条件 Q_t^{T} 的函数，由下式给出

$$\frac{c_t^{\mathrm{H}}}{c_t^{\mathrm{F}}} = \frac{\alpha}{1-\alpha} Q_t^{\mathrm{T}}. \tag{7.32}$$

由于 Cobb-Douglas 函数的替代弹性为 1，因此进口产品相对价格的提高，会导致本国产品消费相对于进口产品消费的同比例增加。

将 (7.32) 式带入 (7.27) 式得到需求函数为

$$\frac{c_t^{\mathrm{H}}}{c_t^{\mathrm{T}}} = \alpha(Q_t^{\mathrm{T}})^{1-\alpha}, \tag{7.33}$$
$$\frac{c_t^{\mathrm{F}}}{c_t^{\mathrm{T}}} = (1-\alpha)(Q_t^{\mathrm{T}})^{\alpha}. \tag{7.34}$$

将 (7.32) 式带入 (7.29) 式得到国内贸易品的支出占总贸易品支出的比例

$$\frac{P_t^{\mathrm{H}} c_t^{\mathrm{H}}}{P_t^{\mathrm{T}} c_t^{\mathrm{T}}} = \alpha.$$

然后从 (7.27) 式和 (7.29) 式中可以得出贸易品的价格为

$$P_t^{\mathrm{T}} = (P_t^{\mathrm{H}})^{\alpha}(P_t^{\mathrm{F}})^{1-\alpha}. \tag{7.35}$$

给定 Cobb-Douglas 函数结构，直觉上我们能够得到相应的总消费、贸易品总消费和非贸易品总消费。当 $s = 0$ 时，从对 c_t^{H} 和 c_t^{N} 的一阶条件中可得

$$\frac{c_t^{\mathrm{H}}}{c_t^{\mathrm{N}}} = \alpha\frac{\gamma}{1-\gamma}\frac{P_t^{\mathrm{N}}}{P_t^{\mathrm{H}}}. \tag{7.36}$$

从该式以及 (7.33) 式和 (7.35) 式，得到

$$\frac{c_t^{\mathrm{T}}}{c_t^{\mathrm{N}}} = \frac{\gamma}{1-\gamma}\frac{P_t^{\mathrm{N}}}{P_t^{\mathrm{T}}}. \tag{7.37}$$

根据 (7.26) 和 (7.28) 式可以得到贸易品占总消费的份额为

$$\frac{P_t^{\mathrm{T}} c_t^{\mathrm{T}}}{P_t c_t} = \gamma.$$

由此得出一般价格水平为

$$\begin{aligned} P_t &= (P_t^{\mathrm{T}})^{\gamma}(P_t^{\mathrm{N}})^{1-\gamma} \\ &= (P_t^{\mathrm{H}})^{\alpha\gamma}(P_t^{\mathrm{F}})^{(1-\alpha)\gamma}(P_t^{\mathrm{N}})^{1-\gamma}. \end{aligned} \tag{7.38}$$

由于 $P_t^{\mathrm{F}} = S_t P_t^{\mathrm{H}*}$ 和 $P_t^{\mathrm{F}*} = S_t^{-1} P_t^{\mathrm{H}}$，则具有相同偏好的两国间的实际汇率为

$$\begin{aligned} Q_t &= \frac{S_t P_t^*}{P_t} \\ &= \frac{S_t (P_t^{\mathrm{H}*})^{\alpha\gamma} (P_t^{\mathrm{F}*})^{(1-\alpha)\gamma} (P_t^{N*})^{1-\gamma}}{(P_t^{\mathrm{H}})^{\alpha\gamma} (P_t^{\mathrm{F}})^{(1-\alpha)\gamma} (P_t^{\mathrm{N}})^{1-\gamma}} \\ &= (Q_t^{\mathrm{T}})^{(2\alpha-1)\gamma} \left(\frac{S_t P_t^{N*}}{P_t^{\mathrm{N}}} \right)^{1-\gamma}. \end{aligned} \tag{7.39}$$

与 (7.24) 式相比，(7.39) 式更清晰地表明了实际汇率、贸易条件以及非贸易品相对价格间的关系。贸易条件改善或提高 (意味着竞争力的提高) 对实际汇率变化方向的影响取决于国内贸易品的份额是否超过国外贸易品的份额：如果超过，那么实际汇率将会提高；否则实际汇率会下降。为什么会出现这样的情况呢？例如，假设贸易条件变化是由于国外贸易品价格的提高引起，那么由于国内贸易品的份额大于进口，国外价格水平将会比国内价格水平上升的更多。与之前相同，国外非贸易品相对价格的提高导致实际汇率上升。最后，我们发现当贸易条件 $Q_t^{\mathrm{T}} = 1$ 时，如果用 α 替换 γ，(7.39) 式将简化为 (7.25) 式。

优化解的其余部分与之前相同。具体地，消费的欧拉方程仍然为

$$\beta \left(\frac{c_{t+1}}{c_t} \right)^{-\sigma} (1 + r_{t+1}^*) = 1.$$

并且如果 $r_t^* = r^* = \theta$，那么在长期，消费为常数。从实际资源约束 (7.31) 式中得到稳态的净资产头寸为

$$\begin{aligned} f_t &= \frac{1}{r^*} \left(\frac{P_t^{\mathrm{H}}}{P_t} c_t^{\mathrm{H}} + \frac{P_t^{\mathrm{N}}}{P_t} c_t^{\mathrm{N}} + \frac{P_t^{\mathrm{F}}}{P_t} c_t^{\mathrm{F}} - y_t \right) \\ &= \frac{1}{r^*} \left[\left(\frac{P_t^{\mathrm{H}} c_t^{\mathrm{H}}}{P_t^{\mathrm{T}} c_t^{\mathrm{T}}} \frac{P_t^{\mathrm{T}} c_t^{\mathrm{T}}}{P_t c_t} + \frac{P_t^{\mathrm{N}} c_t^{\mathrm{N}}}{P_t c_t} + \frac{P_t^{\mathrm{F}} c_t^{\mathrm{F}}}{P_t^{\mathrm{T}} c_t^{\mathrm{T}}} \frac{P_t^{\mathrm{T}} c_t^{\mathrm{T}}}{P_t c_t} \right) c_t - y_t \right] \\ &= \frac{[\alpha\gamma + 1 - \gamma + (1-\alpha)\gamma] c_t - y_t}{r^*} \\ &= \frac{c_t - y_t}{r^*} \qquad (7.40) \\ &= -\frac{(P_t^{\mathrm{H}}/P_t) c_t^{\mathrm{F}*} - (P_t^{\mathrm{F}}/P_t) c_t^{\mathrm{F}}}{r^*}. \qquad (7.41) \end{aligned}$$

(7.41) 式与之前推导得到的 (7.14) 式是对应的，它将净资产与贸易额关联起来；而 (7.40) 式意味着，在长期

$$c_t = y_t + r^* f_t,$$

即总消费等于从产出和国外净资产中得到的永久性收入。

7.6 经常账户的可持续性

上文我们考虑了经常账户和长期净国外资产头寸的决定因素，得出的结论是：在稳态，经常账户一定保持平衡；但一个国家可以存在永久性的贸易赤字，其规模取决于国外资产的利息收入。所以持久性的经常账户平衡是一种可持续的状态。实际中，经常账户的头寸随时间不断变化，时而出现盈余，时而出现赤字，这就产生了一个更一般的问题，即未来一系列可预期的经常账户头寸是否是可持续的。我们用两种方法来考虑这个问题：首先，我们说明如何将之前对财政状况可持续性的分析应用到经常账户问题，我们把这称为经常账户收支平衡的可持续性问题；然后我们再讨论用跨期方法分析经常账户的一种理论，将最优的消费和储蓄决策纳入动态一般均衡模型。

人们普遍的看法是都不希望经常账户出现赤字，特别是像近些年美国这么大规模的赤字。但回想下之前的讨论，一个国家有可能在长期出现贸易赤字，而且在特定条件下，甚至在长期出现经常账户赤字。我们还知道，如果世界其他经济体想持有某一经济体的资产，那么该经济体或许需要通过经常账户赤字以抵消国际收支平衡关系中资本账户的资本流入。这也正是美国近些年的实际处境。

7.6.1 国际收支平衡的可持续性

我们将国际收支平衡关系以名义量表示为如下形式

$$CA_t = P_t^{\mathrm{T}} x_t - S_t P_t^{\mathrm{T}*} x_t^{\mathrm{m}} + R_t^* S_t B_t^* - R_t B_t^{\mathrm{F}} = S_t \Delta B_{t+1}^* - \Delta B_{t+1}^{\mathrm{F}},$$

与之前的定义相同，x_t 表示出口，x_t^{m} 表示进口，B_t^* 表示以外币度量的本国所持有的名义国外资产，B_t^{F} 表示以本币度量的外国所持有的名义国内资产，P_t^{T} 表示出口价格水平，$P^{\mathrm{T}*}$ 表示以外币表示的进口价格水平，S_t 表示名义有效汇率，R_t 和 R_t^* 分别表示名义的国内和国际利率，$F_t = S_t B_t^* - B_t^{\mathrm{F}}$ 为净资产头寸，CA_t 为以本币度量的名义经常账户余额。

我们知道金融资产通常包括股票和债券，并且由于股票风险溢价较高，所以它的收益率和债券是不同的。不过为了简化分析，我们对二者不做区分且忽略任何后续估价的影响。

我们将国际收支余额除以名义 GDP，即 $P_t y_t$，从而将其表示为占名义 GDP 的比例，其中 P_t 为一般价格水平，y_t 为实际 GDP，可以得到：

$$\frac{P_t^{\mathrm{T}}}{P_t}\left(\frac{x_t - Q_t^{\mathrm{T}} x_t^{\mathrm{m}}}{y_t}\right) + (1+R_t^*)\frac{f_t}{y_t} - (R_t - R_t^*)\frac{b_t^{\mathrm{F}}}{y_t} = \left(\frac{(1+\pi_{t+1})(1+\gamma_{t+1})}{1+\Delta s_{t+1}}\right)\left(\frac{f_{t+1}}{y_{t+1}} - \Delta s_{t+1}\frac{b_{t+1}^{\mathrm{F}}}{y_{t+1}}\right), \quad (7.42)$$

其中

$$Q_t^{\mathrm{T}} = \frac{S_t P_t^{\mathrm{T}*}}{P_t^{\mathrm{T}}}, \quad Q_t = \frac{S_t P_t^*}{P_t}, \quad b_t^{\mathrm{F}} = \frac{B_t^{\mathrm{F}}}{P_t}, \quad b_t^* = \frac{B_t^*}{P_t^*}, \quad f_t = \frac{F_t}{P_t} = Q_t b_t^* - b_t^{\mathrm{F}},$$

γ_t 是 GDP 增长率，$s_t = \ln S_t$。上式可以写成一个关于 f_t/y_t 的差分方程：

$$\frac{\tau_t}{y_t} + (1+R_t^*)\frac{f_t}{y_t} = \left(\frac{(1+\pi_{t+1})(1+\gamma_{t+1})}{1+\Delta s_{t+1}}\right)\frac{f_{t+1}}{y_{t+1}}, \quad (7.43)$$

其中

$$\frac{\tau_t}{y_t} = \frac{P_t^{\mathrm{T}}}{P_t}\left(\frac{x_t - Q_t^{\mathrm{T}} x_t^{\mathrm{m}}}{y_t}\right) - (R_t - R_t^*)\frac{b_t^{\mathrm{F}}}{y_t} + \left(\frac{(1+\pi_{t+1})(1+\gamma_{t+1})}{1+\Delta s_{t+1}}\right)\Delta s_{t+1}\frac{b_{t+1}^{\mathrm{F}}}{y_{t+1}} \quad (7.44)$$

该式可以解释为经常账户“基础”盈余占 GDP 的比例。这与政府基础盈余是类似的。

我们知道当事后无抛补利率平价 (UIP) 存在 (即如果 $R_t = R^* + \Delta s_{t+1}$，UIP 的推导见 12 章)[①]且汇率为常数时，那么国内利率和国际利率相等。如果该条件成立或如果有国外部门持有国内资产，那么 τ_t 恰好表示贸易余额。如果这些条件不满足，(7.44) 式右侧额外的两项就会出现。第一项是由于国内利率高于国外利率，而向持有国内债务的国外部门支付的额外利息。第二项表示由于汇率贬值，国外部门所持有的实际国内资产重新估值的成本；国内名义利率越高，重估值成本越大。

对国际收支平衡可持续性的分析取决于方程 (7.43) 是否是稳定的差分方程。因此，这与第 5 章分析财政状况可持续性的情形非常相似。假设 UIP 存在且 π_t、γ_t、R_t^* 和 Δs_t 是常数，分别取值 π、γ、R^* 和 $\Delta s = 0$，那么 $R = R^*$。(7.43) 式变为

$$\frac{f_t}{y_t} = \frac{(1+\pi)(1+\gamma)}{1+R^*}\frac{f_{t+1}}{y_{t+1}} - \frac{1}{1+R^*}\frac{P_t^{\mathrm{T}}}{P_t}\left(\frac{x_t - Q_t^{\mathrm{T}} x_t^{\mathrm{m}}}{y_t}\right). \quad (7.45)$$

因而接下来的分析取决于 $(1+\pi)(1+\gamma)$ 和 $1+R^*$ 的大小关系，在长期 UIP 下，这近似等价于 $\pi+\gamma$ 和 R 的大小关系。这和分析财政状况可持续性的条件是一样的。

首先我们考虑当 (7.45) 式在 $R < \pi+\gamma$ 时为一个稳定的差分方程且可以后向求解时的情形。在这种情况下，分析国际收支平衡可持续性要判断是否 f_t/y_t 总是有限的。根

[①] 译者注：无抛补利率平价 (uncovered interest parity) 是指在资本具有充分国际流动性的条件下，投资者的套利行为使得国际金融市场上以不同货币计价的相似资产的收益率趋于一致，也就是说，套利资本的跨国流动保证了“一价定律”适用于国际金融市场。其内在机理的推导见本书 12 章。

据我们的假设，很明显无论贸易余额为正还是为负它都是有限的。因此贸易赤字是可持续的。

所以，我们着重讨论 $R > \pi + \gamma$ 的情形，此时 (7.45) 式为不稳定的差分方程，需要前向求解。此前我们在分析开放经济的最优解时也是这么进行的。如果 $f_t < 0$，我们必须确定将来一系列可预期的贸易盈余和赤字是否足以偿还净债务；如果 $f_t > 0$，我们必须确定将来一系列可预期的贸易盈余和赤字是否可以耗尽净国外资产。

前向求解方程 (7.45) 式，得

$$\frac{f_t}{y_t} = \left(\frac{(1+\pi)(1+\gamma)}{1+R}\right)^n \frac{f_{t+n}}{y_{t+n}} - \frac{1}{1+R}\sum_{i=0}^{n}\left(\frac{(1+\pi)(1+\gamma)}{1+R}\right)^i \frac{P^{\mathrm{T}}_{t+i}}{P_{t+i}}\left(\frac{x_{t+i} - Q^{\mathrm{T}}_{t+i}x^m_{t+i}}{y_{t+i}}\right).$$

$n \to \infty$ 时取极限得横截条件为

$$\lim_{n\to\infty}\left(\frac{(1+\pi)(1+\gamma)}{1+R}\right)^n \left(\frac{f_{t+n}}{y_{t+n}}\right) = 0. \tag{7.46}$$

如果横截条件成立，那么我们得到了用所占 GDP 比例形式表达的跨期国际收支余额或国际收支余额的现值[①]：

$$-\frac{f_t}{y_t} \leqslant \frac{1}{1+R}\sum_{i=0}^{\infty}\left(\frac{(1+\pi)(1+\gamma)}{1+R}\right)^i \frac{P^{\mathrm{T}}_{t+i}}{P_{t+i}}\left(\frac{x_{t+i} - Q^{\mathrm{T}}_{t+i}x^m_{t+i}}{y_{t+i}}\right).$$

该式可作如下解释：如果经济体的净资产头寸为负 (即如果 $f_t/y_t < 0$)，那么它需要当期和未来期望的实际贸易额的现值盈余

$$\frac{P^{\mathrm{T}}_{t+i}}{P_{t+i}}\left(\frac{x_{t+i} - Q^{\mathrm{T}}_{t+i}x^m_{t+i}}{y_{t+i}}\right)$$

占 GDP 的比例为正且足够大到可以支付净债务；而如果经济体的净资产头寸为正 (即如果 $f_t/y_t > 0$)，那么当期和未来贸易赤字的现值必须足以耗尽当期的净资产，否则经济体资产水平会过高。

在实际贸易余额为正且保持不变的特例中，即

$$\frac{P^{\mathrm{T}}}{P}\left(\frac{x_t - Q^{\mathrm{T}}x^m}{y}\right) > 0,$$

我们得到了净债务和长期实际贸易盈余间的一个简单关系，它要求保持给定的净债务水平：

$$-\frac{f}{y} \leqslant \frac{1}{R-(\pi+\gamma)}\frac{P^{\mathrm{T}}}{P}\left(\frac{x_t - Q^{\mathrm{T}}x^m}{y}\right). \tag{7.47}$$

[①]译者注：原书此式为

$$-\frac{f_t}{y_t} \leqslant \frac{1}{1+r}\sum_{i=0}^{\infty}\left(\frac{(1+\pi)(1+\gamma)}{1+R}\right)^i \frac{P^{\mathrm{T}}_{t+i}}{P_{t+i}}\left(\frac{x_{t+i} - Q^{\mathrm{T}}_{t+i}x^m_{t+i}}{y_{t+i}}\right).$$

疑似作者笔误。

这是对早前 (7.14) 式所得结论的扩展，在这里我们考虑了经济增长，而之前则把经济增长率设为 0。我们知道，给定了名义利率 R，则相当于也有了通货膨胀率。但由于通货膨胀率提高也会导致名义利率相应上升，所以令实际利率 $R-\pi$ 为常数，便可忽略通货膨胀的影响。

为了说明当前分析对经常账户的意义，根据 (7.42) 式可知，在长期，实际经常账户余额等于实际贸易盈余加净利息收入，因此

$$\frac{\mathrm{CA}}{Py}=\frac{P^{\mathrm{T}}}{P}\left(\frac{x_t-Q^{\mathrm{T}}x^m}{y}\right)+R\frac{f}{y}.$$

替换 (7.47) 式中的

$$\frac{P^{\mathrm{T}}}{P}\left(\frac{x_t-Q^{\mathrm{T}}x^m}{y}\right)$$

可得

$$-\frac{\mathrm{CA}}{Py}\leqslant(\pi+\gamma)\left(-\frac{f}{y}\right).$$

这意味着如果存在名义经济增长，即使 $f/y<0$，如果经常账户赤字不超过不等式右侧，也可能存在永久且可持续的经常账户赤字 ($\mathrm{CA}<0$)。名义 GDP 增长越快，越有可能在不增加国家净债务的情况下维持永久的经常账户赤字。相反，在之前不考虑名义收入增加的情况下，经常账户在长期不得不维持收支平衡。

动态有效率要求经济行为主体 (居民户、政府或整个经济体) 精确地计划如何在长期中消费掉他们的全部资产。如果他们的消费计划不足以耗尽全部资产，则被称作动态无效率。除非他们打算留有遗产，否则应增加消费。如果经济体的净国外资产头寸为正，那么它在长期的贸易赤字应该足以消耗它的资产。所以经济体应确保当 $f>0$ 时，它的贸易赤字应不超过下式的左端，

$$[R-(\pi+\gamma)]\frac{f}{y}\geqslant\frac{P^{\mathrm{T}}}{P}\left(\frac{x_t-Q^{\mathrm{T}}x^m}{y}\right)>0.$$

很显然，净资产头寸为正且在长期保持贸易平衡或盈余是错误的。许多石油出产国正是处于如此境况之下，两个主要制造业出口大国，即中国和日本，也同样有此问题。

7.6.1.1 长期均衡下的贸易条件与实际汇率

贸易条件的长期均衡必须满足 (7.47) 式，因此有

$$Q^{\mathrm{T}}\leqslant\frac{x+(P/P^{\mathrm{T}})[R-(\pi+\gamma)]f}{x^m}.$$

与此相应地，均衡贸易条件不要求长期实际贸易账户平衡也不要求长期经常账户平衡。高出口、低进口、$f>0$、较高的实际利率以及较低经济增长率都能引起更高的均衡贸易条件。

实际汇率满足

$$Q=Q^{\mathrm{T}}\frac{P^{\mathrm{T}}/P}{P^{\mathrm{T}*}/P^{*}}.$$

因此，贸易条件和实际汇率间的差异是由国内与国外出口价格相对于一般价格水平的差异所造成的。如果贸易条件为常数且 $Q^{\mathrm{T}}=1$，那么 $Q=(P^{\mathrm{T}}/P)/(P^{\mathrm{T}*}/P^{*})$。更一般地，长期均衡实际汇率必须满足

$$Q\leqslant\frac{x+(P/P^{\mathrm{T}})[R-(\pi+\gamma)]f}{x^{m}}\frac{P^{\mathrm{T}}/P}{P^{\mathrm{T}*}/P^{*}}.$$

我们可以把这个结果和基础均衡汇率 (FEER)的概念相比较，FEER 不是以经常账户的可持续性为基础，而是以经常账户的长期平衡为基础 (参见 Williamson，1993)。FEER 类似于要求政府预算在长期平衡。我们的分析表明，在长期，贸易账户和经常账户都可能出现永久性赤字；如果存在名义经济增长，从可持续性角度考虑，在长期，经常账户的平衡是充分但非必要的。

7.6.1.2 双赤字

经常账户由私人部门和公共部门账户合并而来。因而我们常常很感兴趣的问题便是经常账户的赤字是由私人部门消费过多 (或储蓄不足) 所致，还是因公共部门消费过多或借贷过多造成。当私人部门账户平衡而政府部门产生赤字，从而造成经常账户赤字时，双赤字问题便出现了。2011 年美国政府年赤字大约占 GDP 的 9%，同时经常账户赤字占 GDP 的 3%。这意味着私人部门的财务盈余大约占 GDP 的 5.7%。由此看来，美国的经常账户赤字通常是由政府赤字造成的。下文将重新考虑对这个问题的解释。

沿用之前的符号，国家的资源约束为

$$y_t=c_t+i_t+g_t+x_t-Q_tx_t^{\mathrm{m}}.$$

私人部门的预算约束为

$$\Delta(b_{t+1}^{\mathrm{g}}+b_{t+1}^{*})+c_t+i_t-Q_tx_t^{\mathrm{m}}+T_t=y_t+r_t^{*}(b_t^{\mathrm{g}}+b_t^{*}),$$

其中 b_t^{g} 是私人部门持有的实际国内政府债务，b_t^{*} 是私人部门持有的实际净国外债务，T_t 是税收。假设只存在单一的实际国际利率 r_t^{*}。私人部门的净储蓄是总收入减总支出：

$$[y_t+r_t^{*}(b_t^{\mathrm{g}}+b_t^{*})]-(c_t+i_t-Q_tx_t^{\mathrm{m}}+T_t)=\Delta(b_{t+1}^{\mathrm{g}}+b_{t+1}^{*}).$$

政府预算约束为

$$g_t + r_t^*(b_t^{\mathrm{g}} + b_t^{\mathrm{F}}) = T_t + \Delta(b_{t+1}^{\mathrm{g}} + b_{t+1}^{\mathrm{F}}),$$

其中 b_t^{F} 是国外部门持有的净国内政府债务。因此，政府赤字为

$$[g_t + r_t^*(b_t^{\mathrm{g}} + b_t^{\mathrm{F}})] - T_t = \Delta(b_{t+1}^{\mathrm{g}} + b_{t+1}^{\mathrm{F}}).$$

国际收支平衡关系恒等式可以写作

$$x_t - Q_t x_t^{\mathrm{m}} + r_t^*(b_t^* - b_t^{\mathrm{F}}) = \Delta(b_{t+1}^* - b_{t+1}^{\mathrm{F}})$$

且贸易余额为

$$\begin{aligned} x_t - Q_t x_t^{\mathrm{m}} &= y_t - (c_t + i_t + g_t) \\ &= \{[y_t + r_t^*(b_t^{\mathrm{g}} + b_t^*)] - (c_t + i_t - Q_t x_t^{\mathrm{m}} + T_t)\} \\ &\qquad + \{T_t - [g_t + r_t^*(b_t^{\mathrm{g}} + b_t^{\mathrm{F}})]\} - r_t^*(b_t^* - b_t^{\mathrm{F}}), \end{aligned}$$

其中等式右侧第一项大括号内是私人部门的贸易余额，而第二项个大括号内是政府部门的贸易余额。从国际收支平衡关系恒等式中消掉贸易余额，可得

$$\begin{aligned} &\{[y_t + r_t^*(b_t^{\mathrm{g}} + b_t^*)] - (c_t + i_t - Q_t x_t^{\mathrm{m}} + T_t)\} + \{T_t - [g_t + r_t^*(b_t^{\mathrm{g}} + b_t^{\mathrm{F}})]\} \\ &\qquad = \Delta(b_{t+1}^* - b_{t+1}^{\mathrm{F}}). \end{aligned}$$

该式左侧是经常账户余额，可以看作是私人部门余额和政府部门余额之和。

根据双赤字的论述，如果私人部门是平衡的，那么经常账户赤字一定只是由政府赤字引起的。该式的右侧是资本账户，它由私人部门持有的净国外资产的增加和政府出售的净债务的减少构成。如果私人部门是平衡的，而政府出现赤字，那么政府必须向世界其他国家发债，即 $\Delta b_{t+1}^{\mathrm{F}} < 0$ 。

正如前面提到的，双赤字的争论有时会被用来支持这样的观点，即经常账户赤字的责任在政府。这忽略了一种可能，即由于资本市场的不完全，世界其他国家想大量持有本国政府债务引起资本流入，从而需要经常账户赤字来抵消。随着国外对本国货币需求的增加，本币会逐渐升值，从而提高贸易条件，引起贸易状况及经常账户状况恶化，双赤字便自动发生了。对本国资产需求的增加还会引起私人部门对金融财富的价值重估，从而引起消费和进口的增加，使得经常账户的赤字状况更加恶化。同时政府会发现通过增加在海外的债券发行量，而减少在国内的发行量可以更轻松地为赤字融资，但并不能据此便把经常账户赤字的恶化归因于政府赤字。

7.6.2 经常账户的跨期方法

我们称以上讨论的经常账户可持续性问题为国际收支平衡的可持续性问题，以与经常账户的跨期方法相区别。经常账户可持续性分析通常可以适用于任何特定的宏观经济理论。在动态一般均衡模型中，通过将国际收支平衡关系与简单的跨期消费模型相结合，可以将一般性的论证具体化来求得最优的消费和储蓄决策。这种特殊的方法称为经常账户的跨期模型 (参见 Obstfeld 和 Rogoff，1955b；Sheffrin 和 Woo，1990)。

考虑用实际量表示的国际收支平衡关系

$$f_{t+1} = (1 + r^*)f_t + \tau_t,$$

其中 r^* 是实际国际利率，净出口 (净贸易额) 为

$$\tau_t = y_t - c_t - i_t - g_t,$$

实际经常账户余额为

$$CA_t = q_t + r^* f_t - c_t,$$

国民收入恒等式为

$$y_t = c_t + i_t + g_t + \tau_t,$$

净产出定义为

$$q_t = y_t - i_t - g_t = c_t + \tau_t.$$

根据横截条件，国际收支平衡关系的可持续性要求 $\lim\limits_{n\to\infty}(f_{t+n}/(1+r^*)^n) = 0$ 成立，因此

$$\begin{aligned} f_t &= -\sum_{s=0}^{\infty} \frac{1}{(1+r^*)^{s+1}} \tau_{t+s} \\ &= -\sum_{s=0}^{\infty} \frac{1}{(1+r^*)^{s+1}} (q_{t+s} - c_{t+s}). \end{aligned}$$

根据以前的结论可以得出，代表性消费者在国民收入恒等式约束下最大化其跨期效用函数 $\sum\limits_{s=0}^{\infty}(1/(1+r^*)^s)u(c_{t+s})$，会令其消费等于来自于财富 W_t 的永久性收入 (“生命周期理论”):

$$c_t = \frac{r^*}{1+r^*} W_t,$$

在开放经济中，财富由下式给出

$$W_t = \sum_{s=0}^{\infty} \frac{1}{(1+r^*)^s} q_{t+s} + f_t.$$

将 c_t 代入经常账户的表达中，得到经常账户可持续的条件为

$$
\begin{aligned}
CA_t &= -\frac{r^*}{1+r^*}\sum_{s=0}^{\infty}\frac{q_{t+s}-q_t}{(1+r^*)^s} \\
&= -\sum_{s=0}^{\infty}\frac{\Delta q_{t+s}}{(1+r^*)^s}.
\end{aligned} \tag{7.48}
$$

所以，经常账户若要可持续，则其赤字必须被当期和未来净产出变化的现值所抵消。

这个结论可以和我们在第 4 章对生命周期理论的讨论做比较。在第 4 章，我们证明当期储蓄 s_t 需要与当期和未来收入 x_t 变化的现值相等：

$$
s_t = -\sum_{s=0}^{\infty}\frac{\Delta x_{t+s}}{(1+r)^s},
$$

其中 r 是储蓄的利率。我们解释这一点是为了说明正像储蓄是用来弥补未来预期收入下降的道理一样，我们同样可以把 (7.48) 式中经常账户的盈余解释成用来抵消未来期望净产出的下降。

7.7 结论

我们通过允许国与国之间进行贸易拓展了封闭经济模型，消除了封闭经济体在每期只能消费自身产出这一约束。例如，本国经济体可以通过向国外借贷而进口商品和服务，从而暂时性增加消费，由此产生的债务必须在今后通过经常账户盈余或减少消费来偿还。

起初我们只是简单地以假设进口商品能完全替代国内产品的方式来引入开放经济，由此来消除国内消费约束，它通过额外的跨期替代促进了福利。然后我们通过两种方式将模型一般化：首先我们指出并非所有的商品和服务都可以进行国际贸易，据此检验了对贸易品和非贸易品作区分之后的情形。然后放松了国内产品和进口商品间完全替代的假设，允许它们之间不完全替代。

开放经济模型中有两个一般的假设，一是购买力平价，即实际汇率不变；另一个是一价定律，即在特定条件下，贸易条件保持不变。这两个假设在长期表现得非常明显，但经验数据与这两个假设非常不符，尤其在短期。通过引入贸易品和非贸易品间的差别使我们能够将贸易条件从实际利率中分离出来。有些出乎意料的是，我们发现在长期对实际汇率起主要决定性作用的是非贸易部门的相对产出增长率，因此实际汇率也是不同国家间的相对生活成本。因此从总体上讲，没有理由认为 PPP 在长期不成立。在整个分析过程中，我们把名义汇率看作是外生变量。

在封闭经济中存在两个预算约束：居民户的预算约束和政府预算约束。在开放经济里多了另一个约束：国际收支平衡。由于国际收支平衡是一个核算恒等式，所以它必须保持平衡。因此，如果经常账户赤字，那么必须通过资本外流来弥补；而如果其他国家想持有更多的该国资产，那么该国的经常账户一定赤字。这就产生了一个问题：对于一国经常账户赤字的规模和持久性要有哪些限制呢？我们已经证明，在静态经济中，如果净国外资产为正，贸易账户的赤字可以永久性存在，但经常账户在长期必须平衡；相比之下，如果存在经济增长，那么经常账户的赤字可以永久性存在。赤字规模取决于所持有的资产规模和经济增长率。还可以证明，在一般均衡模型中，未来净产出的下降，即产出小于投资和政府支出，要靠正的经常账户头寸来弥补。

在第 13 章重点讨论名义汇率的决定时，我们要应用 Obstfeld 和 Rogoff(1955a) 的 Redux 模型，从而进一步发展在本章所得到的一些结论。

8 货币经济

8.1 导论

本章我们将考察货币在宏观经济中的作用，这可以使我们将一般价格水平和通货膨胀引入到整个分析框架中。由此我们就可以在名义量上讨论问题，而不只是像此前的分析那样只是在实际量上进行分析。尽管此前我们曾经将货币和价格水平引入到政府预算约束中，然而为了集中分析财政政策，当时只把它们看作是常数。同样，尽管在实际汇率和贸易条件的讨论中曾提及国内价格水平，但当时主要关注的还是相对价格水平。现在我们讨论的焦点是对货币和信贷的需求以及持有货币对实际经济的一些含义，同时还要考虑货币和通货膨胀间的关系。在本章的讨论中，我们再次回到封闭经济的情形。

本章的讨论从简要介绍货币的发展史和货币在经济中的作用开始，然后将回顾货币产生的原因和为什么近些年我们一直朝着无现金经济迈进，这将对货币政策的实施以及如何影响经济运行产生深远的影响。因此，我们要修正从前的模型，使其可以分析同时持有货币和信贷时的决策。本章考虑五种货币需求理论：第一种是“现金先行”模型 (CIA)，该模型假定只能用现金购买商品和服务；第二种是“效用函数中的货币”模型 (MIU)，它假定实际货币余额是一种独立的效用来源，并且实质上可以将其当作一种商品；第三种模型假定持有货币节约了购物时间，因此货币是一种中间产品而非最终产品，称之为“货币中间产品”(MIG) 模型；第四种理论假定物物交换对预算约束施加了实际资源成本，而只有使用货币才可以降低这种成本。由于很多购买行为是为了提前消费而通过信用结算而非现金结算的，所以我们提出了第五模型，即允许信用和现金先行并存的情况。对货币政策的讨论以及货币政策对实际经济和通货膨胀的含义将推迟到第 14 章进行。第 15 章我们将讨论现代货币经济中银行的作用。对货币经济更全面细致的介绍可参见 Walsh (2003) 。

8.2 货币简史及其作用

人们通常认为经济中存在货币是理所当然的。但令人惊奇的是，至少从理论上来说，经济学家们还没有就经济体是否真的需要货币，或者如果需要，那么货币是什么而达成一致。有大量的文献对这两个问题进行讨论，但这些已经超出本书的范围，这里我们只简要地回顾货币的发展史，来解释涉及货币的职能问题时的一些观点。

区分货币的三种职能是很重要的。第一种是在交易中使用货币作为交易媒介，特别是商品和服务的交易中；第二种是将货币作为财富的贮存手段来实现在不同时期的消费转移；第三种是将货币作为信用手段，使人们可以在今天借款进行消费，并在将来偿还。一般而言，由于存在诸多的替代方式，实现上述的任何一种职能都不是一定需要货币，因此人们使用货币的原因更多的在于其便利性和成本的低廉。

例如，所有的交易都可以通过物物交换实现：以某种商品和服务交换其他的商品和服务。物物交换的不便已是众所周知：交易成本可能很高，这是因为物物交换要求交换各方的愿望能同时达成一致，因而搜寻交易伙伴很耗费时间，特别是以大宗商品交换小额商品时。早期解决物物交换不便之处的办法是将商品与服务都换成金银 (有时候是其他贵商品)，这同时也解决了提供价值贮藏和信用手段的两个问题。使用金银的主要问题在于它们的供给有限。随着经济发展，人们迫切希望能大幅提高这些贵金属的供给来为交易融资，而这又导致金银价格快速上涨，从而刺激人们更加不愿意在交易中使用金银。

货币产生的关键在于借贷时需要签署合约。起初，合约的内容是写明当期借入金银，将来再偿还金银，并且借款是有一定费用的，这笔费用通常是合约中规定在到期偿还时要额外支付的金银。二级市场的出现被视为用纸币替代金银的开始，在二级市场中，合约本身可以通过黄金来买卖。在这种方式下，即当期借入金银并承诺未来偿还，债权人可以改变资产的期限结构以便更多地放贷。这一切能够有效运行的条件是确保债务能被如期偿还的信心。国王和政府是主要的借款者，他们通常是为了发动战争而融资，大农场主则是主要的债权人。然而随着贸易的发展，商人开始在借贷活动中起主导作用。

信贷市场最初是由放债人创造的，而且总的来说当时发放的信贷总额可能非常小。后来，成功的放债人将他们的借贷行为制度化便产生了银行，但在功能上仍没有太大变化。所以我们把银行只是看作专门在储蓄者和借贷者之间充当中介的企业，储户开始把他们的金银存入银行让其安全保管，并从银行获得一定收益；他们还以折现的方式将信用凭证卖给银行以立即兑换金银。由于信用凭证折现后的购买价格低于其到期偿付时的价格，所以银行是有利可图的。在这个过程中，因银行需要付出等待还款的耐心而要获得补偿，同时银行承担了违约风险，因而风险被转嫁到银行，这些风险因素也与等待成本一同体现在了贴现率中。

较大的银行成为国王和政府贷款的主要来源，有些银行还被赋予这种交易的垄断权并转变为国家银行或中央银行；后来，大部分中央银行都转变为国有。事实上，国家开始从中央银行贷款，中央银行则向公众借款来提供贷款，并承诺在将来偿还这些债务。

起初，所有的借贷都由金银来主导。随着银行贷款和那些能为其他银行发行的信用凭证和贷款贴现的二级市场的发展，银行发现他们并不需要持有与存款 (他们的负债) 相匹配的金银来使储户相信他们可以在任何时间提取存款并获得金银。因而银行开始借出数倍于他们持有的金银来增加利润。

政府发现银行创造的信用不再需要百分之百的真金白银做后盾，便开始用小额的标准化信用凭证支付其购买的商品和服务，这些小额信用凭证可以向中央银行申请兑换成黄金。由于公众相信在他们想兑换时就一定可以换到黄金和白银，所以他们在向国家提供商品和服务时会接受这些信用凭证。然后信用证开始在所有经济交易中被接受，包括清偿债务以及银行储蓄。

当这一系统成功运转，并且政府停止信用凭证与金银间的兑换，宣布垄断这种信用凭证的供给时，法定货币 (纸币) 的出现便完成了最后一步。此时，信用凭证变成了纯粹的法定货币。中央银行供给的法币被称为外部货币并形成中央银行的负债。外部货币主要以银行存款的形式被公众持有，这些存款的可存取性不同：有的是即时可用，有的需要一段时间后才能使用。存款以信贷的形式借给公众，有些信贷形成了厂商的贷款，还有些用于购买或贴现商业公司所发行的债务。公众在银行系统中的存款被称为内部货币，形成商业银行系统的负债。外部货币和内部货币之和为货币总供给，形成整个银行系统的负债。因此，货币由流动性存在悬殊差异的多种银行负债构成。所谓流动性，是指货币转变为瞬时购买力的难易程度，如法定货币是手中持有的现金，其流动性最强；与之不同的是，期限较长的定期存款和票据都不能马上使用，它们的流动性较差。

货币的发展史在近些年出现了两个新的特点。第一个就是“塑料”或称“电子”货币的出现，即借记卡和信用卡。现在一些商品只能用现金购买，它们主要是一些小额零售品；但更多的消费逐渐在由借记卡和信用卡来完成。借记卡允许通过电子交易即时从银行账户中扣款，信用卡则将付款期推迟一个固定期限，如一个月或直到购买者决定付款时为止。虽然越来越多的银行账户都支付利息，而即时可存取账户的利率又很低，但人们仍然向着基于信贷的无现金经济迈进。

第二个发展与银行活动和非银行金融机构的出现有关。在当今的生活中，银行提供抵押贷款、房屋互助会和抵押公司提供金融服务是很普遍的。这样，房屋所有者能够以房产为抵押来借款，从而使一项流动性最差的资产变成了流动性不断增强的资产。此外，起初只有银行才能发行的信用卡也正被来自各行各业的公司所提供，包括零售商和慈善单位。

货币发展中的这两个特点对货币政策的执行已经产生了巨大的影响。限制货币发行量或设置货币供给目标已不再能有效地控制货币和信贷。因为控制高流动性的货币后，并不能保证低流动性的货币不会瞬间释放出流动性，也就不能保证有效地控制信贷。货币政策越来越需要代之以依靠使用利率工具来改变贷款成本，因为利率可以影响到所有类型的信贷产品。现在许多居民户的资产组合中都包括银行存款、股票或不同动产等各类资产，资产组合的结构取决于不同资产的收益率和在使用时的便捷性。债务可以看作是具有负收益率的资产。通过重新平衡他们的组合结构 (包括借入更多债务)，家庭部门可以迅速创造流动性。

货币政策所面临的新挑战是建立利率与商品和服务最终支出的可靠联系，既要考虑资产组合的结构又要考虑利率调整后资产组合的重新平衡。在这种情况下，货币的作用更加模糊，因为它只是众多资产中的一种。因此，货币政策必须逐渐着眼于整个资产组合。

货币史方面的经典文献是 Friedman 和 Schwarz(1963)。也可参考 Friedman(1968)。

8.3 居民户的名义预算约束

本书在第 4 章中第一次研究分散经济中居民户的决策时，曾经将居民户预算约束以实际量形式写为

$$\Delta a_{t+1} + c_t = x_t + r_t a_t,$$

其中收入 x_t 被看作是外生的，a_t 表示在 t 期初持有的全部实际资产，r_t 是实际收益率。第 5 章在把居民户的预算约束写成以名义量表达的形式时，我们区分了以下两种类型的资产：M_t 为 t 时刻持有的名义货币存量；B_t 为 $t-1$ 期期初发行的一期债券的总支出。现在，我们将预算约束以名义量的形式写成

$$\Delta B_{t+1} + \Delta M_{t+1} + P_t c_t = P_t x_t + R_t B_t, \tag{8.1}$$

其中 P_t 为一般价格水平，R_t 为债券的名义收益率，而 R_tB_t 是在第 t 期期初的债券利息收入。债券的定义和债券定价等的详细研究可参考第 5 章、第 11 章和第 12 章。

用一般价格水平对方程 (8.1) 进行平减，得到实际预算约束为

$$(1+\pi_{t+1})b_{t+1}-b_t+(1+\pi_{t+1})m_{t+1}-m_t+c_t=x_t+R_tb_t, \tag{8.2}$$

其中 $b_t=B_t/P_t$，$m_t=M_t/P_t$，并且 $\pi_{t+1}=\Delta P_{t+1}/P_t$ 为通货膨胀率。实际预算约束还可以写成

$$\begin{aligned}(1+\pi_{t+1})[\Delta b_{t+1}+\Delta m_{t+1}]+c_t&=x_t+(R_t-\pi_{t+1})b_t-\pi_{t+1}m_t\\&=x_t+r_{t+1}b_t-\pi_{t+1}m_t.\end{aligned} \tag{8.3}$$

与之前居民户的实际预算约束的表示方式相比，现在实际总资产是 $a_t=b_t+m_t$, 债券的实际收益率是 $r_{t+1}=((1+R_t)/(1+\pi_{t+1}))-1\simeq R_t-\pi_{t+1}$，货币的实际收益率是 $-\pi_{t+1}$。(这里继续使用完美预期的假设。如果该假设不成立，用实际通货膨胀率替代完美预期下的通货膨胀率后，(Fisher 意义上的) 实际利率的定义就会与真实的实际利率有细微的差别，从而会得到一个实际利率的新定义：$r_{t+1}=R_t-E_t\pi_{t+1}$。)

假设通货膨胀率为正，货币的实际收益率为负。这是因为货币的名义收益率为 0，所以通货膨胀使它的购买力下降。名义货币余额价值的下降是由“通货膨胀税”造成的，是货币发行方 (政府) 的“铸币税”收入。

在静态的稳态中所有实际的存量指标都是常数，包括实际债券和货币存量。这意味着 $\Delta b=\Delta m=0$，但 π 不一定为零。如果名义货币增长率为 $\Delta M/M=\mu$，那么

$$\frac{\Delta m}{m}=\frac{\Delta M}{M}-\frac{\Delta P}{P}=\mu-\pi=0,$$

意味着在均衡处 $\pi=\mu$。我们应该谨慎地解释这个均衡条件：如果货币增长是外生的，那么在长期，通货膨胀率等于货币增长率；但如果外生给定了通货膨胀率，如制定了通货膨胀目标，那么在长期，货币增长率会等于通货膨胀率，即因果关系将反转。因此我们不能仅凭均衡条件来区分这两种制定货币政策的方式。

8.4 货币需求的现金先行模型 (CIA)

我们从居民户的预算约束中发现，持有货币会增加实际成本。那为什么居民户还要持有货币呢？通常的解释是货币能降低交易成本，并提供价值贮存和计量尺度的职能。现金先行模型 (The Cash-in-Advance Model，简写为 CIA) 着重强调货币的交易需

求，是我们所研究的最简单的货币需求理论 (参见 Clower 1967；Lucas 1980a)。它假设所有的商品和服务在购买时都必须用全额现金支付。事实上，由于经济体通常在货币量小于名义总支出的情况下运行，所以所要求的货币数量也就小于名义总支出。但为简化起见，假设持有的货币量等于总支出，这种情况下，名义货币需求是

$$M_t^{\mathrm{D}} = P_t c_t$$

所以实际货币需求为 $m_t^{\mathrm{D}} = M_t^{\mathrm{D}}/P_t = c_t$。假设货币供给 M_t^{S} 外生给定，货币市场均衡意味着 $M_t^{\mathrm{D}} = M_t^{\mathrm{S}} = M_t$。

居民户的问题是在 (8.2) 式的预算约束下最大化 $\sum_{s=0}^{\infty} \beta^s U(c_{t+s})$，选择变量是 $\{c_{t+s}, b_{t+s+1}, m_{t+s+1};\ s \geqslant 0\}$。拉格朗日函数为

$$\begin{aligned}\mathcal{L} = \sum_{s=0}^{\infty}\{\beta^s U(c_{t+s}) + \lambda_{t+s}[x_{t+s} + (1+R_{t+s})b_{t+s} + m_{t+s} \\ - (1+\pi_{t+s+1})(b_{t+s+1} + m_{t+s+1}) - c_{t+s}] \\ + \mu_{t+s}[m_{t+s} - c_{t+s}]\}.\end{aligned}$$

一阶条件为

$$\begin{aligned}\frac{\partial \mathcal{L}}{\partial c_{t+s}} &= \beta^s U'(c_{t+s}) - \lambda_{t+s} - \mu_{t+s} = 0, & s \geqslant 0, \\ \frac{\partial \mathcal{L}}{\partial b_{t+s}} &= \lambda_{t+s}(1+R_{t+s}) - \lambda_{t+s-1}(1+\pi_{t+s}) = 0, & s > 0, \\ \frac{\partial \mathcal{L}}{\partial m_{t+s}} &= \lambda_{t+s} - \lambda_{t+s-1}(1+\pi_{t+s}) + \mu_{t+s} = 0, & s > 0.\end{aligned}$$

用货币的一阶条件减债券的一阶条件，得

$$\mu_{t+s} = \lambda_{t+s} R_{t+s}, \quad s = 1, 2, \ldots.$$

因此，$\beta^s U'(c_{t+s}) = \lambda_{t+s}(1+R_{t+s})$，又因为

$$\frac{\lambda_{t+s+1}}{\lambda_{t+s}} = \frac{1+\pi_{t+s+1}}{1+R_{t+s+1}},$$

$t+1$ 期的欧拉方程是

$$\frac{\beta U'(c_{t+1})}{U'(c_t)} \frac{1+R_t}{1+\pi_{t+1}} = 1$$

或者

$$\frac{\beta U'(c_{t+1})}{U'(c_t)}(1+r_{t+1}) = 1. \tag{8.4}$$

这和在只考虑实际量时是一样的。

下面讨论 c_t 和 m_t 的解。在长期均衡中，$\Delta c_t = \Delta m_t = 0$，意味着 $r_t = \theta$，其中 $\beta = 1/(1+\theta)$，并且长期和短期的货币需求都是 $m_t = c_t$；短期消费的解与之前的分析非常相似。为方便起见，假设 R_t 和 π_t 都是常数，那么居民户的预算约束是

$$(1+\pi)(b_{t+1}+m_{t+1})+c_t = x_t+(1+R)b_t+m_t,$$

或者以 $a_t = b_t + m_t$ 的形式写成

$$a_t = \frac{1}{1+R}(c_t - x_t + Rm_t) + \left(\frac{1+\pi}{1+R}\right)a_{t+1}.$$

消去 $a_{t+1}, a_{t+2}, \ldots$ 得到跨期预算约束

$$a_t = \frac{1}{1+R}\sum_{s=0}^{n-1}\left(\frac{1+\pi}{1+R}\right)^s (c_{t+s} - x_{t+s} + Rm_{t+s}) + \left(\frac{1+\pi}{1+R}\right)^n a_{t+n}.$$

如果 $r = R - \pi > 0$，那么下式的横截条件成立

$$\lim_{n\to\infty}\left(\frac{1+\pi}{1+R}\right)^n a_{t+n} = 0$$

所以

$$a_t = \frac{1}{1+R}\sum_{0}^{\infty}\left(\frac{1+\pi}{1+R}\right)^s (c_{t+s} - x_{t+s} + Rm_{t+s}).$$

如果我们假设 c_t 和 m_t 在长期是均衡的，那么当 $s \geqslant 0$ 时，有 $c_{t+s} = c_t$ 以及 $m_{t+s} = m_t$；因此

$$c_t \simeq \frac{r}{1+r}\sum_{0}^{\infty}\frac{x_{t+s}}{(1+r)^s} + rb_t - \pi m_t.$$

另外，如果当 $s \geqslant 0$，$x_{t+s} = x_t$，那么可以得到长期的消费函数

$$c_t = x_t + rb_t - \pi m_t \tag{8.5}$$

$$= \frac{x_t + rb_t}{1+\pi}. \tag{8.6}$$

(8.5) 式表明，当通货膨胀为正时，实际货币余额存量越高，消费越低。这意味着当不得不以现金支付全部消费支出时，货币在经济体中表现出了非中性。这是因为在通货膨胀非零时，居民所持有的货币实际购买力下降，从而使名义变量 (通货膨胀) 影响了实际变量 (消费)。在稍后讨论货币的超中性时还会涉及这一点。(8.6) 式表明，由于要用现金来消费，当总收入 $x_t + rb_t$ 给定时，通货膨胀越高，消费越低。

8.5 效用函数中的货币模型

现在假定居民户从更广泛的意义上考虑持有货币的好处，即将实际货币余额纳入其效用函数。这便是 Sidrauski (1976) 提出的“效用函数中的货币”模型 (Money in the Utility Function，简写为 MIU)。在随后的货币需求模型中，我们将解释这一假设的合理性。现金先行 (CIA) 模型的一个特点是货币需求对利率不敏感，而在 MIU 模型中持有货币的机会成本则是损失的利息收入，下文将表明这会使得货币需求对利率变化非常敏感，并会刺激居民户减少货币持有量。

假定代表性居民户的效用函数为

$$U(c_t, m_t), \quad U_c > 0,\ U_{cc} \leqslant 0,\ U_m > 0,\ U_{mm} \leqslant 0,$$

这意味着持有越多的货币则效用越高。我们还知道 m_t 在 t 期是前定的，而 m_{t+1} 部分地取决于第 t 期的决策。[①]

现在将居民户的问题表达为在居民户的预算约束条件下最大化下式

$$V_t = \sum_0^{\infty} \beta^s U(c_{t+s}, m_{t+s})$$

拉格朗日函数为

$$\begin{aligned}\mathcal{L} = \sum_{s=0}^{\infty} \{ & \beta^s U(c_{t+s}, m_{t+s}) + \lambda_{t+s}[x_{t+s} + (1+R_{t+s})b_{t+s} + m_{t+s} \\ & - (1+\pi_{t+s+1})(b_{t+s+1} + m_{t+s+1}) - c_{t+s}]\}.\end{aligned}$$

一阶条件为

$$\begin{aligned}\frac{\partial \mathcal{L}}{\partial c_{t+s}} &= \beta^s U_{c,\,t+s} - \lambda_{t+s} = 0, & s \geqslant 0,\\ \frac{\partial \mathcal{L}}{\partial b_{t+s}} &= \lambda_{t+s}(1+R_{t+s}) - \lambda_{t+s-1}(1+\pi_{t+s}) = 0, & s > 0,\\ \frac{\partial \mathcal{L}}{\partial m_{t+s}} &= \beta^s U_{m,\,t+s} + \lambda_{t+s} - \lambda_{t+s-1}(1+\pi_{t+s}) = 0, & s > 0.\end{aligned}$$

如果 $s = 1$，用债券的一阶条件减去货币的一阶条件，得到

$$\beta^s U_{m,t+1} = \lambda_{t+1} R_{t+1}.$$ [②]

① 在描述居民户的预算约束时，还有另一种处理时间顺序的做法，即认为货币是在第 $t-1$ 期累积的，于第 t 期投入时用，而不是第 t 期积累的货币为第 $t+1$ 期使用。在这种方法下，预算约束写为 $\Delta B_{t+1} + \Delta M_t + P_t c_t = P_t x_t + R_t B_t$。

② 原书此处为 $U_{m,t+1} = \lambda_{t+1} R_{t+1}$，疑似作者笔误。

将上式和消费的一阶条件结合起来，得到

$$U_{m,t+1} = U_{c,t+1} R_{t+1}. \tag{8.7}$$

该式左侧表示在 $t+1$ 期期初额外持有一单位实际货币余额带来的效用；右侧表示持有成本：在第 t 期持有货币而不是债券所损失的利息，以及由此引起的在 $t+1$ 期损失的消费，该消费以 $t+1$ 期消费的边际效用来度量。

为了阐明会得到哪种类型的货币需求函数，考虑以下具体的效用函数形式：

$$U(c_t, m_t) = \frac{c_t^{1-\sigma} - 1}{1-\sigma} + \eta\left(\frac{m_t^{1-\sigma} - 1}{1-\sigma}\right).$$

(8.7) 式变为

$$\eta m_{t+1}^{-\sigma} = c_{t+1}^{-\sigma} R_{t+1}.$$

由此得到实际货币需求为

$$m_{t+1} = c_{t+1}\left(\frac{R_{t+1}}{\eta}\right)^{-1/\sigma}.$$

所以，名义利率的提高会减少对实际货币余额的需求。

货币的名义需求为

$$M_{t+1} = P_{t+1} c_{t+1}\left(\frac{R_{t+1}}{\eta}\right)^{-1/\sigma}. \tag{8.8}$$

将该式与 CIA 模型中的货币需求函数 $M_{t+1} = P_{t+1} c_{t+1}$ 比较会发现，利率的提高会导致货币的名义需求下降。我们知道，如果债券是无风险的，那么 R_{t+1} 在 t 时刻是已知的，这意味着第 t 期的无风险利率会影响到 $t+1$ 期期初的货币需求量，而这些货币是用来支付 $t+1$ 期的消费的。

用消费和债券的一阶条件可以得到与 CIA 模型中相同的欧拉方程，即 (8.4) 式。因此，除了货币取决于名义利率之外，消费以及货币需求的长期稳态解与 CIA 模型的解相似。选择合适的比例系数，使得 $(R_{t+1}/\eta)^{-1/\sigma} < 1$，则 MIU 模型中的实际货币余额会小于 CIA 模型。相对于 CIA 模型来说，减少实际货币余额将会降低货币的持有成本。

通过考察 $t+1$ 期货币微量增加 $\mathrm{d}m_{t+1}$ 并且保持第 $t+1$ 期效用不变，可以得到些对这个问题更深刻的认识。这意味着

$$\mathrm{d}U_{t+1} = U_{c,t+1}\,\mathrm{d}c_{t+1} + U_{m,t+1}\,\mathrm{d}m_{t+1} = 0,$$

从持有额外的货币中增加的效用 $U_{m,t+1}\,\mathrm{d}m_{t+1}$ 等于因为降低消费水平而造成的效用损失。它等价于

$$\mathrm{d}c_{t+1} = -\frac{U_{m,t+1}}{U_{c,t+1}}\,\mathrm{d}m_{t+1}.$$

从 (8.1) 式中得到两时期跨期预算约束为

$$
\begin{aligned}
&(1+\pi_{t+1})(1+\pi_{t+2})(b_{t+2}+m_{t+2})+(1+\pi_{t+1})c_{t+1}+(1+R_t)c_t \\
&\qquad =(1+\pi_{t+1})x_{t+1}+(1+R_{t+1})x_t+(1+R_t)(1+R_{t+1})(b_t+m_t) \\
&\qquad -(1+\pi_{t+1})R_{t+1}m_{t+1}-(1+R_{t+1})R_t m_t.
\end{aligned}
$$

保持其他变量不变，对 c_{t+1} 和 m_{t+1} 求偏微分得到 c_{t+1} 的改变量

$$\mathrm{d}c_{t+1}=-\mathrm{d}m_{t+1}R_{t+1}.$$

因此

$$U_{m,t+1}=U_{c,t+1}R_{t+1},$$

这正是 (8.7) 式。

现在考虑 c_t 微量减少 $\mathrm{d}c_t$ 时，改变 c_{t+1} 和 m_{t+1} ，保持 V_t 不变的效果:

$$\mathrm{d}V_t=U_{\mathrm{c},t}\,\mathrm{d}c_t+\beta(U_{c,t+1}\,\mathrm{d}c_{t+1}+U_{m,t+1}\,\mathrm{d}m_{t+1})=0,$$

或者

$$-U_{\mathrm{c},t}\,\mathrm{d}c_t=\beta(U_{c,t+1}\,\mathrm{d}c_{t+1}+U_{m,t+1}\,\mathrm{d}m_{t+1}). \tag{8.9}$$

所以第 t 期损失的效用必须由 $t+1$ 期额外的消费或更多地持有货币，或者两者都增加来弥补。对两时期的跨期预算约束求偏微分，得到

$$(1+\pi_{t+1})\,\mathrm{d}c_{t+1}+(1+R_t)\,\mathrm{d}c_t=-(1+\pi_{t+1})R_{t+1}\,\mathrm{d}m_{t+1};$$

因此

$$\mathrm{d}c_{t+1}=-\frac{1+R_t}{1+\pi_{t+1}}\mathrm{d}c_t-R_{t+1}\,\mathrm{d}m_{t+1}, \tag{8.10}$$

这意味着在第 t 期减少一单位消费，将使 $t+1$ 期的消费增加，增加量等于 $1+r_{t+1}$ 单位消费减去在第 $t+1$ 期不得不额外持有货币的利息成本。将其替换 (8.9) 式中的 $\mathrm{d}c_{t+1}$，得到

$$-U_{\mathrm{c},t}\,\mathrm{d}c_t=-\beta\frac{1+R_t}{1+\pi_{t+1}}U_{c,t+1}\,\mathrm{d}c_t+\beta(U_{m,t+1}-R_{t+1}U_{c,t+1})\,\mathrm{d}m_{t+1}. \tag{8.11}$$

由 (8.7) 式可知，上式最后一项为 0。根据剩余各项可以得到通常的欧拉方程 (8.4) 式。

8.6 货币作为中间产品或购物时间模型

微观经济理论认为货币的存在是为了解决交易中物物交换和以金银等贵重稀有金属为交易媒介的高成本、低效率问题。以交易为目的所持有的货币量取决于货币在节约购物时间上的效率。由此看来，货币是一种为了减少购物时间而持有的中间品。我们考虑建立一个由 Ljunqvist 和 Sargent(2004) 的货币购物时间模型演变而来的模型，其变化主要体现在对时间的处理方式上。

假设居民户在工作 n_t、闲暇 l_t 和购物 s_t 间分配总时间 (将其标准化为 1)，则时间约束是

$$n_t + l_t + s_t = 1.$$

并且我们假设花费在购物上的时间可以表示为消费和实际货币余额的函数:

$$s_t = S(c_t, m_t), \tag{8.12}$$

其中 $S, S_c, S_{cc}, S_{mm} \geqslant 0$ 且 $S_m, S_{cm} \leqslant 0$ 。[①]现在可以通过消费和闲暇 (不是货币) 获得居民户的效用函数:

$$U = U(c_t, l_t),$$

其中 $U_c, U_l, U_{cl} \geqslant 0$ 并且 $U_{cc}, U_{ll} \leqslant 0$ 。

如果把 (8.12) 式中的 s_t 代入效用函数，那么可以把效用函数改写成

$$V(c_t, n_t, m_t) = U[c_t, 1 - n_t - S(c_t, m_t)].$$

这为 MIU 模型中设定的派生的效用函数提供了充分的证明。这样我们就能将居民户的问题表达成最大化 $\sum_{s=0}^{\infty} \beta^s V(c_{t+s}, n_{t+s}, m_{t+s})$ ，其预算约束为

$$(1 + \pi_{t+1})b_{t+1} + (1 + \pi_{t+1})m_{t+1} + c_t = w_t n_t + (1 + R_t)b_t + m_t.$$

但为了强调效用函数并不直接取决于货币，我们把居民户的问题表述成在预算约束和时间约束下最大化 $\sum\limits_{s=0}^{\infty} \beta^s U(c_{t+s}, l_{t+s})$。则拉格朗日函数是

$$\begin{aligned}\mathcal{L} = \sum_{s=0}^{\infty} \{ & \beta^s U(c_{t+s}, l_{t+s}) + \lambda_{t+s}[w_{t+s}n_{t+s} + (1 + R_{t+s})b_{t+s} + m_{t+s} \\ & - (1 + \pi_{t+s+1})(b_{t+s+1} + m_{t+s+1}) - c_{t+s}] \\ & + \mu_{t+s}[n_{t+s} + l_{t+s} + S(c_{t+s}, m_{t+s}) - 1]\}.\end{aligned}$$

[①] Ljungqvist 和 Sargent 在定义购物时间成本函数时是用 M_{t+1}/P_t 代替 m_t。这意味着在第 t 期积累的货币余额会减少购物时间。我们这里是在假设持有以前期积累的货币余额会减少购物时间。

一阶条件为

$$
\begin{aligned}
\frac{\partial \mathcal{L}}{\partial c_{t+s}} &= \beta^s U_{c,\,t+s} - \lambda_{t+s} + \mu_{t+s} S_{c,t+s} = 0, && s \geqslant 0,\\
\frac{\partial \mathcal{L}}{\partial l_{t+s}} &= \beta^s U_{l,\,t+s} + \mu_{t+s} = 0, && s \geqslant 0,\\
\frac{\partial \mathcal{L}}{\partial n_{t+s}} &= \lambda_{t+s} w_{t+s} + \mu_{t+s} = 0, && s \geqslant 0,\\
\frac{\partial \mathcal{L}}{\partial b_{t+s}} &= \lambda_{t+s}(1+R_{t+s}) - \lambda_{t+s-1}(1+\pi_{t+s}) = 0, && s > 0,\\
\frac{\partial \mathcal{L}}{\partial m_{t+s}} &= \lambda_{t+s} - \lambda_{t+s-1}(1+\pi_{t+s}) + \mu_{t+s} S_{m,t+s} = 0, && s > 0.
\end{aligned}
$$

从债券和货币的一阶条件中可得

$$\lambda_{t+s} R_{t+s} = \mu_{t+s} S_{m,t+s}.$$

令 $s=1$，将上式与消费和闲暇的一阶条件合并得

$$-U_{l,t+1} S_{m,t+1} = (U_{c,t+1} - U_{l,t+1} S_{c,t+1}) R_{t+1}. \tag{8.13}$$

$S_{m,t+1}$ 表示持有额外 1 单位实际货币所节约的购物时间，每节约 1 单位时间额外增加 $U_{l,t+1}$ 单位的效用。所以等式左侧表示多持有 1 单位实际货币余额增加的额外效用。每单位实际货币的持有成本是预期利率 R_{t+1}，而由于减少消费造成的效用损失是 $U_{c,t+1}R_{t+1}$ 单位。不过，由于减少消费的同时也节约了购物时间，从而增加了效用。因此，等式右侧度量了多持有 1 单位的实际货币余额造成的净效用损失。

从 (8.13) 式中解出 m_{t+1} 可以得到实际货币余额需求。一般来说，但由于购物成本函数的函数形式不确定，这只能给出货币需求的隐性表达，可以写成

$$m(m_{t+1}, c_{t+1}, l_{t+1}, R_{t+1}) = 0.$$

为举例说明货币需求的显性解，假设效用函数为对数线性的形式

$$U(c_t, l_t) = \ln c_t + \eta \ln l_t$$

且购物成本函数是

$$s_t = \psi \frac{c_t}{m_t}.$$

在这种情况下，

$$\psi\eta \frac{s_{t+1}}{l_{t+1} m_{t+1}} = \left(\frac{1}{c_{t+1}} - \psi\eta \frac{s_{t+1}}{l_{t+1} c_{t+1}}\right) R_{t+1}.$$

所以实际货币需求余额是

$$m_{t+1} = c_{t+1}\left[\frac{\psi\eta(s_{t+1}/l_{t+1})}{1-\psi\eta(s_{t+1}/l_{t+1})}\right]R_{t+1}^{-1}. \tag{8.14}$$

通过这个例子便可以很容易地与之前的货币需求函数作比较。在本例中，交易需求对货币需求的影响仍然为正，而利率对它的影响也仍然为负，不同之处在于货币需求还取决于购物与闲暇的时间之比。由于 $\partial m_{t+1}/\partial(s_{t+1}/l_{t+1}) > 0$，那么购物时间相对于闲暇时间的增加会引起货币需求的增加，从而降低购物成本。我们还注意到，与 CIA 和 MIU 模型相比，购物时间的增加会减少闲暇或工作时间，而后者的减少会导致收入降低，进而使消费减少。近些年，我们发现网络购物的增加使得人们更多地应用借记卡和信用卡来代替现金消费，网络购物使人们既减少了购物时间，又降低了对手中现金的需求。同时，由于信用卡债务的增加，人们非常有可能更多地持有外部货币。关于货币需求更进一步地讨论见 Walsh(2005，第 2 章和第 3 章)。

8.7　交易成本

目前为止，我们将人们持有货币的原因要么解释为交易需要，要么解释为持有货币能直接增加效用，再或者是通过节约购物时间、增加闲暇进而间接地增加效用。现在我们假设消费交易中有实际资源成本，而使用货币可以降低该成本。这种思想来自 Brock(1974,1990)，我们将利用 Feenstra(1986) 的方法讨论这个问题，他证明在居民户预算约束中增加一项代表交易成本的变量后，可以得到对交易成本多种不同的理解。

为此，我们现在把居民户的实际预算约束 (8.2) 式重写为

$$(1+\pi_{t+1})b_{t+1} - b_t + (1+\pi_{t+1})m_{t+1} - m_t + c_t + T(c_t, m_t) = x_t + R_t b_t, \tag{8.15}$$

其中 $T(c_t, m_t)$ 为消费交易的实际资源成本，$T \geqslant 0$，$T(0, m) = 0$，$T_c T_{cc}, T_{mm} \geqslant 0$，$T_m, T_{mc} \leqslant 0$，而且 $c + T(c, m)$ 是拟凹的。这些假设意味着交易成本随着消费的增加以递增的速率增加，但随着货币的增加以递减的速率下降。

居民户的问题是在 (8.15) 式的预算约束下，最大化 $\sum_{s=0}^{\infty}\beta^s U(c_{t+s})$，选择变量是 $\{c_{t+s}, b_{t+s+1}, m_{t+s+1};\ s \geqslant 0\}$。拉格朗日函数为

$$\begin{aligned}\mathcal{L} = \sum_{s=0}^{\infty}\{&\beta^s U(c_{t+s}) + \lambda_{t+s}[x_{t+s} + (1+R_{t+s})b_{t+s} + m_{t+s} \\ &- (1+\pi_{t+s+1})(b_{t+s+1} + m_{t+s+1}) - c_{t+s} - T(c_{t+s}, m_{t+s})]\}.\end{aligned}$$

一阶条件是

$$\frac{\partial \mathcal{L}}{\partial c_{t+s}} = \beta^s U'(c_{t+s}) - \lambda_{t+s}(1+T_{c,t+s}) = 0, \qquad s \geqslant 0,$$
$$\frac{\partial \mathcal{L}}{\partial b_{t+s}} = \lambda_{t+s}(1+R_{t+s}) - \lambda_{t+s-1}(1+\pi_{t+s}) = 0, \qquad s > 0,$$
$$\frac{\partial \mathcal{L}}{\partial m_{t+s}} = \lambda_{t+s}(1-T_{m,t+s}) - \lambda_{t+s-1}(1+\pi_{t+s}) = 0, \quad s > 0.$$

由于

$$\frac{\lambda_{t+s+1}}{\lambda_{t+s}} = \frac{1+\pi_{t+s+1}}{1+R_{t+s+1}},$$

所以 $t+1$ 期的欧拉方程是

$$\frac{\beta U'(c_{t+1})}{U'(c_t)} \frac{1+T_{c,t}}{1+T_{c,t+1}}(1+r_{t+1}) = 1 \tag{8.16}$$

并且

$$T_{m,t+1} = -R_{t+1}. \tag{8.17}$$

在稳态，当 $\Delta c_t = \Delta m_t = 0$ 时，我们再次得到 $r_t = \theta$。消费和货币余额的稳态解可以从 (8.17) 式和居民户长期预算约束中得到。假设在长期 $c_t = c$、$m_t = m$、$b_t = b$、$R_t = R$、$\pi_t = \pi$ 以及 $r_t = r$，那么居民户长期的预算约束和 (8.17) 式变为

$$c + \pi m + T(c,m) = x + (1+\theta)b, \tag{8.18}$$
$$T_m(c,m) = -R, \tag{8.19}$$

它们是关于 c 和 m 的非线性方程，因此无法得到它们的封闭解析解。

把 x、b 和 R 看作给定的，我们考虑它们的变化对长期解的影响。由于

$$\begin{bmatrix} T_c+1 & T_m+\pi \\ T_{mc} & T_{mm} \end{bmatrix} \begin{bmatrix} \mathrm{d}c \\ \mathrm{d}m \end{bmatrix} = \begin{bmatrix} 1 & 1+\theta & 0 \\ 0 & 0 & -1 \end{bmatrix} \begin{bmatrix} \mathrm{d}x \\ \mathrm{d}b \\ \mathrm{d}R \end{bmatrix},$$

我们有

$$\begin{bmatrix} \mathrm{d}c \\ \mathrm{d}m \end{bmatrix} = \frac{1}{\Delta} \begin{bmatrix} T_{mm} & (1+\theta)T_{mm} & T_m+\pi \\ -T_{mc} & -(1+\theta)T_{mc} & -(T_c+1) \end{bmatrix} \begin{bmatrix} \mathrm{d}x \\ \mathrm{d}b \\ \mathrm{d}R \end{bmatrix},$$

其中 $\Delta = T_{mm}(T_c+1) - T_{mc}(T_m+\pi)$。假设 $\Delta > 0$，且对 $T(c,m)$ 的偏导数不为 0，则其导数的符号由下式给出

$$\begin{bmatrix} \mathrm{d}c \\ \mathrm{d}m \end{bmatrix} = \begin{bmatrix} + & + & \pm \\ + & + & - \end{bmatrix} \begin{bmatrix} \mathrm{d}x \\ \mathrm{d}b \\ \mathrm{d}R \end{bmatrix}.$$

因此在长期，货币需求随 x 和 b 的增加以及 R 的下降而增加，无论是 MIG 模型还是 MIU 模型均有如此结论。我们还发现当 x、b 和 R 给定时，由 (8.19) 式中可知 $\partial m/\partial c > 0$，意味着更高的消费要求持有更多的实际货币。

由 (8.18) 式可知，由于 $\partial m/\partial c = -(T_c+1)/(T_m+\pi)$ ，且它一定是正的，所以我们得出 $T_m + \pi < 0$ 的结论，验证了之前 $\Delta > 0$ 的假设并证明了 $\mathrm{d}c/\mathrm{d}R < 0$。因此，$x$、$b$ 和 R 的增加与持有货币的增加所导致的消费变化的方向是一致的。

8.8 现金和信贷消费

现实生活中，尽管有些商品和服务只能用现金购买，但其他一些商品可以通过信贷的方式来购买。假设对 $c_{1,t}$ 的消费只能用现金来购买，$c_{2,t}$ 代表消费者用信贷方式购买的消费。两类商品的价格分别为 P_{1t} 和 P_{2t}。对于只能用现金购买的商品，存在现金先行 (CIA) 约束，$M_t = P_{1t}c_{1t}$。我们假设对于可以通过信贷来购买的商品，消费者采用名义利率为 $R+\rho$ 的一期贷款的方式在下一期期初偿付，这里的 R 是一期债券的利率 (债券是居民户储蓄的主要形式)，ρ 则是信贷的附加成本。

假设居民户的目标是在其预算约束条件下最大化 $\sum\limits_{s=0}^{\infty}\beta^s U(c_{t+s})$ ，其中，$U(c_t) = \ln c_t$，而

$$c_t = \frac{c_{1,t}^{\alpha} c_{2,t}^{1-\alpha}}{\alpha^{\alpha}(1-\alpha)^{1-\alpha}}$$

是消费的总量指数，收入 y_t 为外生。名义预算约束为

$$\Delta M_{t+1} + \Delta B_{t+1} + (R+\rho)L_t + P_t c_t = P_t y_t + RB_t + \Delta L_{t+1},$$

其中总支出是

$$P_t c_t = P_{1t}c_{1t} + P_{2t}c_{2t},$$

要在第 $t+1$ 期期初偿还的，第 t 期发生的新的信贷为 $L_{t+1} = P_{2t}c_{2t}$，而 $(R+\rho)L_t$ 为第 t 期承担的、发生于 $t-1$ 期的信贷成本。如果借入和借出的利率相同，那么居民

预算约束中的 B_t 便成为净债券存量。由此预算约束就可以改写为

$$B_{t+1} + P_{1,t+1}c_{1,t+1} + (1+R+\rho)P_{2,t-1}c_{2,t-1} = P_t y_t + (1+R)B_t. \tag{8.20}$$

这个问题的拉格朗日函数为

$$\begin{aligned}\mathcal{L} = \sum_{s=0}^{\infty}\Bigg\{&\beta^s \ln \frac{c_{1,t+s}^{\alpha} c_{2,t+s}^{1-\alpha}}{\alpha^{\alpha}(1-\alpha)^{1-\alpha}} \\ &+ \lambda_{t+s}[P_{t+s}y_{t+s} + (1+R_{t+s})B_{t+s} \\ &- B_{t+s+1} - P_{1,t+s+1}c_{1,t+s+1} - (1+R+\rho)P_{2,t+s-1}c_{2,t+s-1}]\Bigg\}.\end{aligned}$$

一阶条件为

$$\begin{aligned}\frac{\partial \mathcal{L}}{\partial c_{1,t+s}} &= \beta^s \frac{\alpha c_{t+s}}{c_{1,t+s}} - \lambda_{t+s-1}P_{1,t+s} = 0, & s \geqslant 0, \\ \frac{\partial \mathcal{L}}{\partial c_{2,t+s}} &= \beta^s \frac{(1-\alpha)c_{t+s}}{c_{2,t+s}} - \lambda_{t+s+1}(1+R+\rho)P_{2,t+s} = 0, & s \geqslant 0, \\ \frac{\partial \mathcal{L}}{\partial B_{t+s}} &= \lambda_{t+s}(1+R) - \lambda_{t+s-1} = 0, & s > 0.\end{aligned}$$

用现金购买的欧拉方程为

$$\beta(1+R)\frac{P_{1,t+1}c_{1,t+1}c_t}{P_{1t}c_{1t}c_{t+1}} = 1.$$

因此，在稳态下有 $\beta = 1/(1+R)$。可以证明现金和信贷额之比是

$$\frac{M_t}{L_{t+1}} = \frac{P_{1t}c_{1t}}{P_{2t}c_{2t}} = \frac{\alpha}{1-\alpha}\frac{1+R+\rho}{(1+R)^2}. \tag{8.21}$$

因此，信贷成本 ρ 越高，或者利率 R 越低，则现金购买相对于信贷购买的比率就越高。如果没有信贷成本，那么

$$\frac{M_t}{L_{t+1}/(1+R)} = \frac{\alpha}{1-\alpha}, \tag{8.22}$$

这表明现金对借贷贴现成本的比率是由消费指数的形式决定的。

在稳态下，预算约束 (8.20) 式意味着

$$\begin{aligned}B_t &= \frac{1}{R}[P_{1t}c_{1t} + (1+R+\rho)P_{2t}c_{2t} - P_t y_t] \\ &= \frac{1}{R}\left[\frac{\alpha + (1-\alpha)(1+R)^2}{\alpha}P_{1t}c_{1t} - P_t y_t\right].\end{aligned}$$

因此，长期名义支出为

$$\begin{aligned}P_{1t}c_{1t} &= \frac{\alpha}{\alpha + (1-\alpha)(1+R)^2}(P_t y_t + B_t), \\ P_{2t}c_{2t} &= \frac{(1-\alpha)(1+R)^2}{[\alpha + (1-\alpha)(1+R)^2](1+R+\rho)}(P_t y_t + B_t).\end{aligned}$$

(8.22) 式表明，如果没有信贷成本，那么居民户会认为使用现金或是信贷是没有差异的。如果有信贷成本，但是居民户可以选择使用现金或信贷，那么他们可能会更偏好使用现金。如果只用现金，会有 $c_{1t} = c_t$ 以及 $c_{2t} = 0$。预算约束则为

$$B_{t+1} + P_{t+1}c_{t+1} = P_t y_t + (1+R)B_t$$

拉格朗日函数变为

$$\mathcal{L} = \sum_{s=0}^{\infty}\{\beta^s \ln c_{t+s} + \lambda_{t+s}[P_{t+s}y_{t+s} + (1+R_{t+s})B_{t+s} - B_{t+s+1} - P_{t+s+1}c_{t+s+1}]\}.$$

一阶条件为

$$\frac{\partial \mathcal{L}}{\partial c_{t+s}} = \beta^s \frac{1}{c_{t+s}} - \lambda_{t+s-1}P_{t+s} = 0, \quad s \geqslant 0,$$
$$\frac{\partial \mathcal{L}}{\partial B_{t+s}} = \lambda_{t+s}(1+R) - \lambda_{t+s-1} = 0, \quad s > 0,$$

欧拉方程为

$$\beta(1+R)\frac{P_{t+1}c_{t+1}}{P_t c_t} = 1.$$

因此，在稳态下有 $\beta = 1/(1+R)$。根据预算约束可得长期消费水平为

$$c = y + R\frac{B}{P}. \tag{8.23}$$

如果只使用信贷，会有 $c_{1t} = 0$ 以及 $c_{2t} = c_t$，此时预算约束为

$$B_{t+1} + (1+R+\rho)P_{t-1}c_{t-1} = P_t y_t + (1+R)B_t.$$

拉格朗日函数为

$$\begin{aligned}\mathcal{L} = \sum_{s=0}^{\infty}\{&\beta^s \ln c_{t+s} + \lambda_{t+s}[P_{t+s}y_{t+s} + (1+R)B_{t+s} \\ &- B_{t+s+1} - (1+R+\rho)P_{t+s-1}c_{t+s-1}]\}\end{aligned}$$

一阶条件为

$$\frac{\partial \mathcal{L}}{\partial c_{t+s}} = \beta^s \frac{1-\alpha}{c_{t+s}} - \lambda_{t+s+1}(1+R+\rho)P_{t+s} = 0, \quad s \geqslant 0,$$
$$\frac{\partial \mathcal{L}}{\partial B_{t+s}} = \lambda_{t+s}(1+R) - \lambda_{t+s-1} = 0, \qquad s > 0.$$

欧拉方程不变，此时长期消费水平为

$$c = \frac{y + R(B/P)}{1+R+\rho} < y + R\frac{B}{P}. \tag{8.24}$$

因此，当使用信贷而非现金时，消费水平相对较低。信贷成本 $R+\rho$ 越高，两者之间的差距就越大。

如果居民户可以自由选择使用信贷或是现金，那么在信贷成本更高且会引致较低的消费水平的情况下，他们为什么还会选择使用信贷呢？一个可能的原因是居民户手中没有足够的现金，可是又不愿意延迟等到有足够现金时再购买。这一点在购买如汽车、住房等大宗消费支出时表现得特别明显。人们需要即刻提供这些商品的服务并愿意为此支付一定的费用。这揭示了许多决策中的跨期性质以及时间偏好在决定人们愿意为提前消费而支付的利息方面的作用。本书的第 15 章将会在更一般化的假设下进一步详细讨论使用信贷的问题，如在放款人不完全信息的情况下以及存在借贷限制的情况下等。

8.9 一些经验证据

现实经济的经验证据揭示了货币和名义支出之间有什么关系呢？图 8.1 和图 8.2 基于英国 1980–2004 年数据描述了二者的关系。图 8.3 则是基于美国 1959–2006 年的数据描述二者关系。M0 实质上表示基础货币 (出现在政府预算约束中的外部货币，主要包含纸币和硬币)，而 M4 是对货币的广义度量，包含了内部货币 (由银行系统提供的货币) 以及外部货币。通货包括纸币和硬币，M3 也是对广义货币的度量。

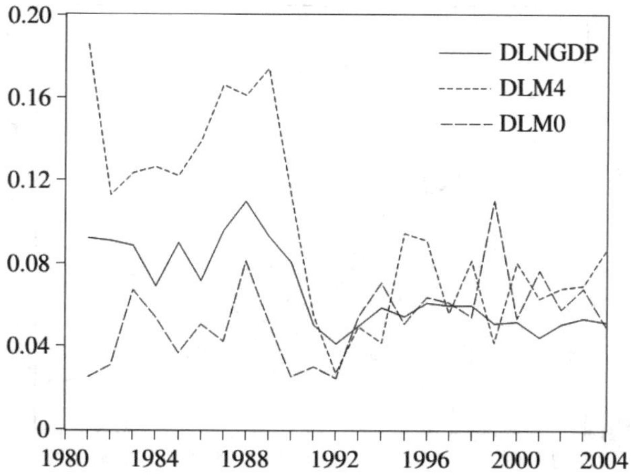

图 8.1 英国 1980–2004 年名义 GDP、M0 和 M4 的增长率

图 8.1 展示了英国 1980–2004 年名义 GDP、M0 和 M4 的增长率。该图表明货币和支出之间在短期并无密切联系。图 8.2 和图 8.3 给出了英国和美国狭义货币和广义货币

的流通速度。流通速度 V_t 的定义由“货币数量理论”给出：

$$M_tV_t = P_ty_t.$$

因此，V_t 是保证货币数量理论等式成立的一个值，可以将其解释为一单位货币在每期的交易中被交换的次数。每种类型的货币都有相应的流通速度。货币需求函数的 MIU 模型和 MIG 模型都表明流通速度是名义利率的函数。

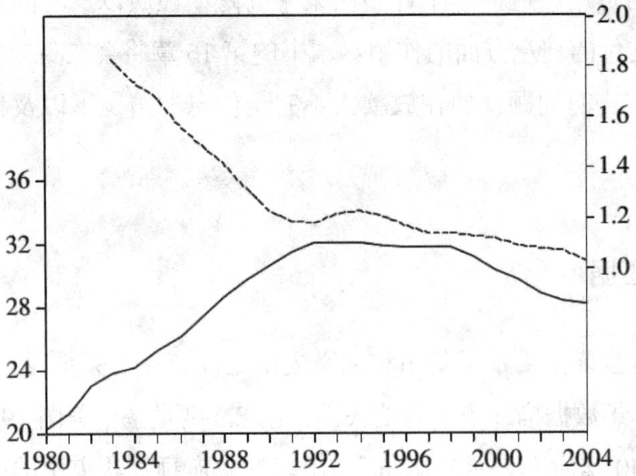

图 8.2　英国 1980–2004 年 M0(实线) 和 M4(虚线) 流通速度

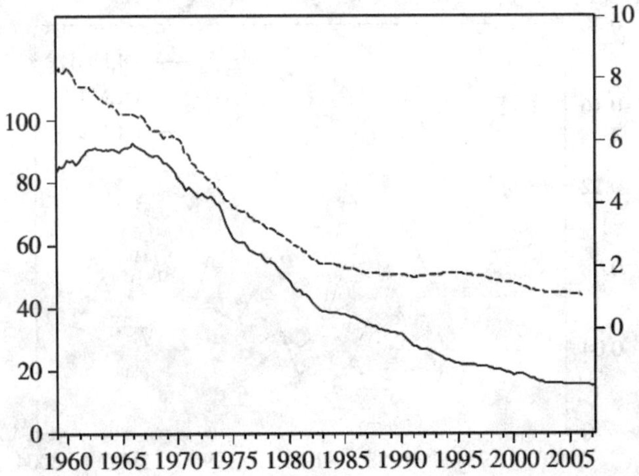

图 8.3　美国 1959–2006 年通货 (实线) 和 M3(虚线) 流通速度

图 8.2 说明英国现金或狭义货币的变动与广义货币的变动有很大不同。20 世纪 80 年代 M0(左侧坐标) 比名义支出增长慢得多，而 M4(右侧坐标) 在整个时期增长得都很

快。图 8.3 说明美国现金流通速度 (左侧坐标) 和 M3 流通速度 (右侧坐标) 自 1966 年以后一直都在下降[①]。英国的数据反映出信用卡正逐渐替代现金在购物中的使用。而促进 M4 增长的另一个因素是日益增加的附息定期存款储蓄。在考虑“货币”需求时，英国的数据支持了交易余额需求和信用需求的不同。相比之下，美国的数据则表明，通货和广义货币的增长都要快于名义支出，广义货币的增长支持了信用消费日益重要的论断，而更加快速的通货增长则表明通货在美国经济中所仍然具有重要的地位。

8.10 恶性通货膨胀和 Cagan 货币需求模型

在恶性通货膨胀的情形下，名义货币需求大大简化。由于增长率间的巨大差异，实际变量对名义变量几乎没有任何影响。考虑如下名义货币需求函数

$$\begin{aligned} M_t &= P_t c_t R_t^{-\alpha} \\ &= P_t c_t (r_t + \pi_{t+1})^{-\alpha}. \end{aligned}$$

如果消费和实际利率的变动极小，那么上式可以近似表示为

$$M_t = \phi P_t \pi_{t+1}^{-\alpha}, \quad \alpha > 0. \tag{8.25}$$

Cagan(1956) 提出了 (8.25) 式的一个变体，用对数表达的实际货币余额只取决于对未来通货膨胀的预期：

$$\ln M_t - p_t = -\alpha(E_t p_{t+1} - p_t), \tag{8.26}$$

其中，$p_t = \ln P_t$ 和 $E_t p_{t+1}$ 表示基于第 t 期的可用信息对 p_{t+1} 的条件期望，并且为方便起见，我们忽略截距项。如果货币供给是外生给定的，那么通过连续的代入并重新整理 (8.26) 式，可以获得 p_t 的表达式为

$$\begin{aligned} p_t &= \frac{\alpha}{1+\alpha} E_t p_{t+1} + \frac{1}{1+\alpha} \ln M_t \\ &= \frac{1}{1+\alpha} \sum_{s=0}^{\infty} \left(\frac{\alpha}{1+\alpha}\right)^s E_t \ln M_{t+s}, \end{aligned} \tag{8.27}$$

这里我们假定

$$\lim_{n\to\infty} \left(\frac{\alpha}{1+\alpha}\right)^n E_t p_{t+n} = 0.$$

例如，如果货币供给以恒定的速率 μ 增长，那么

$$\Delta \ln M_t = \mu + \varepsilon_t,$$

① 译者注：原书此图的标注为：美国 1980–2006 年现金 (实线) 和 M3(虚线) 流通速度，疑似作者笔误。

这里 $E_t\varepsilon_{t+1}=0$。由此可以得出

$$\ln M_{t+s}=\ln M_t+\mu s+\sum_{i=1}^{s}\varepsilon_{t+i}$$

以及

$$E_t\ln M_{t+s}=\ln M_t+\mu s.$$

将上式带入 (8.27) 并进行简化，得到

$$p_t=\ln M_t+\alpha\mu.$$

它的一阶差分表明预期通货膨胀率等于货币的增长率：

$$E_t\pi_{t+1}=E_t\ln M_{t+1}-\ln M_t=\mu.$$

在恶性通货膨胀时期，天文数字般的通货膨胀率要求极高的货币供给增长率与之相适应。例如，1922 年 1 月到 1923 年 10 月之间，德国处于恶性通货膨胀时期，其国内价格水平提高了 1,920 亿个数量级，通货增加了 202 亿个数量级，1923 年 10 月的通货膨胀率为每月 29,720%。恶性通货膨胀在近期也有发生，如前文所提及的 20 世纪 80 年代末到 20 世纪 90 年代初的前苏联国家，20 世纪 90 年代中期的一些南美洲国家和时间更近的津巴布韦。在三四年的时间里，所有这些国家最差也都能够将通货膨胀降低到较低的两位数水平 (到本书成书时，津巴布韦未能做到)。

正如我们在第 5 章中解释的，这些恶性通货膨胀都是由于税收收入无法满足政府支出所造成的。前苏联国家从收入和消费中获得的税收收入不足，除非可以征集到足够的税收，否则在无法从国外大规模借贷的情况下，政府只能够通过使用铸币税来融资。也就是说，政府部门在简单地通过印刷钞票来支付自己的支出。至此，读者自然可以预想到津巴布韦的后果。

为了大致说明满足政府融资所需的通货膨胀率幅度，假定政府支出占 GDP 的比重为 α，税收收入只能支付政府支出的 β 份额，货币存量占私人支出的比重为 γ。从政府预算约束中，与 GDP 成比例的铸币税收入必须满足下式

$$\pi\frac{m}{y}=\frac{g-T}{y},\tag{8.28}$$

其中，y 为实际 GDP，g 是实际政府支出，T 为实际税收。求解通货膨胀率，我们得到

$$\begin{aligned}\pi&=\frac{(g/y)((g-T)/g)}{(m/c)(c/y)}\\&=\frac{\alpha(1-\beta)}{\gamma(1-\alpha)},\end{aligned}$$

其中，$\alpha = g/y$，$\beta = T/g$，$\gamma = m/c$，$y = c + g$。例如，如果令 $\alpha = 0.5$，$\beta = 0.5$，$\gamma = 0.1$ ，则有 $\pi \equiv 500\%$ 。在一个政府更有主导支配能力的国家中，政府支出占 GDP 的比例更大，比方说 $\alpha = 0.75$，政府支出与税收收入间的缺口将会更大，比方说 $\beta = 0.2$ ，那么与之相适应的通货膨胀率为 $\pi \equiv 2400\%$，这些数字与一些前苏联国家经历的通货膨胀率没有多大不同。

8.11 最优通货膨胀率

一般而言，从较长时期来看，经济体的通货膨胀率取决于政府的选择。如果政府选择了货币供给的增长率，那么在长期，这将导致与其相对应的通货膨胀率。或者，如果政府选择了通货膨胀率，那么在长期它也是货币供给的增长率。另一种选择是在开放经济中，通过固定与另外一个国家的名义汇率，从而将国内通货膨胀与国外通货膨胀率相挂钩。在实践中，通过货币政策达到这些目标可能面临诸多困难。在短期中，这种情况更为明显，但在长期则相对较好。我们将在第 13、14 章中更具体的讨论这些问题。目前我们假设通货膨胀率是政府的选择变量，我们以此来研究最优的通货膨胀率是多少。假设政府可以不靠收取铸币税和制造恶性通货膨胀来满足预算约束。首先，我们考察政府选择最优名义利率的 Friedman 法则；然后我们讨论 Friedman 法则是否最优以及这对最优通货膨胀率的含义。

8.11.1 Friedman 法则

Friedman(1969) 提出了以下 (完全流动性) 法则(另见 Bailey(1956))。我们知道私人持有无息货币的边际收益率等于 $-\pi$ (总成本等于 πm)，而生产货币的边际社会成本几乎为零，Friedman 提出通过设定 $-\pi = \theta$ 来消除持有货币的私人成本。其中 θ 为时间偏好率，在我们的一般均衡模型中，也为长期实际利率 r。给定实际利率 r 非负，意味着最优通货膨胀率以及最优名义货币增长率为非正数。这表明 Friedman 法则要求名义利率 $R = r + \pi = 0$ 成立，即持有名义货币余额的机会成本为零。在这种情形下，货币的边际效用 U_m 也将等于零。为使边际效用为零，实际货币持有额要达到饱和水平。我们还知道，非正的通货膨胀率意味着货币的实际收益非负，该收益等于包括债券在内的其他资产的收益。

正如 Phelps(1973) 指出，上文中最优通货膨胀的解存在的问题是忽略了政府预算约束和居民户的福利收益，这些福利收益是由于征收铸币税后减少了其他税负而带来的。最优通货膨胀率的完整解应该是在居民户的最优决策以及政府的预算约束下来选

择 π。因此，实质上是将 π 视为一种新的税率，这意味着最优通货膨胀率的选择是最优税收的另一个问题。

8.11.2 一般均衡解

8.11.2.1 居民户的问题

与之前关于最优税收问题的分析不同，我们的新模型将货币包含在居民户的效用函数中，并且模型中允许改变一般价格水平从而使其可以将通货膨胀包含进来。我们假定居民户的效用函数为 $U(c_t, l_t, m_t)$，其中，c_t 为消费，n_t 为就业，l_t 为闲暇 $(n_t + l_t = 1)$，m_t 为实际货币余额。在后面的分析中会考虑效用函数的具体形式，现阶段只简单地假定 $U_c, U_l, U_m > 0$ 以及 $U_{cc}, U_{ll}, U_{mm} \leqslant 0$。假定居民户通过选择 $\{c_{t+s}, l_{t+s}, n_{t+s}, k_{t+s+1},\ b_{t+s+1}, m_{t+s+1};\ s \geqslant 0\}$ 最大化 $\sum\limits_{s=0}^{\infty} \beta^s U(c_{t+s}, l_{t+s}, m_{t+s})$，实际预算约束为[①]

$$\begin{aligned} & c_t + (1+\pi_{t+1})(k_{t+1} + b_{t+1} + m_{t+1}) \\ & \qquad = (1-\tau_t) w_t n_t + (1+R_t^{\mathrm{k}}) k_t + (1+R_t^{\mathrm{b}}) b_t + m_t, \end{aligned}$$

其中，k_t 为股权，b_t 为政府发行的债券，w_t 为平均实际工资率，R_t^{k} 为股权资本的名义收益率，R_t^{b} 为政府债券的名义收益率。有两种税收：劳动所得税 τ_t 和铸币税 $\pi_{t+1} m_t$。

该问题的拉格朗日函数为

$$\begin{aligned} \mathcal{L} = \sum_{s=0}^{\infty} \{ & \beta^s U(c_{t+s}, l_{t+s}, m_{t+s}) \\ & + \lambda_{t+s}[(1-\tau_{t+s}) w_{t+s} n_{t+s} + (1+R_{t+s}^{\mathrm{k}}) k_{t+s} + (1+R_{t+s}^{\mathrm{b}}) b_{t+s} \\ & + m_{t+s} - c_{t+s} - (1+\pi_{t+s+1})(k_{t+s+1} + b_{t+s+1} + m_{t+s+1})]\}. \end{aligned}$$

[①] 译者注：原书此处预算约束写为 $c_t + k_{t+1} + (1+\pi_{t+1})(k_{t+1} + b_{t+1} + m_{t+1}) = (1-\tau_t) w_t n_t + (1+R_t^{\mathrm{k}}) k_t + (1+R_t^{\mathrm{b}}) b_t + m_t$。公式左边多出一项 k_{t+1}，疑似作者笔误。

一阶条件为

$$\begin{aligned}
\frac{\partial \mathcal{L}}{\partial c_{t+s}} &= \beta^s U_{c,l+s} - \lambda_{l+s} = 0, & s \geqslant 0, \\
\frac{\partial \mathcal{L}}{\partial n_{t+s}} &= -\beta^s U_{l,t+s} + \lambda_{t+s}(1-\tau_{t+s})w_{t+s} = 0, & s \geqslant 0, \\
\frac{\partial \mathcal{L}}{\partial k_{t+s}} &= \lambda_{t+s}(1+R^{\mathrm{k}}_{t+s}) - \lambda_{t+s-1}(1+\pi_{t+s+1}) = 0, & s > 0, \\
\frac{\partial \mathcal{L}}{\partial b_{t+s}} &= \lambda_{t+s}(1+R^{\mathrm{b}}_{t+s}) - \lambda_{t+s-1}(1+\pi_{t+s+1}) = 0, & s > 0, \\
\frac{\partial \mathcal{L}}{\partial m_{t+s}} &= \beta^s U_{m,t+s} + \lambda_{t+s} - \lambda_{t+s-1}(1+\pi_{t+s+1}) = 0, & s > 0.
\end{aligned}$$

从消费和闲暇的一阶条件中我们可以得到

$$\frac{U_{l,t}}{U_{\mathrm{c},t}} = (1-\tau_t)w_t. \tag{8.29}$$

因此，劳动所得税在边际效用的比率以及工资率之间嵌入一个楔子。由资本和债券的一阶条件中可以得到

$$\begin{aligned}
\frac{\lambda_{t+s-1}}{\lambda_{t+s}} &= \frac{1+R^{\mathrm{k}}_{t+s}}{1+\pi_{t+s+1}} = 1+r^{\mathrm{k}}_{t+s} & (8.30) \\
&= \frac{1+R^{\mathrm{b}}_{t+s}}{1+\pi_{t+s+1}} = 1+r^{\mathrm{b}}_{t+s}, & (8.31)
\end{aligned}$$

这意味着资本和债券的实际收益率满足

$$r^{\mathrm{k}}_{t+s} = r^{\mathrm{b}}_{t+s}, \quad s > 0. \tag{8.32}$$

从消费和资本的一阶条件中可以得到欧拉方程

$$\frac{\beta U_{\mathrm{c},t+1}}{U_{\mathrm{c},t}}(1+r^{\mathrm{k}}_{t+1}) = 1.$$

因此，在长期中，$\beta(1+r^{\mathrm{k}}) = 1$ 或者 $r^{\mathrm{k}} = \theta = r^{\mathrm{b}}$ 。

从消费、债券以及货币的一阶条件中，得到

$$\frac{U_{m,t+s}}{U_{\mathrm{c},t+s}} = R^{\mathrm{b}}_{t+s}, \quad s > 0. \tag{8.33}$$

如果 Friedman 法则成立，那么 $R^{\mathrm{b}}_{t+s} = 0$，这要求 $U_{m,t+s} = 0$；换句话说，必须持有足够多的货币才能使边际效用为零。

在 Friedman 法则中，由于名义利率为零，实际利率必须满足 $r^{\mathrm{k}} = \theta = r^{\mathrm{b}} = -\pi$，并且由于实际收益率非负，所以通货膨胀率必须非正。接下来的问题便是讨论 Friedman 法则是否是最优的。

8.11.2.2 Friedman 法则的最优性

假定政府的目标是使得居民户的效用最大化，受约束于经济体的资源约束和居民户的最优性条件，该最优性条件可以表达成用类似于在第 5 章中分析税收政策时得到的可实现条件。将资本和债券的收益率代入居民户的预算约束中，并且使用债券的一阶条件，我们得到

$$\begin{aligned} c_{t+s} + (1+\pi_{t+s+1})(k_{t+s+1} + b_{t+s+1} + m_{t+s+1}) \\ = (1-\tau_{t+s})w_{t+s}n_{t+s} - (1+R^{\mathrm{b}}_{t+s})m_{t+s} \\ + (1+\pi_{t+s+1})\frac{\lambda_{t+s-1}}{\lambda_{t+s}}(k_{t+s} + b_{t+s} + m_{t+s}). \end{aligned}$$

只要如下横截条件成立

$$\lim_{n\to\infty} \lambda_{t+n}k_{t+n+1} = 0,$$
$$\lim_{n\to\infty} \lambda_{t+n}b_{t+n+1} = 0,$$
$$\lim_{n\to\infty} \lambda_{t+n}m_{t+n+1} = 0,$$

那么可以逐步向前求解居民户的预算约束，得出居民户的跨期预算约束

$$\lambda_{t-1}(k_t + b_t + m_t) = \sum_{s=0}^{\infty} \lambda_{t+s}[c_{t+s} - (1-\tau_{t+s})w_{t+s}n_{t+s} + (1+R^{\mathrm{b}}_{t+s})m_{t+s}].$$

运用消费、就业以及货币的一阶条件，将跨期预算约束重新表示为如下可实现性条件

$$\lambda_{t-1}(k_t + b_t + m_t) = \sum_{s=0}^{\infty} \beta^s(U_{c,t+s}c_{t+s} - U_{l,t+s}n_{t+s} + U_{m,t+s}m_{t+s}), \tag{8.34}$$

其中，式子左侧部分在 t 时刻是前定的。

政府预算约束为

$$g_t + (1+R^{\mathrm{b}}_t)b_t + m_t = \tau_t w_t n_t + (1+\pi_{t+1})(b_{t+1} + m_{t+1}).$$

经济体一般的资源约束可以从居民户和政府的预算约束中获得：

$$F(k_t, n_t) = c_t - k_{t+1} + (1-\delta)k_t - g_t.$$

如果假定生产函数具有规模报酬不变 (因此，是一次齐次的) 的性质，并且生产要素都按照边际产出支付报酬，那么有 $F_{k,t} - \delta = r^{\mathrm{k}}_t$ 以及 $F_{n,t} = w_t$。因此，

$$\begin{aligned} F(k_t, n_t) &= F_{k,t}k_t + F_{n,t}n_t \\ &= (r^{\mathrm{k}}_t + \delta)k_t + w_t n_t. \end{aligned}$$

如此，资源约束可以写成

$$r_t^{\mathrm{k}} k_t + w_t n_t = c_t + k_{t+1} - k_t + g_t.$$

现在可以将政府的问题表述为：在可实现性条件和经济体资源约束的约束下最大化居民户的跨期效用。该问题的拉格朗日函数为：

$$\begin{aligned}\mathcal{L} = \sum_{s=0}^{\infty}\{&\beta^s U(c_{t+s}, l_{t+s}, m_{t+s}) \\ &+ \phi_{t+s}[r_{t+s}^{\mathrm{k}} k_{t+s} + w_{t+s} n_{t+s} - c_{t+s} - k_{t+s+1} + k_{t+s} - g_{t+s}]\} \\ &+ \mu\left[\sum_{s=0}^{\infty}\beta^s (U_{c,t+s} c_{t+s} U_{l,t+s} n_{t+s} + U_{m,t+s} m_{t+s}) - \lambda_{t-1}(k_t + b_t + m_t)\right].\end{aligned}$$

或者，定义

$$\begin{aligned}&V(c_{t+s}, n_{t+s}, m_{t+s}, \mu) \\ &\qquad = U(c_{t+s}, l_{t+s}, m_{t+s}) + \mu(U_{c,t+s} c_{t+s} - U_{l,t+s} n_{t+s} + U_{m,t+s} m_{t+s}),\end{aligned}$$

拉格朗日函数变为

$$\begin{aligned}\mathcal{L} = \sum_{s=0}^{\infty}\{&\beta^s V(c_{t+s}, n_{t+s}, m_{t+s}, \mu) \\ &+ \phi_{t+s}[r_{t+s}^{\mathrm{k}} k_{t+s} + w_{t+s} n_{t+s} - c_{t+s} - k_{t+s+1} + k_{t+s} - g_{t+s}]\} \\ &- \mu\lambda_{t-1}(k_t + b_t).\end{aligned}$$

消费、劳动、资本以及货币[①]的一阶条件为

$$\begin{aligned}\frac{\partial \mathcal{L}}{\partial c_{t+s}} &= \beta^s V_{c,t+s} - \phi_{t+s} = 0, && s \geqslant 0, \\ \frac{\partial \mathcal{L}}{\partial n_{t+s}} &= \beta^s V_{n,t+s} + \phi_{t+s} w_{t+s} = 0, && s \geqslant 0, \\ \frac{\partial \mathcal{L}}{\partial k_{t+s}} &= \phi_{t+s}(1 + r_{t+s}^{\mathrm{k}}) - \phi_{t+s-1} = 0, && s > 0, \\ \frac{\partial \mathcal{L}}{\partial m_{t+s}} &= \beta^s V_{m,t+s} = 0, && s > 0.\end{aligned}$$

前三个一阶条件与之前一样，因而可以得到类似的解。因此我们重点讨论对于货币的意义。最后一个条件意味着

$$V_{m,t+s} = (1+\mu) U_{m,t+s} + \mu(U_{cm,t+s} c_{t+s} - U_{lm,t+s} n_{t+s} + U_{mm,t+s} m_{t+s}) = 0.$$

---

①译者注：原书此处未提及“货币”，疑似作者笔误遗漏。

因此，效用函数的形式决定了解的形式。考虑如下可分的效用函数

$$U(c,l,m)=\frac{c^{1-\sigma}}{1-\sigma}+\eta\frac{m^{1-\phi}}{1-\phi}+z(l).$$

则货币的一阶条件变为

$$\eta(1+\mu-\mu\phi)m_{t+s}^{-\phi}=0.$$

因此，除非碰巧 $1+\mu-\mu\phi=0$ 或者 $\eta=0$，否则要使 $\phi>0$，则必然要求 $m_{t+s}\to\infty$。但是，从居民户问题的解 (8.33) 式可知 $U_{m,t+s}/U_{c,t+s}=R_{t+s}^{\mathrm{b}}$，并且如果 $m_{t+s}\to\infty$，则有 $U_{m,t+s}\to 0$。但是以上分析只有在 $R_{t+s}^{\mathrm{b}}\to 0$ 时才成立，因此 Friedman 法则是最优的政策。

该结果在更为一般的非可分的效用函数下也成立。效用函数要具备的关键性质是它可以表示成如下形式

$$U(c,l,m)=Z[u(c,m),l],$$

其中，$u(c,m)$ 是位似函数，满足 $u_c=u_m$(见 Chari 等 (1994))。如果像在购物时间模型中一样，将货币看作中间产品时，也同样可以证明 Friedman 法则是最优的 (见 Correia 和 Teles，(1996)；Chari 等 (1994))。

这些结论受到了 Mulligan 和 Sala-i-Martin(1997) 的质疑。他们指出，Friedman 法则最优性的成立要取决于假定不用货币支付税收以及对于效用函数或者购物时间技术的特殊假定。具体地说，他们表明最优性要求持有货币不存在规模经济，如在购物时间模型中一样。由于最优性取决于偏好和技术的形式，因此，Friedman 法则成立所需要满足的条件似乎非常牵强。

Friedman 法则的最优性还要求不存在市场不完全。负的通货膨胀率意味着价格必须可以灵活地下降，然而实际价格是有黏性的，特别是在下降的时候。因此，通货紧缩很可能存在实际成本，从而导致 Friedman 法则在实际中是不可行的。从政治上看，Friedman 法则几乎一定会被否决。因此在实践中，任何国家货币政策的实施都并非依据 Friedman 法则，并且通货膨胀和名义货币增长率通常都是正的而不是负的。

8.12 货币的超中性

宏观经济学古典二分法认为，名义量的冲击在长期对实际量没有影响 (见 Patinkin(1956)；Modigliani(1963)；Lucas(1980b)；Walsh(2005))。当名义量的冲击是货币冲击时，就是所谓的货币超中性。也就是说名义货币余额和通货膨胀率等比例的变化对经济体中诸如消费、产出和资本等实际变量没有影响。但从居民户对货币的需

求以及和在居民户预算约束中引入名义货币而得到的结论来看，持有名义货币这件事似乎增加了经济体的实际成本，所以货币并不是超中性的。这种解释的问题在于它仅是以居民户为基础所做的决策，得到的结论也只是一个局部均衡，而非整个经济体的一般均衡。因此，为了检验货币的超中性，我们需要构造一个考虑整个经济体的完备模型。

居民户的预算约束表明，当通货膨胀为正时，持有货币会引起居民户金融财富的下降，这便增加了他们的实际成本。由于考虑利息损失而减少货币余额会降低实际成本带来的损失，但并不会消除这种损失。若将视线从只考虑经济体中居民户的局部转向经济体的全局，则需要考虑到经济体的所有部门。具体地说，由于铸币税收入收归政府所有，而政府必须满足预算平衡，所以铸币税必然会对政府的支出或税收收入产生匹配效应。

假设有这样一个经济体，全部货币都由政府发行，而铸币税收入又都以转移支付的方式返还给居民户，居民户在做持有多少货币量的决策时把转移支付看作给定的。居民户的预算约束可以写为

$$(1+\pi_{t+1})(k_{t+1}+m_{t+1})+c_t+T_t=w_tn_t+m_t+(1+R_t)k_t, \tag{8.35}$$

其中 $T_t<0$ 表示对居民户的转移支付。由政府的预算约束中可知，税收收入是

$$T_t=m_t-(1+\pi_{t+1})m_{t+1}. \tag{8.36}$$

合并居民户和政府的预算约束，得到整合后的约束为

$$(1+\pi_{t+1})k_{t+1}+c_t=w_tn_t+(1+R_t)k_t,$$

该式中不再有实际货币余额。

如果生产函数是一次齐次的，并且生产要素按边际产出获得报酬，即 $F_{k,t}-\delta=r_t$ 以及 $F_{n,t}=w_t$，那么生产函数将满足

$$\begin{aligned}F(k_t,n_t)&=F_{k,t}k_t+F_{n,t}n_t\\&=(r_t+\delta)k_t+w_tn_t.\end{aligned} \tag{8.37}$$

如果居民户的效用函数中包含实际货币余额 (例如，MIU 函数形式)，且在居民户预算约束和 $n_t+l_t=1$ 的约束下最大化 $\sum_{s=0}^{\infty}\beta^sU(c_{t+s},l_{t+s},m_{t+s})$，那么集中经济的拉

格朗日函数是

$$\mathcal{L} = \sum_{s=0}^{\infty} \{\beta^s U(c_{t+s}, l_{t+s}, m_{t+s})$$
$$+ \lambda_{t+s}[w_{t+s} n_{t+s} + m_{t+s} + (1 + R_{t+s}) k_{t+s}$$
$$- (1 + \pi_{t+s+1})(k_{t+s+1} + m_{t+s+1}) - c_{t+s} - T_{t+s}]\}.$$

因此，一阶条件是

$$\frac{\partial \mathcal{L}}{\partial c_{t+s}} = \beta^s U_{c,t+s} - \lambda_{t+s} = 0,$$
$$\frac{\partial \mathcal{L}}{\partial n_{t+s}} = -\beta^s U_{l,t+s} + \lambda_{t+s} w_{t+s} = 0,$$
$$\frac{\partial \mathcal{L}}{\partial k_{t+s}} = \lambda_{t+s}(1 + R_{t+s}) - \lambda_{t+s-1}(1 + \pi_{t+s+1}) = 0,$$
$$\frac{\partial \mathcal{L}}{\partial m_{t+s}} = \beta^s U_{m,t+s} + \lambda_{t+s} - \lambda_{t+s-1}(1 + \pi_{t+s+1}) = 0.$$

我们知道由于实际收益率是 $1 + r_{t+s} = (1 + R_{t+s})/(1 + \pi_{t+s+1})$，所以前三个一阶条件和没有货币的基本模型得到的结论是一样的。

现在来考察其长期解。根据消费的欧拉方程

$$\frac{\beta U_{c,t+1}}{U_{c,t}}(1 + r_{t+s}) = 1.$$

在长期，我们得到 $r = \theta$ 和 $U_m/U_c = R$。长期的消费水平可以通过整理后的约束给出

$$c = rk + wn.$$

因此，稳态的消费不受实际货币持有量的影响，长期的资本水平和劳动供给也是如此。由此可见，如果政府通过转移支付将铸币税返还给居民户，那么货币对经济体来说就是超中性的。

如果政府把铸币税收入返还给居民户的想法看起来不切实际，那么可以考虑另一种方法：政府首先定下来支出，然后再通过一次性总赋税和铸币税的税收组合来融资。那么政府的预算约束可以写成

$$(1 + \pi_{t+1}) m_{t+1} + T_t = g_t + m_t. \tag{8.38}$$

居民户的预算约束和以前一样，只是现在 $T_t \gtreqless 0$ 取决于政府是通过一次性转移支付的方式将钱返还给居民户 ($T < 0$) 还是通过一次性总付税向居民户征税 ($T > 0$)。居民户的问题和之前一样，因而解也不变。

从 (8.35) 式，(8.37) 式和 (8.38) 式中可得稳态的消费水平为

$$c = wn + rk - g.$$

因此居民户的消费水平仍然不取决于实际货币量。稳态时政府的预算约束为

$$g = T + \pi m,$$

它意味着在其他变量保持不变时，无论是通过课税融资还是通过铸币税融资对政府而言都是一样的。而如果令 $g = 0$ ，那么我们又回到前文的论述：铸币税的增加要求降低一次总付税，从而保持居民户的税后收入不受政府课税方式的影响。对于任一给定的实际货币需求函数，可以通过事先确定最优的通货膨胀率来决定如何在铸币税和一次总付税间进行选择。

8.13 结论

我们已经阐明为考虑名义变量，如何重新表达实际封闭经济模型，这涉及引入货币和一般价格水平。在对货币历史的简要回顾中，我们注意到经济学家在解释货币存在的原因以及货币的度量方面存在困难。讽刺的是，对这些问题的解释变得越来越不重要，因为信贷在某种形式上正逐渐取代现金，并且货币正在逐渐成为一种储蓄工具。

从历史角度看，货币政策的有效性取决于稳定的货币需求函数的存在。我们讨论了三种主要不同的货币持有理论：CIA 模型、MIU(Sidrauski) 模型以及 MIG(购物时间) 模型。第一个模型中，对货币的需求仅仅是为了交易；在其他两种理论中，货币需求负向取决于名义利率，因为居民户会为了增加利息收入而减少货币持有量。此外，我们还说明了持有货币会减少交易的实际资源成本。在现实生活中，许多购买支出，尤其是像耐用品等大宗商品，是由信贷支付而不是现金支付来完成的。尽管使用信贷支付的成本通常要比使用现金支付的高，但为了避免因积攒必要的现金余额而导致购买行为延期，人们还是喜欢使用信贷支付。

由于正的通货膨胀率降低了名义货币持有量的实际值，从居民户的预算约束中可以看出这给我们的经济模型中引入了非中性，甚至在稳态中，名义变量也会影响到实际变量。我们认为这是一个局部均衡结果而非一般均衡结果，因为在完全的一般均衡中，政府预算约束意味着只有降低其他税收形式才能抵消铸币税，从而在长期中使得消费不受经济体中货币数量的影响。这就是为什么要把宏观经济学看作是一般均衡而不是局部均衡学科的很好例证。我们的结论是：若要解决铸币税和其他形式税收间选择的问题，需要事先确定通货膨胀率。

我们还考察了最优通货膨胀率并表明由于要求名义利率为零，所以 Friedman 法则下的最优通货膨胀率必须为负。这意味着价格要持续下降，并经常伴随着通货紧缩和实际产出的损失。如果存在价格和工资黏性，那么通货膨胀率为正将是最优的，尽管通货膨胀率不能很高。将这两个缺陷综合考虑，或许就解释了为什么几乎所有国家设定的目标通货膨胀率都为正数而非负数。

货币政策的实施正在逐渐转向使用利率而非货币总量来控制通货膨胀。这是因为我们观察到的大多数货币总量需求函数是不稳定的，这种不稳定性来源于对信贷使用的日益增加、以货币余额形式持有的储蓄的增加和通过抵押资产而借贷的便捷性。这就对货币当局提出了新的问题：即要弄清利率影响商品和服务支出的传导机制。一种渠道是因利率改变而产生的财富效应；另一种因利率改变而造成的对借贷成本的相对影响和对资本的直接影响。稍后在本书第 14 章对货币政策的讨论中，我们将选择这些问题中的一部分再次进行讨论。本书的第 15 章，我们将讨论始于 2008 年的金融危机如何影响了银行系统并进而引致货币政策的变革，即量化宽松政策。

9 不完全灵活的价格

9.1 导论

新古典主义宏观经济学与凯恩斯主义宏观经济学之间主要的区别在于对价格调整速度的假定。新古典主义通常假定价格是“完全”灵活的，即价格水平可以瞬时调整，从而使产品市场、劳动力市场和货币市场出清。而凯恩斯主义则假定价格是有粘性的，甚至是固定的，因此，最好的情形也只能通过缓慢调整价格水平使得市场出清；而最差的情形则是价格水平无法使得市场出清，从而导致要么存在永久性的过度需求 (短缺)，要么存在过度供给 (失业)。这些市场失灵为采取积极的财政政策和货币政策提供了正当的理由，这些政策的目的是使经济比在没有干预的情况下能更快地恢复均衡状态 (通常称为充分就业)。

由于凯恩斯主义模型缺乏成功的稳定性政策且微观基础很薄弱、特别是将名义价格刚性与工资刚性武断地假设归因于制度因素等，使人们对凯恩斯模型的幻想破灭，从而导致了 DSGE 宏观经济模型的发展，DSGE 模型更强调坚实的微观基础和灵活的价格。与凯恩斯主义认为经济体永远处于非均衡状态，并通过专设的假设来解释经济体的行为不同，DSGE 模型回归到均衡分析来，考察如果经济体能够达到均衡，那么经济体的行为是怎样的以及当发生冲击或政策变化时，经济体的均衡性质会受到怎样的影响。

为了研究在灵活价格的 DSGE 模型中，经济体的动态行为能否用冲击的扩散来解释，或者为了全面捕捉宏观经济变量在经济周期中的波动，是否有必要重新考察包括非灵活价格在内的市场失灵，经济学家们对这些问题做了大量的研究。Kydland 和 Prescott (1982) 的早期工作将注意力集中于是否仅通过生产力冲击便能解释经济周期，这些冲击源自于 DSGE 模型内部动态性而产生的序列相关的产出波动，我们将在第 16 章中讨论该研究的方法论及其研究成果。尽管他们的研究使宏观经济学分析方法论产生了戏剧性和影响深远的变革，并且在其发展过程中引起了诸多争论，但似乎有更多的证据表明，宏观经济模型需要更多的非灵活性价格，而不是具有完全灵活价格的

DSGE 模型。因此，当前的研究致力于把 DSGE 模型的思想与基于微观价格理论来调整价格的严格处理过程相结合。这种模型经常被称为新凯恩斯模型，但还是称其为包含黏性价格的 DSGE 模型更贴切。

这些模型通常具有三个主要特征。第一，保持了最优化分析框架的假设；第二，假定产品市场或者劳动力市场 (或者两者均) 是不完全竞争的，因而厂商或工会具有垄断力，与完全竞争情形相比，不完全竞争导致了更高的价格和更少的产出及就业；第三，一旦厂商能够控制价格，就可以选择价格调整的速率，这使得最优价格灵活性成为厂商的策略性或者说是内生性问题，而非以专设形式做出的外生假设。

在之前对价格的讨论中，我们将注意力集中于一般价格水平而非单个商品和服务的价格或者它们间的相对价格，并且假定一般价格水平和通货膨胀能够瞬时调整。在考察不完全灵活的价格时，我们注意到，不同个体间价格的表现大相径庭，某些商品和服务的价格要比另一些价格变动得更频繁。因此一般价格水平各组成部分的相对重要性也就随之改变，这会影响到一般价格水平和通货膨胀的调整速度。通常认为一般价格水平和通货膨胀都具有黏性，也就是说，都表现出缓慢或者迟钝的调整速度。

与此密不可分的一个观点是，最终产品的生产需要投入中间产品，但最终产品价格却并非仅仅是中间产品价格的加权平均数。最终产品价格与中间产品平均价格之间的差额代表资源成本；中间产品价格间的离散程度越大 (这很可能是由通货膨胀引发并由价格黏性延长)，那么资源成本就越高。这一观点的主要含义在于它表明通货膨胀也许代价高昂，从而为控制通货膨胀提供了理由。

现在我们讨论产品市场和劳动力市场不完全，但价格是灵活可变时的最优价格设定问题；紧接着分析中间产品模型；然后我们考察不同的模型来解释为什么价格不是瞬时调整而是具有黏性；最后，以检验这些理论对价格水平和通货膨胀动态行为的含义来结束本章的讨论。在构建理论模型之前，我们要先考察价格和工资调整速度的一些经验证据，在这方面很有用的综述是 Taylor(1999)、Rotemberg 和 Woodford(1999) 以及 Gali (2008)。

9.2 关于价格和工资的一些典型事实

从 Bils 等 (2003)，Bils 和 Klenow(2004)，Klenow 和 Kryvstov(2005) 等文献中能得到美国不同价格序列变化特点比较的信息。他们发现价格变化的间隔大约为 6 个月，而 Blinder 等 (1998) 利用比 Klenow 和 Kryvstov 口径更大的美国工业数据发现平均的变化时间是 12 个月，Rumler 和 Vilmunen(2006) 利用欧洲各国的数据发现平均是 13

个月。

价格变化的频率因部门的差异而不同。Bils，Klenow 和 Kryvtsov 利用美国劳工部劳工统计局收集但未公布的 350 种产品和服务的数据发现，所有商品和服务价格变化间隔的中位数是 4.3 个月，而商品价格变化 (占 CPI 的 30.4%) 的间隔时间是 3.2 个月，服务 (占 CPI 的 40.8%) 是 7.8 个月。每个行业的间隔时间更是不同，服装、食品和家居饰品价格变化 (占 CPI 的 37.3%) 间隔时间的中位数从 2.8 个月到 3.5 个月不等，而交通运输业 (1 5.4%) 的数字是 1.9 个月，娱乐行业 (3.6%) 是 10.2 个月，医疗服务 (6.2%) 是 14.9 个月。Rumler 和 Vilmunen 利用欧洲的数据得到了十分相近的分布：能源产品和非加工食品的变化非常频繁，而加工食品、非能源工业产品和服务行业变化相对频繁，其中服务行业的变化最为缓慢。

在英国，商品和服务价格的通货膨胀时间序列数据得出了十分迥异的结果 (见图 9.1)。到 2008 年之前，服务行业价格的通货膨胀较大且在短期内波动较小，而商品价格的通货膨胀较小 (在最近甚至为负)，在短期的变化要比服务行业更剧烈。一般价格水平的通货膨胀大体上是这二者的平均值。

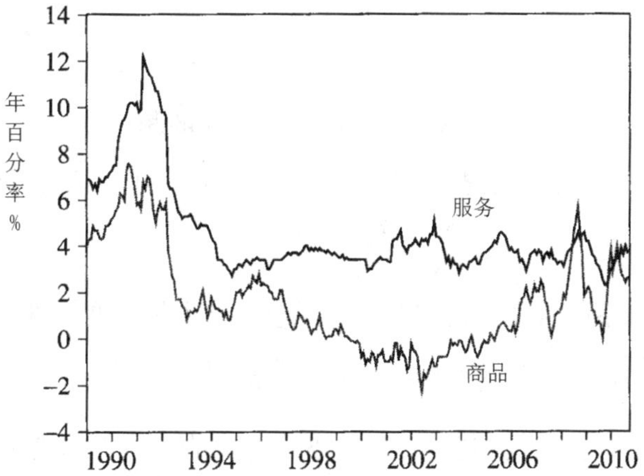

图 9.1　英国 1989.1–2010.10 商品和服务价格的通货膨胀

英国的名义工资率和一般价格水平的变化率无论在水平上还是在波动幅度上都很相似，但二者也都在随时间发生变化。大体上工资率是高于通货膨胀的，这意味着这期间的实际收入水平是上升的。不过，2010 年有个例外，该年英国的名义工资率的增长未能与生活成本的上升保持一致 (见图 9.2)。

更一般地，价格和工资变化关键的典型“事实”如下：

1. 价格和工资的刚性是暂时的。所以可以预期 DSGE 模型在长期会发挥作用。

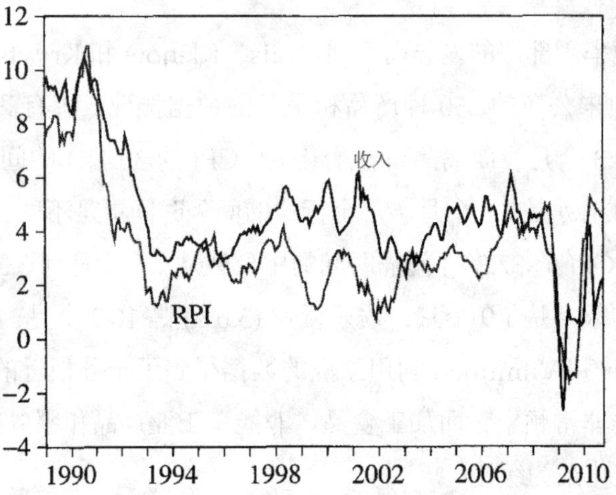

图 9.2　英国 1989.1–2010.10 价格和工资收入的通货膨胀率

2. 价格和工资的平均变化时间大约为 2 或 3 年。

3. 通货膨胀越高，价格和工资变化越频繁。

4. 价格和工资变化并不同步。

5. 价格变化 (和一定程度的工资变化) 在不同行业的频率是不同的 (如食品、百货价格的变化要比制造业、杂志或服务业更为频繁)。总体来说，贸易品价格的变化比非贸易品要频繁一些。

6. 在经济周期的不同阶段，价格和成本的变化率是不同的。例如，在繁荣期期末，成本的增加大于价格的增加，这意味着利润空间的下降。

从这些经验证据可以很清楚地看到，不同行业的价格行为表现出很大的不同：它们的相对价格随时间改变，它们的短期波动各有差异，它们变动调整的频率也并不相同。只有当经济模型中暗含着时间期限只有 1 年这种假设时，价格调整没有滞后才是合理的。即便如此，经济体中的其他滞后仍然可以延缓价格从一个均衡调整到另一均衡的完成。

9.3　不完全竞争下的价格设定

在产品市场是完全竞争的情形下，厂商 (或者更为一般地说，供给者) 没有定价权，这是由于消费者拥有完全信息并且能够寻找到最低价格。因此只有当所有厂商都面临成本同等幅度的提高时，价格才会改变。为了能够设定价格，厂商必须拥有一定程度的垄断势力，这就产生了不完全竞争。因而价格就在成本之上加成，该加成取决于需求对价格的反应，因此价格可能会对需求因素做出反应。

类似的观点还适用于劳动力市场。当雇主或劳动力的供给者 (无论他是否参加工会组织) 拥有一定的垄断力时，劳动力并非按其边际产出得到报酬。劳资双方谁的垄断势力更大决定了实际工资是低于 (当雇主占据主导地位时) 还是高于 (当雇员主导时) 劳动的边际产出。我们将这种差异称作楔子。接下来我们考虑在不完全竞争的产品或者要素市场定价的一些基本结论。

9.3.1 不完全竞争下的定价理论

在标准的不完全竞争定价理论中，只有一个厂商，面临向下倾斜的产品需求曲线:

$$P = P(Q), \qquad P'(Q) < 0,$$

其中，P 表示价格，Q 表示产量。厂商的生产函数为

$$Q = F(X_1, \ldots, X_n), \quad F' > 0,\ F'' \leqslant 0,$$

其中，X_i 为第 i 种投入要素，包括原材料。生产的成本是

$$C = \sum_{i=1}^{n} W_i X_i,$$

为了捕捉供给方的垄断特征，要素价格 W 是所使用要素数量的非减函数，所以

$$W_i = W(X_i), \qquad W'(X_i) > 0.$$

厂商在生产技术的约束下，通过选择 Q 和 X_i $(i = 1, \ldots, n)$ 来最大化利润 $\mathit{\Pi} = R - C$，其中 $R = PQ$ 为总收益。该问题的拉格朗日函数为

$$\mathcal{L} = P(Q)Q - \sum_{i=1}^{n} W(X_i)X_i + \lambda[F(X_1, \ldots, X_n) - Q].$$

一阶条件为

$$\frac{\partial \mathcal{L}}{\partial Q} = P + P'(Q)Q - \lambda = 0,$$
$$\frac{\partial \mathcal{L}}{\partial X_i} = -W_i - W'(X_i)X_i + \lambda F_i' = 0.$$

因此

$$\lambda = P + P'(Q)Q = \mathrm{MR}$$
$$= \frac{W_i + W'(X_i)X_i}{F_i'} = \frac{\mathrm{MC}_i}{\mathrm{MP}_i} = \mathrm{MC},$$

其中，MR 为边际收益，MC_i 为边际成本，MP_i 为第 i 种要素的边际产出，并且有

$$\mathrm{MC} = \frac{\partial C}{\partial Q} = \frac{\partial C}{\partial X_i}\frac{\partial X_i}{\partial Q}$$

为总边际成本。这意味着

$$p = \frac{1}{1-(1/\epsilon_{\mathrm{D}})}\mathrm{MC} \tag{9.1}$$
$$= \frac{1}{1-(1/\epsilon_{\mathrm{D}})}\frac{\mathrm{MC}_i}{\mathrm{MP}_i} \tag{9.2}$$
$$= \frac{1+(1/\epsilon_{X_i})}{1-(1/\epsilon_{\mathrm{D}})}\frac{W_i}{\mathrm{MP}_i}, \tag{9.3}$$

其中，

$$\epsilon_{\mathrm{D}} = -\frac{\partial Q}{\partial P}\frac{P}{Q} > 0$$

为需求的价格弹性，而

$$\epsilon_{X_i} = \frac{\partial X_i}{\partial W}\frac{W}{X_i} > 0$$

为要素的供给弹性。劳动供给弹性可以反映组成工会组织的劳动力以及个体劳动力供给的买方垄断势力。因此，产品和服务的价格将取决于要素的单位成本、边际产出、供给弹性以及产品的需求弹性。对于 Cobb-Douglas 生产函数而言

$$Q = \prod_{i=1}^{n} X_i^{\alpha_i}, \qquad \sum_{i=1}^{n}\alpha_i = 1,$$

我们可以得到投入的第 i 种要素的份额

$$\frac{w_i X_i}{pq} = \alpha_i \frac{1-(1/\epsilon_{\mathrm{D}})}{1+(1/\epsilon_{X_i})}.$$

一阶条件意味着对每种要素的 $\mathrm{MC}_i/\mathrm{MP}_i$ 都相等。那么，某种要素单位成本的提高将导致其使用量的减少和边际产出的提高。如果 ϵ_{X_i} 为常数，那么 W_i/MP_i 以及由此而来的 $\mathrm{MC}_i/\mathrm{MP}_i$ 都将保持不变。因此，产品的价格将不受影响，因为这是相对价格发生变化，只是要素比例发生了变化。与此相反，如果产出要求某要素投入比例是固定的，那么要素之间就无法相互替代。在这种情形下，该要素的边际产出固定，边际成

本以及由此而来的产品价格都会提高。产出会因此而下降，并导致对所有要素的需求下降。这种分析适用于中期和长期，在短期，所有要素的调整都没有这么灵活。因此，固定比例的情形也不失为对短期中某种要素价格提高的很好的近似。

如果所有要素的价格都以相同的比例提高，并且它们的供给弹性和需求的价格弹性都为常数，那么产品的价格也将随之以相同的比例提高。因此，对于常弹性的情形而言，通货膨胀必定归因于要素价格的一般性提高。虽然我们已经论证过，要素相对价格的变化在长期不会影响产品价格，仅仅会影响要素的相对使用量。但是在短期却很可能影响一般价格水平。

这些关于定价的基本原理是新凯恩斯通货膨胀模型的基础。它们通过新的菲利普斯曲线理论巩固了对经济中供给层面的分析，新菲利普斯曲线表示价格或者工资通货膨胀与产品或劳动力市场过度供给间的关系，这种过度供给通常以产出对潜在产出 (或者产出趋势) 的偏离或失业来度量。对于在新凯恩斯通货膨胀方程中，边际成本定价理论和产出缺口所起作用的深入讨论见 Neiss 和 Nelson(2005)、Batini 等 (2005) 以及 Gali (2 008)。

9.3.2 不完全竞争时宏观经济价格的决定

现代宏观经济学中的价格决定理论强调在经济体中存在种类纷繁的产品和服务。当产品为不完全替代品时，一个被广泛应用的价格设定模型是 Dixit 和 Stiglitz(1977)。我们考虑该模型的一种变体，它与 Blanchard 和 Kiyotaki (1987)、Ball 和 Romer(1991) 以及 Dixon 和 Rankin(1995) 的研究紧密相关 (也可参见 Mankiw 和 Romer (1991) 以及该文中引用的文献)。简单起见，我们考虑的模型是高度程式化的。

假定经济中有 N 个厂商，每个厂商生产一种不同的产品，产品间不完全替代，劳动是唯一使用的生产要素，由 N 个居民户所提供。假设第 i 个厂商的生产函数为

$$y_t(i) = F_i[n_t(i)],$$

其中，$n_t(i)$ 为第 i 个厂商的劳动投入。以 i 标记生产函数是为了表明每种产品的生产函数可能是不同的。第 i 个厂商的利润为

$$\Pi_t(i) = P_t(i)F_i[n_t(i)] - W_t(i)n_t(i), \tag{9.4}$$

其中 $P_t(i)$ 是产出的价格，$W_t(i)$ 是第 i 个厂商所支付的工资。

9.3.2.1　居民户的问题

假定经济中还存在 N 个居民户，他们可以按就业的类型划分，每个居民户为一种类型的厂商 i 工作。假定所有居民户的即时效用函数相同：

$$U[c_t, l_t(i)] = u[c_t] + \eta l_t(i)^{\varepsilon}, \quad \varepsilon \geqslant 1,$$

其中，c_t 为其总消费，$l_t(i)$ 为闲暇，并且 $n_t(i) + l_t(i) = 1$。假定 $u_c > 0$，$u_{cc} < 0$。

我们还假定通过使用常替代弹性函数，可以对 N 种不同的产品和服务 $c_t(i)$ 加总，得到总消费 c_t，即

$$c_t = \left[\sum_{i=1}^{N} c_t(i)^{(\phi-1)/\phi}\right]^{\phi/(\phi-1)}, \tag{9.5}$$

其中，$\phi > 1$ 为替代弹性，我们知道 ϕ 越高意味着替代弹性越大。因此，如果 ϕ 为有限值时，产品和服务间是不完全替代的。

全体居民户在产品和服务上的总支出为

$$P_t c_t = \sum_{i=1}^{N} P_t(i) c_t(i);$$

因此，一般价格水平 P_t 满足

$$P_t = \sum_{i=1}^{N} P_t(i) \frac{c_t(i)}{c_t}. \tag{9.6}$$

居民户的预算约束为

$$P_t c_t = \sum_{i=1}^{N} P_t(i) c_t(i) = W_t(i) n_t(i) + \sum_{i=1}^{N} \Pi_t(i),$$

这里假定每个居民户持有的各个厂商的股份相等。

在不存在资本 (以及股份交易) 的情形下，预算约束是静态的，因而可以在不考虑将来各期的情形下对每期进行最优化。所以在不存在资产的情形下，也就不存在 DGE 模型的跨期性质。因此我们可以假定居民户选择 $\{c_t(1), \ldots, c_t(N), n_t(i)\}$ 以最大化效用，受约束于其预算约束和 $n_t(i) + l_t(i) = 1$。拉格朗日函数为

$$\begin{aligned}\mathcal{L} = {} & u\left(\left[\sum_{i=1}^{N} c_t(i)^{(\phi-1)/\phi}\right]^{\phi/(\phi-1)}\right) \\ & + \eta l_t(i)^{\varepsilon} + \lambda_t\left[W_t(i) n_t(i) + \sum_{i=1}^{N} \Pi_t(i) - \sum_{i=1}^{N} P_t(i) c_t(i)\right].\end{aligned}$$

令 $i=1,\dots,N$ ，一阶条件为

$$\frac{\partial \mathcal{L}}{\partial c_t(i)} = u_{c,t}\left[\frac{c_t}{c_t(i)}\right]^{1/\phi} - \lambda_t P_t(i) = 0,$$
$$\frac{\partial \mathcal{L}}{\partial l_t(i)} = \eta\varepsilon l_t(i)^{\varepsilon-1} - \lambda_t W_t(i) = 0,$$

由此得到

$$\frac{c_t(i)}{c_t} = \left[\frac{\lambda_t P_t(i)}{u_{c,t}}\right]^{-\phi}. \tag{9.7}$$

居民户的问题还可以被表述为对总消费求解以最大化效用，那么拉格朗日函数可以改写为

$$\mathcal{L} = u(c_t) + \eta l_t(i)^{\varepsilon} + \lambda_t\left[W_t(i)n_t(i) + \sum_{i=1}^{N} \Pi_t(i) - P_t c_t\right].$$

对 c_t 求一阶条件得

$$\frac{\partial \mathcal{L}}{\partial c_t} = u_{c,t} - \lambda_t P_t = 0;$$

因此，$u_{c,t}/P_t = \lambda_t$ ，并且 (9.7) 式也可以写为

$$\frac{c_t(i)}{c_t} = \left[\frac{P_t(i)}{P_t}\right]^{-\phi}. \tag{9.8}$$

这就是第 i 种产品的需求函数。

将 (9.8) 式带入 (9.6) 式就可以得到以单个价格表示的一般价格指数：

$$\begin{aligned} P_t &= \sum_{i=1}^{n} P_t(i)\left[\frac{P_t(i)}{P_t}\right]^{-\phi} \\ &= \left[\sum_{i=1}^{n} P_t(i)^{1-\phi}\right]^{1/(1-\phi)}. \end{aligned} \tag{9.9}$$

从劳动的一阶条件可以得到居民户的总劳动供给：

$$n_t(i) = 1 - \left(\frac{u_{c,t}W_t(i)}{\eta\varepsilon P_t}\right)^{1/(\varepsilon-1)}. \tag{9.10}$$

如果 $\varepsilon \geqslant 1$ (或 $\leqslant 1$) ，$W_t(i)$ 的提高将会使得劳动供给 $n_t(i)$ 增加 (或减少)。如果劳动力市场是完全竞争的，居民户效用函数相同 (意味着完备市场) 并且工作的努力程度一样 (意味着厂商在雇佣谁上是无差异的)，在这种情况下，各个厂商的 $W_t(i)$ 是相等的。我们用 W_t 表示相同的工资水平。如果居民户的效用函数不同 (或者工作努力程度不一样)，那么边际效用和工资水平也都会不同。

9.3.2.2 厂商的问题

第 i 个厂商的问题是在其需求函数 (9.8) 式约束下最大化利润。当不存在投资和政府支出时，有 $c_t(i) = y_t(i) = F_i[n_t(i)]$。得到 (9.4) 式 $\Pi_t(i)$ 关于 $c_t(i)$ 的一阶条件为

$$\frac{\mathrm{d}\Pi_t(i)}{\mathrm{d}c_t(i)} = P_t(i) + \frac{\partial P_t(i)}{\partial c_t(i)}c_t(i) - W_t\frac{\mathrm{d}n_t(i)}{\mathrm{d}c_t(i)} = 0,$$

其中

$$\frac{\mathrm{d}c_t(i)}{\mathrm{d}n_t(i)} = \frac{\mathrm{d}y_t(i)}{\mathrm{d}n_t(i)} = F_i'[n_t(i)].$$

这意味着

$$P_t(i) = \frac{\phi}{\phi - 1}\frac{W_t}{F_i'[n_t(i)]}. \tag{9.11}$$

这是一个关键结论，它表明价格是对 W_t/F_i' 的加成。W_t/F_i' 是额外一单位产出的边际成本，加成率或者楔子是 $\phi/(\phi - 1) > 1$。随着 $\phi \to \infty$，也就是说随着消费品间趋向完全可替代时，加成趋向于 1，价格降低到等于边际成本。(9.11) 式这个解是垄断定价的标准结果。由于劳动边际产出 $F_i'[n_t(i)]$ 不同，则不同产品间的价格会有不同。(9.11) 式这个解意味着厂商对价格有一定的控制力，因为产出、消费都低于完全竞争下的水平，所以这是造成无效率的原因之一。因此，经济体中工资的上升会导致每种产品的价格以及一般价格水平的上涨。

劳动力的需求也可以由 (9.11) 式中获得。假定生产函数为 Cobb-Douglas 形式，即

$$y_t(i) = A_{it}n_t(i)^{\alpha_i}, \quad \alpha_i \leqslant 1,$$

其中，可以将 A_{it} 解释为第 i 个厂商在 t 时刻的生产效率。劳动力需求由下式给出

$$n_t(i) = \left(\frac{\phi}{\alpha_i A_{it}(\phi - 1)}\frac{W_t}{P_t(i)}\right)^{-1/(1-\alpha_i)}. \tag{9.12}$$

ϕ 越大，价格的成本加成越小，劳动力需求和产出也就越高，从而再次以产出和就业的损失反映了垄断的无效率。

令第 i 个厂商的劳动力需求 (9.12) 式和供给 (9.10) 式相等，得到

$$n_t(i) = \left(\frac{\phi}{\alpha_i A_{it}(\phi - 1)}\frac{W_t}{P_t(i)}\right)^{-1/(1-\alpha_i)} = 1 - \left(\frac{u_{c,t}W_t}{\eta\varepsilon P_t}\right)^{1/(\varepsilon-1)}.$$

所以有

$$\frac{P_t(i)}{P_t} = \frac{\phi}{\alpha_i A_{it}(\phi - 1)}\frac{W_t}{P_t}\left[1 - \left(\frac{u_{c,t}}{\eta\varepsilon}\frac{W_t}{P_t}\right)^{1/(\varepsilon-1)}\right]^{1-\alpha_i}. \tag{9.13}$$

因此，厂商间价格的差异是由于 A_{it} 和 α_i 造成的。(9.13) 式意味着，如果 $\varepsilon \leqslant 1$ ，经济体实际工资率的提高会导致第 i 个厂商相对价格的提高；但是如果 $\varepsilon \geqslant 1$，结果尚不明确。

在各个厂商的生产效率 A_{it} 和产出弹性相同的特殊情形下，即 $A_{it} = A_t$ 及 $\alpha_i = \alpha$，厂商的价格将会相等。在这种情形下，我们可以从 (9.13) 式中解出实际工资

$$1 = \frac{\phi}{\alpha_i A_t(\phi - 1)} \frac{W_t}{P_t} \left[1 - \left(\frac{u_{c,t}}{\eta\varepsilon} \frac{W_t}{P_t} \right)^{1/(\varepsilon-1)} \right]^{1-\alpha}. \tag{9.14}$$

由于 $u_{c,t}$ 与 $c_t\ (= y_t)$ 是负相关的，并且 $\varepsilon > \alpha$，那么实际工资的提高将会导致产出增加。更进一步地说，价格的成本加成 $\phi/(\phi-1)$ 越低，产出对实际工资变化的反应就越大。(9.14) 式还表明，经济体对名义值的反应是中性的。例如当 $\alpha_i = 1$ 时每个生产函数都是劳动的线性函数，在这种情形下，就业是由供给面 (9.10式) 决定的。

更一般地，当 α_i 不同时，我们无法得到实际工资的封闭解析解。为了说明这点，将 (9.13) 式带入 (9.9) 式，我们并不能推导出一般价格水平的解析解，因此，总产出就不是实际工资的函数。尽管如此，经济体对名义冲击的反应还是中性的。这一点可以从 (9.13) 式对工资和价格仍是零次齐次看出。

9.3.3 考虑到中间产品时的定价

为了简单起见，我们再一次将模型高度程式化。模型中的关键假设是最终产品是由追求利润最大化的厂商投入 N 种中间产品来生产的，并假定中间产品分别由 N 个垄断竞争厂商生产，且生产过程中仅使用劳动这一种生产要素，居民户仅消费最终产品并且提供劳动。

9.3.3.1 最终产品生产

最终产品为 y_t ，中间产品为 $y_t(i)$ ，$i = 1, \ldots, N$ 。假定最终产品的生产满足 CES 生产函数

$$y_t = \left[\sum_{i=1}^{N} y_t(i)^{(\phi-1)/\phi} \right]^{\phi/(\phi-1)}, \quad \phi > 1,$$

并且最终产品的生产不需要其他要素。

假定最终产出的生产者选择投入 $y_t(i)$ 以最大化利润，利润为

$$\begin{aligned}\Pi_t &= P_t y_t - \sum_{i=1}^{N} P_t(i) y_t(i) \\ &= P_t \left[\sum_{i=1}^{N} y_t(i)^{(\phi-1)/\phi}\right]^{\phi/(\phi-1)} - \sum_{i=1}^{N} P_t(i) y_t(i),\end{aligned}$$

其中，P_t 为最终产出的价格，$P_t(i)$ 为中间投入品的价格。一阶条件是

$$\frac{\partial \Pi_t}{\partial y_t(i)} = P_t \left(\frac{y_t}{y_t(i)}\right)^{1/\phi} - P_t(i) = 0;$$

因此，第 i 种投入品的需求为

$$y_t(i) = \left(\frac{P_t(i)}{P_t}\right)^{-\phi} y_t. \tag{9.15}$$

由于均衡利润为零，所以最终产品的价格为

$$P_t = \sum_{i=1}^{N} P_t(i) \frac{y_t(i)}{y_t} = \left[\sum_{i=1}^{N} P_t(i)^{1-\phi}\right]^{1/(1-\phi)}.$$

9.3.3.2 中间产品生产

假定中间产品是由规模报酬不变的生产函数生产

$$y_t(i) = A_i n_t(i),$$

其中 $n_t(i)$ 为劳动投入。中间产品厂商最大化利润函数

$$\Pi_t(i) = P_t(i) y_t(i) - W_t n_t(i)$$

其约束条件为需求函数 (9.15) 式，其中 W_t 为经济体的总体工资率。因此，可以将利润函数表示为

$$\begin{aligned}\Pi_t(i) &= P_t \left(\frac{y_t}{y_t(i)}\right)^{1/\phi} y_t(i) - W_t n_t(i) \\ &= P_t y_t^{1/\phi} y_t(i)^{1-(1/\phi)} - W_t n_t(i) \\ &= P_t y_t^{1/\phi} [A_i n_t(i)]^{1-(1/\phi)} - W_t n_t(i).\end{aligned}$$

将 P_t 和 y_t 当作给定的，通过选择 $n_t(i)$ 以最大化 $\Pi_t(i)$，可以得到

$$n_t(i) = A_i^{\phi-1}\left[\frac{\phi-1}{\phi}\frac{P_t}{W_t}\right]^{\phi} y_t,$$

$$y_t(i) = A_i^{\phi}\left[\frac{\phi-1}{\phi}\frac{P_t}{W_t}\right]^{\phi} y_t,$$

$$P_t(i) = \frac{\phi}{A_i(\phi-1)}W_t.$$

9.3.3.3 无效率带来的损失

由中间产品的产出得到总产出为

$$y_t(i) = A_i n_t(i) = \left[\frac{P_t(i)}{P_t}\right]^{-\phi} y_t.$$

总劳动投入为

$$\begin{aligned} n_t &= \sum_{i=1}^{N} n_t(i) \\ &= \sum_{i=1}^{N}\frac{1}{A_i}\left[\frac{P_t(i)}{P_t}\right]^{-\phi} y_t. \end{aligned}$$

这就给出了最终产品产出与加总的劳动投入总量之间的关系，可以表示为

$$\begin{aligned} y_t &= v_t n_t, \\ v_t &= \frac{1}{\sum_{i=1}^{N}(1/A_i)[P_t(i)/P_t]^{-\phi}}. \end{aligned}$$

如果 $v_t < 1$，那么将劳动投入到最终产品的生产而不是投入到中间产品生产时，存在无效率损失。或者换种方式说，由于必须使用中间产品来生产最终产品，在经济体中使用劳动时产生了无效率损失。进一步，如果 $A_i = 1$，那么无效率损失仅由价格间的差异性造成，我们可以将 v_t 表示为

$$v_t = \left[\frac{\tilde{P}_t}{P_t}\right]^{\phi},$$

$$\tilde{P}_t = \left[\sum_{i=1}^{N} P_t(i)^{-\phi}\right]^{-1/\phi},$$

$$P_t = \left[\sum_{i=1}^{N} P_t(i)^{1-\phi}\right]^{1/(1-\phi)}.$$

这意味着 $v_t < 1$。

为了表明对通货膨胀的影响，对 P_t 求全微分，得到

$$\mathrm{d}P_t^{-\phi}=\sum_{i=1}^{N}\mathrm{d}P_t(i)^{-\phi}.$$

因此，一般通货膨胀水平和每个中间产品的通货膨胀率有关，即：

$$\frac{\mathrm{d}P_t}{P_t}=\left\{\sum_{i=1}^{N}\left[\frac{\mathrm{d}P_t(i)}{P_t(i)}\frac{P_t(i)}{P_t}\right]^{-\phi}\right\}^{-1/\phi}.$$

假定对所有 i 而言，$\mathrm{d}P_t(i)$ 都相同，那么有 $\mathrm{d}P_t<\mathrm{d}P_t(i)$ 。这意味着如果对所有 i 而言，$P_t(i)/P_t$ 都相同，那么

$$\frac{\mathrm{d}P_t}{P_t}<\frac{\mathrm{d}P_t(i)}{P_t(i)},$$

所以，经济体总体的通货膨胀水平要低于个体间相同的通货膨胀率。因此中间产品的存在改善了一般通货膨胀水平。

将这两个结果放在一起，我们可以得出结论：中间产品的存在导致了总产出的损失，但同时也降低了最终产品的通货膨胀水平。

9.3.4 开放经济中的定价：当地货币定价和生产者货币定价

本书第 7 章对开放经济的讨论中，我们讨论了本国和国外贸易品的不完全替代性。我们曾指出，当它们为完全替代品时，在考虑运输成本之后，一价定律仍然成立。换句话说，对于贸易品而言，只存在唯一的国际价格，该价格可以用外币来表示，通常是用美元表示，或者也可以用本币表示。这种关系意味着 $P_t^{\mathrm{H}}=P_t^{\mathrm{F}}=S_tP_t^{\mathrm{F}*}=S_tP_t^{\mathrm{H}*}$，这里我们继续沿用第 7 章中的符号标记，即 P_t^{H} 表示本国贸易品的本币价格，P_t^{F} 表示进口商品的本币价格，S_t 为用本币表示的外汇价格，并且星号代表国外价格。这一关系不仅妨碍国内生产者输出完全来自国内的成本上涨压力，还削弱名义汇率对价格水平的影响，进而影响货币政策的有效性。

由于对小型开放经济体而言，本国贸易品的价格是以国际价格设定的，并且国际价格是以外币形式给出的，汇率贬值意味着每单位外币能够兑换的本币数量上升，进而将会提高进口商品的本币价格，并且导致本国贸易品在国内的销售价格上升。而本国出口商品的外币价格则不受影响，因为该价格是以国际货币价格设定的，它被当作是给定的。因此，以本币表示的出口变得更为有利可图。汇率升值会降低以本币表示的进口商品价格和本国贸易品的价格。由于以外币表示的出口商品价格没有发生变化，本币价格会下降，因此出口的利润会降低。

相反地，如果国内和国外贸易品不完全替代，那么国内和国外的生产者在定价上就有一定的垄断势力。如第 7 章所表明的，生产者在国内和国外均有一定垄断势力的情形被 Betts 和 Devereux(1996) 和 Devereux(1997) 命名为生产者货币定价 (producer-currency pricing，简写为 PCP)。而生产者仅在国内拥有一定的垄断势力，在国外没有垄断势力的情形，称为当地货币定价(local-currency pricing，简写为 LCP)。在该情形下，进口以本国生产者的价格定价，这种情况被称为因市定价。

考虑 PCP 问题。在完全垄断的极端情况下，出口价格仅仅是由外币表示的本国货币的价格，但是本国和国外的贸易品价格不同。在这种情况下有，$P_t^{\mathrm{F}} = S_t P_t^{\mathrm{H}*}$ 以及 $P_t^{\mathrm{F}*} = S_t^{-1} P_t^{\mathrm{H}}$，但是 $P_t^{\mathrm{H}} \neq P_t^{\mathrm{F}}$，$P_t^{\mathrm{H}*} \neq P_t^{\mathrm{F}*}$。此时，本国生产者能够同时在国内和国外传递成本上升的压力，并且汇率升值会导致以外币表示的出口价格上升。如果国外生产者在本国市场上拥有一定的垄断势力，那么汇率贬值将会提高以本币表示的进口产品价格。

与此相反，在纯 LCP 的情形下，$P_t^{\mathrm{H}} = P_t^{\mathrm{F}}$，$P_t^{\mathrm{H}*} = P_t^{\mathrm{F}*}$，但是 $P_t^{\mathrm{F}} \neq S_t P_t^{\mathrm{H}*}$，$P_t^{\mathrm{F}*} \neq S_t^{-1} P_t^{\mathrm{H}}$。此时，本国生产者仅能够在国内市场上传递成本上升的压力，而不能在国外市场上传递。汇率升值将不会影响以外币表示的出口产品价格，贬值也不会影响国内贸易品价格。

经验证据表明，进口价格相对具有黏性，它不随名义汇率或国外价格的变化而形成 1:1 的波动。贸易条件和名义汇率似乎可以吸收冲击，特别是对名义汇率的冲击。Engel(2000) 以及其他一些学者发现，欧洲的贸易品价格没有受到汇率变动的太大影响。这似乎表明，国外商品与本国商品要么是高度替代的，要么是虽然非完全替代的，但由于生产者对国外市场缺乏垄断势力，因而进口商品的价格都是因市定价的，即 LCP 成立。该结论具有非常重要的政策含义，它意味着汇率的贬值不会导致进口商品价格变得更高，这就大大降低了汇率贬值的有效性，利用汇率贬值是刺激本国经济和增加贸易余额的传统措施。

这些观点主要适用于小型开放经济，对美国的实用性相对较低，因为相对于几乎其他所有国家而言，美国是一个大型的并且相对封闭的经济体。凭借其规模，美国的价格通常是国际价格的主要决定力量。并且由于国际价格通常以美元标价，美国的国内价格能够很好地消化美元价值变化所带来的影响，因此，最好的近似是将美国看作一个封闭经济体。然而，这样也会丢失对美国经济一些重要方面的考察。就国际商品的价格以美元标价这一点来说，美国要通过汇率贬值提高其竞争力是非常困难的。美国不得不代之以更多地依赖技术进步和新产品的创新来提高生产效率，这至少会在一段时间内，让它在世界市场具有一些垄断势力。因此，在这种情形下，上文在不完全竞争下与定价有关的讨论适用于美国，但是关于汇率变化对价格的影响适用性可能相对较低。当然，和其他国家一样，美国也出口商品，这些商品的国外价格会随美元的贬值而降低。

9.4 价格黏性

我们已经讨论了最优价格在长期是如何决定的，现在考虑价格在短期的动态行为。短期意味着未来存在着不确定性，需要运用条件期望 $E_t(\cdot)$ 来表示。这会让我们对价格的表现有一个完整的认识。虽然有关价格动态调整的一些理论各执一词，但它们关于价格动态性的含义都很相似。这些理论的共识是一般价格水平是由许多个体商品的价格所组成，而这些价格又在以不同的速度进行调整。不同个体商品的价格会随时间的推移而改变，因此，一般价格水平的变化便表现出惯性。这些理论的关键区别在于它们把价格改变归因于偶尔发生还是选择，即价格的变化是外生的还是内生的，是最优的还是受约束的，进而是次优的。

我们主要讨论三种在现代宏观经济学中常用的理论：

1. Taylor(1979) 的合约交叠模型，模型中工资是引起价格变化的主要原因。

2. Calvo(1983) 的交错定价模型，模型中价格的变化是随机出现的。

3. 最优动态调整模型，以 Rotermberg(1982) 为例，该模型价格调整速度的选择是最优的。

然后我们考虑价格动态性的含义。

9.4.1 Taylor 的合约交叠模型

本模型基于下列假设：

1. 价格是边际成本的加成，加成会随着时间而改变，且在短期主要受工资率影响。

2. 任意时刻的工资率都是过去签署但当前仍具有效力的合约工资和当期签署的合约工资的平均数。

3. 在第一次签署工资合约时，该合约工资便使利润最大化，同时反映了当前劳动力的边际产出和预期的未来价格水平。

我们定义以下变量：p_t 为一般价格水平，$p_t = \ln P_t$，$\pi_t = \Delta p_t$ 是通货膨胀率，W_t 是整个经济体的工资率，$w_t = \ln W_t$，W_t^{N} 是在 t 期签定的新合约工资，$w_t^{\mathrm{N}} = \ln W_t^{\mathrm{N}}$，$v_t$ 是对成本的价格加成，而 z_t 是劳动力边际产出的对数值。

假设价格是对工资成本的加成：

$$p_t = w_t + v_t. \tag{9.16}$$

这意味着一定程度的垄断势力且劳动是唯一的生产要素。Taylor 假设工资合约要持续 4 个季度，为简化起见，我们假设只持续 2 期。平均工资 w_t 是 t 期的合约工资 w_t^{N} 和 $t-1$ 期的合约工资 w_{t-1}^{N} 的几何平均数：

$$w_t = \tfrac{1}{2}(w_t^{\mathrm{N}} + w_{t-1}^{\mathrm{N}}). \tag{9.17}$$

假如签订新的工资合约时考虑到了将来的价格水平 p_{t+1} 可能会和当期水平 p_t 不同，所以在考虑了当期和未来预期价格水平的平均数后，定义实际工资等于当期劳动力的边际产出 z_t。因此新的实际工资①是

$$w_t^{\mathrm{N}} - \tfrac{1}{2}(p_t + E_t p_{t+1}) = z_t. \tag{9.18}$$

合并 (9.16)、(9.17) 和 (9.18) 三式得

$$p_t = \tfrac{1}{2}\{[\tfrac{1}{2}(p_t + E_t p_{t+1}) + z_t] + [\tfrac{1}{2}(p_{t-1} + E_{t-1}p_t) + z_{t-1}]\} + v_t.$$

所以，价格水平取决于过去的价格以及未来的预期价格。如果预期是理性的，即

$$\eta_t = -(p_t - E_{t-1}p_t)$$

由于 $E_{t-1}\eta_t = 0$，那么通货膨胀率为

$$\pi_t = E_t \pi_{t+1} + 2(z_t + z_{t-1}) + 4v_t + \eta_t. \tag{9.19}$$

它的前向解为

$$\pi_t = E_t \sum_{s=0}^{\infty} 4(z_{t+s} + v_{t+s}) + 2z_{t-1} + \eta_t. \tag{9.20}$$

所以，对数边际产出 z_t 暂时增加 1 单位，通货膨胀率会在 t 期增加单位，在 $t+1$ 期增加 2 单位，在 $t+2$ 期回到初始水平。(9.20) 式还说明在 z_t 永久性增加后，通货膨胀会令人难以置信地在瞬间无限制地增加。因此，只有 z_t 的长期水平被约束为 0 但可以暂

①译者注：原书此处为“新的名义工资”，疑似作者笔误。

时偏离 0 时，模型才有意义。在这种情况下，稳态的通货膨胀水平等于成本加成的对数值。

假设工资合约持续时间大于 n 期，那么价格方程的形式为

$$p_t = \sum_{s=1}^{n-1} \alpha_s E_t p_{t+s} + \sum_{s=1}^{n} \beta_s p_{t-s} + \frac{1}{n} \sum_{s=0}^{n-1} z_{t-s} + \nu_t + \xi_t,$$

其中 ξ_t 是价格创新的线性组合，所以 ξ_t 是序列相关的。方程每多增加一期，就分别多增加一个前向的和滞后的价格项以及一个滞后的产出项。

9.4.2 Calvo 的交错价格调整模型

这大概是当今最流行的定价模型，因为它从非加总的价格理论开始，提供了非常简单的方法来推导一般价格水平的动态变化理论。一般价格水平是所有厂商价格的平均数。模型假设厂商是前向的并预测当期和未来的最优价格水平 p^*_{t+s} $(s \geqslant 0)$ 的大小，这个价格水平对所有厂商都相同。Calvo 定价区别于其他模型的最主要特点是，在该模型中，不是所有厂商都能立即调整到最优价格，并且当调整发生时，这个调整对厂商来说是外生且随机的。假设在任何一期厂商都有一个给定的概率 ρ 来调整它的价格。所以，$(1-\rho)^s$ 是在 $t+s$ 期价格仍然保持是 p_t 的概率。因此，这一理论的缺点便是对厂商无法控制什么时候调整价格的限制。

厂商在调整价格时，会设定一个新价格 $p^{\#}_t$，从而使 $p^{\#}_t$ 和最优价格间偏差损失的现值最小。只要调整价格，无论是在调整当期还是未来各期，调整成本都为 0。所以，厂商的目标就是选择 $p^{\#}_t$ 以最小化

$$\frac{1}{2} \sum_{s=0}^{\infty} \gamma^s E_t [p^{\#}_t - p^*_{t+s}]^2,$$

这里 $\gamma = \beta(1-\rho)$。

对 $p^{\#}_t$ 求微分得到一阶条件为

$$\sum_{s=0}^{\infty} \gamma^s E_t [p^{\#}_t - p^*_{t+s}] = 0.$$

所以，调整后的新价格是

$$p^{\#}_t = (1-\gamma) \sum_{s=0}^{\infty} \gamma^s E_t p^*_{t+s}. \tag{9.21}$$

也可以写成递归的形式

$$p^{\#}_t = (1-\gamma) p^*_t + \gamma E_t p^{\#}_{t+1}.$$

所以，与 Taylor 模型类似，Calvo 价格理论的解也是前向的。

由于一般价格水平是所有价格的平均数，并且有比例为 ρ 的厂商在第 t 期调整了价格，所以实际价格水平 ρ 是一个以能调整价格的厂商和不能调整价格的厂商数量为权重的加权平均数。即

$$p_t = \rho p_t^{\#} + (1-\rho)p_{t-1}. \tag{9.22}$$

利用 (9.21) 消去 $p_t^{\#}$ 得

$$p_t = \rho(1-\gamma)\sum_0^{\infty}\gamma^s E_t p_{t+s}^* + (1-\rho)p_{t-1}.$$

因此通货膨胀为

$$\pi_t = \rho(1-\gamma)\sum_0^{\infty}\gamma^s E_t[p_{t+s}^* - p_{t-1}],$$

或表达成递归的形式

$$\pi_t = \frac{\rho(1-\gamma)}{1-\rho\gamma}(p_t^* - p_{t-1}) + \frac{\gamma}{1-\rho\gamma}E_t\pi_{t+1}. \tag{9.23}$$

因此，我们再次得到一个前向的通货膨胀的解。(9.23) 式表明在 t 时刻，价格的实际变化与“合意”的价格变化 $p_t^* - p_{t-1}$ 有关，还与对未来价格变化的预期有关。在稳态，实际价格水平与合意水平相等且通货膨胀为 0。

对于基本的 Calvo 模型做这样的调整：如果厂商们不能最优地调整他们的价格，那么他们可以根据以前的通货膨胀率指数化其当期的价格变化。结果就是 (9.22) 式由下式代替

$$\begin{aligned} p_t &= \rho p_t^{\#} + (1-\rho)(\pi_{t-1} + p_{t-1}) \\ &= \rho p_t^{\#} + (1-\rho)(2p_{t-1} - p_{t-1}). \end{aligned}$$

其与动态相关联的辅助方程为

$$A(L) = 1 - 2(1-\rho)L + (1-\rho)L^2 = 0,$$

其中 L 是滞后算子。由于 $A(1) = \rho > 0$ 并且 L^2 的系数小于 1，两个解都在单位圆外，所以方程是稳定的。因此方程的解可以写成

$$\pi_t = \rho(p_t^{\#} - p_{t-1}) + (1-\rho)\pi_{t-1}.$$

通货膨胀方程则为

$$\pi_t = \frac{\rho(1-\gamma)}{1+\gamma-2\rho\gamma}(p_t^* - p_{t-1}) + \frac{\gamma}{1+\gamma-2\rho\gamma}E_t\pi_{t+1} + \frac{1-\rho}{1+\gamma-2\rho\gamma}\pi_{t-1}.$$

所以，与 (9.23) 式相比，通货膨胀方程右侧新增了一项 π_{t-1}，意味着通货膨胀调整需要时间，并且其他两项的系数也都发生了变化。

9.4.3 最优动态调整

我们假设厂商在权衡两种类型的扭曲：一种扭曲来自调整价格所需要的成本；另一种扭曲是离开均衡状态的成本。这种权衡用一个跨期成本函数来表达，该函数由价格变化水平的对数值 Δp_t 和价格水平对长期最优价格 p_t^* 的偏离组成，即

$$\mathcal{C}_t = \sum_{s=0}^{\infty} \beta^s E_t[\alpha(p_{t+s}^* - p_{t+s})^2 + (\Delta p_{t+s})^2].$$

第一项是偏离长期均衡的预期成本，而第二项是价格水平变化的预期成本。厂商选择一个适当的当期价格水平 p_t 以寻求最小化这两个成本的预期现值。所求出的解是短期最优价格水平，它不同于最优的或均衡的长期价格水平。

一阶条件是

$$\frac{\partial \mathcal{C}_t}{\partial p_{t+s}} = 2E_t[\beta^s\{-\alpha(p_{t+s}^* - p_{t+s}) + \Delta p_{t+s}\} - \beta^{s+1}\Delta p_{t+s+1}] = 0.$$

当 $s=0$ 时，这意味着

$$\Delta p_t = \alpha(p_t^* - p_t) + \beta E_t \Delta p_{t+1} \tag{9.24}$$

或

$$\pi_t = \frac{\alpha}{1+\alpha}(p_t^* - p_{t-1}) + \frac{\beta}{1+\alpha} E_t \pi_{t+1}. \tag{9.25}$$

我们再次得到了前向求解通货膨胀 π_t 的方程，π_t 取决于价格水平的合意变化量和 $E_t\pi_{t+1}$。α 是偏离均衡的相对成本，α 越大，“合意”通货膨胀率 $\pi_t^* = p_t^* - p_{t-1}$ 的系数就越大；贴现因子 β 越大，未来预期通货膨胀的系数就越大。在稳态时有 $p_t^* = p_t$ 以及 $\pi_t = E_t\pi_{t+1}$。

若假设全产厂商中只有 λ 比例的厂商利用最优动态调整的方法进行定价，而其余 $1-\lambda$ 比例的厂商利用以历史通货膨胀率为基础的经验法则定价，则可得到最优动态调整模型的一种变体，得到一个新变量 π_{t-1}。因此，通货膨胀方程是

$$\pi_t = \lambda\frac{\beta}{1+\alpha}E_t\pi_{t+1} + \lambda\frac{\alpha}{1+\alpha}(p_t^* - p_{t-1}) + (1-\lambda)\pi_{t-1}.$$

在这种情形下，通货膨胀的调整也需要时间。另一种加入通货膨胀滞后项的方法是在成本函数中包含一些附加项，比如，如果改变通货膨胀率的成本太高，那么便可以增加一项 $(\Delta p_t)^s$，$s \geqslant 3$。当 $s=3$ 时，通货膨胀的滞后项在价格方程中就变成一个附加的变量。

9.4.4 价格水平的动态

Calvo 模型和最优动态调整模型有着同样的表达形式，只是对系数的解释不同。Taylor 模型和它们有着相似的动态结构，但预期的未来通货膨胀系数不同。经验数据表明，通货膨胀方程中可能需要加入附加的动态描述 (参见 Smith 和 Wickens，2007)。通过扩展合约的期限，可以在 Taylor 模型中加入附加的动态项；通过假设不能最优调整价格的厂商，可以将过去的通货膨胀指数化，从而在 Calvo 模型中加入附加的滞后项；通过假设厂商们利用经验法则定价或在成本函数加入附加项也可以在最优动态调整模型引入滞后项。

可以捕捉全部 3 个理论核心特征的一般化的价格方程是

$$\pi_t = \alpha\pi_t^* + \beta E_t\pi_{t+1}, \quad |\beta| \leqslant 1, \tag{9.26}$$

其中 $\pi_t = \Delta p_t$ ，$\pi_t^* = p_t^* - p_{t-1}$。表面上看，这个方程似乎意味着不存在价格黏性，因为它有前向的解

$$\pi_t = \alpha\sum_{s=0}^{\infty}\beta_s E_t\pi_{t+s}^*.$$

但如果我们把模型重写成价格水平的形式，那么有

$$\Delta p_t = \alpha(p_t^* - p_{t-1}) + \beta E_t\Delta p_{t+1}, \tag{9.27}$$

或再写成，

$$-\beta E_t p_{t+1} + (1+\beta)p_t - (1-\alpha)p_{t-1} = \alpha p_t^*, \tag{9.28}$$

这是一个二阶差分方程。

利用滞后算子，它可以写成

$$-A(L)L^{-1}p_t = \alpha p_t^*.$$

与 (9.28) 式相关联的辅助方程是

$$A(L) = \beta - (1+\beta)L + (1-\alpha)L^2 = 0.$$

由于 $A(1) = -\alpha < 0$，所以解是鞍点解。如果令 $|\lambda_1| \geqslant 1, |\lambda_2| < 1$ 代表特征根，那么方程的解可以写成如下形式 (详见数学附录)

$$(1-\alpha)\lambda_1\left(1 - \frac{1}{\lambda_1}L\right)(1 - \lambda_2 L^{-1})p_t = \alpha p_t^*$$

或局部的调整模型

$$\Delta p_t = \left(1 - \frac{1}{\lambda_1}\right)(p_t^{\#} - p_{t-1}), \tag{9.29}$$

$$p_t^{\#} = \frac{\alpha}{(1-\alpha)(\lambda_1 - 1)} \sum_{s=0}^{\infty} \lambda_2^s E_t p_{t+s}^*. \tag{9.30}$$

如果预期是静态的，即 $E_t p_{t+s}^* = p_t^*$ ，则有

$$p_t^{\#} = \frac{\alpha}{(1-\alpha)(\lambda_1 - 1)(1-\lambda_2)} p_t^* = p_t^*.$$

(9.29) 式和 (9.30) 式表明，当均衡受到一个暂时或永久的扰动时，价格水平的调整需要时间。也就是说，价格水平是有黏性的。

对于价格是完全灵活可变的情形，即价格是可以瞬时调整的，我们要求 $\lambda_1 = 1$ ，这意味着 $\lambda_2 = \beta/(1-\alpha)$ 。如果我们把 (9.27) 式改写为

$$\Delta p_t = \frac{\alpha}{1-\alpha}(p_t^* - p_t) + \frac{\beta}{1-\alpha} E_t \Delta p_{t+1}, \tag{9.31}$$

很明显这要求 $\alpha = 1$。把它转化成 Calvo 模型参数的形式，我们要求 $\rho = 0$，而在最优动态调整模型中则要求 $\alpha = \infty$。

9.4.4.1 长期均衡

在长期均衡中，我们预期到价格水平的解为 $p_t = p_t^*$ 。但 (9.31) 式的解并非如此，除非长期通货膨胀率为 0 或有 $\beta/(1-\alpha) = 1$。如果 $\beta/(1-\alpha) \neq 1$，长期通货膨胀是 π，那么为了让长期解是 $p_t = p_t^*$，(9.31) 式必须包含一个截距项，所以方程变为

$$\Delta p_t = -\left(1 - \frac{\beta}{1-\alpha}\right)\pi + \frac{\alpha}{1-\alpha}(p_t^* - p_t) + \frac{\beta}{1-\alpha} E_t \Delta p_{t+1}. \tag{9.32}$$

在 Calvo 模型中，只有当 $\pi = 0$ 或 $\pi > 0$，并且厂商能够将价格调整到均衡价格的概率为 1，即 $\rho = 1$ 时，长期解才是 $p_t = p_t^*$。类似地，在最优调整模型中，我们要求要么 $\pi = 0$，要么在 $\pi > 0$ 时贴现率 $\beta = 1$。

9.5 新凯恩斯主义的菲利普斯曲线

在对通货膨胀和货币政策的分析模型中，通货膨胀方程是一个关键的关系。在凯恩斯主义的模型中，通货膨胀由菲利普斯曲线决定，菲利普斯曲线采用后此专设（*ad hoc*) 的形式给出了通货膨胀和失业间的关系，我们可以把它写成以价格通货膨胀和失业的形式表达的关系式

$$\pi_t = \alpha - \beta u_t, \tag{9.33}$$

其中 u_t 是失业率。(9.33) 式意味着要永久地在通货膨胀和失业之间进行权衡。需要说明的是，原始的菲利普斯曲线中表示通货膨胀的变量用的是工资而不是价格。

观察发现，菲利普斯曲线表明的通货膨胀和失业间稳定的负向关系越来越得不到数据支持，因此菲利普斯曲线逐渐被附加预期的菲利普斯曲线所替代 (参见 Friedman，1986；Phelps，1967)，其形式为

$$\pi_t = E_t\pi_{t+1} - \beta(u_t - u_t^{\mathrm{n}}), \tag{9.34}$$

其中 u_t^{n} 是自然 (或长期均衡) 失业率 (即“非加速通货膨胀的失业率”(NAIRU))。在方程 (9.34) 式中通货膨胀率和失业率只有短期的权衡取舍关系，而不是长期的权衡取舍。因为失业在长期会最终回到自然失业率，此时通货膨胀率等于预期通货膨胀率，而这不是由方程所决定的，即方程 (9.34) 允许通货膨胀在长期取任何值。(我们发现当 $\beta/(1-\alpha) = 1$ 时，(9.31) 式也具有这个特点。) 通货膨胀率和失业率之间不存在长期的权衡取舍关系似乎更与 20 世纪 70 年代及 20 世纪 80 年代高通货膨胀年份的经验数据相吻合。第 14 章中的图 14.1 至 14.3 描绘了美国和英国的菲利普斯曲线。

在稍后的 20 世纪 90 年代，经验数据似乎表明自然失业率也像实际失业率一样会发生变动，因此几乎无法找到通货膨胀率和失业率之间的任何联系。这导致了新凯恩斯主义菲利普斯曲线的发展。它和 NAIRU 模型紧密相关，但它有更明确的微观基础并且不需要运用失业提供一个纽带将实际经济和通货膨胀联系起来。

新凯恩斯主义的菲利普斯曲线是以不完全竞争的最优定价模型和价格黏性理论 (见 Robert 1995，1997；Clarida 等 1999；McCallum 和 Nelson，1999；Svensson 和 Woodford，2003，2004；Woodford，2003；Gianoni 和 Woodford，2005) 为基础的。通过 (9.32) 式，我们可以将通货膨胀表达成

$$\pi_t = -\left(1 - \frac{\beta}{1-\alpha}\right)\pi + \frac{\alpha}{1-\alpha}(p_t^* - p_t) + \frac{\beta}{1-\alpha}E_t\pi_{t+1}, \tag{9.35}$$

在长期均衡中有 $p_t^* = p_t$ 以及 $\pi_t = \pi$。方程 (9.35) 的通货膨胀是由当期所预期的未来实际价格对最优价格的偏离所造成的。

我们之前对不完全竞争市场定价的讨论表明最优价格是对边际成本的加成(见 (9.1) 至 (9.3) 式)。在这种情况下，我们可以把最优价格的对数形式 p_t^* 写为

$$p_t^* = \mu_t + \mathrm{mc}_t,$$

其中 mc_t 是边际成本的对数，而 μ_t 是边际成本之上的加成。加成取决于需求的价格弹性。由方程 (9.1) 得

$$\mu_t \simeq \frac{1}{\epsilon_{\mathrm{D},t}}.$$

因此，价格弹性越大，加成越小。在只有劳动力这一种要素的情形下，由 (9.3) 式得

$$\mathrm{mc}_t = \nu_t + w_t - mp_t,$$
$$\nu_t \simeq \frac{1}{\epsilon_{X_i,t}},$$

其中 ν_t 是劳动力加成，由劳动力供给弹性$\epsilon_{X_i,t}$决定，w_t 是名义工资率的对数，而 mp_t 是劳动力边际产出的对数。劳动供给函数的弹性越小，边际成本越高。将 Cobbe-Douglas 生产函数写成对数形式

$$y_t = a_t + \phi n_t, \quad 0 < \phi < 1,$$

其中 y_t 是产出，n_t 是从业人口，a_t 是技术进步，我们可得

$$\begin{aligned}\mathrm{mp}_t &= \ln\phi + y_t - n_t \\ &= \ln\phi + \frac{a_t}{\phi} - \frac{1-\phi}{\phi} y_t. \end{aligned} \tag{9.36}$$

因此最优价格是

$$p_t^* = -\ln\phi + \mu_t + \nu_t + w_t - \frac{a_t}{\phi} + \frac{1-\phi}{\phi} y_t, \tag{9.37}$$

所以最优价格对实际价格的偏离是

$$p_t^* - p_t = -\ln\phi + \mu_t + \nu_t - \frac{a_t}{\phi} + \frac{1-\phi}{\phi} y_t + (w_t - p_t). \tag{9.38}$$

将 (9.38) 式代入 (9.35) 式，得到通货膨胀方程

$$\begin{aligned}\pi_t = &-\left[\left(1-\frac{\beta}{1-\alpha}\right)\pi + \frac{\alpha\ln\phi}{1-\alpha}\right] + \frac{\beta}{1-\alpha}E_t\pi_{t+1} + \frac{\alpha(1-\phi)}{(1-\alpha)\phi}y_t \\ &+ \frac{\alpha}{1-\alpha}(w_t - p_t) - \frac{\alpha}{(1-\alpha)\phi}a_t + \frac{\alpha}{1-\alpha}(\mu_t + \nu_t). \end{aligned} \tag{9.39}$$

利用均衡中 $p_t^* = p_t$ 的结论，我们可以把通货膨胀方程 (9.39) 写成另一种形式。用星号表示均衡值，而用波浪号表示对均衡的偏离程度，所以 $\tilde{p}_t = p_t^* - p_t$，则 (9.38) 式意味着

$$0 = -\ln\phi + \mu_t^* + \nu_t^* - \frac{a_t^*}{\phi} + \frac{1-\phi}{\phi} y_t^* + (w_t^* - p_t^*),$$

所以

$$\tilde{p}_t = -\tilde{\mu}_t - \tilde{\nu}_t + \frac{\tilde{a}_t}{\phi} - \frac{1-\phi}{\phi}\tilde{y}_t - (\tilde{w}_t - \tilde{p}_t). \tag{9.40}$$

然后根据 (9.35) 式和 (9.40) 式，可将通货膨胀方程写为

$$\begin{aligned}\pi_t = &-\left(1-\frac{\beta}{1-\alpha}\right)\pi + \frac{\beta}{1-\alpha}E_t\pi_{t+1} - \frac{\alpha}{1-\alpha}(\tilde{\mu}_t + \tilde{\nu}_t)\\ &+ \frac{\alpha}{(1-\alpha)\phi}\tilde{a}_t - \frac{\alpha(1-\phi)}{(1-\alpha)\phi}\tilde{y}_t - \frac{\alpha}{1-\alpha}(\tilde{w}_t - \tilde{p}_t).\end{aligned} \tag{9.41}$$

因此，如果 $y_t > y_t^*$，则通货膨胀会增加，即如果产出高于均衡水平 (有时在经验研究中以趋势水平测度)，或如果实际工资或价格与劳动加成超过均衡水平，或者有一个负的技术冲击，那么通货膨胀就会增加。

从方程 (9.39) 可以得到许多观察。首先，它比一般的新凯恩斯主义通货膨胀方程的具体形式更复杂，一般的方程不包括实际工资、加成项和生产率冲击。假设方程 (9.41) 是正确的，那么忽略这些项当然就是一种样本设定误差。但另一方面，加成项、生产率冲击与产出和实际工资相比相对较小。第二，这个方程是以只有劳动是唯一的生产要素为基础的。而在实际生活中，生产中还包括其他的要素，如实物资本和原材料的投入。因此，有观点认为应该推导一个包含这些要素的更完备的通货膨胀方程。第三，与此相关的是，之前我们讨论过所有要素价格的一般性上涨会使得通货膨胀在长期有同样规模的增加，但由于要素间长期的可替代性，单个要素单位成本的增加 (如原油价格上涨) 在长期或许不会对通货膨胀造成显著的影响。第四，在方程 (9.36) 中，我们用产出来表示劳动力的边际产出，然而，我们还可以用劳动力来表示产出，这样方程就变为

$$mp_t = \ln\phi + a_t - (1-\phi)n_t.$$

通货膨胀方程则变为

$$\pi_t = -\left(1-\frac{\beta}{1-\alpha}\right)\pi + \frac{\beta}{1-\alpha}E_t\pi_{t+1} - \frac{\alpha}{1-\alpha}(\tilde{\mu}_t + \tilde{\nu}_t) \tag{9.42}$$

$$+ \frac{\alpha}{1-\alpha}\tilde{a}_t - \frac{\alpha(1-\phi)}{1-\alpha}\tilde{n}_t - \frac{\alpha}{1-\alpha}(\tilde{w}_t - \tilde{p}_t), \tag{9.43}$$

其中我们大致可以把就业对长期均衡值的偏离程度 $\tilde{n}_t$ 近似地用失业来表示。

9.5.1 开放经济中的新凯恩斯主义的菲利普斯曲线

到目前为止，我们一直在用 GDP 平减指数度量通货膨胀，但货币政策的执行通常是以消费者价格指数 (CPI) 为参考的。在封闭经济中 GDP 平减指数和 CPI 几乎没有差

异，但在开放经济中二者之间则有一个非常重要的差异，那就是 CPI 还反映了外国贸易品的价格。以 GDP 平减指数度量的通货膨胀是

$$\pi_t = (1 - s_t^{\mathrm{nt}})\pi_t^{\mathrm{t}} + s_t^{\mathrm{nt}}\pi_t^{\mathrm{nt}},$$

其中 π_t 是国内生产的产品和提供的服务的通货膨胀率，而 s_t^{nt} 是非贸易品所占的比重。π_t 是国内非贸易品通货膨胀率 π_t^{nt} 和国内贸易品通货膨胀率 π_t^{t} 的加权平均数，而 CPI 通货膨胀是国内贸易品的通货膨胀率 π_t 和进口产品通货膨胀率 π_t^{m} 的加权平均数，即

$$\pi_t^{\mathrm{cpi}} = (1 - s_t^{\mathrm{m}})\pi_t + s_t^{\mathrm{m}}\pi_t^{\mathrm{m}},$$

其中 s_t^{m} 是进口份额。

在一个经济体中，若生产者没有或几乎没有垄断势力，小型经济体通常是这种情况，国内贸易品价格等于以本币表示的国际价格。所以

$$\pi_t^{\mathrm{t}} = \pi_t^{\mathrm{m}} = \pi_t^{\mathrm{w}} + \Delta s_t,$$

其中 π_t^{w} 是世界通货膨胀率而 Δs_t 是汇率等比例的变化率 (外汇的国内价格)。在一个生产者有一定垄断能力的开放经济体中，如一些大的经济体，进口价格完全或部分地由市场决定。所以

$$\pi_t^{\mathrm{m}} = \varphi(1-\eta)(\pi_t^{\mathrm{w}} + \Delta s_t) + (1-\varphi)\eta\pi_t^{\mathrm{t}},$$

当 $\varphi = 1$ 时表示汇率变化可以完全传导至通货膨胀率，而 $\eta = 1$ 则表示完全地因市定价 (φ 和 η 的区间都为 $[0,1]$)，且 π_t^{t} 由国内的产品和服务决定。

因此，由 GDP 平减指数测算的小型开放经济体的通货膨胀率是

$$\pi_t = s_t^{\mathrm{nt}}\pi_t^{\mathrm{nt}} + (1 - s_t^{\mathrm{nt}})(\pi_t^{\mathrm{w}} + \Delta s_t),$$

而在大型开放经济体中则是

$$\pi_t = (1 - s_t^{\mathrm{nt}})\pi_t^{\mathrm{t}} + s_t^{\mathrm{nt}}\pi_t^{\mathrm{nt}}.$$

小型开放经济体的 CPI 通货膨胀是

$$\pi_t^{\mathrm{cpi}} = (1 - s_t^{\mathrm{m}})s_t^{\mathrm{nt}}\pi_t^{\mathrm{nt}} + [1 - s_t^{\mathrm{m}}(1 - s_t^{\mathrm{nt}})](\pi_t^{\mathrm{w}} + \Delta s_t),$$

大型开放经济体的 CPI 通货膨胀是

$$\begin{aligned}\pi_t^{\mathrm{cpi}} &= (1 - s_t^{\mathrm{m}})s_t^{\mathrm{nt}}\pi_t^{\mathrm{nt}} \\ &\quad + [(1 - s_t^{\mathrm{m}})(1 - s_t^{\mathrm{nt}}) + s_t^{\mathrm{m}}(1-\varphi)\eta]\pi_t^{\mathrm{t}} + s_t^{\mathrm{m}}\varphi(1-\eta)(\pi_t^{\mathrm{w}} + \Delta s_t).\end{aligned}$$

因此，汇率变化对通货膨胀的影响取决于通货膨胀如何测算以及经济体的规模。对于大型开放经济体，汇率变化对以 GDP 平减指数测算的通货膨胀没有或者几乎没有影响，而对于一个小型经济体，汇率变化对以 CPI 测算的通货膨胀的影响要远大于以 GDP 平减指数测算的通货膨胀。

为了完善以 CPI 测算的通货膨胀模型，我们需要区分贸易品和非贸易品的通货膨胀。假如它们是相等的，那么他们和以 GDP 平减指数测算的通货膨胀相等，而且它们是由新凯恩斯主义的菲利普斯曲线决定的。那么，通过方程 (9.35) 可得到，

$$\pi_t = \frac{\alpha}{1-\alpha}\sum_{s=0}^{\infty}\left(\frac{\beta}{1-\alpha}\right)^s E_t(p^*_{t+s} - p_{t+s}),$$

这里 $\beta/(1-\alpha) < 1$。因此以 CPI 测算的通货膨胀是

$$\begin{aligned}\pi_t^{\mathrm{cpi}} &= [(1-s_t^{\mathrm{m}}) + s_t^{\mathrm{m}}(1-\varphi)\eta]\pi_t + s_t^{\mathrm{m}}\varphi(1-\eta)(\pi_t^{\mathrm{w}} + \Delta s_t) \\ &= \frac{\delta\alpha}{1-\alpha}(p_t^* - p_t) + \frac{\beta}{1-\alpha}E_t\pi_{t+1}^{\mathrm{cpi}} + s_t^{\mathrm{m}}\delta(1-\eta)(\pi_t^{\mathrm{w}} + \Delta s_t) \\ &\quad - \frac{\beta}{1-\alpha}E_t[s_{t+1}^{\mathrm{m}}\varphi(1-\eta)(\pi_{t+1}^{\mathrm{w}} + \Delta s_{t+1})],\end{aligned}$$

其中 p_t 是 GDP 价格水平，且 $\delta = [(1-s_t^{\mathrm{m}}) + s_t^{\mathrm{m}}(1-\varphi)\eta]$ 。因此，以 CPI 测算的通货膨胀替代了以 GDP 平减指数测算的通货膨胀，并且其中还包含了以本币形式表达的世界通货膨胀。本书第 14 章将对新凯恩斯主义的菲利普斯曲线进行深入讨论，分别在封闭经济和开放经济中讨论新凯恩斯主义模型。

9.6　结论

经验数据表明价格不是完全灵活可变的，并且其变化频率在不同类型的产品和服务间也不尽相同。这说明价格不是在完全竞争市场中决定的。现代价格决定理论通过不完全竞争的假设，采用最优化的框架但转而寻求对价格黏性的解释。我们还将这种方法延伸至开放经济的价格决定，得到的结论是价格和产出与完全竞争下的水平有所不同。

通过三种主流的价格黏性理论得到了非常相似的通货膨胀模型，这些模型再加上不完全竞争的假设，便形成了新凯恩斯主义菲利普斯曲线的基础。在开放经济中研究通货膨胀时，有必要区分 GDP 平减指数和 CPI。开放经济的新凯恩斯主义菲利普斯曲线包含了附加的变量：以本币度量的国际价格的通货膨胀率。由于国外通货膨胀对国内通货膨胀的作用受汇率影响，所以汇率为货币政策的传导机制提供了另一个渠道。

这种渠道的重要性取决于贸易品市场不完全竞争的程度，因为不完全竞争的程度决定了贸易品在国外市场是如何定价的。在囊括了我们所讨论的所有特点之后，价格方程变得异常的复杂，因此，在对货币政策的分析中通常使用价格方程的简化式，其形式和基本的 Calvo 模型非常相似。

10
失业

10.1 导论

自20世纪30年代逐渐发展起来的宏观经济学在很大程度上是为了解释有关失业的问题，即为什么当时失业率如此之高且一直居高不下？为什么仅靠货币政策似乎无法消除失业？这些问题正是凯恩斯1936年所发表的具有划时代意义的巨著《就业、利息与货币通论》的核心议题，这部著作也正是因大萧条而迅速大行其道。或许有些令人奇怪，宏观经济学的DSGE方法很少提及失业问题（尤其是非自愿失业问题），比方说其成因、矫正政策等。劳动力市场主要关注就业与实际工资的决定问题。本书到现在为止的DSGE模型一直是将劳动市场看作是均衡状态的，即使是短期也认为是均衡的（如在本书第4章中讨论的那样）。由此带来的后果是，失业问题就只能被解释为自愿选择的一种均衡状态下的现象，而不是像凯恩斯的分析中那样将失业看作是非自愿的从而是一种非均衡状态。尽管在DSGE的文献中对失业问题尚未有定论，甚至对失业究竟是自愿的还是非自愿的也未有共识，本章要从理论上和经验的角度对此类问题展开研究。我们主要考虑两种主流的失业理论：搜寻理论和效率工资理论。我们还要讨论非自愿失业是否可能是因为我们第9章曾讨论过的某种工资与价格黏性所致。

区分不同类型的失业有助于我们厘清一些事实。第一，非自愿失业是指人们愿意在现行工资标准下工作，但却无法找到工作，这也是通常意义上的失业。非自愿失业通常归因于经济衰退所致，也是传统的凯恩斯主义经济学主要关注的问题。非自愿失业基本是暂时性的，随着经济周期的不同阶段而变化，在经济繁荣时期大部分就会消除。第二，摩擦性失业主要是因为工人在不同工作岗位间流动以及因为岗位空缺与搜寻工作的工人之间匹配的问题，是因为无法找到匹配的工作而导致的失业。这类的失业尽管也会随着时间的不同而有变化，但总体上是一直存在的。这有助于解释为什么失业是个永久性的问题，即使在劳动市场处于均衡时以及有空闲岗位时这类失业也会存在。毫不奇怪，近年来大量的DSGE文献采用了这种分析方法，因为摩擦性失业比起非自愿失业更容易融入均衡的DSGE模型中。第三，有关自愿失业，即人们申领失业补贴，却并不寻找工作的状态。实际上他们并不提供劳动供给，因此也不参与劳动力市场活动。因此我们不将这部分人当作劳动力的一部分。但是，应该说这部分是可能是愿意找工作，但无法找到工资能够比其接受的失业补贴更高的工作岗位，这意味着他们一旦接受这类岗位，其在收入上可能变得更差了。这种情况在欧洲比在美国更为普遍，因为美国的失业补贴一般来说较低。我们还忽略了只是做一些临时工作的人，比方说在家里偶尔为自己或是为别人做一些临时性的工作的情况。

完全灵活的实际工资是连续的劳动力市场均衡与出清，因而没有非自愿失业的必要条件。第 9 章曾经指出，价格并不是完全灵活可变的，而是黏性的。另外还可以指出一个更可能的观点，即名义工资也是不完全灵活可变的。这两点共同表明了实际工资是不完全灵活的。如果实际工资的调整需要时间，那么对劳动力需求的负向冲击就会引起暂时性的失业。如果价格和工资的波动是因部分厂商与雇主的优化行为决策的结果所致，那么这类失业就可以被看作是均衡的结果。这个引起失业原因也很容易整合进 DSGE 模型中。

尽管失业通常是用人数来衡量的，但劳动服务更常用总劳动时间来衡量，即人数乘以其工作时间的小时数。仅用人数考察的方式有时被称为外延边际，而以劳动小时数衡量的则被称为集约边际。当考察总劳动时间的波动时，我们很愿意将其分解成为就业人数的波动与平均劳动时间的波动两种情况，因为平均劳动时间波动越大，对失业的影响就可能越小。

10.2 劳动力市场的一些数据

图 10.1 及图 10.2中给出了美国 1964–2009 年间的就业量波动的量级序列、失业率、平均劳动时间以及这些指标与产出与实际工资波动之间的关系等。就业、平均劳动时间、产出及实际工资是以偏离其趋势的百分比衡量的。为便于对照分析，图中失业的数据被乘以 −1 后加以反转并加上 5.9 进行均值调整。这样处理后，图中数据序列显示为增长时意味着失业的下降。

就业和产出表现出明显的上行趋势。二者的年平均增长率分别为 2.7 和 6.29，在这期间平均劳动时间下降了 5.4 小时，实际工资（平均小时工资率除以 GDP 平减指数）在 1972 年前一直在增长，自 1995 年起又重新上涨，在 1972 年到 1995 年之间的变化较小。图 10.1 表明就业的波动与产出的波动非常相似 (相关系数为 0.84)，这可能是因为产出的波动会影响就业的波动，或者反过来也有类似影响。不管怎样，最近的经济衰退显著地表现出产出与就业同步下跌的现象。与此不同的是，尽管平均工作时间是

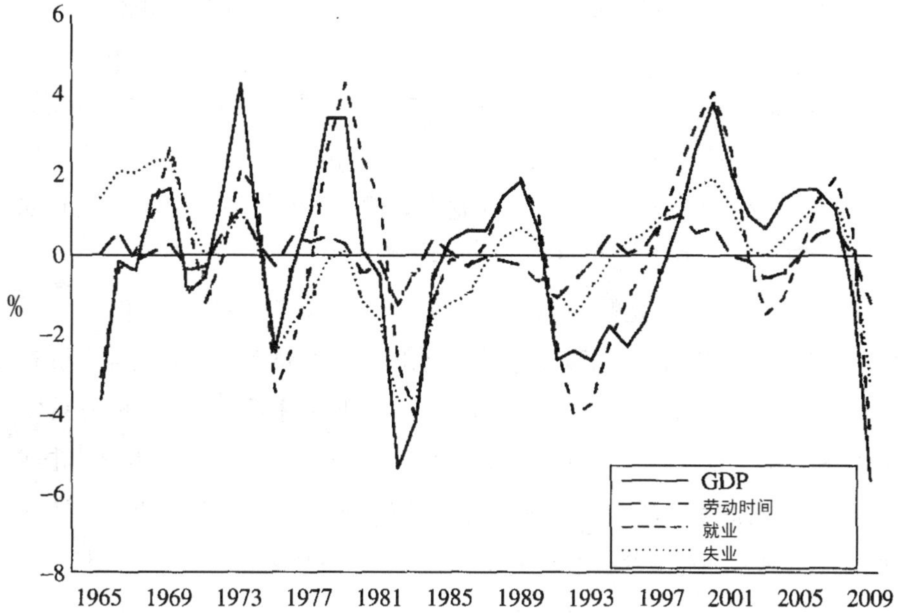

图 10.1　美国 1965–2009 年间的 GDP、就业、劳动时间和失业

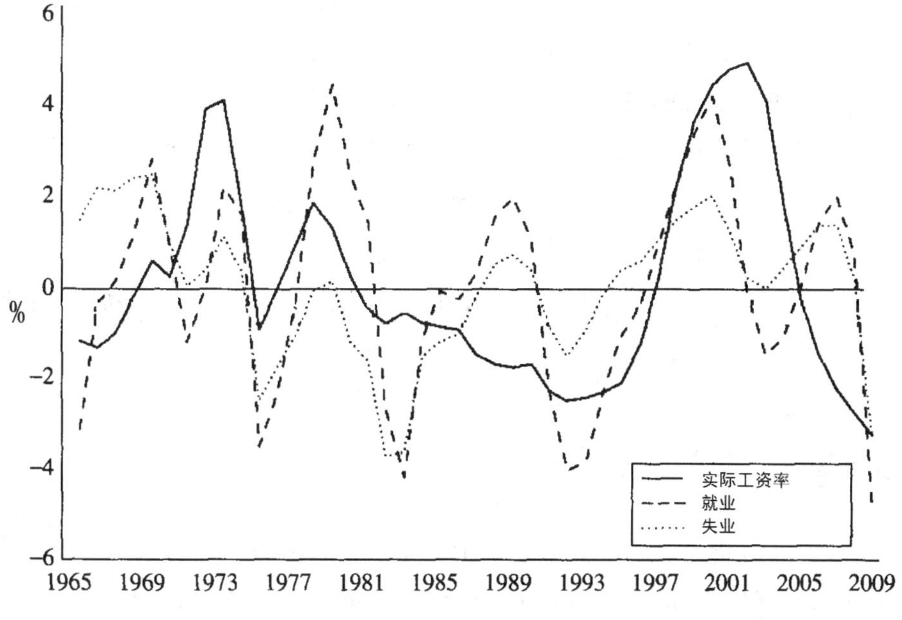

图 10.2　美国 1965–2009 年间的实际工资率、就业和失业

顺周期的，但是它的波动相对较小，与产出的相关系数为0.61，而与就业的相关系数为0.53。尽管最近这次经济衰退中平均劳动时间下降，但并不像产出和就业下降的那么多。

图10.1表明失业率的波动是逆周期的，它与产出缺口的相关系数为 –0.61，在最近的这次经济衰退中，失业率伴随着产出、就业的下降而显著地上升。最容易对此做出的解释是将其看作非自愿失业。在整个这个时期内失业均保持为正，而自1970年以来，一直未低于4%，这表明失业是个长期存在的现象。

图10.2表明实际工资是顺周期的，它或多或少地与周期重合，但是尽管其与就业或失业（或产出）有相似的振幅，但其波动的频率则略低。这为实际工资黏性提供了较弱的证据支持。实际工资与产出、就业及劳动时间正向相关，相关系数分别为0.61、0.47和0.36。这表明这一时期实际工资的变动或是受到正向的需求冲击或是正向的生产率冲击。与此不同的是，这些数据中有令人感兴趣的一个特点是，实际工资在2003–2005年间并未随产出及就业的增加而增加，而是在2000–2009年这整个十年间一直保持下降的态势。

有了这些数据后，我们比较三个有关失业的模型。其中两个模型涉及到劳动力市场的不完备。第一个模型建基于搜寻理论并用于讨论雇用成本对以下因素的影响：失业、空闲岗位、通过工人与厂商的工资谈判来决定工资。第二个模型被称为效率工资理论，这一理论中厂商愿意为工人支付较高的工资以促进劳动生产率。第三个模型用于分析工资黏性对失业的影响。之所以会提出这第三个模型的原因在于，我们发现本书第16章所介绍的基础DSGE/RBC模型无法反映出美国劳动力市场的主要特征。人们发现就业情况比模型所预测的更加不稳定，而实际工资与劳动生产率比模型所预测的更缺乏灵活性。这些发现与工资黏性是一致的。本章的最后，我们将提出几个关于在充分就业及衰退时期财政有效性的观察。我们发现，在充分就业时，财政政策与货币扩张政策都不会挤出私人支出，但是在存在失业、工资黏性时，这两类政策均有较大的影响。

10.3 搜寻理论与失业

搜寻理论在DSGE宏观经济理论中的作用日益重要起来。该理论的三位先驱性学者Peter Diamond、Dale Mortensen和Christopher Pissarides于2010年获得了诺贝尔经济学奖，更让人意识到了它的重要性。搜寻理论的主要吸引力在于，它可以解释就业与工资决定问题，就业岗位空缺与失业并存问题以及就业岗位创造与破坏并存的问题。更有吸引力的是，所有这些研究都可以在跨期优化的框架下完成。这一理论的众多开创者中有 Phelps (1970)、Mortensen (1970, 1982)、Diamond (1982a, 1982b) 以及 Mortensen and Pissarides (1994). 后续研究的典范是将劳动搜寻理论整合到完整的经济模型中，这些研究主要有 Merz (1995)、Trigari (2004, 2009)、Hall (2005)、Blanchard and Gali (2010) 以及 Christiano et al. (2010). 还有些颇有助益的综述由 Pissarides (2000)、Yashiv (2007) 以及 Rogerson 和 Shimer (2010) 做出。

这一理论的基本思想是负向的冲击引致厂商解雇工人，因而制造了失业并迫使工人开始寻找新的工作；而正向的冲击则创造了空闲的工作机会，引致厂商去寻找可以雇佣的工人。搜寻新的工作和搜寻合适的可雇佣人选都要付出不菲的代价。空缺的工作机会与寻找工作的人之间匹配的成功率取决于空缺工作机会的数量与处于失业中并寻找工作的人数。这一点影响了居民户和厂商的跨期决策以及就业、失业和工作机会的动态行为特征。

搜寻理论还为建基于工资谈判的另一种工资理论开创了新途径。就业岗位的匹配将会使厂商和工人拥有更高的收益率，而那些因为无法匹配而致空置岗位无人可用，失业工人却无业可就的状态则收益较低，这两种情况均会导致因继续搜寻而产生成本。匹配成功的总收益超过匹配不成功的成本，这个差额是一种纯经济租。工资谈判即为确定这部分经济租如何在厂商与工人之间划分。谈判的结果将决定在较高的工资水平与较多的工作时间之间的权衡取舍。尽管在考虑雇佣新工人时是在边际上决策，但是随后决定工资水平时却是在经济整体上的考虑。我们对搜寻理论与工资谈判 理论的讨论与 Merz (1995) 和 Trigari (2009) 的研究紧密相关。

10.3.1 就业匹配函数

厂商与失业人群为了能互相找到彼此，因此假定它们都需要付出代价进行搜寻活动，然后它们才能随机匹配成功。匹配函数的作用在于通过明确厂商与潜在工人之间的任何接触可致成功匹配的概率都小于 1 这个论断，将雇佣成本的概念引入分析框架中。

成功匹配（新雇佣工人）的流量由劳动力匹配函数（或者称劳动力配对交易技术）给出

$$m_t = m(u_t, v_t), \tag{10.1}$$

其中 m_t 是指岗位匹配的数量，u_t 是失业水平，而 v_t 则代表就业岗位空缺。假定匹配函数是连续的、非负的、凹的、一次齐次的且递增的。因此，工作岗位匹配成功的数量随着失业人数与岗位空缺数的上升而增加，即随着寻找工作的人数与空缺岗位数的上升而增加。方便且被广泛应用的匹配函数有如下一些性质

$$m_t = \psi u_t^{\eta} v_t^{1-\eta}, \tag{10.2}$$

其中 $0 < \eta < 1$、$0 \leqslant \psi \leqslant 1$，后者反映的是匹配过程中的效率情况。(10.1) 式和 (10.2) 式的潜在缺点在于，对于任意给定的岗位空缺水平，失业人数的增加都会带来更多的新增就业，即使实际上失业的增加本身是就业岗位破坏减少所造成，这可能是经济衰退的后果。

对于任意 m_t 的值，比方说 m, 匹配函数 (10.2) 式定义了失业与空缺岗位之间的权衡取舍关系:

$$v_t = \left(\frac{m}{\psi}\right)^{1/(1-\eta)} u_t^{-\eta/(1-\eta)}. \tag{10.3}$$

这个权衡取舍关系被称作“Beveridge 曲线”。它意味着失业人数越大，岗位空缺数量就越小。因此 m/ψ 衡量了劳动力市场上的摩擦。m 越大，由于摩擦造成的劳动服务损失就越大。因此，m 较小才是合意的。

劳动力市场紧缺程度的衡量指标通常由 $\theta_t = v_t/u_t$ 表示，它的含义是每个失业者所“拥有”的岗位空缺数。我们将空缺岗位匹配率定义为 $q_t = m_t/v_t$，即岗位空缺中匹配成功的比率，或者空缺岗位被填补的概率；同时我们定义工作匹配率（或风险率）为 $p_t = m_t/u_t$，即失业人群中人均匹配成功的数量。p_t 和 q_t 的最大值为 1，由 (10.2) 式，为了得到这些值我们需要有

$$q_t = \frac{m_t}{v_t} = \psi\left(\frac{u_t}{v_t}\right)^{\eta} = 1,$$
$$p_t = \frac{m_t}{u_t} = \psi\left(\frac{v_t}{u_t}\right)^{1-\eta} = 1,$$

此时 $v_t = u_t$，$\psi = 1$. 更一般的情况是 $\psi \geqslant 1$.

就业水平的变化是新增雇佣工人 $m_t = q_t v_t$ 减去离职人数（裁员人数加上辞职人数）ξn_t，这里 ξ 代表由就业 n_t 转向失业（即被裁员与辞职）的比率，假定 q_t 为外生，但对其众多影响因素中，与经济周期的相关性可能更大，因此有

$$\Delta n_{t+1} = q_t v_t - \xi n_t, \tag{10.4}$$

其中 $(1-\xi)n_t$ 是指在第 t 期重新找到工作，在第 $t+1$ 期仍然留在工作岗位上的人数比例。在稳态时有 $\Delta n_{t+1} = 0$，因此空缺岗位的均衡水平为

$$v_t = \frac{\xi n_t}{q_t}. \tag{10.5}$$

为了研究方便，在此类研究文献中通常是将劳动力供给标准化为 1。这样，就可以忽略新加入劳动力队伍（无论是找到新就业岗位还是加入失业队伍）的情况了，与此相似，也可以忽略退出劳动力队伍的情况。经如此处理后，就业水平与失业水平都可以用比率的形式表达了。失业可以表示为 $u_t = 1 - n_t$，我们已知 $m_t = p_t u_t$，根据 (10.4) 式，失业会以如下形式演变

$$\Delta u_{t+1} = (\xi + p_t)u_t - \xi. \tag{10.6}$$

因此稳态的失业水平将满足

$$u_t = \frac{\xi}{\xi + p_t} = \xi - m_t.$$

10.3.2 劳动力需求

对劳动力供给与需求的分析并不关注总就业水平，而是集中于对两个流量的分析，即雇佣单个工人的决策以及创造岗位空缺的决策。如果 V_t^{E} 代表厂商填补工作岗位空缺的价值，则跨期优化则为最大化如下问题

$$V_t^{\mathrm{E}} = F(h_t) - w_t h_t + \beta E_t[(1-\xi)V_{t+1}^{\mathrm{E}}], \tag{10.7}$$

其中 $F(h_t)$ 是工人个体的生产函数，h_t 是其以小时数计算的工作时间，w_t 是小时工资率。$F(h_t) - w_t$ 代表因雇佣该工人带来的利润，$E_t\beta(1-\xi)V_{t+1}^{\mathrm{E}}$ 代表就业持续时间的预期价值，$\beta = 1/(1+r)$, r 代表实际利率，$1-\xi$ 是新聘用工人在岗位持续工作的概率。

如果 V_t 代表厂商创造新岗位空缺的价值，则跨期优化问题为最大化下式

$$V_t = -f_t + \beta E_t[(1-\xi)q_{t+1}V_{t+1}^{\mathrm{E}} + (1-q_{t+1})V_{t+1}], \tag{10.8}$$

其中 f_t 是保持现有空缺岗位的成本，q_{t+1} 在下一期失业者与工作岗位得以匹配的概率。因此 $(1-\xi)q_{t+1}V_{t+1}^{\mathrm{E}}$ 反映了下一期岗位空缺被填补带来的收益，而 $(1-q_{t+1})V_{t+1}$ 则代表保持岗位空缺的收益。

只要 $V_t > 0$，厂商就会创造岗位空缺。在均衡状态时有 $V_t = 0$，因此由 (10.8) 式可知

$$\frac{f_t}{q_t} = \beta(1-\xi)V_t^{\mathrm{E}}, \tag{10.9}$$

这意味着雇佣一位工人的成本等于其预期价值，由 (10.7) 式可知，在均衡时有

$$V_t^{\mathrm{E}} = \frac{(1+r)[F(h_t) - w_t h_t]}{r+\xi}. \tag{10.10}$$

因此，利润越大，岗位空缺数就越大。

10.3.3 劳动力供给

我们假定每位居民户成员都追求最大化其跨期效用函数

$$\mathcal{U}_t = \sum_{s=0}^{\infty} \beta^s \left(\log c_{t+s} - \gamma \frac{h_{t+s}^{1+\phi}}{1+\phi} \right), \tag{10.11}$$

居民户的预算约束为

$$\Delta b_{t+1} + c_t = z_t + r b_t,$$

其中 b_t 居民户债券实际持有量，z_t 是就业及失业的居民户成员的总收入。因此由消费获得的边际效用为

$$\lambda_t = \frac{\partial \log c_t}{\partial c_t} = \frac{1}{c_t}.$$

因此就业获得的价值可以写为

$$W_t = w_t h_t - \frac{\gamma h_t^{1+\phi}}{(1+\phi)\lambda_t} + \beta E_t[(1-\xi)(W_{t+1} - U_{t+1}) + U_{t+1}], \tag{10.12}$$

其中 $w_t h_t$ 是单个个人由就业获得的收入

$$\frac{\gamma h_{t+s}^{\phi}}{(1+\phi)\lambda_t}.$$

该式也可以表示下一期工作或失业的折现值。失业由下式给出

$$U_t = b + \beta E_t[p_{t+1}(1-\xi)(W_{t+1} - U_{t+1}) + U_{t+1}], \tag{10.13}$$

其中 b 是失业的收益，p_{t+1} 是匹配的概率。

在稳态均衡下，(10.13) 式意味着

$$U_t = \frac{(1+r)b + p_t(1-\xi)W_t}{r + p_t(1-\xi)},$$

而 (10.12) 式则意味着就业的价值与保持失业的价值之间的差额为

$$W_t - U_t = \frac{(1+r)(w_t h_t - \gamma h_t^{1+\phi}/((1+\phi)\lambda_t))}{r+\xi}.$$

10.3.4 工资谈判

工资谈判理论假定厂商和工人谈判分享任何一方获得的经济剩余。他们各自分得总剩余中的一个固定比例，或者，我们在这里假设他们就此问题进行纳什谈判，他们选择工资率 w_t 和工作时间 h_t 以最大化二者经济剩余的函数。此前我们曾假设一个瓦

尔拉斯均衡，通过选择工资水平以使劳动力供给等于需求。而通过纳什谈判方式决定工资的后果可能是需求并不是一定要与供给相等，这样就有可能产生了失业。这可能是自愿失业的一种形式。

工人接受一份工作可获得的剩余是就业的价值与保持失业状态的价值之间的差额，即 $W_t - U_t$。厂商的剩余则是使填补岗位空缺与继续保持岗位空缺（或创造新的岗位空缺）之间的价值差额，即 $V_t^{\mathrm{E}} - V_t$。谈判过程是最大化纳什乘积

$$N_t = (W_t - U_t)^{\varphi}(V_t^{\mathrm{E}} - V_t)^{1-\varphi}, \tag{10.14}$$

其中 φ 反映的是二者的相对谈判实力。我们知道在均衡时有 $V_t = 0$, 假定 $F(h_t) = Ah_t^{\alpha}$，我们有

$$N_t = \frac{1+r}{r+\xi}\left[w_t h_t - \frac{\gamma c_t h_t^{1+\phi}}{1+\phi}\right]^{\varphi}[Ah_t^{\alpha} - w_t h_t]^{1-\varphi}. \tag{10.15}$$

以 $w_t h_t$ 为选择变量求解最大化，得到一阶条件为

$$\frac{\partial N_t}{\partial(w_t h_t)} = \frac{\varphi N_t}{w_t h_t - \gamma c_t h_t^{1+\phi}/(1+\phi)} - \frac{(1-\varphi)N_t}{Ah_t^{\alpha} - w_t h_t} = 0, \tag{10.16}$$

$$\frac{\partial N_t}{\partial h_t} = -\frac{\gamma\varphi N_t c_t h_t^{\phi}}{w_t h_t - \gamma c_t h_t^{1+\phi}/(1+\phi)} + \frac{A\alpha(1-\varphi)N_t h_t^{-(1-\alpha)}}{Ah_t^{\alpha} - w_t h_t} = 0. \tag{10.17}$$

由 (10.16) 式中可以得到

$$w_t h_t = \varphi(Ah_t^{\alpha} - w_t h_t) + (1-\varphi)\left(w_t h_t - \frac{\gamma c_t h_t^{1+\phi}}{1+\phi}\right). \tag{10.18}$$

因此总就业收入是每一期厂商利润与居民户效用的加权平均，因此两者的总剩余即按照相对谈判实力在二者间分享。结果是在稳态时失业不会完全消除。(10.17) 式无法得出 h_t 的封闭解析解。在瓦尔拉斯均衡中，两类剩余最终均为 0，此时我们得到

$$w_t h_t = Ah_t^{\alpha} = \frac{\gamma c_t h_t^{1+\phi}}{1+\phi},$$

该式可以解出 w_t 和 h_t，那么在稳态时不会存在失业。

10.3.5 简评

我们的分析已经表明，搜寻理论结合工资谈判理论可以得到非零的稳态下失业水平。工资谈判中人们可以自由选择在小时工资率与平均工作时间之间做出权衡取舍，从这个意义上讲，这里得出的失业水平是自愿失业。在短期对劳动供给或需求的冲击都会打破这个均衡，进而由于遵从一个动态调整过程而导致失业。因此，失业率的大

表 10.1　工人每月在不同就业状态间转换百分比

		转向		
		就业	失业	非劳动力
由	就业	—	1.5	3
	失业	25	—	22
	非劳动力	4.5	2.5	—

幅上升通常不会瞬时消除，而是会需要一定的调整时间才能消除。与此相关的动态过程也决定了空缺岗位机会的动态行为。

以上分析仍然留有重要的问题。这个理论能恰当地解释观测到的失业问题吗？被观测到的失业波动问题可以归因于搜寻动态吗？Rogerson 和 Shimer (2010) 在他们有关搜寻理论的综述文献中得出结论说，经验证据表明“搜寻行为本身对经济周期的分析并不是那么重要”。

该理论的一个弱点是失业是用相对于充分就业的劳动时间来衡量的，而不是用人数来衡量的。而图 10.1 则表明劳动时间的波动远低于失业人数的波动幅度。由于失业者的工作时间为 0，这个理论忽略了这类失业，因为它把这些人当作非劳动力。因此，这个模型中就没有考虑人们普通理解的一般意义上的非自愿失业，它考虑的失业在实质上只是指从事短时间工作，而不是根本没工作。因此这一理论可能更适合分析稳态时失业以及波动比较温和的经济周期中的短期失业，而不太适合在经济衰退时期失业的较为极端的变动。

该理论第二个比较明显的弱点是它实际上把劳动力队伍看作是常量。而在现实世界中，劳动力队伍很可能是随时间变化而不同的，在能找到工作的概率比较大时，会有人加入劳动力队伍中，而找到工作的概率相对较低时，就会有人离开劳动力队伍。进一步说，有很多国家，如果失业者的失业时间较长，他们将不再领取失业补贴，因此他们就不再被计入失业队伍中，这会引致劳动队伍人数的下降。这说明劳动力参与率会随经济周期不同而变化，因此搜寻理论可能最适合的是解释经济周期波动比较温和时的失业问题，在经济衰退期因为失业率比较高时，该理论的解释力则大打折扣。

Rogerson 和 Shimer 两人研究发现，美国自 1976 到 2009 年间，尽管劳动力变化是顺周期的，但其变动幅度比就业变动幅度小。他们还为劳动力市场流动提供了些经验证据，表 10.1 列示了他们研究成果的主要数据，即每月由就业、失业以及退出就业队伍三种状态下分别向另一种状态转移的数据。表中显示每月大约有 1.5% 的就业人口转为失业人口，大约 3% 退出劳动力队伍；大约 25% 的失业者找到新的工作，22% 则退出劳动力队伍；原本未计入劳动力队伍的人中约有 7% 重新加入劳动力队伍，其中 4.5% 直接找到了新工作，2.5% 未能及时找到工作。这些数据表明劳动力的流入流出与就业人数的流入流出同样重要。

10.4 效率工资理论

在解释非自愿失业的成因及非自愿失业为什么可能会持续时，会产生一个令人困惑的问题：如果失业者愿意以较低的实际工资率从事某岗位的工作，厂商为什么不削减实际工资呢？效率工资理论对此提供了一个解释：劳动生产率正向取决于实际工资。较高的实际工资据说可以增加劳动生产率进而降低平均劳动力成本，而削减实际工资可能会降低劳动生产率，进而提高平均劳动力成本。由此，厂商没有激励去削减实际工资，如此一来，在均衡实际工资水平下，会存在非自愿失业。

效率工资理论有众多不同的版本，每个版本都就劳动生产率与实际工资的关系提供了不同的基本解释 (参见 Yellen，1984；Akerlof 和 Yellen，1986)。其中最著名的三个版本为 Shapiro 和 Stiglitz (1984) 的劳动力怠工模型 (the labor-shirking model)、Salop (1979) 的劳动力工作转换模型 (the labor-turnover model)以及 Stiglitz (1976) 和 Weiss (1980) 的逆向选择模型 (the adverse-selection model)。

怠工模型中，工人可能选择努力工作或消极怠工，如果厂商支付相同的工资且处于充分就业状态，那么工人消极怠工不会有成本，如果因怠工而遭解雇的话，可以马上找到另一份工作。因此厂商会支付高于一般工资水平的工资以激励工人不要怠工，这提高了平均工资水平并减少了就业，因而增加了失业人数。即使存在失业工人，厂商也不愿意削减工资，因为担心这样会鼓励工人怠工。由于失业对于怠工的工人来说是一种威胁，因此这成了一种抑制工人怠工的约束机制。这会形成一个均衡的失业水平，这个均衡失业水平一定会足够大到保证工人会努力工作而不是消极怠工。因此，劳动力市场均衡必然要求存在永久的效率工资（工资水平高于没有失业的情况下的工资水平）和永久的失业。

劳动转换模型假定雇佣工人会有成本，如果前文讨论过的搜寻成本。如果厂商支付平均工资，则工人会有动机跳槽到报酬更高的工作，如果厂商的支付的工资高于平均工资水平，则工人不会有跳槽的想法。为了避免此类成本并抑制工人跳槽，厂商会支付一个较高的工资水平。

逆向选择模型假定工人会有不同的劳动能力进而有不同的劳动生产率。厂商并不知道新雇佣工人的劳动生产率，但厂商会把工人愿意接受低于平均工资水平这件事解读为一种信号，即该工人的劳动生产率低于平均劳动生产率水平。这样一来，即使存在失业的工人，也不会有厂商提供较低工资的工作岗位。

厂商之所以不愿意失去工人且愿意支付较高水平的工资以避免失去工人的另一个原因是，如果厂商通过培训的方式对其职工队伍进行了人力资本投资，这些工人就会具有高于平均水平的劳动生产率。由于培训是要花费代价的，这种工作转换成本会很高。这个关于效率工资的解释与经验证据相一致：非自愿失业的更可能是指非熟练工人的失业。下面我们以更正式的方式来检验这些理论。

这些不同版本的效率工资理论的共同之处在于它们都假定工人的效率，即劳动生产率 e，取决于所支付的效率工资高出一般工资水平 W 的部分 (ρ)，即效率工资为 $w = W + \rho$。我们假设劳动生产率由下式给出

$$e = e(w), \quad e' > 0,\, e'' \geqslant 0.$$

由此，如果 $w \geqslant W$，则有 $e(w) \geqslant e(W) = 1$。厂商每期的利润为

$$\Pi = F[e(w)n] - wn, \tag{10.19}$$

其中 n 代表就业。将 W 作为既定，选择 n 和 w 以最大化其利润，得到一阶条件为

$$\frac{\partial \Pi}{\partial n} = e(w)F' - w = 0, \tag{10.20}$$

$$\frac{\partial \Pi}{\partial w} = e'(w)nF' - n = 0. \tag{10.21}$$

由此推断，均衡的实际效率工资水平满足下式

$$w = \frac{e(w)}{e'(w)}.$$

因此，实际工资水平决定了劳动生产率的效率工资弹性 $\epsilon(w)$ 是

$$\epsilon(w) = \frac{we'(w)}{e(w)} = 1. \tag{10.22}$$

就业需求则可以由下式决定

$$F'[e(w)n] = \frac{w}{e(w)}. \tag{10.23}$$

因此，根据 (10.22) 式和 (10.23) 式可得

$$\begin{aligned}\frac{\partial n}{\partial w} &= \frac{1}{F''e(w)}[1 - \epsilon(w)] - \frac{ne'(w)}{e(w)} \\ &= -\frac{n}{w} < 0.\end{aligned} \tag{10.24}$$

从中我们得出结论，效率工资水平越高，劳动力的需求就越低。

厂商支付的工资高于一般工资水平，则其利润必然要大于只支付一般工资的情况。为了比较两种不同情况下的利润，我们将支付一般工资水平时的劳动力需求定义为 N，它满足 $F'[N]=W$，我们在 $n=N$ 及 $w=W$ 处展开利润差额的表达式：

$$\begin{aligned}\Pi(w)-\Pi(W)&=\{F[e(w)n]-wn\}-\{F[N]-WN\}\\&\simeq(n-N)[F'(N)-W]+(w-W)N[F'(N)-1]\\&=(w-W)N[F'(N)-1].\end{aligned}$$

因此，如果 $F'(N)>1$，即如果 $w>W>1$，利润的差额为正。

现在转向劳动供给面，个体的效用假设是其为了提高劳动生产率而投入的努力程度的减函数。Shapiro 和 Stiglitz (1984) 采用风险中性的间接效用函数来表达，该效用函数写成工资率与努力程度之间关系的表达式，即 $U[w,e(w)]=w-e$。他们假设工人通过选择努力程度以最大化其贴现的跨期效用，每一期中工人失去工作加入失业队伍的概率为常数 π，而因为怠工被解雇的概率为常数 ρ。因此可以比较以下三种情况下贴现效用，即在岗工作且不怠工、怠工但却仍然在岗以及失业并领取失业补贴 w_{u}。将三种情况分别用 $\mathcal{U}_{\mathrm{N}}$、$\mathcal{U}_{\mathrm{S}}$ 以及 $\mathcal{U}_{\mathrm{u}}$ 表示，如果 r 代表实际利率，则就业工人及失业工人的贴现效用分别为

$$\mathcal{U}_{\mathrm{N}}=\pi\sum_{s=0}^{\infty}(1+r)^{-s}(w-e)+(1-\pi)\sum_{s=0}^{\infty}(1+r)^{-s}w_{\mathrm{u}},$$

$$\mathcal{U}_{\mathrm{u}}=\sum_{s=0}^{\infty}(1+r)^{-s}w_{\mathrm{u}}.$$

对于在职工人来说，其贴现效用可以重新表述为流动方程

$$r\mathcal{U}_{\mathrm{N}}=w-e+\pi(\mathcal{U}_{\mathrm{u}}-\mathcal{U}_{\mathrm{N}}),\tag{10.25}$$

其中 $r\mathcal{U}_{\mathrm{N}}$ 表示“永久”效用，最后一项则表示因丢掉工作而致的预期资本损失，因此，

$$\mathcal{U}_{\mathrm{N}}=\frac{w-e+\pi\mathcal{U}_{\mathrm{u}}}{r+\pi}.\tag{10.26}$$

对于怠工的工人来说，其流动方程为

$$r\mathcal{U}_{\mathrm{S}}=w+(\pi+\rho)(\mathcal{U}_{\mathrm{u}}-\mathcal{U}_{\mathrm{S}}),$$

这意味着

$$\mathcal{U}_{\mathrm{S}}=\frac{w+(\pi+\rho)\mathcal{U}_{\mathrm{u}}}{r+\pi+\rho}.\tag{10.27}$$

如果 $\mathcal{U}_{\mathrm{N}} \geqslant \mathcal{U}_{\mathrm{S}}$，工人会选择怠工。根据 (10.26) 式和 (10.27) 式可知，这需要效率工资满足

$$w \geqslant r\mathcal{U}_{\mathrm{u}} + \frac{(r+\pi+\rho)e}{\rho}. \tag{10.28}$$

Shapiro 和 Stiglitz 将 (10.28) 式称为无怠工条件（the no-shirking condition，简写为 NSC）。这意味着工人努力程度的上界为 $\rho(\mathcal{U}_{\mathrm{S}} - \mathcal{U}_{\mathrm{u}}) \geqslant e$. (10.28) 式表明，为防止怠工的效率工资水平会因以下条件而提高：工人努力程度较高、失去工作的概率较大、其被抓到怠工的概率较低以及失业补偿的水平较高等。

Shapiro 和 Stiglitz 的效率工资怠工模型中，当厂商提供的效率工资水平满足 NSC 是，劳动力市场达到均衡，这就意味着非零的失业水平。无怠工条件 NSC 中的关键变量是 $\mathcal{U}_{\mathrm{u}}$，它由下式给出

$$r\mathcal{U}_{\mathrm{u}} = w_{\mathrm{u}} + \theta(\mathcal{U}_{\mathrm{N}} - \mathcal{U}_{\mathrm{u}}), \tag{10.29}$$

其中 θ 是找到工作的比率。如果 n 代表就业，n^{S} 代表劳动力供给，则每期转入失业队伍的人数为 πn，流出失业队伍的人数为 $\theta(n^{\mathrm{S}} - n)$。因此，在均衡状态下有

$$\theta = \frac{\pi n}{n^{\mathrm{S}} - n} = \frac{\pi n}{u n^{\mathrm{S}}},$$

其中 $u = (n^{\mathrm{S}} - n)/n^{\mathrm{S}}$ 代表失业率。因此 (10.25) 式、(10.28) 式和 (10.29) 式变为

$$r\mathcal{U}_{\mathrm{N}} = \frac{(w-e)(r+\theta) + w_{\mathrm{u}}\pi}{r+\pi+\theta}, \tag{10.30}$$

$$r\mathcal{U}_{\mathrm{u}} = \frac{(w-e)\theta + w_{\mathrm{u}}(r+\pi)}{r+\pi+\theta}, \tag{10.31}$$

$$\begin{aligned} w &\geqslant w_{\mathrm{u}} + e + \frac{(r+\pi+\theta)e}{\rho} \\ &= w_{\mathrm{u}} + e + \frac{e}{\rho}\left(r + \frac{\pi n^{\mathrm{S}}}{n^{\mathrm{S}} - n}\right) \\ &= w_{\mathrm{u}} + e + \frac{e}{\rho}\left(r + \frac{\pi}{u}\right). \end{aligned} \tag{10.32}$$

由 (10.23) 式和 (10.32) 式可以得到就业的均衡水平：

$$F'[en] = \frac{w_{\mathrm{u}} + e + (e/\rho)(r + \pi/u)}{e}. \tag{10.33}$$

尽管我们运用 Shapiro 和 Stiglitz 的无怠工模型为劳动力市场供给提供了微观基础，我们其实可以通过一个简单的假定得出相似的结论，假设失业率越高，工人们所要求的补偿性工资就会越低，这与其努力程度无关。这样我们就可以得到

$$w = R(u), \quad R' < 0, \tag{10.34}$$

这里 u 代表失业率，且 $R(0)=0$。如果工会对工资的影响力较低，即使劳动力组成了工会组织，在失业率较高时，这个假设也仍然是恰当的。

无论是运用 Shapiro–Stiglitz 模型还是如 (10.34) 式的专设假设，劳动市场的均衡均可由图10.3 给出说明。溢价工资在劳动需求曲线 F' 和努力函数 R 相交的交点处决定，将就业标准化，这个交点就代表了就业率 n 与失业率 u。因此，支付效率工资就必然意味着会有永久性的非零失业率。失业的工人会愿意在均衡工资 w 处就业，但是却无法通过降低工资溢价来压低这个工资，因为厂商知道这个降低其努力程度，进而降低劳动生产率。

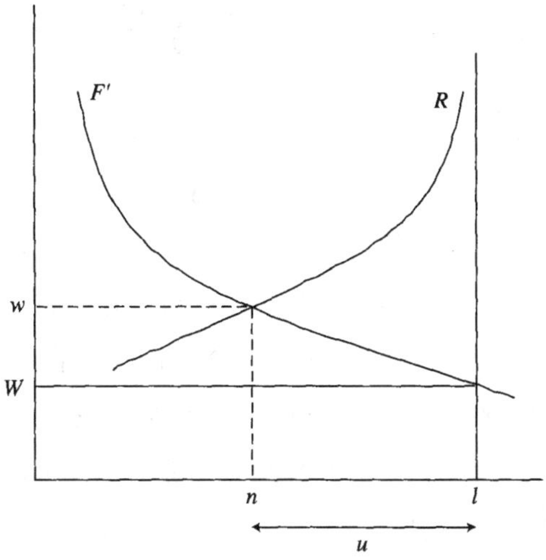

图 10.3　劳动力市场上失业水平的决定

一般工资水平 W 可以定义为在零失业的情况下劳动需求等于劳动力供给时决定的。为了消除失业，则需要增加劳动力需求使劳动需求函数右移到与努力函数相交于充分就业水平处，在这点时 $w=W$。不过，效率工资理论排除了这种情况。换个角度说，如果努力函数向右下移动，失业人数也可以减少。水平的努力函数意味着努力程度不受失业率的影响，也意味着在工资为 W 时也会消除失业。劳动力需求或劳动力努力函数的波动都会引起失业水平的变化。

10.4.1　简评

效率工资理论将失业的非市场出清解释与搜寻理论结合起来，将失业解释为在现行工资水平下劳动力的过度供给，支付较高的溢价工资的目的在于降低在工作转换而产生的搜寻成本。该理论的一个弱点是它忽略了在工资合约中可以有明确避免怠工的条款的可能性 (例如 Lazear 和 Moore，1984 的研究；Malcomson，1981 的研究)。

支付超过一般水平的工资以提高劳动生产率的另一个原因是，某些工人具有某些特定的技能，这些技能并非是广泛掌握的。效率工资理论将失业原因解释为，在溢价工资水平，有较多的工人愿意供给熟练劳动力，超出了在这一工资水平下的劳动需求。这说明失业者应该是熟练工人多于普通工人，但经验证据并不支持这一结论。非熟练工人的“储备”远大于熟练工人，所以厂商更愿意在经济衰退时辞退非熟练工人而不是熟练工人，这样做的目的是在衰退期过后，雇佣非熟练工人比雇佣熟练工人更容易，非熟练工人也有较低的培训成本。效率工资理论这样的解释似乎并不能为我们最关心的那种失业，即“非自愿”失业，提供一个可靠的解释。

10.5 工资黏性与失业

本书第 9 章指出，价格和工资并非是完全灵活可变的，而是黏性的。价格调整频率的有关经验证据表明，不同类型的经济活动中价格调整频率差异极大，有些价格变动极为频繁，而有些则一年才调整一次。工资往往是由合约规定的，一般至少也要持续一年，而且通常也是在一年中不同的时期开始生效。这些制度性的特征构成了 Taylor 的工资不完全灵活情况下的交叠合约理论的基础。因此我们运用传统的劳动力需求与供给模型分析不完全灵活工资对就业与失业的动态行为的影响。从直觉上讲，如果有了劳动力需求的负向冲击，则实际工资必然下降以保持劳动市场均衡，从而避免失业，在新均衡下实际工资和就业均下降。但是如果实际工资下降比较缓慢，则劳动力供给就不会迅速下降到足以防止劳动力供给超过劳动力需求，进而超过就业人数的情况 (就业人数是由劳动力需求决定的)。这样就产生了失业，即在当前实际工资水平下劳动力供给与需求之间的差额。

10.5.1 劳动力需求

假定厂商追求其期望利润现值的最大化

$$\mathcal{P}_t = E_t\left[\sum_{s=0}^{\infty}(1+r)^{-s}\Pi_{t+s}\right], \tag{10.35}$$

其中，厂商在第 t 期的净收入为

$$\Pi_t = F(n_t) - w_t n_t,$$

n_t 是以单个劳动者劳动时间测度的就业水平，w_t 是小时工资率，r 为 1 期债券的实际收益率。因为我们的关注点主要是在短期，因此假设资本存量为固定值。这样我们就可以将生产函数定义为

$$F(n_t) = A_t n_t^{\alpha}.$$

于是

$$\mathcal{P}_t = E_t\left[\sum_{s=0}^{\infty}(1+r)^{-s}(A_{t+s}n_{t+s}^{\alpha} - w_{t+s}n_{t+s})\right].$$

以 n_{t+s} 为选择变量最大化 $\mathcal{P}_t$，得到一阶条件为

$$\frac{\partial \mathcal{P}_t}{\partial n_{t+s}} = E_t[(1+r)^{-s}(\alpha A_{t+s}n_{t+s}^{-(1-\alpha)} - w_{t+s})] = 0, \quad s \geqslant 0.$$

由此得出劳动力需求满足下式

$$E_t[A_{t+s}n_{t+s}^{-(1-\alpha)}] = \frac{(1+r)^s}{\alpha}E_t[w_{t+s}].$$

第 t 期的劳动力需求为

$$n_t^{\mathrm{D}} = \left(\frac{w_t}{\alpha A_t}\right)^{-1/(1-\alpha)}. \tag{10.36}$$

10.5.2 劳动力供给

考虑跨期效用函数

$$\mathcal{U}_t = E_t\left[\sum_{s=0}^{\infty}\beta^s\left(\ln c_{t+s} - \gamma\frac{n_{t+s}^{1+\phi}}{1+\phi}\right)\right],$$

这里 c_t 代表消费，居民户的（实际）预算约束为

$$\Delta b_{t+1} + c_t = w_t n_t + d_t + r b_t,$$

其中 d_t 为股利分配，b_t 居民户实际持有的债券。这个问题的拉格朗日函数为

$$\begin{aligned}\mathcal{L} = E_t\sum_{s=0}^{\infty}\Bigg\{&\beta^s\left[\ln c_{t+s} - \gamma\frac{n_{t+s}^{1+\phi}}{1+\phi}\right]\\ &+ \lambda_{t+s}[w_{t+s}n_{t+s} + d_{t+s} + (1+r)b_{t+s} - b_{t+s+1} - c_{t+s}]\Bigg\}.\end{aligned}$$

一阶条件为

$$\begin{aligned}\frac{\partial \mathcal{L}}{\partial c_{t+s}} &= E_t\left[\frac{\beta^s}{c_{t+s}} - \lambda_{t+s}\right] = 0, \quad s \geqslant 0,\\ \frac{\partial \mathcal{L}}{\partial n_{t+s}} &= E_t[-\gamma\beta^s n_{t+s}^{\phi} + \lambda_{t+s}w_{t+s}] = 0, \quad s \geqslant 0,\\ \frac{\partial \mathcal{L}}{\partial b_{t+s}} &= E_t[(1+r)\beta^s\lambda_{t+s} - \beta^{s-1}\lambda_{t+s-1}] = 0, \quad s > 0.\end{aligned}$$

给定 w_{t+s}，则可由下式得出劳动力供给

$$E_t[(n_{t+s}^{\mathrm{S}})^{\phi}] = \frac{w_{t+s}}{\gamma} E_t\left[\frac{1}{c_{t+s}}\right].$$

第 t 期的劳动力供给为

$$n_t^{\mathrm{S}} = \left(\frac{w_t}{\gamma c_t}\right)^{1/\phi}. \tag{10.37}$$

10.5.3 均衡解

如果实际工资是完全灵活可变的，则劳动力需求等于劳动力供给，因而不会有失业。实际工资和就业水平则分别为

$$w_t = (\gamma c_t)^{(1-\alpha)/(1-\alpha+\phi)}(\alpha A_t)^{\phi/(1-\alpha+\phi)}, \tag{10.38}$$

$$n_t = (\gamma c_t)^{-1/(1-\alpha+\phi)}(\alpha A_t)^{1/(1-\alpha+\phi)}. \tag{10.39}$$

当不存在不确定性时，这也是均衡的实际工资与就业水平。均衡股利分配水平等于净收入。

$$d_t = A_t n_t^{\alpha} - w_t n_t = 0.$$

从总体经济层面上看，当不存在政府债务时，均衡的消费水平为

$$c_t = A_t n_t^{\alpha}. \tag{10.40}$$

由 (10.38) 式、(10.39) 式和 (10.40) 式中看出，均衡的实际工资水平、就业水平及消费水平都是 A_t 的函数。这些方程很容易通过对 (10.38) 式和 (10.39) 式取对数、对 (10.40) 式[①]进行对数线性近似求得。从中我们可看出，在均衡状态下，劳动生产率的提高会增加产量，实际工资水平对就业没有影响。尽管实际工资的提高会增加劳动力的供给，同时又减少了劳动力需求，因而对就业不会产生影响。

10.5.4 工资水平的决定

现在假定在第 t 期发生了对劳动力需求的一个负向冲击，改变了均衡的实际小时工资率，用 w_t^* 来代表这个新的均衡工资率，但是工资率在当期只有比例为 ρ 的部分可以调整，其余部分下一期才能调整。这个假设通过 Calvo 式的推导过程可以得到相似

[①] 原书此处为“(8.16) 式”，疑似作者笔误。

的工资决定结果 (参见 Ercig 等人 2000)。两者都是专设式的，但是 Calvo 的工资制定方式要略微复杂些。假定几何平均值，第 t 期小时工资率的对数为

$$\ln w_t = \rho \ln w_t^* + (1-\rho) \ln w_{t-1}. \tag{10.41}$$

这意味着

$$\Delta \ln w_t = \rho(\ln w_t^* - \ln w_{t-1}) \tag{10.42}$$

$$= \frac{\rho}{1-\rho}(\ln w_t^* - \ln w_t), \tag{10.43}$$

以及

$$\ln w_t = \rho \sum_{s=0}^{\infty} (1-\rho)^s \ln w_{t-s}^*. \tag{10.44}$$

(10.42) 式表明由于第 t 期工资实际变化是期望合意调整的一部分，所以工资遵从的是局部调整机制。(10.43) 式则给出了另一种解释：工资的调整取决于市场出清或均衡工资 $\ln w_t^*$ 与实际的工资 $\ln w_t$ 之间的差额。(10.44) 式表明当前的工资水平是过去均衡工资水平的几何加权平均。

10.5.5 失业

第 t 期的失业是居民户在当前小时工资率的情况下愿意供给的劳动时间 w_t 与厂商需求的劳动时间之间的差额：

$$\mathrm{un}_t = n_t^{\mathrm{S}}(w_t) - n_t^{\mathrm{D}}(w_t).$$

岗位空缺则可以看作是负的失业，失业率为

$$u_t = \frac{n_t^{\mathrm{S}}(w_t) - n_t^{\mathrm{D}}(w_t)}{n_t^{\mathrm{S}}(w_t)}$$

$$= 1 - e_t,$$

其中 e_t 为就业率，由下式给出

$$e_t = \frac{n_t^{\mathrm{D}}(w_t)}{n_t^{\mathrm{S}}(w_t)}$$

于是有

$$\ln(1-u_t) = \ln n_t^{\mathrm{S}}(w_t) - \ln n_t^{\mathrm{D}}(w_t) \simeq u_t.$$

由 (10.36) 式和 (10.37) 式可以得到

$$u_t \simeq \text{const.} + \frac{1-\alpha+\phi}{\phi(1-\alpha)} \ln w_t - \frac{1}{1-\alpha} \ln A_t - \frac{1}{\phi} \ln c_t. \tag{10.45}$$

在均衡状态时有 $u_t = 0$，实际工资水平为

$$\ln w_t^* = \text{const.} + \frac{\phi}{1-\alpha+\phi}\ln A_t^* + \frac{1-\alpha}{1-\alpha+\phi}\ln c_t^*, \tag{10.46}$$

其中的 $*$ 代表均衡值。因此，失业可以由下式表达

$$u_t \simeq \frac{1-\alpha+\phi}{\phi(1-\alpha)}(\ln w_t - \ln w_t^*) - \frac{1}{1-\alpha}(\ln A_t - \ln A_t^*) - \frac{1}{\phi}(\ln c_t - \ln c_t^*). \tag{10.47}$$

根据 (10.43) 式和 (10.47) 式，u_t 的短期动态行为是

$$\begin{aligned}\Delta u_t = -\rho u_{t-1} - (1-\rho)\left[\frac{1}{1-\alpha}\Delta\ln A_t + \frac{1}{\phi}\Delta\ln c_t\right] \\ - \rho\left[\frac{1}{1-\alpha}(\ln A_t - \ln A_t^*) + \frac{1}{\phi}(\ln c_t - \ln c_t^*)\right].\end{aligned} \tag{10.48}$$

最后的两项为 $\ln A_t$ 以及 $\ln c_t$ 在均衡值时及其实际值之间的差额。将由 (10.40) 式得到的 c_t 的对数线性近似解代入 $\ln c_t$，我们可以解得

$$\begin{aligned}\Delta u_t = -\rho u_{t-1} - (1-\rho)\left[\frac{1}{1-\alpha} + \frac{1}{\phi}\frac{(1-\alpha+\phi)g}{\mu}\right]\Delta\ln A_t \\ - \rho\left[\frac{1}{1-\alpha} + \frac{1}{\phi}\frac{(1-\alpha+\phi)g}{\mu}\right](\ln A_t - \ln A_t^*).\end{aligned} \tag{10.49}$$

因此，该模型中失业的动态行为最终是生产率的函数，生产率的缺口可能只是未预期到的冲击。举例来说，如果由 $\Delta\ln A_t = \varepsilon_t$ 得到 $\ln A_t$，其中 ε_t 为独立的随机冲击变量序列，则 $\ln A_t^* = \ln A_{t-1}$，$\ln A_t - \ln A_t^* = \varepsilon_t$。如果冲击为正向 ($\varepsilon_t > 0$)，失业会增加并最终会通过局部调整机制而得以消除。

随着工资变得完全灵活，并且 $\rho \to 1$，$\ln w_t \to \ln w_t^*$，(10.49) 式化简为

$$u_t = \left[\frac{1}{1-\alpha} + \frac{1}{\phi}\frac{(1-\alpha+\phi)g}{\mu}\right](\ln A_t^* - \ln A_t). \tag{10.50}$$

(10.50) 式意味着，由于存在冲击，即使工资是完全灵活的，失业也可能会发生。不过，如果冲击是暂时性的，则失业也不会持续很久。该模型表明只有工资黏性才会造成持久的失业。

10.5.6 简评

我们提出了一个旨在解释非自愿失业及其持续性的理论，该模型表明，失业是因正向的生产率冲击而致，因工资黏性而持续。模型中将岗位空缺视作负失业，运用高度程式化的模型得出更简单的主要观点，即冲击会导致持续性高失业水平。模型中包

含一些很强且不现实的假设。就业是以工时测度的，失业是指在当前实际工资率下工人工时的供给与需求之间的差额。失业既可能是居民户的成员工作时间缩短，也可能是没有工作，在两种情况下的消费保持相同。经验数据显示在经济周期内平均劳动时间比就业人数或失业人数的波动要小，如果居民户某位成员没有工作，工作时间为零，模型中却暗含着假设个人的消费实际上是由居民户的其他成员支付的。换句话说，是由居民户提供失业保险。在现实生活中，最常见的方式是政府通过就业者的税收以转移支付的方式提供失业保险。

该模型将失业主要归因于劳动生产率与消费冲击。在一个更完整的整体经济模型中，还有可能引进更多的引致失业的冲击，如偏好的冲击、财政政策与货币的冲击以及国际冲击等。在现有模型中，失业的动态行为仅仅是工资决定过程的结果，在一个更完整的整体经济模型中，还会有其它因素也会产生影响，如资本积累的过程。尽管该模型的分析解释了失业的周期性波动，但是它没有解释失业和岗位空缺持续存在的问题。鉴于搜寻理论与效率工资理论也都为非零均衡水平的失业提供了可能的原因解释，因此对失业的完整解释也许需要将所有这三种理论结合在一起。

上述非自愿失业模型，建立在工资不能迅速调整以消除劳动力供给与需求之间的差额基础之上，可以与传统的非均衡宏观经济模型加以比较。虽然现在已经失宠，但是在 RBC 模型开启了宏观经济学的 DSGE 方法之前，这种非均衡的宏观经济模型是非常流行的。非均衡的宏观经济假定因为价格水平是固定的，所以市场是不出清的，即供给与需求不能匹配 (参见 Malinvaud 1977)。与之相反，RBC 模型假定价格是完全灵活可变的，市场可以瞬时出清并持续保持均衡。价格水平固定的假设只在短期是可以站得住脚 (对某些商品要非常短的时期)，在一个较长的时期内还是假设价格是完全灵活可变的更现实些。我们的失业模型假设短期内平均工资是灵活的，但不是完全灵活的。它还假设时间足够短，可以忽略资本存量变动对劳动力的影响。

10.6　失业及财政政策与货币政策的有效性

运用财政政策的基本原则之一是，当经济面临周期下行压力时，可以通过财政刺激政策稳定经济。衡量财政政策有效性的一个指标是政府支出乘数的大小。早期 20 世纪 40 年代的凯恩斯主义宏观经济模型认为政府支出刺激 GDP 的乘数作用与边际消费倾向成反比，这样政府支出乘数会远远大于 1。后续的分析表明乘数可能远小于此估算，如果政府支出增加完全挤出了私人支出，乘数甚至可能为 0。即使正在本书写作之时 (2011 年年底)，当时许多国家的政府正在全力应付如何将经济从衰退中提振起来，即使如此，关于政府支出乘数大小的问题也仍然是充满了争议。本节我们将通过扩展 10.5 节中的黏性工资模型对乘数问题加以解释。

尽管非自愿失业可能是由如上文所说的供给冲击所致，在实践中更常见的是由于永久性的或长期持续的负向的需求冲击造成劳动力需求下降以及均衡实际工资率下降。我们指出由于实际工资率是黏性下降的，因此实际工资率的调整会有个调整期，在这期间实际工资率会高于其新的均衡水平。这将会致使劳动力供给超过劳动力需求，因而造成非自愿失业，直至经过较长的时间后，实际工资降至其新均衡水平时，劳动力供给缩减进而消除失业。尽管模型预测，即使没有政策干预，失业最终也会消除，但我们还是可以提出这样的问题：财政扩张是否能刺激经济进而提高劳动力的需求，使得失业会以比没有政策干预时更快的速度得以消除？

我们将通过一次总付性税收筹集的政府支出整合进黏性工资模型中，以此来研究政策有效性的问题。这需要我们修改居民户的预算约束并明确引入国民收入恒等式，如果用 g_t 代表政府支出，T_t 代表一次总付性税收，这里 $g_t = T_t$，则居民户的预算约束可以写为 $c_t + T_t = w_t n_t + d_t$ ，国民收入恒等式为 $y_t = A_t n_t^{\alpha} = c_t + g_t$。

将居民户的预算约束和国民收入恒等式进行对数线性近似，这个扩展的模型就可以得出均衡水平的实际工资率、就业、消费以及产出，它们分别为

$$\begin{aligned}
\ln w_t &= \text{const.} - \frac{(1-\alpha)g}{\mu}(\ln g_t - \ln A_t),\\
\ln n_t &= \text{const.} + \frac{g}{\mu}(\ln g_t - \ln A_t),\\
\ln c_t &= \text{const.} - \frac{(1-\alpha+\phi)g}{\mu}(\ln g_t - \ln A_t),\\
\ln y_t &= \text{const.} + \frac{\alpha g}{\mu}\ln g_t + \frac{\alpha c}{\mu}\ln A_t,
\end{aligned}$$

其中 $\mu = (1-\alpha+\phi)c + \alpha g > 0$。因此，政府支出的永久性增加会提高产量，其乘数为 $\alpha g/\mu$ ，该乘数小于 1。政府支出占总产出的比例越大、劳动供给的工资弹性越小 (即 ϕ 越大)，则政府支出的乘数会越大。不过，增加政府支出会部分地挤出消费。劳动生产率的永久性提高会增加产量、消费以及实际工资率，但会减少就业。

这些结论表明，随着失业的出现，扩张性的财政政策可以消除失业。失业的动态行为可以由 (10.49) 式给出，只需要在该式中用政府支出替代劳动生产率。当存在因为劳动供给的反应所致的非自愿失业时，财政支出乘数预期将较大。在充分就业时，劳动力供给函数的斜率由其弹性 $1/\phi$ 决定。当存在非自愿失业时，劳动力供给函数接近水平，因此其有效弹性要远远大于 $1/\phi$，因此财政刺激政策会对劳动力供给产生很大影响，进而对产出产生很大影响。我们可以得出结论，尽管即使没有政策干预，失业最

终也会消除，但是如果有政策干预则可能更快些消除失业。事后的且能平稳退出的财政开支的注入行动最有助于实现这一目标。

运用财政政策的一个实际困难是其政策生效前会有一个时滞，尤其是如果财政政策是涉及到增加政府在购买商品和服务上的支出或是削减所得税而不是削减消费税时。货币政策刺激可能生效的速度要快些。在充分就业状态下这很可能导致较高的价格和工资水平，但包括实际工资在内的实际变量几乎不会有变化。较高的通货膨胀减弱了价格和工资的黏性，进而也很可能降低实际工资的黏性。这样的结果就是，当存在失业时，货币政策刺激可能会加速实际工资调整，进而使劳动力市场更快地回到均衡状态，从而消除非自愿失业。Dixon 和 Rankin (1994) 在研究不完全竞争对经济的影响时得到了同样的结论。他们认为任何降低价格和工资黏性的政策都会加速恢复均衡的调整进程。他们还提出了能使财政政策和货币政策变得更有效果的另一个传导机制。在不完全竞争模型中，劳动需求的弹性在影响就业水平、失业水平以及产出水平方面发挥着核心作用，因此所谓的另一个传导机制就是通过财政政策和货币政策来提高劳动力的需求弹性。本书第 14 章对货币政策和财政政策还会有深入的讨论，我们将考虑如何将二者最优地结合起来。

当存在非自愿失业的情况下，财政政策有效性的分析建基于代表性行为人经济，每个人被征收相同的税款。然而，由于非自愿失业只影响全部人口中的一小部分，加之失业者会收到失业补贴 (实际上是由就业者向失业者进行的转移支付)，再加上税收通常是累进税制而非一次总付性税收等等原因，我们的分析还需要认真改进以反映人口的非均质性。财政扩张政策对消费的影响取决于失业者增加的消费是否能抵消仍然留在就业队伍中的人消费水平的下降。有一点可以确定的是，财政扩张政策即使不能提升就业者的福利，但是很可能会提升失业者的福利。

10.7 结论

DSGE 的诸多模型在解释失业时有其困难，主要是因为在这些模型中通常将失业看作是非自愿的，但 DSGE 模型却是建基于优化行为之上的。一个显而易见的调和方法是将失业解释为优化行为的结果。这就是搜寻理论与效率工资理论的成功之处。有了这些理论，就有可能解释失业与岗位空缺永久性的并存现象。搜寻理论与效率工资理论二者共同的问题是它们都没能对衰退期间失业大幅波动提供有说服力的解释。对于搜寻理论，这部分地是由于它只重点关注每人工作的平均工时 (集约边际) 而不是关注他们是否加入劳动力队伍和就业情况 (外延边际)。不同的效率工资理论都将失业归因于厂商努力激发工人的劳动生产率。怠工模型认为较高的失业是对怠工的抑制。工作转换模型强调厂商替换辞职工人时发生的成本，工人之所以会辞职是因为厂商没有支付工资溢价。逆向选择模型则认为，即使存在失业工人厂商也不会提供较低的工资，因为这将会显示其劳动生产率可能较低。我们认为，非自愿失业的主要原因是由于工资和价格黏性而致的实际工资不完全灵活，我们用一个简化的程式模型证明了这个观点，这个模型建立在一个专设的实际工资黏性理论基础上，即实际工资黏性延迟了劳动力市场出清。

我们指出由于实际工资黏性导致失业的存在，对衰退时期财政政策与货币政策的有效性是至关重要的。在充分就业时，财政扩张政策，如平衡预算增加政府支出，尽管增加了产出，却不太可能增加消费，除非有与之相伴的劳动生产率的提高进而提高实际工资，相反，它还会挤出消费。如果存在非自愿失业，那么平衡预算的财政扩张政策可将就业恢复至其原来的水平，因而会增加产出，但对于它是否能有利于消费这一点尚不清楚。比起让经济在没有财政政策干预的情况下自行调整，以财政扩张政策刺激的方式下，非自愿失业可能得以较快地消除 (或下降)，进而使经济较快地恢复稳定。在充分就业时的货币扩张政策可能会提高价格水平以及工资和名义变量，但对实际变量没有太大影响。当存在非自愿失业时，价格水平的上升有助于加速实际工资调整，进而降低失业水平。换句话说，财政政策及货币政策在刺激实际经济方面的有效性是状态依存的：有时乘数如古典模型所说的那样是小到可以忽略不计的，另一些时候又可能是很大的，尽管可能不太会大到简单的凯恩斯乘数那样。乘数的大小取决于经济有多接近充分就业。

11 资产定价和宏观经济学

11.1 导论

资产，包括实物资本、人力资本和金融资本，在宏观经济学中起着关键的作用。它们是生产的要素和收入的来源，是利用储蓄、贷款和借款进行跨期资源配置的核心。本章我们重点将在一般均衡框架中讨论金融资产中是如何定价的。在第 12 章，我们应用这些理论分析三种金融资产：债券、股票和外汇。每种资产都有其自身的特点，所以在应用这些理论时需要加以区别。

我们通过讨论如何进行跨期决策开始了对宏观经济的分析，从这些讨论中得到了关于实物资本积累和储蓄的理论。我们认为，尽管人们的收入会随着时间的推移而发生变化，但他们仍然以保持自己的生活水平为目标来计划自己当前和余生的消费。当收入比较低时，例如退休或失业时，除非他们之前有储蓄可以拿来使用，否则生活水平便会下降。为了在未来能够有更多的消费，人们不得不减少今天的消费，即在今天和未来的消费间进行跨期替代。消费还是储蓄的决策取决于储蓄收益率和时间偏好率的相对大小，换句话说，取决于金融资产的价格。

未来的消费源于未来的产出，进而取决于实物资本。是投资并进行资本积累，还是将利润分配掉？这个决策取决于资本收益率和向居民户借款的成本。在一般均衡中，资本收益率和储蓄率是相关的。因为当借款利率高于资本收益率时，厂商是不会借款的；而居民户也不会把钱借给厂商或任何人，比如政府，除非储蓄的收益率大于或等于他们的时间偏好率。此外，无论是什么类型的资产，我们想采用统一的方法为它们定价。因此，我们要寻找一个能反映跨期一般均衡特点的资产定价理论。

目前为止我们一直假设资产收益是零风险的，但事实上几乎所有的资产都是有风险的，未来所获得的收益并不确定，那么也就存在风险收益。因此，我们的资产定价理论需要考虑风险。区分不同资产定价理论的一种方法就是看它是如何解释风险进而如何度量风险溢价 (risk premium) 的，所谓风险溢价是指因补偿承担风险和不确定性所要求的、超过确定性收益的额外预期收益。我们考虑四种资产定价理论：或有权益分析、一般均衡的资产定价、以消费为基础的资本资产定价模型以及传统的资本资产定价模型。我们还要证明它们之间是如何相联系的。由于风险收益是随机变量，我们用随机动态规划而不是拉格朗日乘子法来分析，尽管拉格朗日乘子法仍然有效。我们由浅入深地开始本章的讨论：期望效用函数和风险规避、风险溢价、套利条件和无套利条件以及它们对有效市场假说的含义。然后讨论或有权益理论，接下来再转向跨期资产定价。在第 12 章，我们将这一理论应用于股票、债券和外汇市场。

对于本章涉及的金融理论的基本概念可参见 Ingersoll(1987)，这是一本很有助益的一般性的参考书。Cochrane(2005) 则是一本新近出版的优秀著作，它以随机贴现因子法为基础来讨论资产定价理论。关于金融和宏观经济学间联系的讨论可参见 Lucas(1978) 以及 Altug 和 Labadie(1994)。为与本书其余部分保持一致，本章关于金融的讨论采用离散时间，而连续时间的跨期资本资产定价模型可参阅 Merton(1973)。

11.2 期望效用和风险

11.2.1 风险规避

我们从建立风险厌恶的定义开始本章的分析。考虑一个随机收益为 W 的赌局，该赌局有两种可能的结果 (收益或者前景) x_1 和 x_2。设产生两种结果的概率分别为 π 和 $(1-\pi)$。我们的问题是做出如下选择：是不参加赌局，确定性地获得赌局的精算值(也就是期望或者平均) 收益；或者是尽管会有不确定的收益结果，仍然选择参加这场赌局。

喜欢参与赌局的人是*风险偏好者*，持中立态度的人是*风险中性*的，喜欢确定性地得到精算值的人是 *风险规避者*。该赌局的期望 (或者精算) 值为

$$E(W)=\pi x_1+(1-\pi)x_2.$$

公平的赌局满足 $E(W)=0$。

对于满足 $U'(W)\geqslant 0$ 和 $U''(W)\leqslant 0$ [①] 的效用函数 $U(W)$ ，我们可以更精确地定义

①译者注：此处照录原文，即有 $U''(W)\leqslant 0$ 这一条件，但对风险态度的定义正是取决于 $U''(\cdot)$ 与 0 之间的关系，因此联系下文对风险态度的定义，在此提到 $U''(W)\leqslant 0$ 似乎欠妥，疑似作者笔误，请读者自行辨别。

对待风险的态度:

$$\text{风险规避:}\quad U[E(W)] > E[U(W)];$$
$$\text{风险中性:}\quad U[E(W)] = E[U(W)];$$
$$\text{风险偏好:}\quad U[E(W)] < E[U(W)].$$

当 $U'' \gtreqless 0$ 时可以得出

$$E[U(W)] \gtreqless U[E(W)].$$

这就是 Jensen 不等式。为了证明该不等式，考虑在 $E(W)$ 点的泰勒展开式:

$$\begin{aligned}E[U(W)] &= E(U[E(W)]) + E(W - E[W])U' + \tfrac{1}{2}E[W - E(W)]^2U'' \\ &= U[E(W)] + \tfrac{1}{2}E[W - E(W)]^2U'' \\ &\gtreqless U[E(W)] \quad (\text{当 } U'' \gtreqless 0).\end{aligned}$$

现在考虑这样一种包含两种资产的情形，一种资产是收益率为 r、方差为 $V(r)$ 的单一风险资产，另一种是收益率为 r^{f} 的无风险资产。如果初始的财富存量为 W_0，那么投资风险资产后的财富则为 $W^{\mathrm{r}} = W_0(1+r)$，投资无风险资产后的财富将为 $W^{\mathrm{f}} = W_0(1+r^{\mathrm{f}})$。将 $E[U(W^{\mathrm{r}})]$ 在 $r = r^{\mathrm{f}}$ 点展开，我们得到

$$E[U(W^{\mathrm{r}})] \simeq U[W_0(1+r^{\mathrm{f}})] + W_0^2\tfrac{1}{2}V(r)U''[W_0(1+r^{\mathrm{f}})] \tag{11.1}$$

$$\gtreqless U[W_0(1+r^{\mathrm{f}})] = U(E[W^{\mathrm{f}}]) \quad (\text{当 } U'' \gtreqless 0). \tag{11.2}$$

因此，对于一个风险规避者 (即 $U'' < 0$)，投资风险资产 (参与赌局) 的期望效用 $E[U(W^{\mathrm{r}})]$ 小于投资无风险资产所带来的确定效用 $U(E[W^{\mathrm{f}}])$。我们得到的结论是，在预期收益相等的情况下，风险规避者会选择不参与赌局；另一方面，在风险中立者 ($U'' = 0$) 看来，这两种资产并无差异。

11.2.2 风险溢价

我们现在想知道，要想让一个风险规避者愿意参与赌局或是持有风险资产，需要给该风险规避者提供多少补偿。假设这种补偿可以表示为已确知的额外支付，或表示为一个高于无风险收益率的预期收益。参加公平赌局会产生风险，能够额外 (确定) 地补偿这种风险的支付 (收益) 被称为风险溢价。我们只考虑存在单一风险资产和单一无风险资产的情形。

(11.2) 式表明，对于风险规避者而言，$E[U(W^{\mathrm{r}})] < U(E[W^{\mathrm{f}}])$ ，我们定义风险溢价为确定值 ρ，它满足 $E(r) = r^{\mathrm{f}} + \rho$ 以及

$$E[U(W^{\mathrm{r}})] = U(W^{\mathrm{f}}). \tag{11.3}$$

我们现在在 $r = r^{\mathrm{f}} + \rho$ 处对 $E[U(W^{\mathrm{r}})]$ 进行泰勒展开，得到

$$E[U(W^{\mathrm{r}})] \simeq U[W_0(1 + r^{\mathrm{f}} + \rho)] + \tfrac{1}{2}W_0^2 E(r - r^{\mathrm{f}} - \rho)^2 U''. \tag{11.4}$$

在 $\rho = 0$ 点对 $U[W_0(1 + r^{\mathrm{f}} + \rho)]$ 泰勒展开，得到

$$U[W_0(1 + r^{\mathrm{f}} + \rho)] \simeq U[W_0(1 + r^{\mathrm{f}})] + W_0 \rho U'. \tag{11.5}$$

将 (11.4) 式和 (11.5) 式结合起来，得到

$$E[U(W^{\mathrm{r}})] \simeq U(E[W^{\mathrm{f}}]) + W_0 \rho U' + \tfrac{1}{2}W_0^2 V(r) U''. \tag{11.6}$$

这意味着，如果 (11.3) 式成立，那么

$$\rho = -\frac{V(r)}{2}\frac{W_0 U''}{U'}. \tag{11.7}$$

因此，如果风险规避的相关系数 $-(W_0 U''/U')$ (也就是效用函数的曲率) 越大，以及风险资产的方差 (或者说波动率) $V(r)$ 越大，那么风险溢价 ρ 将越大。

11.3 保险费

保险费的概念与风险溢价的概念紧密相关，我们可以用相似的方法来计算保险费。参加保险的目的就是当坏结果发生时得到补偿，这意味投保人要付出成本，必须支付保险费。

如果初始财富 W, 对财富的冲击是随机变量 x，(换句话说，我们是将下一期的财富值看作是随机的)，$E[x] > 0$ ，保险费用 p 表示，由于不确定性降低了期望效用值

$$E[U(W - x)] < U(W - E[x]).$$

如果有了保险，冲击可以被保险理赔完全抵消，但财富会因支付了保险金而有所下降。财富的期望值为

$$E[U(W - p)] = U(W - p) = E[U(W - x)] < U(W - E[x]).$$

如果

$$U(W-p)=E[U(W-x)].$$

则投保者在选择参与保险或选择接受冲击而不参与保险之间是无差异的。在 $W-E[x]$ 处进行二阶泰勒展开

$$E[U(W-x)]\simeq U(W-E[x])+\tfrac{1}{2}V(x)U'',$$
$$U(W-p)\simeq U(W-E[x])-(p-E[x])U'+\frac{1}{2}(p-E[x])^2U''.$$

用一个近似展开式减去另一个近似展开式，解得保险费的表达式为

$$p=E[x]-\tfrac{1}{2}[V(x)+(p-E[x])^2]\frac{U''}{U'}.$$

由于 $U''<0$, 我们有 $p>E[x]$. 因此，如果投保人是风险规避者，其保险费要高于财富损失的期望值，保险费越高，此人就越是风险规避者，进而 $V(x)$ 就越大。当 $V(x)\to 0$ 时，财富损失就变成了确定性的，即 $p\to E[x]$。

承保人收到了保险费 p，如果冲击发生时承保人的理赔支出是 x, 则其期望利润为 $E[p-x]=p-E[x]\geqslant 0$. 因此承保人的利润为

$$-\frac{1}{2}[V(x)+(p-E[x])^2]\frac{U''}{U'}\geqslant 0.$$

11.4 无套利和市场有效性

11.4.1 套利与无套利

市场对资产的定价是否合理与套利和无套利的概念有关。

1. *套利*投资组合是指利用自融资投资组合以不大于 0 的成本获得正的收益。

2. *零套利*或*无套利*投资组合是指收益为 0 的自融资投资组合。

不严格地说，套利投资组合就是投资者在空手套白狼，因而这样的机会自然十分罕见。当金融市场发现存在套利机会时，会争相抢购那些资产，从而提高了它们的价格并消除套利机会。因此在资产定价理论中通常假设不存在套利机会，并把该假设作为一个约束条件。这也就意味着如果市场是有效的，那么市场能正确地为资产定价并迅速消除套利机会。

11.4.2 市场有效性

如果市场中不存在未被利用的套利机会，我们说该市场是有效的，这要求所有新信息要瞬间反映在市场价格上。这是一个严格的标准。在实践中，充分并正确地反映全部相关信息以使得新信息或处理信息的新方法对资产价格或其他价格不产生影响几乎是不可能实现的。原则上，市场有效性的概念应该进一步延伸，从而成为一般均衡的一个准则。

资产收益率可以写为

$$r_{t+1} = \frac{X_{t+1}}{P_t},$$

其中 P_t 是资产在 t 期期初的价格，X_{t+1} 是在 $t+1$ 期期初的价值或获得的收益。对于任意一个收益为 $r_{i,t+1}$ 的风险资产 i ，当不存在套利条件时，也就意味着

$$E_t r_{i,t+1} = r_t^{\mathrm{f}} + \rho_{it}, \tag{11.8}$$

其中无风险资产收益率 r_t^{f}，在 t 期期初便已确知，而 ρ_{it} 是第 i 种资产的风险溢价，在 t 期期初也是已知的。

(11.8) 式表明资产定价由与该资产相对应的无风险资产收益率加上风险溢价构成。传统金融在资产定价中普遍认为风险溢价与由资产价格过去的变化所决定的一系列因素有关。例如针对不同到期日的债券，即不同的利率期限结构，用仿射因子模型来给其定价 (参见本书第 12 章)。相比之下，资产定价的一般均衡理论是以识别风险的根本来源为基础，这些风险来自宏观经济的波动和不确定性，它们大都是由于国内和国际经济体中未预期到的产出与通货膨胀的波动造成的。

如果市场是有效的，则 (11.8) 式一定会得到满足。在这个问题上常见的错误是，假定有效市场就意味着 (11.8) 式在不包括 ρ_{it} 就会成立，或者认为有效市场意味着对数化的资产价格是随机游走的。只有投资是风险中性时才会没有风险溢价。由于风险溢价取决于投资者对待风险的态度，而这是无法直接观测的，因此检验市场有效性需要有附加的关于风险溢价的假设。由于这些追加的假设可能并不正确，所以可能会由此引起市场有效性无法实现。

如果资产收益率只是资本收益，则 $r_{i,t+1} = \Delta p_{i,t+1}$, 其中 $p_{it} = \log P_{it}$，由此可以得出

$$\Delta p_{i,t+1} = r_t^{\mathrm{f}} + \rho_{it} + \varepsilon_{i,t+1},$$

其中新方法误差 $\varepsilon_{i,t+1} = p_{i,t+1} - E_t p_{i,t+1}$ 被假设为零均值同方差的独立分布序列 (i.i.d.)，因此资产价格遵从随机游走且只有在 r_t^{f} 及 ρ_{it} 是常数时才会有漂移项。

我们从对或有权益分析开始关于资产定价的讨论。

11.5 资产定价与或有权益

或有权益分析为我们提供了一个非常一般性的资产定价理论，其他所有的资本定价理论都与之相关。我们可以把典型的资产看作是由原始资产的组合构成，该原始资产被称为或有权益 (contingent claims)。一旦我们知道了这些原始资产的价格，就可以据此计算出其他任何资产的价格。我们可以把利用或有权益进行资产定价的问题表述为以下几个要点：

1. 资产的价格取决于它的收益。
2. 每种资产的收益在今天通常是未知的，它们取决于世界在明天处于何种状态。
3. 可以将所有的资产都看作是被称为*或有权益*的原始资产的组合。
4. 资产间的差异来自于或有权益组合方式的不同。
5. 如果我们能为每种或有权益定价，那么我们可以为它们的任何组合定价，即为任何资产定价。

11.5.1 或有权益

假设这个世界存在 $s=1,\ldots,S$ 种状态。或有权益就是这样一种资产：若状态 s 发生，我们获得的收益为 \$1；否则收益为 0 。令 $q(s)$ 代表若状态 s 发生获得 \$1 收益的或有权益的当前价格，$x(s)$ 代表在第 t 期所购买的或有权益的数量。最后，用 p 代表资产的当前价格，该资产的收益取决于世界处于 $s=1,\ldots,S$ 中哪一种状态。

11.5.2 资产价格

只要每个状态下的价格是存在的，任何资产的价格 p 就可以被表示成

$$p=\sum_{s=1}^{S}q(s)x(s). \tag{11.9}$$

此时 $q=[q(1)q(2)\cdots q(S)]'$ 则被称为*状态价格*向量，这种关系表明资产价格只是等于各个状态所对应的或有权益价格乘以在该状态下所持有的或有权益的数量的加总。

11.5.3 资产定价的随机贴现因子方法

假设 $\pi(s)$ 为状态 s 发生的概率，因此 $\pi(s)$ 定义了状态密度函数。接下来我们定义

$$m(s)=\frac{q(s)}{\pi(s)},\quad s=1,\ldots,S. \tag{11.10}$$

所以 $m(s)$ 是状态 s 下的价格除以状态 s 发生的概率；因为状态价格和概率都是非负的，所以 $m(s)$ 是非负的。我们现在可以把资产价格写成

$$\begin{aligned}p&=\sum_{s=1}^{S}\pi(s)m(s)x(s)\\&=E(mx).\end{aligned} \tag{11.11}$$

因此 $m(s)$ 可以解释为在状态 s 下 \$1 的随机贴现因子的值，$x(s)$ 可以被解释为状态 s 下的收益，而资产价格是这些收益的平均或期望贴现值。如果 $m(s)$ 很小，那么状态 s 很“便宜”，投资者不会为了得到状态 s 下的收益而支付一个高价格。便宜状态下的资产收益一般与 $m(s)$ 有一个负的协方差，即 $\mathrm{Cov}(m,x)<0$。

(11.11) 式是一个完整的通用资产定价方程，它适用于包括衍生品在内的任何资产，如期权，这种方法被称作随机贴现因子方法。所有其他的资产定价理论都可以表示成这种形式，不同之处在于他们各自的随机贴现因子 m 是不同的。读者可以参考 Cochrane(2005) 对资产定价随即贴现因子方法更详尽的介绍。

11.5.4 资产收益

(11.11) 式除了可以表示成资产价格的形式，还可以表示为收益的形式。将 (11.9) 式两边同时除以 p ，在状态 $s=1,\ldots,S$ 下，定义 $1+r(s)=x(s)/p$ ，可以将 (11.9) 式改写成

$$1=\sum_{s=1}^{S}q(s)[1+r(s)]. \tag{11.12}$$

进而有

$$\begin{aligned}1&=\sum_{s=1}^{S}\pi(s)m(s)[1+r(s)]\\&=E[m(1+r)],\end{aligned} \tag{11.13}$$

其中 r 是资产收益率。这是用随机贴现因子表示的收益率，无论是风险资产还是无风险资产。

11.5.5 无风险收益

由于 (11.13) 式可以应用于任何资产，因而也可以用于无风险资产。如果资产是无风险的，那么无论世界处于何种状态，其所获得的收益都是一样的。所以 $x(s)$ 是独立于 s 的，对于所有的状态 s，我们可以将其写成 $x(s)=x$ 的形式。则无风险资产的价格为

$$\begin{aligned} p^{\mathrm{f}} &= \sum q(s)x = x\sum q(s) \\ &= x\sum \pi(s)m(s) = xE(m), \end{aligned} \tag{11.14}$$

否则将会存在套利机会。

例如，如果 $x=1$，那么在下一期任何自然状态都会被支付 1 单位收益的资产，在当前的价格是

$$p^{\mathrm{f}} = E(m)$$

或者

$$\begin{aligned} 1 &= \frac{1}{p^{\mathrm{f}}}E(m) \\ &= (1+r^{\mathrm{f}})E(m), \end{aligned}$$

其中 r^{f} 是无风险收益率。进一步地，

$$E(m) = \frac{1}{1+r^{\mathrm{f}}}. \tag{11.15}$$

因此，无论我们后来用什么模型计算，折现因子都必然是随机变量，其均值由 (11.15) 式给出。

11.5.6 无套利关系

我们可以通过 (11.13) 式和 (11.15) 式推导出无套利关系 (11.8) 式。利用两个随机变量 x 和 y 的协方差的定义

$$\mathrm{Cov}(x,y) = E(xy) - E(x)E(y),$$

我们知道到 m 和 r 通常都是随机的，我们可以把 (11.13) 式重新写作

$$1 = E(m)E(1+r) + \mathrm{Cov}(m, 1+r);$$

因此有

$$E(1+r)=\frac{1}{E(m)}-\frac{\mathrm{Cov}(m,1+r)}{E(m)}. \tag{11.16}$$

根据 (11.15) 式和 (11.16) 式我们可以得到无套利关系

$$E(r)=r^{\mathrm{f}}-(1+r^{\mathrm{f}})\mathrm{Cov}(m,1+r). \tag{11.17}$$

所以风险溢价 ρ(期望收益率超过无风险收益率的部分) 为

$$\rho=-(1+r^{\mathrm{f}})\mathrm{Cov}(m,1+r). \tag{11.18}$$

当 $\rho>0$ 时，我们要求 $\mathrm{Cov}(m,1+r)=\mathrm{Cov}(m,r)<0$。换句话说，当收益较低而贴现因子较高时，风险就会增加。接下来，我们考虑如何决定随机贴现因子。

我们还可以将 (11.17) 式改写为

$$\begin{aligned}E(r)-r^{\mathrm{f}}&=\frac{(1+r^{\mathrm{f}})\mathrm{Cov}(m,1+r)}{SD(r-r^{\mathrm{f}})}\times SD(r-r^{\mathrm{f}})\\&=\text{风险的价格}\times\text{风险的数量},\end{aligned}$$

其中 SD 代表标准差。因此风险溢价 (即风险的总量) 等于其价格乘以数量。

11.5.7 风险中性定价

我们已经介绍了风险溢价的概念，在分析如何决定风险溢价之前，我们考虑如何利用风险中性定价来避免考虑风险。这需要我们利用风险中性概率 $\pi^{\mathrm{N}}(s)$ 的概念来替代状态概率 $\pi(s)$，风险中性概率是状态 s 实际发生的概率。利用这些风险中性概率可以把任何资产表示成它们未来随机收益的期望值。风险中性 (或风险调整) 概率对金融理论中的许多结论都十分重要，特别是期权定价。

11.5.7.1 风险中性概率

给定一个正的状态价格向量 $[q(1)q(2)\cdots q(S)]'$，我们可以定义风险中性概率为

$$\begin{aligned}\pi^{\mathrm{N}}(s)&=(1+r^{\mathrm{f}})\pi(s)m(s)\\&=\frac{1}{\sum q(s)}\pi(s)\left(\frac{q(s)}{\pi(s)}\right)=\frac{q(s)}{\sum q(s)},\end{aligned}$$

其中

$$\sum_{s=1}^{S}\pi^{\mathrm{N}}(s)=1\qquad \text{且}0<\pi^{*}(s)<1.$$

11.5.7.2 利用风险中性概率为资产定价

我们可以将资产的价格的表示方法从状态概率的形式改写为风险中性概率的形式：

$$\begin{aligned} p &= \sum \pi(s)m(s)x(s) \\ &= \frac{1}{1+r^{\mathrm{f}}}\sum \pi^{\mathrm{N}}(s)x(s) \\ &= \frac{1}{1+r^{\mathrm{f}}}E^{\mathrm{N}}[x(s)] \\ &= E(m)E^{\mathrm{N}}(x), \end{aligned}$$

其中 $1+r^{\mathrm{f}}$ 被替换为 $1/E(m)$，用 $E^{\mathrm{N}}(\cdot)$ 代表风险中性概率发生的期望值。因此，我们可以用风险中性概率把一种资产的价格表示成

$$p = E[mx] = E(m)E^{\mathrm{N}}(x) \tag{11.19}$$

$$= \frac{1}{1+r^{\mathrm{f}}}E^{\mathrm{N}}(x). \tag{11.20}$$

(11.19) 式意味着在运用风险中性概率时，m 和 x 是不相关的。(11.20) 式表明任何资产的价格可以写成其期望的未来收益贴现值，其中贴现值通过随机贴现因子 $m(s)$ 实现，进而我们可知资产的价格与其随机收益的风险中性期望值成比例。

根据 (11.20) 式，收益的无套利方程现在可以写成没有风险溢价的形式

$$E^{\mathrm{N}}(r) = r^{\mathrm{f}}. \tag{11.21}$$

将 (11.8) 式或 (11.17) 式与 (11.21) 式相比较，我们可以推导出

$$E^{\mathrm{N}}(r) = E(r) - \rho,$$

其中 ρ 为风险溢价。所以，风险中性定价调整了风险收益。当然，风险中性定价并不能消除风险，风险仍然存在。该方法的优点在于它简化了资产定价方法。

11.6 一般均衡资产定价

在一般均衡状态下，资产的价格由经济体中所有其他的变量共同决定。而在之前对实际宏观经济的讨论中，我们讨论了资本的实际收益率的决定，它是与消费、投资和资本一同决定的。但在讨论居民户和生命周期假说时，我们把金融资产的收益率看作是给定的。现在重新考虑对居民户的分析并把居民户看作是金融资产投资的代表性投资者。我们首先利用或有权益分析来检验这个问题，接着把讨论延伸至截止到本章为止我们所构想的宏观经济体中。

11.6.1 运用或有权益分析

考虑一个代表性居民户，他需要在今天的消费和明天的消费之间做决策，其当期收入是确定并且已知的，下一期收入是随机的，因而是不确定的。我们不特别指定收入的来源，可以是劳动所得也可以是资产收入。我们假定居民户在预算约束下最大化来源于消费的效用，该效用为当期效用与贴现后预期未来效用之和，而预算约束是由第二期经济体所处的状态决定的。于是我们的问题可以描述成最大化

$$\begin{aligned} V &= U(c_t) + \beta E_t U(c_{t+1}) \\ &\equiv U(c) + \beta \sum_s \pi(s) U[c(s)] \end{aligned}$$

约束条件为

$$c + \sum_s q(s)c(s) = y + \sum_s q(s)y(s),$$

其中 c 是当期消费，y 是当期收入，它们在当期都是确定且已知的；$c(s)$ 是下一期消费，$y(s)$ 是下一期收入，由于经济体下一期所处的状态 s 未知，所以它们在当期也都是未知的。$q(s)$ 是给未来随机消费流和收入流定价的或有权益的状态价格。尽管这是一个随机问题，我们仍然可以用拉格朗日乘子法来分析。最大化拉格朗日函数

$$\mathcal{L} = U(c) + \beta \sum_s \pi(s) U[c(s)] + \lambda \left[y + \sum_s q(s)y(s) - c - \sum_s q(s)c(s) \right].$$

一阶条件为

$$\begin{aligned} \frac{\partial \mathcal{L}}{\partial c} &= U'(c) - \lambda = 0, \\ \frac{\partial \mathcal{L}}{\partial c(s)} &= \beta \pi(s) U'[c(s)] - \lambda q(s) = 0, \quad s = 1, \ldots, S. \end{aligned}$$

合并这些一阶条件得到一组新的条件

$$q(s) = \beta \pi(s) \frac{U'[c(s)]}{U'(c)}, \quad s = 1, \ldots, S.$$

根据 (11.10) 式

$$q(s) = \pi(s) m(s);$$

于是有

$$m(s) = \frac{\beta U'[c(s)]}{U'(c)}. \tag{11.22}$$

因此，随机贴现因子是相邻两期的跨期边际替代率。由于消费在第二期是一个随机变量，所以随机贴现因子也是随机变量。

从上述分析中还可以把状态价格 $q(s)$ 定义为状态概率和相邻两期消费的跨期边际替代率的乘积。如果打算构建一个准确定义的基本经济模型，那么我们可以得到状态价格 $q(s)$ 的显性表达。任意随机消费流的期望效用值为

$$\sum_s q(s)c(s)=\sum_s \pi(s)m(s)c(s)=E(mc).$$

在确定了随机贴现因子 $m(s)$ 后，就可以通过 (11.9) 式为经济体中的任何资产定价。所得到的价格是

$$\begin{aligned}p&=\sum_s \pi(s)m(s)x(s)\\&=\frac{\beta\sum_s \pi(s)U'[c(s)]x(s)}{U'(c)}.\end{aligned}\tag{11.23}$$

特别地，若令 $x(s)=y(s)$，则我们可以为收入流 $y(s)$ 定价。

我们还可以把 (11.23) 式写成随机收益 $r(s)$ 的形式，为

$$\sum_s \pi(s)\frac{\beta U'[c(s)]}{U'(c)}[1+r(s)]=1,\tag{11.24}$$

其中 $1+r(s)=x(s)/p$ 。(11.24) 式恰好是收益率随机时的欧拉方程。

如果用 t 表示当期，用 $t+1$ 表示第二期，那么可以将无套利方程 (11.17) 式写成任意风险收入流的收益

$$E(r_{t+1})=r_t^{\mathrm{f}}-(1+r_t^{\mathrm{f}})\mathrm{Cov}\left[\frac{\beta U'(c_{t+1})}{U'(c_t)},r_{t+1}\right].\tag{11.25}$$

这也是经济体中任何资产收益的无套利方程，上式最后一项是风险溢价。

11.6.2 运用以消费为基础的资本资产定价模型 (C-CAPM) 为资产定价

(11.25) 式通常被称为是以消费为基础的资本资产定价模型 的资产定价方程 (参见 Breedon，1979)，现在我们则用之前章节所使用的宏观经济框架来推导它。我们会证明用来决定最优消费路径的欧拉方程也可以用来对资产定价。这个结论表明 DSGE 模型为宏观经济学和金融学两者提供了一个可以共同使用的单一理论框架，因而将两个学科统一起来。

在第 4 章中我们定义居民户的问题为最大化

$$V_t=\sum_{s=0}^{\infty}\beta^s U(c_{t+s})\tag{11.26}$$

预算约束是

$$\Delta a_{t+1} + c_t = x_t + r_t a_t, \tag{11.27}$$

其中 x_t 代表收入，a_t 代表资产的实际存量。当时我们假定未来是确定可知的，但现在我们假设未来是不确定的，所以 $\{x_{t+s}, r_{t+s}; s > 0\}$ 是随机变量，因而我们将 (11.26) 式改写成以 t 时刻已知信息为基础的条件期望形式：

$$V_t = \sum_{s=0}^{\infty} \beta^s E_t[U(c_{t+s})]. \tag{11.28}$$

之前我们利用拉格朗日乘子法求解最优化问题，但如数学附录中所述，当存在随机变量时，应用这一方法的困难在于拉格朗日乘子也是随机变量。因此欧拉方程被表示成拉格朗日乘子和 r_{t+1} 变化率乘积的条件期望形式，我们便不能用消费的边际效用替换拉格朗日乘子，也就无法求解消费。基于以上原因，我们转而应用随机动态规划的方法来求解最优化问题，数学附录中给出了这一方法的具体细节。

首先，将 r_{t+1} 式写成递归的形式

$$V_t = U(c_t) + \beta E_t[V_{t+1}]. \tag{11.29}$$

更一般的，可以假设一个时间不可分的效用函数

$$V_t = G\{U(c_t), E_t[V_{t+1}]\}.$$

这种效用函数形式的优点在于可以通过人们对待时间的态度来区分其对待风险的态度(参见见 Kreps 和 Porteus，1978)。为简化起见，我们限定效用函数是如 (11.29) 式的具有时间可分性的函数。方程 (11.28) 式中所假定的时间范围是无限的。我们知道，尽管人们的寿命有限，但只要人们的有效时间范围足够长，那么我们可以用无限生命假设对有限生命做非常好的近似。而且，人们并不知道自己什么时候死，所以其行为方式看起来好像他们还会活好多年一样。再者，如果每期都进行再优化，那么只有第一期(第 t 期) 的最优结果是可以求出来的。方程 (11.28) 式改写成有限期 T 的形式是

$$V_t = \sum_{i=0}^{T} \beta^i E_t[U(c_{t+i})] + \beta^T E_t[B(a_T)], \tag{11.30}$$

其中 $B(a_T)$ 可以被解释为遗赠动机。人所熟知的 Sharp(1964)，Lintner(1965) 和 Mossin(1966) 等人的资本资产定价模型 (CAPM) 正是方程 (11.30) 式的另外一种特殊形式，只包含上式的最后一项。换句话说，CAPM 的目的是最大化未来某一时刻金融资产的存量价值，因此忽略了中间消费。

11.6.2.1 随机动态规划的解

现在的问题是在动态约束方程 (11.27) 式的约束下最大化值函数方程 (11.29) 式。数学附录中已证明解的存在性，我们便可以通过对 c_t 求微分来得到一阶条件

$$\frac{\partial V_t}{\partial c_t}=\frac{\partial U_t}{\partial c_t}-\beta E_t\left(\frac{\partial V_{t+1}}{\partial c_t}\right)=0 \tag{11.31}$$

且

$$\frac{\partial V_{t+1}}{\partial c_t}=\frac{\partial V_{t+1}}{\partial c_{t+1}}\frac{\partial c_{t+1}}{\partial c_t}.$$

为了求出 $E_t(\partial V_{t+1}/\partial c_{t+1})$ 的值，我们注意到

$$V_{t+1}=U(c_{t+1})+\beta E_{t+1}(V_{t+2});$$

因此，

$$\frac{\partial V_{t+1}}{\partial c_{t+1}}=\frac{\partial U_{t+1}}{\partial c_{t+1}}.$$

为了求 $\partial c_{t+1}/\partial c_t$ 的值，要把 c_{t+1} 表示成 c_t 的函数，这需要应用两期的预算约束

$$c_t+\frac{c_{t+1}}{1+r_{t+1}}+\frac{a_{t+2}}{1+r_{t+1}}=x_t+\frac{x_{t+1}}{1+r_{t+1}}+a_t(1+r_t).$$

它是通过合并第 t 期和第 $t+1$ 期的预算约束后消掉 a_{t+1} 得到的，因此由上式可以得到

$$\frac{\partial c_{t+1}}{\partial c_t}=-(1+r_{t+1}).$$

现在一阶条件 (11.31) 式可以写为

$$\frac{\partial V_t}{\partial c_t}=\frac{\partial U_t}{\partial c_t}-\beta E_t\left[\frac{\partial U_{t+1}}{\partial c_{t+1}}(1+r_{t+1})\right]=0.$$

因此可以得到含有随机变量情形的欧拉方程为

$$E_t\left[\frac{\beta U'_{t+1}}{U'_t}(1+r_{t+1})\right]=1. \tag{11.32}$$

这与方程 (11.24) 式和 (11.13) 式是等价的。其中方程 (11.13) 式的形式为

$$E_t[M_{t+1}(1+r_{t+1})]=1 \tag{11.33}$$

并且 $M_{t+1}\equiv(\beta U'_{t+1}/U'_t)$。

11.6.2.2 风险资产定价

之前我们把收益率看作是给定的，从而利用欧拉方程求解消费。现在为了求得资产价格，我们反其道而行之，利用消费去求解 r_{t+1}。这样，我们用相同的随机动态一般均衡模型来决定宏观经济变量和资产价格，从而将经济学和金融学整合在了同一个理论框架内。

一般说来，欧拉方程是高度非线性的，因此我们对欧拉方程在 $c_{t+1}=c_t$ 处做泰勒展开，即展开 $U'(c_{t+1})$ 得到

$$U'(c_{t+1}) \simeq U'(c_t) + (c_{t+1}-c_t)U''_t$$

进而可得如下近似

$$\begin{aligned}\frac{\beta U'_{t+1}}{U'_t} &\simeq \beta\left[\frac{U'_t + \Delta c_{t+1}U''_t}{U'_t}\right] = \beta\left[1 + \frac{\Delta c_{t+1}}{c_t}\frac{c_t U''_t}{U'_t}\right] \\ &= \beta\left[1 - \sigma_t \frac{\Delta c_{t+1}}{c_t}\right],\end{aligned}$$

其中

$$\sigma_t = -\frac{c_t U''_t}{U'_t} \geqslant 0, \quad \text{当} U''_t \leqslant 0 \text{时},$$

是相对风险规避系数 (CRRA)；CRRA 越大，投资者对风险越厌恶。回想一下效用函数是幂函数形式的具体情况

$$U(c_t) = \frac{c_t^{1-\sigma}-1}{1-\sigma}, \quad \sigma \geqslant 0;$$

CRRA 是常数，即 $\sigma_t = \sigma$。鉴于风险中性的投资者的效用函数为线性函数，因此 U''_t 和 σ_t 均等于 0。

现在把欧拉方程写成

$$E_t\left[\beta\left(1 - \sigma_t \frac{\Delta c_{t+1}}{c_t}\right)(1+r_{t+1})\right] = 1.$$

我们之前假定 $\beta = 1/(1+\theta)$，代入上式可得

$$1 - \sigma_t E_t\left(\frac{\Delta c_{t+1}}{c_t}\right) + E_t(r_{t+1}) - \sigma_t E_t\left(\frac{\Delta c_{t+1}}{c_t} r_{t+1}\right) = 1+\theta.$$

利用以下事实[①]

$$E_t\left(\frac{\Delta c_{t+1}}{c_t}r_{t+1}\right) = \mathrm{Cov}_t\left(\frac{\Delta c_{t+1}}{c_t}, r_{t+1}\right) + E_t\left(\frac{\Delta c_{t+1}}{c_t}\right)E_t(r_{t+1}),$$

可得期望收益率的表达式为

$$E_t(r_{t+1}) = \frac{\theta + \sigma_t E_t(\Delta c_{t+1}/c_t) + \sigma_t \mathrm{Cov}_t((\Delta c_{t+1}/c_t), r_{t+1})}{1 - \sigma_t E_t(\Delta c_{t+1}/c_t)}. \tag{11.34}$$

11.6.2.3 无风险资产定价

方程 (11.34) 式对风险资产和无风险资产都成立。但如果资产是无风险的，可以用无风险收益率 r_{t-1}^{f} 替代预算约束中的 r_t ，并且方程 (11.34) 式中 r_{t+1} 可以替换成 r_t^{f}，后者在 t 时刻是已知的。因此有 $E_t(r_t^{\mathrm{f}}) = r_t^{\mathrm{f}}$ 以及 $\mathrm{Cov}_t((\Delta c_{t+1}/c_t), r_t^{\mathrm{f}}) = 0$ 。方程 (11.34) 式因此变为

$$r_t^{\mathrm{f}} = \frac{\theta + \sigma_t E_t(\Delta c_{t+1}/c_t)}{1 - \sigma_t E_t(\Delta c_{t+1}/c_t)}. \tag{11.35}$$

11.6.2.4 无套利关系

合并方程 (11.34) 和 (11.35) 两式，得到如下无套利方程

$$\begin{aligned} E_t r_{t+1} &= r_t^{\mathrm{f}} + \frac{\sigma_t \mathrm{Cov}_t((\Delta c_{t+1}/c_t), r_{t+1})}{1 - \sigma_t E_t(\Delta c_{t+1}/c_t)} \\ &= r_t^{\mathrm{f}} + \beta\sigma_t(1 + r_t^{\mathrm{f}})\mathrm{Cov}_t\left(\frac{\Delta c_{t+1}}{c_t}, r_{t+1}\right). \end{aligned} \tag{11.36}$$

方程 (11.36) 式的最后一项是风险溢价。因此，如果在自然状态一种资产的收益很低，而消费的跨期边际替代率 $M_{t+1} \equiv (\beta U'_{t+1}/U'_t)$ 很高，那么这种资产是有风险的。如果未来消费较低，M_{t+1} 就会较高，因此风险资产就是当消费者消费较低时其收益也较低的资产。这正是经济周期中发生的典型情况。例如，在衰退阶段，收益和消费的增长都较低，而在繁荣时期二者的增长却都很高。这样收益与消费之间就建立了正的相关关系，所以风险溢价也就为正。

---

① 如果 X_{t+1} 是由随机变量组成的一个向量，其条件均值为 AX_t，即 $X_{t+1} = AX_t + e_t$，其中 e_t 是均值为 0，方差为 Σ_t 的独立分布，那么对于任意两个元素 $x_{i,t+1}$ 和 $x_{j,t+1}$，我们有 $\mathrm{Cov}_t(x_{i,t+1}, x_{j,t+1}) = \sigma_{ij,t}$，其中 $\Sigma_t = \{\sigma_{ij,t}\}$。因此条件协方差是以 t 时刻的已知信息为基础的 X_t 在预测模型中误差项的协方差，并且是它自身在 $e_{i,t+1}$ 和 $e_{j,t+1}$ 间协方差的预测值。显然，向量自回归 (VAR) 模型是构建条件协方差非常方便的一个载体。

为进一步分析，我们还注意到，如果 z_t 是另一个随机变量，那么 $\mathrm{Cov}_t(a + bx_{t+1}, c + dy_{t+1} + z_t) = bd\mathrm{Cov}_t(x_{t+1}, y_{t+1})$ 。

我们还可以把 (11.36) 式写成超额收益的形式

$$E_t r_{t+1} - r_t^{\mathrm{f}} = \beta\sigma_t(1 + r_t^{\mathrm{f}})\mathrm{Cov}_t\left(\frac{\Delta c_{t+1}}{c_t}, r_{t+1} - r_t^{\mathrm{f}}\right) \tag{11.37}$$

其中

$$\begin{aligned}\mathrm{Cov}_t\left(\frac{\Delta c_{t+1}}{c_t}, r_{t+1}\right) &= \mathrm{Cov}_t\left(\frac{\Delta c_{t+1}}{c_t}, r_{t+1} - r_t^{\mathrm{f}}\right) \\ &= \beta_t\left(\frac{\Delta c_{t+1}}{c_t}, r_{t+1} - r_t^{\mathrm{f}}\right)\mathrm{Var}_t\left(\frac{\Delta c_{t+1}}{c_t}\right),\end{aligned} \tag{11.38}$$

因为 r_t^{f} 是 t 时刻信息集的一部分。$\beta_t(\Delta c_{t+1}/c_t, r_{t+1} - r_t^{\mathrm{f}})$ 是建立在第 t 期数据基础上的 $r_{t+1} - r_t^{\mathrm{f}}$ 对 $\Delta c_{t+1}/c_t$ 的回归系数。

上述结论表明，在有效市场中，风险资产的价格由无风险资产和具体的风险溢价共同决定，该风险溢价反映了风险的宏观经济来源。

将 (11.25) 和 (11.36) 两式与 (11.7) 式进行比较，我们会发现一般均衡资产定价理论中的风险溢价与我们早前运用单一时期效用理论推导出来的风险溢价是不同的。后者认为风险溢价是由资产收益的非条件方差形成的，然而。如第 285页脚注 ①所示，在一般均衡分析中，风险溢价是由于部分资产收益无法由当前与过去的信息中预测，导致了折现因子的无法预测，这在 C-CAPM 中表现为宏观经济的冲击。因此，在一般均衡分析中，风险是与预测误差紧密相联的，而不是指单纯的波动，波动的某些部分是可以预测的。(11.38) 式则提出了另一种解释：从解释超额收益的角度看，风险溢价是不可预测的波动的一部分。

11.6.2.5 名义收益的定价

上述分析假设包括资产收益在内的所有变量都以实际量来度量，这意味着存在一种实际的无风险资产。现实生活中，最贴近实际无风险资产的是指数化债券。由于即使指数化债券也不是完全地被指数化，所以也就不是真正的无风险资产。相对而言，如果忽略违约风险，那便存在名义上的无风险债券，短期国债便是一个例子。

为了给名义收益定价，需要把预算约束写成名义量的形式来对之前的分析做少许修正，即

$$P_t c_t + \Delta A_{t+1} = P_t x_t + R_t A_t,$$

其中 P_t 是价格水平，A_t 是名义财富量，R_t 是风险名义收益。可以证明欧拉方程现在可以写为

$$E_t\left[\frac{\beta U'_{t+1}}{U'_t}\frac{P_t}{P_{t+1}}(1 + R_{t+1})\right] = 1$$

或

$$E_t\left[\frac{\beta U'_{t+1}}{U'_t}\frac{1+R_{t+1}}{1+\pi_{t+1}}\right]=1, \tag{11.39}$$

其中 $\pi_{t+1}=\Delta P_{t+1}/P_t$ 是通货膨胀率。注意 $1+r_{t+1}=(1+R_{t+1})/(1+\pi_{t+1})$，其中 r_{t+1} 是实际风险收益，因此方程 (11.39) 与 (11.32) 是等价的。

不过，资产定价方程是不同的，因为现在的随机贴现因子是一个名义量而非实际量，即 $(\beta U'_{t+1}/U'_t)(1/(1+\pi_{t+1}))$。对它做泰勒展开得

$$\frac{\beta U'_{t+1}}{U'_t}\frac{1}{1+\pi_{t+1}}\simeq\beta\left[1-\sigma_t\frac{\Delta c_{t+1}}{c_t}-\pi_{t+1}\right].$$

现在，名义风险资产的资产定价方程为

$$\begin{aligned}&E_t(R_{t+1})\\&=\frac{\theta+\sigma_tE_t(\Delta c_{t+1}/c_t)+E_t\pi_{t+1}+\sigma_t\mathrm{Cov}_t((\Delta c_{t+1}/c_t),R_{t+1})+\mathrm{Cov}_t(\pi_{t+1},R_{t+1})}{1-\sigma_tE_t(\Delta c_{t+1}/c_t)-E_t\pi_{t+1}}.\end{aligned} \tag{11.40}$$

对于名义无风险资产，其资产定价方程为

$$E_t(R^{\mathrm{f}}_{t+1})=\frac{\theta+\sigma_tE_t(\Delta c_{t+1}/c_t)+E_t\pi_{t+1}}{1-\sigma_tE_t(\Delta c_{t+1}/c_t)-E_t\pi_{t+1}}. \tag{11.41}$$

而无套利方程是

$$E_tR_{t+1}=R^{\mathrm{f}}_t+\beta\sigma_t(1+R^{\mathrm{f}}_t)\left[\mathrm{Cov}_t\left(\frac{\Delta c_{t+1}}{c_t},R_{t+1}\right)+\mathrm{Cov}_t(\pi_{t+1},R_{t+1})\right]. \tag{11.42}$$

因此名义风险资产的风险溢价包含两项：名义风险利率与消费增长率的条件协方差和名义风险利率与通货膨胀率的条件协方差。如果经济周期中负向的需求冲击导致名义收益较低时，通货膨胀率也较低，那么风险溢价中通货膨胀的部分为正值。与之相反的是，负向的供给冲击，如石油价格冲击，很可能会引起通货膨胀上升，收益率下降，这会使得风险溢价中通货膨胀部分为负，甚至整个风险溢价也会因此而为负。

11.6.2.6 对数正态假设

在分析资产定价时有一个应用十分广泛的假设，即随机贴现因子和总收益服从联合对数正态分布，这一方面是因为它应用起来很方便，另一方面是由于它确实是一个合理且恰当的近似。如果 $\ln(x)$ 服从均值为 μ 方差为 σ^2 的正态分布，我们就认为随机变量 x 是服从对数正态分布的。如果 $\ln(x)$ 的分布为 $N(\mu,\sigma^2)$，那么 x 的期望值为

$$E(x)=\exp(\mu+\tfrac{1}{2}\sigma^2),$$

因此有

$$\ln E(x)=\mu+\tfrac{1}{2}\sigma^2.$$

于是，(11.33) 式可以写成

$$\begin{aligned}1&=E_t[M_{t+1}(1+r_{t+1})]\\&=\exp\{E_t[\ln(M_{t+1}(1+r_{t+1}))]+V_t[\ln(M_{t+1}(1+r_{t+1}))]/2\}.\end{aligned}$$

两边取对数，得

$$\begin{aligned}0&=\ln E_t[M_{t+1}(1+r_{t+1})]\\&=E_t[\ln(M_{t+1}(1+r_{t+1}))]+V_t[\ln(M_{t+1}(1+r_{t+1}))]/2\\&=E_t[\ln M_{t+1}+\ln(1+r_{t+1})]+V_t[\ln M_{t+1}+\ln(1+r_{t+1})]/2\\&\simeq E_t(\ln M_{t+1})+E_t(r_{t+1})+V_t(\ln M_{t+1})/2+V_t(r_{t+1})/2+\mathrm{cov}_t(\ln M_{t+1},r_{t+1})\\&=0.\end{aligned}\tag{11.43}$$

当资产是无风险资产时，(11.43) 式变为

$$E_t(\ln M_{t+1})+r_t^{\mathrm{f}}+\tfrac{1}{2}V_t(\ln M_{t+1})=0.\tag{11.44}$$

将 (11.44) 式代入 (11.43) 式得到对数正态下的无套利条件：

$$E_t(r_{t+1}-r_t^{\mathrm{f}})+\tfrac{1}{2}V_t(r_{t+1})=-\mathrm{Cov}_t(\ln M_{t+1},r_{t+1}),\tag{11.45}$$

其中 $\frac{1}{2}V_t(r_{t+1})$ 是 Jensen 效应：因为期望是非线性函数，并且除非 $f(x)$ 是线性的，否则 $E[f(x)]\neq f[E(x)]$，所以会出现 Jensen 效应。

如果 $M_{t+1}=\beta(U'(c_{t+1})/U'(c_t))$，那么

$$\ln M_{t+1}\simeq-(\theta+\sigma_t\Delta\ln c_{t+1}).\tag{11.46}$$

此时，无套利条件可以写为

$$E_tr_{t+1}-r_t^{\mathrm{f}}+\tfrac{1}{2}V_t(r_{t+1})=\sigma_t\mathrm{Cov}_t(\Delta\ln C_{t+1},r_{t+1}).\tag{11.47}$$

上式可以和无对数正态假设的 (11.37) 式相比较。

11.6.2.7 多因子模型

对资产定价模型更一般地表述被称为多因子模型。如果随机贴现因子写为

$$M_{t+1}=a+\sum_i b_iz_{i,t+1},$$

那么无套利条件是

$$
\begin{aligned}
E_t r_{t+1} - r_t^{\mathrm{f}} &= -(1+r_t^{\mathrm{f}})\mathrm{Cov}_t(M_{t+1}, r_{t+1}) \\
&= -(1+r_t^{\mathrm{f}})\sum_i b_i \mathrm{Cov}_t(z_{i,t+1}, r_{t+1}).
\end{aligned} \tag{11.48}
$$

例如，对于下面要讨论的 CAPM，它假设只有一个随机贴现因子 $M_{t+1} = \sigma_t(1+r_{t+1}^{\mathrm{m}})$，其中 r_{t+1}^{m} 是市场收益，它是唯一的因子；C-CAPM 假设只有一个随机贴现因子 $M_{t+1} = \beta(U'_{t+1}/U'_t) \simeq \beta[1-\sigma_t(\Delta c_{t+1}/c_t)]$，则消费增长率是唯一的因子。所以，当 $\sigma_t = \sigma$ 是一个常数时，贴现因子为

$$
z_{t+1} = \begin{cases} r_{t+1}^{\mathrm{m}}, & \text{CAPM}, \\ \dfrac{\Delta C_{t+1}}{C_t}, & \text{C-CAPM}. \end{cases}
$$

应用对数正态的假设，则

$$
\ln M_{t+1} = a + \sum_i b_i z_{i,t+1},
$$

资产定价关系方程为

$$
\begin{aligned}
E_t(r_{t+1} - r_t^{\mathrm{f}}) + \frac{1}{2}V_t(r_{t+1}) &= \sigma_t \mathrm{Cov}_t(\ln M_{t+1}, r_{t+1}) \\
&= \sigma_t \sum_i b_i \mathrm{Cov}_t(z_{i,t+1}, r_{t+1}).
\end{aligned} \tag{11.49}
$$

方程 (11.48) 式和 (11.49) 式被称为多因素仿射模型 (仿射即线性的意思)。在金融的实际工作中，通常并不是选择因子以满足一般均衡资产定价的核心，如跨期边际替代率，而是由数据决定的。

11.7 资产配置

我们曾指出，上述资产定价理论适用于任何资产。如果持有的金融财富包含许多种资产，我们就必须考虑在风险组合中每项资产的持有比例，这就是资产配置或者组合选择问题。我们先从包含两项资产的情形开始讨论：一项风险资产和一项无风险资产。

我们仍然只需要对模型的预算约束稍作改动，分别令 a_t 和 b_t 表示风险资产和无风险资产，预算约束则可以写成

$$
c_t + a_{t+1} + b_{t+1} = x_t + a_t(1+r_t) + b_t(1+r_{t-1}^{\mathrm{f}}).
$$

如果定义 $W_t = a_t + b_t$，资产组合的份额为 $w_t = a_t/W_t$ 和 $1 - w_t = b_t/W_t$，那么，预算约束还可以表示为

$$\begin{aligned} c_t + W_{t+1} &= x_t + W_t[1 + r_{t-1}^{\mathrm{f}} + w_t(r_t - r_{t-1}^{\mathrm{f}})] \\ &= x_t + W_t(1 + r_t^{\mathrm{p}}), \end{aligned}$$

其中 $r_t^{\mathrm{p}} = r_{t-1}^{\mathrm{f}} + w_t(r_t - r_{t-1}^{\mathrm{f}})$ 为资产组合的收益。现在我们的问题是要通过选择变量 $\{c_{t+s}, a_{t+s+1}, b_{t+s+1};\ s \geqslant 0\}$ 或者等价地，选择变量 $\{c_{t+s}, W_{t+s+1}, w_{t+s+1};\ s \geqslant 0\}$，使得 V_t 达到最大。

根据前面的结论，一阶条件为

$$\frac{\partial V_t}{\partial c_t} = U_t' - \beta E_t[U_{t+1}'(1 + r_{t+1}^{\mathrm{p}})] = 0$$

以及

$$\begin{aligned} \frac{\partial V_t}{\partial w_{t+1}} &= -\beta E_t\left[\frac{\partial V_{t+1}}{\partial c_{t+1}}\frac{\partial c_{t+1}}{\partial w_{t+1}}\right] \\ &= -\beta E_t[U_{t+1}' W_{t+1}(r_{t+1} - r_t^{\mathrm{f}})] = 0. \end{aligned}$$

除了用 r_{t+1}^{p} 替代 r_{t+1} 之外，第一个条件和之前一样。因此，除了当前决策是基于资产组合的收益做出的之外，消费/储蓄决策并未发生改变。从预算约束中可以看出，W_{t+1} 由 t 时刻的变量所决定，因此第二个条件可以写为

$$E_t[U_{t+1}'(r_{t+1} - r_t^{\mathrm{f}})] = 0. \tag{11.50}$$

我们已知

$$\begin{aligned} U_{t+1}' &= U'\{x_{t+1} + W_{t+1}[1 + r_t^{\mathrm{f}} + w_{t+1}(r_{t+1} - r_t^{\mathrm{f}})] - W_{t+2}\} \\ &\simeq U_t'^{*} + W_{t+1}w_{t+1}(r_{t+1} - r_t^{\mathrm{f}})U_{t+1}''^{*}, \end{aligned}$$

其中，我们使用了在 $w_{t+1} = 0$ 这一点的泰勒近似展开式，并且定义 $U_t'^{*} = U'(x_{t+1} + W_{t+1}[1 + r_t^{\mathrm{f}}] - W_{t+2})$。现在可以将 (11.50) 式写为

$$\begin{aligned} 0 &= E_t[U_{t+1}'(r_{t+1} - r_t^{\mathrm{f}})] \\ &\simeq U_t'^{*}E_t(r_{t+1} - r_t^{\mathrm{f}}) + W_{t+1}U_{t+1}''^{*}w_{t+1}E_t(r_{t+1} - r_t^{\mathrm{f}})^2, \end{aligned}$$

因此资产组合中风险资产的份额为

$$w_{t+1} = \frac{E_t c_{t+1}}{W_{t+1}}\frac{E_t(r_{t+1} - r_t^{\mathrm{f}})}{\sigma_t E_t(r_{t+1} - r_t^{\mathrm{f}})^2}, \tag{11.51}$$

其中，$\sigma_t = -(E_t c_{t+1} U''^{*}_{t+1}/U'^{*}_{t+1})$ 为相对风险规避系数 (CRRA)。总财富中被用于消费的比例 $(E_t c_{t+1}/W_{t+1})$ 和预期超额收益 $(E_t(r_{t+1} - r^{\rm f}_t))$ 越高，超额收益的条件波动率 $(E_t(r_{t+1} - r^{\rm f}_t)^2)$ 和风险规避程度 (σ_t) 越低，那么投资于风险资产的份额就越大。如果没有风险资产，那么实际上 $E_t(r_{t+1} - r^{\rm f}_t) = 0$ ，因此有 $w_{t+1} = 0$ ，也就是说，该资产组合是完全无风险的。

这种分析可以被推广到多种资产的情形。在有多种资产的情形下，r_t 和 w_t 变成了向量 $\boldsymbol{r}_t$ 和 $\boldsymbol{w}_t$ ，无风险资产的份额为 $1 - \boldsymbol{\ell}'\boldsymbol{w}_t$，其中，$\boldsymbol{\ell}' = (1, 1, \ldots, 1)$ 。多种资产情形的解和 (11.51) 式的形式相同，并且是资产份额向量

$$\boldsymbol{w}_{t+1} = \sigma_t^{-1}\boldsymbol{\Sigma}_t^{-1}E_t(\boldsymbol{r}_{t+1} - \boldsymbol{\ell}r^{\rm f}_t),$$

其中，$\boldsymbol{\Sigma}_t$ 为风险收益的条件协方差矩阵。

最优资产组合的超额收益由左乘 $\boldsymbol{w}'_t$ 得到，

$$E_t(r^{\rm p}_{t+1} - r^{\rm f}_t) = \boldsymbol{w}'_t E_t(\boldsymbol{r}_{t+1} - \boldsymbol{\ell}r^{\rm f}_t) = \sigma_t \boldsymbol{w}'_t \boldsymbol{\Sigma}_t \boldsymbol{w}_t = \sigma_t V_t(r^{\rm p}_{t+1}),$$

其中，$V_t(r^{\rm p}_{t+1})$ 为组合收益的条件方差，它意味着

$$\frac{E_t(r^{\rm p}_{t+1} - r^{\rm f}_t)}{V_t(r^{\rm p}_{t+1})} = \sigma_t. \tag{11.52}$$

用 (11.52) 式消去 σ_t，得到每项资产的超额收益为

$$\begin{aligned} E_t(\boldsymbol{r}_{t+1}) - \boldsymbol{\ell}r^{\rm f}_t &= \sigma_t \boldsymbol{\Sigma}_t \boldsymbol{w}_t \\ &= E_t(r^{\rm p}_{t+1} - r^{\rm f}_t)\frac{V_t(\boldsymbol{r}_{t+1})\boldsymbol{w}_t}{V_t(r^{\rm p}_{t+1})} \\ &= E_t(r^{\rm p}_{t+1} - r^{\rm f}_t)\frac{{\rm Cov}_t(\boldsymbol{r}_{t+1}, r^{\rm p}_{t+1})}{V_t(r^{\rm p}_{t+1})}. \end{aligned} \tag{11.53}$$

我们还可以运用 (11.52) 式将上式写为

$$E_t(\boldsymbol{r}_{t+1} - \boldsymbol{\ell}r^{\rm f}_t) = \sigma_t {\rm Cov}_t(\boldsymbol{r}_{t+1}, r^{\rm p}_{t+1}). \tag{11.54}$$

对于第 i 项资产，该式变为

$$E_t(r_{i,t+1} - r^{\rm f}_t) = \sigma_t {\rm Cov}_t(r_{i,t+1}, r^{\rm p}_{t+1}). \tag{11.55}$$

如果 $r^{\rm f}_t = \theta$ 并且下式成立，可以证明 (11.55) 式与 (11.37) 式是相同的。

$$c_{t+1} = r^{\rm p}_{t+1} W_{t+1}, \tag{11.56}$$

也就是说如同生命周期理论中一样，消费等于财富中获得的永久收入，因而消费的增长率等于财富的增长率，即资产组合的收益。

考察该解对于期望效用的含义很有意义。用在 $E_t c_{t+1}$ 点的二阶泰勒展开式可以近似表达第 $t+1$ 期瞬时效用的条件期望，得到

$$
\begin{aligned}
E_t U(c_{t+1}) &\simeq U(E_t c_{t+1}) + U_t' E_t(c_{t+1} - E_t c_{t+1}) + U_t'' E_t(c_{t+1} - E_t c_{t+1})^2 \\
&\simeq U_t' \Big[E_t c_{t+1} - \frac{\sigma_t}{2} \frac{V_t(c_{t+1})}{E_t c_{t+1}} \Big].
\end{aligned} \tag{11.57}
$$

因此，期望效用近似地表示一种在期望消费和消费的期望波动之间的权衡，该期望波动是以边际效用来度量的。

期望效用可以用收益的形式重新表示。由于

$$
\begin{aligned}
E_t c_{t+1} &= W_{t+1} E_t r_{t+1}^{\mathrm{p}}, \\
V_t(c_{t+1}) &= W_{t+1}^2 V_t(r_{t+1}^{\mathrm{p}}),
\end{aligned}
$$

从 (11.52) 式和 (11.57) 式可以得出，$E_t U(c_{t+1})$ 的最大值近似表示如下：

$$
\begin{aligned}
\max E_t U(c_{t+1}) &\simeq U_t' W_{t+1} \left[E_t r_{t+1}^{\mathrm{p}} - \frac{\sigma_t}{2} \frac{V_t(r_{t+1}^{\mathrm{p}})}{E_t r_{t+1}^{\mathrm{p}}} \right] \\
&= U_t' W_{t+1} \left[E_t r_{t+1}^{\mathrm{p}} - \frac{1}{2} \frac{E_t(r_{t+1}^{\mathrm{p}} - r_t^{\mathrm{f}})}{E_t r_{t+1}^{\mathrm{p}}} \right] \\
&= U_t' W_{t+1} \left[r_t^{\mathrm{f}} + \rho_t \left(1 - \frac{1}{2(r_t^{\mathrm{f}} + \rho_t)} \right) \right],
\end{aligned}
$$

其中，ρ_t 为风险溢价：

$$
\begin{aligned}
\rho_t &= \beta\sigma_t(1+f_t)\mathrm{Cov}_t(\Delta \ln c_{t+1}, r_{t+1}^{\mathrm{p}}) \\
&= \beta\sigma_t(1+f_t) W_{t+1} V_t(r_{t+1}^{\mathrm{p}}).
\end{aligned}
$$

风险提高会导致期望效用的如下变化：

$$
\frac{\partial \{\max E_t U(c_{t+1})\}}{\partial \rho_t} = U_t' W_{t+1} \left(1 - \frac{r_t^{\mathrm{f}}}{2(r_t^{\mathrm{f}} + \rho_t)^2} \right).
$$

尽管该式的符号未定，但如果 r_t^{f} 和 ρ_t 都不大，那么该式很可能是负的。因此，通常情况下，风险提高会使得效用下降。

11.7.1 资本资产定价模型 (CAPM)

Sharpe(1964)，Lintner(1965) 以及 Mossin(1966) 等人开创的资本资产定价模型 (CAPM) 是 (11.53) 式的一种特殊情况，它假定市场中的每个投资者都是相同的，因此

他们会持有相同的资产组合。那么 r_{t+1}^{p} 也就是**市场**收益 r_{t+1}^{m}，因此

$$E_t(\boldsymbol{r}_{t+1}-\boldsymbol{\ell}r_t^{\mathrm{f}})=E_t(r_{t+1}^{\mathrm{m}}-r_t^{\mathrm{f}})\frac{\mathrm{Cov}_t(\boldsymbol{r}_{t+1},r_{t+1}^{\mathrm{m}})}{V_t(r_{t+1}^{\mathrm{m}})}.$$

对于第 i 项风险资产，我们有

$$\begin{aligned}E_t(r_{i,t+1}-r_t^{\mathrm{f}})&=E_t(r_{t+1}^{\mathrm{m}}-r_t^{\mathrm{f}})\frac{\mathrm{Cov}_t(r_{i,t+1},r_{t+1}^{\mathrm{m}})}{V_t(r_{t+1}^{\mathrm{m}})}\\&=E_t(r_{t+1}^{\mathrm{m}}-r_t^{\mathrm{f}})\beta_{it},\end{aligned}\tag{11.58}$$

其中，β_{it} 为资产 i 的**市场** β 值，它被定义为

$$\beta_{it}=\frac{\mathrm{Cov}_t(r_{i,t+1},r_{t+1}^{\mathrm{m}})}{V_t(r_{t+1}^{\mathrm{m}})}.\tag{11.59}$$

因此，(11.58) 式给出了风险溢价的另一种表达，它的意思是一项风险资产的期望超额收益与该市场组合的期望超额收益成比例。比例系数 β 随着时间和资产种类的改变而改变，无风险资产的 β 值为零，市场组合的 β 值为 1 。CAPM 的含义是，投资者可以选择持有一单位的资产 i，或者 β_{it} 单位的市场组合，两种情况下获得的期望超额收益是相同的。

如果我们像在 (11.59) 式中一样地定义 β_{it}，并且使得资产组合的收益等于市场收益 ($r_{t+1}^{\mathrm{p}}=r_{t+1}^{\mathrm{m}}$)，从而市场收益满足 (11.55) 式，那就意味着我们还能从一般均衡的角度来解释 CAPM。

11.7.2 资产的可替代性与无套利

如果资产是完全替代的，则投资者在其持有的资产组合中各项资产比例就是无差异的。资产具有完全替代性的必要条件是它们的收益是完全相关的。当资产不是完全相关时，它们就是不完全替代，资产组合多样化会降低其与最优组合的方差。

完全可替代性与不完全可替代性的概念可以与无套利进行对比。后者意味着经风险调整的预期资产收益是完全相同的。无套利条件对资产收益间的相关关系未加限定，因此并不意味着资产是完全替代的。

11.8 不确定性下的消费

接下来我们检验风险资产的存在对消费/储蓄决策的影响。之前我们假定了完全预见性，并假定不存在不确定性，从而使得以金融资产形式进行储蓄的收益是给定的。现在我们假定未来存在不确定性并且以持有风险资产的形式进行储蓄。

当我们在资产是风险性资产的情况下分析消费时，回忆之前的论断：用于决定风险资产价格的模型也可以用于决定消费。因此，我们要用到 (11.36) 式，由该方程求解消费可以得到

$$E_t\frac{\Delta c_{t+1}}{c_t}=\frac{E_t r_{t+1}-\theta}{\sigma_t(1+E_t r_{t+1})}-\frac{\mathrm{Cov}_t((\Delta c_{t+1}/c_t),r_{t+1})}{1+E_t r_{t+1}} \tag{11.60}$$

$$\simeq\frac{[E_t r_{t+1}-\sigma_t\mathrm{Cov}_t((\Delta c_{t+1}/c_t),r_{t+1})]-\theta}{\sigma_t}. \tag{11.61}$$

与决策主体具有完美预见能力的情形比较，不确定性下的消费最优增长率涉及一项附加项 $\mathrm{cov}_t((\Delta c_{t+1}/c_t),r_{t+1})$。正如之前所说的，我们预期这一项为正。

如果居民户以无风险资产的形式进行储蓄，并且具有确定性收益 r_t^{f}，那么，由于 $\mathrm{cov}_t((\Delta c_{t+1}/c_t),r_t^{\mathrm{f}})=0$，根据 (11.60) 式可以得到

$$E_t\frac{\Delta c_{t+1}}{c_t}\simeq\frac{r_t^{\mathrm{f}}-\theta}{\sigma_t}. \tag{11.62}$$

因此，完美预见性和投资于无风险资产将得出完全相同的结论。

如果假定 $r_t^{\mathrm{f}}\simeq\theta$，那么 (11.36) 式可以写为

$$E_t r_{t+1}-r_t^{\mathrm{f}}=\sigma_t\mathrm{cov}_t\left(\frac{\Delta c_{t+1}}{c_t},r_{t+1}\right). \tag{11.63}$$

最后一项是风险资产的风险溢价，这意味着 (11.61) 式和 (11.62) 式是相同的，也就是说在决定消费时，无论我们假定投资者持有的是无风险资产还是风险资产都对结果没有影响，因为持有风险资产需要对消费方程的风险收益进行风险调整。这是一个重要的结论，因为它表明我们可以继续在完美预见性的简单假设下进行宏观经济分析。实际上，在 (11.61) 式中我们已经运用风险中性概率估测了 $\Delta c_{t+1}/c_t$ 的条件期望。另一个可供选择的做法是在 DSGE 模型中使用风险中性概率评价所有的预期，这也可以免去将风险纳入考虑的麻烦。如果没有实际的无风险资产的话，这样做是很方便的。

但如果我们假设对数正态性，那么 (11.60) 式就被替代为

$$E_t\Delta\ln c_{t+1}=\frac{r_t^{\mathrm{f}}-\theta}{\sigma_t}+\tfrac{1}{2}\sigma_t V_t(\Delta\ln c_{t+1}).$$

因此，沿着最优路径的预期消费增长率和无风险利率与消费者的主观时间偏好率之间的偏差正相关，并且随着消费增长的方差正向变化 (因为 σ_t 等于 CRRA)。如果消费者是风险厌恶的，那么消费增长的变异性越大，与之相伴的沿着最优路径的期望消费增长就越大。

11.9 完备市场

在金融学中完备市场的概念很重要，因为它决定了是否存在套利的机会，而在宏观经济学中，它决定了风险分散是否可能，也就是说，是否可以完全规避风险。

如果对于每一个可能的状态都存在一个或有权益，并且如果资产数至少和状态数一样多，那么，每项资产的价格都将被唯一确定，否则，将存在套利机会。不幸的是，在实践中，状态数通常要大于或有权益的数目。

令 $p(i)$ 表示第 i 项资产的价格，$x_i(s)$ 表示在状态 s 下的收益。那么

$$p(i) = \sum_s q(s)x_i(s), \quad i = 1, \ldots, n.$$

将这些关于全部 n 种资产的方程联立，得到矩阵方程

$$\begin{bmatrix} p(1) \\ \vdots \\ p(n) \end{bmatrix} = \begin{bmatrix} x_1(1) & \cdots & x_1(S) \\ \vdots & \ddots & \vdots \\ x_n(1) & \cdots & x_n(S) \end{bmatrix} \begin{bmatrix} q(1) \\ \vdots \\ q(S) \end{bmatrix}.$$

令 $\tilde{p} = (p(1), p(2), \ldots, p(n))'$，将其表示成向量的形式，

$$\tilde{p} = X\tilde{q}.$$

考虑三种情形。

1. 资产的种类等于状态数，即 $n = S$。因此，X 是一个方阵，并且是可逆的，从而得到对每一种状态 $s = 1, \ldots, S$ 下的或有权益价格 $q(s)$:

$$\tilde{q} = X^{-1}\tilde{p}.$$

   给定市场价格 $p(s)$ 和收益 $x(s)$，就可以推出状态价格 $q(s)$。这种情形下市场就是完备的，因为市场价格包含了确定唯一状态价格的完备信息。另一个重要的含义是随机贴现因子 $m(s)$ 被唯一地确定并且对所有投资者都相同。

2. 资产的种类大于状态数，即 $n > S$，那么 X 是 $n \times S$ 型矩阵。因此，X 有逆矩阵，但它的逆矩阵不唯一。(注：如果 X^* 是 X 的逆矩阵，那么 $X^*X = I$。如果该逆矩阵是唯一的，那么 $X^* = X^{-1}$，这要求 X 是方阵。但如果 X 是 $n \times S$ 型矩阵且 $n > S$，就会存在不止一个满足 $X^*X = I$ 的 X^* 。) 这也就意味着由 $\tilde{p}$ 不能得到唯一的 $\tilde{q}$。事实上有很多方法都可以得到 $\tilde{q}$ ，因此存在无穷多个定价方程和无穷多个随机贴现因子 $m(s)$ 。

3. 状态数大于资产种类，即 $S > n$，那么 X 是 $n \times S$ 型矩阵。它意味着 X 不存在逆矩阵，因此不能由 $\tilde{p}$ 得到 $\tilde{q}$。这就是以一些抵押债券价格来为衍生债券定价时需要考虑的情形。

11.9.1 风险分散和完备市场

在现实中，投资者是异质的，每个投资者都面临不同的风险来源，这被称为非系统性风险。投资者都希望通过资产多样化来化解这种风险，然而在现实市场中，保险机会却十分地不完备。虽然存在很多的金融工具可以为消费者各种不同类型的非系统风险提供保险，但这些工具却不能完全规避非系统性风险。相比之下，在一个完备市场的均衡中，消费者能够为这些非系统性风险冲击的每种实现状态购买或有权益，从而规避所有非系统性风险。

我们已经知道或有权益完备集存在的意义是，消费者可以用同样的定价方程给未来的随机收益定价，即他们有着同样的随机贴现因子。假设消费者 i 在 $t+1$ 期投资一项资产，它的随机收益为 $1+r_{t+1}$，那么他 (第 i 个投资者) 的欧拉方程为

$$E_t\left[\frac{\beta_i U'(c_{t+1}^i)}{U'(c_t^i)}(1+r_{t+1})\right]=1,$$

其中，β_i 为时间偏好率，c_t^i 为投资者 i 的消费。上式也可以写为

$$E_t[m_{i,t+1}(1+r_{t+1})]=1,$$

其中，$m_{i,t+1}=\beta_i U'(c_{t+1}^i)/U'(c_t^i)$。

在一个完备市场的均衡中，用于对未来随机收益进行定价的跨期边际替代率对所有消费者都相同，也就是说，对所有的 i 和 j ，都有 $m_i = m_j$ 。因此，

$$\frac{\beta_i U'_{i,t+1}}{U'_{i,t}}=\frac{\beta_j U'_{j,t+1}}{U'_{j,t}}.$$

如果所有投资者具有相同的时间偏好率 β 和效用函数 $U(\cdot)$，那么所有消费者的消费增长率都将相同:

$$\frac{c_{i,t+1}}{c_{i,t}}=\frac{c_{j,t+1}}{c_{j,t}} \quad \text{对于所有的 } i \text{ 和 } j。$$

这意味着在完备市场的均衡中，只有总量消费冲击才会影响资产价格，个体的收入冲击可以通过资本市场的保险来对冲掉。

为了阐明这个道理，假设在一个只持续一期的经济体中有两个消费者，并且每个消费者 $i=\text{A},\text{B}$ 的效用函数相同，为 $U(C)=\ln(C)$ 。但是他们的收入流不相同，具体

地说，当消费者 A 就业时，消费者 B 就失业，反之亦然。这给出了两个 (异质的) 状态：状态 1 的概率为 π，二者收入分别是 $y^{\mathrm{A}}=y$ 和 $y^{\mathrm{B}}=0$；状态 2 的概率为 $1-\pi$，二者收入分别为 $y^{\mathrm{A}}=0$ 和 $y^{\mathrm{B}}=y$，其中 $y>0$ 为常数，每个消费者的目标是最大化来自于消费的期望效用值 $E[\ln(C^i)]$。现在的问题是在完备的或有权益均衡中，求解每个消费者的消费配置。

因为环境中只存在两种可能状态，所以我们有两个状态价格 $q(1)$ 和 $q(2)$。假设消费者的消费和收入都被环境中的状态指数化，因此，消费者 A 和 B 的预算约束由下式给出：

$$q(1)C^{\mathrm{A}}(1)+q(2)C^{\mathrm{A}}(2)=q(1)y,$$
$$q(1)C^{\mathrm{B}}(1)+q(2)C^{\mathrm{B}}(2)=q(2)y.$$

每个消费者在自己的预算约束下最大化效用。消费者 A 的拉格朗日函数由下式给出

$$\mathcal{L}^{\mathrm{A}}=\pi\ln[C^{\mathrm{A}}(1)]+(1-\pi)\ln[C^{\mathrm{A}}(2)]+\lambda^{\mathrm{A}}[q(1)y-q(1)C^{\mathrm{A}}(1)-q(2)C^{\mathrm{A}}(2)].$$

一阶条件为

$$\frac{\partial\mathcal{L}^{\mathrm{A}}}{\partial C^{\mathrm{A}}(1)}=\frac{\pi}{C^{\mathrm{A}}(1)}-\lambda^{\mathrm{A}}q(1)=0,$$
$$\frac{\partial\mathcal{L}^{\mathrm{A}}}{\partial C^{\mathrm{A}}(2)}=\frac{1-\pi}{C^{\mathrm{A}}(2)}-\lambda^{\mathrm{A}}q(2)=0.$$

从这些表达式中消去拉格朗日乘子，得到

$$\frac{C^{\mathrm{A}}(2)}{C^{\mathrm{A}}(1)}=\frac{(1-\pi)q(1)}{\pi q(2)}.$$

消费者 B 的问题与消费者 A 相似：拉格朗日函数形式相同，但预算约束不同，由此可以得出

$$\frac{C^{\mathrm{B}}(2)}{C^{\mathrm{B}}(1)}=\frac{(1-\pi)q(1)}{\pi q(2)}.$$

因此

$$\frac{C^{\mathrm{A}}(2)}{C^{\mathrm{A}}(1)}=\frac{C^{\mathrm{B}}(2)}{C^{\mathrm{B}}(1)}=\bar{c}.$$

现在假设每个消费者得到的收入 y 随着经济体总量状态的不同而变化。经济处于繁荣期时获得高收入，以 $\bar{y}$ 表示，概率为 ϕ；在经济处于萧条期时，可能会因为失业

而获得低收入，以 $\underline{y}$ 表示，概率为 $1-\phi$，这里 $\underline{y}<\bar{y}$。那么现在环境中存在四种状态：

$$\text{状态 1:}\quad y^{\mathrm{A}}=\bar{y}\ ,\ \ y^{\mathrm{B}}=0\ \text{概率为}\pi\phi;$$
$$\text{状态 2:}\quad y^{\mathrm{A}}=0\ ,\ \ y^{\mathrm{B}}=\bar{y}\ \text{概率为}(1-\pi)\phi;$$
$$\text{状态 3:}\quad y^{\mathrm{A}}=\underline{y}\ ,\ \ y^{\mathrm{B}}=0\ \text{概率为}\pi(1-\phi);$$
$$\text{状态 4:}\quad y^{\mathrm{A}}=0\ ,\ \ y^{\mathrm{B}}=\underline{y}\ \text{概率为}(1-\pi)(1-\phi).$$

可以像之前一样，通过一阶条件求得问题的解。但更为简单的方法是，在经济体总量状态给定的情形下，消费者会使自身不同状态的消费边际替代率相等。然而，自身不同状态的消费边际替代率会随着经济体总量状态的变化而不同。因此，之前的条件现在变为

$$\text{繁荣时期:}\quad \frac{C^{\mathrm{A}}(2)}{C^{\mathrm{A}}(1)}=\frac{C^{\mathrm{B}}(2)}{C^{\mathrm{B}}(1)}=\bar{c}_1,$$
$$\text{衰退时期:}\quad \frac{C^{\mathrm{A}}(4)}{C^{\mathrm{A}}(3)}=\frac{C^{\mathrm{B}}(4)}{C^{\mathrm{B}}(3)}=\bar{c}_2,$$

此处 $\bar{c}_1$ 和 $\bar{c}_2$ 不同，因为现在经济体在处于繁荣或萧条时，资源总量会有差异。

考虑对经济体总体收入而不是对不同个体收入风险进行保险的可能性。在不存在系统风险时，两个消费者就业与失业状态下的消费比率相等，这等价对非系统风险进行保险。然而，对经济总量的变化进行保险是不可能的。因此，就业与失业状态的消费比率会随着经济体总量状态的不同而改变。

最后，考虑完备市场均衡对资产定价的含义。假设消费者 $i=\mathrm{A},\mathrm{B}$ 投资于在 $t+1$ 时刻随机收益为 $1+r_{t+1}$ 的资产。消费/储蓄问题意味着在最优解处，投资者 i 会使得

$$E_t\left[\frac{\beta_i U'(c_{t+1}^i)}{U'(c_t^i)}(1+r_{t+1})\right]=1.$$

但我们已经说过，在完备市场的均衡中，用于对未来随机收益进行定价的跨期边际替代率对每个消费者而言都相同，即 $m^{\mathrm{A}}=m^{\mathrm{B}}$，因此，

$$\frac{\beta_{\mathrm{A}}U'_{\mathrm{A},t+1}}{U'_{\mathrm{A},t}}=\frac{\beta_{\mathrm{B}}U'_{\mathrm{B},t+1}}{U'_{\mathrm{B},t}}.$$

如果所有消费者拥有相同的贴现因子 β 和效用函数 $U(\cdot)$ ，那么他们的消费增长率也会相等：

$$\frac{c_{\mathrm{A},t+1}}{c_{\mathrm{A},t}}=\frac{c_{\mathrm{B},t+1}}{c_{\mathrm{B},t}}.$$

由此我们已经证明，在完备市场的均衡中，只有总量消费冲击会影响资产价格，而个体收入冲击可以通过资本市场进行保险。尽管在实践中并不存在完备市场，但这是金融学和宏观经济学中一个重要的基准性概念。

11.9.2 市场不完备

尽管市场是不完备的 (incompleteness)，并且不同个体的边际替代率也不同，但是如果存在一项所有消费者都可以购买的无风险资产，那么，从 (11.15) 式可知，每位投资者的期望边际替代率将会相等，并且还可以从 (11.62) 式得出，所有消费者的消费增长率都相等 (见 Heaton 和 Lucas 1995，1996)。

完备市场的概念在开放经济中显得尤为重要，因为它意味着经济体可以通过持有可进行国际贸易的资产组合来为非系统性风险进行保险。在这种情形下，所有国家的边际替代率相等，并且所有国家拥有相同的消费增长率。然而，如果国际市场是不完备的，如不同的国家拥有不同的边际替代率，那么，只有当每个国家能够以同样的无风险利率购买到可进行国际贸易的实际无风险资产时，各个国家的期望边际替代率才会相等，消费增长率也才会相等。这里的问题是要使各个国家的实际无风险利率相同，要求 PPP 条件得到满足，然而我们已经表明 PPP 是不成立的。我们将会在关于外汇市场的讨论中再来研究这个问题。

11.10 结论

资产定价问题日益变得只与金融学紧密联系了。我们已经证明，实际上资产定价问题是宏观经济学的一个重要分支，并且在一般均衡宏观经济学中扮演着核心角色。特别是，我们已具体阐明决定其他宏观经济变量的 DSGE 模型也能为资产定价问题提供一个一般均衡的理论，从而实现了宏观经济学和金融学的统一。在本书的第 12 章和第 15 章，我们分析宏观金融模型时将对此进行更进一步的整合。

我们已经阐明资产定价问题可以被简化为推导风险溢价的问题，而四项主要理论最终进都归结到相同的定价方程。实际上，所有这些理论都以未来收益的贴现值对资产进行定价。金融学与宏观经济学二者之间的核心区别在于对贴现因子的选择：在传统的金融学中，人们更倾向于使用无风险收益率；而在一般均衡经济学中却是使用边际替代率 M_{t+1}。我们证明了这两者之间的联系是 $E_tM_{t+1} = 1/(1 + r_t^{\mathrm{f}})$ 。在金融学中，有时候会用其他变量替代无风险收益率，称这些变量为因子。金融学的问题是如何选择这些因子。在经济学中，M_{t+1} 是随机的，并且取决于决定边际效用的变量，这些变量通常有消费的增长率，以及在确定名义收益时的通货膨胀。在第 12 章中将会论述由于选择不同的效用函数，也可能需要使用其他变量来决定 M_{t+1}。

我们证明了在每个居民户的贴现因子相同时，市场是完备的，这意味着对风险进行保险是可能的，并且所有居民户的最优消费的增长是相同的。这个结论可以推广到开放经济的情形，但要求每个国家的贴现因子相同。

我们还证明了收益要满足无套利条件，否则市场将不是有效的，并且存在创造无限利润的机会。给定不同风险资产的特性，通过调整风险收益，可以实现无套利规则，因为经过风险调整之后，所有收益的期望值都相等。那么，接下来的问题是如何确定每项资产的风险溢价。我们说过，对该问题的回答取决于对贴现因子的选择。这就给传统的金融学带来一个问题，即使用无风险收益率进行贴现并不会产生风险溢价，所以这也就是传统金融学寻找其他因子来替代无风险收益的原因。

无套利条件给出了金融计量学中常常忽视的一个限制条件，在金融计量学中，经常使用单变量时间序列方法。对这个限制条件进行检验使得我们可以对资产定价理论进行评价。由于将无套利条件纳入考虑，所以必须将风险收益、无风险利率以及随机贴现因子联合起来建立模型，并且还要对风险溢价进行建模，因此，要求使用多变量方法。我们将会在第 12 章的具体的金融市场中讨论这些检验。

尽管在确定资产价格时必须将风险纳入考虑，但是我们已经知道，在研究随机宏观经济关系时没有必要包含风险溢价。如果存在实际无风险收益率，那么在进行宏观经济关系研究时，将用实际无风险收益率替代风险收益，因为风险收益要经过风险调整。另一种可供选择的方法是使用风险中性估价计算期望值，它也同样要使用无风险收益率。

12 金融市场

12.1 导论

在第 11 章考察了宏观经济中资产定价的一般原理之后，现在我们将这些基本原理应用于三个主要的金融市场：股票市场、债券市场和外汇 (FOREX) 市场。由于需要考虑每个市场各自的特点，所以对它们的分析也不尽相同。三个市场的共同特点是都满足资产定价方程

$$E_t[M_{t+1}(1+r_{i,t+1})]=1, \tag{12.1}$$

其中 $r_{i,t}$ 为第 i 种风险资产的实际收益，该收益在不同市场上的定义各有不同。在一般均衡的框架下，它可以表示为无套利条件

$$E_t r_{i,t+1}-r_t^{\mathrm{f}}=\beta\sigma_t(1+r_t^{\mathrm{f}})\mathrm{Cov}_t\left(\frac{\Delta c_{t+1}}{c_t},r_{i,t+1}-r_t^{\mathrm{f}}\right), \tag{12.2}$$

其中，r_t^{f} 为实际无风险收益，$M_{t+1}=\beta U'(c_{t+1})/U'(c_t)$[①] 为随机贴现因子或边际替代率，$U_t'$ 为边际效用，c_t 为消费，σ_t 为相对风险厌恶系数。更一般地说，M_{t+1} 可以由一组因子来表示，并不一定要包括消费增长。

一般而言，

$$1+r_{t+1}=\frac{X_{t+1}}{P_t},$$

其中，P_t 为某项资产在 t 期期初的价格，X_{t+1} 为该资产在 $t+1$ 期期初的收益。根据收益的概念，定义了不同种类的资产。例如，

1. 对于股票而言，它有股利分红收益D_{t+1}，并且在 $t+1$ 期转售价格为 P_{t+1}，那么我们有 $X_{t+1}=P_{t+1}+D_{t+1}$；

2. 对于短期国库券而言，不论下一期的自然状态如何，都会获得一单位消费品，即 $X_{t+1}=1$，那么该国库券的价格为 $P_t=1/(1+r_t^{\mathrm{f}})$；

[①] 译者注：原书此处为 $M_{t+1}=\beta U'(c_{t+1})/U'(c_{t+1})$，疑似作者笔误。

3. 对于债券而言，它有固定息票收益 C，并且在下一期能够以 P_{t+1} 的价格卖出，因而 $X_{t+1}=P_{t+1}+C$；

4. 对于银行存款而言，它在第 t 期和 $t+1$ 期期间获得无风险收益率 r_t^{f}，因此 $X_{t+1}=1+r_t^{\mathrm{f}}$，它的价格为 $P_t=1$；

5. 对于一项看涨期权而言，持有者能够在 T 时期以行权价格 K 购买一只股票，因而该期权的未来收益为 $X_T=\max[S_T-K,0]$，当期用于购买该期权的价格为 P_t。

我们在此讨论的一般性问题可参阅 Ferson(1995)，Campbell 等 (1997)，Cochrane(2005) 以及 Smith 和 Wickens(2002) 的综述。

12.2 股票市场

12.2.1 现值模型

传统的股权定价模型是现值模型 (PVM)(见 Campbell 等 1997 第 7 章)。该模型假定边际替代率为 $M_{t+1}=1/(1+\alpha)$，因此基于第 t 期可获信息的第 $t+1$ 期股票预期收益率为 $E_t r_{t+1}=\alpha$，其中 α 为常数。根据无套利条件，这等价于假定 $r_t^{\mathrm{f}}+\rho_t=\alpha$。因此，实际上，该模型假定不存在风险溢价，或者说假定无风险收益率为常数。那么，股票的价格为

$$P_t=\frac{1}{1+\alpha}E_t[P_{t+1}+D_{t+1}] \tag{12.3}$$

$$=\left(\frac{1}{1+\alpha}\right)^n E_t P_{t+n}+\sum_{i=1}^{n}\frac{E_t D_{t+i}}{(1+\alpha)^i}. \tag{12.4}$$

给定横截条件 $\lim\limits_{n\to\infty}(1/(1+\alpha))^n E_t P_{t+n}=0$，该横截条件要求股票的平均资本收益率不超过贴现率 α，我们得到 P_t 为当期和未来股利的现值：

$$P_t=\sum_{i=1}^{\infty}\frac{E_t D_{t+i}}{(1+\alpha)^i}. \tag{12.5}$$

不出所料的是，尽管现值模型被广泛应用，但经验证据却完全不支持该模型。

12.2.1.1 Gordon 股利增长模型

Gordon 的股利增长模型是 PVM 的一个变形，在该模型中，假定股利的预期增长率为常数但是非零 (Gordon，1962)。如果

$$g^{\mathrm{D}}=\frac{E_t\Delta D_{t+1}}{D_t},$$

那么

$$
\begin{aligned}
P_t &= D_t \sum_{i=1}^{\infty} \left(\frac{1+g^{\mathrm{D}}}{1+\alpha} \right)^i \\
&= \frac{D_t}{\alpha - g^{\mathrm{D}}}, \quad \text{如果} \alpha > g^{\mathrm{D}}.
\end{aligned}
$$

因此，股利－价格比率为

$$\delta_t = \frac{D_t}{P_t} = \alpha - g^{\mathrm{D}}.$$

在现实中，股利收益并非常数，它也不会围绕某一常数上下波动。

如果股利为收益 $\mathcal{E}_t$ 的一个常数比例，那么 $D_t = \theta \mathcal{E}_t$，其中，$\theta$ 为股利支付比率。每股收益 e_t的定义如下：

$$e_t = \frac{\mathcal{E}_t}{P_t} = \frac{1}{\theta} \frac{D_t}{P_t} = \frac{\alpha - g^{\mathrm{D}}}{\theta}.$$

这意味着股票的价格可以表示为

$$P_t = \frac{\theta \mathcal{E}_t}{\alpha - g^{\mathrm{D}}}.$$

因此，股票的期望收益 α 与每股收益 e 的平均值有关，即

$$\alpha = g^{\mathrm{D}} + \theta e.$$

该式被用于决策是进行再投资还是分配股利。如果股利分红为 $\theta \mathcal{E}_t$，那么再投资的数量为 $(1-\theta)\mathcal{E}_t$。如果新增投资 $\mathcal{E}_{t+1} - \mathcal{E}_t$ 使得收益提高，那么投资收益率为

$$\beta = \frac{\mathcal{E}_{t+1} - \mathcal{E}_t}{(1-\theta)\mathcal{E}_t} = \frac{g^{\mathrm{D}}}{1-\theta}$$

即收益的增长率等于股利分配的增长率。关于是再投资还是分配股利的决策取决于 α 和 β 的相对大小：

$$
\begin{aligned}
&\text{如果 } \beta > \alpha \text{，则进行再投资} \\
&\text{如果 } \beta < \alpha \text{，则分配股利}
\end{aligned}
$$

然而现实中，近年来每股收益已下降，并且股利支付比率也不是常数。

12.2.1.2 股票回购

与分配股利一样，厂商也可能通过股票回购来分配收益。近年来，这一现象逐渐变得普遍。如果股票价格处于低位，并且厂商有现金盈余又缺乏再投资的动机，那么

股票回购将变得很有吸引力。当存在股票回购时，就有必要对股权收益率的概念进行修正。

每股价格 P_t 等于厂商的市值 V_t 除以股票数 N_t：

$$P_t = \frac{V_t}{N_t}.$$

同样地，每股股利 D_t 等于总股利 D_t^{T} 除以股票数：

$$D_t = \frac{D_t^{\mathrm{T}}}{N_t}.$$

由于股票回购会使得股票数减少，每股价格和每股股利会上升。(新发行股票以及股权稀释则会增加股票数并且降低每股价格和每股股利。) 有回购的股权收益率 r_t^{BB} 由下式给出

$$\begin{aligned}
1 + r_{t+1}^{\mathrm{BB}} &= \frac{P_{t+1} + D_{t+1}}{P_t} \\
&= \frac{(V_{t+1}/N_{t+1}) + (D_{t+1}^{\mathrm{T}}/N_{t+1})}{V_t/N_t} \\
&= \frac{V_{t+1} + D_{t+1}^{\mathrm{T}}}{V_t}\frac{N_t}{N_{t+1}}.
\end{aligned}$$

那么，有回购的股权收益率与没有回购的股权收益率 (r_t) 之间的关系为

$$r_{t+1}^{\mathrm{BB}} \simeq r_{t+1} - \frac{\Delta N_{t+1}}{N_t}.$$

因此，尽管之前使用每股价格以及每股股利的公式准确度量了股权收益率，但如果使用厂商的价值以及总股利进行度量 (正如大部分公布的数据)，那么就需要将股票数额的变化率纳入考虑之中。

12.2.1.3 理性泡沫

当股价持续上涨了一段时间，其表现与如预期业绩等基本面表现不一致，并在此后迅速下降，这种情况就是经常听到的股市泡沫。近期的例子发生在 20 世纪 90 年代末期，据报道说当时世界股市遭受了科技股泡沫。泡沫的存在通常被解释为，与基本面提供的信息相比，资产价格表现得极其不理性。然而可以证明，泡沫也可能反映完全理性的行为。

现值模型 (12.5) 式可以被看作是给出了股价的基本解。假设股价价格还有一个解 P_t^{B}，同样满足 (12.3) 式，并且与基本解的差额大小为 B_t。因此，P_t^{B} 为

$$P_t^{\mathrm{B}} = P_t + B_t = \frac{1}{1+\alpha}E_t(P_{t+1}^{\mathrm{B}} + D_{t+1}). \tag{12.6}$$

用 (12.6) 式减去 (12.3) 式，得到描述 B_t 的状态方程：

$$B_t = \frac{1}{1+\alpha} E_t B_{t+1}. \tag{12.7}$$

如果预期是理性的，那么

$$B_{t+1} = E_t B_{t+1} + \xi_{t+1},$$

其中，新息 (innovation)ξ_{t+1} 满足 $E_t \xi_{t+1} = 0$，即所谓的鞅条件 。(粗略地讲，鞅就像一个随机游走过程一样，以 t 时刻的信息为条件的预期变化为零，但是并不限制其变化的方差为常数。) 因此，B_t 的状态方程为

$$B_{t+1} = (1+\alpha) B_t + \xi_{t+1}.$$

因为 $\alpha > 0$，所以这是一个发散的过程。因而 B_t 很快就将主导基本面部分，使得 P_t^{B} 也发散。所以，B_t 的含义就是泡沫。

我们已经设定泡沫是发散的，但泡沫的含义是它会破灭并且突然消失。前面讨论的泡沫需要一个正的新息 ξ_t 使其膨胀，那么，它是如何消失的呢？这个问题揭示了资产价格泡沫定义的主要弱点。它要求人们绞尽脑汁去考虑如何使泡沫消失，并且还要使其在未来某个时间 (也许很遥远) 重新出现。

考虑泡沫的一种方法是假定每期存在泡沫的概率都很小，但是泡沫一旦产生，发生膨胀的概率会很大。这可以应用马尔可夫转换模型来实现该目的。例如，假设 $t+1$ 期的预期资产价格是由 (12.5) 式给出的基本解 P^{F} 和泡沫 P^{B} 的加权平均数，那么，可以得到

$$E_t P_{t+1} = \pi(B) E_t P_{t+1}^{\mathrm{F}} + [1-\pi(B)] E_t P_{t+1}^{\mathrm{B}},$$

其中，$\pi(B)$ 是在给定泡沫已经发生 (或没有发生) 的情况下 $t+1$ 期存在泡沫的条件概率。因此

$$\pi(B) = \begin{cases} \pi(0) & \text{如果第 } t \text{ 期不存在泡沫} \\ \pi(1) & \text{如果第 } t \text{ 期存在泡沫} \end{cases}$$

我们预期 $\pi(0)$ 接近于 1，$\pi(1)$ 接近于 0 ，因此，$\pi(B)$ 的变化取决于是否存在泡沫。也可以使用其他方法形成这些概率，例如，如果某一资产的价格开始加速上涨，那么在短期内该资产成为泡沫并且发生膨胀的概率就会很大。关于股票市场泡沫的深入探讨见 Campbell 等 (1997)。

12.2.2 股票价格的一般均衡模型

根据第 11 章的资产定价理论，一般均衡的实际股权收益率满足下式

$$E_t\left[\frac{\beta U'(c_{t+1})}{U'(c_t)}(1+r_{t+1})\right]=1,$$

无套利条件为

$$E_t r_{t+1}-r_t^{\mathrm{f}}=\beta\sigma_t(1+r_t^{\mathrm{f}})\mathrm{Cov}_t\left(\frac{\Delta c_{t+1}}{c_t},r_{t+1}-r_t^{\mathrm{f}}\right), \tag{12.8}$$

其中，$\sigma_t=-(c_tU_t''/U_t')>0$ 为相对风险规避系数。

12.2.2.1 股权溢价之谜

不幸的是，经验证据也不支持这种理论。经验证据表明，除非 σ_t 的值被设定为大到令人无法接受，否则股权的预期超额收益通常要远大于 (12.8) 式的右项。这就是*股权溢价之谜* (见 Mehra 和 Prescott，1985)。问题是 $M_{t+1}=\beta U'(c_{t+1})/U'(c_t)$ 的波动必须足够大才能够抵消超额收益 $r_{t+1}-r_t^{\mathrm{f}}$。由于 c_{t+1}/c_t 自身的波动性不够大，因此 $\mathrm{Cov}_t((\Delta c_{t+1}/c_t),r_{t+1}-r_t^{\mathrm{f}})$ 的波动性也不够大，所以只有当 σ 非常大时 (参见 Campbell 2002)，M_{t+1} 的波动性才够大。

12.2.2.2 对股权溢价之谜的回应

对股权溢价之谜的主要回应是选择能够产生更大风险溢价的效用函数。人们把注意力主要集中于时间可分的效用函数这种假设，而关于另一种假设，时间不可分的效用函数的例子是持续性习惯模型，其中，$U_t=U(c_t,x_t)$，x_t 为习惯性消费水平。

持续性习惯。 Abel(1990) 是持续性习惯模型的一个例子，他假定效用函数的形式为

$$U_t=\frac{(c_t/x_t)^{1-\sigma}-1}{1-\sigma},$$

其中，x_t 是过去消费的一个函数，例如，$x_t=c_{t-1}^{\delta}$。随机贴现因子则变为

$$M_{t+1}=\beta\left(\frac{c_{t+1}/x_{t+1}}{c_t/c_t}\right)^{-\sigma}.$$

无套利条件现在额外增加了一项：

$$E_t r_{t+1}-r_t^{\mathrm{f}}=\beta(1+r_t^{\mathrm{f}})\sigma_t[\mathrm{Cov}_t(\Delta\ln c_{t+1},r_{t+1})-\mathrm{Cov}_t(\Delta\ln x_{t+1},r_{t+1})].$$

上式的基本原理是：如果 $\mathrm{Cov}_t(\Delta\ln x_{t+1}, r_{t+1})<0$ 并且绝对值足够大，那么它就能够提高风险溢价的值。然而，这存在一个逻辑上的问题。我们试图度量习惯性消费的合理假设是仅仅是过去消费的函数 (也就是说，不包括当前消费)，如果该假设成立，那么额外的这项必须等于零，因为它是一个条件协方差而且 $\Delta\ln x_{t+1}=\delta\Delta\ln c_{t+1}$ 在时刻 t 是已知的。

Constantinides(1990) 提出了另外一种持续性习惯效用函数，即

$$U_t=\frac{(c_t-\lambda x_t)^{1-\sigma}-1}{1-\sigma}. \tag{12.9}$$

这一模型被 Campbell 和 Cochrane(1999) 进一步修正，他们设定 $\lambda=1$ ，并且引入了剩余消费的概念，定义为 $S_t=(c_t-x_t)/c_t$。例如，如果 $x_t=c_{t-1}$，那么 S_t 就近似为消费的增长率。$\lambda=1$ 时，(12.9) 式意味着随机贴现因子为

$$\begin{aligned}M_{t+1}&=\beta\left(\frac{c_{t+1}-x_{t+1}}{c_t-x_t}\right)^{-\sigma}\\&=\beta\left(\frac{c_{t+1}}{c_t}\frac{S_{t+1}}{S_t}\right)^{-\sigma}.\end{aligned}$$

那么，无套利条件可以表示为

$$\begin{aligned}E_t(r_{t+1}-r_t^{\mathrm{f}})=&\beta(1+r_t^{\mathrm{f}})\sigma_t\mathrm{Cov}_t(\Delta\ln c_{t+1},r_{t+1})\\&+\beta(1+r_t^{\mathrm{f}})\sigma_t\mathrm{Cov}_t(\Delta\ln S_{t+1},r_{t+1}).\end{aligned}$$

新增的一项包含 $\Delta\ln S_{t+1}$，可以解释为超额消费增长率的变化比例。它比消费本身的波动性要大得多，并且它很可能会显著地提高风险溢价，但是有一个重要的附加条件：$\Delta\ln S_{t+1}$ 与 r_{t+1} 之间的相关性不可忽略，并且相关系数可能较大。Campbell 和 Cochrane 指出，当以无条件协方差度量时，新增的这项确实会提高风险溢价，但是 Smith 等 (2006) 却发现，当以条件协方差而非无条件协方差度量时，新增的这项是不显著的。这说明了信息结构在资产定价理论中的重要性。

Kreps-Porteus 的时间不可分效用。 前述模型都是基于时间可分的效用，另一种方法是假定效用为时间不可分的。Kreps–Porteus 形式的效用为

$$\mathcal{U}_t=\mathcal{U}[c_t,E_t(\mathcal{U}_{t+1})].$$

Epstein 和 Zin(1989) 基于常数替代弹性 (CES) 函数提出了一种具体的效用函数形式

$$\mathcal{U}_t=[(1-\beta)c_t^{1-1/\gamma}+\beta(E_t(\mathcal{U}_{t+1}^{1-\sigma}))^{(1-1/\gamma)/(1-\sigma)}]^{1/(1-1/\gamma)},$$

其中，β 为贴现因子，σ 为相对风险厌恶系数，γ 为跨期替代弹性。在加性可分的跨期效用函数中，存在一个限制性条件：相对风险厌恶系数等于跨期替代弹性，但是在时间不可分的模型中，这两者可以不相等。

Epstein 和 Zin 指出，最大化的 $\mathcal{U}_t$ 受约束于一个稍微有所不同的预算约束条件

$$W_{t+1} = (1 + r_{t+1}^{\mathrm{m}})(W_t - c_t),$$

其中，r_{t+1}^{m} 为市场收益，得到

$$E_t\left\{\left[\beta\left(\frac{c_{t+1}}{c_t}\right)^{-1/\gamma}\right]^{(1-\sigma)/(1-1/\gamma)}(1 + r_{t+1}^{\mathrm{m}})^{1-((1-\sigma)/(1-1/\gamma))}(1 + r_{t+1})\right\} = 1.$$

因此，随机贴现因子为

$$E_t\left\{\left[\beta\left(\frac{c_{t+1}}{c_t}\right)^{-1/\gamma}\right]^{(1-\sigma)/(1-1/\gamma)}(1 + r_{t+1}^{\mathrm{m}})^{1-((1-\sigma)/(1-1/\gamma))}(1 + r_{t+1})\right\} = 1.$$

与时间可分的效用相比，该贴现因子放松了两点假设，从而增大了风险溢价。首先，指数不再是相对风险厌恶系数，因此能够取到更大的值。其次，现在 M_{t+1} 会随着资产组合收益的不同而变化。

假定对数正态性，Campbell 等 (1997) 得出无套利条件方程为

$$\begin{aligned}&E_t(r_{t+1} - r_t^{\mathrm{f}}) + \tfrac{1}{2}V_t(r_{t+1})\\&\qquad = \frac{1-\sigma}{1-\gamma}\mathrm{Cov}_t(\Delta \ln c_{t+1}, r_{t+1}) + \left(1 + \frac{\gamma(1-\sigma)}{1-\gamma}\right)\mathrm{Cov}_t(r_{t+1}^{\mathrm{m}}, r_{t+1}).\end{aligned} \tag{12.10}$$

幂函数形式的效用和对数正态性下的无套利条件方程为

$$E_t(r_{t+1} - r_t^{\mathrm{f}}) + \tfrac{1}{2}V_t(r_{t+1}) = \sigma\mathrm{Cov}_t(\Delta \ln c_{t+1}, r_{t+1}). \tag{12.11}$$

可以将上边两个方程做一个比较。在 (12.10) 式中，右侧第一项的系数不再是相对风险厌恶系数，并且存在第二项，它反映了市场收益是无套利条件的另一个因素。运用 (12.10) 式的目的是能够更灵活地决定风险溢价。然而，经验证据对这个模型的验证仍然是模棱两可的，见 Smith 等 (2006) 对该模型所做的检验。

12.2.2.3 无风险收益率之谜

无风险收益率之谜是股权溢价之谜的必然推论。在其他条件保持不变的情况下，较高的无风险收益率将会使股权的超额收益 (即风险溢价) 变小。因此，我们可以用另

一种方式来表述这个问题，即为什么无风险收益率会这么低？根据 C-CAPM 理论，我们有

$$E_t\left[\frac{\beta U'(c_{t+1})}{U'(c_t)}\right](1+r_t^{\mathrm{f}})=1.$$

其中

$$\frac{U'(c_{t+1})}{U'(c_t)}\simeq 1-\sigma_t\Delta\ln c_{t+1},$$

无风险收益率近似为

$$r_t^{\mathrm{f}}\simeq\theta+\sigma_t E_t[\Delta\ln c_{t+1}].$$

于是，我们的问题就可转为研究无风险收益率的高低是否与消费增长率相容。

Mehra 和 Prescott (1985) 首先提出了这个问题，他们利用美国在 1889–1978 年间的经验数据加以研究，发现在此期间，股权的平均收益率为 7.0%，平均消费增长率为 1.8%，而平均无风险收益率为 0.8%。因此，对于任意的 $\theta>0$ 和 $\sigma>1$，我们有 $r^{\mathrm{f}}<\Delta\ln c$，也就是说存在着无风险收益率之谜。

12.2.3 简评

总体而言，经验证据似乎都不支持上述关于股票市场的模型，因此，金融学倾向于运用经验驱动模型而不是我们前面讨论的理论模型。这些模型的失败对经济学和金融学而言都是一个巨大的挑战。尽管如此，我们仍然需要认真对待宏观经济学和金融学之间的关系，不仅仅是因为金融数据为检验宏观经济理论提供了一种有价值的全新途径。这使得 Cochrane (2008) 得出了这样的结论：宏观经济学和金融学所面临的共同挑战是要了解金融学研究中“要素风险溢价”和具体资产组合平均收益背后蕴涵着什么宏观经济风险。

12.3 债券市场

债券是一种被广泛应用的借款工具。政府是债券的主要发行者，因而政府债券主导着债券市场，其他债券如公司债券都是以政府债券为基础来定价的。到目前为止，我们一直假设所有的债券都是一期的，事实上它们的期限是不同的。短期政府债务 (期限为一年或不到一年) 以短期国库券的形式发行并且需要持有至到期日。长期政府债务的期限差异很大，从一年期到五十年期不等，甚至还有永续年金或统一公债，他们可以被永久持有，没有到期日期，就像我们以前提到的，现在仍然可以购买英国政府为

拿破仑战争融资而发行的债券。债权人不是一定要将长期债券持有至到期日为止，而是可以在二级市场买卖——就像在股票市场买卖股权一样。

债券到期时的价值通常用名义量来表示，这意味着在到期日债券具有两种风险：违约风险和由于实际购买力的不确定性所产生的通货膨胀风险。公司债券的风险通常被认为要比政府债券大，这也是它们价格不同的主要原因。本章我们将只考虑价格风险，违约风险问题将放在本书第 15 章讨论。大部分长期债券都会在债券到期之前按年或更频繁地给持有者支付红利，这被称为票息，通常表示成债券到期价值 (或面值) 的一定比例。长期债券在出售时还会由于到期前市场价格的不确定性而产生价格风险。最近，一些政府开始发行指数挂钩债券，其到期价值 (和任何中间的票息支付) 都对通货膨胀进行了指数化。我们的任务是分析债券的市场价格是怎么确定的。影响债券到期价格的因素有债券的到期价值、到期时间、票息支付比例的大小、是否指数化和各种风险。除此之外，债券价格还受货币政策所设定的短期利率的影响。这是货币政策的传导方式，其传导机制是政策制定的利率通过利率期限结构影响所有债券的价格。

利率期限结构有时也被称为固定收益债券，有大量关于这一问题的文献：如 Campbell 等 (1997) 或近年的 Dai 和 Singleton(2003)、Singleton(2006) 等。

12.3.1 利率期限结构

期限为 n 期的息票债券价格 $P_{n,t}$ 是各期息票收益与债券到期价值的期望贴现值。因此

$$\begin{aligned}P_{n,t} &= \frac{c}{1+R^{\mathrm{c}}_{n,t}} + \frac{c}{(1+R^{\mathrm{c}}_{n,t})^2} + \cdots + \frac{1+c}{(1+R^{\mathrm{c}}_{n,t})^n} \\ &= c\sum_{i=1}^{n}(1+R^{\mathrm{c}}_{n,t})^{-i} + (1+R^{\mathrm{c}}_{n,t})^{-n} \\ &= \frac{c}{R^{\mathrm{c}}_{n,t}}(1-(1+R^{\mathrm{c}}_{n,t})^{-n}) + (1+R^{\mathrm{c}}_{n,t})^{-n}, \qquad (12.12)\end{aligned}$$

其中 c 是每期支付的票息，表示为债券面值的一定比例；$R^{\mathrm{c}}_{n,t}$ 是债券收入流的名义贴现率，该收入流即为票息 c，也就是通常所说的到期收益率。为不失一般性，我们还假设到期时的支付为 1，因此 $P_{0,t}=1$。

我们知道，对于永续年金有 $n=\infty$，因此

$$\lim_{n\to\infty} P_{n,t} = \frac{c}{R^{\mathrm{c}}_{\infty,t}},$$

对于零票息债券，或纯贴现债券，有 $c=0$，我们可以将其价格写为

$$P_{n,t}=\frac{1}{(1+R^0_{n,t})^n}.$$

这意味着零票息债券的收益率 $R^0_{n,t}$ 可近似地表示为

$$R^0_{n,t}\simeq -\frac{1}{n}\ln P_{n,t}.$$

在现实中，通常任何国家在任何时候都很少有贴现债券，即使有也是短期债券。但把一个付息债券等价转化成期限相同的贴现债券是有可能的。然而，息票债券的种类有限，因而不可能仅通过转化息票债券来实现在每个时点构建任意期限的零票息债券。不过，插值法可以弥补这个缺憾，通过这种方法我们可以获得任意期限等价的零票息债券的到期收益率，这就是*利率的期限结构*。时间期限和零票息债券收益率的散点图被称作收益率曲线。

12.3.1.1 将息票债券转化成零票息债券

我们可以把一个 n 期的票息债券看作是一系列纯贴现债券的组合，这些贴现债券在第 t 期到第 $t+n-1$ 期每期的收益等于债券的票息值 c，第 $t+n$ 期的收益等于债券的到期值与当期票息之和，$1+c$。为了把息票债券转化为零票息债券，需要用零票息债券的收益率 $R^0_{n,t}$ 对到期前的每一期收益进行贴现。所以 (12.12) 式定义的 $P_{n,t}$ 可以重新表示为

$$P_{n,t}=\frac{c}{1+R^0_{1,t}}+\frac{c}{(1+R^0_{2,t})^2}+\cdots+\frac{1+c}{(1+R^0_{n,t})^n}.$$

对于每个 $P_{n,t}$，只有 $R^0_{n,t}$ 是未知的。我们利用下面的方法从 $P_{n,t}$ 中求解 $R^0_{n,t}$。对于 1 期的债券我们知道 $R^0_{1,t}=R_{1,t}$，可以利用它从 2 期债券价格中计算 $R^0_{2,t}$，然后再利用 $R^0_{1,t}$ 和 $R^0_{2,t}$，由 3 期债券价格来计算 $R^0_{3,t}$。这一过程可以被写为

$$\begin{aligned}
P_{1,t}&=\frac{1}{1+R^0_{1,t}}\to R^0_{1,t},\\
P_{2,t}&=\frac{c}{1+R^0_{1,t}}+\frac{1+c}{(1+R^0_{2,t})^2}\to R^0_{2,t},\\
P_{3,t}&=\frac{c}{1+R^0_{1,t}}+\frac{c}{(1+R^0_{2,t})^2}+\frac{1+c}{(1+R^0_{3,t})^3}\to R^0_{3,t},\\
&\vdots\\
P_{n,t}&=\frac{c}{1+R^0_{1,t}}+\frac{c}{(1+R^0_{2,t})^2}+\cdots+\frac{1+c}{(1+R^0_{n,t})^n}\to R^0_{n,t}.
\end{aligned}$$

在接下来对债券价格的分析中，我们将用到零票息债券收益率，因此为了方便起见，将省略上角标 0，将其写作 $R^0_{n,t}\equiv R_{n,t}$。

12.3.1.2 远期利率

在第 t 期，人们很可能就第 $t+n$ 期期间内 (即在第 $t+n$ 期和第 $t+n+1$ 期之间) 采用 1 期的利息率达成共识。这就是远期利率，用 $f_{t,t+n}$ 表示。第 t 期 1 单位投资在第 $t+n$ 期的价值由一系列的远期利率构成：

$$\frac{1}{P_{n,t}}=(1+f_{t,t})\cdots(1+f_{t,t+n-1}).$$

那么，第 $t+n$ 期的 1 单位投资在第 t 期的现值就由远期利率贴现而得：

$$P_{n,t}=\frac{1}{(1+f_{t,t})\cdots(1+f_{t,t+n-1})}=\prod_{i=0}^{n-1}\frac{1}{1+f_{t,t+i}}. \tag{12.13}$$

因此可得

$$1+f_{t,t+n}=\frac{P_{n,t}}{P_{n+1,t}}$$

或者

$$f_{t,t+n}=p_{n,t}-p_{n+1,t}=-nR_{n,t}+(n+1)R_{n+1,t}. \tag{12.14}$$

因此 t 时刻的远期利率也可以由 t 时刻的零票息债券收益率推得。

远期利率的无套利条件是

$$f_{t,t+n}=E_t s_{t+n}, \tag{12.15}$$

即，远期利率是未来即期利率的无偏估计，其中 $f_{t,t}=s_t$。远期利率 $f_{t,t+n}$ 和期限 n 的散点图被称作远期利率曲线。当远期利率曲线上升时，它位于收益率曲线之上，当它下降时则位于收益率曲线之下。中央银行在越来越多的监控远期利率曲线，因为它会告诉央行市场对未来利率的期望态度。下文在远期汇率和无担保利率平价的讨论中会对远期利率有更规范的讨论。

12.3.1.3 掉期利率

利率掉期是交换债券未来现金流的一种安排，交换的只是现金流，不包括债券的所有权。最标准型的利率掉期是指交换固定利率和可变 (浮动) 利率债券的现金流。浮动利率通常以为期一个月的欧洲货币存款伦敦银行间拆借利率 (LIBOR) 为基础，随着 LIBOR 的变化，形成了直到掉期安排结束前这些月度远期利率的序列。掉期率是买方报价和卖方要价 (买和卖) 的平均值，从理论上来说，n 期固定利率即为 n 期零息债券的到期收益率。

假设不存在违约风险，并且到期时的面值相同，那么掉期的价值 (或成本) 就是两种收入流量现值的差额。因此，掉期价值为

$$V_{n,t}^{\text{swap}} = P_{n,t}^{\text{fl}} - P_{n,t}^{\text{fx}},$$

因此

$$P_{n,t}^{\text{fl}} = \prod_{i=0}^{n-1} \frac{1}{1+f_{t,t+i}} \quad \text{以及} P_{n,t}^{\text{fx}} = \frac{1}{(1+R_{n,t})^n}.$$

在第 t 期，令 $V_{n,t}^{\text{swap}} = 0$ 以消除套利机会。但在之后各期，它的值可能为正也可能为负。掉期率是掉期交易开始时通过令 $P_{n,t}^{\text{fx}}$ 和 $P_{n,t}^{\text{fl}}$ 相等而得到的零票息收益率。因为市场中存在掉期率但不存在零票息债券收益率 (一个推导出的收益率)，所以可以用掉期率来构建零息债券收益率并由此得到收益率曲线。而且根据方程 (12.14) 式还可以用掉期率来计算远期利率。

12.3.1.4　持有期收益

持有期收益率是指持有 1 期零票息债券的名义收益率。用 $h_{n,t+1}$ 表示第 n 期债券在第 t 期和第 $t+1$ 期之间的持有收益，它可以由下式计算得出

$$1 + h_{n,t+1} = \frac{P_{n-1,t+1}}{P_{n,t}} = \frac{(1+R_{n-1,t+1})^{-(n-1)}}{(1+R_{n,t})^{-n}}.$$

如果 $p_{n,t} = \ln P_{n,t}$，那么对上式取对数可得

$$h_{n,t+1} \simeq p_{n-1,t+1} - p_{n,t} = nR_{n,t} - (n-1)R_{n-1,t+1}.$$

债券的无套利条件是，在风险调整后，投资者在同一期内持有一种 n 期债券和持有无风险债券是无差异的。因此，近似地有

$$E_t h_{n,t+1} = s_t + \rho_{n,t},$$

其中 $\rho_{n,t}$ 是 n 期债券在 t 时刻的风险溢价。注意有

$$s_t = r_t^{\text{f}} = R_{1,t} = -\ln P_{1,t},$$

因此无套利条件也可以写成

$$E_t h_{n,t+1} = nR_{n,t} - (n-1)E_t R_{n-1,t+1} = s_t + \rho_{n,t}$$

或者写成

$$(n-1)(E_t R_{n-1,t+1} - R_{n,t}) = (R_{n,t} - s_t) - \rho_{n,t}, \tag{12.16}$$

其中 $R_{n,t} - s_t$ 被称作期限利差。

如果忽略风险溢价 (这里称作期限溢价)，那么方程 (12.16) 式就是所谓的“理性预期假设下的期限结构 ”(REHTS)(见 Cox 等，1981)。但大量的经验证据并不支持 REHTS，也就是说，期限溢价不应该被省略。

12.3.1.5 收益率曲线

方程 (12.16) 式所表示的无套利条件是一个差分方程，进行连续的变量替换后，可以将其改写为

$$\begin{aligned} R_{n,t} &= \frac{n-1}{n} E_t R_{n-1,t+1} + \frac{1}{n}(s_t + \rho_{n,t}) \\ &= \frac{1}{n} \sum_{i=0}^{n-1} E_t(s_{t+i} + \rho_{n-i,t+i}). \end{aligned} \tag{12.17}$$

因此，名义到期收益率等于未来短期利率期望值的平均数加上债券剩余期限内的平均风险溢价。

Fisher 方程定义了 1 期实际利率 r_t 为

$$r_t = s_t - E_t \pi_{t+1},$$

其中 π_t 表示通货膨胀。因此

$$R_{n,t} = \frac{1}{n} \sum_{i=0}^{n-1} E_t(r_{t+i} + \pi_{t+i+1} + \rho_{n-i,t+i}). \tag{12.18}$$

据此，三个变量决定了收益率曲线的形状：实际利率、通货膨胀和风险溢价。如果实际利率和通货膨胀是常数，曲线的形状将只反映风险溢价的影响。距离到期日越远，风险的成分就越大，因而曲线将向上倾斜，这是收益率曲线的“正常”形状。如果预期未来通货膨胀将上升，那么收益率曲线就会更陡峭地上升；如果预期通货膨胀将下降，那么收益率曲线会更平缓，甚至会有一个负的斜率，这种情形被称作逆转。一个驼峰形的收益率曲线往往是由于预期通货膨胀的暂时性增加而造成的。

为了说明这一点，图 12.1和图 12.2给出了 2006 年初美国和英国的收益率曲线，他们的形状差异很大。美国的收益率曲线表明人们预期通货膨胀会在短期内增加，然后在接下来的五年内下降。英国的收益率曲线是逆转的，意味着人们预期通货膨胀会随着时间下降。

为了更进一步阐释收益率曲线的形状以及政府和企业债券所产生的风险溢价的重要程度，表 12.1列出了 2002 年 11 月 20 日和 2011 年 10 月 3 日的三种债券利差。

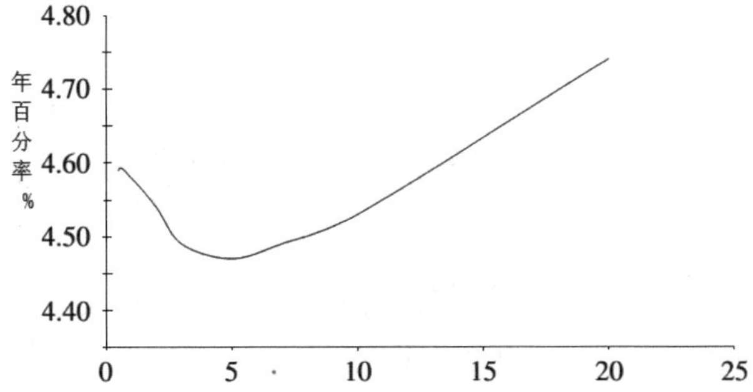

图 12.1　美国 2006 年 1 月 31 日收益率曲线

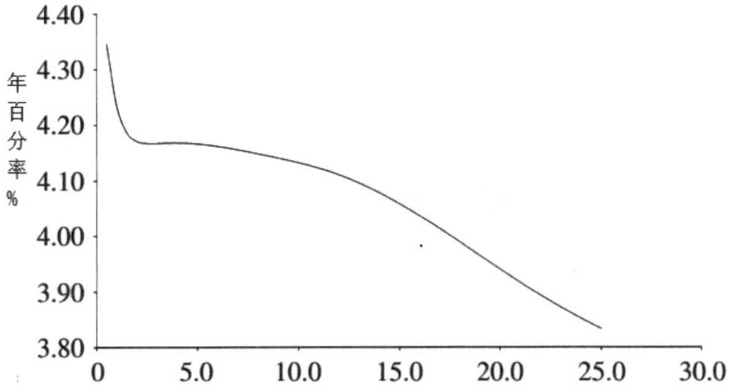

图 12.2　英国 2006 年 2 月 15 日收益率曲线

表 12.1　债券利差

	美国		英国	
	2002	2011	2002	2011
两年期利差	0.6	0.2	−0.1	0.1
十年期利差	2.7	1.8	0.6	1.8
公司利差	2.2	1.0	1.3	3.1

表 12.1中的债券利差分别是以美国和英国 10 年期、2 年期和 3 个月期的政府债券及代表性公司债券为基础。两条收益率曲线的利差可以分别由 2 年期与 3 个月期的债券利差以及 10 年期与 3 个月期的债券利差计算而得。现在可以用这些来度量不同期限的价格风险。注意无论用哪种方式度量，债券的价格风险都随着到期时间的延长而增加。一种测算违约风险的方法是计算公司债券和十年长期政府债券的利差。数据表明 2002 美国是债券投资环境风险较大的国家，政府债券与公司债券都如此。但在 2011，两个国家政府债券的利差相同，英国的公司债券则利差相对大些。数据还表明，2011 年收益率曲线比 2002 的要平坦，但仍然是上行趋势。

12.3.2 期限溢价

现在我们来具体阐述期限溢价。金融学的标准方法是期限结构的潜在仿射因子方法，在对潜在因子可能的行为特点做出某些特定假设的前提下，该方法利用收益率曲线的相关知识直接得出有关期限溢价的测度。与之相对的另一种方法是资产定价的一般均衡方法，该方法将可观察的宏观经济变量作为贴现因子，这实际上也使得宏观经济的期限结构也得以估测。近年来，这两种方法大有融合趋势，即在分析中同时使用潜在变量与可观测变量。我们将对这三种方法都加以讨论。

这三种分析方法的出发点都是在当债券还有 $n-1$ 期到期时，将债券价格 $P_{n,t}$ 表达成 $P_{n-1,t+1}$ 的贴现值。于是有

$$P_{n,t}=E_t[M_{t+1}P_{n-1,t+1}] \tag{12.19}$$

或

$$E_t[M_{t+1}(1+h_{n,t+1})]=1.$$

当 $n=1$ 时，在时刻 t 收益率是已知的，因此

$$E_tM_{t+1}(1+s_t)=1.$$

假设 $P_{n,t}$ 和 M_{t+1} 服从联合对数正态分布，并且有 $p_{n,t}=\ln P_{n,t}$ 以及 $m_{t+1}=\ln M_{t+1}$，对 (12.19) 式取对数有

$$p_{n,t}=E_t(m_{t+1}+p_{n-1,t+1})+\tfrac{1}{2}V_t(m_{t+1}+p_{n-1,t+1}) \tag{12.20}$$

$$\begin{aligned}&=E_tm_{t+1}+E_tp_{n-1,t+1}+\tfrac{1}{2}V_t(m_{t+1})\\&\quad+\tfrac{1}{2}V_t(p_{n-1,t+1})+\mathrm{Cov}_t(m_{t+1},p_{n-1,t+1}).\end{aligned} \tag{12.21}$$

所以，当 $p_{0,t}=0$ 时，

$$p_{1,t}=E_t m_{t+1}+\tfrac{1}{2}V_t(m_{t+1}). \tag{12.22}$$

将 (12.22) 式代入 (12.21) 式，整理后得到无套利方程：

$$E_t p_{n-1,t+1}-p_{n,t}+p_{1,t}+\tfrac{1}{2}V_t(p_{n-1,t+1})=-\mathrm{Cov}_t(m_{t+1},p_{n-1,t+1}). \tag{12.23}$$

该式可以写成收益率的形式

$$\begin{aligned}&-(n-1)E_t R_{n-1,t+1}+nR_{n,t}-s_t+\tfrac{1}{2}(n-1)^2V_t(R_{n-1,t+1})\\&\qquad=(n-1)\mathrm{Cov}_t(m_{t+1},R_{n-1,t+1}),\end{aligned} \tag{12.24}$$

或者，根据 $h_{n,t}\simeq-(n-1)R_{n-1,t+1}+nR_{n,t}$，所以 (12.23) 式可以写成

$$E_t(h_{n,t+1}-s_t)+\tfrac{1}{2}V_t(h_{n,t+1})=-\mathrm{Cov}_t(m_{t+1},h_{n,t+1}). \tag{12.25}$$

这是 n 期债券无套利条件的基础，等式右侧便是期限溢价。

12.3.2.1 期限溢价的潜在仿射因子模型

我们利用单因子模型来介绍这个方法，并比较两个应用非常广泛的模型：Cox-Ingersoll-Ross (CIR) 模型 (Cox 等，1985a，b) 和 Vasicek 模型 (1977)。在单因子模型中，我们将对数价格 $p_{n,t}$ 表示为关于因子 z_t 的线性函数：

$$p_{n,t}=-(A_n+B_n z_t).$$

因子前的系数因债券的期限不同而不同，但又因各期限间的无套利机会而存在一些联系，下面我们将推导对各系数间关系的约束。债券的到期收益率为

$$R_{n,t}=-\frac{1}{n}p_{n,t}=\frac{A_n}{n}+\frac{B_n}{n}z_t$$

1 期的无风险收益率是

$$s_t=-p_{1,t}=A_1+B_1 z_t.$$

为了推导对 A_n 和 B_n 的限制条件，我们需要引入对生成 z_t 过程的假设。

Cox-Ingersoll-Ross 模型。 Cox，Ingersoll 和 Ross 构建了一个期限结构模型，并假设 $m=\ln M$，m 被定义为

$$-m_{t+1}=z_t+\lambda e_{t+1}, \tag{12.26}$$

$$z_{t+1}-\mu=\phi(z_t-\mu)+e_{t+1}, \tag{12.27}$$

其中 z_t 是不可观测的，但假设它是由自回归过程生成的，其具体形式为 $e_{t+1} = \sigma\sqrt{z_t}\varepsilon_{t+1}$ 并且 $\varepsilon_{t+1} \sim \text{i.i.d.}(0,1)$，即 ε_{t+1} 是独立同分布的随机变量，其均值为 0、方差为 1 。因此有 $V_t(e_{t+1}) = \sigma^2 z_t$。根据仿射定价方程 (12.27) 式还可以得到这样的推论，即暗含着假设收益是由与 z_t 相同的一阶自回归过程产生的。

我们现在利用这些假设来估计方程 (12.20) 式，由于

$$\begin{aligned}
E_t[m_{t+1} + p_{n-1,t+1}] &= -[z_t + A_{n-1} + B_{n-1}E_t z_{t+1}] \\
&= -[z_t + A_{n-1} + B_{n-1}(\mu(1-\phi) + \phi z_t)], \\
V_t[m_{t+1} + p_{n-1,t+1}] &= V_t[\lambda e_{t+1} + B_{n-1}e_{t+1}] \\
&= (\lambda + B_{n-1})^2 V_t(e_{t+1}) \\
&= (\lambda + B_{n-1})^2 \sigma^2 z_t.
\end{aligned}$$

因此方程 (12.20) 式变为

$$\begin{aligned}
-[A_n + B_n z_t] &= -[(1+\phi B_{n-1})z_t + A_{n-1} + B_{n-1}\mu(1-\phi)] + \tfrac{1}{2}(\lambda + B_{n-1})^2\sigma^2 z_t \\
&= -[A_{n-1} + B_{n-1}\mu(1-\phi)] - [1 + \phi B_{n-1} - \tfrac{1}{2}(\lambda + B_{n-1})^2\sigma^2]z_t.
\end{aligned}$$

方程左侧和右侧 (即截距和 z_t 的系数) 给出了递归公式

$$\begin{aligned}
A_n &= A_{n-1} + B_{n-1}\mu(1-\phi), \\
B_n &= 1 + \phi B_{n-1} - \tfrac{1}{2}(\lambda + B_{n-1})^2\sigma^2.
\end{aligned}$$

$P_{0,t} = 1$ 意味着 $p_{0,t} = 0$ 且 $A_0 = 0, B_0 = 0$ 。以这些值为起点，利用上述两个公式，我们可以递归地解出所有的 A_n 和 B_n。当 $n = 1$ 时，$B_1 = 1 - \frac{1}{2}\lambda^2\sigma^2$ ，$A_1 = 0$ ，那么

$$\begin{aligned}
s_t = -p_{1,t} &= A_1 + B_1 z_t \\
&= (1 - \tfrac{1}{2}\lambda^2\sigma^2)z_t. \qquad (12.28)
\end{aligned}$$

因此，无套利条件方程 (12.23) 是

$$\begin{aligned}
E_t p_{n-1,t+1} - p_{n,t} + p_{1,t} &= E_t[h_{n,t+1} - s_t] \\
&= -[\tfrac{1}{2}V_t(p_{n-1,t+1}) + \text{Cov}_t(m_{t+1}, p_{n-1,t+1})] \\
&= -\tfrac{1}{2}B_{n-1}^2\sigma^2 z_t + \lambda B_{n-1}\sigma^2 z_t.
\end{aligned}$$

其中，第一项是 Jensen 效应，第二项是风险溢价。因此

$$\text{风险溢价} = -\text{Cov}_t(m_{t+1}, p_{n-1,t+1}) = \lambda B_{n-1}\sigma^2 z_t.$$

上边两个式子都是 z_t 的线性函数。我们发现如果 $\lambda=0$ (即如果 $m_{t+1}=-z_t$ 并且是非随机的)，那么风险溢价是 0。

到目前为止我们一直把 z_t 作为一个潜在变量处理并假设它是不可观测的。但方程 (12.28) 式表明 z_t 是 s_t 的一个线性函数，而 s_t 是可观察的。因此我们就处处可以用 s_t 代替 z_t，结果就是，$p_{n,t}$，$R_{n,t}$ 和风险溢价都可以被证明是 s_t 的线性函数，并且模型变成了一个具有可观测因子的随机贴现因子 (SDF) 模型。因此

$$
\begin{aligned}
p_{n,t} &= -[A_n + B_n z_t] \\
&= -\left[A_n + \frac{B_n}{1-\frac{1}{2}\lambda^2\sigma^2}s_t\right], \\
R_{n,t} &= \frac{1}{n}[A_n + B_n z_t] \\
&= \frac{A_n}{n} + \frac{B_n}{n(1-\frac{1}{2}\lambda^2\sigma^2)}s_t, \\
\text{风险溢价} &= \lambda B_{n-1}\sigma^2 z_t \\
&= \frac{\lambda B_{n-1}\sigma^2}{1-\frac{1}{2}\lambda^2\sigma^2}s_t.
\end{aligned}
$$

这意味着期限结构在每期的形状都相同，并且由于短期利率会随时间发生变化，曲线会也跟着上下移动。但实际中，收益率曲线的形状是随着时间而改变的，因此单因子的 CIR 模型不是一个合适的期限结构模型。如前所述，z_t 和 s_t 之间的内在联系是：s_t 是由与 z_t 相同的一阶自回归过程 (即 12.27式) 产生的，同样，这在现实世界中通常也是不正确的。

Vasicek 模型。 Vasicek 的期限结构模型也利用了 (12.26) 式和 (12.27)，但它假设 $e_{t+1}=\sigma\varepsilon_{t+1}$。我们对它的分析过程与 CIR 模型相似，但第一个不同点是

$$
V_t[m_{t+1}+p_{n-1,t+1}] = (\lambda + B_{n-1})^2\sigma^2.
$$

现在对 (12.20) 式的估计为

$$
-[A_n + B_n z_t] = -[A_{n-1} + B_{n-1}\mu(1-\phi) + \tfrac{1}{2}(\lambda + B_{n-1})^2\sigma^2] - [1+\phi B_{n-1}]z_t.
$$

因此

$$
\begin{aligned}
A_n &= A_{n-1} + B_{n-1}\mu(1-\phi) + \tfrac{1}{2}(\lambda + B_{n-1})^2\sigma^2, \\
B_n &= 1 + \phi B_{n-1}
\end{aligned}
$$

利用 $p_{0,t}=A_0=B_0=0$ 我们有 $B_1=1$ 和 $A_1=\frac{1}{2}\lambda^2\sigma^2$。所以

$$s_t=-p_{1,t}=A_1+B_1z_t=\tfrac{1}{2}\lambda^2\sigma^2+z_t$$

并且

$$\begin{aligned}p_{n,t}&=-[A_n+B_nz_t]=-[A_n-\tfrac{1}{2}\lambda^2\sigma^2B_n]-B_ns_t,\\R_{n,t}&=\frac{1}{n}[A_n+B_nz_t]=\frac{1}{n}[A_n-\tfrac{1}{2}\lambda^2\sigma^2B_n]+\frac{B_n}{n}s_t.\end{aligned}$$

由于 $B_n=(1-\phi^n)/(1-\phi)$，根据无套利条件方程 (12.23) 式，我们有

$$\begin{aligned}E_tp_{n-1,t+1}-p_{n,t}+p_{1,t}&=E_t[h_{n,t+1}-s_t]\\&=-\tfrac{1}{2}B_{n-1}^2\sigma^2+\lambda B_{n-1}\sigma^2\\&=-\frac{1}{2}\left(\frac{1-\phi^n}{1-\phi}\right)^2\sigma^2+\frac{\lambda(1-\phi^{n-1})\sigma^2}{1-\phi},\\\text{风险溢价}&=\frac{\lambda(1-\phi^{n-1})\sigma^2}{1-\phi}.\end{aligned}$$

所以，像 CIR 模型一样，Vasicek 模型的收益率也是短期利率的线性函数，收益率曲线的形状不随时间发生变化，只随短期利率的变动而发生位移。但与 CIR 模型不同的是，风险溢价只取决于距离到期日时间的长短而不取决于时间本身。因此，与单因子的 CIR 模型相比，单因子的 Vasicek 模型是一个更不能让人满意的期限结构模型。

多因子仿射模型。 CIR 模型和 Vasicek 模型的共同问题在于它们都是单因子模型。多因子的仿射 CIR 模型或许能更好地反映出收益率曲线形状和位置随时间的变化。Dai 和 Singleton(2000) 构建了下面这个多因子 CIR 期限结构模型：

$$p_{n,t}=-[A_n+\boldsymbol{B}_n'\boldsymbol{z}_t],\tag{12.29}$$

其中 $\boldsymbol{z}_t$ 是因子向量：

$$\begin{aligned}-m_{t+1}&=\boldsymbol{\ell}'\boldsymbol{z}_t+\boldsymbol{\lambda}'\boldsymbol{e}_{t+1},\\\boldsymbol{z}_{t+1}-\boldsymbol{\mu}&=\boldsymbol{\phi}(\boldsymbol{z}_t-\boldsymbol{\mu})+\boldsymbol{e}_{t+1},\\\boldsymbol{e}_{t+1}&=\boldsymbol{\Sigma}\sqrt{\boldsymbol{S}_t}\boldsymbol{\varepsilon}_{t+1},\\\boldsymbol{S}_{ii,t}&=\nu_i+\boldsymbol{\theta}_i'\boldsymbol{z}_t,\end{aligned}$$

其中 $\boldsymbol{\ell}$ 是单位向量，$\boldsymbol{S}_t$ 是对角阵，$\boldsymbol{\varepsilon}_{t+1}$ 服从 i.i.d.$(0,I)$，$\boldsymbol{\phi}$ 和 $\boldsymbol{\Sigma}$ 都是方阵。

为了进一步说明，我们考虑各因子是独立时的情形，此时 ϕ 和 Σ 都是对角阵。我们再令 $\boldsymbol{S}_{ii,t}=z_{it}$，这样整个模型都具有了可加性。因此，可以证明

$$\begin{aligned}
p_{n,t}&=-\left[A_n+\sum_i B_{ni}z_{it}\right],\\
-m_{t+1}&=\sum_i z_{it}+\sum_i \lambda_i e_{i,t+1},\\
z_{i,t+1}-\mu_i&=\phi_i(z_{it}-\mu_i)+e_{i,t+1},\\
e_{i,t+1}&=\sigma_i\sqrt{z_{it}}\varepsilon_{i,t+1}.
\end{aligned}$$

然后便有

$$\begin{aligned}
E_t p_{n-1,t+1}-p_{n,t}+p_{1,t}&=-\frac{1}{2}\sum_i B_{i,n-1}^2\sigma_i^2 z_{it}+\sum_i \lambda_i B_{i,n-1}\sigma_i^2 z_{it},\\
\text{风险溢价}&=\sum_i \lambda_i B_{i,n-1}\sigma_i^2 z_{it}.
\end{aligned}$$

因此，风险溢价是所有因子产生的风险影响之和。更进一步地说，短期利率是各因子的一个线性函数：

$$s_t=-p_{1,t}=\sum_i(1-\tfrac{1}{2}\lambda_i^2\sigma_i^2)z_{it}.$$

所以，收益率和期限溢价不再能写成仅与短期利率相关的线性函数。由于每个收益率都是各因子的线性函数，如果有 n 个因子，那么需要短期利率再加上 $n-1$ 个收益率来表示这些因子。如果收益率 (包括短期利率) 的数量大于 n，那么各因子可以不再是收益率唯一的线性函数。而如果收益率的数目小于 n，有些因子便可能无法被可观测的变量表示，所以模型就不能再被重新阐释为可观测的因子模型了。

实践中发现，三个因子就足以表示收益率曲线。他们可以表现出收益率曲线的位移或水平位置，斜率和任意曲率。目前为止位移因子被认为是最重要的，能解释收益率方差的 90%；斜率因子解释了剩余方差的 80%；曲率因子对总方差的解释从未超过 5%。加在一起，它们解释了收益率总方差的大约 98% (例如 Marsh，1995)。因为收益率曲线水平变化最初是由短期利率的改变造成的，而短期利率大部分是管制利率，这说明了货币政策在引起收益率曲线变动方面的重要性。斜率和曲率的影响，占整个收益率变化的 8%，可能主要归因于预期未来通货膨胀的变化。

我们还注意到，如果诸多因子都可以由这三个收益中的某一个代表，因子服从向量自回归 (VAR) 模型，则总体收益率曲线就可以由这三个收益中的任意一个的 VAR 来代表。

12.3.3 期限结构中风险的宏观经济来源

本小节我们讨论两个模型：第一个模型以第 11 章讨论的一般均衡模型为基础，只考虑风险的可观测的宏观经济来源；第二个模型则将潜在的与可观察的宏观经济因子结合起来。

12.3.3.1 期限溢价的一般均衡模型

本书第 11 章为讨论名义收益率而讨论了资产定价理论。现在我们运用这一理论推导债券的一般均衡价格，额外需要的工作只是需要近似地定义债券的超额回报即可。假设取对数正态的形式，债券收益率的无套利条件是

$$E_t(h_{n,t+1} - s_t) + \tfrac{1}{2}V_t(h_{n,t+1}) = -\mathrm{Cov}_t(m_{t+1}, h_{n,t+1}),$$

对于效用函数为幂函数形式的 C-CAPM 模型，我们有

$$m_{t+1} = \theta - \sigma\Delta\ln c_{t+1} - \pi_{t+1}. \tag{12.30}$$

所以

$$E_t(h_{n,t+1} - s_t) + \tfrac{1}{2}V_t(h_{n,t+1}) = \sigma\mathrm{Cov}_t(\Delta\ln c_{t+1}, h_{n,t+1},) + \mathrm{Cov}_t(\pi_{t+1}, h_{n,t+1}),$$

或写成收益率的形式

$$\begin{aligned} &E_t[nR_{n,t} - (n-1)R_{n-1,t+1} - s_t] + \tfrac{1}{2}(n-1)^2V_t(R_{n-1,t+1}) \\ &\quad = -(n-1)\sigma\mathrm{Cov}_t(\Delta\ln c_{t+1}, R_{n-1,t+1}) - (n-1)\mathrm{Cov}_t(\pi_{t+1}, R_{n-1,t+1}). \end{aligned} \tag{12.31}$$

(12.31) 式的右边表明，宏观经济风险有两个来源：与消费相关的实际风险和名义风险。由于对不同期限其系数是相同的，期限溢价只能因为条件协方差的不同而有所差异。Balfoussia 和 Wickens(2007) 对这个模型进行了估计，发现对系数的约束无法成立。这意味着这个具体的一般均衡的资产定价模型既不适用于股票也不适用于债券。

12.3.3.2 Vasicek 的可观测宏观经济因子模型

Ang 和 Piazzesi (2003) 修正了 Vasicek 多因子模型，将不可观测因子及可观测因子都整合到模型中来。他们运用美国的数据分析后得出，在一个长期的预测区间，对于中近期到期的债券预测方差，大约 85% 可以由宏观因子加以解释。而对远期到期债券的预测方差，大约有 40% 也可以由宏观因子加以解释。

我们由多因子模型的标准形式 SDF 模型开始分析，模型设定 n 期债券的价格为

$$P_{n,t} = E_t[M_{t+1}P_{n-1,t+1}].$$

假设 $P_{n,t}$ 和 M_{t+1} 服从联合对数正态分布，即 $p_t = \ln P_t$ 及 $m_{t+1} = \ln M_{t+1}$，且有

$$p_{n,t} = E_t(m_{t+1} + p_{n-1,t+1}) + \tfrac{1}{2}V_t(m_{t+1} + p_{n-1,t+1}).$$

当 $p_{0,t} = 0$, 短期利率 s_t 为

$$-s_t = p_{1,t} = E_t(m_{t+1}) + \tfrac{1}{2}V_t(m_{t+1}).$$

Ang 和 Piazzesi 在上述基础上引入了如下假设:

$$\begin{aligned}
M_{t+1} &= \exp(-s_t)\frac{\xi_{t+1}}{\xi_t}, \\
s_t &= \delta_0 + \delta_1' z_t, \\
z_t &= \mu + \phi' z_{t-1} + \Sigma e_{t+1}, \\
\frac{\xi_{t+1}}{\xi_t} &= \exp(-\tfrac{1}{2}\lambda_t'\lambda_t - \lambda_t' e_{t+1}), \\
\lambda_t &= \lambda_0 + \lambda_1 z_t, \\
p_{n,t} &= A_n + B_n' z_t.
\end{aligned}$$

做出这样界定的好处是，它可以满足 $E_t M_{t+1} = 1/(1+s_t)$ 的要求。而且 M_{t+1} 是以短期利率定义的而不是由短期利率的函数推导出来的。短期利率定义为诸因子的线性函数。这使得短期利率可以由诸如 Taylor 规则之类的利率规则确定 (参见第 14 章)。这样，短期利率公式中的贴现因子就只包括产出缺口和通货膨胀了。Ang 和 Piazzesi 选择了两种可观测宏观经济因子和三种不可观测因子。可观测宏观经济因子为衡量通货膨胀的指标，是实际经济活动因子。如果我们定义可观测与不可观测因子的当前向量为 $\boldsymbol{x}_t = (\boldsymbol{x}_t^{\mathrm{o}\prime}, \boldsymbol{x}_t^{\mathrm{u}\prime})$ 则 $\boldsymbol{z}_t = (\boldsymbol{x}_t', \boldsymbol{x}_{t-1}', \ldots, \boldsymbol{x}_{t-p+1}')'$。因此，关于 z_t 的方程就是一个以伴随形式表示的向量自回归，相应地 e_{t+1} 包含零元素。潜在的及不可观测的变量被限制为独立变量。

由上述分析可以推论 $\delta_0 = -A_1$，$\delta_1 = -B_1$ 以及

$$\begin{aligned}
m_{t+1} &= -s_t + \Delta \ln \xi_{t+1} \\
&= -s_t - \tfrac{1}{2}\lambda_t'\lambda_t - \lambda_t' e_{t+1} \\
&= -\delta_0 - \delta_1' z_t - \tfrac{1}{2}\lambda_t'\lambda_t - \lambda_t' e_{t+1}.
\end{aligned}$$

进一步说，由于 $-s_t = E_t(m_{t+1}) + \frac{1}{2}V_t(m_{t+1})$，我们发现

$$E_t(m_{t+1}) = -s_t - \tfrac{1}{2}V_t(m_{t+1}).$$

当 $E_t e_{t+1} e'_{t+1} = I$ 时，

$$V_t(m_{t+1}) = \tfrac{1}{2}\lambda'_t\lambda_t.$$

为了用 Ang 和 Piazzesi 模型中的参数表达 A_n 和 B_n，下一步我们估测 $p_{n,t}$ ，可以得到

$$\begin{aligned}
p_{n,t} &= E_t(m_{t+1} + p_{n-1,t+1}) + \tfrac{1}{2}V_t(m_{t+1} + p_{n-1,t+1}),\\
A_n + B'_n z_t &= -\delta_0 - \delta'_1 z_t - \tfrac{1}{2}\lambda'_t\lambda_t + A_{n-1} + B'_{n-1}(\mu + \phi' z_t)\\
&\quad + \tfrac{1}{2}\lambda'_t\lambda_t + \tfrac{1}{2}B'_{n-1}\Sigma\Sigma' B_{n-1} + \lambda'_t\Sigma' B_{n-1}\\
&= -\delta_0 - \delta'_1 z_t + A_{n-1} + B'_{n-1}(\mu + \phi' z_t)\\
&\quad + \tfrac{1}{2}B'_{n-1}\Sigma\Sigma' B_{n-1} + B'_{n-1}\Sigma(\lambda_0 + \lambda_1 z_t).
\end{aligned}$$

因此

$$\begin{aligned}
A_n &= -\delta_0 + A_{n-1} + B'_{n-1}\mu + \tfrac{1}{2}B'_{n-1}\Sigma\Sigma' B_{n-1} + B'_{n-1}\Sigma\lambda_0,\\
B_n &= -\delta_1 + \phi B_{n-1} + \tfrac{1}{2}B'_{n-1}\Sigma\Sigma' B_{n-1} + B'_{n-1}\Sigma\lambda_1.
\end{aligned}$$

此处根据需要有 $A_1 = -\delta_0$，$B_1 = -\delta_1$.

于是，风险溢价为

$$\begin{aligned}
\text{风险溢价} &= -\mathrm{Cov}_t(m_{t+1}, p_{n-1,t+1})\\
&= -B'_{n-1}\Sigma\lambda_t\\
&= -B'_{n-1}\Sigma(\lambda_0 + \lambda z_t).
\end{aligned}$$

因此，风险溢价是同时包含可观测因子与不可观测因子的线性函数，其系数通过 B'_{n-1}[①]取决于到期时间 n。由于宏观经济因子的存在，期限溢价不能再表示为仅是收益率的函数。它们还使得期限溢价会随着时间的推移而变化，这一点与 Vasicek 模型中只有潜在因子是不同的。

Ang 和 Piazzesi 的主要经验研究发现，美国自 1952 年到 2000 年间的通货膨胀是解释大部分收益率预测方差的重要宏观经济因子。可以解释的比例随着预测区间及债

[①] 原文此处为 B_{n-1}，疑似作者笔误。

券到期时间长短而不同。在任何预测期间的远端均不太有解释力，但是在 60 个月的预测区间内，对短期利率的解释可以有 87%，约有 71% 的中期债券收益率可以得到解释。与之相对应的，12 个月预测区间的数据分别是 57% 和 52%。对一个月预测区间基本没有解释力。这些研究结论与 Balfoussia 和 Wickens 的研究结论很相似。此外，Ang 和 Piazzesi 还发现有两个潜在因素是非常重要的：一是反映因短期利率变化而致的收益率曲线移动的效应，二是用长期和中期收益率利差以及中短期间收益率的利差的差额表示的曲率因子。

12.3.3.3 结论

来自 Balfoussia 和 Wickens 运用一般均衡模型以及 Ang 和 Piazzesi 扩展的 Vasicek 模型的经验证据表明，风险的宏观经济来源是期限溢价的重要组成部分。他们证明了通货膨胀是影响债券价格的风险的主要宏观经济来源。实际经济活动也同样是重要的宏观经济因子，但是它主要影响短期到期债券的价格。换句话说，经济周期往往影响中短期到期的债券价格。对这些结论的两个可能的解释是，一则在较长的预测期内预测实际经济活动比预测通货膨胀要难，二则实际经济活动往往会回归其均值，因此比起通货膨胀，它更倾向于暂时影响，通货膨胀的长期影响会更持久。

12.3.4 利用收益率曲线估计未来通货膨胀

在制定货币政策的时候，中央银行利用收益率曲线精确地估计通货膨胀已经变得很普遍了。这或者要求对未来实际利率的假设，或更好些是要求实际收益率 (即指数挂钩收益率) 曲线的存在。

从 (12.18) 式中可知接下来 n 期的平均通货膨胀率是

$$\frac{1}{n}\sum_{i=1}^{n}E_t\pi_{t+i}=R_{n,t}-\frac{1}{n}\sum_{i=0}^{n-1}E_t(r_{t+i}+\rho_{n-i,t+i}). \tag{12.32}$$

如果我们假设当 $i>0$ 时，$E_tr_{t+i}=r$ 并忽略风险溢价，便可以得到对未来平均通货膨胀的粗略估计

$$\frac{1}{n}\sum_{i=1}^{n}E_t\pi_{t+i}=R_{n,t}-r. \tag{12.33}$$

换句话说，未来不同期的平均通货膨胀由收益率曲线的形状减掉一个常数得到。因此，通常来说，平均通货膨胀因不同时间期限而不同。我们可以通过对期限溢价做简单的修正来改进对通货膨胀的估计。

从理论上来说，如果有指数型债券，那么可以得到对通货膨胀更好的估计。用 $r_{n,t}$ 表示 n 期指数型债券的收益率，我们可以沿着名义收益率同样的思路构建一个实际期限结构理论。这可以让我们得到实际期限溢价的估计，用 $\rho_{n,t}^{\mathrm{r}}$ 表示。则名义期限溢价可以写成

$$\rho_{n,t} = \rho_{n,t}^{\mathrm{r}} + \rho_{n,t}^{\pi},$$

并且 $\rho_{n,t}^{\pi}$ 可以解释为通货膨胀风险溢价。通过 (12.18) 式，我们可以写出名义和实际的收益率为

$$R_{n,t} = \frac{1}{n}\sum_{i=0}^{n-1} E_t(r_{t+i} + \pi_{t+i+1} + \rho_{n-i,t+i}^{\mathrm{r}} + \rho_{n-i,t+i}^{\pi}), \tag{12.34}$$

$$r_{n,t} = \frac{1}{n}\sum_{i=0}^{n-1} E_t(r_{t+i} + \rho_{n-i,t+i}^{\mathrm{r}}). \tag{12.35}$$

将 (12.35) 式代入 (12.34) 式，得到平均通货膨胀为

$$\frac{1}{n}\sum_{i=1}^{n} E_t\pi_{t+i} = R_{n,t} - r_{n,t} - \frac{1}{n}\sum_{i=0}^{n-1} E_t\rho_{n-i,t+i}^{\pi}. \tag{12.36}$$

如果我们忽略涉及通货膨胀风险溢价的最后一项，估计的通货膨胀便是名义收益率和指数化收益率之差。这种对平均通货膨胀的估计称为“平衡”估计，那些有指数化债券的国家的中央银行经常使用这种方法。严格地说，平衡估计应该考虑通货膨胀的风险溢价并做出调整。Remolona 等 (1998) 估计英国 20 世纪 80 年代及 20 世纪 90 年代的通货膨胀风险溢价为大约 1%，是较大的风险。更新一些的证据表明在引入通货膨胀目标后，通货膨胀风险溢价更低了。21 世纪初较低的通货膨胀率也会减少对通货膨胀风险溢价修正的幅度。

最后，我们发现在经济计量模型中普遍使用期限利差作为未来经济活动的指标。从方程 (12.17) 式和 (12.36) 式可知，利差是

$$\begin{aligned} R_{n,t} - s_t &= \frac{1}{n}\sum_{i=1}^{n-1} E_t(s_{t+i} + \rho_{n-i,t+i}) \\ &= r_{n,t} + \frac{1}{n}\sum_{i=1}^{n-1} E_t\pi_{t+i+1} + \frac{1}{n}\sum_{i=1}^{n-1} E_t\rho_{n-i,t+i}^{\pi}. \end{aligned} \tag{12.37}$$

所以，利差可以粗略地预测实际到期收益率和未来平均通货膨胀率。

12.3.5 简评

债券定价理论、固定收入债券是这三种金融资产中发展最成熟的。尽管从某种程度上说，债券的定价是三种资产中最直接的，但也是技术含量最高而且最成功的。它

的成功在于相对资产价格技术而不是基本面定价技术。利用基本面定价，债券不比股票和外汇成功。债券定价的最新发展包括尝试合并两种定价方法并寻找一种方式来整合在解释风险溢价时可观测的宏观经济因素。

债券市场的一个突出特点是其与货币政策的紧密联系。这既是因为短期利率是通货膨胀目标的政策工具，货币政策可以通过短期利率影响期限结构，也是由于期限结构包含了市场对未来利率和未来通货膨胀的判断。这些都是政策制定者所需要的。下面我们考虑利率期限结构在货币政策传导机制中的作用。

12.3.6 货币政策与期限结构

我们已经表明，宏观经济因子，尤其是通货膨胀和经济周期，会对风险 (期限) 溢价产生极大影响。我们还表明，通过将名义量中包含的信息以及与指数挂钩债券 (或者通货膨胀保值债券 (TIPS))的期限结构结合起来，我们有可能推断出期望的未来通货膨胀的有用信息。这些研究结论揭示了风险的宏观经济来源在确定债券价格及期限结构方面的重要作用。下面我们重点讨论期限结构在货币政策传导机制中的重要作用。中央银行制定政策性利率，即短期利率。通过利率的期限结构，它可以影响到其他所有利率。大体上，短期利率的上升 (下降) 引起收益率曲线上移 (下移)。具体地说，短期利率影响长期利率，长期基准利率是指 10 年期利率，这是大部分私人消费、投资和储蓄决策的基础。第 13 章讨论了货币政策传导机制的另一条渠道，即短期利率对浮动汇率的影响，进而影响竞争力及资本流动。

首先，我们检验由宏观经济变量与金融变量相互依存的简单的 VAR 模型中得到的经验证据。接下来以利率期限结构的潜在因子模型为基础，对利率期限结构与货币政策的关系进行深入的经验研究。最后我们得出利率期限结构和货币政策的 DSGE 模型的传导机制。

12.3.6.1 宏观经济变量与金融变量间关系的 VAR 模型分析

根据美国 1977–2007 年间的经济经验数据，利用 VAR 模型分析产出缺口 (产出缺口通常用于指代经济周期)、通货膨胀、期限结构 (10 年期债券收益与联邦基金利率间的利差与联邦基金利率之间的期限结构) 以及股票市场 (S&P 500) 的关系，得出如下主要结论:

(i) 产出缺口会做出显著的反应，但是会有时滞，且只是对通货膨胀做出反应而不是对利率做出反应。

(ii) 通货膨胀对产出缺口做出显著反映，大约 8 个月后对利差及联邦基金利率也会做出反应。

(iii) 股票收益没有受到产出缺口的显著影响，但是在 2 个月后会对通货膨胀有负向的反应，3 个月后会对利差及联邦基金利率做出正向的反应。

(iv) 利差在 6 个月后会对产出缺口做出反应，2 个月后对通货膨胀做出反应，但对短期税率没有反应，这意味着收益率曲线随着短期利率变化而上下移动。

(v) 联邦基金利率对产出缺口及通货膨胀做出负向反应，与股票收益是正向反应。

这些结论支持了宏观经济变量与金融变量相互作用的观点。尽管经济周期不会受到金融变量的太大的影响，通货膨胀会经过一定时滞后对利率变动做出反应。股票市场对通货膨胀做出的反应是负向且是滞后的。这些发现表明经济周期和通货膨胀都影响利率，经济周期主要影响短期税率，而通货膨胀则影响所有期限的利率。

12.3.6.2 利率期限结构的潜在因子模型的经验证据

货币政策对利率期限结构的影响可以由期限结构的潜在因子模型推断出来，主要做法是在模型中整合进某项货币政策规则，如 Taylor 规则，该规则确定了短期利率 (参见第 14 章)。如果中央银行根据对通货膨胀和产出反应制定政策利率，政策利率则通过短期利率确定了期限结构，那么就表明宏观经济与收益率曲线间有直接联系，通过这个联系进一步影响了资本成本。我们讨论三个以这种分析方法为基础的实例，分别为 Ang 和 Piazzesi (2003)、Rudebusch 和 Wu (2008) 以及 Diebold 等 (2006).

Ang 和 Piazzesi (2003)。 Ang 和 Piazzesi 根据类似 Taylor 规则的、没有时滞的货币政策，通过限制短期利率参数修订了以前讨论过的宏观经济 – 金融模型。他们用短期利率替换了原始方程，短期利率的表达式为

$$s_t = \delta_0 + \delta_1' z_t + v_t,$$

其中 z_t 是未观测到的潜在因子 x_t^{u} 与已观测到的宏观经济变量 x_t^{o} 及其时滞构成的向量，只包括宏观经济变量当前值的方程为:

$$s_t = \delta_0 + \delta_{11}' x_t^{\mathrm{o}} + v_t.$$

实际上 v_t 是一个随机变量

他们的主要发现是，“Taylor 规则”中的通货膨胀及实际经济活动的系数均为正且显著的，但是会与数据期间有较大关联，通货膨胀仍然是解释预测方差分解的主要宏观经济因子，尤其是期限结构的长期时间轴有重要作用。

Rudebusch 和 Wu (2008)。 Rudebusch 和 Wu 在一项初步调查中用标准两潜在因子仿射模型估计了美国五种收益率的期限结构，他们把这两项因子称为“水平”(L_t) 与“斜率”(S_t)，设定 1 期债券利率 s_t 满足

$$\begin{aligned} s_t &= \delta_0 + L_t + S_t \\ &= \delta_0 + \delta_1' z_t, \end{aligned}$$

这里假设 $z_t = (L_t, S_t)'$ 是由包括不相关误差的一阶 VAR 形成。由此得出收益率由下式决定

$$R_{n,t} = A_n + B_n' z_t,$$

其中 $A_1 = \delta_0$，$B_1 = \delta_1$；A_n 和 B_n 满足本章早些时候推导出的无套利条件。他们发现，1 个主要构成元素即可解释全部 5 种收益率变动的 93%，这 5 种收益率代表了全部的期限结构；2 个主要元素即可解释 99%。L_t 增加 1 单位则提高全部收益率大约 1 单位；S_t 增加一单位，短期收益率的提高幅度大于长期收益率，因此降低了收益率曲线的斜率，即期限利差。这些结果支持了这两个因子被赋予的名字：水平因子更多地解释了长期收益率的变化而不是中短期的变化，斜率因子则更多地解释了期限结构中的短期变化而不是长期变化。

在估计出水平因子与斜率因子后，Rudebusch 和 Wu 检验了二者与通货膨胀 π_t 及产出缺口 y_t 的关系，他们得到了如下的估计

$$\begin{aligned} L_t &= \underset{(0.03)}{0.96} L_{t-1} + \underset{(0.03)}{0.04} \pi_t, \qquad && R^2 = 0.91, \\ S_t &= \underset{(0.15)}{1.28} (\pi_t - L_t) + \underset{(0.06)}{0.46} y_t, && R^2 = 0.52, \end{aligned}$$

这里水平因子方程被限定为通货膨胀的长期效应 L_t 为 1，即通货膨胀在长期全部传递到水平因子上，其标准差为括号中所注。这些结果表明 L_t 的效应非常持久，而当前通货膨胀对水平因子的影响则很少。实际上，L_t 可以被看作是期望的长期通货膨胀，方程的动态结构与调试说明通货膨胀预期是被稳固锚定的。第二个方程表明，在当前通货膨胀与其长期趋势值不同时，斜率因子的反应比较显著，它同时也受到产能利用率的影响。

接下来，Rudebusch 和 Wu 构建了一个宏观金融模型，将期限结构模型与新凯恩斯主义模型中的通货膨胀与产出结合起来，从而内生化了通货膨胀与产出。本书第 14 章将详细讨论新凯恩斯主义模型的细节。该宏观金融模型中的金融部分为其此前的期限结构模型的适度一般化过程：

$$\begin{aligned}
s_t &= \delta_0 + L_t + S_t, \\
L_t &= \rho_L L_{t-1} + (1-\rho_L)\pi_t + \varepsilon_{L,t}, \\
S_t &= \rho_S S_{t-1} + (1-\rho_S)[g_\pi(\pi_t - L_t) + g_y y_t] + u_{s,t}, \\
u_{s,t} &= \rho_u u_{s,t-1} + \varepsilon_{S,t}, \\
R_{n,t} &= A_n + B_n' z_t,
\end{aligned}$$

其中 z_t 现在也包括了 π_t 和 y_t。模型的宏观经济部分为：

$$\begin{aligned}
\pi_t &= \mu_\pi L_t + (1-\mu_\pi)[\alpha_{\pi 1}\pi_{t-1} + \alpha_{\pi 2}\pi_{t-2}] + \alpha_y y_{t-1} + \varepsilon_{\pi,t}, \\
y_t &= \mu_y E_t y_{t+1} + (1-\mu_y)[\beta_{y1} y_{t-1} + \beta_{y2} y_{t-2}] - \beta_r[s_{t-1} - L_{t-1}] + \varepsilon_{y,t}.
\end{aligned}$$

他们的主要发现，即模型中新凯恩斯主义宏观经济部分，是水平因子 (长期通货膨胀) 影响 π_t，而 y_{t-1} 只是在边际上显著，$s_{t-1} - L_{t-1}$ (短期利率与其长期水平的偏差) 显著影响 y_t，但 μ_y 并不显著偏离 0。这些结果意味着通货膨胀在短期主要是对其长期期望水平随着时间推移的变化做出调整，而产出缺口主要是对货币政策对通货膨胀的短期影响做出反应。模型的金融部分与以前基本没有变化。

Diebold 等人 (2006)。 Ang 和 Piazzesi 以及 Rudebusch 和 Wu 的模型遵从 Vasicek model，对收益率施加了无套利条件的限制。Diebold 等人则发展了一个整合了潜在因子与可观测宏观经济变量，却并不对收益率要求无套利条件限制的模型。

他们的研究出发点是 Nelson 和 Seigel (1987) 构建的收益率曲线形式，使横截面收益率可以表示为如下三种因子的线性函数：

$$R_{n,t} = L_t + S_t\left(\frac{1-\mathrm{e}^{-\lambda n}}{\lambda n}\right) + C_t\left(\frac{1-\mathrm{e}^{-\lambda n}}{\lambda n} - \mathrm{e}^{-\lambda n}\right) + e_{n,t},$$

其中 L_t 是水平因子，S_t 是斜率因子，C_t 是曲率因子，而 $e_{n,t}$ 为独立扰动项。相关系数会随着到期时间的不同而不同，各因子由一阶 VAR 产生

$$f_t - \mu = A(f_{t-1} - \mu) + \eta_t,$$

其中 $f_t = (L_t, S_t, C_t)'$，μ 是个常向量，η_t 独立随机变量的向量。如果 $y_t = (R_{1,t}, \ldots, R_{N,t})'$，则收益率向量可以写为

$$y_t = \Lambda f_t + \varepsilon_t,$$

其中 Λ 的各元素是由 $R_{n,t}$ 的方程决定的。

他们由美国的数据得出的主要发现是水平因子主要由通货膨胀决定，斜率因子则主要由产能利用率及短期利率 (联邦基金利率) 决定。宏观变量对收益率的影响的方差分解显示，收益率方差很少能由短时期宏观变量来解释 (1 个月收益率的 8%，12 个月收益率的 4%，5 年收益率的 1%)，但是在长期内则有很强的解释力 (40%)。因此，这些结果与我们前面讨论的结果非常相似。

12.3.7 简评

综合以上所有研究结果可以表明宏观经济变量及金融变量之间的相互联系。宏观经济变量通货膨胀和产出会通过债券市场受到货币政策的影响，而债券市场也受到宏观经济因子的影响—主要是长期到期债券受通货膨胀的影响，短期到期的债券受产出的影响。这些结论与本章早前所得出的结论是一致的。

12.3.8 期限结构的 DSGE 模型

此前的经验研究证据是以期限结构的金融模型为基础的，该模型中附加了宏观经济维度，使得其可以分析产出、通货膨胀及货币政策对期限结构的影响。下面我们考虑整合进期限结构的 DSGE 宏观经济模型，这会为解释货币政策及财政政策冲击 (还有技术冲击) 的对宏观经济变量及期限结构的影响提供一个不同的理论框架。我们的分析以 Rudebusch 等人 (2007) 的研究为基础，Hordahl 等人 (2007) 也采用了相似的理论方法，但是他们的模型求解采用了不同的数值近似方法。首先我们构建模型的宏观经济部分，然后再构建其期限结构。尽管该模型并未纳入银行部门，如果加入银行部门的话，就有可能描述货币政策如何通过短期利率以及期限结构影响长期利率，长期利率是有助于银行体系决定提供贷款的重要指标。

12.3.8.1 宏观经济学

假定居民户最大化其持续习惯的跨期效用函数

$$E_t \sum_{t=0}^{\infty} \beta^t \left[\frac{(c_t - bh_t)^{1-\gamma}}{1-\gamma} - \delta_0 \frac{n_t^{1+\delta}}{1+\delta} \right], \tag{12.38}$$

其中 c_t 代表消费，$h_t = c_{t-1}$ 是习惯性消费，n_t 是劳动投入，居民户约束条件是其预算约束。由此得出的欧拉方程为

$$(c_t - bh_t)^{-\gamma} = \beta \mathrm{e}^{R_t} E_t\left[(c_t - bh_t)^{-\gamma}\frac{P_t}{P_{t+1}}\right], \tag{12.39}$$

其中 P_t 是一般价格水平，R_t 为利率，假设利率是遵从 Taylor 规则式的政策规则制定的，政策规则可以表述为

$$R_t = \rho_i R_{t-1} + (1-\rho_i)[R^* + g_y(y_t - y_{t-1}) + g_\pi \pi_t] + \varepsilon_{i,t}. \tag{12.40}$$

产出 y_t，技术 A_t 以及外生的政府支出 g_t 满足

$$\begin{aligned} y_t &= c_t + g_t, \\ \ln A_t &= \rho_A \ln A_{t-1} + \varepsilon_t^A, \\ \ln g_t &= \rho_g \ln g_{t-1} + \varepsilon_t^{\mathrm{g}}. \end{aligned}$$

$\pi_{t+1} = \Delta P_{t+1}/P_t$ 代表通货膨胀。

产出是需要投入中间产品 $y_t(s)$ 才能生产出来，s 代表中间产品的类型，它的供给市场为垄断竞争市场，生产技术为

$$y_t(s) = A_t n_t(s)^{1-\alpha}, \tag{12.41}$$

$$y_t = \left[\int_0^1 y_t(s)^{1/(1+\lambda)}\,\mathrm{d}s\right]^{1+\lambda}, \tag{12.42}$$

$$y_t(s) = \left[\frac{p_t(s)}{p_t}\right]^{-(1+\lambda)/\lambda} y_t, \tag{12.43}$$

$$p_t = \left[\int_0^1 p_t(s)^{-1/\lambda}\,\mathrm{d}s\right]^{-\lambda}, \tag{12.44}$$

其中 $p_t(s)$ 投入品 $y_t(s)$ 的价格，它由 Calvo 合约决定，每一期合约到期的概率为 $1-\xi$，p_t 是总量价格水平。(12.41) 式代表生产函数，(12.43) 式为中间产品的需求函数，(12.42) 式和 (12.44) 式为前述两式各自的加总表示法。对这类生产技术的讨论可以参见本书第 9 章。

劳动是按其边际产品付酬，因此中间产品的边际成本为

$$mc_t(s) = \frac{w_t n_t(s)}{(1-\alpha)y_t(s)}, \tag{12.45}$$

其中 w_t 是整体经济的工资率。厂商最大化其贴现净收入的期望值

$$E_t \sum_{j=0}^{\infty} \xi^j M_{t+j}[p_t(s)y_{t+j}(s) - w_{t+j}n_{t+j}(s)], \tag{12.46}$$

其中 M_t 是由居民户优化行为推导出来的隐含的随机贴现因子，因此其由下式给定

$$M_t = \frac{\beta(c_{t+1} - bc_t)^{-\gamma} P_t}{(c_t - bc_{t-1})^{-\gamma} P_{t+1}}. \tag{12.47}$$

每个厂商的最优价格为

$$p_t^*(s) = \frac{(1+\lambda)E_t \sum_{j=0}^{\infty} \xi^j M_{t+j}\, mc_{t+j}(s) y_{t+j}(s)}{E_t \sum_{j=0}^{\infty} \xi^j M_{t+j} y_{t+j}(s)}. \tag{12.48}$$

劳动力供给总量为 $n_t = \int_0^1 n_t(s)\,\mathrm{d}s$，实际工资为

$$\frac{w_t}{p_t} = \frac{\delta_0 n_t^{\delta}}{(c_t - bc_{t-1})^{-\gamma}}. \tag{12.49}$$

为完成模型的宏观经济部分，我们需要推导决定价格水平的方程以及通货膨胀方程，因为这需要将整体模型求解出来，所以将会变得非常复杂。由于模型是非线性的，Rudebusch 等人建议采用非线性模拟。从本质上讲，这个结果与标准的新凯恩斯主义通货膨胀方程会非常接近，即 π_t 与 $E_t\pi_{t+1}$ 相关，且通过下式与边际成本相关

$$\pi_t = \phi E_t \pi_{t+1} + \varphi\, mc_t. \tag{12.50}$$

12.3.8.2 期限结构

期限结构就是上述推导的债券定价的一般均衡模型，只不过是采用由 (12.47) 式推导出来的随机贴现因子。沿用前面使用过的符号系统，n 期债券的价格由下式给定

$$\left.\begin{aligned} P_{n,t} &= E_t[M_{t+1} P_{n-1,t+1}], \\ M_t &= \frac{\beta(c_{t+1} - bc_t)^{-\gamma} P_t}{(c_t - bc_{t-1})^{-\gamma} P_{t+1}}. \end{aligned}\right\} \tag{12.51}$$

假定对数正态和无套利条件，写成对数的形式为

$$E_t(p_{n-1,t+1}) - p_{n,t} + p_{1,t} + \tfrac{1}{2} V_t(p_{n-1,t+1}) = -\mathrm{Cov}_t(m_{t+1}, p_{n-1,t+1}), \tag{12.52}$$

其中 $m_t = \ln M_t$ 为

$$\begin{aligned} m_{t+1} &= \ln\left[\frac{\beta(c_{t+1} - bc_t)^{-\gamma} P_t}{(c_t - bc_{t-1})^{-\gamma} P_{t+1}}\right] \\ &= \ln\beta + \ln\left(\frac{c_{t+1} - bc_t}{c_t - bc_{t-1}}\right)^{-\gamma} - \pi_{t+1}. \end{aligned} \tag{12.53}$$

由于 $p_{n,t} = -nR_{n,t}$，我们可以得到

$$\begin{aligned} &-(n-1)E_t(R_{n-1,t+1}) + nR_{n,t} - s_t + \tfrac{1}{2}(n-1)^2 V_t(R_{n-1,t+1}) \\ &\qquad = (n-1)\mathrm{Cov}_t(m_{t+1}, R_{n-1,t+1}), \end{aligned} \tag{12.54}$$

其中

$$
\left.\begin{aligned}
s_t &= -p_{1,t} = -E_t m_{t+1} - \tfrac{1}{2}V_t(m_{t+1}),\\
R_{n,t} &= \frac{1}{n}E_t\sum_{j=0}^{n-1}s_{t+j} + \frac{1}{n}E_t\sum_{j=0}^{n-1}\rho_{n-j,t+j}\\
&\equiv \text{预期收益率} + \text{期限溢价},
\end{aligned}\right\} \tag{12.55}
$$

这里

$$
\rho_{n-j,t+j} = -\frac{(n-j)^2}{2}V_t(R_{n-j,t+j}) + (n-j)\mathrm{Cov}_t(m_{t+j}, R_{n-j,t+j})
$$

是联合风险溢价及对 $n-j$ 期债券在 $t+j$ 时的超额收益的 Jensen 效应。从更方便的角度，期限溢价还满足

$$
\begin{aligned}
\text{期限溢价} &= R_{n,t} - \frac{1}{n}E_t\sum_{j=0}^{n-1}s_{t+j}\\
&= R_{n,t} + \frac{1}{n}\sum_{j=0}^{n-1}[E_t m_{t+j+1} + \tfrac{1}{2}V_t(m_{t+j+1})].
\end{aligned} \tag{12.56}
$$

Rudebusch 等人在他们的分析模型中将期限结构简化为只包含两个利率：一期利率和无违约永续年金或永久性债券利率。一期利率由 Taylor 规则确定，因此有 $s_t \equiv R_t$。由于 s_t 满足 (12.55) 式，政策利率满足 (12.40) 式，对数贴现率满足 (12.53) 式。这意味着反映了通货膨胀与产出对其目标偏离程度的 Taylor 规则，必须与反映消费增长与通货膨胀随机贴现因子相一致。在现实生活中，尽管期限结构中的短期利率与政策利率非常相似，但二者并不完全相同。这表明还需要引入进一步的方程将二者联系起来。

对于永久债券有 $n=\infty$，它的价格为

$$
P_{\infty,t} = E_t[M_{t+1}P_{\infty,t+1}].
$$

如果永久债券是无风险的，当 $E_t M_{t+1} = 1/(1+s_t)$ 时，它的价格应该是

$$
P^{\mathrm{f}}_{\infty,t} = \frac{1}{1+i_t}E_t P^{\mathrm{f}}_{\infty,t+1}.
$$

Rudebusch 等人将永久债券的期限溢价表示为

$$
\text{永久债券的期限溢价} = \ln\left(\frac{P_{\infty,t}}{P_{\infty,t}-1}\right) - \ln\left(\frac{P^{\mathrm{f}}_{\infty,t}}{P^{\mathrm{f}}_{\infty,t}-1}\right). \tag{12.57}
$$

永久债券期限溢价的另一种表达方式可以由 (12.52) 式推导出:

$$
\begin{aligned}
&E_t(p_{\infty,t+1}) - p_{\infty,t} + p_{1,t} + \tfrac{1}{2}V_t(p_{\infty,t+1}) = -\mathrm{Cov}_t(m_{t+1}, p_{\infty,t+1}),\\
&E_t(p^{\mathrm{f}}_{\infty,t+1}) - p^{\mathrm{f}}_{\infty,t} + p_{1,t} + \tfrac{1}{2}V_t(p^{\mathrm{f}}_{\infty,t+1}) = 0.
\end{aligned}
$$

因此，永久债券的期限溢价可以写成

$$[E_t(p_{\infty,t+1}) - p_{\infty,t}] - [E_t(p^{\mathrm{f}}_{\infty,t+1}) - p^{\mathrm{f}}_{\infty,t}]$$
$$= \frac{1}{2}[V_t(p^{\mathrm{f}}_{\infty,t+1}) - V_t(p_{\infty,t+1})] - \mathrm{Cov}_t(m_{t+1}, p_{\infty,t+1}). \quad (12.58)$$

12.3.8.3 模拟结果

由于模型是非线性的，Rudebusch 等人在校准模型后，在其非随机稳态点进行对数线性化，然后运用模拟方法分析其各项特征。由于一阶近似会消除期限溢价，二阶近似使期限溢价为常数，所以这里的近似是三阶近似，它允许期限溢价为时变的，从而使得风险溢价对模拟冲击可以做出反应。模拟的核心在于产出和期限结构对相关冲击的脉冲反应函数，这些冲击为短期利率 (联邦基金利率) 冲击、技术冲击、政府支出冲击，在模型中没有政府预算约束的情况下，政府支出冲击暗含着是由一期债券融资的。

利率的要点在于期限溢价对这些冲击的反应，这与冲击的类型有关。对联邦基金利率一个百分点的冲击会引起永久性债券的期限溢价上升 30 个基点，但是大约 6 个季度后这个影响会消失。一个百分点的技术冲击会引起期限溢价下降 35 个基点，它会需要超过 20 个季度后才消失。政府支出增加一个百分点会引起期限溢价上升 22 个基点，它需要超过 20 个季度后才消失。

Rudebusch 等人认为这些反应太小了，因而得出结论，在这点上，他们的模型是失败的。此前我们已经知道，股票市场的一般均衡模型证明了股权溢价也很低。这通常可以归因于随机贴现因子没有足够的短期变化。持续性习惯的假设，如 (12.38) 式中所示，是增加其波动性的一种尝试。金融危机表明，包括银行在内的投资者是被高回报率与收益率所吸引的。这似乎是在暗喻他们的风险规避程度较低或者他们忽略了高收益是由高风险所致的概率。我们在第 15 章对此进行更深入的讨论。

12.4 外汇市场

在进行经常账户 (产品和服务) 以及资本账户 (金融资产) 的交易时，都需要外汇。尽管名义汇率是由货币的总需求和总供给决定的，但是如果汇率是灵活可变的，那么，在不存在资本管制的情形下，本国债券和国外债券之间的高度可替代性意味着汇率主要由资本账户交易而非经常账户的交易所决定。即使外汇交易量很高，这也不一定意味着净资本账户需要大幅变动，因为以同种货币表示的本国和国外债券收益率在货币的超额需求或供给作用下会迅速调整，使得外汇市场几乎在瞬间就重新出清。这就是下文要讨论的事后无抛补利率平价条件所蕴含的意义。

外汇交易活动的成交量近年来持续攀升，图 12.3 显示了以美元计算的交易总量。大多数外汇交易是以美元或欧元进行，图 12.4 对比了不同币种的外汇交易额。由于每笔交易都涉及两种货币，因此交易总量是 200% 而不是 100%。大约有一半的外汇交易活动都在伦敦进行。在英国，超过 95% 的外汇交易都与资本账户有关。到 2006 年，英国的日外汇交易量大致上等于英国全年的 GDP。到 2010 年 10 月这一数字上升到 1.8 万亿美元，或者占英国 GDP 的 83%。

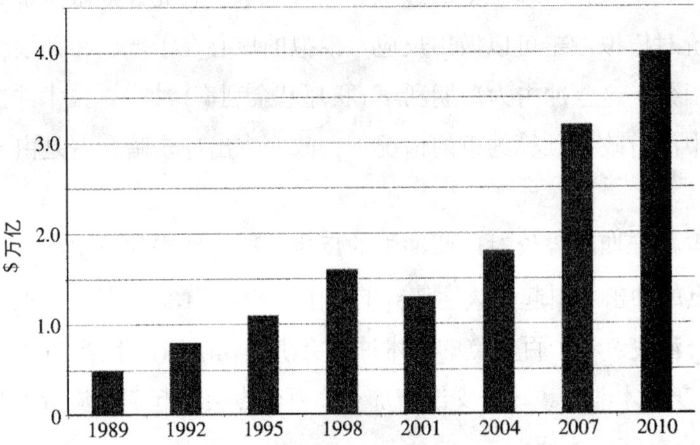

图 12.3　世界外汇成交额

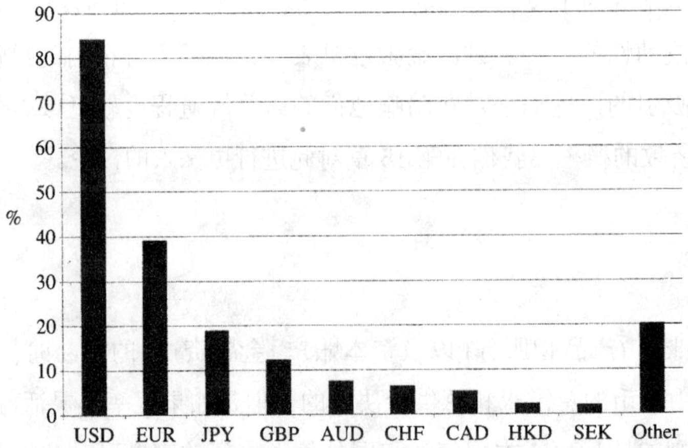

图 12.4　分币种的外汇交易

12.4.1 无抛补利率平价和抛补利率平价

12.4.1.1 无抛补利率平价 (uncovered interest parity，简写为 UIP)

无抛补利率平价是国际债券市场上重要的无套利条件。我们开始时只考虑单期债券 (1 个月或者 3 个月的短期国债)。此时，投资者有两种选择：要么投资在本国债券上，以本币的名义形式表示的本国债券几乎是没有风险的；要么投资在国外债券上，以外币表示时也是没有风险的，但由于汇率风险，以本币表示的国外债券是存在风险的。

在讨论外汇时，我们使用以下符号：i_t 是以本币表示的单期名义收益；i_t^* 是以外币表示的单期收益；S_t 表示外汇的本国价格 (购买一单位外币所需的本币的数量)。S_t 的提高意味着本币的贬值。

为了比较两种不同的投资选择，我们需要以同种货币测度它们的收益。如果本国投资者将 X 单位的本币投资于国外债券上，投资者必须以当前 (即期) 的汇率 S_t 先将本币兑换为外币，接着才能够投资在国外债券上，并且最终将其兑换为本币的形式。考虑一位美国的投资者持有英国债券的情形。投资过程的示意图为

$$\$X \to £\frac{X}{S_t} \to £\frac{X}{S_t}(1+i_t^*) \to \$X\frac{S_{t+1}}{S_t}(1+i_t^*).$$

最后的收益必须要与投资于本国债券的收益 $\$X(1+i_t)$ 相比较。要使得投资者在不考虑风险时认为两种投资方式是无差异的，就要求预期收益相等，因此对任意 X，

$$1+i_t = E_t\left[\frac{S_{t+1}}{S_t}(1+i_t^*)\right]. \tag{12.59}$$

这就是无抛补利率平价 (UIP) 条件。

取对数后将上式重新近似表示为

$$\begin{aligned} i_t &= i_t^* + E_t\left[\frac{\Delta S_{t+1}}{S_t}\right] \\ &= i_t^* + E_t\Delta s_{t+1}, \end{aligned} \tag{12.60}$$

其中 $s=\ln S$ 。上式可以解释为，如果预期本国汇率要贬值 ($E_t\Delta s_{t+1}>0$)，那么投资者需要通过持有本国债券以获得比国外债券更高的收益率得到补偿。

UIP 也意味着本国和国外的债券是完全替代品，所以当以同一种货币表示它们的收益率时，它们一定相等。如果不相等，就存在套利机会。投资者可以用较低的利率借款并投资到较高收益的项目中。这就会导致巨额的资本流动。稍后我们将在外汇的利差交易中重新讨论这一问题。

12.4.1.2 抛补利率平价

远期合约价值。 任何资产的远期合约—包括利率和外汇—都由以下过程所决定。用 P_t 表示某一标的资产的即期价格，$F_{t,T}$ 表示在 T 时刻交割的标的资产在 t 时刻的远期 (或者期货) 价格，r^{f} 表示无风险利率 (假定其为常数)，我们考虑两种组合：

1. 远期合约中的多头。在时刻 T 这涉及对该资产支付 $F_{t,T}$，并且以 P_T 的价格卖出。在时刻 T，产生的利润为

$$\pi^1(T) = P_T - F_{t,T}.$$

2. 标的资产的多头以及无风险资产的空头。这涉及在时刻 t 以 r^{f} 的利率借入 P_t 并购买资产，并且在时刻 T 偿还 $\mathrm{e}^{r^{\mathrm{f}}(T-t)}P_t$，以 P_T 的价格卖出资产。产生的利润为

$$\pi^2(T) = P_T - \mathrm{e}^{r^{\mathrm{f}}(T-t)}P_t.$$

两种投资策略的预期利润必须相等，否则将存在套利机会。如果持有组合 2 的利润大于持有组合 1 的利润，那么投资者将在时刻 t 贷款购买标的资产，并且看空 (卖空) 远期合约。在时刻 T，投资者将会抛售远期合约的头寸并且获得 $F_{t,T}$。利润为 $F_{t,T} - \mathrm{e}^{r^{\mathrm{f}}(T-t)}P_t$，假定其为正。因此，投资者能够以零成本获得正的利润。为了排除这种可能，要求两种组合的预期利润相等，意味着

$$E_tP_T - F_{t,T} = E_tP_T - \mathrm{e}^{r^{\mathrm{f}}(T-t)}P_t.$$

从上式我们可以得到基于 t 时刻信息的远期价格，如下

$$F_{t,T} = \mathrm{e}^{r^{\mathrm{f}}(T-t)}P_t.$$

因此，在时刻 t，即远期合约开始时，远期合约的价值为

$$\pi(t) = P_t - \mathrm{e}^{-r^{\mathrm{f}}(T-t)}F_{t,T} = 0.$$

当然，在任意时期 s $(T > s > t)$，利润 $\pi(s)$ 可以为零，为正或为负。

在有外汇市场时，存在如下两种投资机会：

1. 投资一单位本币购买具有名义收益 i 的本国无风险资产。T 期的无风险收益为 $\mathrm{e}^{i(T-t)}$。这是以本币计量的。

2. 投资于名义收益为 i^* 的国外资产，以外币而非本币计量时它是无风险的。

由于只能用外币购买国外资产，所以为了购买国外资产，投资者必须先将本币兑换为外币。如果即期汇率为 S_t(也就是说，以本币表示的一单位外币的价格)，那么投资者将得到 $1/S_t$ 单位的外币。因此，以外币计算的总收益为 $(1/S_t)\mathrm{e}^{i^*(T-t)}$。为了得到以本币表示的收益，需要以 T 时期的即期汇率对外币进行转换。因此，以本币表示的收益为 $(S_T/S_t)\mathrm{e}^{i^*(T-t)}$。

UIP 条件是通过使两种投资方式的预期收益 (以本币表示) 相等而得到的无套利条件，即

$$\mathrm{e}^{i(T-t)} = E_t\left[\frac{S_T}{S_t}\mathrm{e}^{i^*(T-t)}\right]$$

或者

$$S_t = \mathrm{e}^{-(i-i^*)(T-t)}E_tS_T. \tag{12.61}$$

因此， t 期的即期汇率是由预期未来即期汇率 S_T 的贴现值决定的，其中贴现率为 $i-i^*$。对 (12.61) 式取对数，并且令 $T=t+1$，便可再次得到 (12.60) 式。由于使用的是连续时间，所以 (12.60) 式完全成立。

由于在 t 时刻 S_T 是未知的，尽管以外币表示的收益是无风险的，但是前述对国外债券的投资还是有风险的。另一种利用时刻 T 的即期汇率转化国外投资收益的办法是在 t 时刻购买远期合约。这就保证了能以该汇率将外币收益转换为本币。

令 $F_{t,T}$ 表示 t 期发行的，在 T 期交割的远期汇率，$T>t$。现在，从国外投资中获得的本币收益为 $(F_{t,T}/S_t)\mathrm{e}^{i^*(T-t)}$。由于在时刻 t ，$F_{t,T}$ 是已知的，所以这是确定性收益。现在，可以通过令在本国资产上投资获得的收益等于在国外资产上投资获得的收益而得到无套利条件，国外收益的转换率为远期汇率。因此

$$\mathrm{e}^{i(T-t)} = \frac{F_{t,T}}{S_t}\mathrm{e}^{i^*(T-t)},$$

从该式得到远期汇率为

$$F_{t,T} = S_t\mathrm{e}^{(i-i^*)(T-t)}. \tag{12.62}$$

(12.62) 式称为抛补利率平价 (the covered interest parity，简写为 CIP) 条件。

如果利率是时变的，那么在 $T=t+1$ 时，对 (12.62) 式取对数，得到

$$f_t = s_t + i_t - i_t^*,$$

其中 $f_t = \ln F_{t,t+1}$。如果我们将 UIP，即 (12.60) 式重新改写为

$$E_ts_{t+1} = s_t + i_t - i_t^*, \tag{12.63}$$

$$f_t = E_t s_{t+1}. \tag{12.64}$$

因此，远期汇率是市场对下一期汇率的预测。然而，除非投资者是风险中性的，否则 (12.64) 式就不是正确的无套利条件。我们在之后再回到这点的讨论上。

对于 $T > t+1$，我们使用到期日为 $T-t$ 的本国和国外无息债券的收益作为利率。因此有

$$\ln F_{t,T} = s_t + R_{T-t,t} - R^*_{T-t,t}$$

以及 $\ln F_{t,T} = E_t s_T$。

12.4.1.3 UIP 对汇率的含义

(12.63) 式是关于 s_t 的前向差分方程:

$$s_t = E_t s_{t+1} + i^*_t - i_t. \tag{12.65}$$

通过向前替代求解，得到

$$s_t = \sum_{k=0}^{\infty} E_t(i^*_{t+k} - i_{t+k}). \tag{12.66}$$

因此，即期汇率就是所有预期未来利率差的和，而非仅仅是当前的利率差 $i^*_t - i_t$。

(12.66) 式对货币政策有重要的含义。在通货膨胀目标制下，即货币当局控制利率，如果本国利率突然提高，则本币升值。升值的幅度取决于市场对利率差的持续时间的估计。即期汇率在利差不断增加，持续一年时提高的幅度比预期利差仅持续一个月时高出十二倍。这就使得开放经济下货币政策的有效性比我们通常的认识更具有不确定性。

我们还注意到，可能由于当局宣布货币政策或对未来政策的暗示，使得市场预期利率在未来某个时刻发生变化，那么即期汇率在当前就会发生变化。如果，当未来的那一刻到来时，利率并未发生变化，那么汇率就会回到其原来的水平上。所以，回顾历史数据时，可能发现市场的表现是非理性的；但如果考虑到被验证是错误了的市场预期，那么实际上市场在整个过程中表现得相当理性。在 20 世纪 70 年代中期臭名昭著的墨西哥比索事件发生后，这种情况就被叫作比索效应。许多年来，比索都按低于正常的价格与美元交易，也就是说，远期利率低于即期利率，大家都预期墨西哥不久就会抛弃其盯住美元的固定汇率制度，1976 年比索终于发生了贬值。

另一种表达即期汇率和利率之间关系的方式是同时使用远期汇率和远期利率是未来利率的无偏估计这一结论。因此，如果我们在 $t+k$ 时刻将 t 时刻的远期利率改写为即期利率 $i_{t,t+k}$，那么

$$i_{t,t+k} = E_t i_{t+k}.$$

因此，可以将 (12.66) 式整理为

$$s_t = \sum_{k=0}^{\infty}(i^*_{t,t+k} - i_{t,t+k}). \tag{12.67}$$

并且，由于

$$s_t = E_t s_{t+n} + \sum_{k=0}^{n-1} E_t(i^*_{t+k} - i_{t+k}), \tag{12.68}$$

这意味着

$$E_t s_{t+n} = s_t + \sum_{k=0}^{n-1}(i_{t,t+k} - i^*_{t,t+k}). \tag{12.69}$$

因此，我们可以同时使用远期汇率曲线与 UIP 以及当前即期汇率，以考察市场所暗含的对未来即期汇率的预测。

或者，如果不考虑风险，由于 n 期无息债券的到期收益满足

$$R_{n,t} = \frac{1}{n}\sum_{k=0}^{n-1} i_{t,t+k},$$

我们可以将关于期限结构的信息与 UIP 条件结合在一起，得到市场所隐含的预期未来即期汇率更简单和更方便的表达式，即

$$E_t s_{t+n} = s_t + n(R_{n,t} - R^*_{n,t}). \tag{12.70}$$

利用 UIP 条件决定汇率的讨论以假设利率是外生的为基础。更一般地，利率可能是内生的，例如，如果货币政策工具为货币供给。在这种情形下，UIP 条件变成宏观经济系统中的一个结构方程，并且汇率是在系统内确定的，而非仅仅由 (12.65) 式或 (12.66) 式确定。

12.4.1.4　UIP 的经验证据

由于 UIP 被广泛地应用于开放经济宏观经济学中，所以简要地考察关于 UIP 的一些经验证据也许是大有裨益的。关于这方面的综述见 Lewis(1995)。

UIP 的一种含义是

$$s_{t+1} = f_t + \varepsilon_{t+1}, \tag{12.71}$$

其中，$\varepsilon_{t+1}=s_{t+1}-E_t s_{t+1}$ 是满足 $E_t\varepsilon_{t+1}=0$ 的新息 (预测) 误差。UIP 的另一种含义是

$$\Delta s_{t+1}=f_t-s_t+\varepsilon_{t+1}, \tag{12.72}$$

其中，f_t-s_t 是远期溢价。令人诧异的是，(12.71) 和 (12.72) 两式的估计结果往往大相径庭：(12.71) 式中 f_t 的系数通常接近于 1，正如理论所预示的；而 (12.72) 式中 f_t-s_t 的系数却显著地不同于 1，并且对于某些时期以及一些关键通货而言，该系数甚至显著地为负，这与理论明显不符。

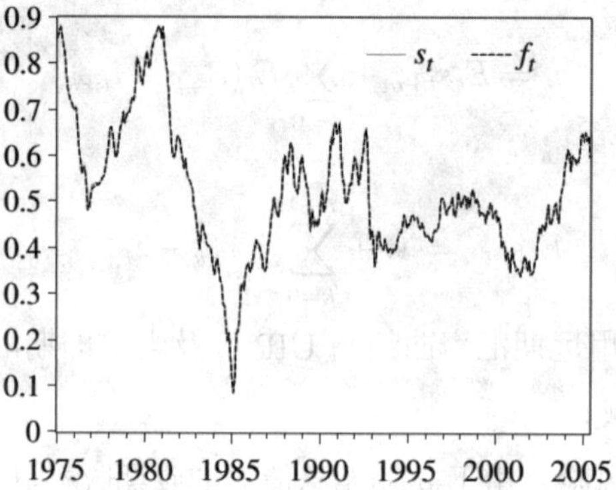

图 12.5　美元兑英镑即期汇率的对数值和远期汇率的对数值

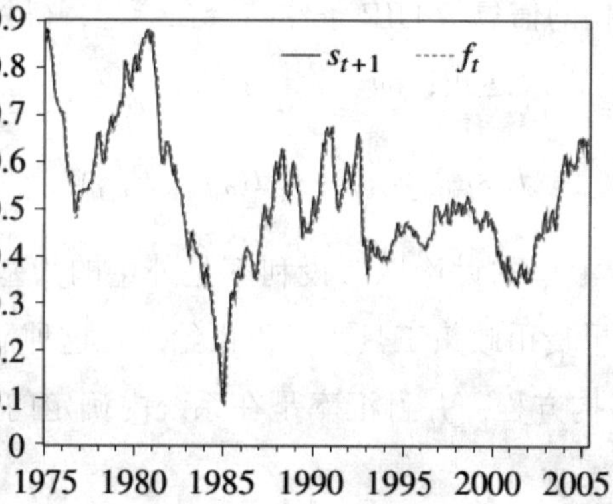

图 12.6　美元兑英镑未来即期汇率的对数值和远期汇率的对数值

早期对 UIP 的检验始于 Fama(1984) 的回归分析。仅通过数据描点就能够获得汇率和 UIP 之间关系的大量信息。图 12.5至图12.10绘出了美元兑英镑的汇率数据。尽管图 12.5 中看起来仅绘出了一个序列，但实际上有两个序列：s_t 和 f_t。我们可以借此得出 $s_t\simeq f_t$ 的结论。图 12.6绘出了 s_{t+1} 和 f_t 序列，能够更清晰地看出它们之间的差别。

图 12.6 能激起人们兴趣的一个特征是 UIP 使我们预期 $E_t s_{t+1} \simeq f_t$ 而非 $s_t \simeq f_t$。将这两个结论结合在一起，我们得到 $E_t s_{t+1} \simeq s_t$。因此，s_t 的变化是无法预测的，s_t 近似为一个鞅过程 (或者如果冲击的方差为常数，就为随机游走过程)，因而是非稳定的。根据 UIP，远期溢价是市场对即期汇率将来变化的预测。图 12.7描绘了 Δs_{t+1} 和 $f_t - s_t$。很明显，远期溢价是即期汇率变化很糟糕的预测指标。如果 s_t 确实是一个随机游走过程，那么，基于当前信息无法对预测误差做出预测。这看起来像是图 12.7所揭示的。

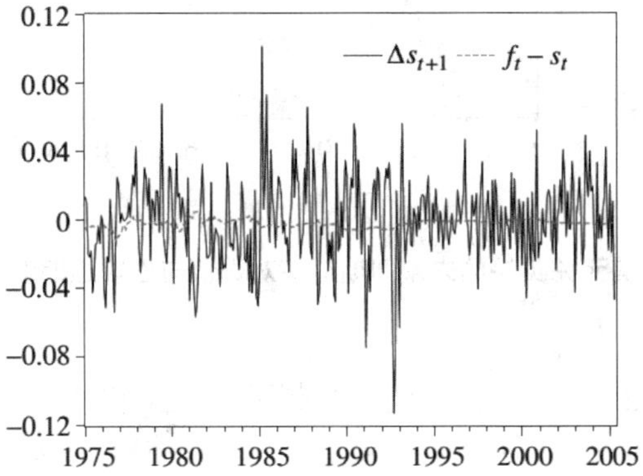

图 12.7　美元兑英镑即期汇率变化的对数值和远期溢价的对数值

另一种描绘数据的方式是散点图。图12.8 是 s_t 对 f_t 的散点图。数据几乎完全位于通过原点的线上，再一次表明 $s_t \simeq f_t$。我们在图12.9 中绘制了 s_{t+1} 对 f_t 的散点图。按照 UIP 条件，(12.71) 式也应是一条通过原点的 45° 线。从图中我们发现的确如此，但

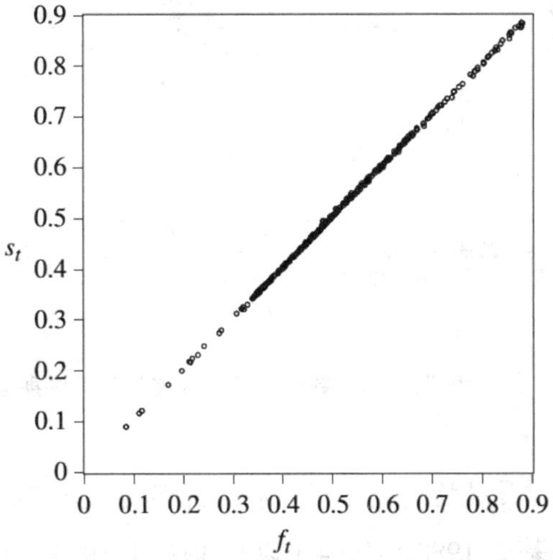

图 12.8　美元兑英镑的即期汇率对数值与远期汇率对数值

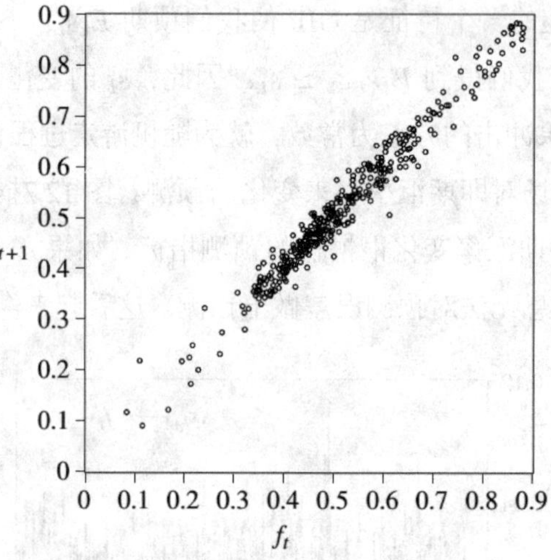

图 12.9　美元兑英镑的未来即期汇率对数值与当期远期汇率对数值

是拟合程度要差于图 12.8。最后，我们还绘制了 Δs_{t+1} 和 $f_t - s_t$ 的散点图，按照 UIP 条件，(12.72) 式也是一条通过原点的 45° 线。但很明显，实际上不存在能够拟合这些数据的直线，哪怕是近似拟合也做不到。

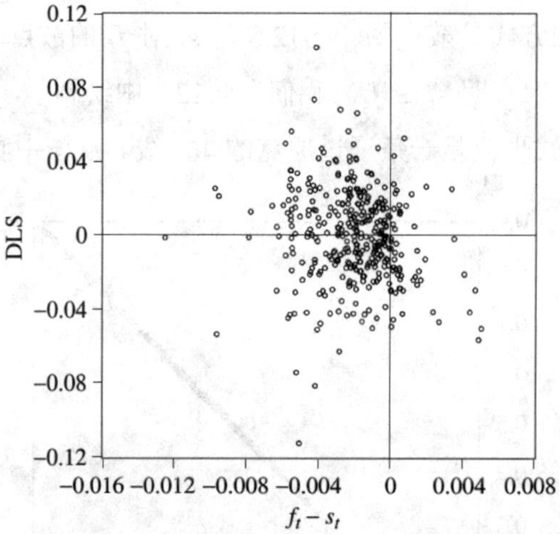

图 12.10　美元兑英镑即期汇率对数值未来的变化与当前远期溢价的对数值

类似的结果对其他货币以及其他时间期限而言都是成立的。Mark 和 Wu(1998) 在表 12.2 中得出的结论是基于 1980.1–1994.1 以及 1976.1–1994.1 的月度数据得到的。他们给出了 (12.72) 式中远期溢价系数的典型估计。括号中表示的是标准误差。几乎所有的估计值都为负数，并且大部分系数都显著地不等于它们的理论预期值 1。

表 12.2 (12.72) 式系数与远期溢价的估计值 (Mark 和 Wu，1998))

	1976.1–1979.4	1980.1–1994.1	1976.1–1994.1
USD/GBP	1.25 (1.16)	−2.42 (1.08)	−1.52 (0.86)
USD/DEM	−0.03 (1.85)	−0.20 (0.95)	−0.14 (0.89)
USD/YEN	−1.97 (1.56)	−2.67 (1.12)	−2.53 (0.90)
GBP/DEM	0.46 (1.82)	−0.98 (0.98)	−0.60 (0.78)
GBP/YEN	−3.62 (2.36)	−4.55 (1.47)	−4.26 (1.13)
DEM/YEN	−0.90 (3.96)	−1.31 (1.07)	−0.76 (0.62)

这些结果意味着

$$E_t\Delta s_{t+1} = \lambda(i_t - i_t^*),$$

这里 $\lambda < 0$ 而非 $\lambda = 1$。可将上式重新表示为

$$\begin{aligned} i_t &= i_t^* + E_t\Delta s_{t+1} + \left(\frac{1}{\lambda} - 1\right)E_t\Delta s_{t+1} \\ &\lesseqgtr \begin{Bmatrix} i_t^* + E_t\Delta s_{t+1} \\ \\ i_t^* \end{Bmatrix} \quad \text{当} E_t\Delta s_{t+1} \gtreqless 0. \end{aligned}$$

因此，如果 $\lambda < 0$，那么，如果预期将投资于国外债券的收益转换为本币的成本上升(也就是说，如果预期汇率要贬值)，市场设定的国内利率同时低于 i_t^* 和 $i_t^* + E_t\Delta s_{t+1}$ 而非等于 $i_t^* + E_t\Delta s_{t+1}$。所以，持有国外债券是更优的选择。相反地，如果预期汇率升值，那么市场将使国内债券收益同时超过 i_t^* 和 $i_t^* + E_t\Delta s_{t+1}$。那么此时持有本国债券是更优的。换句话说，如果市场是以这种方式设定利率，那么这些估计值所隐含的最优投资策略是持有最高利率的债券。在外汇市场中这种策略非常出名，叫做“利差交易”。实践中，利差交易中的投资者都是投机者，他们借入利率较低的货币以投资于较高利率的货币，由此创造利润。这种策略的风险在于，正如 UIP 所预测的那样，所投资的货币可能会贬值或者借入的货币可能会升值。

因此，我们得到这样一个有趣的结论：如果使用 (12.71) 式表述 UIP 理论时，该理论看起来似乎是成立的；然而如果使用 (12.72) 式，则明确地拒绝 UIP 理论。这是为什么呢？一种解释是，UIP 理论忽略了风险溢价 (参见 Mark，1985)。我们说过，s_t 是一个非平稳变量，或者说其行为方式看起来像非平稳的。并且由于 $s_t \simeq f_t$，远期汇率也一定是非平稳的。根据协整理论，如果协整关系中被忽略的变量是平稳的，那么非平稳变量系数的估计就不会受到很大的影响 (从技术上讲，这些系数将保持超一致性的性

质，并且是非常准确的)。然而，如果存在在所有变量都平稳的模型中忽略的变量，那么系数的估计将很可能是有偏的——还可能很严重，有偏的程度依赖于包含的变量与被忽略的变量间相关性的大小。这意味着如果汇率的无套利方程中忽略了风险溢价这一项，那么该项是平稳的且与远期溢价负相关。这也许能够解释为什么 (12.71) 式中远期汇率系数的估计与理论是一致的，而 (12.72) 式中风险溢价系数的估计却看起来似乎是严重有偏的。

对于这些异常现象，还存在许多其他解释 (例如，见 Lewis，1995)，但是对于这些异常现象产生的原因，学者们还没有达成一致。我们现在的研究多集中于考察包含外汇风险溢价的必要性和如何明确地表达风险溢价。

12.4.2 外汇的一般均衡模型

资产定价理论表明，由于投资国外债券是有风险的，我们应该用无套利条件取代 UIP 条件，无套利条件为

$$i_t + \rho_t = i_t^* + E_t \Delta s_{t+1}, \tag{12.73}$$

其中，对 ρ_t 的最原始的解释是：它是用于补偿本国投资者持有国外资产的风险溢价。因此，我们预期 ρ_t 是非负的。然而，ρ_t 也可以为负，这是因为对投资于国外债券的本国投资和投资于本国债券的国外投资者而言，外汇市场中的风险是对称的。持有国外债券的本国投资者的风险是未预期到的本币升值，升值会导致比以本币度量的国外资产收益低于预期，这是因为本币表示成外币会更值钱。但是这不会对持有本国债券的国外投资者造成风险。反之也成立：即持有本国债券的国外投资者的风险是外币更值钱。这就是 ρ_t 可能为负的原因。

另一种看待该问题的方法是从国外投资者的角度来表示 UIP。因此

$$i_t^* + \rho_t^* = i_t + E_t \Delta s_{t+1}^*,$$

其中，ρ_t^* 为国外投资者的风险溢价，并且 $s_t^* = -s_t$。因此，

$$i_t - \rho_t^* = i_t^* + E_t \Delta s_{t+1}.$$

最后，我们发现如果投资者对待风险的态度是一样的，即如果市场是完备的，那么 $\rho_t = -\rho_t^*$。换句话说，只有市场是完备的，我们才能够得到与本国投资者一样的 UIP 条件。如果他们对待风险的态度不同，也就是说，如果市场是不完备的，那么 ρ_t 和 ρ_t^* 的符号是相反的，并且绝对值也不相等。

12.4.2.1 本国投资者模型

我们从考察本国投资者开始外汇风险溢价的一般均衡模型的分析。假定利率和外汇的变化率服从联合对数正态分布。外汇的基本无套利条件为

$$E_t(r_{t+1} - r_t^{\mathrm{f}}) + \frac{1}{2}V_t(r_{t+1}) = -\mathrm{Cov}_t(m_{t+1}, r_{t+1})$$

因而可变为

$$E_t(s_{t+1} - f_t) + \frac{1}{2}V_t(\Delta s_{t+1}) = -\mathrm{Cov}_t(m_{t+1}, \Delta s_{t+1}), \tag{12.74}$$

由于

$$\begin{aligned} E_t(r_{t+1} - r_t^{\mathrm{f}}) &= E_t(i_t^* + \Delta s_{t+1} - i_t) = E_t(s_{t+1} - f_t), \\ -\rho_t &= \frac{1}{2}V_t(\Delta s_{t+1}) + \mathrm{Cov}_t(m_{t+1}, \Delta s_{t+1}), \\ E_t s_{t+1} &= f_t + \rho_t. \end{aligned}$$

因此，外汇风险溢价为 $-\mathrm{Cov}_t(m_{t+1}, \Delta s_{t+1})$ ，这是由未来即期汇率和它与贴现因子 m_{t+1} 的条件协方差的不确定性引起的。国外收益的贴现率越高，风险溢价越大，因此所要求的汇率贬值幅度也就越大。

12.4.2.2 国外投资者模型

对于国外投资者而言，超额收益以及汇率都是反向的或者是翻转的。以 $*$ 号标记国外变量，并且注意到 $s_t^* = -s_t$，超额收益为

$$r_{t+1}^* - r_t^{f*} = i_t - \Delta s_{t+1} - i_t^* = -(s_{t+1} - f_t),$$

由此求得无套利条件为

$$E_t(r_{t+1}^* - r_t^{f*}) + \frac{1}{2}V_t(r_{t+1}^*) = -\mathrm{Cov}_t(m_{t+1}^*, r_{t+1}^*),$$

其中 m^* 是以外币度量的。因此，

$$-E_t(s_{t+1} - f_t) + \frac{1}{2}V_t(\Delta s_{t+1}) = \mathrm{Cov}_t(m_{t+1}^*, \Delta s_{t+1}). \tag{12.75}$$

12.4.2.3 本国和国外投资者的混合模型

由于实践中两类投资者都会进行外汇交易，所以我们用 (12.74) 式减去 (12.75) 式将两个无套利条件结合起来，可以得到

$$E_t(s_{t+1} - f_t) = -\mathrm{Cov}_t[\tfrac{1}{2}(m_{t+1} + m_{t+1}^*), \Delta s_{t+1}], \tag{12.76}$$

该式中不存在 Jensen 效应。这里的贴现因子是本国和国外投资者贴现因子的平均数。如果将两个无套利条件相加，可以得到

$$V_t(\Delta s_{t+1}) = \text{Cov}_t[(m_{t+1} - m^*_{t+1}), \Delta s_{t+1}].$$

这意味着

$$m_{t+1} = m^*_{t+1} + \Delta s_{t+1} + \eta_{t+1},$$

其中，要么 $\eta_{t+1} \equiv 0$，要么 $\text{Cov}_t[\Delta s_{t+1}, \eta_{t+1}] = 0$。如果 $\eta_{t+1} \equiv 0$，那么当以同种货币表示时，国外投资者的贴现因子与本国投资者的贴现因子相等。换句话说，市场是完备的。在这种情形下，本国和国外投资者的无套利条件相同，并且都能够表达成 (12.74) 式的形式。如果市场是不完备的，那么我们应使用 (12.76) 式。

12.4.2.4　基于 C-CAPM 的外汇风险溢价

由于外汇的超额收益是名义收益，C-CAPM 的对数随机贴现因子由 (12.30) 式给出。本国投资者的无套利条件——或者说在完备市场下的无套利条件为

$$E_t(s_{t+1} - f_t) + \tfrac{1}{2}V_t(\Delta s_{t+1}) = \sigma \text{Cov}_t(\Delta c_{t+1}, \Delta s_{t+1}) + \text{Cov}_t(\pi_{t+1}, \Delta s_{t+1}). \qquad (12.77)$$

因此，当国内消费或通货膨胀较低时，国内投资者因持有国外债券而产生的风险会降低。在完备市场中，持有本国债券的国外投资者的无套利条件为

$$-E_t(s_{t+1} - f_t) + \tfrac{1}{2}V_t(\Delta s_{t+1}) = -\sigma \text{Cov}_t(\Delta c^*_{t+1}, \Delta s_{t+1}) - \text{Cov}_t(\pi^*_{t+1}, \Delta s_{t+1}).$$

所以，国外投资者产生风险的原因与本国投资者相同，只是现在的不同之处在于外汇超额收益的符号相反。

外汇一般均衡模型的经验证据与股票和债券得到的结果很类似：即 σ 的估计值很高 (见 Wickens 和 Smith，2001)。并且通货膨胀对风险溢价的影响看起来似乎要比消费的影响大。这意味着，汇率风险更多地来自于未预期到的通货膨胀率变动对汇率造成的不确定性，而不是消费所带来的不确定性。这可能是因为金融机构的部分套期保值操作完成了大部分的外汇交易，而套期保值与金融资本最终所有者，如股东或投资者的短期实际收益的关系比与消费的关系更密切。更深层的问题是包含以这种方式定义的外汇风险溢价并不能解决之前关于 UIP 的问题，即远期溢价的系数仍然为负，尽管不那么显著。另一种构建外汇风险溢价模型的方法是运用仿射因子定价模型，见 Backus 等 (1996)。

12.4.3 简评

我们仍未能建立适当的外汇理论。由于远期溢价系数的符号错误，UIP 的结果是异常的，所以持有最高利率的债券总是最优的。外汇的一般均衡模型得出的相对风险厌恶系数过低，并未能消除 UIP 的异常性。人们对 UIP 和一般均衡模型不尽人意的表现给出了诸多解释。这些解释包括预期是非理性的、存在比索效应、预期形成是一个学习的过程和由于在外汇市场中只有利率差足够大时才会发生套利行为而产生的门限效应。实践中，经验数据无法为上述任何理论提供充分而有力地支持。

在我们对外汇的讨论中存在着一个隐含假设，那就是交易要么与产品和服务贸易有关，要么与资本流动联系在一起。然而，将贸易规模、净资本流动、甚至是总资本与巨额的外汇交易成交量相比，都表明一定还存在其他交易。很明显，我们的讨论中忽略了可能具有高杠杆率的套期保值和外汇投机交易 。例如，假定投资者预期以本币表示的外汇价格增长地会比远期汇率预测的多。那么，投资者就能进行投机，如建立一份使用当前远期汇率购买外币，然后以未来即期汇率将外币兑换为本币的合约。如果未来即期汇率要高于远期汇率，这种合约就会盈利；反之，则造成损失。因此，这并不是一个无风险的策略。

或者，投资者可以购买外币的看涨期权。这给投资者提供了购买外币的权利而非义务。如果汇率的贬值幅度超过远期汇率，那么投资者就会行权；但如果不是这样，则可以到期不行权。这种交易的吸引力是最大损失被限定为期权的成本，仅是完整合约价值的很小一部分比例。期权吸引人的另一重要因素是投机的杠杆作用很大。对于任意给定的合约委托金额，投资者能控制的外币及对应的潜在利润，是履行标准远期合约的 $1/c$ 倍，其中 $0 < c \ll 1$ 为期权的成本。每单位货币的利润是未来即期汇率与远期利率之差减期权的成本。由于期权和杠杆的作用，外汇交易的规模将大幅增加。

外汇套期保值的另一种方式是使用货币掉期交易。在这里，货币的所有权并未发生改变，只是货币的利息收益发生了改变。掉期既可以用作投机工具，也可作为套期保值的工具来使用。纯粹的外汇投机交易通常根本不涉及贸易，也不涉及国外非金融资产的买卖。并且掉期交易可以由第三方执行，第三方可以是与所交易货币完全不同的国家。

所有这些都阐明了为什么外汇交易的成交量这么高，以及特别是在短期中，为什么宏观经济基本面未必是影响汇率的重要因素。

12.5 结论

金融市场的表现对动态一般均衡模型至关重要。资源的跨期分配不仅能平滑消费，还能使金融市场将居民户的储蓄通过各种渠道借给贷款者——其他居民户、企业和政府，既包括国内也包括国外。这要求有一个功能完善的资本市场。本章为了和一般均衡模型比较，我们检验了金融市场的传统模型。在阐述股票、债券和外汇市场中的一般均衡模型时，我们在每个市场中都用到了第 10 章推导出的基本无套利理论。然后我们分别考虑了每个市场各自的特点。在每个市场所面对的问题都是推导风险溢价并寻找风险的宏观经济来源。对于股票而言，风险源自股息收益的不确定性；对于债券，是由于需要同时对所有不同期限的债券应用无套利条件；对于外汇，我们需要既考虑国内投资者也考虑国外投资者，并因此考虑市场是否完备。所以资产定价和金融市场的表现是宏观经济学的核心。

尽管我们分别研究了每个市场的特点，但居民户、公司和政府还会直接或间接地通过第三方投资经理持有这些资产的资产组合。这就要求一个对三个市场而言同等重要的资产分配决策，也就是我们在第 11 章所涉及的理论。

最后，我们陈述了资产定价的一般均衡理论的表现。经验证据似乎表明对任何一个市场，特别是在短期，一般均衡理论在处理风险时都不能够令人满意，因为理论的风险溢价在实践中总被证明过小。我们发现很大比例的外汇交易只是以投机为目的，和宏观经济基本面无关，特别是在短期。不严格地说，在股票和债券市场或许也是如此。尽管这样，即使资产价格在一段时间内如一般均衡理论所述偏离它的基本价值，我们仍然需要知道它的基本价值是多少，因为我们期望资产价格能够围绕它波动，或者说一段时间后再回到基本价值处。因此，一般均衡的宏观经济学在资产定价方面所面临的挑战并不亚于金融学，资产定价仍是当今非常活跃的一个研究领域。我们还表明除了使用宏观经济数据外，还可以使用金融数据或金融数据结合宏观经济数据来检验宏观经济理论。

13 名义汇率

13.1 导论

我们在对第 7 章开放经济和第 9 章资产定价的讨论中，都把名义汇率看作是外生的或给定的。现在我们考察名义汇率可以自由浮动的情形，并由此将其内生化。我们考虑如何决定名义汇率和实际汇率以及它们在遇到宏观经济系统冲击后的表现。采用固定汇率还是浮动汇率是一个政策选择问题，因此，我们要检验固定汇率与浮动汇率的相对优点，特别是对产出和通货膨胀的影响，以及对货币政策和财政政策有效性的影响。例如，有很大一部分人认为与固定汇率相比，浮动汇率能降低宏观经济冲击的成本，因为浮动汇率能促进经济体实际汇率和贸易额的调整，因此使经济体更快地回到均衡。而一个相反的观点则认为在浮动汇率下，汇率经常剧烈波动会扩大外部冲击对国内经济的影响。这其中的关键因素在于价格和工资是如何设定的，它们变化的灵活性有多大以及它们受汇率变化的影响有多少。

名义汇率是一种资产价格：一种货币相对于另一种货币的价格。在第 11 章我们考虑了资产定价的一般性问题，并表明需要一个将风险资产期望收益和无风险资产联系起来的无套利条件。在第 12 章我们讨论了外汇的无套利方程并证明，如果风险是中性的，则无套利条件是 UIP 条件。我们发现 UIP 为我们提供了一个双边名义汇率的决定理论，其中即期汇率取决于两个经济体之间当期和未来利率间的差异。

宏观经济学面临的问题是这些利率是如何决定的。在相机抉择的通货膨胀目标看(见第 14 章)，利率可以被外生决定；作为取决于其他宏观经济变量的利率规则的结果时，利率可以被内生决定；利率还可以是以货币供给为目标的货币政策的结果。因此，UIP 建立了名义汇率和经济体间的关键联系，并且在自由浮动汇率制度下，它是现代开放宏观经济模型的标准关系。而由于汇率还可以反过来影响宏观经济变量，所以这也是一个一般均衡问题。

对浮动汇率政策的根本性改变就是采用某种形式的固定汇率，布雷顿森林体系就是固定汇率的一个例子。在该体系中，成员国将它们的货币与美元挂钩，只有当其他成员国同意时，才可以变更比价。或者一个国家将其货币美元化，事实上它就是将美元作为自己的货币；或者它可能是作为像欧盟这种货币联盟的一员，使用相同的货币并执行同样的货币政策。在布雷顿森林体系之前，大部分国家都实行金本位制，即它们将自己的汇率固定在金价上，而不是固定在其他货币上。通常，在向中央银行申请后，货币可以兑换成黄金；这就要求中央银行持有充足的黄金储备以满足需求。在浮动汇率下，中央银行没有必要持有外汇储备或黄金，除非为了结平日常账户。还有一种介于二者之间的情形就是汇率是可变的，但其改变要受到监管，这样做大概是为了使汇率保持在一定的区间内。在本章，我们主要关注可自由浮动的汇率。

DSGE 模型还很少被用来分析汇率问题，因此在开始分析前，我们先回顾一下此前的与汇率有关的主要宏观经济理论。每种理论都反映了当它占主导地位时盛行的国际货币协定。因此我们回顾 1873 年以来的国际货币协定 (即汇率制度的选择)。虽然汇率模型的发展史很有趣，但我们的目的并不仅仅是介绍其发展历史，而是要帮助人们更好地理解现代汇率理论和为什么与早期理论相比，现代理论强调经济体的不同方面。

在一般均衡中，对任一 (内生) 变量的决定都需要考虑整个宏观经济模型。尽管如此，国际收支平衡关系以及它的具体形式在名义汇率的决定中仍起到核心作用。各种汇率模型的不同之处大部分在于它们对国际收支平衡含义的理解不同。这也反过来与是把汇率看作一种资产还是产品和服务的相对价格有关。其中关键的假设是汇率是由经常账户决定还是由资产账户决定；是否存在资本管制；国内债券和国外债券是否可以完全替代。一个更深层的区别因素是对价格和产出可变性的灵活程度的假定。

由于国际资本的巨额流动，浮动汇率的现代理论将汇率作为一种资产价格并假设它可以对新的信息瞬时做出回应。对于汇率的宏观经济模型而言，这产生了一个值得思考的问题，因为宏观经济数据的观测频率比外汇低很多，偶尔有周或月度的宏观经济数据存在，通常的数据都是季度甚至年度的，但相反我们可以获得的外汇数据几乎是连续的。因此，宏观经济学只能处理汇率对冲击的长期反映，这种长期反映或许和瞬时的反应会有很大差异。

宏观经济学还要面对另一个问题。把汇率作为一种资产时主要强调双边汇率，但当开始讨论贸易和汇率的关系时，便和有效汇率有关了，它是以贸易额为权重的双边汇率的加权平均数。由于每个双边汇率通常会对彼此的反应有些许差异，所以合成的有效汇率会影响汇率间的这种反应，使得合成后的汇率对这种反应再次产生差异。尽管在宏观经济学的理论中通常忽略这一点的存在，但我们头脑中应该有这个印象。

使用凯恩斯主义 IS-LM-BP 框架的固定汇率模型反映了当时主流的宏观经济理论。

我们在下文会检验“国际收支平衡的货币方法”这一具体的模型。浮动汇率的各个模型通常由于取消资本管制而假设无担保利率平价，但各模型对价格和产出变动灵活性的假设不同。我们在下文会考虑以下模型：可变汇率版本的 IS-LM-BP 模型，只使用无抛补利率平价条件的版本，Mundell-Fleming 模型，货币模型，Dornbusch 模型，以及价格黏性版本的货币模型。这些模型都不是 DSGE 模型，它们的作用在于能够帮助理解更为复杂的 Obstfeld-Rogoff Redux DSGE 模型和它的一些最新变形。

13.2 1873–2011 年的国际货币协定

> 当我们回顾现代史中那些最血腥的事件，从法国大革命、恐怖时期、大萧条、纳粹的兴起、第二次世界大战以及大屠杀 ...，我们发现对货币管理的失败是这其中的一个主要原因。不称职的中央银行官员们要比不称职的将军更致命。
>
> William Rees-Mogg (摘自《时代》，2003 年 12 月 1 日)

这段字字珠玑的评论颇有先见之明地写于近年来的银行危机发生之前，为我们在开始讨论名义利率前简要回顾国际货币协定提供了充足的理由。在 1873–2011 年间，大部分国家经历了一系列不同的汇率制度。从以黄金为标准的浮动汇率到固定汇率，再到自由浮动汇率；从货币可以自由兑换成黄金或其他货币到不能兑换；从存在对资本流动的管制到允许资本自由流动。汇率制度的变迁几乎都是为条件所迫：或者由于战争，或者因为经济条件势在必行。

理想的汇率制度应该能让一个国家实现经济增长和通货膨胀的目标，保持竞争力并且能在保持经常账户可持续的前提下可以从国际资本市场进行借贷，这当中的任何一个条件不被满足都能为停止这种汇率制度提供充足的理由。

13.2.1 金本位制度：1873–1937 年

大不列颠王国在 1717 年实行了金本位制度。而大多数国家都是在 1873 年以后才开始的，之前他们所采用的都是包括黄金和白银的双金属制度，或者如澳大利亚、法国和普鲁士等只是实行银本位制度。在 19 世纪 40 年代到 19 世纪 50 年代，加利福尼亚和澳大利亚的淘金热大大增加了黄金的供给，使它在支付体系种被广泛使用。有关金本位的介绍参见 Cooper(1982)，Eichengreen(1991，1996a，b) 以及 Bordo 和

Eichengreen(1998)。在 1873–1914 年间，全球各个国家几乎都实行的是金本位制度。黄金的运输在一战期间一度暂定，但各个国家后来又将其恢复，虽然具体的时期不同。在二战即将爆发时或在二战期间，大多数国家停止使用金本位制，最终由布雷顿森林体系取代了金本位制。

金本位制背后的基本思想是各国应固定用黄金或白银进行国际贸易，国内货币可以兑换成黄金，但要以一个固定的价格进行兑换，因此，事实上各国货币之间有一个固定的比价，但黄金在各国之间的流动会调整该比价。当一个国家对另一个国家的国际收支存在赤字时，它就不得不利用自身的黄金储备来进行偿还。由于国内货币供给量是和黄金储备挂钩的，黄金储备减少会引起赤字国货币供给的减少，进而导致利率上升以及国内经济活动和国内价格水平相应收缩，从而改善贸易平衡并引起进一步的资本流入，使得国际收支赤字得以矫正。

金本位制在很长一段时间内的运行都很顺利，尤其是在某些国家中，例如，19 世纪下半叶作为世界经济领袖的英国，在 100 年的时间里只有 4 年出现了经常账户赤字。然而，金本位制存在两个主要问题。

首先，随着国际经济活动的增加，黄金的供给一定要增加。但由于只有少数几个国家产黄金，因此新开采的黄金对世界的供给非常有限。黄金短缺使得金本位制要求所有货币的黄金价格定期上涨，这导致一些国家获益而另一些国家受损。黄金价格的上涨对世界贸易具有破坏性，而且由于它增加了国家的货币供给，会由此产生通货膨胀。更糟的是，一些国家选择贮存黄金。这使得黄金无法流向其他国家并迫使它们采用“以邻为壑”的政策来促进出口和限制进口。那些缺少黄金储备的国家选择暂停支付黄金而不是以高额利率向别的国家借入黄金，从而破坏了贸易。20 世纪 20 年代和 20 世纪 30 年代的战争赔款意味着作为主要贸易国的德国不得不实现永久的贸易盈余。由于这是以其他国家的贸易赤字为代价的，所以这些国家拒绝支付黄金。

其次，更重要的是，由于产出的下降和为修正经常账户赤字而下调的价格水平，金本位制会导致经济衰退的发生。由于调整到国际收支平衡需要时间，因此它需要压缩国内经济，这可能会持续很长时间并导致失业水平非常剧烈的波动。英国在第一次世界大战后回到了金本位制，并使用了战前货币对黄金的比价。这个比价被证明过高，因此英国被迫实施紧缩政策以降低价格水平来恢复它的竞争力。这是一个漫长的过程，它对英国经济造成了重创。德国的战争赔偿、黄金的囤积、经济的紧缩以及以美国为代表的紧缩的货币政策导致利率居高不下，这一系列原因引起了 20 世纪 20 年代的严重衰退和 30 年代的大危机。因此，在吸取了两次战争期间的经验教训后，在第二次世界大战结束之后人们没有回到金本位制而是转而去寻找新的体系。

13.2.2 布雷顿森林体系：1945–1971 年

我们已经讨论过金本位制的两个主要问题是缺乏流动性来支持日益增长的经济活动和缺少令人满意的经济赤字调整机制，布雷顿森林体系的目标就是要弥补这两个不足，但它仅在提供更多的流动性方面取得了成功 (见 Bordo，1993；Bordo 和 Eichengreen，1993)。

《布雷顿森林协定》签署于 1944 年，并且自 1945 年起，参与者大多是西方的经济大国。在布雷顿森林体系下只有美元仍然实施金本位制，美元的价格直接与黄金挂钩，所有货币都和美元挂钩，并且规定所有的国际贸易都以美元进行交易。汇率没有完全固定，而是允许有 0.5% 的小幅浮动空间。布雷顿森林体系的优点是可以通过供给更多的美元增加国际流动性。但美元需求的增加会相应的要求提高黄金供给。

布雷顿森林体系下的调整机制得到了改善，它允许拥有大规模持久性经常账户赤字的国家货币贬值 (即采用更低的比价兑换美元)。大部分汇率比价调整的幅度都很小，但偶尔也有很大的；例如，英国在 1949 年和 1967 年将英镑分别贬值了 30% 和 14%。他们这样做是为了增强竞争力，从而帮助加速宏观经济调整的进程并避免长期的衰退和大规模失业。与此同时，人们期望国际收支盈余的国家重估他们货币的比价，令其升值。但实际上几乎没有哪个国家这样做，因此调整的压力并没有在国家间分担，而是全部落在了赤字国的肩上。

尽管如此，布雷顿森林体系很好地运行了近 20 年，大多数国家的失业和通货膨胀都很低，远低于接下来实施浮动汇率的 20 年。布雷顿森林体系成功的原因之一是大部分国家都对金融资本的流动实施管制。这减少了汇率的压力，但同时也意味着资本不能被用在回报最高的地方，限制了国际化的发展。随着资本管制的解除，私人手中积累了大量金融资产，使得一个国家想利用其有限的储备量成功维持货币与美元的比价变得越来越困难。在随后的几年，当货币开始浮动时，资本流动引起了国际收支平衡体系中资本账户超过经常账户并处于了支配地位。

布雷顿森林体系下国家货币政策的目标是保持对美元比价的稳定，因此，成员国没有独立的货币政策，结果是他们国内的价格水平和美国的价格水平是绑定的，他们的通货膨胀率也是和美国的通货膨胀率相似的。但这只有在美国能够控制其通货膨胀的条件下才行之有效，并要求美国货币供给的增长不能高于世界对美元需求的增长。布雷顿森林体系瓦解的原因之一便是美国在 20 世纪 60 年代末的货币扩张，此次货币扩张的部分原因是为了应付越南战争。货币扩张增加了美国的通货膨胀，进而增加了布雷顿森林体系成员国的通货膨胀，降低了美国的竞争力，并导致许多国家不愿持有美元而选择持有黄金，加剧了本已存在的黄金短缺。

为了改善自身的竞争力 (并增加国际流动性，进而提高经济活力)，1971 年美国决定提高美元对黄金的价格，即美元相对黄金贬值。允许美元对黄金价格幅动的目的是一旦市场发现了合适的比率，立刻再次将美元对黄金的比价固定下来。美元对黄金价格浮动的同时，其他国家的货币对美元的价格也随之浮动。1973 年，在尝试重新确定美元与黄金的比价失败后的两年，布林顿森林体系最终瓦解，大多数国家赞成推广浮动汇率制。

13.2.3 浮动汇率制：1973–2011 年

在 1973 年之后，前布林顿森林体系国家施行了一系列不同的浮动汇率制度:

1. 完全浮动：在该制度下，汇率由世界外汇市场决定，不受国内中央银行的干预。

2. 目标区间：该制度的目标是使针对某种货币的汇率保持在一个范围内；以德国马克为参考货币的欧洲汇率机制 (the European Exchange Rate Mechanism，简写为 ERM)就是这种汇率制度的一个例子。

3. 货币联盟：在该制度下，区域内的国家放弃他们本国货币而使用一种共同的货币，然后令这种货币对联盟外其他国家的货币自由浮动——欧洲货币联盟 (EMU) 和欧元的引入就是该汇率制度的一个主要实例。

4. 美元化：在该制度下，一个国家以固定汇率将本国货币转化为美元，因此，它完全放弃了对汇率的控制。

在固定汇率制度下，货币政策的制定是以维持汇率比价为出发点的。转换为浮动汇率制度后，一个重要的结果就是国家需要重新制定货币政策。布雷顿森林体系中只有美国的货币政策例外，因为它的货币政策意在控制通货膨胀率；在布雷顿森林体系瓦解后，其他大部分的国家采用了与美国相似的货币政策，包括尝试保持货币供给增长率不变，这种政策与 Milton Friedman 的货币主义有关。

货币主义政策的实施在许多国家都饱受诟病，对放弃原来货币政策方式转而采用美国方法的批评屡见不鲜。这种被误导的批评表明了他们对浮动汇率制度的核心内涵缺乏基本的了解，既然已经采用了浮动汇率制度，那么就需要对自己的货币政策负责。

沿用旧风格的货币政策无异于放弃浮动汇率而选择像以前一样钉住美元。对于货币主义更多的批评是许多国家不断扩大与货币增长目标相背离的程度，并且像第 8 章所讨论的那样，货币总量的目标存在歧义：狭义货币与商品交易关系更为密切；广义货币则包含储蓄的部分，并且通常用来作为测度流动性的一般性指标。

鉴于德国在货币控制方面取得了相当大的成功并且能实现较低的通货膨胀率，欧洲国家加紧将各自的货币与德国马克绑定以试图模拟德国的通货膨胀率。这导致了ERM的产生，其中德国马克是锚货币。像布雷顿森林体系一样，成员国期望与锚定国家实现同样的通货膨胀率。但在 1989 年德国统一后以单一货币作为标杆的危险很快就浮出水面。统一导致了从前联邦德国到前民主德国的巨额财政转移，并且德国政府债务的增加引起德国利率的上升和德国马克对美元升值。这使得 ERM 的其他成员进退维谷：是提高利率以维持和德国马克的比价 (即使这样会损害自身相对于世界其他国家的竞争力)，还是该脱离 ERM 呢？比如，法国决定留在 ERM，于是不得不将隔夜拆借利率提高到天文数字的水平。根据 UIP，预期的隔夜利率下降 10%，需要将年利率提高 2,500% 作为补偿，1992 年 9 月法国的确发生了这样的一幕。

英国作为最后一个加入 ERM 的国家，打算仅把利率提到 15%，从而引起市场对英镑的急速大幅贬值展开投机。在 1992 年 9 月，英国和它在斯堪的纳维亚的主要贸易伙伴一起脱离了 ERM，并再次采用浮动汇率。不久之后，借鉴了新西兰的成功经验，英国与其他几个国家一起开始尝试以通货膨胀为目标并直接控制利率。

同时，ERM 的失败经历使其成员国们开始寻找更好的货币机制。1999 年它们组建了 EMU 并使用统一的货币——欧元。欧元体系也采用通货膨胀目标制 (成员国的平均通货膨胀率)，并允许欧元对其他货币浮动。然而，欧洲中央银行根据欧元区平均通货膨胀率而制定的单一利率仍存在隐患：通货膨胀比平均水平高的国家，实际利率为负；而通货膨胀比平均水平低的国家实际利率为正。换句话说，货币政策的效果会适得其反，它鼓励高通胀的国家扩张而低通胀国家收缩，因此非但没有消除国家间通货膨胀的差异，反而使这种差异扩大。欧元体系的稳定很大程度上依赖于高通胀国家和低通胀国家的表现，它需要高通胀国家竞争力减弱、产出需求下降、从而降低通货膨胀压力；低通胀国家增强竞争力、刺激经济、通货膨胀上升。比如德国这种低通胀的国家正经历贸易主导的扩张；而意大利这种高通胀国家的经济活动水平就较低。稍后在第 14 章我们将更详细地分析这些问题。

浮动汇率的主要好处是能使一个国家保持竞争力。如果价格和工资不能灵活变动，这一点就更重要了。如果价格和工资灵活可变，那么浮动汇率的优势还不那么明显。

EMU 背后的假设是，在欧元区由于彻底取消了汇率的变化，经济活动被最大化地激发了。而值得关注的是欧洲劳动力市场没有那么足够的灵活性以支持这一假设。这方面引起进一步关切的是，那些高通货膨胀进而物价水平迅速上升的成员国，除经济紧缩外别无他法恢复其竞争力。如果它们同时还有很高的债务水平，因而需要快速的经济增长去偿付其债务时，这个问题就更加突出了。

浮动汇率的另一个好处是它消除了对资本管制的需要。如果资本被使用在能带来最大收益的地方，理论上这能通过国际贸易促进所有国家的经济增长，因此提高全世界的经济活动。政府实施资本管制的主要原因便是为了不因维持汇率而使利率高起，这通常会人为导致该国的利率低于世界利率。尽管政府可以廉价地从国内资本市场借款，并使得纳税人收益，但却降低了储蓄动机，并最终由于缺少储蓄而引起投资不足，损害国内经济增长。解除资本管制的国家通常会因资本流入而经历汇率升值，而不是其所期望的贬值。

与固定汇率甚至目标区间制度相比，浮动汇率的诱人之处在于由于没有资本管制，它能很好地应对资本转移。并且，如果国家允许汇率由市场力量决定，那么私人投资者没有动机对货币进行投机操作。私人投资者巨额的投机收入通常来自于与只有有限国外资产储备还要将汇率维持在特定水平的中央银行的争斗。比如英国政府在面对大规模的国际投机时，没能成功地在 ERM 中维持英镑汇率，使得 George Soros 在 1992 年赚得数十亿英镑。

当然，浮动汇率制 也不是没有问题，它的一个主要缺点在于会受外部冲击的影响，并且作为一种资产，汇率会变得对外部冲击较为敏感并影响国内经济活动。同时，如果国内价格和工资非灵活可变，那么升值将减少本国的竞争性。一些国家试图通过将外汇的波动控制在一个区间内来限制外部冲击的影响，但事实证明，只有当外部冲击不是很大时这种做法才有效，而此时这个区间并不是必要的。

美元化，或简单地说钉住美元制度，当然是向固定汇率 和货币依存的倒退。除非一个国家的经济与美国联系非常紧密或者已经在向美国收敛，否则钉住美元制度不是一个有吸引力的政策。由于这一条件难以实现和维持，因此国内经济出现疲态只是一个时间问题。只有当一个国家的经济问题非常严重，比如出现高通货膨胀或在国际金融市场中信用度很低，引起巨大的国家风险升水时，这个国家才会在他们恢复经济秩序时吞下钉住美元这剂猛药，这会使得通货膨胀目标比在完全美元化的情况下更容易实现。

随着在浮动汇率下资本管制的解除，国际收支平衡由资本账户掌控，汇率的波动受资本账户变动的支配。我们在第 12 章介绍了一些关于外汇交易量排名的信息。2006 年伦敦每日外汇交易累计超过了英国年度 GDP 的一半。美国的数字稍微低些。由于经常账户大约占美国 GDP 的 10%，占英国 GDP 的 25%，这意味着在美国，每个交易日资本的流动量超过了经常账户交易的 1250 倍，而英国的流动量也比经常账户大 500 倍。毫无疑问，在没有资本管制时，汇率由资本账户尤其是由利率来决定。这些都在浮动利率模型的设置中有所反映，因为 UIP 这一外汇的无套利方程取代了国际收支平衡条件。

13.3 汇率的凯恩斯主义 IS-LM-BP 模型

布雷顿森林体系时期主要使用的宏观经济模型是 IS-LM 模型。该模型由 Hicks 提出，Hicks 把 IS-LM 模型作为对 Keynes《通论》的简单表述，不久便被广泛应用。IS-LM 模型的一个关键假设是刚性价格和工资。对该模型最重要的修正之一是引入了菲利普斯曲线。菲利普斯曲线使得价格和工资拥有了一些灵活性并且在模型中添加了供给面。之前的 IS-LM 模型实质上是仅考虑需求面的模型。加入了菲利普斯曲线的模型便是大部分学习过本科宏观经济学的人所熟悉的 Keynesian 模型。

从 DSGE 宏观经济学模型的角度来看，IS-LM 模型存在诸多严重的瑕疵。它缺少形式化的最优化微观经济学基础，没有跨期的分析框架，并且正如我们在第 1 章和第 2 章中所解释的，它使用了不恰当的均衡概念：即使用了流量均衡而非存量均衡。对这一点公认的解释是，IS-LM 模型处理的是足够短的时间段，所以资本存量不变。但这意味着模型对中期和长期的预测不具有可信性。因此，通常将 IS-LM 模型用于短期比较静态分析而非动态分析，即用以比较外生变量不同取值所产生的流量均衡而不是预测外生变量变化后产生的动态影响。IS-LM 的魅力或者它至今仍被广泛应用的主要原因在于，它为宏观经济提供了一种简单且易于处理的表述形式。

原始的 IS-LM 模型是封闭的宏观经济模型，它仅涉及两个方程：一个代表产品市场的流量均衡 (IS 方程)，另一个代表货币市场的存量均衡 (LM 方程)。为了分析开放经济，模型中增加了第三个方程，即国际收支平衡方程 (或者 BP 方程)，并且修正了 IS 方程使其能够反映实际汇率和国外产出对总需求的影响，最终生成的模型就是 IS-LM-BP 模型 。(关于开放经济 Keynesian 模型的讨论见 Rivera-Batiz(1985)，以及 Branson 和 Henderson(1985) 在开放经济中对不完全资本流动的考察。)

IS-LM-BP 模型既可用于描述固定汇率制下的布雷顿森林体系，也可用于分析浮动汇率制下的各种模型。这些理论的主要区别在于对 BP 方程的不同设定。标准的固定汇率模型假定由于存在资本管制，国际收支平衡由经常账户决定，并且国际收支盈余以官方储备增加的形式存在，除非被冲销，否则国际收支盈余会增加货币供给。冲销性干预涉及货币当局对金融资产的买卖，其目的是使本国货币供给免受外汇储备变化的影响；非冲销性干预允许外汇储备变化影响货币供给。国际收支平衡的货币方法深入研究了这一问题，它假定国际收支平衡可以被解释为对货币的超额需求 (或者超额供给)，并且货币市场的均衡是因外汇储备的流入流出导致货币供给变化而恢复的。

浮动汇率模型通常假定本国资产和国外资产是完全替代品 (可能需要经过风险调整后)，因此国际收支平衡方程可以被 UIP 条件取代。这些模型的区别在于价格和产出的灵活性：Mundell-Fleming 模型假定价格水平是固定不变的；汇率的货币模型假定产出是固定不变的；Dornbusch 模型则对产品和服务的需求与供给做了区分，该模型假定产出是固定的，但是需求是灵活可变的，并且价格虽然灵活却是有黏性的。

13.3.1 IS-LM 模型

在转向对开放经济的讨论之前，我们先考虑封闭经济的 IS-LM 模型。此处对 IS-LM 模型的分析除了为讨论汇率的决定铺平道路之外，还有其他目的。它有助于我们更清楚地区分建基于 DSGE 框架上的现代宏观经济理论与以专设方程为基础的传统宏观经济学。

IS 方程是从国民收入恒等式中得到的

$$y = c(y, r) + i(y, r) + g, \tag{13.1}$$

其中，y 为产出，并且假定消费和投资都与产出 (收入) 正相关，与实际利率 r 负相关；g 是外生的政府支出。如果我们假定通货膨胀为零，那么 $r = R$，R 为名义利率。该方程描述了产品市场的流量均衡，等式右边表示产品和服务的需求，左边表示供给。假定供给是由需求决定的。也可以用隐函数的形式表达该方程

$$\text{IS}(y, r, g) = 0. \tag{13.2}$$

这就是 IS 方程。之所以称之为 IS 方程，是由于可以将产品市场的均衡转化为国民储蓄 $s(y, r)$ 等于投资 $i(y, r)$ 的流量均衡条件形式，即

$$s(y, r) = y - c(y, r) - g = i(y, r).$$

IS 方程描述了满足产品市场流量均衡的所有 y 和 r 的组合。图 13.1中的 IS 曲线描绘了 IS 方程，为了简便，假定其为直线形式。由于假定通货膨胀为零，因此可以用 R 代替 r 。因为较高水平的产出要求较低的利率以获得产品市场均衡，所以 IS 曲线向下倾斜。较高水平的 g 意味着对每个利率值而言，需求较高，因此，g 增加，IS 曲线向上移动，或者说向右移动 (见图 13.1中的箭头方向)。注意，在此我们进行的是静态分析而不是动态分析，也就是说，我们是要比较 (静态) 均衡值而不是考察 g 的增加对均衡产生的影响。

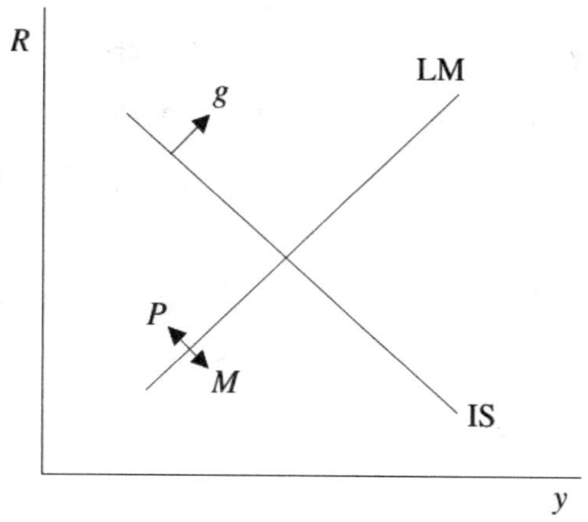

图 13.1　封闭经济的 IS-LM 模型

LM 方程是从货币市场的均衡条件中得到的，我们将其写为如下形式

$$M = P \cdot L(y, R). \tag{13.3}$$

方程右侧表示名义货币余额的需求函数，假定其与产出正相关、与名义利率负相关。方程左侧表示名义货币供给，假定货币供给是给定的。可以将 (13.3) 式表达为隐函数的形式

$$\mathrm{LM}(y, R, P, M) = 0. \tag{13.4}$$

LM 方程描述了与货币市场均衡的 y 和 R 的组合。M 的水平提高，LM 曲线向下移动，或者说向右移动。

两条线的交点描述了给定 g、M 和 P，产品市场和货币市场同时均衡时 y 和 R 的值。该点代表了经济体的宏观经济流量均衡。该均衡不同于从 DSGE 模型中获得均衡，因为在该点上资本存量并不一定处于均衡状态。在完整的静态均衡中，投资等于重置投资 (= δk) 并且资本存量为常数。但是在流量均衡中，资本可以取任意值，不一定为

其存量均衡值。换句话说，IS-LM 模型描述了每期都可能发生变化的短期 (流量) 均衡而非随着 g、M 和 P 的变化或系统的外生冲击而变化的长期 (存量) 均衡。

较高水平的政府支出会使 IS 曲线右移。这产生了一个具有较高产出水平和较高利率的新的流量均衡。较高的产出水平要求较高的货币余额与之相适应，但是由于假定货币余额是固定不变的，因此这就要求较高的利率水平以减少货币持有量。较高水平的货币存量使得 LM 曲线右移，由于 P 是固定的，在新的均衡中，产出水平较高但是利率水平降低了。

IS-LM 模型显然是一个很方便的分析财政和货币政策的工具，分析的方法是在价格水平不变的情况下考察政府支出外生变化以及货币供给外生变化。如果货币政策是通过利率的外生变化来实施的，正如在通货膨胀目标制中一样，那么货币供给就变成内生的了，因为货币当局必须供给足够多的货币以满足选定的利率水平。在这种情形下，当给定利率和价格水平时，LM 曲线变为水平的。此时，增加政府支出的扩张性财政政策所导致的产出水平的增加，比在给定货币供给的情形下增加得多，这是由于货币供给必须增加才能保持利率不变。因而，与通过货币供给来实施货币政策相比，当以控制利率来实施货币政策时，财政政策更加有效。

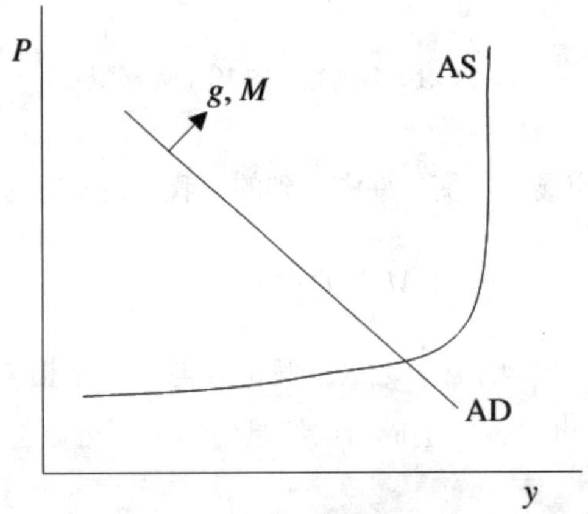

图 13.2　封闭经济的 AD-AS 模型

在 IS-LM 模型中，假定价格水平固定不变。换言之，假定与产出和利率相比，价格水平的调整速度足够慢，因此在考察的时段内，可以将价格水平视为常数。通过加入产出供给函数可以将价格内生化。与供给是由需求决定的不同，此时，在达到潜在产出水平之前供给是价格水平的增函数，在达到潜在产出水平之后，该曲线就变成了垂直的，如图 13.2中的 AS 曲线所示。在达到潜在产出水平之前，产出增加需要提高价格水平。这里的思想是由于所考察的时期太短，因而产出不受资本积累的影响，只取决于劳动。另一条曲线是总需求曲线，AD 曲线。AD 曲线是从 IS-LM 模型中推出的。AD 曲线是产出对价格水平的曲线，该曲线上的点满足储蓄 – 投资恒等式以及货币市场的均衡，也就是说，曲线上的点同时位于 IS 曲线和 LM 曲线上，并且基于这样一个事实：价格水平的提高使得 LM 曲线左移，从而导致了较低水平的产出。

总需求曲线和总供给曲线的交点将产品市场的流量均衡与总价格水平联系起来。政府支出的提高或者货币供给的增加都会使得 AD 曲线右移。低于潜在产出时，会涉及更高的产出水平和总价格水平。达到潜在产出后，产出保持不变，只有价格水平会上升。每种情况下更高的价格水平都会使得 LM 曲线左移，利率水平上升，从而降低了对产出的影响。达到潜在产出后，利率必须足够高才能保持产出水平不变。此时，在提高产出方面，财政和货币政策都是完全无效的。

如我们之前所提到的，这种分析方法是在进行比较静态分析。我们是在研究不同环境下经济体所处的状态，即某个变量是高还是低，而非某个变量发生增加或减少的变化时经济体会怎样变化。我们还假定了通货膨胀为零。然而，IS-LM 模型却经常被用于分析变量的变化所带来的影响，尽管它并不适合于分析这些问题，因为它将资本视作固定的并且缺少相应的动态性。在引入菲利普斯方程后，人们更经常用 IS-LM 来分析通货膨胀。我们在图 13.3中描绘出了这条曲线，即通货膨胀和潜在产出与实际产出之间缺口的负相关关系：π 表示通货膨胀率，$y^{\#}-y$ 是实际产出偏离潜在产出的缺口，$y^{\#}$ 为潜在产出水平。

在引入通货膨胀之后，必须区分 IS 方程中的名义利率和实际利率。在 (13.1) 式和 (13.2) 式中，用 $R-\pi$ 代替 r 意味着更高的通货膨胀率使得图 13.1中的 IS 曲线右移。

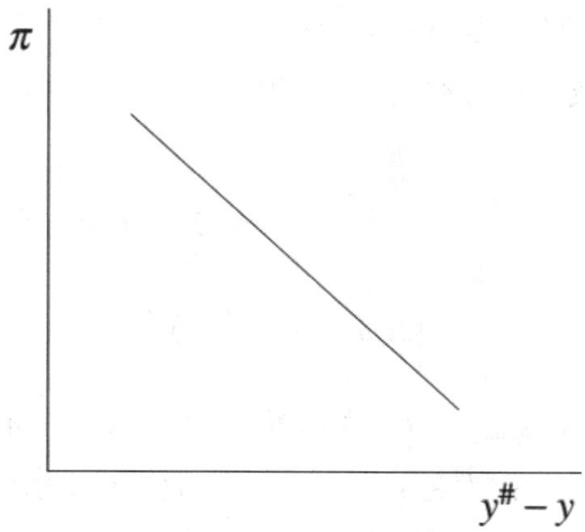

图 13.3　通货膨胀模型

通过以下简单的对数线性模型对生成的 IS-LM 模型做一个总结：

$$y = -\beta(R-\pi) + \gamma g,$$

$$m = p + y - \lambda R,$$

$$\pi = \mu - \psi(y^{\#} - y),$$

其中，产出、货币以及价格水平都采用对数形式，$\pi = \Delta p$。那么，总需求方程为

$$y = \frac{\gamma\lambda}{\beta+\lambda}g + \frac{\beta}{\beta+\lambda}m - \frac{\beta}{\beta+\lambda}p + \frac{\beta\lambda}{\beta+\lambda}\pi$$

并且长期潜在产出均衡通货膨胀为 μ。

由于 20 世纪 70 年代经历了高通货膨胀并且在 80 年代菲利普斯方程的失灵，该模型被进一步修正，修正方法是假定通货膨胀还取决于预期的通货膨胀。则通货膨胀方程可以写成

$$\pi = \pi^{\mathrm{e}} - \psi(y^{\#} - y), \tag{13.5}$$

其中，π^{e} 是预期通货膨胀。(13.5) 式就是包含预期的菲利普斯方程。它意味着如果预期通货膨胀提高则通货膨胀曲线右移。因此，在长期菲利普斯曲线是垂直的，并且不再存在通货膨胀和产出之间的权衡。现在，潜在产出均衡通货膨胀等于预期的通货膨胀，但是预期通货膨胀率却不是由模型决定的，更具体一些来讲，通货膨胀率不是由产出决定的。如果货币供给是外生的，那么均衡通货膨胀就等于货币供给的增长率。

13.3.2 BP 方程

在开放经济中，IS-LM 模型需要进一步修正以便将国外部门考虑进来，即要引入另外一个方程：国际收支平衡方程或 BP 方程，并且还要对 IS 方程进行修正。首先考虑 BP 方程。

之前在第 7 章中，我们以实际变量的形式表达了国际收支平衡方程，如下

$$x_t - Q_t x_t^{\mathrm{m}} + r_t^* f_t = \Delta f_{t+1},$$

其中，x_t 表示出口，x_t^{m} 表示进口，Q_t 表示贸易条件。如果所有产品都是可贸易的，那么实际汇率为 $(S_t P_t^*)/P_t$，S_t 为名义汇率，P_t 和 P_t^* 分别为本国价格水平和国外价格水平，f_t 为净国外资产存量，r_t^* 为外生的实际国际利率，$r_t^* f_t$ 表示从持有的国外资产中获得的净收入，假定通货膨胀为零。方程的左边是实际经常账户，右边是资本账户。

出口正向取决于实际汇率和世界产出，进口则负向取决于实际汇率，正向取决于本国产出。国外资产净持有量 (本国持有的国外资产数减去国外持有的本国资产数) 依赖于以本币表示的本国和国外资产的相对收益率大小，即资产组合平衡决策。国外资产收益率的提高会增加本国居民对国外资产的持有量，从而增加本国居民的收入。本国资产收益率的提高会增加国外居民对本国资产的持有量，并且使得利息收入外流。我们以对数线性模型近似表示国际收支平衡方程

$$\theta(s+p^*-p)-\phi y+\eta y^*+\mu(R^*+\hat{s}-R)=\Delta f,$$

其中，p 和 p^* 分别为本国价格水平和国外价格水平的对数，y 和 y^* 分别为本国产出和世界产出的对数，R 和 R^* 分别为本国名义利率和世界名义利率，s 为名义汇率的对数，$\hat{s}$ 为名义汇率的预期变化率，并且我们假定 $\theta>0$。$R^*+\hat{s}-R$ 表示相对收益率的大小对国外净资产的影响，$\mu>0$ 。所以，BP 方程给出了 y 与 R 之间的正向关系。

国际收支平衡的均衡意味着 $\Delta f=0$，这也就意味着经常账户的平衡而非贸易账户平衡。资本的不完全替代意味着 $0<\mu<\infty$，如果本国资产和国外资产是完全可替代的，那么 $\mu\to\infty$ 。[①]在这种情形下，国际收支平衡方程简化为我们在第 12 章[②]中所讨论的 UIP 条件，如下

$$\lim_{\mu\to\infty}(R-R^*-\hat{s})=\lim_{\mu\to\infty}\frac{1}{\mu}[\theta(s+p^*-p)-\phi y+\eta y^*-\Delta f]=0$$

因此

$$R=R^*+\hat{s}.$$

为了完成建模，还要对 IS 方程进行修正，以使国民收入恒等式中包含贸易的效应。考虑到国际收支平衡的具体设定，我们将实际汇率的对数、本国产出的对数以及国外产出的对数引入 IS 方程，因此，实际汇率贬值以及世界产出的提高都会使得 IS 曲线右移。LM 方程没有变化。那么，可以将 IS-LM-BP 模型表述如下

$$y=\alpha(s+p^*-p)-\beta R+\gamma g+\delta y^*, \tag{13.6}$$

$$m=p+y-\lambda R, \tag{13.7}$$

$$\Delta f=\theta(s+p^*-p)-\phi y+\eta y^*+\mu(R^*+\hat{s}-R), \tag{13.8}$$

其中，$\alpha=\sigma\theta$，$\delta=\sigma\eta$，而 $0<\sigma<1$ 为贸易占 GDP 的份额。

①译者注：原书此处为 $\mu=\infty$，疑似作者笔误。

②译者注：原书此处为第 11 章，疑似作者笔误。

从 (13.6) 和 (13.7) 式中消去 R 得到总需求方程如下

$$y=\frac{\gamma\lambda}{\beta+\lambda}g+\frac{\beta}{\beta+\lambda}(m-p)+\frac{\alpha\lambda}{\beta+\lambda}(s+p^{*}-p)+\frac{\delta\lambda}{\beta+\lambda}y^{*}$$

现在总需求取决于实际汇率和世界产出。因此，在开放经济中，实际汇率升值以及世界产出增加都会导致总需求增加。我们知道，如果本国产品和国外产品是完全可替代的，那么 $\theta\to\infty$ ，从而 $\alpha\to\infty$。因此，IS 方程和 AD 方程简化为 PPP:

$$p=s+p^{*}.$$

图 13.2中的 AD 曲线是一条过 $s+p^{*}$ 的水平线。

图13.4 以图形的方式描述了 IS-LM-BP 模型。我们假定 BP 曲线比 IS 曲线平坦。本国资产和国外资产之间的可替代性越高，则与 IS 曲线相比，BP 曲线越平坦。当本国资产和国外资产是完全替代品 ($\mu\to\infty$) 时，BP 曲线变为水平的。均衡点位于三条曲线的交点 A 处。在 BP 曲线的上方，经常账户赤字并且资本外流，所以 $\Delta f<0$ ；在其下方时，经常账户盈余，所以 $\Delta f>0$。图 13.4中的箭头方向表明相应变量增加时，为了得到均衡水平，某条曲线的移动方向，这就使得我们能够分析外生变量的变化所产生的效应。和之前一样，我们最好从短期的视角来看待这些效应，也就是说，均衡只是暂时的。

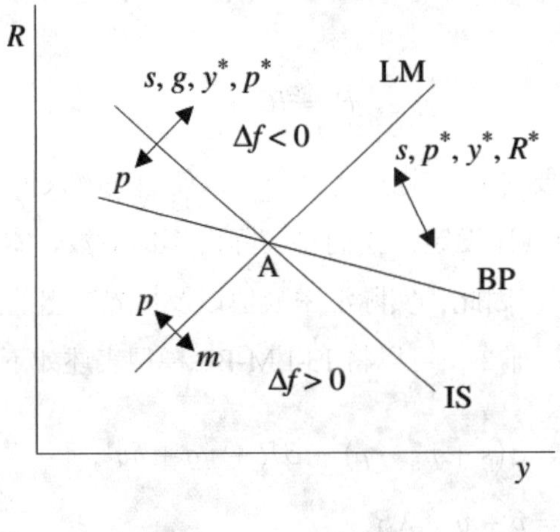

图 13.4　IS-LM-BP 模型

如果存在对私人资本流动的管制，本国居民就无法买卖国外资产，那么 $\mu=0$ 并且 BP 曲线是垂直的。在 BP 曲线的左侧有 $\Delta f>0$ ，在其右侧有 $\Delta f<0$。由于受到管制，国外净资产的变化仅包含政府外汇储备的变化，以 h 表示这些储备，这些储备构

成了本国货币供给的一部分。总货币供给为

$$m = d + h,$$

其中，d 为本国的货币供给。如果 d 是固定的，那么

$$\Delta f = \Delta h = \Delta m. \tag{13.9}$$

因此，经常账户盈余会增加货币供给，赤字则会减少货币供给。在 BP 曲线上方，表明经常账户赤字，有 $\Delta f = \Delta m < 0$，在其下方时，则有经常账户盈余，即 $\Delta f = \Delta m > 0$，如图13.4所示。对于不在 BP 曲线上的点，货币供给将要发生改变，从而 LM 曲线会发生移动。均衡时，要求经济体同时处于 BP、IS 和 LM 曲线上，并且 LM 曲线是不变的。

通过具体地设定，IS-LM-BP 模型可用于描述布雷顿森林体系以及许多不同的浮动汇率模型下的经济状况 。在布雷顿森林体系下，汇率是固定的并且没有资本流动，那么，国际收支平衡表的资本账户描述了外汇储备的变化，进而反映货币供给的变化。这是国际收支平衡的货币分析模型所描述的情况。转向浮动汇率模型的讨论，Mundell-Fleming 模型假定当 UIP 成立时，价格水平固定不变并且设定。此外，如果，那么就得到了具有静态预期的 Mundell-Fleming 模型。Dornbusch 模型是 Mundell-Fleming 模型的一个变形，在该模型中价格水平是可变但具有黏性的。在货币模型中设定 $\alpha = \theta = \mu = \infty$，从而使得价格可变但产出固定。

13.3.3 固定汇率：国际收支平衡的货币分析模型

Frenkel 和 Johnson(1976) 提出的国际收支平衡的货币分析模型 (MABP)是带有资本管制的固定汇率模型，因此 $\mu = 0$。MABP 假定国际收支平衡是一种货币现象，例如，对国际收支盈余的解释是存在对货币存量的超额需求，其中货币市场的均衡是通过外汇储备流入增加货币供给，直到其等于货币需求时实现的。国际收支平衡则是通过修正货币扩张引起的经常账户失衡来恢复的。

MABP 模型的构成包括 IS-LM-BP 模型中的 (13.6) 式、(13.7) 式以及 (13.8) 式，再加上货币供给方程 (13.9) 式。可以将模型表示如下：IS 方程 (13.6) 式决定了产品市场均

衡，再加上三个描述货币需求、货币供给以及货币市场均衡的方程：

$$m^{\mathrm{D}} = y + p - \lambda R,$$
$$m^{\mathrm{S}} = \Delta f + m_0,$$
$$m^{\mathrm{D}} = m^{\mathrm{S}} = m,$$

其中 Δf 是由 (13.8) 式国际收支平衡条件所决定的，m_0 表示经济体中货币的初始水平。因此，y、p 和 m 为内生变量；R 和 s 为外生变量，g、y^*、p^* 和 R^* 也是外生的。

y 和 p 的简化式解为

$$\begin{aligned} y = \sigma\{&\alpha(s+p^*) - [\alpha\lambda + \beta(1+\theta)]R + \delta(1+\theta)g \\ &+ [\gamma(1+\theta) - \alpha\eta]y^* - \alpha m_0\}, \\ p = \sigma\{&[\theta - \alpha(1+\phi)](s+p^*) + [\lambda + \beta(1+\phi)]R - \delta(1+\phi)g \\ &+ [\gamma(1+\phi) - \eta]y^* + m_0\}, \end{aligned}$$

其中，$\sigma = 1 + \theta - \alpha(1+\phi) > 0$ 。在 p 的表达式中，除了 y^* 的系数之外，所有系数 (或者系数的组合) 都是正的，y^* 的系数可正可负。这意味着贬值 (较高的 s) 和较高的 p^* 都会使得 y 和 p 同时提高。财政扩张 (较高的 g) 以及放松银根 (较低的 R) 都会使得 y 增加，但是 p 会降低。世界产出 y^* 的增加使得 y 增加，但是对 p 的效应是不明确的，尽管很有可能是负向影响。

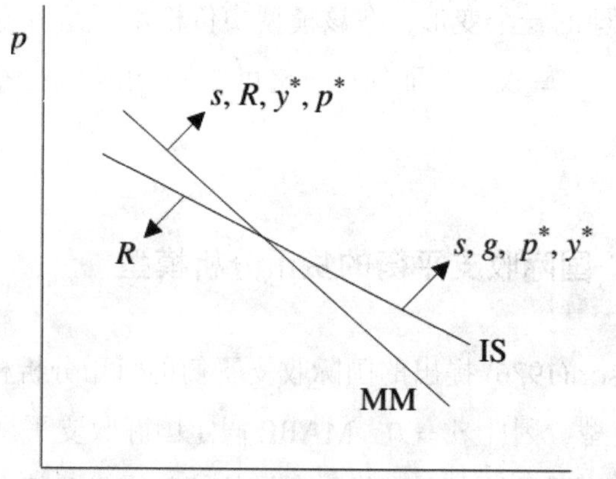

图 13.5　国际收支平衡的货币分析模型

也可以通过图形来得到问题的解，如图13.5 所示。IS 曲线仍然是原来的 IS 方程，但是现在是通过 (y, p) 空间而非原来的 (r, y) 空间来表示，MM 曲线是通过令货币需求等于货币供给得到的货币市场均衡：

$$y=\frac{1+\theta}{1+\phi}p+\frac{1+\theta}{1+\phi}(s+p^{*})+\frac{\lambda}{1+\phi}R+\frac{1+\theta}{1+\phi}y^{*}+\frac{1}{1+\phi}m_{0}.$$

外生变量的变化对每条曲线移动的方向如图中的箭头所示，曲线间斜率的相对大小反映了 $\alpha<(1+\theta)/(1+\phi)$ 这个假设。

13.3.4 资本不完全替代下的汇率决定机制

浮动汇率的现代理论假定本国和国外的资本是可完全替代的，在讨论这些问题之前，为了与现代理论进行对比，我们先考察资本不完全替代的情形。我们的分析基于 IS-LM-BP 模型，即 (13.6) 式和 (13.7) 式，从而能部分地反映凯恩斯模型中解决资本不完全替代问题的起源。现在我们将分析视作动态的而非比较静态分析。假定不存在资本管制，并且国际收支平衡决定了国外资产的净存量。由于汇率比产出和价格的调整速度要快得多，所以假定 y 和 p 是外生的。那么，模型用来内生地决定 s、f 和 and R，而 m、y、p 和 R 都视作外生的。尽管汇率是浮动的，但是遵照凯恩斯模型的精神，我们假定汇率的预期变化率 $\hat{s}$ 为零。

通过递归求解求得模型的解。首先从 LM 方程中解出 R，接着从 IS 和 LM 方程 (或者等价地，AD 方程) 中求出 s ，f 是从国际收支平衡方程中解出的。模型的解如下

$$\begin{aligned}
R&=\frac{y+p-m}{\lambda},\\
s&=\frac{\beta+\lambda}{\alpha\lambda}y+\frac{\beta+\alpha\lambda}{\alpha\lambda}p-\frac{\beta}{\alpha\lambda}m-\frac{\gamma}{\alpha}g-\frac{\delta}{\alpha}y^{*}-p^{*},\\
f&=-\frac{\alpha(\mu+\lambda\phi)-\theta(\beta+\lambda)}{\alpha\lambda}y-\frac{\alpha\mu-\beta\theta}{\alpha\lambda}p+\frac{\alpha\mu-\beta\theta}{\alpha\lambda}m\\
&\qquad-\frac{\theta\gamma}{\alpha}g-\frac{\theta\delta-\alpha\eta}{\alpha}y^{*}-\mu R^{*}+f_{0}.
\end{aligned}$$

模型预测无论是财政扩张还是货币扩张都会引起汇率升值。财政扩张提高了本国需求，由于产出和价格是固定的，这就要求净出口 (贸易) 要相应地下降，而这是由汇率升值所引起的，并且，贸易余额下降也会导致国外资产净持有量的减少。货币扩张使得本国利率降低并且提高了本国需求，因此，汇率升值。对资产净持有量的影响取决于本国和国外资产的可替代程度，可替代程度越高则资产的净持有量增加的可能性越大。

该分析最适合于短期情形。在长期中，其他的假设也许更为合适，例如，允许产出和价格水平可以调整。假定讨论的是一个小型开放经济的国家，因此该国必须接受

国际利率。进一步，假定我们强加的存量均衡使得 $\Delta f=0$。在这种情形下，可以将模型表达为如下的流量均衡形式

$$
\begin{aligned}
y &= \alpha(s+p^*-p)-\beta R^*+\gamma g+\delta y^*,\\
m &= p+y-\lambda R^*,\\
0 &= \theta(s+p^*-p)-\phi y+\eta y^*.
\end{aligned}
$$

现在模型是确定了 s、y 和 p，而非 s、R 和 f。它们的解为

$$
\begin{aligned}
s &= m-\frac{\gamma(\theta-\phi)}{\theta-\alpha\phi}g+\left[\lambda+\frac{\beta(\theta-\phi)}{\theta-\alpha\phi}\right]R^*+\frac{\delta(\theta-\phi)-\eta(1+\alpha)}{\theta-\alpha\phi}y^*,\\
y &= \frac{\theta\gamma}{\theta-\alpha\phi}g-\frac{\beta\theta}{\theta-\alpha\phi}R^*+\frac{\delta\theta-\alpha\eta}{\theta-\alpha\phi}y^*,\\
p &= m-\frac{\theta\gamma}{\theta-\alpha\phi}g+\left[\lambda+\frac{\beta\theta}{\theta-\alpha\phi}\right]R^*-\frac{\delta\theta-\alpha\eta}{\theta-\alpha\phi}y^*,
\end{aligned}
$$

其中，$\theta>\alpha\phi$。

因此，财政扩张仍然会引起汇率升值，并且会增加产出降低价格水平。由于货币政策只影响价格和汇率，所以只有名义效应，价格和汇率上升的幅度一样。因为实际汇率并未受到影响，所以货币扩张对产出没有影响。

13.4 UIP 和汇率的决定

现在我们假设国内债券和国外债券是可完全替代的。在这种情况下，国际收支平衡关系简化为 UIP 条件。这个假设是几乎所有现代浮动汇率理论的基石。当利率是政策工具时，UIP 也是分析汇率问题时唯一需要的方程，如在货币当局能选择国内利率的相机抉择政策下制定通货膨胀目标货的情形。

我们之前在检验可变汇率时，采用了凯恩斯形式的模型并做了比较静态分析，现在我们转入对汇率模型的完全动态分析。在该分析中，我们需要用到在第 12 章推导的包含未来汇率预期形成的 UIP 条件。使用本章的符号，UIP 可以写成

$$R_t=R_t^*+E_t\Delta s_{t+1}.$$

前向求解，可得

$$s_t=\sum_{i=0}^{\infty}E_t(R_{t+i}^*-R_{t+i}), \tag{13.10}$$

这意味着汇率能瞬时对有关当期和预期未来名义利率差异的新信息做出反应。

具体来说，如果 R_t^* 保持不变，那么当期 R_t 的提高，或预期未来利率 R_{t+n} $((n>0))$ 的提高，会引起当前即期汇率 s_t 的瞬时升值 (下降)。但是，今天的 R_t 增长 1% 并预期这一增长会持续n 期会引起今天的汇率升值 n%，而不是只变动 1% 。因此，利差持续时间的不确定性使得外汇市场很难对外汇定价，而汇率又是以通货膨胀为目标的货币政策传导机制的一部分，所以也很难估计利率变动对通货膨胀的影响。

在 R_t^* 保持不变的情况下，R_t 的增加预计会引起 s_t 和 $E_t s_{t+1}$ 的同时下降。但由于 $R_t > R_t^*$ ，为了维持 UIP，我们要求 s_t 和 $E_t s_{t+1}$ 以 $s_t > E_t s_{t+1}$ 的形式变动。这产生了一个明显的悖论：R_t 的增加会引起汇率升值，但市场 (行为是理性的) 预期汇率会下降。如果我们注意到预期汇率的贬值是在未来从 t 期到 $t+1$ 期，而不是从 $t-1$ 期到 t 期，就可以解释这个悖论了。因此，尽管 $E_t s_{t+1}$ 下降了，但不会和 s_t 下降的一样多，以保证 $E_t \Delta s_{t+1}$ 仍然为正。如果令 $n=1$，那么图 13.6 反映了在 t 期和 $t+1$ 期之间汇率是如何变化的。

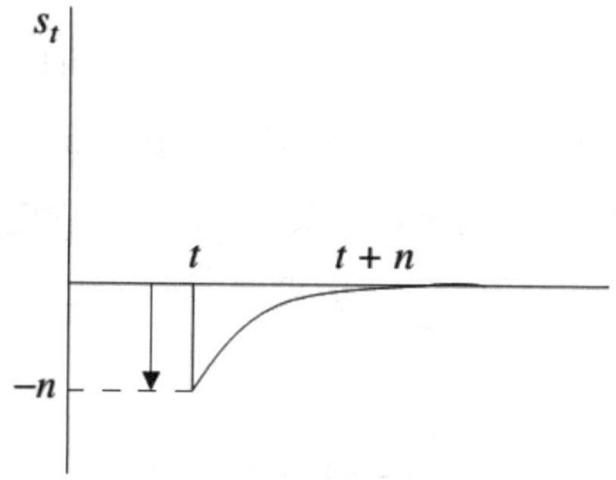

图 13.6　汇率对利率变化的动态响应

UIP 条件的另一个含义是，如果在第 t 期，投资者预期到国内利率在第 $t+n$ 期会发生变化，那么即期汇率 s_t 在第 t 期就会改变，而不会等到利率实际发生变化的那一刻，然后它将一直保持这个水平直到利率发生进一步变化。现在做这样的假设：虽然预期利率会在第 $t+n$ 期发生变化，但到第 $t+n$ 期时利率并没有改变。当预期到第 $t+n$ 期的汇率会发生变化时，第 t 期的即期汇率也会发生变化，但当发现预期错误的时候，即期汇率会瞬间变化到初始水平。图 13.6 反映了汇率从第 t 期到第 $t+n$ 期之间的表现。如之前在第 12 章所描述的，20 世纪 80 年代人们预期墨西哥利率会上升但事实上利率没有增加，在这一事件发生后，人们把这种现象称为比索效应。

另一种经常出现的情况是，利率的下降会引起即期汇率的同时下降。尽管乍一看，这与 UIP 不相符，但事实上它可能和 UIP 是一致的。如果市场预期利率下降的幅度大于实际下降的幅度，那么汇率在按照预计的情况大幅下降后，为了修正之前的过度下调，还要有所上升。

这些看似异常的结论都说明了基于前向预期的汇率或任何资产价格的一个重要特点：关于未来的消息，无论正确与否，都会影响即期价格。由于对信息和冲击的敏感性，汇率是不稳定的。我们还发现当选择货币存量作为政策工具时，容易引起利率、进而是汇率的剧烈波动，因为它们对货币冲击的反应很强烈。这也是利率作为货币政策工具被广泛应用的另一个原因。

我们已经表明利率是决定浮动汇率的核心。对于交易频繁的货币，如美元、欧元、英镑和日元，每天的交易量非常大，只有利用利率才能控制这些货币，外汇储备规模不足以控制这些货币的汇率。这也是近些年许多中央银行试图以外汇干预来控制汇率后所得到的结论。

相反，大部分名义汇率的宏观经济理论强调货币政策和财政政策的效果，其中货币政策是通过控制货币供给来实施的。如果 UIP 成立，那么货币政策和财政政策就是通过对利率的影响来决定汇率的。如果假设价格是灵活的，在汇率的货币模型中，汇率的反应是瞬时的。如果价格是固定的，如 Mundell-Fleming 模型，或价格是黏性的，如 Dornbusch 模型，那么汇率的调整是需要时间的；并且，由于预期汇率要在未来发生变化，即期汇率对它新的长期值的调整幅度可能会过大。

13.5 汇率的 Mundell-Fleming 模型

13.5.1 理论

这个模型来自于 Fleming(1962) 和 Mundell(1963)，它和货币模型共同构筑了现代名义汇率理论的基石。Mendell-Fleming 模型关注的是在一个资本完全流动和价格刚性的世界里名义汇率的灵活性。如上文所述，Mundell-Fleming 模型由三个方程构成：IS 方程，LM 方程和 UIP 条件。

$$\begin{aligned}
\text{IS:}\quad & y_t = \alpha(s_t + p_t^* - p_t) - \beta R_t + \gamma g_t + \delta y_t^*,\\
\text{LM:}\quad & m_t = p_t + y_t - \lambda R_t^*,\\
\text{UIP:}\quad & R_t = R_t^* + E_t(s_{t+1} - s_t),
\end{aligned}$$

其中价格水平是固定的。内生变量有三个：名义汇率、产出和国内利率。

求解汇率，可以得到

$$\left.\begin{aligned} s_t &= \frac{\beta+\lambda}{\alpha+\beta+\lambda}E_t s_{t+1} + x_t, \\ x_t &= \frac{1}{\alpha+\beta+\lambda}[(\alpha-1)p_t + m_t - \gamma g_t - \delta y_t^* - \alpha p_t^* + (\beta+\lambda)R_t^*], \end{aligned}\right\} \tag{13.11}$$

其中 x_t 是外生的。前向求解方程 (13.11) 得

$$s_t = \sum_{i=0}^{\infty}\left(\frac{\beta+\lambda}{\alpha+\beta+\lambda}\right)^i E_t x_{t+i}.$$

因此，构成 x_t 的变量中任何一个变动，汇率都会在瞬间跳跃至其新的均衡位置。

可以按如下方法获得三个内生变量的长期解：产出由 LM 方程决定，汇率由 IS 方程决定，而利率由 UIP 条件决定。长期的简化式为

$$\begin{aligned} s &= -\frac{1-\alpha}{\alpha}p + \frac{1}{\alpha}m - \frac{\gamma}{\alpha}g + \frac{\beta+\lambda}{\alpha}y^* + p^*, \\ y &= m - p + \lambda R^*, \\ R &= R^*. \end{aligned}$$

因此在长期，货币供给的永久性增加和政府支出永久性减少会引起名义汇率的贬值。

产出只受货币政策影响，而不受财政政策影响，即财政政策的效果完全被挤出了，这和名义汇率被固定时所得到的货币政策和财政政策对产出的影响效果是完全相反的。在 MABP 模型中，我们证明货币政策对产出没有影响，而扩张的财政政策会引起产出增加。在 Mundell-Fleming 模型中，政府支出的增加引起汇率的上升，使得私人部门的支出由国内产品转向国外产品。由于产出不变，私人部门消费的转向必须和政府支出的增加相等。因此，政府对国内产出的额外需求是以私人部门的需求为代价的。

可以利用 IS-LM-BP 图形来深入理解货币政策和财政政策。与之前相比，关键的不同之处在于由于假设了 UIP，所以 BP 线是水平的。

13.5.2 货币政策

图 13.7 描绘了货币供给永久性增加所产生的影响。LM 曲线由于货币扩张而向右移动，经济体表面上从 A 点移到 IS 曲线和 LM 曲线相交的 B 点。在 B 点，由于利差为负，资本开始外流 (名义上)，这引起了汇率的贬值，从而导致贸易扩大和 IS 曲线的右移。利率下降使经济体在 C 点达到一个新的均衡。在该点，产出增加，货币需求增加，利率上升，恢复到了初始时的 0 利差，消除了汇率和资本转移进一步变动的动机。因此，货币扩张对产出有实际影响，并且会引起汇率贬值。

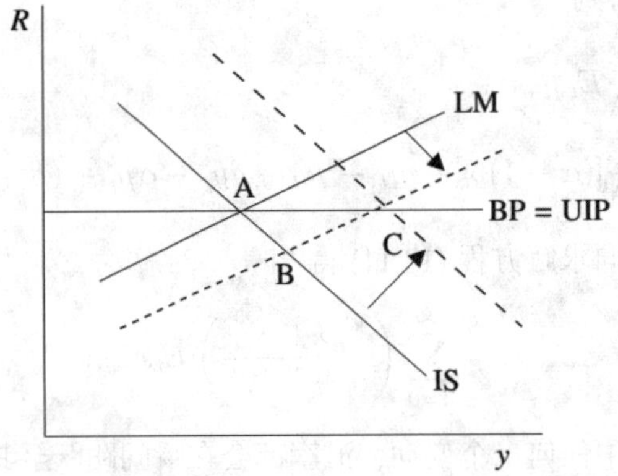

图 13.7 货币政策

从简化式的解我们知道 R 是不变的，$\Delta y = \Delta m$，$\Delta s = (1/\alpha)\Delta m$。因此汇率不会随着货币供给等量地增加；如果 $\alpha < 1$，汇率变动会比 Δm 多，如果 $\alpha > 1$，汇率变动则会比 Δm 少。这个结论和之前资本不能完全替代时是不同的，并且和下文即将讨论过货币模型与 Dornbusch 模型也不同，在这些模型中，汇率的变动等于货币供给的变动。引起它们之间差异的原因在于 Mundell-Fleming 模型假设价格水平不受货币供给的影响。若价格水平增加，那么从汇率的简化式方程可知，当 $\alpha > \frac{1}{2}$ 时，s 的增幅会小于 p；而如果 $0 < \alpha < \frac{1}{2}$，则 s 的增幅会大于 s。这样，Mundell-Fleming 模型与其他模型的解就十分相近了。

可以证明国外利率的增加会引起资本持续外流，汇率贬值，导致 IS 曲线右移，从而提高国内利率。当国内利率等量提高使初始利差得以恢复，汇率就会再次达到均衡。从简化式的解可知

$$\Delta s = \frac{\beta + \lambda}{\alpha}\Delta R^*, \quad \Delta y = \lambda \Delta R^*, \quad 以及 \Delta R = \Delta R^*.$$

13.5.3 财政政策

我们考虑 g 的永久增加，这会使得图 13.8 中的 IS 曲线右移。经济体表面上从 A 点移到 IS 和 LM 曲线相交的 B 点。在 B 点利差为正，这会引起资本流入，并导致汇率升值，从而减少贸易额，使 IS 曲线移回到左侧。汇率升值一定会足够大，使 IS 曲线恢复到它的初始位置，这意味着产出将不会改变。事实上，财政扩张引起汇率升值，导致国内产出在私人部门和政府部门间的重新分配。因此，财政政策对产出没有影响，它完全被汇率挤出了。从简化式方程可知，$\Delta s = -(\gamma/\alpha)\Delta g$，并且 y 和 R 不变。

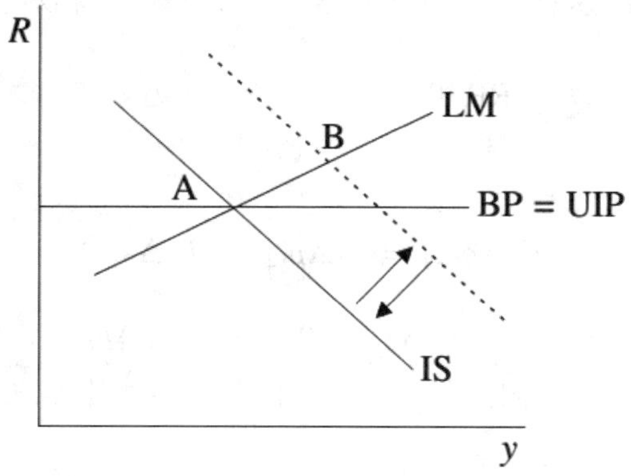

图 13.8 财政政策

13.6 汇率的货币模型

13.6.1 理论

货币模型的关键假设是包括汇率在内的所有价格都完全灵活可变，并且货币供给和产出是外生的 (见 Fenkel，1976；Mussa，1976，1982)。与 Mundell-Fleming 模型不同，由于本国利率和国外利率都是外生变量，货币模型不但适用于小型经济，还适用于大型经济。对于大型开放经济而言，模型包括四个方程：UIP，PPP 以及本国和国外的货币需求函数：

$$\begin{aligned}
&\text{UIP:} && R_t = R_t^* + E_t\Delta s_{t+1},\\
&\text{PPP:} && p_t = p_t^* + s_t,\\
&M^{\mathrm{D}}: && m_t = p_t + y_t - \lambda R_t,\\
&M^{\mathrm{D}*}: && m_t^* = p_t^* + y_t^* - \lambda R_t^*.
\end{aligned}$$

除了利率 R_t 和 R_t^* 之外，所有变量都是取对数形式。对于小型开放经济而言，我们假定 R_t^* 是外生的。

UIP 基于不存在资本管制和浮动汇率这两个假设。PPP 意味着实际汇率不随时间的变化而变化，这是由于产品价格是灵活可变的从而存在产品套利所导致的结果。我们之前对实际开放经济和 BOP 的讨论认为实际汇率为常数是不可能的，甚至在长期也是如此。在短期中，PPP 显然不成立。因此，PPP 通常由一个较弱的假设 – 相对购买力平价(RPPP) 来代替。这意味着 PPP 的一阶差分形式 (即相对变化率) 成立：

$$\text{RPPP}: \quad \Delta p_t = \Delta p_t^* + \Delta s_t.$$

从而使得

$$E_t \Delta p_{t+1} = E_t \Delta p_{t+1}^* + E_t \Delta s_{t+1}.$$

由于在短期中，$E_t \Delta s_{t+1} \simeq 0$ ，所以有 $E_t \Delta p_{t+1} \simeq E_t \Delta p_{t+1}^*$ ，也就是说，本国和国外的通货膨胀率近似相等。我们注意到，货币模型并不严格要求 PPP 成立，因为 RPPP 会得到相同的解析解。

假定本国和国外货币需求函数具有相同的形式是为了分析的方便，这可以让我们把模型表示成本国和国外货币需求函数差的形式。实际上，也许要分析货币需求的短期动态性，但是我们忽略了这点。两个货币需求函数之差为

$$m_t - m_t^* = (p_t - p_t^*) + (y_t - y_t^*) - \lambda(R_t - R_t^*).$$

现在我们可以运用 UIP 和 PPP 条件消除价格和利率差异，使用波浪号表示这种本国和国外之间的差异，我们获得名义汇率对数形式的差分方程，即

$$\tilde{m}_t = s_t + \tilde{y}_t - \lambda E_t \Delta s_{t+1}.$$

因此

$$s_t = \frac{\lambda}{1+\lambda}[\tilde{m}_t - \tilde{y}_t] + \frac{\lambda}{1+\lambda} E_t s_{t+1}. \tag{13.12}$$

(13.12) 式存在如下前向解

$$s_t = \left(\frac{\lambda}{1+\lambda}\right)^n E_t s_{t+n} + \frac{\lambda}{1+\lambda} \sum_{i=0}^{n-1} \left(\frac{\lambda}{1+\lambda}\right)^i E_t[\tilde{m}_{t+i} - \tilde{y}_{t+i}].$$

给定横截条件，$\lim_{n\to\infty}(\lambda/(1+\lambda))^n E_t s_{t+n} = 0$ ，该解为

$$s_t = \frac{\lambda}{1+\lambda} \sum_{i=0}^{\infty} \left(\frac{\lambda}{1+\lambda}\right)^i E_t[\tilde{m}_{t+i} - \tilde{y}_{t+i}]. \tag{13.13}$$

因此与 (13.10) 式相比，(13.13) 式用货币的超额持有量取代了利率差，实际上，这种超额持有是对交易余额的需求。汇率再一次具有前瞻性：它会随着所得到的 $m_{t+i} - m_{t+i}^*$ 和 $y_{t+i} - y_{t+i}^*$，$i \geqslant 0$ 的新信息而发生跳跃，并且，今天的汇率会对 $\tilde{m}_{t+1}$ 和 $\tilde{y}_{t+i}$ 的预期值作出反应。由于贴现因子为 $\lambda/(1+\lambda)$ ，那么距离所预期的未来差异变化越远，则其对 s_t 的当期效应就越小；当预期变化在第 $t+i$ 期发生时，对 s_t 所产生的效应为 $(\lambda/(1+\lambda))^i$。

将该解与从 UIP 条件中获得的解做一个比较，注意到，s_t 仍然取决于当期和未来的预期利率差，但是此时当期和未来的预期利率差都是内生的，并且利率差依赖于两国当期和未来的预期货币供给和产出的差异。

13.6.2 货币政策

现在我们考察货币供给对汇率变化的影响。虽然我们假定这些变化是由货币政策引起的，但是以下的分析也同样适用于与政策无关的货币冲击。接下来对财政政策的分析也是基于同样的观察。

假定政府通过货币供给目标制实施货币政策，其目的是货币供给以恒定的速率增长。我们想要区分暂时性和永久性的货币冲击：暂时性货币冲击是指影响货币存量的因素，而永久性货币冲击为影响货币供给增长率的因素。因此，我们假定本国和国外的货币供给服从带漂移的随机游走过程。漂移项的变化，即货币供给增长率的变化为永久性冲击；而随机扰动项的变化则为暂时性冲击。除此之外，我们还假定两国的产出水平也服从随机游走过程，也就是说，长期中，经济以恒定的速率增长。总结一下，我们所做的假定有

$$
\begin{aligned}
\Delta m_t &= \mu + \varepsilon_t, & E_t\varepsilon_{t+1} &= 0,\\
\Delta m_t^* &= \mu^* + \varepsilon_t^*, & E_t\varepsilon_{t+1}^* &= 0,\\
\Delta y_t &= \gamma + \xi_t, & E_t\xi_{t+1} &= 0,\\
\Delta y_t^* &= \gamma^* + \xi_t^*, & E_t\xi_{t+1}^* &= 0.
\end{aligned}
$$

因此在长期中，本国和国外的通货膨胀率分别为 μ 和 μ^*，GDP 的增长率分别为 γ 和 γ^*。

我们知道，如果 $\Delta x_t = \alpha + \varepsilon_t$ 且 $E_t\varepsilon_{t+1} = 0$，那么有 $x_{t+i} = i\alpha + x_t + \sum_{j=1}^{i}\varepsilon_{t+j}$ 以及 $E_t x_{t+i} = i\alpha + x_t$。除此之外，对 $|\theta| < 1$，有 $\sum_{i=0}^{\infty}\theta^i = 1/(1-\theta)$ 和 $\sum_{i=0}^{\infty} i\theta^i = \theta/(1-\theta)^2$。这意味着

$$
\begin{aligned}
E_t\tilde{m}_{t+i} &= i\tilde{\mu} + \tilde{m}_t,\\
E_t\tilde{y}_{t+i} &= i\tilde{\gamma} + \tilde{y}_t,
\end{aligned}
$$

根据前文的定义，波浪号表示国内外的差异。那么汇率的解为

$$
\begin{aligned}
s_t &= \frac{1}{1+\lambda}\sum_{i=0}^{\infty}\left(\frac{\lambda}{1+\lambda}\right)^i [i(\tilde{\mu}-\tilde{\gamma})+\tilde{m}_t-\tilde{y}_t] \\
&= \lambda(\tilde{\mu}-\tilde{\gamma})+\tilde{m}_t-\tilde{y}_t.
\end{aligned}
$$

名义汇率不变，要求两国货币供给差异和产出差异也保持不变。因此，两国货币供给和产出的增长率也相同。如果一个国家的通货膨胀率永远比另一个国家高，或者说产出增长率永远比另一个国家低，那么该国汇率会出现贬值。

本国货币供给增长率相对于国外的永久性提高，意味着 $\Delta\tilde{\mu}>0$ 并因此有 $\Delta s_t>0$。所以，在第 t 期汇率会迅速贬值，并且这种变化是永久的。因为通常 $\lambda>1$ ，所以汇率的反应强度要大于永久性冲击。类似的论断也适用于产出增长率。

相对货币存量或者产出水平的暂时提高不会影响货币和产出的相对增长率，但是会导致 $\tilde{m}_t$ 和 $\tilde{y}_t$ 发生变化。在第 t 期，汇率发生等量变化，但只是暂时的。具体而言，本国货币供给的暂时性提高会导致汇率的暂时性贬值。

现在，我们可以重新阐释之前所提到的悖论：为什么货币存量的提高会导致汇率的贬值，而市场 (理性表现) 却预期汇率升值呢？简单起见，假定对于所有的 i ，有 $m^*_{t+i}=y_{t+i}=y^*_{t+i}=0$ ，那么，汇率由下式决定

$$
s_t=\frac{1}{1+\lambda}m_t+\frac{\lambda}{(1+\lambda)^2}E_t m_{t+1}+\cdots. \tag{13.14}
$$

此外，如果对于所有 i ，有 $m_{t+i}=0$ ，那么 $s_t=0$ 。现在考虑 m_t 未预期到的且持续一期的暂时性增加，从零到 $m>0$ 。那么这意味着

$$
s_t=\frac{1}{1+\lambda}m>0,
$$

也就是说，即期汇率贬值。由于汇率在下一期会回到初始水平，因此 $s_{t+i}=0\ (i>0)$ ，所以有

$$
E_t s_{t+1}-s_t=-\frac{1}{1+\lambda}m<0.
$$

因此，在第 t 期和第 $t+1$ 期之间，汇率按照预期发生贬值，并且维持了 UIP 条件。

接下来假定人们预期本国货币存量在第 $t+1$ 期会增加，这可能是由于货币当局的公告所致，并且该公告是可信的，即会被市场所相信。简便起见，我们继续假设对于所有的 i ，$m^*_{t+i}=y_{t+i}=y^*_{t+i}=0$。下面将分别考察货币存量暂时性和永久性的变化，并再一次使用 (13.14) 式。

13.6.2.1 暂时性变化

除了 $m_{t+1} = m > 0$ 之外，对于所有 $i > 0$，令 $m_{t+i} = 0$。这意味着

$$
\begin{aligned}
s_t &= \frac{\lambda}{(1+\lambda)^2} E_t m_{t+1} = \frac{\lambda}{(1+\lambda)^2} m > 0, \\
E_t s_{t+1} &= \frac{1}{1+\lambda} E_t m_{t+1} = \frac{\lambda}{(1+\lambda)^2} m < s_t, \\
E_t s_{t+i} &= 0, \quad i \geqslant 2,
\end{aligned}
$$

并且有

$$
E_t[s_{t+1} - s_t] = \frac{1}{(1+\lambda)^2} E_t m_{t+1} > 0.
$$

因此，第 $t+1$ 期货币供给暂时性增加的这一可信公告会导致第 t 期的汇率贬值，而且发生在货币供给没有任何实际变化之前。在第 $t+1$ 期，当货币供给确实增加时，汇率升值。若不考虑第 t 期所发生的事情及其发生的原因，站在第 $t+1$ 期的角度来看，这似乎是自相矛盾的。在随后的各期中，汇率重返其初始值，因为长期均衡水平不受这些变化的影响。我们仍然要用所有时期汇率的预期变化都必须满足 UIP 来解释这些变化。图 13.9 中描绘了 $m=1$ 时汇率的变化情况。

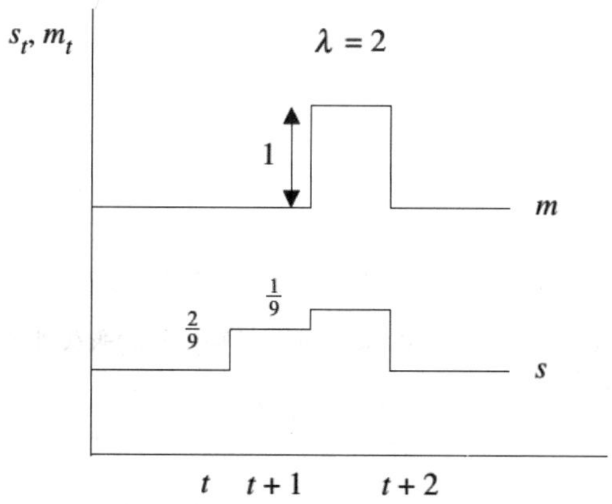

图 13.9　货币在第 $t+1$ 期预期到的暂时性增加

13.6.2.2 永久性变化

现在假定 $m_t = 0$，并且在第 t 期，对于所有的 $i > 0$，预期 $m_{t+i} = m > 0$。这意味着

$$\begin{aligned} s_t &= \frac{\lambda}{(1+\lambda)^2} E_t m_{t+1} + \frac{\lambda^2}{(1+\lambda)^3} E_t m_{t+2} + \cdots \\ &= \frac{\lambda}{1+\lambda} m, \\ E_t s_{t+1} &= \frac{1}{1+\lambda} E_t m_{t+1} + \frac{\lambda}{(1+\lambda)^2} E_t m_{t+2} + \cdots \\ &= m > s_t, \\ E_t s_{t+i} &= m, \quad i \geqslant 2, \end{aligned}$$

因此有

$$E_t[s_{t+1} - s_t] = \frac{1}{1+\lambda} m > 0.$$

因此，伴随着第 t 期所发布的公告，货币供给从第 $t+1$ 期起发生永久性变化，即期汇率 s_t 立即发生贬值 (提高)；随后在第 $t+1$ 期货币供给的变化产生影响时，汇率再次贬值；此后，汇率处于新的均衡水平上，直至受到新冲击的影响。图 13.10 描绘了 $m = 1$ 时汇率的变化情形。

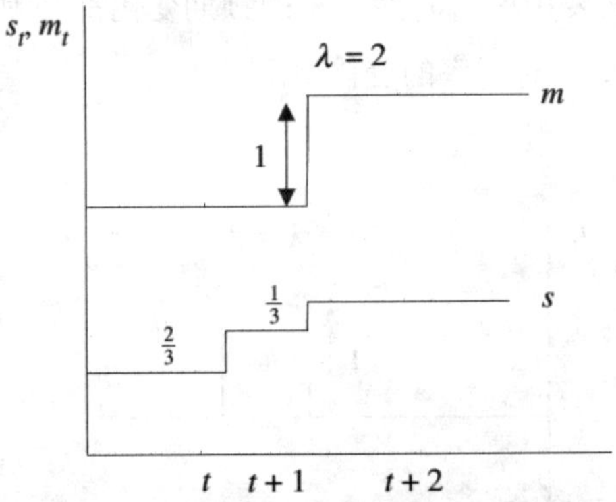

图 13.10　货币从第 $t+1$ 期开始预期到的永久性增加

13.6.3 财政政策

货币模型中并未显性地包含财政政策的变量。如果财政政策对汇率有任何影响，那么必然是通过其对产出的影响这条途径实现的。由于在汇率的解中，产出和货币的

符号相反，但产生的影响相同，因此我们可以据此推断，诸如由财政扩张引起的当期或者预期未来产出的提高会导致即期汇率升值。

13.7 汇率的 Dornbusch 模型

13.7.1 理论

在 Mundell-Fleming 模型中价格是固定的，而在货币模型中价格是完全可变的。Dornbusch 超调模型 (Dornbusch 1976) 假设价格是可变的，但有黏性。Dornbusch 模型是从汇率的 Mundell-Fleming 模型和货币模型发展而来的，再加上一个通货膨胀率方程，其中通货膨胀是由对产品和服务的超额需求所引起的。即使在方程中不存在滞后项，价格的调整也不是瞬时的，这足以引起汇率和产出在短期比货币模型发生更多的变动。在分析完 Dornbusch 模型及其对货币政策和财政政策的含义后，我们回到货币模型以检验加入价格黏性后它的含义。从这个意义上说，我们距离得到汇率的一般均衡模型就更近了。我们把这一模型叫做带有价格黏性的货币模型，并发现名义汇率在该模型中的表现与 Dornbusch 模型很相似。关于 Dornbusch 模型的回顾性评论可参见 Rogoff(2002)。

像货币模型一样，Dornbusch 模型也是非常程式化的。它本质上是在 IS-LM-BP 模型中以总需求函数替代了 IS 函数，用 UIP 替代了国际收支平衡条件，并且增加了一个价格方程。可以用以下方程表示该模型：

$$
\begin{aligned}
d_t &= \alpha(s_t + p_t^* - p_t) - \beta R_t + \gamma y_t + g, \\
\Delta p_t &= \theta(d_t - y_t) + v_t, \\
m_t &= p_t + y_t - \lambda R_t + u_t, \\
R_t &= R_t^* + E_t \Delta s_{t+1},
\end{aligned}
$$

其中 d 是总需求，y 是外生的国内产出或总供给，s 是名义汇率，p 是价格水平，R 是国内名义利率，g 是政府支出，m 是货币供给，u 和 v 是均值为 0 的连续独立冲击。星号 $*$ 表示相应的国外变量。除了利率，所有的变量都是对数形式。所以 Dornbusch 模型区分了内生总需求和外生的总供给。第一个方程是总需求函数。第二个方程将通货膨胀率与超额总需求联系起来，实际上，这和产出缺口是一样的。R_t^* 被假定是外生的，所以可以认为 Dornbusch 模型适用于一个小国经济。我们记得，在货币模型中 R_t^* 是内生的。

在 Dornbusch 的初始模型中时间是连续的，因此，初始模型中 s_t 和其他变量间有一个区别：我们假设 s_t 是一个可迅速变化的变量，它能对新信息瞬时做出反应；相反，p_t 的反应只能滞后。这个区别在构造 Dornbusch 模型汇率超调的性质特征时是十分重要的。在离散时间中，我们不做这样的区分。

可以首先将模型简化为两个关于 p_t 和 s_t 的方程来求解。从前三个方程中可得价格方程为

$$\left.\begin{aligned} p_t &= \mu p_{t-1} + \phi s_t + a_t, \\ a_t &= \mu\theta\left(\gamma - 1 - \frac{\beta}{\lambda}\right) y_t + \frac{\mu\beta\theta}{\lambda} m_t + \mu\theta g + \mu\alpha\theta p_t^* - \frac{\mu\beta\theta}{\lambda} u_t + \mu v_t, \end{aligned}\right\} \tag{13.15}$$

其中 $\mu = [1 + \theta(\alpha + (\beta/\lambda))]^{-1}$，$\phi = \mu\alpha\theta$。汇率方程是

$$\left.\begin{aligned} s_t &= E_t s_{t+1} - \frac{1}{\lambda} p_t + b_t, \\ b_t &= -\frac{1}{\lambda} y_t + \frac{1}{\lambda} m_t + R_t^* - \frac{1}{\lambda} u_t. \end{aligned}\right\} \tag{13.16}$$

利用滞后算子的性质 $L^i z_t = z_{t-i}$ 以及 $L^{-i} z_t = E_t z_{t+i}$，s_t 的简化式可以写为

$$[\lambda - (\mu\lambda + \lambda + \phi)L + \mu\lambda L^2]L^{-1} s_t = x_t \tag{13.17}$$

或者为

$$\mu\lambda f(L) L^{-1} s_t = x_t, \tag{13.18}$$

其中

$$x_t = a_t - \lambda(1 - \mu L) b_t.$$

特征方程或辅助方程是

$$f(L) = \frac{1}{\mu} - \left(1 + \frac{1}{\mu} + \frac{\phi}{\mu\lambda}\right) L + L^2 = 0.$$

由于 $f(1) = -(\phi/\mu\lambda) < 0$，方程有一个鞍点解。我们把特征方程的根写作

$$L = \eta_1 \geqslant 1, \quad L = \eta_2 < 1.$$

因此，

$$\begin{aligned} f(L) &= (L - \eta_1)(L - \eta_2) \\ &= -\eta_1\left(1 - \frac{1}{\eta_1} L\right)(1 - \eta_2 L^{-1}). \end{aligned}$$

所以，s_t 的解是

$$s_t = \eta_1^{-1} s_{t-1} - \frac{1}{\mu\lambda\eta_1}\sum_{i=0}^{\infty}\eta_2^i E_t x_{t+i}, \tag{13.19}$$

我们可以把它写为前向的局部调整模型

$$\Delta s_t = \left(1-\frac{1}{\eta_1}\right)(\bar{s}_t - s_{t-1}), \tag{13.20}$$

$$\bar{s}_t = -\frac{1}{\mu\lambda(\eta_1-1)}\sum_{i=0}^{\infty}\eta_2^i E_t x_{t+i}, \tag{13.21}$$

其中 $\bar{s}_t$ 是 s_t 的“目标”值，也是稳态解。因此，汇率的完整解中既有前向的部分也有后向的部分。在一个永久性的冲击 x_t 后，s_t 瞬间跳到鞍点路径上，在 (13.19) 式中，经历了几何式的下降后到达新的均衡 $\bar{s}_t$ 。

当外生变量为常数时，汇率的稳态解是

$$\bar{s}_t = m_t - \frac{1}{\alpha}g + \frac{1-\alpha-\gamma}{\alpha}y_t - p_t^* + \left(\lambda + \frac{\beta}{\alpha}\right)R_t^*. \tag{13.22}$$

这意味着货币供给 m_t 的永久性增加会引起汇率等量的贬值，而财政扩张 (增加) 会使汇率升值。R_t^* 的增加和 p_t^* 的下降都会引起汇率贬值。

将 (13.21) 式代入 (13.15) 式中，可得 p_t 的解

$$p_t = \left(\mu - \frac{1}{\eta_1}\right)p_{t-1} - \frac{\mu}{\eta_1}p_{t-2} - \frac{\phi}{\mu\lambda\eta_1}\sum_{i=0}^{\infty}\eta_2^i E_t x_{t+i} + a_t - \frac{1}{\eta_1}a_{t-1}. \tag{13.23}$$

从表面上看，由于在模型中除价格变化外没有滞后项，价格的变化又取决于当期而不是往期的超额需求，所以 Dornbusch 模型的价格黏性并没有得到体现。但是从模型的解，也就是 (13.23) 式中可以清楚地看到，价格水平的动态行为非常复杂，而且它还涉及了二阶滞后。

13.7.2 货币政策

首先我们考虑货币供给未预期到的暂时性增加对汇率的影响，即在第 t 期 m_t 从 m_0 增加到 m_1，并在第 $t+1$ 期预期货币供给会永久性地回到 m_0 。a_t 和 b_t 中都包含货

币供给，所以 x_t 中自然也包含。我们令 x_t 中的其他变量均为 $0x_t$。因此，可以将写做

$$\begin{aligned} x_t &= \left(\frac{\mu\beta\theta}{\lambda}-1\right)m_t+\mu m_{t-1} \\ &= \left(\frac{\mu\beta\theta}{\lambda}-1\right)m_1+\mu m_0, \\ E_t x_{t+1} &= \left(\frac{\mu\beta\theta}{\lambda}-1\right)m_0+\mu m_1, \\ E_t x_{t+i} &= \left(\frac{\mu\beta\theta}{\lambda}-1\right)m_0+\mu m_0, \quad i>1. \end{aligned}$$

在第 t 期之前，我们令 $s_{t-i}=m_0\ (i>0)$。替换 (13.19) 式中的 x_t 和 $E_t x_{t+i}$，第 t 期的汇率是

$$s_t = m_0 + \delta m_1.$$

由于 $\eta_2<1$，我们有 $\delta=((1+\alpha\theta-\eta_2)/\lambda\eta_1)>0$，因此第 t 期货币供给水平暂时性改变会引起汇率的贬值。

现在考虑在第 t 期货币供给未预期到的永久性增加。我们假设之前的政策调整是预期 $s_t=m_0$，它是汇率过去的长期值。在货币供给增加后，汇率新的长期值是 $s=m_1$。我们关注在第 t 期汇率是如何变化的。此时

$$\begin{aligned} x_t &= \left(\frac{\mu\beta\theta}{\lambda}-1\right)m_1+\mu m_0, \\ E_t x_{t+i} &= \left(\frac{\mu\beta\theta}{\lambda}-1\right)m_1+\mu m_1, \quad i>0, \\ s_t &= \frac{1}{\eta_1}m_0-\frac{1}{\mu\lambda\eta_1}\left\{\left(\frac{\mu\beta\theta}{\lambda}-1\right)m_1+\mu m_0\right. \\ &\qquad \left.+\sum_{i=1}^{\infty}\eta_2^i\left[\left(\frac{\mu\beta\theta}{\lambda}-1\right)m_1+\mu m_1\right]\right\} \\ &= m_1+\varphi(m_1-m_0), \end{aligned}$$

其中如果 $\lambda>1$，那么 $\varphi=((\lambda-1)/\lambda\eta_1)>0$。因此，如果 $\lambda>1$，汇率在第 t 期就会超调过它的长期值 m_1，这就是著名的 Dornbusch 模型超调性质在离散时间下的等价形式。在第 t 期后，汇率会以几何下降的形式平滑到它新的长期值 m_1。

我们用数值模拟的方法来解释货币政策对汇率和价格水平的影响。我们先分析货币供给未预期到的暂时性和永久性增加所带来的影响，再分析预期到的货币供给增加所带来的影响，并假设货币供给增加都发生在第 $t+5$ 期。图 13.11–13.14给出了汇率、价格水平和货币供给的变动结果。图 13.11–13.22 中各个符号的含义为："m"表示货

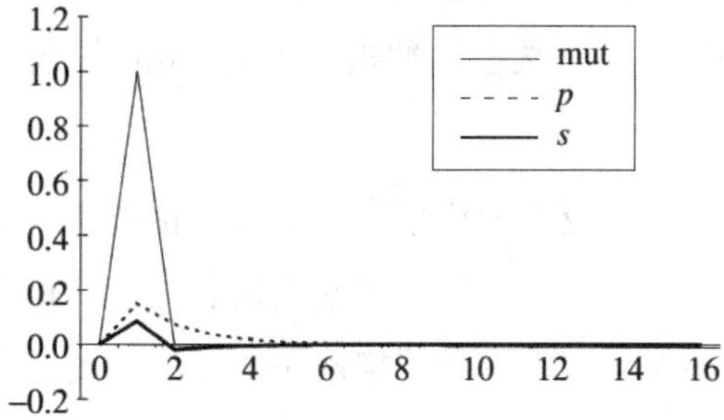

图 13.11　未预期到的暂时性货币供给冲击

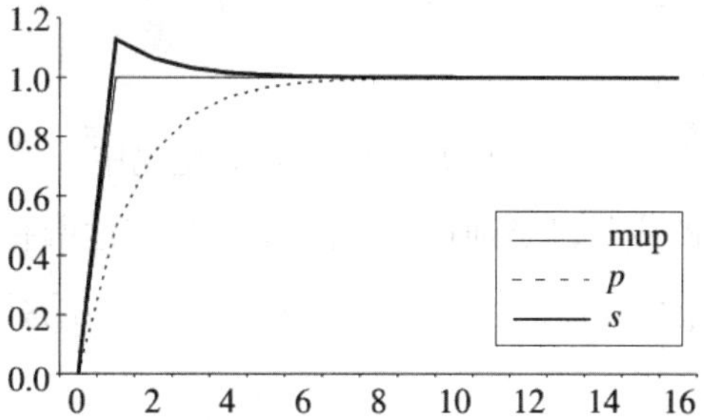

图 13.12　未预期到的永久性货币供给冲击

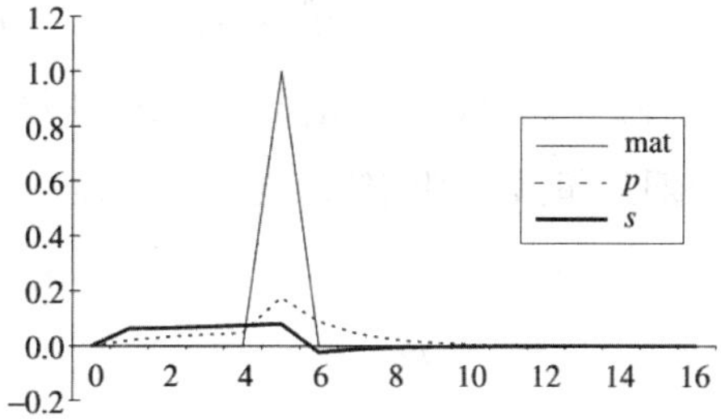

图 13.13　预期到的暂时性货币供给冲击

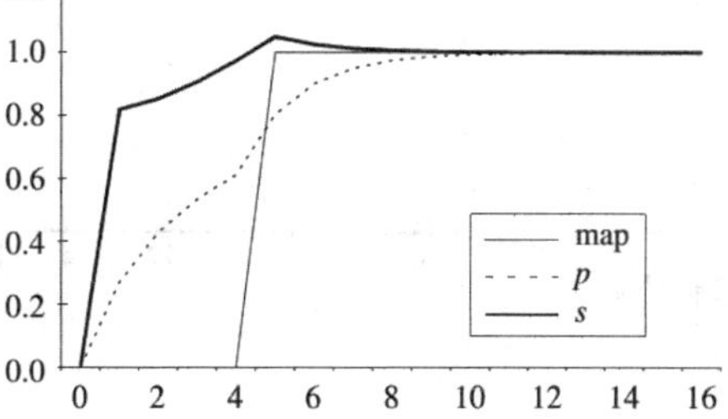

图 13.14　预期到的永久性货币供给冲击

币冲击，“g”表示财政冲击，“u”表示未预期到的冲击，“a”表示预期到的冲击，“t”表示暂时性的冲击，“p”表示永久性的冲击，因此“mut”表示一个未预期到的暂时性货币冲击。

货币供给增加，引起汇率贬值和价格水平上升，价格水平的调整速度比汇率慢很多。对于一个永久性冲击，汇率调整超过了它新的长期值，但由于价格水平的反应较慢，所以价格水平没有超调。但汇率和价格水平对预期到的未来货币供给变化都瞬间做出了反应。

13.7.3 财政政策

财政政策引起了总需求函数变化并体现在 g 的变化中。世界总需求的增加体现在 p_t^* 的变化中。由于所有的变量都是通过 a_t 引入的，当其他所有变量保持不变时，我们可以考虑在 $x_t = a_t$ 时 a_t 变化所产生的影响。如果在 t 期 a_t 暂时性地由 a_0 增加到 a_1 ，那么在第 t 期的汇率为

$$s_t = a_0 - \frac{1}{\mu\lambda\eta_1}(a_1 - a_0).$$

因此，汇率暂时性的升值，在第 t 期之后，会随时间逐渐回到 a_0 。

如果 a_t 的变化是永久性的，那么 $s_t = a_1$ ，即汇率在第 t 期跳到它新的长期值。图 13.15–13.18 描述了未预期到和预期到的暂时性和永久性正向财政冲击对汇率和价格水平的影响。

在正向的财政冲击后汇率升值，价格水平提高。汇率对冲击的反应要比价格水平的反应强烈得多。

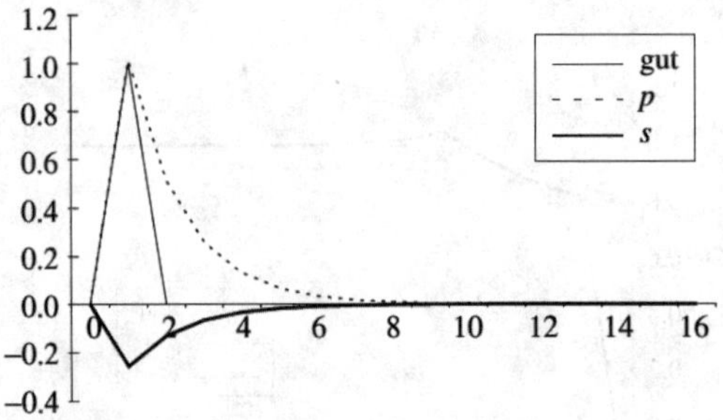

图 13.15 未预期到的暂时性财政冲击

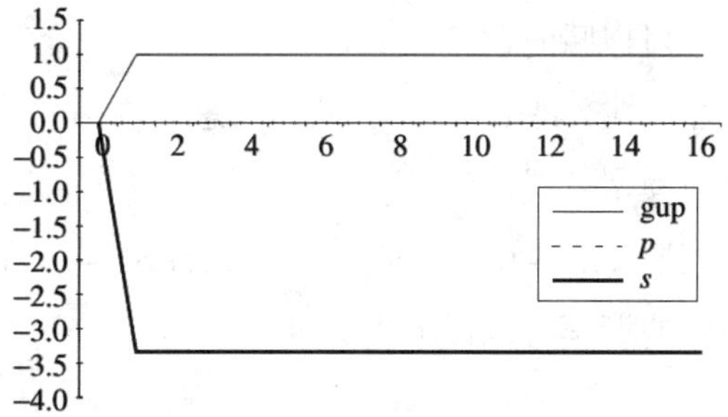

图 13.16　未预期到的永久性财政冲击

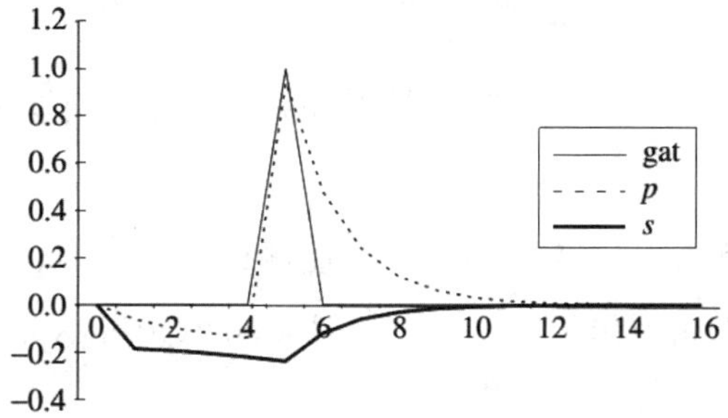

图 13.17　预期到的暂时性财政冲击

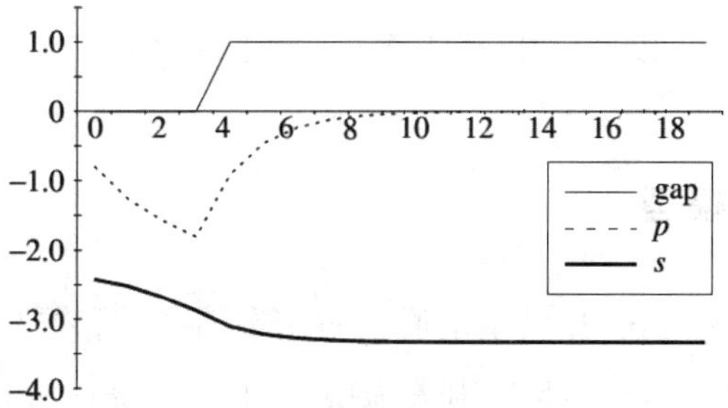

图 13.18　预期到的永久性财政冲击

13.7.4 Dornbusch 模型与货币模型的比较

若假设：(i) 价格水平可以瞬时调整，即 $\theta \to \infty$ ，并因此有 $d_t = y_t$ ；(ii) 国内产品和国外产品具有完全可替代性，即 $\alpha \to \infty$，从而将总需求函数简化为 PPP；则可以由 Dornbusch 模型得到货币模型。

如果以上假设成立，那么 $\mu \to 0$，$\phi \to 1$，并因此有 $\eta_1 \to \infty$ 以及 $\eta_2 \to (\lambda/(1+\lambda))$。结果，Dornbusch 模型中的汇率可以被下式决定

$$s_t = -\frac{1}{1+\lambda}\sum_{i=0}^{\infty}\left(\frac{\lambda}{1+\lambda}\right)^i E_t x_{t+i}.$$

在 x_t 的永久性改变后，汇率会瞬间跳到它新的长期均衡。

货币模型中对 x_t 有不同定义。因为 $\mu = 0$，所以

$$x_t = -\lambda b_t = y_t - m_t - \lambda R_t^* + u_t.$$

因此，由于不存在 a_t ，无论财政政策还是国外需求在货币模型中都不会产生显性的影响。

如果 Dornbusch 模型中只有 $\theta \to \infty$ 而 α 保持为有限量，因此总需求是外生的，那么 $\mu \to 0$ ，但 $\phi \to 1 + (\beta/\alpha\lambda)$。因此，在 (13.18) 式中可以得到

$$f(L) = \lambda - \left(1 + \lambda + \frac{\beta}{\alpha\lambda}\right)L.$$

方程的单根是 $L = 1/(1 + (1/\lambda) + (\beta/\alpha\lambda)) = \eta < 1$ ，这个根是不稳定的。那么，汇率的解变为

$$s_t = -\frac{1}{1 + (1/\lambda) + (\beta/\alpha\lambda)}\sum_{i=0}^{\infty}\eta^i E_t x_{t+i}.$$

这和货币方程的解之间细微的差别仅在于参数的不同。

13.8 黏性价格货币模型

我们已经看到，Dornbusch 模型是通过假定本国产品和国外产品的不完全可替代性以及超额需求价格方程将价格黏性引入模型中的。对 Dornbusch 模型而言，另一种使该模型更接近之前章节所讨论的 DSGE 模型的方法是将价格黏性引入货币模型。具体的方法是：假定 PPP 仅在长期成立；在短期，价格是由第 9 章推导的通货膨胀方程决定，这些方程基于价格不完全灵活可变的假设。我们用 $p_t^{\#}$ 表示本国长期最优价格水

平，由于在长期 PPP 成立，所以 $p_t^{\#}$ 满足

$$p_t^{\#} = s_t + p_t^*,$$

其中，p_t^* 为国外价格水平。接着用 $p_t^{\#}$ 替代前述通货膨胀方程中的最优价格水平，那么，本国通货膨胀方程可以写为

$$\begin{aligned}\Delta p_t &= \alpha(p_t^{\#} - p_{t-1}) + \beta E_t \Delta p_{t+1} \\ &= (1-\alpha-\beta)\pi + \alpha(s_t + p_t^* - p_{t-1}) + \beta E_t \Delta p_{t+1},\end{aligned}$$

其中，π 是本国长期通货膨胀率。

假定我们研究的是小型开放经济，其余的方程是货币需求函数和 UIP 条件:

$$\begin{aligned}m_t &= p_t + y_t - \lambda R_t, \\ R_t &= R_t^* + E_t \Delta s_{t+1}.\end{aligned}$$

如果我们将 R_t 从货币需求和 UIP 条件中消去，可以得到

$$p_t + y_t - m_t = \lambda(R_t^* + E_t \Delta s_{t+1}).$$

这就给出了关于变量 p_t 和 s_t 的两个动态方程；m_t、y_t 和 R_t^* 都是外生变量。重新写出价格方程，模型变为

$$\begin{aligned}-\beta E_t p_{t+1} + (1+\beta)p_t - (1-\alpha)p_{t-1} - \alpha s_t &= (1-\alpha-\beta)\pi + \alpha p_t^*, \\ p_t - \lambda E_t s_{t+1} + \lambda s_t &= m_t - y_t + \lambda R_t^*.\end{aligned}$$

模型的长期解与货币模型的小型开放经济版本的解相同，在该版本中 R_t^* 被视为外生变量。因此，价格水平和汇率的长期解为

$$p = s + p^*, \qquad s = y - m + p^* - \lambda(R^* + \pi^* - \pi),$$

其中，π^* 为国外长期通货膨胀率。

可以通过滞后算子获得模型的短期解，消去 p_t，得到 s_t 的简化式为:

$$h(L)s_t = x_t,$$

其中

$$
\begin{aligned}
x_t &= a_t + g(L)b_t,\\
a_t &= (1-\alpha-\beta)\pi + \alpha p_t^*,\\
b_t &= m_t - y_t + \lambda R_t^*,\\
h(L) &= (1-\alpha)\lambda L - [\alpha + \lambda(2-\alpha+\beta)] + \lambda(1+2\beta)L^{-1} - \beta\lambda L^{-2}\\
&= (1-\alpha)\lambda f(L)L^{-2},\\
f(L) &= (L-\eta_1)(L-\eta_2)(L-\eta_3),\\
g(L) &= (1-\alpha)L - (1+\beta) + \beta L^{-1},
\end{aligned}
$$

并且，$\{\eta_i; i=1,2,3\}$ 是特征方程 $f(L)=0$ 的特征根。由于 $f(1) = -(\alpha/((1-\alpha)\lambda)) < 0$，因此，要么三个根都是稳定的，要么只有一个根是稳定的。对于三个根都是稳定的情形，三个根都大于 1 (假定都为正的) 则要求其乘积大于 1，但是 $\eta_1\eta_2\eta_3 = \beta/(1-\alpha)$ 为正却并不一定大于 1。因此，我们假定只有一个根是稳定的，其他两个根都不稳定，即 $\eta_1 \geqslant 1$ 而 η_2、$\eta_3 < 1$ 。那么 s_t 的解可以写为

$$
s_t = \frac{1}{\eta_1}s_{t-1} - \frac{1}{(1-\alpha)(\eta_2-\eta_3)}\left[\eta_2\sum_{i=0}^{\infty}\eta_2^i E_t x_{t+i} - \eta_3\sum_{i=0}^{\infty}\eta_3^i E_t x_{t+i}\right].
$$

图 13.19–13.22 描绘了模拟得到的暂时性和永久性的、未预期到的和预期到的货币供给冲击对汇率和价格水平的影响。

这些结果与 Dornbusch 模型的结果十分相似。未预期到的货币供给永久性增加又一次伴随着汇率的超调，但对于预期到的货币供给的永久性增加则并非如此。

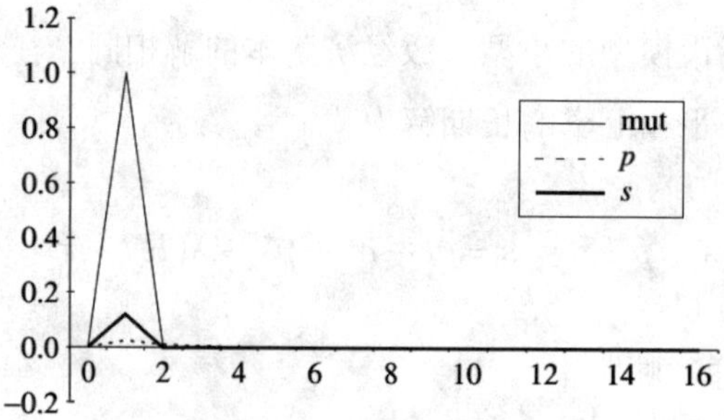

图 13.19 未预期到的暂时性货币供给冲击的影响

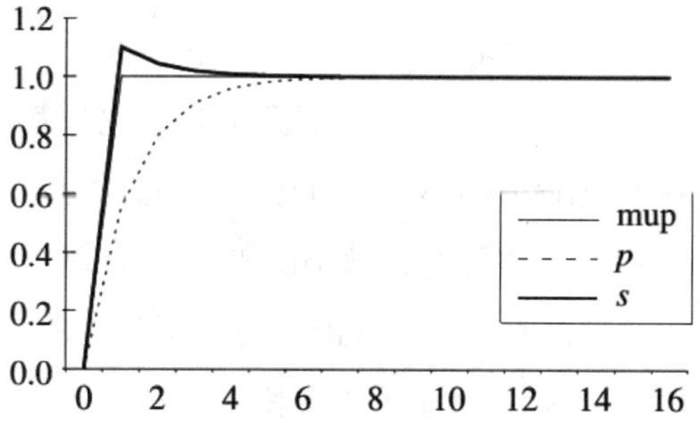

图 13.20　未预期到的永久性货币供给冲击的影响

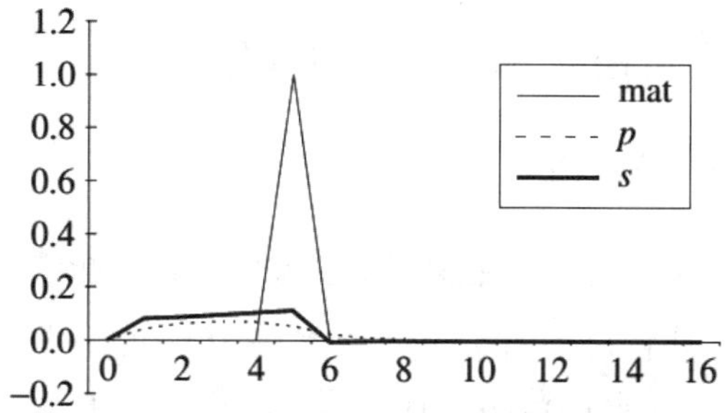

图 13.21　预期到的暂时性货币供给冲击的影响

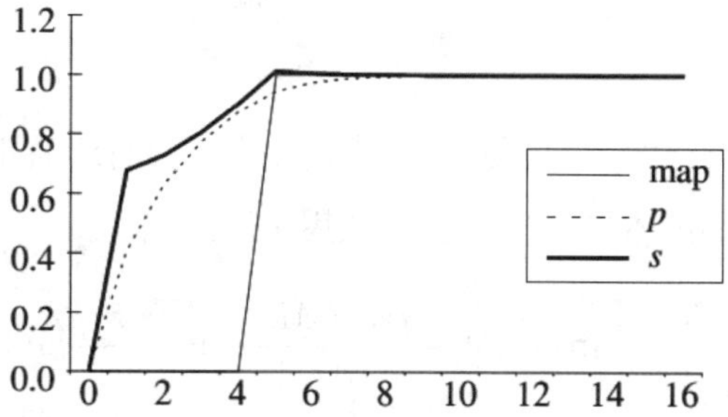

图 13.22　预期到的永久性货币供给冲击的影响

13.9 Obstfeld-Rogoff Redux 模型

迄今为止，我们所考察的汇率模型有两个主要的局限：一方面，它们都是没有明确微观基础的 ad hoc 模型；另一方面，为了易于分析，它们都对产出变化或价格变化加以某些限定。Obstfeld–Rogoff Redux 模型 (1995) 是首次尝试为汇率模型提供明确的微观基础且允许产出与价格为灵活可变。(Redux 的意思是复活或者回来的意思；在这里，也许意味着将汇率的动态性回复到 DSGE 的分析框架中。) 尽管以前的模型有其明显的缺陷，但却对我们理解更加复杂的 Redux 模型有极大帮助。Redux 的基本模型是包含垄断竞争的产品市场和灵活可变价格的两国模型。我们将考察基本模型的两种变形：一个是具有黏性价格的模型，另一个是小型经济版本的模型。尽管我们严格遵照 Obstefeld 和 Rogoff 的分析方法，但是我们也时刻谨记将模型与之前章节的一般分析框架联系起来，因此这会与他们的模型产生细小的差别。

13.9.1 具有灵活可变价格的 Redux 基本模型

13.9.1.1 偏好、技术及市场结构

假定世界上只存在两个国家，在这两个国家中，存在生产者 – 居民户的个人连续统，由 $z \in [0,1]$ 标记，并且每个国家的生产者生产单一的差异化产品 z。本国不同的生产者生产以 $[0,n]$ 的区间来标记的产品，外国的生产者则生产剩余的 $(n,1]$ 种产品。本国居民户的消费为 $c_t(z)$，国外居民户的消费为 $c_t^*(z)$ ，$p_t(z)$ 是以本币度量的产品 z 的价格，$p_t^*(z)$ 是以外币度量的该产品的价格。Redux 模型的独具匠心之处在于其引入供给面的方式。产品 z 的产出以 $y_t(z)$ 表示，它是由居民户仅以劳动为要素生产出来的。模型并没有给出生产函数的具体形式，而是假定生产与闲暇负相关，并且暗含资本是固定不变的这一假设，进而将资本完全省略掉。所以，模型并没有直接包含就业或者闲暇。

假定本国居民和国外居民户的偏好相同，只是生产的产品不同。对于一个生产产品 z、消费所有类型商品的本国居民户，其效用由下式给出

$$\mathcal{U}_t = \sum_{j=0}^{\infty} \beta^j \left[\ln c_{t+j} + \frac{\phi}{1-\epsilon}\left(\frac{M_{t+j}}{P_{t+j}}\right)^{1-\epsilon} - \tfrac{1}{2}\gamma y_t(z)^2 \right], \tag{13.24}$$

其中 $\epsilon > 0$ ，c_t 表示由 CES 函数给出的总消费

$$c_t = \left[\int_0^1 c_t(z)^{(\sigma-1)/\sigma} \right]^{\sigma/(\sigma-1)}, \quad \sigma > 1. \tag{13.25}$$

M_t 为每个本国居民户持有的货币存量，P_t 表示由下式给出的一般价格水平

$$P_t = \left[\int_0^1 p_t(z)^{1-\sigma} \right]^{1/(1-\sigma)}. \tag{13.26}$$

效用函数的最后一项反映了从闲暇中获得的效用，闲暇与用于生产产品 z 所需的劳动成反向关系，并且假定闲暇与产品数量 $y_t^s(z)$ 成比例。这种设定方法与我们在第 7 章中对开放经济模型的讨论类似，但这里的模型是基于连续而非离散的加总函数。

每种产品都是可贸易的并且以本币标价，假定产品满足“一价定律”，因而存在单一的世界价格，

$$p_t(z) = S_t p_t^*(z),$$

其中，S_t 为汇率 (外币的本国价格)。因此

$$P_t = \left[\int_0^n p_t(z)^{1-\sigma} + \int_0^n S_t p_t^*(z)^{1-\sigma} \right]^{1/(1-\sigma)} \tag{13.27}$$

并且

$$P_t = S_t P_t^*,$$

其中，P_t^* 为国外的一般价格水平。因而消费者价格指数满足 PPP，但这仅仅是因为两国消费相同的一篮子商品。

本国和国外居民户的预算约束分别为

$$B_{t+1} + M_{t+1} + P_t c_t + P_t T_t = p_t(z) y_t(z) + (1 + R_t) B_t + M_t, \tag{13.28}$$

$$B_{t+1}^* + M_{t+1}^* + P_t^* c_t^* + P_t^* T_t^* = p_t^*(z) y_t^*(z) + (1 + R_t^*) B_t^* + M_t^*, \tag{13.29}$$

其中，B_t 为以本币度量的私人发行的债券，T_t 为支付给本国政府的实际税收 (或者为实际转移支付，如果 $T_t < 0$)，R_t 为名义利率。星号 $*$ 代表国外的相应变量。因为只存在两个国家，债券是由私人发行的，并且 $P_t = S_t P_t^*$，所以债券的净供给为零。这个约束由下式给出

$$n B_t + (1 - n) B_t^* = 0.$$

本国政府和国外政府的预算约束分别为

$$P_t g_t = P_t T_t + \Delta M_{t+1}, \tag{13.30}$$

$$P_t^* g_t^* = P_t^* T_t^* + \Delta M_{t+1}^*, \tag{13.31}$$

其中

$$g_t = \left[\int_0^1 g_t(z)^{(\sigma-1)/\sigma} \right]^{\sigma/(\sigma-1)}$$

$g_t(z)$ 为政府提供的居民户消费品 z。政府支出并不会带来居民户的效用。政府预算约束假定政府支出是通过一次总付税和铸币税来融资的。

给定总消费函数为 CES 形式的，即 (13.25) 式，以及效用函数，与第 7 章中的结果一样，可以得出本国居民户对产品 z 的需求为

$$c_t(z) = \left[\frac{p_t(z)}{P_t}\right]^{-\sigma} c_t,$$

并且一般价格水平是由 (13.26) 式决定的。简单起见，假定政府提供的产品 z 具有相同的形式。通过对所有居民户，即 n 个本国居民户和 $1-n$ 个国外居民户，加总得到世界总私人需求 c_t^{W}，其结果为

$$c_t^{\mathrm{W}} = nc_t + (1-n)c_t^*. \tag{13.32}$$

类似地，世界总的政府需求 g_t^{W} 为

$$g_t^{\mathrm{W}} = ng_t + (1-n)g_t^*.$$

产品 z 的世界总需求是居民户私人需求与政府需求之和，即

$$y_t(z) = \left[\frac{p_t(z)}{P_t}\right]^{-\sigma} (c_t^{\mathrm{W}} + g_t^{\mathrm{W}}). \tag{13.33}$$

因为生产者存在垄断势力，所以需求函数是向下倾斜的。我们知道，尽管由于消费者的偏好相同，消费者价格指数满足 PPP，但是除非 $n = 1/2$，否则国民产出平减指数并不满足 PPP，这是因为两国生产的产品不同。

最后假定 UIP 成立，由此有

$$1 + R_t = \frac{S_{t+1}}{S_t}(1 + R_t^*).$$

这意味着，实际利率 r_t 满足

$$\begin{aligned}
1 + r_t &= \frac{P_t}{P_{t+1}}(1 + R_t) \\
&= \frac{P_t}{P_{t+1}}\frac{S_{t+1}}{S_t}(1 + R_t^*) \\
&= \frac{P_t^*}{P_{t+1}^*}(1 + R_t^*) \\
&= 1 + r_t^*,
\end{aligned}$$

因此，利率平价成立。

13.9.1.2 个体最大化

居民户的问题是求解 $\{c_{t+j}, y_{t+j}(z), B_{t+j}, M_{t+j}\}$ [①]以最大化跨期效用 (13.24) 式，受约束于居民户和政府的预算约束 (13.28) 式和 (13.30) 式，以及总需求 (13.33) 式，而把世界总需求 $c_t^{\mathrm{W}} + g_t^{\mathrm{W}}$ 当作给定的。国外居民户面临相对应的问题。

通过消去 $p(z)$ 和 $p^*(z)$ 可以将本国预算约束简化如下

$$B_{t+1} + M_{t+1} + P_t c_t + P_t T_t = P_t y_t(z)^{(\sigma-1)/\sigma}(c_t^{\mathrm{W}} + g_t^{\mathrm{W}})^{1/\sigma} + (1+R_t)B_t + M_t. \quad (13.34)$$

现在，可将本国居民的拉格朗日函数写为

$$\begin{aligned}\mathcal{L} = \sum_{j=0}^{\infty} \beta^j \left[\ln c_{t+j} + \frac{\phi}{1-\epsilon}\left(\frac{M_{t+j}}{P_{t+j}}\right)^{1-\epsilon} - \tfrac{1}{2}\gamma y_{t+j}(z)^2 \right] \\ + \lambda_{t+j}[P_{t+j} y_{t+j}(z)^{(\sigma-1)/\sigma}(c_{t+j}^{\mathrm{W}} + g_{t+j}^{\mathrm{W}})^{1/\sigma} + (1+R_{t+j})B_{t+j} \\ - B_{t+j+1} - \Delta M_{t+j+1} - P_{t+j}c_{t+j} - P_{t+j}T_{t+j}].\end{aligned}$$

一阶条件为

$$\begin{aligned}\frac{\partial \mathcal{L}}{\partial c_{t+j}} &= \beta^j \frac{1}{c_{t+j}} - \lambda_{t+j} P_{t+j} = 0, & j \geqslant 0, \\ \frac{\partial \mathcal{L}}{\partial y_{t+j}(z)} &= -\beta^j \gamma y_{t+j}(z) \\ &\quad - \lambda_{t+j}\frac{\sigma-1}{\sigma} P_{t+j} y_{t+j}(z)^{-1/\sigma}(c_{t+j}^{\mathrm{W}} + g_{t+j}^{\mathrm{W}})^{1/\sigma} = 0, & j \geqslant 0, \\ \frac{\partial \mathcal{L}}{\partial M_{t+j}} &= \beta^j \phi \frac{M_{t+j}^{-\epsilon}}{P_{t+j}^{1-\epsilon}} + \lambda_{t+j} - \lambda_{t+j-1} = 0, & j > 0, \\ \frac{\partial \mathcal{L}}{\partial B_{t+j}} &= \lambda_{t+j}(1+R_{t+j}) - \lambda_{t+j-1} = 0, & j > 0.\end{aligned}$$

这意味着

$$\begin{aligned}\frac{\beta c_t(1+r_{t+1})}{c_{t+1}} &= 1, \\ \frac{M_{t+1}}{P_{t+1}} &= \left[\phi \frac{c_{t+1}}{R_{t+1}}\right]^{1/\epsilon}, \\ y_t(z)^{(\sigma+1)/\sigma} &= \frac{\sigma-1}{\sigma\gamma} c_t^{-1}(c_t^{\mathrm{W}} + g_t^{\mathrm{W}})^{1/\sigma}.\end{aligned}$$

[①] 译者注：原书此处为 $\{c_{t+j}, y_{t+j}(z), B_{t+j}, M_{t+j}, y_{t+j}(z)\}$，据下文推断，应无最后一项，疑似作者笔误。

类似地，对于国外，有

$$\frac{\beta c_t^*(1+r_{t+1})}{c_{t+1}^*}=1,$$
$$\frac{M_{t+1}^*}{P_{t+1}^*}=\left[\phi\frac{c_{t+1}^*}{R_{t+1}^*}\right]^{1/\epsilon},$$
$$y_t^*(z)^{(\sigma+1)/\sigma}=\frac{\sigma-1}{\sigma\gamma}c_t^{*-1}(c_t^{\mathrm{W}}+g_t^{\mathrm{W}})^{1/\sigma}.$$

我们都很熟悉上述关于消费的欧拉方程和货币需求函数。产出方程反映了这样一个事实：一单位额外产出的边际效用等于生产该单位产出所减少的闲暇导致的边际效用损失。如果产品是完全替代品，$\sigma\to\infty$ ，那么本国的产出方程为

$$\lim_{\sigma\to\infty}y_t(z)=\frac{1}{\gamma c_t}>y_t(z).$$

这表明的仅仅是供给面的消费和闲暇之间权衡，不考虑世界需求对产出的影响；该式还表明，由于垄断所产生的扭曲作用，产出要低于社会最优产出水平。

从居民户和政府预算约束中可以得到消费方程：

$$c_t=(1+R_t)\frac{B_t}{P_t}-(1+\pi_{t+1})\frac{B_{t+1}}{P_{t+1}}+\frac{p_t(z)y_t(z)}{P_t}-g_t, \tag{13.35}$$
$$c_t^*=(1+R_t^*)\frac{B_t^*}{P_t^*}-(1+\pi_{t+1}^*)\frac{B_{t+1}^*}{P_{t+1}^*}+\frac{p_t^*(z)y_t^*(z)}{P_t^*}-g_t^*, \tag{13.36}$$

其中，$1+\pi_{t+1}=P_{t+1}/P_t$ ，$1+\pi_{t+1}^*=P_{t+1}^*/P_t^*$ 。

13.9.1.3 基准长期模型

在静态均衡中，消费、实际债券以及货币的实际存量都为常数。因此，从欧拉方程中可以得出共同的实际收益率为

$$r=r^*=\theta,$$

其中，$\beta=1/(1+\theta)$ 。运用债券的净供给为零这个条件消掉 $B^*=-(n/(1-n))B$ ，因此，两国的稳态消费分别为

$$c=r\frac{B}{P}+\frac{p(z)y(z)}{P}-g, \tag{13.37}$$
$$c^*=-r\frac{nB}{(1-n)P^*}+\frac{p^*(z)y^*(z)}{P^*}-g^*. \tag{13.38}$$

在我们基本模型的具体设置中，为了便于与下文的比较，我们加入了另一个假设：不存在债务和政府支出，即 $B = B^* = g = g^* = 0$ ，那么，(13.37) 式和 (13.38) 式就可以简化为[①]

$$c = \frac{p(z)y(z)}{P},$$
$$c^* = \frac{p^*(z)y^*(z)}{P^*},$$

并且，产出方程变为

$$y(z)^{(\sigma+1)/\sigma} = \frac{\sigma-1}{\sigma\gamma}c^{-1}[nc+(1-n)c^*]^{1/\sigma},$$
$$y^*(z)^{(\sigma+1)/\sigma} = \frac{\sigma-1}{\sigma\gamma}c^{*-1}[nc+(1-n)c^*]^{1/\sigma}.$$

另外，国际收支平衡条件仅包括贸易，并且由于贸易额必须平衡，所以消费等于收入，即 $c = y(z)$ ，$c^* = y^*(z)$。这意味着

$$y(z)^{(2\sigma+1)/\sigma} = \frac{\sigma-1}{\sigma\gamma}[ny(z)+(1-n)y^*(z)]^{1/\sigma},$$
$$y^*(z)^{(2\sigma+1)/\sigma} = \frac{\sigma-1}{\sigma\gamma}[ny(z)+(1-n)y^*(z)]^{1/\sigma},$$

从该式可以得到

$$y(z) = y^*(z) = c = c^* = c^{\mathrm{W}} = \left[\frac{\sigma-1}{\sigma\gamma}\right]^{1/2}.$$

因此

$$\frac{M}{P} = \frac{M^*}{P^*} = \left[\frac{\phi y(z)}{1-\beta}\right]^{1/\epsilon}.$$

此外，这也意味着 $p(z) = P$ 和 $p^*(z) = P^*$，给定 PPP 成立的条件下，说明 $p(z) = Sp^*(z)$ ，也就是说一价定律也成立。PPP 还表明

$$S = \frac{M}{M^*},$$

即，汇率依赖于相对货币供给。因此，这里的基本模型对于汇率长期决定因素的预测与之前的模型不同，例如在货币模型中，相对产出对汇率也有影响。

13.9.2 对数线性近似

更详细地分析 Redux 模型的便捷方法是对基准模型的长期解作对数线性近似 (另见 Obstfeld 和 Rogoff，1996)。我们把偏离基准解的程度记为 $x_t^{\#} = \ln(x_t/x)$，其中，x 为模型的基准解。

[①] 译者注：原书此处两式左侧分别为 c_t 与 c_t^*，结合上下文看，应无下标 t，疑似作者笔误。

对模型进行对数线性化，可以得到

- PPP，

$$S_t^\# = P_t^\# - P_t^{*\#};$$

- 本国和国外的一般价格水平，(13.27) 式，

$$P_t^\# = np_t^\#(z) + (1-n)[S_t^\# + p_t^{*\#}],$$
$$P_t^{*\#} = n[p_t^{*\#}(z) - S_t^\#] + (1-n)p_t^{*\#};$$

- 世界需求函数 (13.33) 式，其中 $\varphi = g^{\mathrm{W}}/c^{\mathrm{W}}$，

$$y_t^\#(z) = \sigma[P_t^\# - p_t^\#(z)] + c_t^{\mathrm{W}\#} + \varphi g_t^{\mathrm{W}\#},$$
$$y_t^{*\#}(z) = \sigma[P_t^{*\#} - p_t^{*\#}(z)] + c_t^{\mathrm{W}\#} + \varphi g_t^{\mathrm{W}\#};$$

- 产出 (劳动力供给)，

$$(1+\sigma)y_t^\#(z) = -\sigma c_t^\# + c_t^{\mathrm{W}\#} + \varphi g_t^{\mathrm{W}\#},$$
$$(1+\sigma)y_t^{*\#}(z) = -\sigma c_t^{*\#} + c_t^{\mathrm{W}\#} + \varphi g_t^{\mathrm{W}\#};$$

- 消费，

$$c_{t+1}^\# = c_t^\# + (1-\beta)r_t^\#,$$
$$c_{t+1}^{*\#} = c_t^{*\#} + (1-\beta)r_t^\#;$$

以及

- 货币需求，

$$m_t^\# - p_t^\# = \frac{1}{\epsilon}\left[c_t^\# - \beta\left(r_t^\# + \frac{P_{t+1}^\# - P_t^\#}{1-\beta}\right)\right],$$
$$m_t^{*\#} - p_t^{*\#} = \frac{1}{\epsilon}\left[c_t^{*\#} - \beta\left(r_t^\# + \frac{P_{t+1}^{*\#} - P_t^{*\#}}{1-\beta}\right)\right].$$

最后，我们得到了一个统一的世界预算约束，并且将其对数线性化。以人口为权重对各个国家的预算约束加权，再运用 (13.34) 式和 (13.32) 式，便可以得到世界均衡条件：

$$c_t^{\mathrm{W}} = n\frac{p_t(z)y_t(z)}{P_t} + (1-n)\frac{p_t^*(z)y_t^*(z)}{P_t^*} - \varphi g_t^{\mathrm{W}}.$$

将其对数线性化可得到

$$
\begin{aligned}
c_t^{W\#} &= nc_t^{\#} + (1-n)c_t^{*\#} \\
&= n[p_t^{\#}(z) + y_t^{\#} - P_t^{\#}] + (1-n)[p_t^{*\#}(z) + y_t^{*\#} - P_t^{*\#}] - \varphi g_t^{W}.
\end{aligned}
$$

13.9.2.1 长期解

首先，我们将预算约束 (13.35) 式和 (13.36) 式进行以使用人口加权的对数线性化，以此得到长期的统一的世界预算约束，其中假定 $b_t = B_t/P_t$、$b_t^* = B_t^*/P_t^*$、$B = B^* = 0$、$\pi = 0$ 以及 $\psi = R(b/c^{W})$，这样得到

$$
\begin{aligned}
c^{\#} &= \psi b^{\#} + p^{\#}(z) + y^{\#}(z) - P^{\#} - \varphi g^{\#}, \\
c^{*\#} &= \psi b^{*\#} + p^{*\#}(z) + y^{*\#}(z) - P^{*\#} - \varphi g^{*\#}.
\end{aligned}
$$

现在可以得到以偏离基准解的程度表示的长期解：

$$
\begin{aligned}
c^{\#} &= \frac{1}{2\sigma}[(1+\sigma)\psi b^{\#} - (1-n+\sigma)\varphi g^{\#} + (1-n)\varphi g^{*\#}], \\
c^{*\#} &= \frac{1}{2\sigma}\left[-\frac{n(1+\sigma)\psi}{1-n}b^{\#} + n\varphi g^{\#} - (n+\sigma)\varphi g^{*\#}\right], \\
c^{W\#} &= -\tfrac{1}{2}\varphi g^{W\#}, \\
y^{\#}(z) &= \frac{1}{1+\sigma}(\tfrac{1}{2}\varphi g^{W\#} - \sigma c^{\#}), \\
y^{*\#}(z) &= \frac{1}{1+\sigma}(\tfrac{1}{2}\varphi g^{W\#} - \sigma c^{*\#}), \\
p^{\#}(z) - P^{\#} &= -\frac{1}{2\sigma}[(1-n)\varphi(g^{\#} - g^{*\#}) - \psi b^{\#}], \\
p^{*\#}(z) - P^{*\#} &= \frac{n}{2(1-n)\sigma}[(1-n)\varphi(g^{\#} - g^{*\#}) - \psi b^{\#}].
\end{aligned}
$$

进一步，有

$$
\begin{aligned}
p^{\#}(z) - [S^{\#} + p^{*\#}(z)] &= -\frac{1}{\sigma}(y^{\#} - y^{*\#}) \\
&= \frac{1}{1+\sigma}(c^{\#} - c^{*\#}), \\
P^{\#} &= M^{\#} - \frac{1}{\epsilon}c^{\#}, \\
P^{*\#} &= M^{*\#} - \frac{1}{\epsilon}c^{*\#}, \\
S^{\#} &= M^{\#} - M^{*\#} - \frac{1}{\epsilon}(c^{\#} - c^{*\#}).
\end{aligned}
$$

最后一个方程表明，在长期，汇率取决于相对货币供给和相对消费，这些和货币模型类似，但他们的不同之处仅在于消费替代了产出。

在长期中，货币政策对消费或者产出没有影响，但是价格会发生同比例变化；本国财政扩张降低了本国的私人消费而提高了国外的消费，净效应是降低了世界消费，但世界产出不受影响。

13.9.2.2 短期动态性

如果价格符合我们此前一直隐含的假设，是完全灵活可变的，那么世界经济将永远处于稳态水平。然而，如果由于存在垄断使价格在短期具有黏性，那么通过提高产出而实现未预期到的需求增加会更为有利可图。

未预期到的永久性本国货币扩张，使得本国利率下降，尽管价格是黏性的，但是 UIP 使得汇率贬值到新的长期值，并且不会超过这个值。这使得国外产品相对价格提高，并导致了本国产品需求暂时性增加，从而使本国产出增加。为了平滑消费，本国居民将部分增加的收入进行储蓄，导致经常账户出现盈余和所持有的国外资产增加。在长期中，工作与闲暇之间的转换会导致产出和消费回到他们的初始水平。

13.9.3 含有黏性价格的小型经济 Redux 模型

与货币模型一样，Redux 模型假定存在两个相同的经济体。Obstfeld 和 Rogoff 二人提出了与 Mundell-Fleming 模型及 Dornbusch 模型非常相似的修订版，即具有黏性价格的小型经济 Redux 模型。假定非贸易品的价格是黏性的，而贸易品的价格是灵活可变的。经济体中存在一个生产非贸易消费品的部门，该部门是垄断竞争的并且预先设定了名义价格。但同时还存在同质的单一贸易品，该贸易品是完全竞争的并在所有国家均以相同的可变价格销售。在每一期，本国代表性居民都具有 y^{T} 单位贸易品的禀赋，并且对某一个非贸易品 $y_t^{\mathrm{N}}(z)$ 的生产 ($z \in [0,1]$) 拥有垄断势力。

代表性生产者的效用函数为

$$\mathcal{L} = \sum_{j=0}^{\infty} \beta^j \left[\rho \ln c_{t+j}^{\mathrm{T}} + (1-\rho) \ln c_{t+j}^{\mathrm{N}} + \frac{\phi}{1-\epsilon}\left(\frac{M_{t+j}}{P_{t+j}}\right)^{1-\epsilon} - \frac{\gamma}{2} y_{t+j}^{\mathrm{N}}(z)^2\right],$$

此处 $\beta = 1/(1+r)$，c_t^{T} 是对贸易品的消费，c_t^{N} 是非贸易品消费的指数，由下式给出

$$c_t^{\mathrm{N}} = \left[\int_0^1 c_t^{\mathrm{N}}(z)^{(\sigma-1)/\sigma}\right]^{\sigma/(\sigma-1)}, \quad \sigma > 1. \tag{13.39}$$

一般价格水平指数 P_t 为

$$P_t = \frac{(P_t^{\mathrm{T}})^{\rho}(P_t^{\mathrm{N}})^{1-\rho}}{\rho^{\rho}(1-\rho)^{1-\rho}}, \tag{13.40}$$

$P_t^{\mathrm{T}} = S_t P_t^{\mathrm{T}*}$，并且有

$$P_t^{\mathrm{N}} = \left[\int_0^1 p_t^{\mathrm{N}}(z)^{1-\sigma}\right]^{1/(1-\sigma)},$$

其中，$p_t^{\mathrm{N}}(z)$ 是非贸易品价格，非贸易品的需求为

$$y_t^{\mathrm{N}}(z) = \left[\frac{p_t^{\mathrm{N}}(z)}{P_t^{\mathrm{N}}}\right]^{-\sigma} c_t^{\mathrm{NA}}, \tag{13.41}$$

这里 c_t^{NA} 是贸易品的国内总消费量，它被视作给定的，并且假定不存在政府支出。

预算约束可以写为

$$P_t^{\mathrm{T}} b_{t+1} + M_{t+1} + P_t^{\mathrm{T}} c_t^{\mathrm{T}} + P_t^{\mathrm{N}} c_t^{\mathrm{N}} + P_t^{\mathrm{T}} T_t = P_t^{\mathrm{T}} y^{\mathrm{T}} + p_t^{\mathrm{N}}(z) y_t^{\mathrm{N}}(z) + (1+r) P_t^{\mathrm{T}} b_t + M_t,$$

并且包括实际利率 r 在内的所有实际变量都由贸易品的价格决定，b_t 表示私人发行债券的实际存量。由于不存在政府支出，那么政府预算约束为

$$0 = P_t^{\mathrm{T}} T_t + \Delta M_{t+1}.$$

拉格朗日函数为

$$\begin{aligned}
\mathcal{L} = \sum_{j=0}^{\infty} \beta^j [&\rho \ln c_{t+j}^{\mathrm{T}} + (1-\rho)\ln c_{t+j}^{\mathrm{N}} + \frac{\phi}{1-\epsilon}\left(\frac{M_{t+j}}{P_{t+j}}\right)^{1-\epsilon} - \tfrac{1}{2}\gamma y_{t+j}^{\mathrm{N}}(z)^2] \\
&+ \lambda_{t+j}[P_{t+j}^{\mathrm{T}} y^{\mathrm{T}} + p_{t+j}^{\mathrm{N}} y_{t+j}^{\mathrm{N}}(z)^{(\sigma-1)/\sigma}(c_{t+j}^{\mathrm{NA}})^{1/\sigma} + (1+r)P_{t+j}^{\mathrm{T}} b_{t+j} \\
&\quad + M_{t+j} - P_{t+j+1}^{\mathrm{T}} b_{t+j+1} - M_{t+j+1} - P_{t+j}^{\mathrm{T}} c_{t+j}^{\mathrm{T}} - P_{t+j}^{\mathrm{N}} c_{t+j}^{\mathrm{N}} - P_{t+j}^{\mathrm{T}} T_{t+j}].
\end{aligned}$$

一阶条件为

$$\begin{aligned}
\frac{\partial \mathcal{L}}{\partial c_{t+j}^{\mathrm{T}}} &= \beta^j \frac{\rho}{c_{t+j}^{\mathrm{T}}} - \lambda_{t+j} P_{t+j}^{\mathrm{T}} = 0, & j \geqslant 0, \\
\frac{\partial \mathcal{L}}{\partial c_{t+j}^{\mathrm{N}}} &= \beta^j \frac{1-\rho}{c_{t+j}^{\mathrm{N}}} - \lambda_{t+j} P_{t+j}^{\mathrm{N}} = 0, & j \geqslant 0, \\
\frac{\partial \mathcal{L}}{\partial y_{t+j}^{\mathrm{N}}(z)} &= -\beta^j \gamma y_{t+j}^{\mathrm{N}}(z) - \lambda_{t+j}\frac{\sigma-1}{\sigma} P_{t+j}^{\mathrm{N}} y_{t+j}^{\mathrm{N}}(z)^{-1/\sigma}(c_{t+j}^{\mathrm{NA}})^{1/\sigma} = 0, & j \geqslant 0, \\
\frac{\partial \mathcal{L}}{\partial M_{t+j}} &= \beta^j \phi \frac{M_{t+j}^{-\epsilon}}{P_{t+j}^{1-\epsilon}} + \lambda_{t+j} - \lambda_{t+j-1} = 0, & j > 0, \\
\frac{\partial \mathcal{L}}{\partial b_{t+j}} &= \lambda_{t+j}(1+r)P_{t+j}^{\mathrm{T}} - \lambda_{t+j-1} P_{t+j-1}^{\mathrm{T}} = 0, & j > 0.
\end{aligned}$$

因此

$$c_{t+1}^{\mathrm{T}} = c_t^{\mathrm{T}}, \tag{13.42}$$

$$c_t^{\mathrm{N}} = \frac{1-\rho}{\rho}\frac{P_t^{\mathrm{T}}}{P_t^{\mathrm{N}}}c_t^{\mathrm{T}}, \tag{13.43}$$

$$\frac{M_{t+1}}{P_{t+1}} = \left[\phi\frac{P_{t+1}^{\mathrm{T}}c_{t+1}^{\mathrm{T}}}{\rho P_{t+1}}\right]^{1/\epsilon}\left[(1+r)\frac{P_{t+1}^{\mathrm{T}}}{P_t^{\mathrm{T}}}-1\right]^{-1/\epsilon}, \tag{13.44}$$

$$y_t^{\mathrm{N}}(z)^{(\sigma+1)/\sigma} = \frac{\sigma-1}{\sigma\gamma}(c_t^{\mathrm{N}})^{-1}(c_t^{\mathrm{NA}})^{1/\sigma}. \tag{13.45}$$

由于贸易品的产出是固定的，因此无论是存在货币冲击还是非贸易品的生产冲击，$c^{\mathrm{T}} = y^{\mathrm{T}}$ 都成立，因而经常账户永远处于平衡状态。此外，由于对所有 z 有 $c_t^{\mathrm{N}} = y_t^{\mathrm{N}}(z) = c_t^{\mathrm{NA}}$ ，那么从 (13.43) 式和 (13.45) 式中可以得出在稳态时，

$$\begin{aligned} c^{\mathrm{N}} = y^{\mathrm{N}}(z) &= \left[\frac{(\sigma-1)(1-\rho)}{\sigma\gamma}\right]^{1/2} \\ &= \frac{1-\rho}{\rho}\frac{P^{\mathrm{T}}}{P^{\mathrm{N}}}y^{\mathrm{T}}. \end{aligned}$$

因此，稳态的消费和产出都不受货币影响。从 (13.40) 式和 (13.45) 式得到，在稳态时价格水平 P 与 M 成比例，并且

$$P^{\mathrm{T}} = \nu M(y^{\mathrm{T}})^{-(1-\rho)},$$

其中，$\nu > 0$ 。因此，这意味着在稳态时，汇率为

$$S = \nu\frac{M}{(y^{\mathrm{T}})^{(1-\rho)}P^{\mathrm{T}*}}.$$

由此可见，货币存量的提高会导致汇率的等比例贬值，贸易品产出和国外贸易品的增加会导致汇率升值。

由于假定非贸易品的价格在短期是固定的，而贸易品的价格是灵活可变的，那么对稳态时的变量取对数线性近似可以得到短期货币需求函数

$$M_t^{\#} - P_t^{\#} = \frac{1}{\epsilon}\left[P_t^{\mathrm{T}\#} - P_t^{\#} - \frac{1}{r}\Delta P_{t+1}^{\mathrm{T}\#}\right],$$

由 (13.40) 式可知，$P_t^{\#} = \rho P_t^{\mathrm{T}\#}$ ，那么可以得到

$$P_t^{\mathrm{T}\#} = \eta(P_{t+1}^{\mathrm{T}} + r\epsilon M_t^{\#}),$$

其中，如果 $\epsilon > 1$ ，则 $0 < \eta = [1 + r + r\rho(\epsilon-1)]^{-1} < 1$ ，因此

$$\begin{aligned} S_t^{\#} &= P_t^{\mathrm{T}\#} - P_t^{\mathrm{T}*\#} \\ &= \eta S_{t+1}^{\#} + \eta r\epsilon M_t^{\#} + P_t^{\mathrm{T}*\#} - \eta P_{t+1}^{\mathrm{T}*\#}. \end{aligned} \tag{13.46}$$

(13.46) 式给出了汇率对货币供给和国外贸易品价格暂时性变化的反应。我们已经说过，货币存量的永久性变化会导致稳态汇率的等量变化。(13.46) 式意味着一个不同的长期解。这是因为非贸易品的价格被假定为是固定的，然而在之前得到的正确解中，非贸易品的价格是灵活可变的。为了检验货币供给永久性冲击的短期效应，我们假定汇率能够因为非贸易品价格的变化而在第 $t+1$ 期完全调整至新的长期水平，使得 $S_{t+1}^{\#}=M_t^{\#}$。因此，在第 t 期有，

$$S_t^{\#}=\frac{1+r+r(\epsilon-1)}{1+r+r\rho(\epsilon-1)}M_t^{\#}>M_t^{\#}.$$

由于 $\rho<1$，在初始阶段，汇率会超越它的新长期值。

13.9.4 简评

通过整合进货币与名义汇率，Redux 模型事实上成为第 7 章讨论过的实际开放经济模型的名义量版本。名义汇率问题尽管极其复杂，但是其基本要义与汇率的货币模型很相似，汇率的货币模型中将经济体的实际变量视为外生的。这是因为 Redux 模型隐含着假定一价定律和 PPP 成立，且价格是完全灵活可变的。因此，Redux 模型可自然扩展到将黏性价格整合进来。这将改变汇率的动态，这与货币模型中的机理是相似的。

13.10 结论

本章我们考察了如何决定名义汇率。我们通过对浮动汇率追根溯源开始了本章的讨论，而浮动汇率起初是作为对之前国际货币体系失败的回应而登上历史舞台的。我们讨论过即使在像布雷顿森林体系这样的固定汇率体系中，为了恢复竞争力，调整外汇比价也是十分必要的。可变汇率的主要优点就是它可以自动维持经济体的竞争力。如果价格是完全可变的，那么一个系统在经历冲击之后，汇率会非常快地跳到它新的均衡水平，竞争力就会很快恢复。因此，财政冲击和货币冲击都被挤出了。但如果价格是黏性的，那么理论上这些模型的共同反应是，对于永久性的货币冲击，这些模型调整得较慢，并且由于汇率起初会超过它的长期值，所以会表现得非常不稳定。由于汇率升值并引起净出口等量的下降，所以永久性的财政扩张会很快被挤出。

现代可变汇率模型假定没有资本管制并且资本完全可变，因此，这些模型中的名义汇率由国家间当期和未来预期的利差决定。而利差可能通过执行货币政策直接由利率决定，也可能间接地通过货币供给目标决定。我们讨论过的大部分模型都假设是通

过货币供给目标来执行货币政策的，这些模型间的不同之处在于影响利率差异的其他变量不同。

另一个常用的假设是 PPP。与 UIP 不同，由于价格黏性的原因，这个假设与经验数据的方差不太相符，这意味着 PPP 至多是一个长期特征，正像本章提出的具有价格黏性的货币模型一样。此外，我们还应该区分应用一价定律 (LOOP) 的贸易品定价和 Redux 模型中的非贸易品定价。第 9 章中所讨论到的对市场定价的最新研究也对 LOOP 提出了质疑 (见 Betts 和 Devereux，1996，2000；Devereux，1997；Devereux 和 Engel，2003)。相反的观点则可见 Obstfeld 和 Rogoff(2000)，他们认为是贸易品中的非贸易品成分引起了 LOOP 的明显失效。市场定价等价于小国经济的 Redux 模型中将出口的国外价格 (即 P_{t+1}^{T*}) 作为外生变量，但这不会改变我们现有的结论。

第一代的可变汇率模型如 Mundell-Fleming 模型、货币模型和 Dornbusch 模型缺少新一代由 Rredux 模型开创的 DGE 模型的微观基础。尽管如此，它们仍然用来与 DGE 模型的预测值进行比较，是有价值的基准模型，并且，由于开放经济 DGE 模型的复杂性，第一代模型的优点在于它们更容易操作。

所有这些模型的一个共同假设是产出是固定的。因为汇率的调整比产出和价格都快很多，所以这是一个很方便的假设。据此，若分析的目标是汇率的短期表现，那么第一代模型便提供了很好的近似。DSGE 模型的主要优点在于它在处理资本积累上的优势，而资本积累则会影响消费和产出的动态行为。在短期，这个优点体现得并不明显，这部分原因可能在于 DSGE 模型缺少可变的名义汇率和资本积累。Redux 模型的缺点是它假设货币供给是外生的，这使得它不太适合分析世界通货膨胀目标，因为钉住通货膨胀目标的货币政策中，货币供给是内生的。对于试图将凯恩斯主义名义刚性和跨期开放经济价格黏性模型综合在一起的“新开放宏观经济学”的综述，见 Lane (2001) 和 Obstfeld(2001)。我们将在第 14 章运用新凯恩斯主义的通货膨胀目标模型继续讨论名义汇率的决定问题，此外还将讨论汇率在货币政策的传导机制中所起的作用。

作为总结，我们注意到本章并没有考虑汇率的目标区间模型。当政策目标是把可变汇率的变化约束在事先决定的区域时即是目标区间模型。我们略过这个模型有以下几个原因：第一，目标区间模型在 20 世纪 70 年代末至 80 年代的 ERM 时期非常盛行。但随着 ERM 的让位，目标区间模型也基本被人们所遗弃，仅有个别与美元联系不多的国家才使用该模型。第二，人们发现汇率的变化并不是按照目标区间模型预测的方式进行。汇率并没有超出目标区间，而是逐渐到达区间的边缘，这就是目标区间模型的“光滑粘贴”性质。它的含义是汇率通常倾向于停留在区间的边缘。但事实上，人们发现汇率倾向于停留在区间的中间地带，这大概至少部分是因为在接近区间边缘时汇率对投机性攻击反应的脆弱性。第三，目标区间模型的数学表达很复杂，而且涉及一些与我们其他分析不同的数学方法。对于目标区间模型的讨论见 Krugman(1991) 和 Flood 和 Garber(1984，1991)。

14 货币政策

14.1 导论

在开始讨论 DSGE 模型的最初阶段，我们考虑的是没有货币的经济。因此，所有价格都是相对价格 (是相对于消费价格的价格)，这些价格包括实际工资和实际利率。后来，我们将分析扩展到开放经济，又包括了实际贸易余额和实际汇率。总体来说，相对价格的改变会产生实际的影响，即影响数量。一旦我们在模型中涉及外部货币 (政府供给的货币，通常通过政府在中央银行的账户形成) 和内部货币 (由商业银行系统提供的信贷)，我们就不得不涉及名义价格，特别是一般价格水平，以及名义工资和名义利率等。

我们在第 8 章中已经讨论过，在一般均衡中，货币在长期是超中性的，即永久性的货币冲击只影响像一般价格水平这样的名义变量，不影响消费、产出等实际变量 (参见 Lucas，1976b)。或许正因如此，货币政策才通常只被用于控制一般价格水平，更普遍的说法是用于控制通货膨胀。

我们在第 9 章还讨论过，在短期，当存在价格黏性时，货币政策可能会有实际影响。这使得我们可以利用货币政策来稳定产出。货币主义 和 Milton Friedman (1968) 令人耳熟能详的论断便是货币政策对产出的短期影响要比财政政策强烈得多。但是，其效应只能持续大约 18 个月。

这引出的问题便是，是否应该仅仅把货币政策的目标设定为控制通货膨胀？或者货币政策是否还可以被用于稳定短期产出。对于货币政策之所以被赋予控制通货膨胀这个任务，其常见的解释是，每一个目标变量都需要相应的政策工具，而一般价格水平在长期只能通过货币政策来控制。但从严格意义上来说，这种解释并不正确。为了实现 n 个 (独立的) 目标，需要 n 种政策工具，这既可以通过为每个目标分配一个政策工具来实现，也可以利用 n 个政策工具的线性组合来实现。事实上，线性组合的方式正是优化控制问题的通解。这就意味着货币政策也可以用来稳定短期产出。尽管如此，由于货币政策的文献更关注其对通货膨胀的控制，我们的讨论便也集中于此。

而比分配政策工具问题更根本性的问题是如何利用货币政策来最大化社会福利。我们早前在讨论财政政策时便涉及这个问题。与财政政策不同的是，通常与最优货币政策相关的隐性福利函数要求在给定时间范围内最小化通货膨胀与目标值间的偏离程度。这就是所谓的严格通货膨胀目标制。而对严格通货膨胀目标制的主要变形是最小化通货膨胀和产出偏离程度的加权平均数，这被称为可变的通货膨胀目标制 。我们考虑的是严格的通货膨胀目标和可变的通货膨胀目标在多大程度上与之前定义的最大化社会福利是等价的。

货币政策可以使用不同的政策工具以不同的方式执行，基本方法是控制货币供给水平或其增长率、控制利率或者通过维持固定汇率来控制名义汇率。对于这些方法的选择取决于所控制的目标是价格水平还是通货膨胀率，除此之外还要考虑政策工具的有效性：它的控制能力、传导机制的强度和可预测性、时间期限以及对其他变量的 (负的) 外溢作用。

另一个问题是货币政策的执行是相机抉择型还是规则导向型。在规则导向的货币政策中，货币当局承诺使用公众知道的政策规则设置政策工具，这些工具取决于当期，也可能是过去或者预期未来的经济体的状态。Taylor 规则就是利率规则中一个非常著名的例子，在该规则下，官方利率取决于通货膨胀和产出缺口对他们各自目标的偏离程度。在相机抉择下，利率简单地由货币当局来公布，而货币当局在公布该利率时是否遵循了利率规则，在实践中是不得而知的。我们只相机抉择还是单一规则导向这两种方式哪一种更可取。

名义目标的选择非常重要，无论名义目标是价格水平还是通货膨胀率。如果我们把目标价格水平表示成沿着恒定增长率的路径增长，则意味着通货膨胀将是常数。尽管此时的目标价格水平和目标通货膨胀的设定会非常相似，但仍然存在着重要的差别。暂时性的通货膨胀冲击是对价格水平的永久冲击。因此，在通货膨胀目标下，暂时性的货币冲击可能会被货币政策调适 (甚至是可忽略的)；但在价格水平目标下，暂时性的货币冲击可能与货币政策背道而驰。因此，与钉住通货膨胀率相比，钉住价格水平更容易导致通货紧缩，并使得产出下降。当然，最终是选择以价格水平为目标还是以通货膨胀为目标要取决于政策制定者的目标函数。如果要是考虑实际影响，那么钉住通货膨胀要比钉住价格水平更可取。在本章大部分的内容中，我们也假设选择了以通货膨胀为目标的情形。

无论是选择固定汇率还是选择浮动汇率，汇率制度对货币政策 的影响都很大，这也是为什么在研究货币政策时一定要考虑开放经济的原因。像我们在第 13 章中看到的，把汇率与黄金绑定，如金本位，或者把汇率与美元绑定，如布雷顿森林体系，意味着在长期，国内的通货膨胀率会与黄金或美元绑定。换句话说，金本位或布雷顿森林体系为本国货币提供了一个名义锚。然后货币政策的目标就变为管理本国货币使其保持在当前汇率制度内。原则上，这只要求货币政策是被动的或适应性的。除非主动调整汇率，否则，比如说在国际收支赤字时，货币供给会自动收缩，从而通过提高价格水平改善竞争力使经常账户恢复平衡。但经常账户平衡并不是主要的，主要是迟早都要重新修正汇率比价来应对由于过度扩张或过度收缩的货币政策所导致的竞争力接二连三地变化。和货币政策一样，财政政策也能使经常账户重新实现平衡。正是在这些背景下，强调财政政策的凯恩斯主义经济学得到了蓬勃发展。

我们已讨论过布雷顿森林体系最终崩溃的主要原因在于美国的通货膨胀。这使得美国竞争力下降并导致浮动汇率制度的普及，各国也进而摒弃了名义锚。因此，各个国家现在不得不通过制定它们自己的货币政策来重新建立对货币的控制。

正是基于这一点，货币主义作为备受推崇的货币政策而被广泛推广。在长期，一般价格水平和国内货币量高度相关，而通货膨胀率和货币供给增长率高度相关。货币主义主张在长期通过控制货币供给增长率来控制相应的通货膨胀率。由于在浮动利率制下各国可以选择自己的通货膨胀率，所以理论上，根据相对 PPP，由于通货膨胀率差异而产生的竞争力变化会通过汇率的调整自动得以修正。

在制定货币政策的过程中，大量的经验数据支持了要重点强调货币的理由。经验数据表明，在短期，货币冲击对实际变量，特别是对实际 GDP 的影响非常强烈。圣路易斯联邦储备银行的 Anderson 和 Jordan(1968) 的原创性工作表明，货币政策比财政政策重要很多；在此之后，Friedman(1968) 发现货币在前 18 个月对产出有强烈的影响，在此之后影响就会减小，并以此为基础建立了货币主义思想。接下来 40 年对货币冲击重要性的研究一直致力于证实这些最初的成果，这方面的研究结果可以参见 Sims(1980)，Christiano 等 (1999) 和 Canova 和 De Nicolo(2002)。然而，后续的研究并不像最初假设的那样，仅因为货币冲击很重要，在制定货币政策时，尤其是在浮动汇率的开放经济中指定货币政策时就最好要钉住货币供给。

尽管货币主义在一些国家取得了成功，但在另一些国家却遭遇了失败，其原因部分是因为货币主义的结果取决于一国的银行体系以及管理货币的水平。有些国家，如德国，就非常成功，但其他国家，如英国，就没能实现期望的货币供给增长率。除此之外还存在另外一个问题，那就选择所控制货币的口径。大部分成功的国家都选择了货币的狭义定义，这与货币的交易需求紧密相关。其他国家选择了包含利率担保存款在内的稍宽的口径，以此更好地反应能在短期变现的流动性资源。问题在于由于人们想储蓄更多的定期存款，所以通过提高利率来实行从紧的货币政策会导致货币持有量的增加而不是减少，那么货币的增加可能预示着支出的下降而不是提高，通货膨胀也是如此。

德国是在欧洲奉行货币主义最成功的国家之一，与它贸易关系密切的许多欧洲贸易伙伴都决定固定它们的货币和德国马克之间的比价，因此这些国家有了一个名义的锚，使得其国内的通货膨胀与德国的相等。事实上，这创造了一个以德国马克为基础的新布雷顿森林体系，它被称作欧洲汇率机制 (ERM)。

由第 13 章的讨论可知，布雷顿森林系统的运行是通过控制国际资本流动实现的，这是一个复杂的因素。伴随着资本管制的大范围取消，布雷顿森林体系倒塌了，价格和数量的决定也越来越依靠市场力量。由此，汇率的决定更多地和资本账户而非经常账户的收支平衡有关了，这改变了货币政策的传导机制和它对汇率的影响。结果，货币增长、竞争力和汇率间的联系被大幅削弱了。取而代之的是货币政策产生的利差引起了大规模的资本流动，从而主导了汇率的决定过程。

如果货币供给是外生的，那么通过货币市场，利率变成了内生的。所以，对货币供给控制越成功的国家，利率吸收货币需求冲击的能力就越强。利率越不稳定，汇率就越不稳定，实际经济体的不稳定性就越大。1979–1981 年美国的情形正是如此，当时美国的货币政策目标是控制货币供给，结果，利率变得非常不稳定。

现实生活中，关键的货币工具是官方利率，官方利率通常是指中央银行以该利率通过票据再贴现发放短期贷款，贷款对象主要是商业银行。在货币主义看来，设定利率的目的是为了实现货币供给目标，但货币供给增长率只是一个中介目标，政策的最终目标是通货膨胀率 (也可能是短期产出)。当人们发现许多国家很难实现货币供给目标时，就开始寻找货币政策的其他执行方式，包括钉住通货膨胀目标。

以通货膨胀为目标的货币政策执行方式在 20 世纪 90 年代开始盛行。它的第一个实践者是小型开放经济体新西兰，瑞典和英国这些稍大些的开放经济体之后就快速跟进。以通货膨胀为目标就是要设定利率以实现目标的通货膨胀率。这三个国家都是高度开放的国家，都有汇率大幅波动的历史，他们都非常期望货币政策不仅可以产生一个有效的名义的锚，还要能避免因利率的大幅波动而造成汇率的不稳定。也就是说，利率的变化应该平滑一些。

如果利率是外生的，那么货币供给就变为内生的并且能吸收货币需求的冲击。然而，以欧洲中央银行 (EBC) 为一方，其他中英银行，如美国联邦储备银行、英格兰银行以及瑞典风险银行等为另一方，它们就通货膨胀目标下货币供给的重要性方面产生了不同的意见。ECB 坚持给予货币供给增长率足够的重视，ECB 仍将货币供给作为货币政策的第二“支柱”，相信货币供给仍然可以反映支出能力，这源于它认为货币供给能代表储蓄的流动性，或者是因为货币供给能反映被放大的信贷量。在一个完全的资本市场中，货币只是构成财富的众多资产之一，因此在生命周期假说中 (该假说认为消费与一生总财富相关)，似乎没有理由可以在完全的资本市场中将货币与持有的其他形式的资产进行区分。例如在英国，随着对资本市场监管的放开，居民户在不断地增加对住房的抵押贷款。

在 2008 年金融危机爆发之前，以此种方式执行的货币政策似乎运转良好。起源于美国的金融危机迅速地蔓延到大多数发达国家，尤其是那些因持有抵押债券，特别是住房抵押贷款支持的债券 (MBSs)，而直接暴露于美国银行体系内的国家。随着利率的上升，许多居民户发现自己过度借贷了，因而选择对其住房抵押贷款违约而不是继续支付更高的利息，结果是 MBSs 的价值也暴跌。住房抵押贷款的发放者与持有者都发现了他们的资产在大幅缩水。由于不知道哪家银行会受到波及，这就在许多银行体系内造成了流动性危机，进而引发了银行同业市场的崩溃。为了维持银行系统的稳定，这些国家被迫出手求助这些银行。中央银行通过购买它们持有的政府债券等公开市场操作向系统内注入流动性。此外，无论通货膨胀是否能支持，利率下降到了几乎为 0，因此也不再单纯地以通过设定利率以控制通货膨胀的方式来执行货币政策。此次危机的完整后果还有待观察。不过，其中一个后果是人们对银行系统在货币政策中的作用重新燃起了兴趣以及未来如何避免此类危机重现等。我们在第 15 章会对此继续进行深入研究。

在本章，我们基本只关注以通货膨胀为目标的货币政策的执行。对以通货膨胀为目标的政策分析通常用到简化了的 DGE 模型，它仅由两个方程构成：价格方程和产出方程。该模型通常被称为新凯恩斯模型，因为它像凯恩斯模型一样，价格方程涉及通货膨胀和产出之间的权衡。不同之处在于这种权衡是暂时的，而非永久的。标准的新凯恩斯模型假设的是一个封闭经济，因此在这里我们要对模型做些修改，使它适用于浮动汇率的开放经济。

我们从考虑费雪方程在决定通货膨胀中的作用开始，并利用它来检验钉住价格水平和钉住通货膨胀之间的问题；然后我们检验凯恩斯模型和新凯恩斯模型对于封闭经济和浮动汇率下的开放经济的有效性；我们还将会比较相机抉择的政策和规则导向的政策；在此之后我们考虑如何制定以新凯恩斯模型为基础的最优货币政策；最后，我们检验欧元区以通货膨胀为目标的货币政策，欧元区由许多不同的国家组成，但他们只使用欧元一种货币。

14.2 通货膨胀和费雪方程

费雪方程是构建大部分通货膨胀方程的重要基石，它可以写作

$$R_t = r_t + E_t \Delta p_{t+1}, \tag{14.1}$$

其中 R_t 是名义利率，r_t 是实际利率，p_t 是一般价格水平的对数。在 DSGE 模型中，长期实际利率等于时间偏好率 θ ，因此，在长期，通货膨胀满足

$$\Delta p = R - \theta, \tag{14.2}$$

其中 R 是长期名义利率，或利率的长期平均值。如果货币当局对名义利率的选择是相机抉择的，那么方程 (14.2) 式决定了长期通货膨胀率。我们发现货币供给在这里并没有起到什么作用。

在短期，当三个变量都随时间而变化时，费雪方程可以写成如下形式以决定价格水平

$$\begin{aligned} p_t &= E_t p_{t+1} + r_t - R_t \\ &= \sum_{s=0}^{\infty} E_t (r_{t+s} - R_{t+s}). \end{aligned} \tag{14.3}$$

因此，当期价格水平由当期和预期未来的名义利率和实际利率决定。如果 r_t 是外生的，且 R_t 是相机抉择的，那么货币供给就是不相关的。一般的情形是，r_t 是由经济体内生决定的，那么我们需要考虑一个更全面的模型；更进一步，R_t 可能是由利率规则决定的，也可能是通过货币市场或在开放经济中通过 UIP 条件，由货币供给目标决定的。

考虑 R_t 是由利率规则决定的。假设货币当局承诺运用如下规则

$$R_t = \alpha_0 + \alpha_1 p_t + \alpha_2 \Delta p_t,$$

其中，在以价格水平为目标时，$\alpha_2 = 0$ ；在以通货膨胀为目标时，$\alpha_1 = 0$ 。根据费雪方程，价格水平由下式决定

$$\alpha_1 p_t + \alpha_2 \Delta p_t - E_t \Delta p_{t+1} = r_t - \alpha_0.$$

以价格水平为目标时，价格水平的解为

$$\begin{aligned} p_t &= \frac{1}{1+\alpha_1} E_t p_{t+1} + \frac{r_t - \alpha_0}{1+\alpha_1} \\ &= \sum_{s=0}^{\infty} \frac{E_t r_{t+s} - \alpha_0}{(1+\alpha_1)^{s+1}}. \end{aligned} \tag{14.4}$$

现在，价格水平是当前和预期未来实际利率与 α_0 间偏差的贴现值。

如果 $\alpha_2 \geqslant 1$，则以通货膨胀为目标时的解为

$$\begin{aligned} \Delta p_t &= \frac{1}{\alpha_2} E_t \Delta p_{t+1} + \frac{r_t - \alpha_0}{\alpha_2} \\ &= \sum_{s=0}^{\infty} \frac{E_t r_{t+s} - \alpha_0}{\alpha_2^{s+1}}. \end{aligned} \tag{14.5}$$

此时得到的是通货膨胀率，不是价格水平，通货膨胀率是当前和预期未来实际利率与 α_0 间偏差的贴现值；并且，在以通货膨胀为目标时，也不需要再决定价格水平。

在 Taylor 规则(Taylor，1993) 下，

$$R_t = \bar{R} + \gamma_1(\Delta p_t - \pi^*) + \gamma_2 x_t,$$

其中$\bar{R}$是 R_t 的长期目标值，π^* 是通货膨胀率的目标值，x_t 是产出缺口 (产出与趋势或长期均衡的偏离)，$\gamma_1 = 1.5$ ，$\gamma_2 = 0.5$ 。则现在解为

$$\begin{aligned} \Delta p_t &= \frac{1}{\gamma_1} E_t \Delta p_{t+1} + \frac{r_t - \gamma_2 x_t - (\bar{R} - \gamma_1 \pi^*)}{\gamma_1} \\ &= \sum_{s=0}^{\infty} \frac{E_t(r_{t+s} - \gamma_2 x_{t+s}) - (\bar{R} - \gamma_1 \pi^*)}{\gamma_1^{s+1}}. \end{aligned} \tag{14.6}$$

因此通货膨胀由当期和预期未来实际利率和产出缺口的值决定，也就是说现在我们需要一个产出缺口和实际利率的模型。这些结论表明不同的货币政策执行方式是如何影响通货膨胀 (或价格水平) 的。选择钉住价格水平还是钉住通货膨胀，选择相机抉择还是规则导向，以及采用哪种规则都会影响最后的结果，也影响对分析货币政策的模型的选择。

我们之前讨论过钉住价格水平的主要问题在于它所带来的产出成本比钉住通货膨胀要高。因为对价格水平的正向冲击，特别是很剧烈的冲击，可能会使价格水平下降，进而使产出下降；而在以通货膨胀为目标的政策中，如果不存在对通货膨胀的后续影响，即如果不存在诸如通过工资产生的第二轮影响，那么对价格水平的暂时性冲击是可以忽略的。钉住价格水平还使得通货膨胀很不稳定，这是因为引起价格水平上升的

冲击会暂时性引起通货膨胀的升高，而当价格水平回归到目标水平时，通货膨胀一定下降，从而引起通货膨胀的不稳定。综上所述，以通货膨胀为目标也许要比以价格水平为目标更好些。

14.3 凯恩斯主义的通货膨胀模型

14.3.1 理论

在考察通货膨胀目标制的现代理论之前，我们先来检验基于凯恩斯主义模型是如何决定和控制通货膨胀的。人们对原始的凯恩斯主义宏观经济分析框架最重要的修正之一是将描述价格调整的方程引入到模型中，也就是人们熟知的菲利普斯曲线(Phillips，1958)。许多年来，菲利普斯曲线都是凯恩斯主义模型的一个标准组成部分，并且在分析通货膨胀中扮演着重要的角色(例如，Phelps，1968，1973)。后来，人们发现该模型不能充分解释通货膨胀(见 Lucas，1976a；Gordon，1997)。尽管如此，现代通货膨胀理论仍然是以菲利普斯曲线的修正版本为基础的。

考虑如下标准的封闭经济凯恩斯主义模型，这个模型由包含预期的菲利普斯方程构成：

$$\Delta w_t = -\alpha(u_t - u_{\mathrm{nt}}) + \beta E_{t-1}\Delta p_t, \quad \alpha > 0,\ 1 \geqslant \beta > 0, \tag{14.7}$$

其中，w_t 为名义工资率，p_t 为价格水平(两者都是对数形式)，u_t 为失业率，u_{nt} 为自然失业率(充分就业下的失业率)。在原始的菲利普斯曲线中，不存在通货膨胀项，后来，模型中加入了基于第 $t-1$期信息对当期通货膨胀的预期值以反映实际工资的议价。

假定工资通货膨胀能够传递到价格通货膨胀上，这个传递是通过忽略了劳动生产率而仅仅基于劳动力成本的定价方程来实现的。

$$\Delta p_t = \Delta w_t. \tag{14.8}$$

失业率和自然失业率之间的差异与产出缺口 $y_t - y_{\mathrm{nt}}$ 是通过下式联系起来的：

$$u_t - u_{\mathrm{nt}} = -\theta(y_t - y_{\mathrm{nt}}), \quad \theta > 0, \tag{14.9}$$

其中，y_t 是产出的对数值，y_{nt} 是潜在产出。这个方程即为奥肯定律(Okun，1962)。为使模型完整，我们需要加入货币需求函数

$$m_t - p_t = y_t - \lambda R_t, \quad \lambda > 0, \tag{14.10}$$

其中，m_t 为名义货币余额的对数值，R_t 为名义利率，还有费雪方程

$$R_t = r_t + E_t \Delta p_{t+1}, \tag{14.11}$$

该式定义了实际利率 r_t。假定 m_t、r_t、u_{nt} 以及 y_{nt} 都是外生的。

根据 (14.7) 式到 (14.9) 式可以得出，通货膨胀是由总供给函数决定的

$$\Delta p_t = \alpha\theta(y_t - y_{\mathrm{nt}}) + \beta E_{t-1}\Delta p_t. \tag{14.12}$$

这意味着，如果 $\beta < 1$ ，那么存在通货膨胀和产出之间短期和长期的权衡。这表明，给定通货膨胀预期，就可以通过控制过剩生产能力实现对通货膨胀率的控制；通货膨胀率越低，要求过剩生产能力越高。

要注意的是，如果 $\beta = 1$，那么不存在权衡。在理性预期下，

$$\Delta p_t = E_{t-1}\Delta p_t + \varepsilon_t,$$

其中，新息 ε_t 满足 $E_{t-1}\varepsilon_t = 0$ 。因此，如果 $\beta = 1$ ，那么 (14.12) 式变为

$$y_t = y_{\mathrm{nt}} + \frac{1}{\alpha\theta}\varepsilon_t. \tag{14.13}$$

所以，通货膨胀和产出无关，并且由于 ε_t 的存在，使得产出偏离潜在产出，ε_t 是对通货膨胀的冲击或者新息。

将 (14.10) 式和 (14.11) 式结合起来，消去 R_t，可以得到总需求函数

$$y_t = \lambda E_t p_{t+1} - (1+\lambda)p_t + m_t + \lambda r_t. \tag{14.14}$$

(14.12) 式和 (14.14) 式共同确定了 p_t 和 y_t。消去 y_t，得到 p_t 的简化式方程：

$$[1+\alpha\theta(1+\lambda)]p_t - \alpha\theta\lambda E_t p_{t+1} - \beta E_{t-1}p_t - (1-\beta)p_{t-1} = x_t, \tag{14.15}$$

$$x_t = \alpha\theta(m_t + \lambda r_t - y_{\mathrm{nt}}). \tag{14.16}$$

可以通过数学附录中介绍的 Whiteman 求解过程来得到问题的解。如果假定 $x_t = \phi(L)e_t$，其中 e_t 是一个零均值独立同分布的随机冲击 (i.i.d)，解的形式是 $p_t = A(L)e_t$，那么我们可以将 (14.15) 式表示成滞后算子的形式

$$p = \{[1+\alpha\theta(1+\lambda)]A(L) - \alpha\theta\lambda[A(L)-a_0]L^{-1} - \beta[A(L)-a_0] - (1-\beta)A(L)L\}e_t.$$

由于 $A(L) = \phi(L)$，有

$$\begin{aligned} A(L) &= \frac{-(\alpha\theta\lambda L^{-1}+\beta)a_0 + \phi(L)}{[1-\beta+\alpha\theta(1+\lambda)] - \alpha\theta\lambda L^{-1} - (1-\beta)L} \\ &= \frac{(\alpha\theta\lambda + \beta L)a_0 - L\phi(L)}{(1-\beta)f(L)}, \end{aligned}$$

其中

$$f(L)=\frac{\alpha\theta\lambda}{1-\beta}-\frac{1-\beta+\alpha\theta(1+\lambda)}{1-\beta}L+L^2=0.$$

特征方程 $f(L)=0$ 有两个特征根。由于 $f(1)=-(\alpha\theta/(1-\beta))<0$，所以存在一个鞍点解。用 $\eta_1\geqslant 1$ 和 $\eta_2<1$ 表示两个根，因此，

$$\begin{aligned}f(L)&=(L-\eta_1)(L-\eta_2)\\&=-\eta_1 L\left(1-\frac{1}{\eta_1}L\right)(1-\eta_2 L^{-1}).\end{aligned}$$

对于不稳定的根 η_2，运用剩余法，这意味着

$$\lim_{L\to\eta_2}(1-\beta)(L-\eta_1)(L-\eta_2)A(L)=-(\alpha\theta\lambda\eta_2^{-1}+\beta)a_0+\phi(\eta_2)=0$$

并且 a_0 唯一地由下式确定

$$a_0=\frac{\eta_2\phi(\eta_2)}{\alpha\theta\lambda+\beta\eta_2}.$$

所以，p_t 的解可以写为

$$(1-\beta)\eta_1\left(1-\frac{1}{\eta_1}L\right)p_t=\frac{\alpha\theta\lambda+\beta L}{\alpha\theta\lambda+\beta\eta_2}\left[\frac{1-\eta_2 L^{-1}\phi(\eta_2)\phi(L)^{-1}}{1-\eta_2 L^{-1}}-\beta L\right]\phi(L)e_t$$

或者以 x_t 的形式表示为

$$p_t=\frac{1}{\eta_1}p_{t-1}+\frac{1}{\varphi}\sum_{s=0}^{\infty}\eta_2^s E_t x_{t+s}+\frac{\beta(1-\alpha\theta\lambda-\beta\eta_2)}{\varphi}x_{t-1},\tag{14.17}$$

其中，$\varphi=(1-\beta)\eta_1(\alpha\theta\lambda+\beta\eta_2)$。(14.17) 式表明，价格水平同时既有后顾性又有前瞻性的组成部分。货币供给的增加、实际利率的上升以及无论是当期还是预期未来潜在产出的下降，都会导致当期价格水平上升，但是经过一段时间会调整至新的长期均衡价格水平。

在长期中，价格水平的解是

$$p=m+\lambda r-y_n$$

因此长期通货膨胀为

$$\Delta p=\Delta m+\lambda\Delta r-\Delta y_n.$$

由于在长期中，产出和通货膨胀倾向于为正，然而相对来说，实际收益率近似为常数，所以凯恩斯主义模型中的通货膨胀需要相对应的货币供给增长。否则正的产出增长将会导致负的通货膨胀。所以，虽然凯恩斯主义模型强调通过需求管理 (具体而言，财政政策) 来控制通货膨胀，但是，仍然需要相应的货币政策来实现通货膨胀和产出之间稳定的权衡。如果没有货币政策配合，在长期很难单独依靠财政政策来控制通货膨胀。

14.3.2 经验证据

菲利普斯曲线的原始基础在于它对英国过去 100 多年工资通货膨胀卓越的解释能力。然而当被用于指导政策制定时，菲利普斯旋即失效，因此也就失去了对通货膨胀的解释能力。这一现象导致经济政策中产生了一个一般性的命题，即“Goodhart 定律”，该定律断言，任何经济关系被用于政策目的时都会失效。具体来说，人们曾发现工资通货膨胀和失业 (或者产出) 之间存在某种联系，于是就认为可以通过控制产出来控制通货膨胀，然而在人们尝试使用这种方法时，工资通货膨胀和失业间的联系却消失了，并且通货膨胀看起来与产出无关，在长期中更是如此。

对 Goodhart 定律的一种解释是，政策想要加以操控的经济关系不是结构性的，而是从更为基础性的行为关系中获得的，例如从居民户和厂商的最优化决策中得到的一阶条件获得的。这些决策规则是由问题的深层结构参数决定的，而用来操控政策的方程，如菲利普斯方程，是这些深层结构参数的函数，所以政策变化时，参数也可能发生变化。这种观点由 Lucas(1976a) 首先提出，即著名的“Lucas 批评”。进一步说，无论是个体经济行为人还是政策制定者的最优决策规则，尤其是存在跨期时，都与经济体所处的状态有关。如果经济体状态变化时，那么这些决策规则很可能会发生变化，所以经济关系也就变了。如我们之前所说的，这正是时间不一致性政策的基础。

图 14.1 给出了英国工资通货膨胀和失业之间的关系。1980–1985 年间，工资通货膨胀和失业之间的关系看起来非常明显，但是这种关系在 1993 年明显变弱。之后，两个变量间的关系消失，随着失业的降低，通货膨胀没有表现出任何上升的迹象。图 14.2 描绘了 1955–2005 年基于季度数据的通货膨胀和产出缺口之间的关系，为了更为清晰，图 14.3 使用了年度数据。在这两幅图中，很难发现通货膨胀和产出缺口间稳定的长期关系。

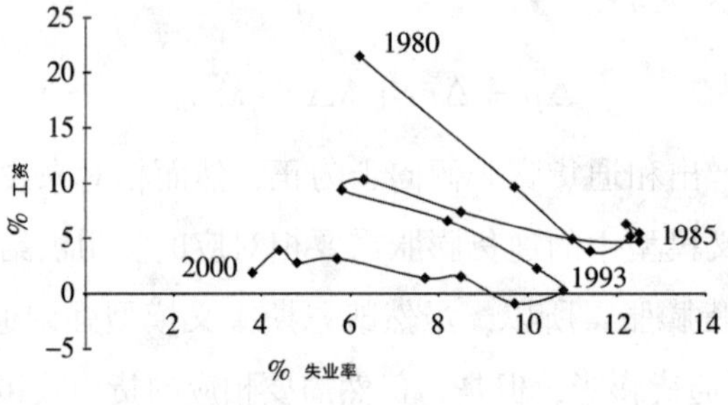

图 14.1 英国的失业 — 工资之间的权衡关系

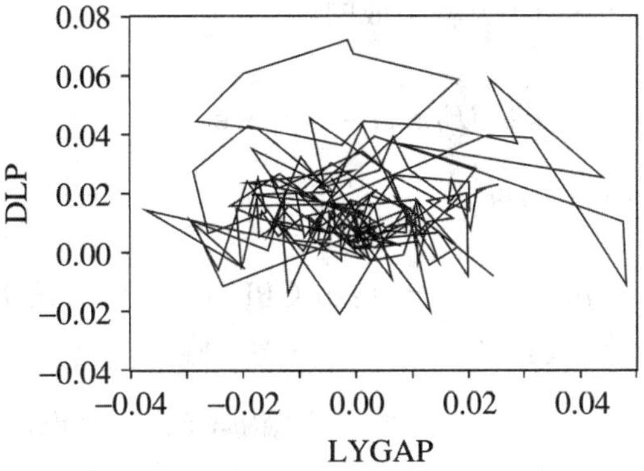

图 14.2　英国的通货膨胀 — 产出缺口之间的权衡关系 (1955–2005)

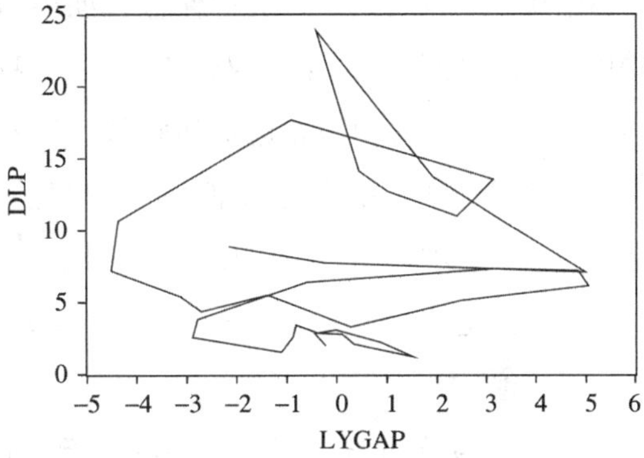

图 14.3　英国的通货膨胀 — 产出缺口之间的权衡关系 (1970–2004)

14.4　新凯恩斯主义的通货膨胀模型

14.4.1　理论

现代货币经济学是以不完全竞争下的动态一般宏观经济模型为基础的。与凯恩斯主义模型一样，它有两个方程：通货膨胀或总供给函数，IS 或总需求函数。由于它与凯恩斯主义模型非常相似，因而通常被称作新凯恩斯主义模型 (NKM)(见 Furher 和 Moore，1995；Roberts，1995，1997)，但两个模型的具体形式却差异很大。像我们之前在第 9 章对价格的不完全可变性和第 13 章对汇率的讨论中所指出的那样，尽管凯恩斯主义模型是用来描述整个经济运行的，但它并不是从带有微观基础的一般均衡模型中推导而得。大量关于通货膨胀目标制定的文献都应用了 NKM。近些年的研究概况见 Clarida 等 (1999)，Walsh(2003)，Woodford(2003)，Bernanke 和 Woodford(2005)，以及 Gali(2008)。

典型的 NKM 是由以下两个方程组成的：

$$\pi_t = \mu + \beta E_t \pi_{t+1} + \gamma x_t + e_{\pi t}, \tag{14.18}$$

$$x_t = E_t x_{t+1} - \alpha(R_t - E_t \pi_{t+1} - \theta) + e_{xt}, \tag{14.19}$$

其中，$0 < \beta \leqslant 1$、$\alpha, \gamma, \mu, \theta > 0$，$\pi_t$ 是由 CPI 或 GDP 平减指数测度的通货膨胀，$x_t = y_t - y_{\mathrm{nt}}$ 是产出缺口 (这里的产出缺口由产出减“稳态”产出表示，而不是像 13 章中由潜在产出减实际产出表示)，y_t 是 GDP，y_{nt} 是 GDP 的趋势值或均衡值，R_t 是政策工具，也就是官方名义利率，而 $e_{\pi t}$ 和 e_{xt} 分别是均值为 0 ，序列不相关的供给和需求冲击。此时，如果 GDP 不变，正向的 $e_{\pi t}$ 会引起通货膨胀增加。通货膨胀方程 (14.18) 是菲利普斯方程的一种形式，有时被称作包含期望的或新凯恩斯主义的菲利普斯曲线。方程 (14.19) 式被叫作新凯恩斯主义的 IS 方程。我们继续通过费雪方程 $r_t = R_t - E_t \pi_{t+1}$ 将实际利率 r_t 与名义利率和通货膨胀联系起来，但现在的 r_t 是内生的，而不像以前是外生的。除了利率，所有变量都表示成自然对数的形式。假设在均衡处的通货膨胀率就是目标通货膨胀率 π^*，产出缺口是 0 ，而长期的实际利率是 $\bar{r}$，那么 $\mu = (1-\beta)\pi^*$，i_t 的长期值是 $\bar{r} + \pi^* = \theta + \pi^*$，所以 $\bar{r} = \theta$，其中 θ 在一般均衡框架中是时间偏好率。

通货膨胀方程 (14.18) 式与第 9 章推导的封闭经济的通货膨胀模型非常相似。在方程中添加一项 π_{t-1} 后会减缓通货膨胀的动态调整，使模型的动态特征更一般化。这样还会使得模型和经验证据更加吻合。中央银行通常以消费品通货膨胀的某种指标如 CPI 为政策目标。在开放经济中，为捕捉进口价格对国内通货膨胀的影响和国内通货膨胀对世界通货膨胀的影响，需要引进更多的变量。所以，需要对新凯恩斯主义的 IS 方程进行更深入的讨论。

14.4.1.1 新凯恩斯主义的 IS 函数

新凯恩斯主义的 IS 方程建立了实际利率和产出缺口之间的联系。在钉住通货膨胀的政策下，政策目标是凭借利率来影响产出，从而控制通货膨胀的。因此 R_t 和 x_t 之间，x_t 和 π_t 之间关系的强度对货币政策的有效性至关重要。直觉上它们之间的关系是，官方利率提高引起实际利率的上升，从而降低产出，缩小产出缺口，产出下降反过来使通货膨胀下降。新凯恩斯主义的 IS 方程是前向的。经济体动态一般均衡模型 (DSGE) 的理论基础是消费的欧拉方程。首先我们考虑以生命周期模型为基础的代表性居民户问题，然后再考虑经济体的完整模型。

我们之前把居民户的问题表示成最大化

$$E_t \sum_{s=0}^{\infty} \beta^s U(c_{t+s}), \quad \beta = \frac{1}{1+\theta}, \tag{14.20}$$

实际预算约束为

$$a_{t+1} + c_t = y_t + (1+r_t)a_t, \tag{14.21}$$

其中 y_t 是外生的收入，a_t 是在期初持有的资本存量，r_t 是它们的实际收益。(如果居民户有净债务，我们写为 $b_t = -a_t$。) 从而得到欧拉方程

$$E_t\left[\beta \frac{U'(c_{t+1})}{U'(c_t)}(1+r_{t+1})\right] = 1.$$

近似的边际效用为

$$U'(c_{t+1}) \simeq U'(c_t) + U''\Delta c_{t+1},$$

我们得到消费的如下表达

$$E_t \Delta \ln c_{t+1} = \frac{1}{\sigma}(E_t r_{t+1} - \theta), \tag{14.22}$$

其中 $\sigma = -(cU''/U')$ 是相对风险规避系数。这可以写成

$$\ln c_t = E_t \ln c_{t+1} - \frac{1}{\sigma}(E_t r_{t+1} - \theta) \tag{14.23}$$

或者写成绕稳态波动的形式为

$$\ln c_t - \ln \bar{c}_t = E_t(\ln c_{t+1} - \ln \bar{c}_{t+1}) - \frac{1}{\sigma}(E_t r_{t+1} - \theta), \tag{14.24}$$

其中 $\bar{c}_t$ 是消费的稳态值，可随时间因经济增长而改变，θ 是实际利率的稳态值。

为了得到新凯恩斯主义的 IS 函数 (14.19) 式，需要将欧拉方程和预算约束合并。预算约束的对数线性化近似为

$$\frac{a}{y}\ln a_{t+1} + \frac{c}{y}\ln c_t = \ln y_t + (1+\theta)\frac{a}{y}\ln a_t + \frac{a}{y} r_t, \tag{14.25}$$

此处我们假设资产和消费与收入的比率在稳态时是常数。合并 (14.24) 式和 (14.25) 式，消去消费，得

$$\begin{aligned} \ln y_t - \ln y_{\mathrm{n}t} &= E_t(\ln y_{t+1} - \ln y_{\mathrm{n}t+1}) - \frac{c}{\sigma y}(E_t r_{t+1} - \theta) \\ &\quad + \frac{a}{y}[(1+\theta)E_t\Delta \ln a_{t+1} - E_t \Delta \ln a_{t+2} + E_t \Delta r_{t+1}], \end{aligned} \tag{14.26}$$

这里的 y_{nt} 就是产出水平的稳态水平，或称“自然”产出水平。最后，我们已知在封闭经济中总净资产为 0，因此，如果令 $a=0$，(14.26) 式可简化为

$$\ln y_t - \ln y_{\mathrm{nt}} = E_t(\ln y_{t+1} - \ln y_{\mathrm{nt}+1}) - \frac{c}{\sigma y}(E_t r_{t+1} - \theta). \tag{14.27}$$

如果我们令居民户的收入和经济体的产出相等，那么方程 (14.27) 式与 (14.19) 式相同。如果经济是静态的，则 (14.27) 式的 $\ln y_{\mathrm{nt}}$ 和 $\ln y_{\mathrm{nt}+1}$ 两项可以省略掉。

在更一般的情形中，特别是开放经济中，居民户的净资产不一定为 0，居民户的收入也并不和总产出相等。并且在研究宏观经济时不能只关注居民户部门，因此，我们应把方程 (14.27) 式看作一种特殊情况。

对新凯恩斯主义模型 (NKM) 的批评。 虽然接下来对货币政策的分析以是以对新凯恩斯主义 IS 函数的论述为基础，但在此之前我们先进一步来讨论它的性质和含义。严格地说，欧拉方程描述了在考虑 t 时刻的可用信息后，消费的未来行为。t 时刻的新信息，无论是与当前有关还是与未来有关，均会引起 c_t 和 $E_t c_{t+1}$ 的改变。相比之下，新凯恩斯主义的 IS 函数被用来决定 y_t (或 c_t) 的水平。

因此，我们首先要明确的是，方程 (14.23) 式用来描述当期的消费水平，而不是像消费方程一样用来描述未来预期的消费变化，却不关心当前消费水平。为了得到消费函数，我们必须把方程 (14.23) 式和预算约束 (14.21) 式结合起来。可以通过对跨期预算约束应用对数线性近似来获得消费函数：

$$E_t \frac{\ln a_{t+n}}{(1+r)^n} + \frac{c}{a}\sum_{s=0}^{n-1}\frac{E_t \ln c_{t+s}}{(1+r)^s} = \frac{y}{a}\sum_{s=0}^{n-1}\frac{E_t \ln y_{t+s}}{(1+r)^s} + \sum_{s=0}^{n-1}\frac{E_t r_{t+s}}{(1+r)^s} + (1+r)\ln a_t.$$

当 $n\to\infty$ 时取极限，假设 $\lim\limits_{n\to\infty}(\ln a_{t+n}/(1+r)^n)=0$ 且 $E_t r_{t+s}=\theta$，则有 $E_t \ln c_{t+s} = \ln c_t$，由此得到消费函数为

$$\ln c_t = \frac{r}{1+r}\frac{y}{c}\sum_{s=0}^{\infty}\frac{\ln y_{t+s}}{(1+r)^s} + \frac{r}{1+r}\frac{a}{c}\sum_{s=0}^{\infty}\frac{E_t r_{t+s}}{(1+r)^s} + r\frac{a}{c}\ln a_t. \tag{14.28}$$

所以，消费的对数取决于利率、收入对数和资本存量对数的期望现值。

因此，实际利率暂时性或永久性改变对消费的影响取决于居民户是否拥有净资产 ($a_t>0$) 或净债务 ($a_t<0$)。如果居民户有净资产，由于额外的利息收入，那么像新凯恩斯主义的 IS 函数，也就是方程 (14.19) 式所假设的，利息的升高会增加而不是减少消费。相反，如果居民户有净债务 (即 $b_t=-a_t>0$)，那么对数线性近似变为[①]

$$\ln c_t = \frac{r}{1+r}\frac{y}{c}\sum_{s=0}^{\infty}\frac{\ln y_{t+s}}{(1+r)^s} - \frac{r}{1+r}\frac{b}{c}\sum_{s=0}^{\infty}\frac{E_t r_{t+s}}{(1+r)^s} - r\frac{b}{c}\ln a_t. \tag{14.29}$$

---

①译者注：原书此式为 $\ln c_t = \frac{r}{1+r}\frac{y}{c}\sum_{s=0}^{\infty}\frac{\ln y_{t+s}}{(1+r)^s} - \frac{r}{1+r}\frac{b}{c}\sum_{s=0}^{\infty}\frac{E_t r_{t+s}}{(1+r)^s} - r\frac{b}{c}\ln b_t$，最后一项 b_t 疑似为 a_t 笔误。

因此只有居民户有净债务时，实际利率的上升才会降低消费和总需求。比如，从紧的货币政策使得当期利率 r_t 单期上升一个单位，如果居民户有净资产，则会引起 $\ln c_t$ 增加 $(r/(1+r))(a/c)$，如果他们有净负债，则会下降 $\ln c_t$，但无论哪种情况，$E_t \ln c_{t+1}$ 都保持不变。换句话说，如果居民户有净资产，暂时从紧的货币政策对经济体是一个正向的刺激作用，而不像在钉住通货膨胀的新凯恩斯模型中那样，对经济起阻碍作用。由于无论何时，都是有些人拥有净资产而其余人拥有净负债，所以利率对总消费的影响力度可能相当微弱，在封闭经济中甚至为零，因为任何人的资产都是其他人的负债，所以封闭经济加总后，净金融资产为零。

当预期未来利率发生变化时所，能使我们进一步理解消费的欧拉方程和消费函数间的不同含义。由于 $E_t r_{t+1}$ 的初始值 θ 增加了一单位，并假设各期的实际利率都保持不变，c_t 变为 c_t^*，而 $E_t \ln c_{t+1}$ 变为 $E_t \ln c_{t+1}^*$。方程 (14.29) 式的消费函数中，t 期和 $t+1$ 期的收入不变，我们可以得到

$$E_t \Delta \ln c_{t+1} = -\frac{r}{1+r}\frac{a}{c}r_t + \frac{r}{1+r}\frac{a}{c}\left(1-\frac{1}{1+r}\right)E_t r_{t+1} + r\frac{a}{c}E_t \Delta \ln a_{t+1}.$$

所以，$E_t r_{t+1}$ 增长一单位之后，预期的消费增长率为

$$E_t \Delta \ln c_{t+1}^* = E_t \Delta \ln c_{t+1} + \frac{r}{1+r}\frac{a}{c}\left(1-\frac{1}{1+r}\right) + r\frac{a}{c}E_t(\ln a_{t+1}^* - \ln a_{t+1}).$$

由 (14.23) 式的欧拉方程得

$$E_t(\Delta \ln c_{t+1}^* - \Delta \ln c_{t+1}) = \frac{1}{\sigma} > 0,$$
$$E_t(\ln a_{t+1}^* - \ln a_{t+1}) = -\frac{1}{\sigma}\frac{r}{(1+r)^2} < 0.$$

因此，利率的上升导致预期消费增长率的增加，但当期消费和所持有的资产会下降。当居民户有净负债时，可以推导出相对应的结果。也就是说，为了考察实际利率变化对消费的影响，我们应该使用消费函数而不是消费的欧拉方程，或者在模型中使用包含预算约束的欧拉方程。

但即使这样，也仍然还有一个问题。我们对新凯恩斯主义 IS 函数的推导是以居民户的决策为基础的，而不是反应完整经济的模型为基础的。现在我们来修正这个问题，假设在完整的封闭经济中，最大化预期贴现效用

$$E_t \sum_{s=0}^{\infty} \beta^s U(c_{t+s}, l_{t+s}), \quad \beta = \frac{1}{1+\theta},$$

约束条件是

$$y_t = c_t + i_t + g_t,$$
$$y_t = A_t k_t^{\alpha} n_t^{1-\alpha},$$
$$\Delta k_{t+1} = i_t - \delta k_t,$$
$$n_t + l_t = 1,$$

其中 y 是产出，c 是消费，l 是闲暇，n 是就业，i 是投资，k 是资本，g 是政府支出，A 是技术进步。

模型的解是

$$E_t \Delta \ln c_{t+1} = \frac{1}{\sigma}(E_t r_{t+1} - \theta),$$
$$U_{l,t} n_t = (1-\alpha) U_{c,t} y_t,$$
$$r_{t+1} = \alpha \frac{y_{t+1}}{k_{t+1}} - \delta.$$

对资源约束的对数线性近似是

$$\ln y_t = \frac{c}{y} \ln c_t + \frac{k}{y}[\ln k_{t+1} - (1-\delta)\ln k_t] + \frac{g}{y} \ln g_t.$$

利用欧拉方程消去 $\ln c_t$，同时我们已知 $r = \alpha(y/k) - \delta$ 和 $1 - (c/y) - (g/y) = \delta(k/y)$，据此得到 IS 方程：

$$\ln y_t = E_t \ln y_{t+1} + \left(1 - \delta\frac{k}{y} - \frac{g}{y}\right)\frac{1}{\sigma}(E_t r_{t+1} - \theta)$$
$$+ \frac{k}{y}[E_t \Delta \ln k_{t+2} - (1-\delta) E_t \Delta \ln k_{t+1}] - \frac{g}{y} E_t \Delta \ln g_{t+1}.$$

因此，在完整的模型中，产出取决于资本存量和政府支出，资本存量取决于产出和实际利率。由于实际利率的增加降低了资本存量，进而降低了产出，所以产出对实际利率变化的正向的直接反应，可能部分地，也可能全部地被实际利率对资本的负向影响所抵销。

从这一部分讨论得出的一般性结论是，新凯恩斯主义的 IS 方程不能为货币传导机制中利率和产出的联系提供可靠的理论基础。我们已表明新凯恩斯主义的 IS 方程可能对货币政策的效果给出完全误导的信号，甚至是错误的信号。我们建议在分析利率和产出的联系时最好采用消费函数或在模型中额外增加预算约束方程。此外，由于新凯恩斯主义的 IS 函数只是从居民户的行为推导出的，而不是完整的经济模型，所以可能会有些错误的假定，因此，更有把握的方法是同时使用欧拉方程和经济体的资源约束。对于 NKM 理论支撑更深入的讨论见 Smith 和 Wickens(2007)。尽管对 NKM 的 IS 函数心存疑虑，但我们在有关通货膨胀目标的文献中仍时时能见到它并继续使用它。

14.4.2 新凯恩斯主义模型下通货膨胀目标制的有效性

我们分别考虑相机抉择政策下和遵循单一规则时利率的变化对通货膨胀和产出的影响。我们比较 Taylor 规则的两种情况：一种是利率对通货膨胀反映强烈 (即反映强度超过了超额通货膨胀)，另一种是利率对通货膨胀的反映较弱 (即反应强度低于超额通货膨胀)。我们发现只有一种情况——较强的 Taylor 规则——才是能有确定解的。这部分分析是以新凯恩斯主义模型为基础的，为方便起见，我们重述方程 (14.18) 和 (14.19)：

$$\pi_t = \mu + \beta E_t \pi_{t+1} + \gamma x_t + e_{\pi t}, \tag{14.30}$$

$$x_t = E_t x_{t+1} - \alpha(R_t - E_t \pi_{t+1} - \theta) + e_{xt}. \tag{14.31}$$

14.4.2.1 采用相机抉择政策

货币工具是由中央银行自由选择的名义利率 R_t。直觉上，名义利率的增加会引起产出下降，从而导致通货膨胀下降。但是，在 NKM 中却出现了一个奇怪的结果。

从方程中消去 x_t，得到关于 π_t 的动态方程的简化式：

$$\pi_t - (1+\beta-\alpha\gamma)E_t\pi_{t+1} + \beta E_t \pi_{t+2} = \alpha\gamma\theta + z_t, \tag{14.32}$$

$$z_t = -\alpha\gamma R_t + e_{\pi t} + \gamma e_{xt}. \tag{14.33}$$

长期解是

$$\pi_t = R_t - \theta \quad 以及\ x_t = 0.$$

为了分析短期的动态变化，我们利用 Whiteman 求解方法。方程 (14.32) 式可以写成

$$\{A(L) - (1+\beta-\alpha\gamma)L^{-1}(A(L)-a_0) + \beta L^{-2}[A(L) - a_0 - a_1 L]\}\varepsilon_t = \phi(L)\varepsilon_t,$$

其中 $\pi_t = a + A(L)\varepsilon_t$ ，$z_t = \phi(L)\varepsilon_t$ ，因此

$$A(L) = \frac{[\beta - (1+\beta-\alpha\gamma)L]a_0 + \beta L a_1 + L^2\phi(L)}{\beta - (1+\beta-\alpha\gamma)L + L^2}$$

特征方程是

$$f(L) = \beta - (1+\beta-\alpha\gamma)L + L^2 = 0.$$

由于 $f(1)=\alpha\gamma>0$ 且特征根的乘积 β 小于 1，两个特征根 η_1 和 η_2 都小于 1，因而是不稳定的，所以对系数 a_0 和 a_1 有唯一的解。利用剩余法，令 $i=1,2$，两个条件为

$$
\begin{aligned}
\lim_{L\to\eta_i}(L-\eta_1)(L-\eta_2)A(L) &= [\beta-(1+\beta-\alpha\gamma)\eta_i]a_0+\beta\eta_2 a_1+\eta_2^2\phi(\eta_i) \\
&= 0. \qquad (14.34)
\end{aligned}
$$

由这两个条件即可求解出 a_0 and a_1 。

注意

$$
\begin{aligned}
f(L) &= (L-\eta_1)(L-\eta_2) \\
&= L^2(1-\eta_1 L^{-1})(1-\eta_2 L^{-1}),
\end{aligned}
$$

因此，通货膨胀的解是

$$
\begin{aligned}
\pi_t &= \frac{\alpha\gamma\theta+z_t}{(1-\eta_1 L^{-1})(1-\eta_2 L^{-1})} \\
&= \left[\frac{\eta_1}{(\eta_1-\eta_2)(1-\eta_1 L^{-1})}-\frac{\eta_2}{(\eta_1-\eta_2)(1-\eta_2 L^{-1})}\right](\alpha\gamma\theta+z_t) \\
&= \frac{\alpha\gamma\theta}{(1-\eta_1)(1-\eta_2)}+\frac{1}{\eta_1-\eta_2}\sum_{s=0}^{\infty}(\eta_1^{s+1}-\eta_2^{s+1})E_t z_{t+s} \qquad (14.35) \\
&= \frac{\alpha\gamma\theta}{(1-\eta_1)(1-\eta_2)}-\frac{\alpha\gamma}{\eta_1-\eta_2}\sum_{s=0}^{\infty}(\eta_1^{s+1}-\eta_2^{s+1})E_t R_{t+s}+\alpha\gamma(e_{\pi t}+\gamma e_{xt}). \qquad (14.36)
\end{aligned}
$$

这是一个纯前向的解。如果 $\eta_1>\eta_2$，则意味着在今天相机抉择提高利率，或预期在未来提高利率，将会立刻降低通货膨胀率。

使用滞后算子重写方程 (14.31) 式，然后由 π_t 的解中替换 $E_t\pi_{t+1}=L^{-1}\pi_t$，可得产出缺口的解：

$$
\begin{aligned}
\Delta x_t = -\alpha\theta\left[1+\frac{\alpha\gamma}{(1-\eta_1)(1-\eta_2)}\right] \\
+\frac{\alpha^2\gamma}{\eta_1-\eta_2}\sum_{s=0}^{\infty}(\eta_1^{s+1}-\eta_2^{s+1})E_t R_{t+s} \\
+\alpha R_{t-1}-\alpha\gamma(e_{\pi t}+\gamma e_{xt})-e_{x,t-1}. \qquad (14.37)
\end{aligned}
$$

因此，利率的上升导致产出缺口的变化增加，这大致相当于产出的增长率。这意味着利率的上升对产出缺口的水平有永久性的影响。只有利率恢复到其原来水平时，产出缺口才有可能回到其原来水平。

在以相机抉择为基础的货币政策中，货币当局通常只公布当前的利率值，而未来的利率尚无法确定。瑞典的中央银行 Riksbank 是个明显的例外，它对外公布其预测利率。模型中涉及预期的未来通货膨胀与产出并根据预期未来利率求出。这意味着公众必须预测未来利率以形成通货膨胀和产出预期。如何做到这一点还是个未知数。办法之一是采用以市场为基础的远期利率，这在第 12 章中已经表明，它是利率的期限结构得出的。另一种办法是运用 ad hoc 的专设模型直接预测通货膨胀和产出。这在以规则为导向的货币政策下就不会是个问题，因为它就是以研究如何决定利率而知名的。

14.4.2.2 以规则为导向的货币政策

通过比较相机抉择政策和遵循 Taylor 规则时的通货膨胀解以及货币政策的有效性，我们可以获得大量信息。Taylor 规则可以写作

$$R_t = \theta + \pi^* + \mu(\pi_t - \pi^*) + \upsilon x_t + e_{Rt}. \tag{14.38}$$

Taylor 设定 $\mu = 1.5$ 以及 $\nu = 0.5$。随机变量 e_{Rt} 表示允许存在对利率规则非预期性的偏离。

模型可以写成矩阵的形式

$$\begin{bmatrix} 1-\beta L^{-1} & -\gamma & 0 \\ -\alpha L^{-1} & 1-L^{-1} & \alpha \\ -\mu & -\nu & 1 \end{bmatrix} \begin{bmatrix} \pi_t \\ x_t \\ R_t \end{bmatrix} = \begin{bmatrix} \phi \\ \alpha\theta \\ \theta + \pi^*(1-\mu) \end{bmatrix} + \begin{bmatrix} e_{\pi t} \\ e_{xt} \\ e_{Rt} \end{bmatrix}. \tag{14.39}$$

该式的一般结构为

$$B(L) z_t = \eta + \xi_t. \tag{14.40}$$

$B(L)$ 的逆矩阵为

$$B(L)^{-1}$$

$$= \frac{1}{f(L)L^{-2}} \begin{bmatrix} 1+\alpha\nu - L^{-1} & \gamma & -\alpha\gamma \\ -\alpha(\mu - L^{-1}) & 1-\beta L^{-1} & -\alpha(1-\beta L^{-1}) \\ \mu + (\alpha\nu - \mu)L^{-1} & (\nu + \mu\gamma) + \beta\nu L^{-1} & 1 + (1+\beta+\alpha\gamma)L^{-1} + \beta L^{-2} \end{bmatrix},$$

$B(L)$ 的行列式为

$$f(L)L^{-2} = 1 + \alpha(\nu + \mu\gamma) - [1 + \beta(1+\alpha\upsilon) + \alpha\gamma]L^{-1} + \beta L^{-2}.$$

将 (14.39) 式左乘 $B(L)$ 的伴随矩阵，可以得到如下关于 π_t 的方程：

$$\left.\begin{aligned}\pi_t-[1+\beta(1+\alpha v)+\alpha\gamma]E_t\pi_{t+1}+\beta E_t\pi_{t+2}=v_t,\\ v_t=\alpha(\nu\phi-\gamma\pi^*)+(1+\alpha v)e_{\pi t}+\gamma e_{xt}-\alpha\gamma e_{Rt}.\end{aligned}\right\}\tag{14.41}$$

注意，$L^{-1}e_{\pi t}=E_te_{\pi,t+1}=0$。

(14.41) 式也可以写成

$$\begin{aligned}\{[1+\alpha(v+\mu\gamma)]A(L)-[1+\beta(1+\alpha v)+\alpha\gamma]L^{-1}[A(L)-a_0]\\ +\beta L^{-2}[A(L)-a_0-a_1L]\}\varepsilon_t=\phi(L)\varepsilon_t,\end{aligned}$$

其中 $\pi_t=a+A(L)\varepsilon_t$，$v_t=b+\phi(L)\varepsilon_t$，$b=\alpha\pi^*[\nu(1-\beta)+\gamma(\mu-1)]$。因此

$$A(L)=\frac{[\beta-(1+\beta(1+\alpha v)+\alpha\gamma)L]a_0+\beta La_1+L^2\phi(L)}{\beta-[1+\beta(1+\alpha v)+\alpha\gamma]L+[1+\alpha(v+\mu\gamma)]L^2},$$

并且特征方程是

$$f(L)=\beta-[1+\beta(1+\alpha v)+\alpha\gamma]L+[1+\alpha(v+\mu\gamma)]L^2=0.$$

我们分两种情况讨论：$f(1)=\alpha[\nu(1-\beta)+\gamma(\mu-1)]\gtrless 0$。这两种情况主要是取决于 $\mu>1$ 还是 $\mu<1$。如果 $\mu>1$ (如果 Taylor 规则设定 $\mu=1.5$)，则货币政策对通货膨胀反映强烈；但是如果 $\mu<1$，货币政策对通货膨胀的反映较弱。

第一种情况：$f(1)=\alpha[\nu(1-\beta)+\gamma(\mu-1)]>0$。

假设因为 $\mu>1$，所以这个条件成立。在这种情况下，两个单位根要么都是稳定的，要么都是不稳定的，考虑 $f(L)=0$ 的两个根的乘积，在将 L^2 的系数标准化后，该特征方程两个根的乘积是 $\beta/(1+\alpha(v+\mu\gamma))$。由于 $1>\beta/(1+\alpha(v+\mu\gamma))>0$，方程两个根的乘积小于 1 且为正。因此，它们都是不稳定的。我们把单位根表示成 $0<\eta_1$，$\eta_2<1$.

利用剩余法可得

$$\begin{aligned}\lim_{L\to\eta_i}f(L)A(L)&=\lim_{L\to\eta_i}[1+\alpha(v+\mu\gamma)](L-\eta_1)(L-\eta_2)A(L)\\&=[\beta-(1+\beta(1+\alpha v)+\alpha\gamma)\eta_i]a_0+\beta\eta_ia_1+\eta_i^2\phi(\eta_i)\\&=0.\end{aligned}$$

其中 $i=1,2$。由此得到了有两个未知数 a_0 和 a_1 的两个方程。因此 a_0 和 a_1 能够被唯一地确定。

因此，π_t 的解可以直接根据方程 (14.41) 式求得

$$\begin{aligned}
\pi_t &= \frac{1}{[1+\alpha(\upsilon+\mu\gamma)]L^{-2}(L-\eta_1)(L-\eta_2)}v_t \\
&= \frac{1}{[1+\alpha(\upsilon+\mu\gamma)](1-\eta_1 L^{-1})(1-\eta_2 L^{-1})}v_t \\
&= \frac{1}{[1+\alpha(\upsilon+\mu\gamma)](\eta_1-\eta_2)}\left[\frac{\eta_1}{1-\eta_1 L^{-1}}-\frac{\eta_2}{1-\eta_2 L^{-1}}\right]v_t \\
&= \frac{1}{1+\alpha(\upsilon+\mu\gamma)}\left[\frac{\eta_1}{\eta_1-\eta_2}\sum_{s=0}^{\infty}\eta_1^s E_t v_{t+s}-\frac{\eta_2}{\eta_1-\eta_2}\sum_{s=0}^{\infty}\eta_2^s E_t v_{t+s}\right] \\
&= \pi^* + \frac{1}{1+\alpha(\upsilon+\mu\gamma)}[(1+\alpha\upsilon)e_{\pi t}+\gamma e_{xt}-\alpha\gamma e_{Rt}]. \qquad (14.42)
\end{aligned}$$

因此，平均通货膨胀率等于目标通货膨胀率 $\pi^*(=a)$。通货膨胀会因为三种冲击而偏离目标值发生波动。通货膨胀和产出的正向冲击使得通货膨胀高于目标值，但利率的正向冲击则使得通货膨胀低于目标值。我们发现用 $E_t\pi_{t+1}$ 替换 π_t，用 $E_t x_{t+1}$ 替换 x_t 后，用前向的 Taylor 规则会得到相似的结论。

我们可以用优化的方式为 Taylor 规则的参数 μ 和 ν 赋值。例如，我们可以选择 μ 和 ν 以最小化通货膨胀的方差。假设各个冲击是不相关的，从方程 (14.42) 式可得

$$\text{Var}_t(\pi_t) = \frac{1}{[1+\alpha(\upsilon+\mu\gamma)]^2}[(1+\alpha\upsilon)^2\sigma_\pi^2+\gamma^2\sigma_x^2+(\alpha\gamma)^2\sigma_R^2], \qquad (14.43)$$

其中 $\sigma_i^2\ (i=\pi,x,R)$ 是冲击的方差。当 $\mu\to\infty$ 时通货膨胀的方差变为零，而对于任意有限的 μ 值，随着 $\nu\to 0$，通货膨胀的方差减少。这意味着如果政策目标是最小化目标通货膨胀水平 π^* 的方差，或者说最小化通货膨胀的方差 (因为 $E\pi_t=\pi^*$)，那么严格的通货膨胀目标 ($\nu=0$) 比可变的通货膨胀目标 ($\nu>0$) 要好。

利用方程 (14.42) 替换 π_t，利用 (14.38) 替换 R_t，加上 $E_t\pi_{t+1}=\pi^*$，可以从方程 (14.31) 中得到产出缺口的解。所以，

$$\begin{aligned}
x_t &= E_t x_{t+1}-\alpha(R_t-\pi^*-\theta)+e_{xt} \\
&= E_t x_{t+1}-\alpha\mu(\pi_t-\pi^*)-\alpha\mu\upsilon x_t+e_{xt}-\alpha e_{Rt} \\
&= E_t x_{t+1}-\frac{\alpha\mu}{1+\alpha(\upsilon+\mu\gamma)}[(1+\alpha\upsilon)e_{\pi t}+\gamma e_{xt}-\alpha\gamma e_{Rt}] \\
&\qquad -\alpha\mu\upsilon x_t+e_{xt}-\alpha e_{Rt} \\
&= \frac{1}{1+\alpha\mu\upsilon}E_t x_{t+1}-\frac{1}{1+\alpha(\upsilon+\mu\gamma)}(\alpha\mu e_{\pi t}+e_{xt}-e_{Rt}). \qquad (14.44)
\end{aligned}$$

前向求解方程 (14.44) 式，得到 x_t 的解

$$x_t = -\frac{1}{1+\alpha(\upsilon+\mu\gamma)}(\alpha\mu e_{\pi t}+e_{xt}-e_{Rt}). \qquad (14.45)$$

因此期望产出缺口为零。

第二种情况：$f(1)=\alpha[\nu(1-\beta)+\gamma(\mu-1)]<0$。

假设因为 $\mu<1$，所以这个条件成立。由于 $f(L)=0$ 的根落在 1 的两侧，所以解是个鞍点解。我们用 $\eta_1 \geqslant 1$ and $\eta_2<1$ 表示两个根，应用剩余法，我们得到一个与 η_2 相关的限制条件

$$\begin{aligned}\lim_{L\to\eta_2} f(L)A(L) &= \lim_{L\to\eta_2}(L-\eta_1)(L-\eta_2)A(L)\\ &= [\beta-(1+\beta(1+\alpha v)+\alpha\gamma)\eta_2]a_0+\beta\eta_2 a_1+\eta_2^2\phi(\eta_2)\\ &= 0.\end{aligned}$$

由于有两个未知数 a_0 和 a_1，却只有一个方程，所以解为不确定的。

鉴于

$$f(L)A(L)=[\beta-(1+\beta(1+\alpha v)+\alpha\gamma)L]a_0+\beta L a_1+L^2\phi(L)$$

且

$$\begin{aligned}f(L) &= \beta-[1+\beta(1+\alpha v)+\alpha\gamma]L+[1+\alpha(v+\mu\gamma)]L^2\\ &= [1+\alpha(v+\mu\gamma)](L-\eta_1)(L-\eta_2)\\ &= -[1+\alpha(v+\mu\gamma)]\eta_1 L(1-\frac{1}{\eta_1}L)(1-\eta_2 L^{-1}),\end{aligned}$$

因此可以得出

$$\left(1-\frac{1}{\eta_1}L\right)A(L)=-\frac{[\beta-(1+\beta(1+\alpha v)+\alpha\gamma)L]a_0+\beta L a_1+L^2\phi(L)}{[1+\alpha(v+\mu\gamma)]\eta_1 L(1-\eta_2 L^{-1})}.$$

在该式的分子中减去

$$[\beta-(1+\beta(1+\alpha v)+\alpha\gamma)\eta_2]a_0+\beta\eta_2 a_1+\eta_2^2\phi(\eta_2)=0$$

化简整理后得

$$
\begin{aligned}
&\left(1-\frac{1}{\eta_1}L\right)A(L)\varepsilon_t\\
&\qquad=-\frac{a_0\alpha\gamma(L-\eta_2)+a_1\beta(L-\eta_2)+L^2\phi(L)-\eta_2^2\phi(\eta_2)}{[1+\alpha(\upsilon+\mu\gamma)]\eta_1L(1-\eta_2L^{-1})}\varepsilon_t\\
&\qquad=-\frac{1}{[1+\alpha(\upsilon+\mu\gamma)]\eta_1}\left[a_0\alpha\gamma+a_1\beta+\frac{L^2\phi(L)-\eta_2^2\phi(\eta_2)}{L(1-\eta_2L^{-1})}\right]\varepsilon_t\\
&\qquad=-\frac{1}{[1+\alpha(\upsilon+\mu\gamma)]\eta_1}\left[a_0\alpha\gamma+a_1\beta\right.\\
&\qquad\qquad\left.+\frac{\eta_2[\eta_2^{-1}L-1+1-\eta_2\phi(\eta_2)L^{-1}\phi(L)^{-1}]\phi(L)}{1-\eta_2L^{-1}}\right]\varepsilon_t\\
&\qquad=-\frac{1}{[1+\alpha(\upsilon+\mu\gamma)]\eta_1}[(a_0\alpha\gamma+a_1\beta)\varepsilon_t-\upsilon_t+\eta_2\sum_{s=0}^{\infty}\eta_2^sE_t\upsilon_{t+s}].
\end{aligned}
$$

由于 $\pi_t=a+A(L)\varepsilon_t$，$\upsilon_t=b+\phi(L)\varepsilon_t$，$b=\alpha(\nu\phi-\gamma\pi^*)=\alpha\pi^*[\nu(1-\beta)-\gamma]$，$\phi(L)\varepsilon_t=(1+\alpha\upsilon)e_{\pi t}+\gamma e_{xt}-\alpha\gamma e_{Rt}$，所以 π_t 的解为

$$
\begin{aligned}
&\pi_t-a\\
&\quad=\frac{1}{\eta_1}(\pi_{t-1}-a)\\
&\qquad-\frac{1}{[1+\alpha(\upsilon+\mu\gamma)]\eta_1}[(a_0\alpha\gamma+a_1\beta)\varepsilon_t-(\upsilon_t-b)+\eta_2\sum_{s=0}^{\infty}\eta_2^sE_t(\upsilon_{t+s}-b)]\\
&\quad=\frac{1}{\eta_1}(\pi_{t-1}-a)+\frac{1-a_0\alpha\gamma-a_1\beta-\eta_2}{[1+\alpha(\upsilon+\mu\gamma)]\eta_1}[(1+\alpha\upsilon)e_{\pi t}+\gamma e_{xt}-\alpha\gamma e_{Rt}].
\end{aligned}
$$

因此，在较弱 Taylor 规则下，冲击对 π_t 的影响是未定的。

我们还可以看出

$$E\pi_t=a=\frac{\phi}{1-\beta}=\pi^*.$$

因此 π_t 是由下述一阶自回归过程生成的

$$\pi_t-\pi^*=\frac{1}{\eta_1}(\pi_{t-1}-\pi^*)+\frac{1-a_0\alpha\gamma-a_1\beta-\eta_2}{[1+\alpha(\upsilon+\mu\gamma)]\eta_1}[(1+\alpha\upsilon)e_{\pi t}+\gamma e_{xt}-\alpha\gamma e_{Rt}].$$

因此，如果冲击是互不相关的，则

$$\mathrm{Var}_t(\pi_t)=\frac{1}{1-\eta_1^{-2}}\left[\frac{1-a_0\alpha\gamma-a_1\beta-\eta_2}{[1+\alpha(\upsilon+\mu\gamma)]\eta_1}\right]^2[(1+\alpha\upsilon)^2\sigma_\pi^2+\gamma^2\sigma_x^2+(\alpha\gamma)^2\sigma_R^2].\quad(14.46)$$

在确定及不确定两种情况下，即 (14.43) 式和 (14.46) 式中，$\mathrm{Var}_t(\pi_t)$ 的相对大小是无法确定的。

总之，以新凯恩斯主义模型 NKM 和相机抉择政策为基础制定通货膨胀目标时，利率的增加会引起通货膨胀的下降，如果是未来利率增加且被预见到，通货膨胀也会下降。而在单一规则导向下，无论通货膨胀还是产出都唯一地取决于货币政策对通货膨胀偏离其目标时的反映强度。(利率变化高过通货膨胀缺口的) 强反应会得出唯一的解，反之则使通货膨胀无法唯一确定。这表明了强反应的好处。在单一规则下，两种情况的平均通货膨胀率都等于目标通货膨胀率。并且，通过精确调整 Taylor 规则的参数可以最小化通货膨胀相对目标值的波动，稍后我们将回到这一点的讨论上。在相机抉择下，利率会影响产出缺口的变化并且这个缺口是持久的，但在规则导向下，如果是确定的情况，平均的产出缺口为零并且产出缺口对零的偏离不是持久的。在不确定的情况下，由于产出缺口像通货膨胀一样是一阶自回归结构，所以产出缺口是持久的。

21 世纪初的所谓“大缓和”时期，究竟是源于好政策还是纯粹出于好运气，对于这个问题一直是存有争议的。我们的分析表明好的政策需要 $\mu > 1$，而好运气则是当通货膨胀方差及产出缺口方差 (σ_π^2 和 σ_x^2) 都比较小的时候。我们还提到，模型中货币政策对通货膨胀强反应的优势是通货膨胀不是持续但是能快速地对货币政策做出反应。

14.4.3 浮动汇率制下的通货膨胀目标制

浮动汇率为实际利率在名义利率与通货膨胀的传导机制间提供了一条新的途径，使货币政策比单纯依靠实际利率 (资本的成本) 渠道更有力度。这是因为，在给定 UIP 的条件下，利率增加引起汇率上升，使贸易条件恶化从而降低了国内需求。我们用下述修正的开放经济的新凯恩斯主义模型 NKM 来解释：

首先，我们用与第 7 章相似的分析方法得到产出方程，假定有两类产品，即本国产品 C_t^{H} 和外国产品 C_t^{F}，这两类产品共同构成了总的最终消费 C_t：

$$C_t = \frac{(C_t^{\mathrm{H}})^\phi (C_t^{\mathrm{F}})^{1-\phi}}{\phi^\phi (1-\phi)^{1-\phi}}.$$

假设居民户最大化

$$E_t \sum_{s=0}^{\infty} \beta^s \frac{C_{t+s}^{1-\sigma}}{1-\sigma}, \quad \beta = \frac{1}{1+\theta},$$

其名义预算约束为

$$\begin{aligned} \Delta A_{t+1} + P_t C_t &= W_t N_t + R_t A_t, \\ P_t C_t &= P_t^{\mathrm{H}} C_t^{\mathrm{H}} + P_t^{\mathrm{F}} C_t^{\mathrm{F}}, \end{aligned}$$

其中 W_t 为工资率，N_t 为就业，A_t 为名义资产，R_t 为名义无风险利率，此外，P_t、P_t^{H} 以及 P_t^{F} 分别为总消费的价格以及本国产品和国外产品 (以国内价格度量的) 价格。我们还可以将外国产品价格写成汇率与世界价格之间的关系：$P_t^{\mathrm{F}}=S_tP_t^{\mathrm{W}}$，其中，$P_t^{\mathrm{W}}$ 代表以外国货币表示的世界价格，S_t 表示汇率 (以本币表示的外汇价格)。

我们将解用小写字母以对数形式表示如下

$$\begin{aligned}
c_t &= E_tc_{t+1}-\frac{1}{\sigma}(R_t-E_t\pi_{t+1}-\theta),\\
c_t^{\mathrm{H}} &= \log\left(\frac{\phi}{1-\phi}\right)+c_t^{\mathrm{F}}-(p_t^{\mathrm{H}}-p_t^{\mathrm{F}}),\\
c_t &= (1-\phi)\log\left(\frac{\phi}{1-\phi}\right)+c_t^{\mathrm{H}}+\frac{1-\phi}{\phi}(p_t-p_t^{\mathrm{F}}),\\
p_t &= \phi p_t^{\mathrm{H}}+(1-\phi)p_t^{\mathrm{F}},
\end{aligned}$$

其中 $\pi_t=\Delta p_t$. 如果所有本国的产出 y_t 都在国内消费，则 $c_t^{\mathrm{H}}=y_t$ ，因此我们得到

$$y_t=E_ty_{t+1}-\frac{1}{\sigma}(R_t-E_t\pi_{t+1}-\theta)+\frac{1-\phi}{\phi}E_t(\pi_{t+1}-\pi_{t+1}^{\mathrm{F}}),$$

其中 $\pi_t^{\mathrm{F}}=\Delta p_t^{\mathrm{F}}$。取均衡值的离差，它将变成开放经济下的新凯恩斯主义 IS 方程:

$$\begin{aligned}
x_t=E_tx_{t+1}&-\frac{1}{\sigma}(R_t-E_t\pi_{t+1}-\theta)\\
&+\frac{1-\phi}{\phi}E_t[\pi_{t+1}-\pi^*-(\Delta s_{t+1}+\pi_{t+1}^{\mathrm{W}}-\pi^{\mathrm{W}*})]+e_{xt},
\end{aligned}\tag{14.47}$$

其中 x_t 是产出缺口 (y_t 对均衡值的离差)，我们加在其中加入了一个扰动项 e_{xt}。

本书第 9 章讨论过新凯恩斯主义的开放经济的通货膨胀方程。在本章该方程是由 (14.30) 式推导而来，此时是将 (14.30) 式看作是决定本国生产的产品价格的方程，因此

$$\pi_t^{\mathrm{H}}=(1-\beta)\pi^{H*}+\beta E_t\pi_{t+1}^{\mathrm{H}}+\gamma x_t+e_{\pi t}.\tag{14.48}$$

由于消费价格的通货膨胀是本国产品与进口产品的加权平均，我们可以得到通货膨胀率为 $\pi_t=\phi\pi_t^{\mathrm{H}}+(1-\phi)(\Delta s_t+\pi_t^{\mathrm{W}})$。因此 (14.48) 式可以改写为

$$\left.\begin{aligned}
\pi_t=\pi_0+\beta E_t\pi_{t+1}+\gamma\phi x_t+(1-\phi)(\Delta s_t+\pi_t^{\mathrm{W}})&\\
-\beta(1-\phi)E_t(\Delta s_{t+1}+\pi_{t+1}^{\mathrm{W}})+\phi e_{\pi t}&,\\
\pi_0=(1-\beta)[\pi^*-(1-\phi)\pi^{\mathrm{W}*}].&
\end{aligned}\right\}\tag{14.49}$$

结合如下 UIP 条件，我们就可以得到完整的模型。

$$R_t=R_t^*+E_t\Delta s_{t+1},\tag{14.50}$$

其中 R_t^* 代表国外利率。为简化符号系统，我们将 (14.47) 式和 (14.49) 改写为

$$x_t = a_t + E_t x_{t+1} - \frac{1}{\sigma}(R_t - E_t\pi_{t+1}) + \frac{1-\phi}{\phi}(E_t\pi_{t+1} - E_t\Delta s_{t+1}) + e_{xt}, \tag{14.51}$$

$$\pi_t = b_t + \beta E_t\pi_{t+1} + \gamma\phi x_t + (1-\phi)\Delta s_t - \beta(1-\phi)E_t\Delta s_{t+1} + \phi e_{\pi t}, \tag{14.52}$$

其中

$$a_t = \frac{\theta}{\sigma} - \frac{1-\phi}{\phi}(\pi^* - \pi^{W*} + E_t\pi_{t+1}^{W}),$$
$$b_t = \pi_0 + (1-\phi)\pi_t^{W} - \beta(1-\phi)E_t\pi_{t+1}^{W}.$$

14.4.3.1 采用相机抉择政策

如果我们假定中央银行通过相机抉择政策设定 R_t，那么根据 UIP 条件，汇率项就变成外生的，而且 $E_t\Delta s_{t+1}$ 可由 $R_t - R_t^*$ 来代替。则模型可以被改写为

$$x_t = a_t^* + E_t x_{t+1} - \left(\frac{1}{\sigma} + \frac{1-\phi}{\phi}\right)(R_t - E_t\pi_{t+1}) + e_{xt}, \tag{14.53}$$

$$\pi_t = b_t^* + \beta E_t\pi_{t+1} + \gamma\phi x_t + (1-\phi)R_{t-1} - \beta(1-\phi)R_t + \phi e_{\pi t}, \tag{14.54}$$

其中

$$a_t^* = \frac{\theta}{\sigma} - \frac{1-\phi}{\phi}(\pi^* - \pi^{W*} + E_t\pi_{t+1}^{W} + R_t^*),$$
$$b_t^* = \pi_0 + (1-\phi)\pi_t^{W} + \beta(1-\phi)E_t\pi_{t+1}^{W} - (1-\phi)R_{t-1}^* + \beta(1-\phi)R_t^*.$$

因此，此处的动态结构与新凯恩斯主义模型的相机抉择政策下封闭经济的动态结构相同，即 (14.30) 式和 (14.31) 式。因此通货膨胀的解也与 (14.35) 式相同的形式，区别在于 (14.33) 式中 z_t 的内容不同，此时 z_t 变为

$$z_t = (1-\phi)R_{t-1} - \left[1 - \beta + \gamma\left(\frac{1}{\sigma} + \frac{1-\phi}{\phi}\right)\right]R_t + (1-\phi)\beta E_t R_{t+1} + \gamma\phi a_t^* - E_t\Delta b_{t+1}^*.$$

采用与 (14.35) 式相同的符号系统，通货膨胀方程可以表述为

$$\pi_t = \text{const.} + \frac{1}{\eta_1}\pi_{t-1} - \frac{\eta_2}{\eta_1}\sum_{s=0}^{\infty}\eta_2^s E_t z_{t+s} - \frac{1}{\eta_1}z_{t-1} + \delta_0(\theta e_{\pi t} + \gamma e_{xt}) + \delta_1(\phi e_{\pi,t-1} + \gamma e_{x,t-1}). \tag{14.55}$$

因此，本国的通货膨胀是由世界通货膨胀和外国的利率决定的。

为了集中讨论国内货币政策对通货膨胀的影响，像以前一样，我们可以由 (14.55) 中提炼出 π_t 和 R_t 的关系，这样通货膨胀就可以表示为 R_{t-1}、R_t 以及 R_t 的未来期望值的函数了。为了便于说明，我们假设 $E_tR_{t+s}=R_t(s>0)$ 并且 z_{t-1} 是在 t 时刻确定的，则

$$\begin{aligned}\pi_t = d_t - \frac{\eta_2}{\eta_1(1-\eta_2)}\left[1-\beta+\gamma\left(\frac{1}{\sigma}+\frac{1-\phi}{\phi}\right)-(1-\phi)\eta_2\right]R_t \\ +\delta_0(\theta e_{\pi t}+\gamma e_{xt})+\delta_1(\phi e_{\pi,t-1}+\gamma e_{x,t-1}),\end{aligned}$$

其中 d_t 是前定变量的联合效应。尽管 R_t 对 π_t 的影响的正负符号在形式上还是未定的，但它有可能是负的。这与新凯恩斯主义模型的相机抉择政策下封闭经济的情况不同，封闭经济中 R_t 对 π_t 的影响是正的。在长期，我们仍然会有 $R_t=\pi^*+\theta$ 以及 $\pi_t=\pi^*$。

14.4.3.2 以规则为导向的货币政策

现在我们假设中央银行承诺设定汇率时遵循方程 (14.38) 式的 Taylor 规则，因此，R_t 是内生变量，p_t、x_t 以及 s_t 也都是内生的。

可以利用滞后算子将模型写成

$$A(L)\begin{bmatrix}\pi_t\\ x_t\\ \Delta s_t\\ R_t\end{bmatrix}=\begin{bmatrix}a_t+\phi e_{\pi t}\\ b_t+\phi e_{xt}\\ R_t^*\\ \theta+(1-\mu)\pi^*+e_{Rt}\end{bmatrix},$$

其中

$$A(L)=\begin{bmatrix}1-\beta L^{-1} & -\gamma\phi & (1-\phi)(1-\beta L^{-1}) & 0\\ -\left(\frac{1}{\sigma}+\frac{1-\phi}{\phi}\right)L^{-1} & 1-L^{-1} & \frac{1-\phi}{\phi} & \frac{1}{\sigma}\\ 0 & 0 & 1-L^{-1} & 1\\ -\mu(1-L) & -\nu & 0 & 1\end{bmatrix}.$$

特征方程是 $|A(L)|=0$，其形式为

$$\begin{aligned}|A(L)| &= -\kappa L^{-3}f(L),\\ f(L) &= (L-\eta_1)(L-\eta_2)(L-\eta_3)(L-\eta_4),\end{aligned}$$

其中 $\kappa > 0$ 且 $f(1) < 0$，从中我们可以要么假设 $\eta_1 > 1$ 且 $\eta_2, \eta_3, \eta_4 < 1$，这意味着有一个稳定的根和三个不稳定的根，要么假设有三个稳定的根和一个不稳定的根。我们选择前者，因为 UIP 必须加上一个附加的不稳定根。因此

$$|A(L)| = \kappa\eta_1(1 - \eta_1^{-1}L)(1 - \eta_2 L^{-1})(1 - \eta_3 L^{-1})(1 - \eta_4 L^{-1}).$$

那么可以求得模型的解是

$$\begin{bmatrix} \pi_t \\ x_t \\ \Delta s_t \\ R_t \end{bmatrix} = \frac{1}{|A(L)|}\text{adj}[A(L)] \begin{bmatrix} a_t + \phi e_{\pi t} \\ b_t + \phi e_{xt} \\ R_t^* \\ \theta + (1-\mu)\pi^* + e_{Rt} \end{bmatrix}, \tag{14.56}$$

其中 adj$[A(L)]$ 是 $A(L)$ 的伴随矩阵。通货膨胀的解的一般形式是

$$\pi_t = \frac{1}{\eta_1}\pi_{t-1} + \sum_{j=1}^{3}\sum_{k=0}^{\infty}\eta_j^{\mathrm{k}}(\varphi_1 E_t a_{t+k} + \varphi_2 E_t b_{t+k} + \varphi_3 E_t R_{t+k}^*) + \varphi_\pi e_{\pi t} + \varphi_x e_{xt} + \varphi_R e_{Rt}. \tag{14.57}$$

因此，与相机抉择政策相同的结果是国内的通货膨胀也是由国外通货膨胀决定的，但与相机抉择不同的是，在 Taylor 规则下，不需要消除国外通货膨胀的影响，也不需要处理新出现的国外利率。这意味着相机抉择政策的模型可能比承诺遵循 Taylor 规则的模型更好。直觉上，改善国内通货膨胀的有效方式是修正 Taylor 规则，使其增加国外通货膨胀和国外利率等变量。一项政策规则要成为最优规则，总体上讲，其政策工具应该对整体状态变量做出反应，这意味着对模型中所有外生变量及滞后的内生变量都要做出反应。从这个角度看，Taylor 规则 还不是最优的。

综上所述，这些以 NKM 为基础制定通货膨胀目标的结论反映了它们对模型的不同形式以及在相机抉择与规则导向间的选择时都是敏感的。

14.4.4 通货膨胀目标制下的名义汇率

第 13 章中我们讨论过在将货币供给当作政策工具时，名义汇率是如何决定的。现在我们讨论在由 (14.49) 式、(14.51) 式和 (14.50) 式定义的新凯恩斯主义模型中，以通货膨胀为目标时汇率的决定。相机抉择的政策意味着名义利率 R_t 是外生的，那么汇率就只能唯一地由 (14.50) 式推得，具体形式可以写为

$$s_t = E_t \sum_{k=0}^{\infty}(R_{t+k}^* - R_{t+k}).$$

这个汇率的解已经在第 13 章讨论过，当时指出汇率会因当前和未来国内国外利率的新信息而瞬时调整至新的均衡水平。

如果货币政策是基于 (14.38) 式的 Taylor 规则的，则可以由 (14.56) 式解得汇率的解，它与通货膨胀的解 (14.57) 式会有相同的一般化形式，因此可以写成

$$\Delta s_t = \frac{1}{\eta_1}\Delta s_{t-1} + \sum_{j=1}^{3}\sum_{k=0}^{\infty}\eta_j^{\mathrm{k}}(\phi_1 E_t a_{t+k} + \phi_2 E_t b_{t+k} + \phi_3 E_t R_{t+k}^*) + \phi_\pi e_{\pi t} + \phi_x e_{xt} + \phi_R e_{Rt}. \quad (14.58)$$

该解与 (14.57) 式的系数不同。因此，在政策规则制下，汇率的动态行为会与相机抉择政策大不相同。它除对外国利率做出反应外，还对世界通货膨胀以及国内经济的冲击等做出反应。

在浮动汇率的封闭经济和开放经济中，都实行 Taylor 规则时，可以对它们对暂时性正向通货膨胀冲击的反应进行数值比较。图 14.4 和图 14.5 给出了一个具体的校准结果。两种情况下都会出现通货膨胀和利率的暂时性上升以及产出的暂时性下降，在浮动汇率模型中，会有暂时性的汇率升值。二者的主要区别在于，在浮动汇率下，通货膨胀与利率的上升以及产出的下降都比封闭经济中的幅度小。关于开放经济货币政策更深入的讨论见 Clarida 等 (2001)。

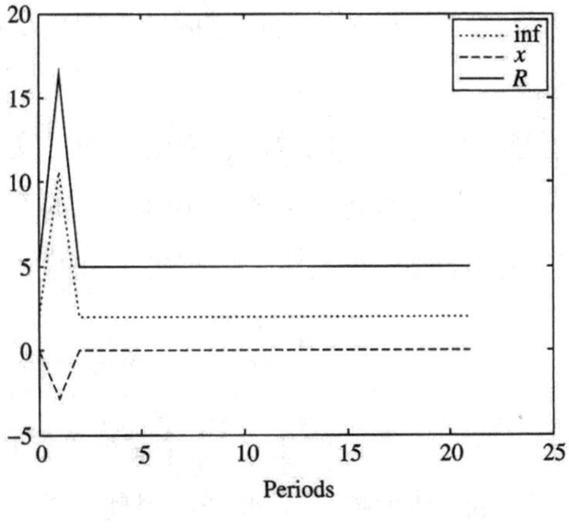

图 14.4　封闭经济对通货膨胀冲击的反应

14.4.5　通货膨胀目标制与供给冲击

通货膨胀目标制下的货币政策特别适用于处理需求冲击，因为它对产出和通货膨胀的影响是同方向的。正向的需求冲击提高了通货膨胀，此时正确的应对政策为提高

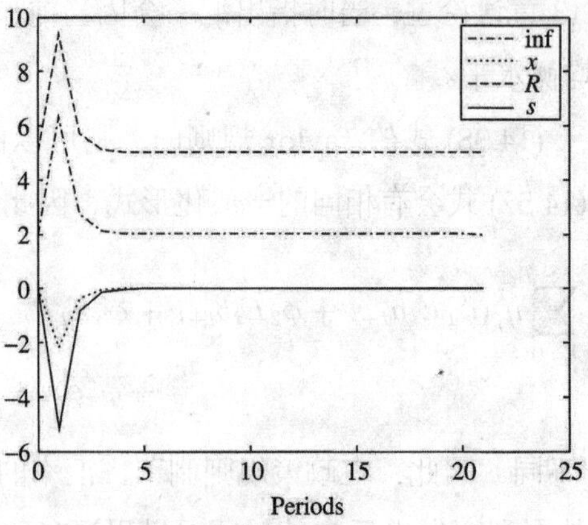

图 14.5　开放经济对通货膨胀冲击的反应

利率以抵消产出的增加，进而降低通货膨胀。与之形成对照的是，负向的供给冲击，如石油价格冲击，既影响消费者也影响生产者，其后果可能是提高了通货膨胀但却降低了产出，即使这只是暂时性的。那么，利率应该做出什么样的应对才是恰当的？是应该像往常一样增加利率以降低通货膨胀，还是降低利率以促进产出？直觉上，如果中央银行是受命担任严格的通货膨胀目标控制人，它会提高利率；但是如果中央银行是灵活的通货膨胀目标控制人，答案就不那么清楚了，因为提高利率可能会进一步降低产出。我们运用新凯恩斯主义模型来讨论这个问题，假定负向的供给冲击提高了进口原材料的价格，如石油的价格。

为了刻画进口价格通货膨胀的供给面效应，有必要对前文推导出的通货膨胀方程进行修正。新凯恩斯主义的价格方程可以用类似 (9.43) 式的方式获得，只需用进口价格代替该式中的工资。于是，我们可以将国内生产的产品的通货膨胀方程改写为

$$\pi_t^{\mathrm{H}} = (1-\beta)\pi^{H*} + \beta E_t \pi_{t+1}^{\mathrm{H}} + \gamma x_t + \lambda(p_t^{\mathrm{F}} - p_t^{\mathrm{H}}) + e_{\pi t},$$

其中，$p_t^{\mathrm{F}} - p_t^{\mathrm{H}} = s_t + p_t^{\mathrm{W}} - p_t^{\mathrm{H}}$ 是进口的生产要素相对于国内生产者价格的相对价格，s_t 是汇率的对数形式，p_t^{W} 是世界价格水平。因此，给定 s_t，p_t^{W} 的上升提高了国内的价格通货膨胀。由于消费者的价格是国内价格和进口价格的加权平均，即 $p_t = \phi p_t^{\mathrm{H}} + (1-\phi)p_t^{\mathrm{F}}$，因此有

$$\pi_t = b_t^{\#} + \beta E_t \pi_{t+1} + \gamma\phi x_t - \frac{\lambda}{\phi}(p_t - p_t^{\mathrm{F}}) + (1-\phi)(\pi_t^{\mathrm{F}} - \beta E_t \pi_{t+1}^{\mathrm{F}}) + \phi e_{\pi t},$$

$$b^{\#} = (1-\beta)\pi^* - (1-\phi)(1-\beta)\pi^{\mathrm{F}}. \quad (14.59)$$

这里我们假定进口产品也可以被用于消费。由此得出的新凯恩斯主义 IS 方程与 (14.47)

式非常相似，其具体形式由下式给出

$$x_t = a_t^{\#} + E_t x_{t+1} - \frac{1}{\sigma}(R_t - E_t \pi_{t+1}) + \frac{1-\phi}{\phi} E_t \pi_{t+1} + e_{xt},$$

$$a_t^{\#} = \frac{\theta}{\sigma} - \frac{1-\phi}{\phi}(\pi^* - \pi^{F*} + E_t \pi_{t+1}^{\mathrm{F}}). \quad (14.60)$$

对于既定的 s_t，我们有 $E_t \pi_{t+1}^{\mathrm{F}} = -(1-\rho)p_t^{\mathrm{F}}$，这意味着正向的世界价格冲击会增加 x_t。至此，(14.59) 式、(14.60) 式、(14.38) 式和 (14.50) 式共同组成了浮动汇率制及规则导向政策下的完整模型。

鉴于解的复杂性，更便利的做法是，通过校准模型然后计算其动态乘数的方式从数值上确定世界价格正向冲击的效应。假定世界价格冲击由以下自回归过程产生

$$p_t^{\mathrm{W}} = \rho p_{t-1}^{\mathrm{W}} + \xi_t,$$

其中 $0 < \rho < 1$ 和 ξ_t 是 i.i.d. 过程。图 14.6 和图 14.7 演示了世界价格的暂时性冲击 ($\rho = 0$) 和永久性冲击 ($\rho = 1$) 的效应。汇率的作用至关重要。对于暂时性的冲击，我们

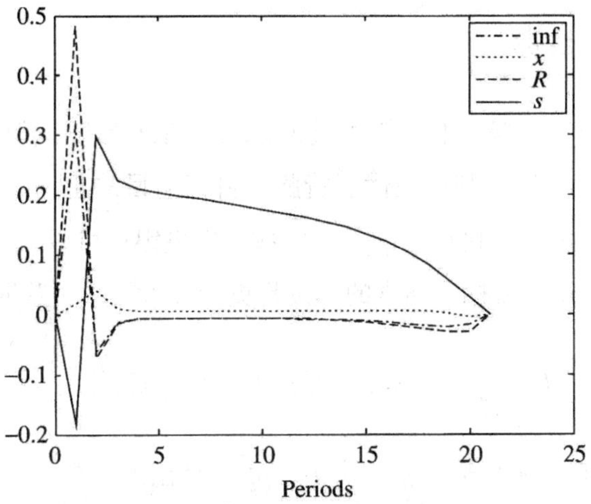

图 14.6　对暂时性进口商品价格冲击的反应

会发现在初期汇率会升值以抵消因以本币计量的进口价格上涨所造成的成本增加，这需要利率也暂时性上升，产出在其中所起的作用有限。利率和汇率都要在一个较长的时期内进行冲抵变动，以使所有变量能恢复其初始水平。对于永久性冲击，汇率需要更大幅度的升值。尽管利率的增加幅度较小，但它会持续时间较久，这说明了需要汇率大幅度升值。对通货膨胀的影响则小得多，产出会下降。这表明即使产出下降，我们发现货币当局在应对永久性的世界价格冲击时是否要提高利率这件事上，不会陷入

进退维谷的境地。问题是提高利率的幅度大小及时间长短，这需要对冲击是暂时性的还是永久性的做出判断。

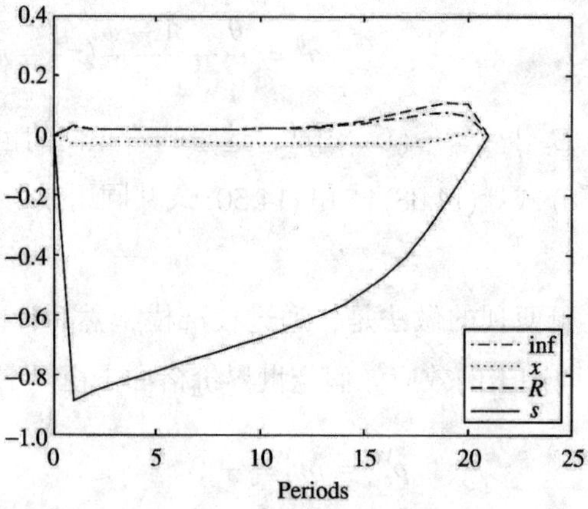

图 14.7 对永久性进口商品价格冲击的反应

14.5 最优通货膨胀目标

截至目前，我们已经检验了利率的变化对通货膨胀的影响，但是却未明确在头脑中设定具体的通货膨胀目标。制定最优通货膨胀目标的目的是为了设定利率，以在经济结构给出的约束条件下最小化给定的目标函数。中央银行可以选择自己的目标函数，也可以以社会福利最大化为目标。通常的假设是央行寻求最小化跨期二次目标函数

$$E_t \sum_{s=0}^{\infty} \beta^s [(\pi_{t+s} - \pi^*)^2 + \alpha(y_t - y_t^*)^2], \tag{14.61}$$

其中，π^* 为通货膨胀的目标水平，y_t 为产出，y_t^* 为产出的目标水平，目标产出通常为潜在产出或均衡产出。因此，央行的目的是最小化通货膨胀和产出对其目标水平现值的偏离；α 是产出目标相对于通货膨胀目标的权重。约束条件为如新凯恩斯主义模型之类的决定通货膨胀和产出的模型。

14.5.1 社会福利与通货膨胀目标函数

虽然起初选择 (14.61) 式作为目标函数与直觉相符，但这完全是一种主观专设 (*ad hoc*) 的。具体地说，该函数并未完全地基于对社会福利的考量。Rotemberg 和 Woodford(1998) 以及 Woodford (2003，第 6 章) 分析了如 (14.61) 式的二次损失函数与

社会福利之间的关系。他们表明，跨期社会福利可以用 (14.61) 式近似表示。这是我们讨论的基础，所不同的是，我们的模型沿用了与本书之前的讨论相关的一些设定，即与封闭经济版本的 Obstfeld-Rogoff redux 模型相类似。

我们之前曾用代表性居民户跨期效用函数定义社会福利，跨期效用函数取决于诸如消费、实际货币余额以及闲暇等实际变量。与此不同，(14.61) 式中既有实际变量，又有名义变量。为了表明两个目标函数是一致的，需要证明名义目标与仅基于实际变量寻求社会福利最大化的目标是等价的。这里的关键就是因价格而形成的实际成本是缓慢调整的而且是非完全灵活可变的。

假定在第 t 期，代表性居民户的社会福利函数为

$$U_t = \ln c_t - \gamma \ln y_t(z), \tag{14.62}$$

其中，c_t 为居民户总消费，其形式由 CES 函数给出

$$c_t = \left[\int_0^1 c_t(z)^{(\sigma-1)/\sigma} \right]^{\sigma/(\sigma-1)}, \quad \sigma > 1, \tag{14.63}$$

最后一项反映了从闲暇中得到的效用，闲暇与生产 $y_t(z)$ 所需的时间反向相关。令 P_t 表示一般价格指数，其形式为

$$P_t = \left[\int_0^1 p_t(z)^{1-\sigma} \right]^{1/(1-\sigma)}, \tag{14.64}$$

其中，$p_t(z)$ 为产品 z 的价格。代表性居民户的预算约束为

$$P_t c_t = p_t(z) y_t(z).$$

从第 9 章和第 13 章的结论中可以得到产品 z 的需求函数为

$$c_t(z) = \left[\frac{p_t(z)}{P_t} \right]^{-\sigma} c_t.$$

由于 $c_t(z) = y_t(z)$，$c_t = y_t$，

$$y_t(z) = \left[\frac{p_t(z)}{P_t} \right]^{-\sigma} y_t. \tag{14.65}$$

接下来，我们考虑效用函数在稳态值 c_t 和 $y_t(z)$ 附近的二阶近似，用 c_t^* 和 $y_t^*(z)$ 表示稳态值，得到

$$\begin{aligned} E_t U_t &\simeq \ln c_t^* - \gamma \ln y_t^*(z) - \tfrac{1}{2} E_t \left[\frac{c_t - c_t^*}{c_t^*} \right]^2 - \tfrac{1}{2} \gamma E_t \left[\frac{y_t(z) - y_t^*(z)}{y_t^*(z)} \right]^2 \\ &= U_t^* - \tfrac{1}{2} V_t(\ln c_t) - \tfrac{1}{2} \gamma V_t[\ln y_t(z)] \\ &= U_t^* - \tfrac{1}{2} V_t(\ln y_t) - \tfrac{1}{2} \gamma V_t[\ln y_t(z)], \end{aligned}$$

此处可将 $V_t(\ln y_t)$ 解释为总产出在稳态处的方差，或者近似地表示为偏离稳态的离差平方：

$$V_t(\ln y_t) \simeq E_t(y_t - y_t^*)^2.$$

可以将 $V_t[\ln y_t(z)]$ 解释为不同居民户或者厂商的产出在稳态处的方差。因此，假定厂商间产出的差异会导致实际福利损失。

根据 (14.65) 式有，

$$\ln y_t(z) = -\sigma(\ln p_t(z) - \ln P_t) + \ln y_t,$$

其中，我们将 $\ln y_t$ 解释为 $\ln y_t(z)$ 在稳态的期望值，$\ln P_t$ 为 $\ln p_t(z)$ 在稳态的期望值。那么，可以将 $\ln y_t(z) - \ln y_t$ 和 $\ln p_t(z) - \ln P_t$ 解释为偏离期望稳态值的离差。因此，

$$V_t[\ln y_t(z)] = \sigma^2 V_t[\ln p_t(z)],$$

意味着不同厂商间产出的方差是由价格的方差引起的。所以，是不同厂商的价格对各自稳态值的偏离导致了实际福利的损失。

此时，我们通过援引 (第 9 章中讨论的) Calvo 模型的假设来考虑引入价格黏性，即在任何时点，只有一部分厂商能够完全调整其价格，其余部分厂商保持价格不变或者根据经验法则来调整价格。我们要区分稳态价格和平均价格：所有厂商的稳态价格都相等；而不同厂商的平均价格则可以不同。如果所有价格都是完全灵活可变的，那么厂商们价格水平的方差就等于各自的平均价格偏离稳态水平的离差平方。$V_t[\ln p_t(z)]$ 与之不同的原因就在于存在价格黏性。

运用这里的符号系统重新解释 Calvo 模型，假定所有厂商中，有 ρ 比例的厂商能够在 t 时期将价格调整至最优水平，其余厂商没有调整价格，一般价格水平是二者的加权平均。因此

$$\ln P_t = \rho \ln P_t^{\#} + (1-\rho) \ln p_{t-1}(z),$$

其中，$\ln P_t^{\#}$ 为最优价格水平。由于 $1-\rho$ 比例的厂商并未改变其价格，

$$\begin{aligned} \ln p_t(z) - \ln P_t &= \rho(\ln p_t(z) - \ln P_t^{\#}) + (1-\rho)\Delta \ln p_t(z) \\ &= \rho(\ln p_t(z) - \ln P_t^{\#}). \end{aligned} \tag{14.66}$$

回顾一下，Calvo 模型的目的是选择 $\ln p_t(z)$ 以最小化

$$\frac{1}{2}\sum_{s=0}^{\infty} \delta^s E_t[\ln p_t(z) - \ln P_{t+s}^{\#}]^2,$$

其中，$\delta = \beta(1-\rho)$ ，我们得到问题的解为

$$\ln p_t(z) = (1-\delta)\ln P_t^{\#} + \delta E_t \ln p_{t+1}(z).$$

因此

$$\begin{aligned}\ln p_t(z) - \ln P_t^{\#} &= \delta[E_t \ln p_{t+1}(z) - \ln P_t^{\#}] \\ &= \frac{\delta}{1-\delta} E_t \Delta \ln p_{t+1}(z).\end{aligned} \tag{14.67}$$

从而由 (14.66) 和 (14.67) 式中得到，

$$\ln p_t(z) - \ln P_t = \rho \frac{\delta}{1-\delta} E_t \Delta \ln p_{t+1}(z).$$

于是，

$$V_t[\ln p_t(z)] = \left(\frac{\rho\delta}{1-\delta}\right)^2 [E_t \pi_{t+1}(z) - \pi]^2, \tag{14.68}$$

其中，$\pi_t(z) = \Delta \ln p_t(z)$ 和 π 为 $E_t \pi_{t+1}(z)$ 的平均值。

将这些结果放在一起，并且注意到所有改变价格的厂商都以相同的比例来调整价格，这意味着 $\pi_{t+1}(z) = \pi_{t+1}$，因此，可以用下式近似表示社会福利函数

$$\begin{aligned}E_t U_t &\simeq U_t^* - \tfrac{1}{2} V_t(\ln y_t) - \tfrac{1}{2}\gamma\left(\frac{\sigma\rho\delta}{1-\delta}\right)^2 [E_t \pi_{t+1}(z) - \pi]^2 \\ &\simeq U_t^* - \tfrac{1}{2} E_t (y_t - y_t^*)^2 - \tfrac{1}{2}\alpha [E_t \pi_{t+1} - \pi]^2.\end{aligned} \tag{14.69}$$

(14.69) 式的结果是令人满意的，它表明可将 (14.61) 式视为近似的跨期效用函数，它是基于 (14.62) 式定义的效用函数。当然，近似的精确度依赖于我们所做假设的有效性。

14.5.2 相机抉择政策下的最优通货膨胀政策

14.5.2.1 The Barro–Gordon 模型

Barro 和 Gordon(1983) 是一篇关于最优通货膨胀目标的重要论文，也是我们分析的基础。简便起见，Barro 和 Gordon 使用了一个高度程式化的经济模型，他们使用的政策目标函数也与 (14.61) 式略有不同。

我们假定经济体在短期面临着通货膨胀与产出之间的权衡，在长期中则没有这种关系。通货膨胀和产出之间的联系由标准的菲利普斯方程给出，它可以写成供给函数的形式：

$$y = y_n + \alpha(\pi - \pi^{\mathrm{e}}) + \varepsilon, \tag{14.70}$$

其中，y_n 为潜在产出或者均衡产出，π^{e} 为经济体对通货膨胀的理性预期，ε 为产出冲击。这里有一个重要的，但又被认为不太合理的假设，即货币当局 (即央行) 能够观测到产出冲击，而公众却无法观测到，这就给予了央行一个信息上的优势。

用 z 表示货币政策工具。目前，我们仍假定央行使用相机抉择而非规则导向的政策来选择政策工具。z 可以是官方利率 R ，也可以是货币供给增长率 Δm 。一个简化了的假设是 z 对通货膨胀率的影响是随机的，并且可以通过以下程式化的传导机制捕捉到

$$\pi = z + v, \tag{14.71}$$

其中，v 是央行观测不到的冲击，其均值为零，即 $E(v) = 0$。因此，z 不完全控制 π 。另一个简化的假定是传导机制是瞬时的，不存在时滞。这意味着通货膨胀的理性预期可以表示为:

$$E\pi = \pi^{\mathrm{e}} = z. \tag{14.72}$$

Barro 和 Gordon 具体设定了如下形式的央行目标函数

$$U = \lambda(y - y_n) - \tfrac{1}{2}(\pi - \pi^*)^2, \tag{14.73}$$

其中 π^* 为目标通货膨胀率，但上式不是二次目标函数。由于模型不涉及滞后项，目标函数能用于单期情形，其解与使用跨期效用函数的解是相同的。(14.73) 式的含义是，央行更偏好使产出高于其自然水平 (即 $y > y_n$)，但是不喜欢通货膨胀偏离目标水平，无论是高于还是低于其目标。因此，尽管通货膨胀目标是对称的，而产出目标却是不对称的。使产出目标非对称化的一个可能的理由是，政府选择目标函数且更偏好使产出水平高于目标而不是低于目标，但是政府会担心中央银行可能存在保守主义的倾向，即央行可能偏好使产出低于均衡水平以使其更易实现通货膨胀目标。

央行的问题是基于经济体的约束即 (14.70) 式和 (14.71) 式选择 z 以最大化 U 。前面说到，央行知道 ε ，但是不知道 v ，并且 y_n、π^{e} 以及 π^* 是给定的。

利用供给方程 (14.70) 式消去 $y - y_n$ ，使用传导机制方程 (14.71) 式消去 π ，得到

$$\begin{aligned} U &= \lambda[\alpha(\pi - \pi^{\mathrm{e}}) + \varepsilon] - \tfrac{1}{2}(\pi - \pi^*)^2 \\ &= \lambda[\alpha(z + v - \pi^{\mathrm{e}}) + \varepsilon] - \tfrac{1}{2}(z + v - \pi^*)^2. \end{aligned}$$

一阶条件为

$$\frac{\partial U}{\partial z} = \alpha\lambda - (z + v - \pi^*) = 0.$$

因此，政策工具 z 的解为

$$z = \alpha\lambda + \pi^* - v.$$

由于央行不知道 v ，于是它朝最好的方向去猜测，即 $E(v) = 0$。所以，z 的最优设定为

$$z^* = \alpha\lambda + \pi^*.$$

那么，实际通货膨胀率为

$$\pi = \alpha\lambda + \pi^* + v$$

因此公众对通货膨胀的理性预期为

$$\pi^{\mathrm{e}} = E\pi = \alpha\lambda + \pi^* > \pi^*. \tag{14.74}$$

(14.74) 式是一个关键的结果。它表明，预期通货膨胀要大于通货膨胀目标值，也就是说存在通货膨胀偏误 。这是为什么呢？原因是央行偏好使 y 高于 y_n 。因此，如果 $\lambda = 0$ ，那么通货膨胀偏误就为零。

央行关注产出，导致了额外的通货膨胀，这部分通货膨胀会给经济体带来额外的实际产出这类的好处吗？也就是说，是否有 $y > y_n$ ？从供给函数 (14.70) 式中得到

$$\begin{aligned} y &= y_n + \alpha(\pi - \pi^{\mathrm{e}}) + \varepsilon \\ &= y_n + \alpha(\alpha\lambda + \pi^* + v - \pi^{\mathrm{e}}) + \varepsilon \\ &= y_n + \alpha v + \varepsilon. \end{aligned}$$

因此 $Ey = y_n$ ，这意味着央行偏好使产出水平超出均衡水平的结果并未导致会有额外的产出增量。进一步说，公众也没有从过度的通货膨胀中获得产出增加的福利。如果央行在目标函数中设定 $\lambda = 0$ ，并且实施严格而非灵活的通货膨胀目标制，那么通货膨胀将会降低，并且预期产出不会受影响。

尽管额外的通货膨胀没有带来额外的产出，然而它是否提高了期望效用呢？我们通过下式来评价

$$\begin{aligned} U &= \lambda(y - y_n) - \tfrac{1}{2}(\pi - \pi^*)^2 \\ &= \lambda(\alpha v + \varepsilon) - \tfrac{1}{2}(\alpha\lambda + v)^2. \end{aligned}$$

因此期望效用为

$$E(U) = -\tfrac{1}{2}[(\alpha\lambda)^2 + \sigma_v^2],$$

其中，σ_v^2 为 v 的方差。使得 $E(U)$ 最大化的 λ 的值为 $\lambda=0$，因此，央行关注产出没有产生收益，即没有得到预期会获得额外的效用。实际上，不但没有额外的效用，还存在期望效用损失，但当 $\lambda=0$ 时，效用损失被消除了。因此我们得出结论，央行最优的做法是实施相机抉择的政策成为严格通货膨胀目标制 的制定者，也就是说，要回避对产出的任何偏好。

14.5.2.2 使用二次损失函数

上述讨论带来这样一个问题：如此严格的结论是否源于对目标函数的选择呢？为了回答这个问题，我们使用单期的二次目标函数 Q 来重新检验这个问题，此处

$$\begin{aligned} Q &= \tfrac{1}{2}\lambda(y-y_n-k)^2+\tfrac{1}{2}(\pi-\pi^*)^2 \\ &= \tfrac{1}{2}\lambda[\alpha(\pi-\pi^{\mathrm{e}})+\varepsilon-k]^2+\tfrac{1}{2}(\pi-\pi^*)^2 \\ &= \tfrac{1}{2}\lambda[\alpha(z+v-\pi^{\mathrm{e}})+\varepsilon-k]^2+\tfrac{1}{2}(z+v-\pi^*)^2. \end{aligned} \tag{14.75}$$

之所以包含 k，是因为这样央行仍然偏好 $y>y_n$。

问题变成通过选择 z 来最小化 Q，一阶条件为

$$\frac{\partial Q}{\partial z}=\alpha\lambda[\alpha(z+v-\pi^{\mathrm{e}})+\varepsilon-k]+(z+v-\pi^*)=0;$$

因此 z 的解为

$$z=\frac{\alpha^2\lambda\pi^{\mathrm{e}}+\pi^*+\alpha\lambda(k-\varepsilon)}{1+\alpha^2\lambda}-v.$$

设定 $E(v)=0$，得到最优的 z 为

$$z^*=\frac{\alpha^2\lambda\pi^{\mathrm{e}}+\pi^*+\alpha\lambda(k-\varepsilon)}{1+\alpha^2\lambda}.$$

于是，通货膨胀为

$$\pi=z^*+v$$

并且预期通货膨胀为

$$\begin{aligned} \pi^{\mathrm{e}} &= E\pi=E(z^*+v) \\ &= \frac{\alpha^2\lambda\pi^{\mathrm{e}}+\pi^*+\alpha\lambda k}{1+\alpha^2\lambda} \\ &= \pi^*+\alpha\lambda k>\pi^*. \end{aligned} \tag{14.76}$$

因此，这里仍存在通货膨胀偏误。如果 $\lambda = 0$ 或 $k = 0$，则偏误就会消失，也就是说，要么央行是一个严格的通货膨胀目标制定者，要么央行抛弃对 $y > y_n$ 的偏好。调整通货膨胀偏误是否能够增加产出呢？运用 $\pi^{\mathrm{e}} = \pi^* + \alpha\lambda k$ 这个结果，z 的最优设定为

$$\begin{aligned} z^* &= \frac{\alpha^2\lambda\pi^{\mathrm{e}} + \pi^* + \alpha\lambda(k-\varepsilon)}{1+\alpha^2\lambda} \\ &= \pi^{\mathrm{e}} - \frac{\alpha\lambda\varepsilon}{1+\alpha^2\lambda}. \end{aligned}$$

所以，通货膨胀以及产出的实际值为

$$\begin{aligned} \pi &= \pi^{\mathrm{e}} - \frac{\alpha\lambda\varepsilon}{1+\alpha^2\lambda} + v, \\ y &= y_n + \alpha v + \frac{\varepsilon}{1+\alpha^2\lambda}. \end{aligned}$$

这意味着预期产出水平为

$$E(y) = y_n.$$

因此，设定 $\lambda, k > 0$ 并不能带来任何产出地增加。

通货膨胀偏误是否能够带来福利增加呢？将通货膨胀和产出的解带入二次目标函数中，得到

$$\begin{aligned} Q &= \tfrac{1}{2}\lambda(y - y_n - k)^2 + \tfrac{1}{2}(\pi - \pi^*)^2 \\ &= \tfrac{1}{2}\lambda\left[\alpha v + \frac{\varepsilon}{1+\alpha^2\lambda} - k\right]^2 + \frac{1}{2}\left(v - \frac{\alpha\lambda\varepsilon}{1+\alpha^2\lambda} + \alpha\lambda k\right)^2. \end{aligned}$$

则期望福利为

$$E(Q) = \tfrac{1}{2}\lambda\left[\alpha^2\sigma_v^2 + \left(\frac{1}{1+\alpha^2\lambda}\right)^2\sigma_\varepsilon^2 + k^2\right] + \frac{1}{2}\left(\sigma_v^2 + \left(\frac{\alpha\lambda}{1+\alpha^2\lambda}\right)^2\sigma_\varepsilon^2 + (\alpha\lambda)^2k^2\right).$$

为了最小化 $E(Q)$，必须设定 $\lambda = 0$，也就是说，不赋给产出任何权重。所以，在 Barro–Gordon 模型中，从 $\lambda > 0$ 中，既不能得到产出增加，也不能得到福利增加。对各种情况下的期望福利成本进行一个严格的排序：

$$E(Q) > E(Q)|_{\lambda>0,\,k=0} > E(Q)|_{\lambda=0,\,k>0} = E(Q)|_{\lambda=0,\,k=0}.$$

所以，福利成本最小化与 k 的选择无关，只有通过设定 $\lambda = 0$ 才能实现。尽管如此，采取相机抉择政策的央行可能也是一个严格的通货膨胀目标制定者，这是因为 $\lambda > 0$ 对于央行来说没有任何优势。而对目标函数的选择并不影响这一结论。

14.5.3 规则导向下的最优通货膨胀政策

与允许货币当局按相机抉择的方式选择 z 时不同，现在我们转入考察央行公开宣布遵守以下规则的情形：

$$z = z^* = \pi^*,$$

这一规则公众已经知晓。由于 z 是通过规则来确定的，因此央行并不需要参考其目标函数。

这意味着

$$\begin{aligned}
\pi &= z + v = \pi^* + v, \\
E\pi &= \pi^{\mathrm{e}} = \pi^*, \\
y &= y_n + \alpha(\pi - \pi^*) + \varepsilon \\
&= y_n + \alpha v + \varepsilon, \\
Ey &= y_n.
\end{aligned}$$

我们发现，现在不存在通货膨胀偏误，并且预期产出与相机抉择政策下是一样的。

我们可以通过推导 Barro-Gordon 模型以及二次损失函数，即 (14.73) 式和 (14.75) 式，得到规则导向的福利含义。然后可以将它们与相机抉择的结果做一个比较。

14.5.3.1 The Barro-Gordon 模型

用 U^{C} 表示规则导向下 U 的值。根据 (14.73) 式得到

$$\begin{aligned}
U^{\mathrm{C}} &= \lambda(\alpha v + \varepsilon) - \tfrac{1}{2}v^2, \\
E(U^{\mathrm{C}}) &= -\tfrac{1}{2}\sigma_v^2.
\end{aligned}$$

与相机抉择政策下的期望福利值比较

$$E(U^{\mathrm{D}}) = -\tfrac{1}{2}(\alpha^2\lambda^2 + \sigma_v^2) < E(U^{\mathrm{C}}).$$

因此，规则导向下的期望福利要高于相机抉择政策。这表明允许央行执行相机抉择政策对社会是有成本的。

14.5.3.2 二次损失

类似地，从 (14.75) 式中可以得到，规则导向政策下的实际和期望损失为

$$Q^{\mathrm{C}} = \tfrac{1}{2}\lambda(\alpha V + \varepsilon - k)^2 + \tfrac{1}{2}V^2,$$
$$E(Q^{\mathrm{C}}) = \tfrac{1}{2}(1 + \alpha^2\lambda)\sigma_V^2 + \tfrac{1}{2}\lambda(\sigma_\varepsilon^2 + k^2).$$

相机抉择政策下的期望损失为

$$E(Q^{\mathrm{D}}) = E(Q^{\mathrm{C}}) + \tfrac{1}{2}\lambda\left(1 - \frac{\alpha^2}{1 + \alpha^2\lambda}\right)\sigma_\varepsilon^2.$$

这表明，如果 $\lambda > 1 - (1/\alpha^2) > 0$，那么

$$E(Q^{\mathrm{D}}) > E(Q^{\mathrm{C}}).$$

换句话说，规则导向的期望损失要小于相机抉择政策。我们知道当 $\lambda = 0$ 时，相机抉择政策的成本最小化，并且此时 $E(Q^{\mathrm{D}}) = E(Q^{\mathrm{C}})$。

我们得出的结论是，与央行在严格执行通货膨胀目标下做出的相机抉择政策相比，公众更偏好规则导向的政策 。尽管公众偏好承诺的政策，但如果它并不是央行的偏好，那么央行就有抛弃规则导向政策向而使用相机抉择政策的动机。如果公众知道规则的内容，那么公众也知道该规则将遭到破坏。一旦央行违背承诺，公众将不再相信央行未来承诺使用某一规则的任何许诺。然后即使央行明确表示使用规则导向的政策，公众仍将假设央行使用的是相机抉择政策，并据此做出决策。换句话说，央行一旦失去信誉，就很难再重新得到公众的信任。我们将通过考察跨期最优化以进一步检验这些问题。当然，在实践中，事情不一定会这么简单明了，因为公众可能并不了解正确的经济结构 (即使这是已知的)，也可能存在不可预测的冲击的影响。

14.5.4 跨期优化和时间一致性通货膨胀目标制

正如我们在第 6 章对财政政策的讨论中所提到的，时间不一致性是指这样一种情形：政策制定者宣布将在某个时点执行某项政策，然而当达到那个时点时却执行了另一项政策。现在我们将更为规范地分析这个问题，把时间一致性问题应用于相机抉择和规则导向政策下 Barro–Gordon 模型的通货膨胀目标制定。

假定在第 t 期之前，央行承诺使用单一规则，并设定 $z = \pi^*$。因此公众的通货膨胀预期为 $\pi^{\mathrm{e}} = \pi^*$。然而，央行偏好使用相机抉择政策，并决定在第 t 期不告诉公众的

情况下转而使用相机抉择政策。具体地，假定央行从第 t 期起，设定 z 以最小化跨期目标函数

$$\mathcal{U}_t = E_t \sum_0^{\infty} \beta^s U_{t+s}, \quad 0 < \beta < 1,$$

受约束于

$$U_t = \lambda(y_t - y_n) - \tfrac{1}{2}(\pi_t - \pi^*)^2,$$
$$y_t = y_n + \alpha(\pi_t - \pi_t^e) + \varepsilon_t,$$
$$\pi_t = z_t + v_t.$$

于是，央行转向运用 $z_t = \alpha\lambda + \pi^* - v_t$ 。

一旦人们观察到央行转向使用相机抉择政策，公众就坚信央行会继续这样，并且修正其预期通货膨胀为 $E_t\pi_{t+s} = \pi_{t+s}^e = \pi^* + \alpha\lambda$ ，$s > 0$ ，因此

$$\pi_{t+s}^e = z_{t+s} = \begin{cases} \pi^* & \text{if } \pi_t = \pi^*, \\ \pi^* + \alpha\lambda & \text{if } \pi_t \neq \pi^*, \end{cases} \quad s > 0.$$

我们现在将央行没有转换政策时跨期目标函数的值与转换政策后跨期目标函数的值进行比较。

14.5.4.1 没有转换政策的情形 (NS)

如果每期都有 $z = \pi^*$ ，那么

$$\pi_t = \pi^* + v,$$
$$\pi_t^e = \pi^*,$$
$$y_t = y_n + \varepsilon_t,$$
$$U_t^{\text{NS}} = \lambda\varepsilon_t - \tfrac{1}{2}v_t^2,$$
$$E(U_t^{\text{NS}}) = \tfrac{1}{2}\sigma_v^2.$$

因此，以央行福利函数度量的期望福利值为

$$E\mathcal{U}_t^{\text{NS}} = \frac{\frac{1}{2}\sigma_v^2}{1-\beta}.$$

只有传导机制中无法避免的冲击 v_t 才会导致福利损失。

14.5.4.2 转换政策的情形 (S)

假定央行在第 t 期转向相机抉择政策，但是直到公众形成了对第 t 期的通货膨胀预期时，他们才知道央行的政策发生了变化。因此，尽管

$$\pi_t = \pi^* + \alpha\lambda + v_t,$$

由于公众并未料想到政策转变，所以公众的预期通货膨胀为 π^*。发生政策转变后，第 t 期的产出为

$$\begin{aligned} y_t &= y_n + \alpha(\pi^* + \alpha\lambda + v_t - \pi^*) + \varepsilon_t \\ &= y_n + \alpha^2\lambda + \alpha v_t + \varepsilon_t, \\ Ey_t &= y_n + \alpha^2\lambda. \end{aligned}$$

所以，政策转换会使得产出增加。这对第 t 期的福利影响是

$$\begin{aligned} U_t^{\mathrm{S}} &= \lambda(\alpha^2\lambda + \alpha v_t + \varepsilon_t) - \tfrac{1}{2}(\alpha\lambda + v_t)^2, \\ E(U_t^{\mathrm{S}}) &= \tfrac{1}{2}(\alpha\lambda)^2 - \tfrac{1}{2}\sigma_v^2 > E(U_t^{\mathrm{NS}}) = -\tfrac{1}{2}\sigma_v^2. \end{aligned}$$

因此，通过提高第 t 期的产出，央行的行为导致了福利增加。然而，这种增加只是暂时性的，因为公众的预期会随着他们意识到央行政策的转变而改变。在第 t 期观察到政策转变后，公众就会假定央行在未来都会运用相机抉择政策。所以，对于 $s > 1$，有

$$E(U_{t+s}^{\mathrm{S}}) = -\tfrac{1}{2}[(\alpha\lambda)^2 + \sigma_v^2] < E(U_{t+s}^{\mathrm{NS}}) = -\tfrac{1}{2}\sigma_v^2.$$

这意味着

$$\begin{aligned} E(\mathcal{U}_t^{\mathrm{S}}) &= \tfrac{1}{2}(\alpha\lambda)^2 - \tfrac{1}{2}\sigma_v^2 - \sum_{s=1}^{\infty}\beta^s[\tfrac{1}{2}(\alpha\lambda)^2 + \tfrac{1}{2}\sigma_v^2] \\ &= (\alpha\lambda)^2 - \frac{1}{2}\frac{(\alpha\lambda)^2 + \sigma_v^2}{1-\beta} \\ &= E(\mathcal{U}_t^{\mathrm{NS}}) + (\alpha\lambda)^2\left[1 - \frac{1}{2(1-\beta)}\right] \\ &\lesseqgtr E(\mathcal{U}_t^{\mathrm{NS}}) \quad \text{当} 1 > \beta \gtreqless \tfrac{1}{2}. \end{aligned}$$

贴现因子 β 越大，由政策转变引起的跨期福利损失就越大。只有对未来的贴现率足够大 ($\beta < \frac{1}{2}$)，才会使得在第 t 期产出的增益能足够多从而使得跨期福利增加。在长期中，每个时期的福利都较低，进而央行和公众的境况都会变差。这表明，尽管转换政

策产生了即时的福利增加，但在长期，这并不是一种提高福利的策略。在现实中，公众也许很难识别出央行是否进行了政策转换，或者通货膨胀和 z 是否都受到了冲击 v 的影响。

14.5.5 央行偏好 v.s. 公众偏好

到目前为止，我们仅仅考虑了央行的偏好。假定央行的偏好与公众的偏好不同。具体来说，就是假定央行比公众更加关注通货膨胀目标的实现，或者央行的目标通货膨胀水平 π^* 比公众低。换句话说，在通货膨胀问题上，央行比公众更加保守。

为了做具体阐述，我们假定央行的福利函数为

$$U^{\mathrm{CB}}=\lambda(y-y_n)-\tfrac{1}{2}(1+\delta)(\pi-\pi^*)^2 \tag{14.77}$$

在上式中，央行的 $\delta>0$，但是公众偏好 $\delta=0$，因此，央行比公众给予通货膨胀目标的权重要高。可将 (14.77) 式重新写为

$$U^{\mathrm{CB}}=(1+\delta)\left\{\frac{\lambda}{1+\delta}(y-y_n)-\tfrac{1}{2}(\pi-\pi^*)^2\right\}.$$

因此，事实上我们简单地以 $\lambda/(1+\delta)$ 代替了在原始公式中的 λ，因而我们可以重新解释之前的结果。

这意味着政策的最优设定为

$$z^*=\frac{\alpha\lambda}{1+\delta}+\pi^*=\pi^{\mathrm{e}}$$

并且通货膨胀为

$$\pi=\frac{\alpha\lambda}{1+\delta}+\pi^*+v,$$
$$\pi^{\mathrm{e}}=\frac{\alpha\lambda}{1+\delta}+\pi^*.$$

所以，引进正的 δ 的作用是同时降低了 z 和通货膨胀偏误。产出为

$$\begin{aligned}y&=y_n+\alpha\left[\frac{\alpha\lambda}{1+\delta}+\pi^*+v-\pi^{\mathrm{e}}\right]+\varepsilon\\&=y_n+\alpha v+\varepsilon,\end{aligned}$$

和之前一样，上式意味着 $Ey=y_n$。

对福利的度量取决于使用哪一个福利函数。以央行的福利函数测度的福利水平为

$$U^{\mathrm{CB}}=\lambda(\alpha v+\varepsilon)-\tfrac{1}{2}(1+\delta)\left(\frac{\alpha\lambda}{1+\delta}+v\right)^2,$$

$$E(U^{\mathrm{CB}})=-\frac{1}{2}\left[\frac{(\alpha\lambda)^2}{1+\delta}+(1+\delta)\sigma_v^2\right]$$

$$=(1+\delta)E(U^{\mathrm{P}})>E(U^{\mathrm{P}}),$$

其中 U^{P} 为以公众的福利函数测度的福利水平。

对于央行来说，δ 的最优值可由下式得到

$$\frac{\partial EU^{\mathrm{CB}}}{\partial\delta}=\frac{1}{2}\left[\left(\frac{\alpha\lambda}{1+\delta}\right)^2-\sigma_v^2\right]=0.$$

因此 δ 的最优值为

$$\delta=\frac{\alpha\lambda}{\sigma_v}-1.$$

因此，σ_v 越大、α 越小，δ 就会越小。传导机制中的冲击成本随着 δ 的增大而增加。但是对于公众来说，

$$\frac{\partial EU^{\mathrm{P}}}{\partial\delta}=\left(\frac{\alpha\lambda}{1+\delta}\right)^2>0,$$

这意味着央行的目标越保守，公众的福利越改进。

以上结论都是基于央行使用相机抉择政策这个假设。这些结论在规则导向政策下是否也成立呢？也就是说，当央行承诺设定 $z=\pi^*$ 时，上述结果是否同样成立？在这种情形下，不存在通货膨胀偏误以及预期产出的增加。进一步，

$$E(U^{\mathrm{CB}})=-\tfrac{1}{2}(1+\delta)\sigma_v^2,$$

$$E(U^{\mathrm{P}})=-\tfrac{1}{2}\sigma_v^2,$$

这再次证明对公众而言，拥有一个更加保守的央行并不能使他们受益。

可以将规则承诺和相机抉择下公众和央行的预期福利做一个比较。对公众而言，我们得到与之前一样的结果，即公众更加偏好规则导向政策，因为

$$E(U^{\mathrm{P}})|_{\mathrm{C}}=E(U^{\mathrm{P}})|_{\mathrm{D}}+\frac{1}{2}\left(\frac{\alpha\lambda}{1+\delta}\right)^2>E(U^{\mathrm{P}})|_{\mathrm{D}},$$

$$E(U^{\mathrm{CB}})|_{\mathrm{C}}=E(U^{\mathrm{CB}})|_{\mathrm{D}}+\frac{1}{2}\frac{(\alpha\lambda)^2}{1+\delta}>E(U^{\mathrm{CB}})|_{\mathrm{D}}.$$

因此，没有理由改变我们之前的结论：只要央行重视公众，那么就应该承诺实行严格通货膨胀目标政策。现在，我们可以加入另一个条件：央行不应该转变政策。

14.6 运用新凯恩斯主义模型的最优货币政策

14.6.1 运用相机抉择

Barro-Gordon 模型是新凯恩斯主义模型的程式化。现在我们利用以前推导并由 (14.30) 式和 (14.31) 式给出的新凯恩斯主义模型来考察最优货币政策。为了叙述简便，在此我们重述这两个方程：

$$\pi_t = (1-\beta)\pi^* + \beta E_t\pi_{t+1} + \gamma x_t + e_{\pi t}, \tag{14.78}$$

$$x_t = E_t x_{t+1} - \alpha(R_t - E_t\pi_{t+1} - \theta) + e_{xt}. \tag{14.79}$$

我们已知 $x_t = y_t - y_n$ 是产出缺口，而 $e_{\pi t}$ 和 e_{xt} 是中央银行未知的独立、零均值且序列不相关的冲击。这个模型和 Barro-Gordon 模型的关键区别在于这个模型有动态结构。

我们假设中央银行在相机抉择的政策下选择利率 R_t 以最小化单期二次成本函数：

$$E(Q_t) = \tfrac{1}{2}E[(\pi_t - \pi^*)^2 + \varphi(x_t - k)^2], \tag{14.80}$$

式中其他的变量与之前的含义一样。可以证明

$$E\left(\frac{\partial Q_t}{\partial R_t}\right) = E\left[\frac{\partial \pi_t}{\partial R_t}(\pi_t - \pi^*) + \frac{\partial x_t}{\partial R_t}\varphi(x_t - k)\right] = 0.$$

为了考察这两个导数，我们必须使用之前推导的解，即 (14.36) 式和 (14.37) 式的结果，在这里我们重述这两个解：

$$\pi_t = \frac{\alpha\gamma\theta}{(1-\eta_1)(1-\eta_2)} - \frac{\alpha\gamma}{\eta_1 - \eta_2}\sum_{s=0}^{\infty}(\eta_1^{s+1} - \eta_2^{s+1})E_t R_{t+s} + \alpha\gamma(e_{\pi t} + \gamma e_{xt}),$$

$$\begin{aligned}\Delta x_t = -\alpha\theta\left[1 + \frac{\alpha\gamma}{(1-\eta_1)(1-\eta_2)}\right] + \frac{\alpha^2\gamma}{\eta_1 - \eta_2}\sum_{s=0}^{\infty}(\eta_1^{s+1} - \eta_2^{s+1})E_t R_{t+s} \\ + \alpha R_{t-1} - \alpha\gamma(e_{\pi t} + \gamma e_{xt}) - e_{x,t-1}.\end{aligned}$$

如果利率在第 t 期的变化是暂时的，并且只在这一期改变，那么

$$\frac{\partial \pi_t}{\partial R_t} = -\alpha\gamma,$$
$$\frac{\partial x_t}{\partial R_t} = \alpha^2\gamma.$$

因此，

$$E(\pi_t - \pi^*) - \alpha\varphi E(x_t - k) = 0.$$

那么，通货膨胀和产出缺口间的关系是

$$E\pi_t = \pi^* + \alpha\varphi E(x_t - k).$$

求解 Ex_t 并将其代入 (14.78) 式，得到预期通货膨胀的解为：

$$\begin{aligned}E\pi_t &= (1-\beta)\pi^* + \beta E\pi_{t+1} + \gamma\left[k + \frac{1}{\alpha\varphi}E(\pi_t - \pi^*)\right] \\ &= \frac{\beta}{1-(\gamma/\alpha\varphi)}E\pi_{t+1} + \frac{(1-\beta-(\gamma/\alpha\varphi))\pi^* + \gamma k}{1-(\gamma/\alpha\varphi)}.\end{aligned}$$

所以，解的大小取决于各个参数的取值。假设

$$\left|\frac{\beta}{1-(\gamma/\alpha\varphi)}\right| < 1.$$

那么解是

$$E\pi_t = \pi^* + \frac{\gamma k}{1-\beta-(\gamma/\alpha\varphi)}.$$

因此 $E\pi_t \gtreqless \pi^*$ 取决于 $\beta + (\gamma/\alpha\varphi) \lesseqgtr 1$。并且如果 $\varphi = 0$，或者如果 $k = 0$，那么 $E\pi_t = \pi^*$。

预期产出的解是

$$\begin{aligned}Ex_t &= k + \frac{1}{\alpha\varphi}E(\pi_t - \pi^*) \\ &= k + \frac{1}{\alpha\varphi}\frac{\gamma k}{1-\beta-(\gamma/\alpha\varphi)}.\end{aligned}$$

因此

$$Ex_t = \frac{1-\beta}{1-\beta-(\gamma/\alpha\varphi)}k,$$

所以，由于 $\beta < 1$，$Ex_t \gtreqless 0$ 取决于 $\beta + (\gamma/\alpha\varphi) \lesseqgtr 1$。并且如果 $\varphi = 0$，或 $k = 0$，那么 $Ex_t = 0$。

总之，如果下列任何一种情形存在，那么以新凯恩斯主义模型为基础的最优通货膨胀政策就可以实现：中央银行严格执行通货膨胀目标使得 $\varphi = 0$，或者 $k = 0$。在这两种情况中由于 $Ex_t = 0$，所以预期产出缺口都为零。实现这一结果的利率可以从方程 (14.79) 式中得到，或者由于 $Ex_t = 0$，这一利率也可以从费雪方程中也可得到，即

$$\begin{aligned}R_t &= E_t\pi_{t+1} + \theta \\ &= \pi^* + \theta.\end{aligned}$$

因此，最优选择是令名义利率等于通货膨胀目标的长期值。

14.6.2 规则导向政策

之前我们考虑通货膨胀和产出表现时货币政策遵循的规则是

$$R_t = \theta + \pi^* + \mu(\pi_t - \pi^*) + \nu x_t + e_{Rt}. \tag{14.81}$$

我们发现通货膨胀和产出的解是

$$\pi_t = \pi^* + \frac{1}{1+\alpha(\nu+\mu\gamma)}[(1+\alpha\nu)e_{\pi t} + \gamma e_{xt} - \alpha\gamma e_{Rt}], \tag{14.82}$$

$$x_t = -\frac{1}{1+\alpha(\nu+\mu\gamma)}(\alpha\mu e_{\pi t} + e_{xt} - e_{Rt}). \tag{14.83}$$

之前我们把 μ 和 ν 的值视为给定的，例如，Taylor 规则选择 $\mu = 1.5$ 和 $\nu = 0.5$。现在我们考虑 μ 和 ν 的最优选择。

从方程 (14.82) 式和 (14.83) 中可知，μ 越大，三种冲击对通货膨胀的影响越小，同时产出和利率冲击对产出的影响也越小，但通货膨胀冲击对产出的影响则随着 μ 的增大而增大。ν 越大，三种冲击对产出的影响越小，同时产出和利率冲击对通货膨胀的影响也越小，但通货膨胀冲击对通货膨胀的影响却随着 ν 的增大而增大。

为了寻找 μ 和 ν 的最优值，我们把由 (14.82) 式和 (14.83) 式得到的解代入 (14.80) 来估计 $E(Q_t)$。由于假设各个冲击间是彼此独立的，所以

$$\begin{aligned} E(Q_t) &\\ = \frac{1}{2[1+\alpha(\nu+\mu\gamma)]^2}&\{[(1+\alpha\nu)^2 + \varphi(\alpha\mu)^2]\sigma_\pi^2 + (\varphi+\gamma^2)\sigma_x^2 + [\varphi + (\alpha\gamma)^2]\sigma_R^2\} \\ &+ \tfrac{1}{2}\varphi k^2, \end{aligned}$$

其中 σ_π^2，σ_x^2 和 σ_R^2 分别是 $e_{\pi t}$，e_{xt} 和 e_{Rt} 的方差。现在我们选择 μ 和 ν 以最小化 $E(Q_t)$。由于一阶条件是非线性的，所以只能根据模型参数的具体取值利用数值解法求出通解。但是我们可以在其他参数给定的情形下，获得规则中一个参数闭合形式的解。比如，当 $\nu = 0$ 时，选择 μ 以最小化 $E(Q_t)$，得到

$$\mu = \frac{\gamma}{\varphi\alpha}\left\{1 + (\varphi+\gamma^2)\frac{\sigma_x^2}{\sigma_\pi^2} + [\varphi + (\alpha\gamma)^2]\frac{\sigma_R^2}{\sigma_\pi^2}\right\}.$$

因此，产出和利率冲击的方差相对于通货膨胀冲击的方差 (即 σ_x^2/σ_π^2 和 σ_R^2/σ_π^2) 越大，利率对超过目标值的通货膨胀的反应就越强烈。

从另一个角度说，在严格的地制定通货膨胀目标下，当 $\varphi = 0$ 时，

$$E(Q_t) = \frac{1}{2[1+\alpha(\nu+\mu\gamma)]^2}[(1+\alpha\nu)^2\sigma_\pi^2 + \gamma^2\sigma_x^2 + (\alpha\gamma)^2\sigma_R^2].$$

因此 μ 的最优值是无穷大，在这种情况下无论 ν 取何值，都有 $E(Q_t)=0$。但是，选择 $\mu=\infty$ 会使得利率非常不稳定。

这产生了一个新的问题，即工具波动性经济成本。解决这个问题的一种方法是通过对利率的变动施加惩罚来修正目标函数，比如，加入 $(R_t-\theta-\pi^*)^2$。尽管这种方法会减小利率的变化，但利率波动仍然很频繁，因此需要更进一步地修正目标函数，即令目标函数中包含 $(\Delta R_t)^2$，这会对利率的变化产生平滑作用。两个方法结合在一起，使得目标函数的形式变为

$$E(Q_t)=\frac{1}{2}E[(\pi_t-\pi^*)^2+\varphi(x_t-k)^2+\eta(R_t-\theta-\pi^*)^2+\psi(\Delta R_t)^2]. \tag{14.84}$$

关于货币政策执行和最优通货膨胀目标制定的进一步讨论见 Clarida 等 (1999, 2000, 2001)，Gali 等 (2004b)，Gail(2008)，Giannoni 和 Woodford(2005)，Leeper 等 (1996)，Leeper 和 Zha(2001)，McCallum 和 Nelson(1999)，Svensson 和 Woodford(2003, 2004)，Walsh (2003) 以及 Woodford(2003)。

14.7 最优货币政策与财政政策

此前，我们已经讨论过运用货币政策控制通货膨胀以及运用财政政策确保公共财政的可持续性等。现在我们来分析令货币政策与财政政策如此“各司其职”的做法是否是最优的。我们还要检视二者在稳定经济中的作用，这将扩展我们在第 10 章中对这一问题的简要讨论，当时我们是集中讨论了失业问题。

关于最优政策的金科玉律是要使用尽量多的政策工具作为政策目标。这些工具可以单独针对特定目标，也可以联合使用。当某一被指定为针对特定目标的工具影响到其他目标时，政策当局就无法独立行事，它们需要对其他政策设定做出反应。独立的货币政策当局通常既可能严格遵守通货膨胀目标制，如英格兰银行及欧洲中央银行；也可能是较为灵活地执行通货膨胀目标制，如美国的联邦储备银行。后者的选择可能是意识到，如果只是在短期，货币政策会有实际面的效应。如果货币政策以名义量为目标，这表明财政政策应该用于钉住实际变量目标，如可持续的公共财政以及稳定 GDP 等。货币政策与财政政策严格分工可能带来的问题是货币政策可能还会影响到产出和债务融资成本，而财政政策也可能影响到价格。因此，两类政策制定当局不可能完全独立于彼此采取行动：一方 (也许是双方) 很可能会对另一方的政策决策做出反应。

我们在讨论货币政策时曾经重点关注控制一般价格水平 (或者其变化率，即通货膨胀) 及其对名义汇率的影响。如果价格和工资是完全灵活可变的，则货币政策对诸

如 GDP 等实际变量不会有影响。但是，如果价格和工资是黏性的，则货币政策会影响短期实际变量，但是不会有长期影响。这为采用灵活的通货膨胀目标制提供了支撑理由。我们早前在第 5 章对财政政策的分析中，我们主要关注了如何满足政府预算约束 (GBC)：如何最好地为政府支出筹资，如何最大限度地保持财政的可持续。我们的结论是在长期应通过税收为支出筹资，而在短期则应该运用债务筹资以平滑税收收入，前提是它能满足政府预算的现值。我们没有考虑运用财政政策以稳定短期的产出或通货膨胀。

尽管运用财政政策以稳定产出的研究文献汗牛充栋，但对其有效性则见仁见智。凯恩斯及其追随者凯恩斯主义和新凯恩斯主义的学者们，重点关注财政政策在刺激总需求方面的作用。他们的观点是财政政策是有效的，尽管他们在效果能持续多久上尚有分歧。古典经济学最近得到了第 5 章所讨论的李嘉图等价定理的支撑，这一派学者声称财政政策无论在长期还是短期均没有效果。

现代宏观经济学对如何达成货币政策与财政政策的最优运用这件事上也未达成一致。如本章前面所述，通常是以包含菲利普斯曲线以及 IS 方程的新凯恩斯主义为主进行货币政策分析。另外一种主要的分析方法是运用第 5 章所讨论的最优税收理论，该理论主要关注供给面而非需求面。争论之处在于，当税收是扭曲性税收时，进而在边际转换率与边际替代率之间生产税收楔子时，以及由于不完全竞争所致存在名义刚性时，财政政策是摩擦的来源并且会有实际影响 (参考 Chari 和 Kehoe (1999) 以及第 16 章所述)。因此，一次总付性税收如果可行的话，就成了被推荐的首选，不过这种税收很可能是不可行的。经验证据表明，凭借需求管理的财政政策远比它开始时所声称的有效性要差，尽管有效性差多少还是个有争议的问题。现代理论意味着要想执行有效的财政政策，需要通过扭曲性的税收来刺激经济的供给面。对这个问题的深入讨论可参见 Benigno 和 Woodford (2003)、Schmitt-Grohe 和 Uribe (2004a,b) 以及 Correia 等 (2008)。

我们运用程式化的 DSGE 模型来分析这些问题，我们将新凯恩斯主义元素与最优税收方法一起整合融入到货币政策和财政政策中加以分析。模型中包含新凯恩斯主义的通货膨胀方程，选择货币政策工具及财政政策工具以最小化产出缺口和通货膨胀的跨期二次损失函数，约束条件为要满足政府预算约束及私人部门的 (优化) 行为。

假定居民户要最大化

$$E_t \sum_{s=0}^{\infty} \beta^s (\ln c_{t+s} - \gamma \ln n_{t+s})$$

受约束于预算约束

$$(1+\pi_{t+1})(b_{t+1}+m_{t+1})+c_t+T_t=(1-\tau_t)n_t+(1+R_t)b_t+m_t, \tag{14.85}$$

其中 c = 消费，n = 劳动力，b = 1 期实际政府债务，m = 实际货币存量 ，T = 实际一次总付性税收，τ = 扭曲性劳动所得税，R = 无风险名义利率，π = 通货膨胀率。假设运用现金先行 (CIA) 约束，即 $m_t=c_t$。如果 λ_t 是预算约束的拉格朗日乘子，那么为了避免考虑风险，在确定性等价的近似下，关于 c_{t+s}，n_{t+s} 以及 b_{t+s} 的一阶条件意味着

$$\frac{1}{c_t}=\lambda_t, \tag{14.86}$$

$$\gamma\frac{1}{n_t}=\lambda_t(1-\tau_t), \tag{14.87}$$

$$\lambda_t=\beta\frac{1+R_{t+1}}{1+E_t\pi_{t+1}}E_t\lambda_{t+1}. \tag{14.88}$$

其结果为

$$c_t=\frac{1}{\gamma}(1-\tau_t)n_t, \tag{14.89}$$

或者近似地表示为

$$\ln c_t\simeq-\ln\gamma-\tau_t+\ln n_t. \tag{14.90}$$

对国民收入恒等式 $y_t=c_t+g_t(g=$ 政府支出) 在稳态值时做对数线性化的近似，得到

$$\ln y_t\simeq\frac{c}{y}\ln c_t+\frac{g}{y}\ln g_t. \tag{14.91}$$

如果生产函数为 $y_t=A_tn_t$，则产出可以由下式确定:

$$\ln y_t=-\frac{c/y}{1-(c/y)}(\ln\gamma+\ln A_t+\tau_t)+\ln g_t. \tag{14.92}$$

如果发生总需求冲击，该冲击也样会影响产出。(14.92) 式表明，财政扩张政策，无论其形式是增加政府支出还是减少税收，会提高产出，这与生产率提高是一样的，这也是我们在第 10 章得出的结论。不过，劳动所得税率 τ_t 的变化会扭曲劳动力供给决策。因此，税率 τ_t 越高，劳动力供给越低，由此而致消费与产出也越低。我们知道，如果在稳态时，A_t 为 1，则实际工资也为 1，这与 (14.85) 式所含的假设一致。

政府预算约束为

$$g_t+(1+R_t)b_t+m_t=T_t+\tau_tn_t+(1+\pi_{t+1})(b_{t+1}+m_{t+1}), \tag{14.93}$$

其对数线性化近似为

$$\frac{g}{y}\ln g_t-(1+\pi)\frac{b}{y}\ln b_{t+1}+(1+R)\frac{b}{y}\ln b_t-\frac{m}{y}\Delta\ln m_{t+1}+\frac{b}{y}R_t$$
$$=\frac{T}{y}\ln T_t-\frac{(1-\tau)n}{y}\tau_t+\frac{\tau n}{y}\ln n_t+\frac{b+m}{y}\pi_{t+1}. \quad (14.94)$$

根据现金先行 (CIA) 约束以及 (14.90)–(14.92) 式，上式可以改写为

$$\begin{aligned}-(1+\pi)\frac{b}{y}\ln b_{t+1}+(1+R)\frac{b}{y}\ln b_t+\frac{c/y}{1-(c/y)}\tau_{t+1}\\ +\frac{-(c/y)+(1-\tau-(c/y))(n/y)}{1-(c/y)}\tau_t+\frac{b}{y}R_t-\frac{b+c}{y}\pi_{t+1}\\ =\frac{c}{y}\ln g_{t+1}-\left(1-\frac{\tau n}{y}\right)\ln g_t+\frac{T}{y}\ln T_t+\frac{\tau n}{y}\frac{c/y}{1-(c/y)}\ln\gamma\\ -\frac{c/y}{1-(c/y)}\ln A_{t+1}-\frac{(\tau n/y)-(c/y)}{1-(c/y)}\ln A_t.\end{aligned} \quad (14.95)$$

假设我们在短期可以利用新凯恩斯主义的菲利普斯曲线刻画经济的供给面：

$$\pi_t-\pi^*=\alpha(E_t\pi_{t+1}-\pi^*)+\phi(\ln y_t-\ln y^{\mathrm{n}}), \quad (14.96)$$

式中价格黏性程度越高，ϕ 的值越小。y^{n} 为自然产出水平，它由 (14.92) 式确定，其形式为

$$\ln y^{\mathrm{n}}=-\frac{c/y}{1-(c/y)}(\ln\gamma+\tau)+\ln g, \quad (14.97)$$

其中 τ 和 g 为稳态值，且在稳态时 $\ln A=0$ 。

我们将政府的政策问题表述为最小化其二次损失函数

$$W_t=\tfrac{1}{2}E_t\sum_{s=0}^{\infty}\beta^s[(\ln y_{t+s}-\ln y^{\mathrm{n}})^2+\delta(\pi_{t+s}-\pi^*)^2]$$

受约束于政府预算约束及菲利普斯曲线。政府可用的货币政策工具及财政政策工具为

R_t，T_t，τ_t，g_t 和 b_t。其拉格朗日函数可以写为

$$
\begin{aligned}
\mathcal{L}_t &= E_t \sum_{s=0}^{\infty} \beta^s L_{t+s}, \\
L_t &= \tfrac{1}{2}\{[\ln y_t - \ln y^{\mathrm{n}}]^2 + \delta(\pi_t - \pi^*)^2\} \\
&\quad + \mu_t \Bigg[-(1+\pi)\frac{b}{y}\ln b_{t+1} + (1+R)\frac{b}{y}\ln b_t + \frac{c/y}{1-(c/y)}\tau_{t+1} \\
&\qquad + \frac{-(c/y)+(1-\tau-(c/y))(n/y)}{1-(c/y)}\tau_t + \frac{b}{y}R_t - \frac{b+c}{y}\pi_{t+1} \\
&\qquad - \frac{c}{y}\ln g_{t+1} + \left(1-\frac{\tau n}{y}\right)\ln g_t - \frac{T}{y}\ln T_t - \frac{\tau n}{y}\frac{c/y}{1-(c/y)}\ln\gamma \\
&\qquad + \frac{c/y}{1-(c/y)}\ln A_{t+1} + \frac{(\tau n/y)-(c/y)}{1-(c/y)}\ln A_t \Bigg] \\
&\quad + \nu_t[\pi_t - \pi^* - \alpha(E_t\pi_{t+1} - \pi^*) - \phi(\ln y_t - \ln y^{\mathrm{n}})].
\end{aligned}
$$

关于 R_t，$\ln T_t$，τ_t，$\ln g_t$ 和 $\ln b_t$ 的一阶条件分别为

$$
\begin{aligned}
\frac{b}{y}\mu_t &= 0, \\
\frac{T}{y}\mu_t &= 0, \\
\ln y_t - \ln y^{\mathrm{n}} &= \phi\nu_t - \left[1 - \frac{(1-\tau-(c/y))(n/y)}{(c/y)}\right]\mu_t + \mu_{t-1}, \\
\ln y_t - \ln y^{\mathrm{n}} &= \phi\nu_t - \frac{c}{y}\mu_{t-1} + \left(1-\frac{\tau n}{y}\right)\mu_t, \\
\mu_t &= \frac{1+\pi}{1+R}E_t\mu_{t+1}.
\end{aligned}
$$

对这些条件的解释取决于政府可以采用哪些政策工具。如果设定 $\ln y_t = \ln y^{\mathrm{n}}$，通货膨胀方程意味着 $\pi_t = \pi^*$，这就需要将产出保持在其自然产出水平。这一目标可以通过扭曲的劳动所得税实现，也可由政府支出抵消 (14.92) 式中产出的扰动项。一般来说，预算不会平衡，债务的实际水平 b_{t+1} 必然会变动，b_t 为前定的。根据前两个条件，可以利用一次总付性税收或利率政策对此加以规避。每种情况下政府预算约束的影子成本 μ_t 都为零。如果无法采用一次总付性税收，就需要运用货币政策去平衡预算。因此最优政策则包括运用税收或政府支出以控制产出，进而控制通货膨胀，运用货币政策达成财政可持续性目标。

我们以前曾运用货币政策通过总需求控制通货膨胀。如果对总需求有正向的冲击，将会通过菲利普斯曲线提高通货膨胀。因此货币政策的目标就会时通过提高名义利率以抵消此类效应。根据 (14.86) 式和 (14.88) 式，当 $\beta = 1/(1+\theta)$，稳态下的贴现率

$\theta = R - \pi$。因此，当价格是黏性时，短期提高名义利率 R_t 会引起实际利率超过 θ，因而引致跨期替代，使当期的消费向后递延。在该模型中，政府债务是居民的资产，利率的上升还会提高未来利息收益，增加政府债务的利息支出，导致政府预算状况变差。如果无法施行一次总付性税收，那么财政政策就只能是采用有较大扭曲效应的劳动所得税或者减少所需的政府支出。因此，当货币政策是独立制订的时候，必须运用财政政策来保持财政的可持续性。

这些分析结果表明，最优的货币政策与财政政策取决于有哪些可行的政策工具。按照这一理论，如果无法征收一次性总付税，这意味着货币政策与财政应该协同运用而不是各自司职某一特定目标。然而，近来的研究发现，让货币政策专司稳定产出以及控制通货膨胀的目标，而财政政策专司控制债务及保持财政的可持续性，如此分工的福利成本较小。价格黏性的程度高低似乎并不影响这一结论，这表明可以单独分析货币政策和财政政策，并不会带来特别有害的后果。对于两类政策分工问题的进一步讨论及文献综述可以参见 Kirsanova 等 (2009) 的研究。

2008 年的金融危机揭示了利率政策在稳定经济方面能起到的作用也许是有限的，因为利率有个最低为 0 的下界。由于传统货币政策在这个方面的失灵，中央银行可能被迫执行非传统的货币政策 (量化宽松)。第 15 章会对非传统货币政策进行详细的讨论。作为一种选择，可能会需要运用财政政策稳定经济，即使由于必要的财政扩张如果支出较大或持续较久从而导致财政状况快速恶化。这又导致了宏观经济学家们老调重弹一个争论，即关于财政政策作为经济稳定工具的有效性问题，也就是相当于在争论财政乘数的大小问题。Woodford (2010) 得出结论认为，尽管在正常情况下，财政政策乘数较小，但在深度衰退时期或者在利率受到 0 下界限制时，乘数可能会大得多，而且因为它会引起实际利率的下降，所以乘数很可能大于 1。在上述模型中，实际利率的下降马上会引出消费变化的问题。对经济的刺激可能只会是暂时性的，因为消费会随之降低，除非经济中还出现了供给面的利好，这个问题的深入讨论可以参见 Hall (2009)。

14.8 欧元区的货币政策

欧洲中央银行在整个欧元区设立统一的利率。我们考虑每个国家由此而产生的通货膨胀和产出结果。我们的分析以简单的程式化的新凯恩斯主义模型为基础，并将其调整为使用统一货币的开放经济情形。

乍看上去，通货膨胀较高的国家需要较高的利率来降低产出对通货膨胀的压力，但对于通货膨胀较低的国家，它需要刺激产出，那么这个利率就可能太高了。在二者之间的某处选定一个利率作为统一利率可能也会有问题。通货膨胀高于统一名义利率的国家实际利率为负，这会刺激该国经济并使通货膨胀有增加的趋势；但通货膨胀低于名义利率的国家实际利率为正，这很可能会使该国经济紧缩，降低通货膨胀。这意味着在通货膨胀率差异很大的不同国家使用统一利率会引起各国的通货膨胀率的差距会进一步增大。

然而，有一个因素或许可以消除这种结果，相对于低通货膨胀国家，高通货膨胀的国家会损失竞争力。这会导致高通货膨胀的国家产出下降，通货膨胀得到了抑制，而低通货膨胀的国家产出增加，通货膨胀提高。因此，问题的关键是竞争力的影响是否足够大以使得各个国家的通货膨胀率趋同并导致货币联盟内的经济活动平衡。

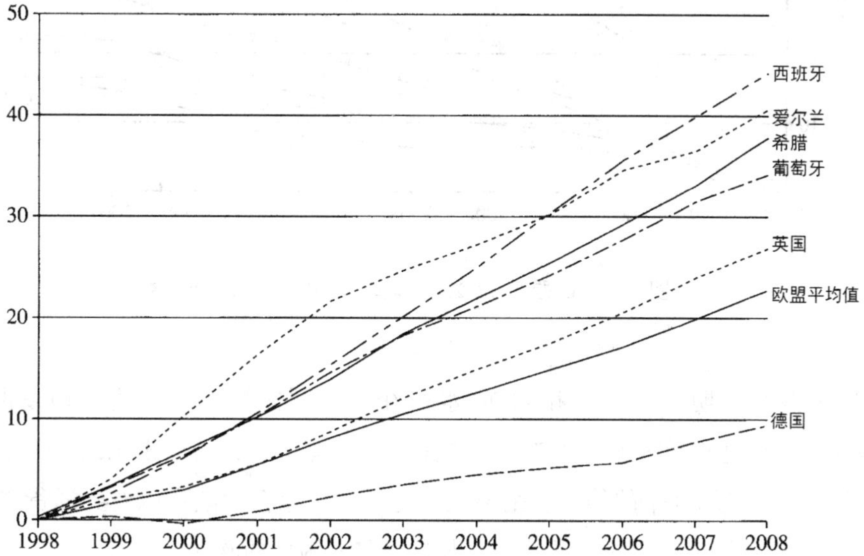

图 14.8　欧盟 1998–2008 年间价格水平的自然对数

图 14.8[①] 和 14.9[②] 列示了选定的欧元区成员国、整个欧元区平均及英国在 1998 到 2008 年间的价格水平的自然对数和 GDP 的自然对数。欧元是 1999 年开始发行的，两个图中列示的欧元区成员国为德国、希腊、爱尔兰、葡萄牙和西班牙。德国是最为成功的国家，其余四个国家都是麻烦不断的欧元区成员国。图中以 1998 年作为初始变量，取值为 1，因此对数取值为 0。图 14.8描述了以上年价格水平为基期的累积通货膨胀率，因此各线的斜率即刻画了平均通货膨胀。除卢森堡外，图 14.8中所未包括的欧元区国家的价格上涨程度均远低于图中价格水平上涨程度最高的四个国家。图 14.9描

[①] 译者注：此处原书中图形标题标注为“欧盟 1990–2006 年间的年度通货膨胀 (以上年为基期)”，疑似作者笔误。

[②] 译者注：此处原书中图形标题标注为“欧盟 1999–2006 年间价格水平的自然对数 (1999 = 0)”，疑似作者笔误。

述的是与图 14.8中相同国家的累积 GDP 增长水平，其斜率为平均 GDP 增长水平。

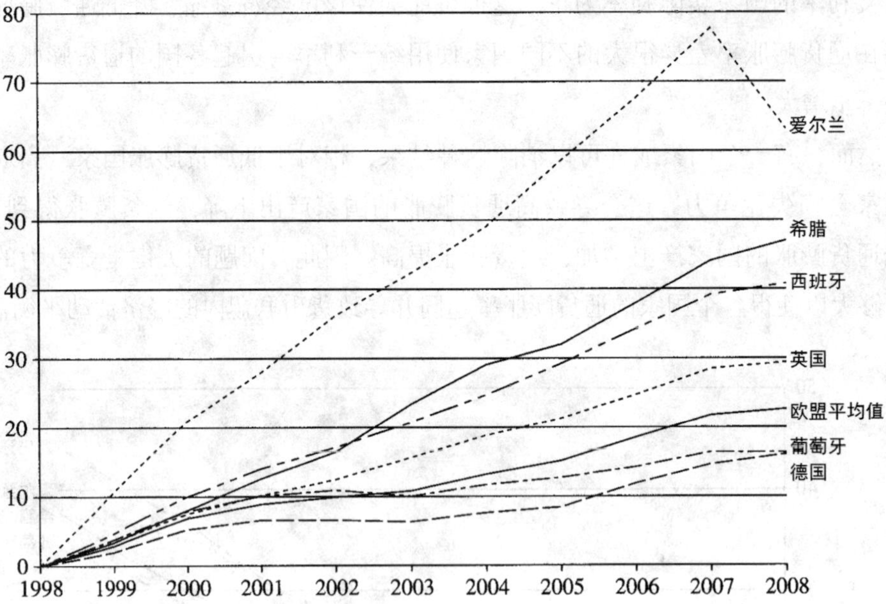

图 14.9 欧盟 1998–2008 年间 GDP 水平的自然对数

以上两图表明价格水平和 GDP 水平在这区间内均表现出稳定地发散的趋势，图 14.8 中，超过欧元区平均线的几个国家损失了竞争力，与之相比，处于平均水平的国家以及低于平均水平的德国，则增强了竞争力。综合两图可以看到通货膨胀率较高的国家也经历了较高的 GDP 的增长。与这些陷入困境的欧元区成员国相比，其他成员国的通货膨胀率水平与 GDP 增长水平则更接近平均水平。这些经验证据为上述猜想提供了强有力的支撑。

为了解释这些问题，我们构建一个欧元区的模型，该模型中包括统一的货币政策、实际利率、竞争力和吸收作用，吸收作用由国外的产出来表示，当然包括其他欧元区国家。然后我们以此模型推导出欧元区最优的相机抉择货币政策。

14.8.1 欧元区的新凯恩斯主义模型

欧元区模型是以程式化的开放经济下新凯恩斯主义模型为基础的。在该模型中假设欧元区只有两个国家，为了使问题简化，我们还假设欧元区本身是封闭经济，而每个经济体都可以由开放经济的总需求函数和总供给函数来描述：

$$\text{AD}: \quad x_{it} = E_t x_{i,t+1} - \alpha(R_t - E_t \pi_{i,t+1} - r_{it}) + e_{xi,t}, \tag{14.98}$$

$$\text{AS}: \quad \pi_{it} = \beta E_t \pi_{i,t+1} + \gamma x_{it} + e_{\pi i,t}, \tag{14.99}$$

其中 $i = 1, 2$ ，$0 < \beta < 1$ ，x_{it} 是 i 国在 t 时刻的产出缺口，π_{it} 是 i 国的通货膨胀率，it 是 i 国的实际收益率，但是它也可以代表所有外生变量对产出缺口的集合效应。R_t 是由央行——即欧洲中央银行设定的统一的名义利率。$e_{\pi i,t}$ 和 $e_{xi,t}$ 为中央银行未知的冲击，它们独立且序列不相关，因此不属于第 t 期的信息集，因此 $E_t e_{\pi i,t} = E_t e_{xi,t} = 0$。产出不同是因为两个国家间存在不同的通货膨胀预期、实际收益率以及各国面对不同的具体冲击，通货膨胀不同是因为两国间存在不同的通货膨胀预期、产出缺口和各国不同的通货膨胀冲击。

根据这个模型我们可以得出欧元区的总量模型如下：

$$\bar{x}_t = E_t \bar{x}_{t+1} - \alpha(R_t - E_t \bar{\pi}_{t+1} - \bar{r}_t) + \bar{e}_{xt}, \tag{14.100}$$

$$\bar{\pi}_t = \beta E_t \bar{\pi}_{t+1} + \gamma \bar{x}_t + \bar{e}_{\pi t}, \tag{14.101}$$

其中我们用 $\bar{a}_t = \theta a_{1t} + (1 - \theta) a_{2t}$ 的形式表示欧元区的平均值，θ 是经济体的相对大小，我们假设 $\theta = \frac{1}{2}$。例如，$\bar{\pi}_t = \frac{1}{2}(\pi_{1t} + \pi_{2t})$ ，$\bar{x}_t = \frac{1}{2}(x_{1t} + x_{2t})$。

欧元区各国间的差异可以写作：

$$\tilde{x}_t = E_t \tilde{x}_{t+1} - \alpha(E_t \tilde{\pi}_{t+1} - \tilde{r}_t) + \tilde{e}_{xi,t}, \tag{14.102}$$

$$\tilde{\pi}_t = \beta E_t \tilde{\pi}_{t+1} + \gamma \tilde{x}_t + \tilde{e}_{\pi i,t}, \tag{14.103}$$

其中的“波浪号”表示国家间的差异，如 $\tilde{x}_t = x_{1t} - x_{2t}$。我们知道国家间差异的模型不会受到利率 R_t 选择的影响，即货币政策对国家间的差异没有影响。其原因在于我们出于方便的角度假设了单个国家模型是相同的，区别仅仅在于其各自变量值和冲击的不同。

14.8.2 欧元区最优货币政策

从其行为特征的角度讲，我们将欧洲中央银行视为严格通货膨胀目标制定者，它从整个欧元区的角度定义的二次成本函数为

$$Q_t = \frac{1}{2} E_t (\bar{\pi}_t - \pi^*)^2. \tag{14.104}$$

货币政策的目的是欧洲中央银行 (ECB) 选择统一的利率 R_t 以最小化通货膨胀率和目标通货膨胀率 π^* 间的偏差的预期现值。

为了求得欧元区最优货币政策，我们解出总量模型中的通货膨胀。消掉产出缺口即可得到通货膨胀方程

$$\bar{\pi}_t - (1-\alpha\gamma+\beta)E_t\bar{\pi}_{t+1} + \beta E_t\bar{\pi}_{t+2} = -\alpha\gamma(R_t - \bar{r}_t) + \gamma\bar{e}_{xt} + \bar{e}_{\pi t}.$$

引入具有如下性质的算子 L，即 $L^s z_t = z_{t-s}$ 以及 $L^{-s} z_t = E_t z_{t+s}$，通货膨胀方程可以写为

$$\begin{aligned} f(L)\bar{\pi}_t &= -\alpha\gamma(R_t - \bar{r}_t) + \gamma\bar{e}_{xt} + \bar{e}_{\pi t}, \\ f(L) &= 1 - (1-\alpha\gamma+\beta)L^{-1} + \beta L^{-2} \\ &= (1-\eta_1 L^{-1})(1-\eta_2 L^{-1}). \end{aligned}$$

由于 $f(1) = (1-\eta_1)(1-\eta_2) = \alpha\gamma > 0$，$f(L)$ 的两个根都小于 1。由此得到通货膨胀的解为

$$\bar{\pi}_t = -\frac{\alpha\gamma}{\eta_1 - \eta_2}\sum_{s=0}^{\infty}(\eta_1^{s+1} - \eta_2^{s+1})E_t(R_{t+s} - \bar{r}_{t+s}) + \alpha\gamma(\gamma\bar{e}_{xt} + \bar{e}_{\pi t}) \tag{14.105}$$

或者

$$\bar{\pi}_t - \pi^* = -\frac{\alpha\gamma}{\eta_1 - \eta_2}\sum_{s=0}^{\infty}(\eta_1^{s+1} - \eta_2^{s+1})E_t(R_{t+s} - \bar{r}_{t+s} - \pi^*) + \alpha\gamma(\gamma\bar{e}_{xt} + \bar{e}_{\pi t}). \tag{14.106}$$

通过选择 R_t 以最小化 Q_t 从而得到最优的 R_t，其一阶条件为

$$\frac{\partial Q_t}{\partial R_t} = E_t(\bar{\pi}_t - \pi^*) = 0, \tag{14.107}$$

其含义为 $E_t(\bar{\pi}_{t+s} - \pi^*) = 0\ (s \geqslant 0)$。当

$$E_t(\bar{\pi}_t - \pi^*) - (1-\alpha\gamma+\beta)(E_t\bar{\pi}_{t+1} - \pi^*) + \beta(E_t\bar{\pi}_{t+2} - \pi^*) = -\alpha\gamma(R_t - \bar{r}_t - \pi^*),$$

在无限时间的视角下，最优政策要求

$$R_t = \bar{r}_t + \pi^*.$$

14.8.3 单个国家的通货膨胀

替换 (14.98) 式中的 R_t 可以得到

$$x_{it} = E_t x_{i,t+1} + \alpha(E_t\pi_{i,t+1} - \pi^*) + \alpha(r_{it} - \bar{r}_t) + e_{xi,t}.$$

因此，根据 (14.99) 式，通货膨胀由下式决定

$$(\pi_{it} - \pi^*) - (1 - \alpha\gamma + \beta)(E_t\pi_{i,t+1} - \pi^*) + \beta(E_t\pi_{i,t+2} - \pi^*)$$
$$= \alpha\gamma(r_{it} - \bar{r}_t) + \gamma e_{xi,t} + e_{\pi i,t}.$$

其解为

$$E_t(\pi_{it} - \pi^*) = -\frac{\alpha\gamma}{\eta_1 - \eta_2}\sum_{s=0}^{\infty}(\eta_1^{s+1} - \eta_2^{s+1})E_t(r_{i,t+s} - \bar{r}_{t+s}). \tag{14.108}$$

因此，各国通货膨胀对欧元区通货膨胀目标值的偏离是因国内实际利率与欧元区平均实际利率的偏离而造成的，国内实际利率的偏离就是生产率或资本收益率的偏差。换句话说，这种偏离是由货币当局之外的实际面效应造成的。

14.8.4 欧元区国家间通货膨胀差异

通过将 R_t 的解代入 (14.100) 式[①]解出 $\tilde{\pi}_t$，或者根据 (14.102) 式和 (14.103) 式，可得各国通货膨胀差异的解为

$$\tilde{\pi}_t - (1 - \alpha\gamma + \beta)E_t\tilde{\pi}_{t+1} + \beta E_t\tilde{\pi}_{t+2} = \alpha\gamma\tilde{r}_t + \gamma\tilde{e}_{xt} + \tilde{e}_{\pi t}.$$

因此，

$$E_t\tilde{\pi}_t = \frac{\alpha\gamma}{\eta_1 - \eta_2}\sum_{s=0}^{\infty}(\eta_1^{s+1} - \eta_2^{s+1})E_t\tilde{r}_{t+s}. \tag{14.109}$$

①译者注：原书此处为“(4.21) 式”，疑似作者笔误。

因此，存在永久性的通货膨胀差异，通货膨胀率也无法趋同。具有较高实际利率水平的国家就会永远保持较高的通货膨胀率。如果各国间通货膨胀差异是永久性的，各国的价格水平差异也必然会随着时间而持续发散。

用 $\beta r_{it}-\delta E_t\Delta z_{i,t+1}$ 替代 βr_{it}，可以很容易地将模型中的总需求方程一般化，其中 $E_t\Delta z_{i,t+1}$ 代表国民收入恒等式中的任意其他外生变量的预期增长率，这些外生变量是诸如政府支出或外生的贸易效应等。这表明不同的财政政策也可能引起国家间通货膨胀差异及发散的国家间价格水平差异。同样地，财政政策也可以用于抵消实际利率差异的效应，从而消除国家间通货膨胀差异。

14.8.5 还存在其他的解吗？

这些结果是由于欧元区采取了“统一适用”式的货币政策，它是根据欧元区平均实际收益率制定的，而各国的通货膨胀率则是因国内实际收益率而定。国内实际收益率与平均值之间持续的差异会引致国家间价格水平的发散。鉴于欧洲中央银行的目标是缓和整个欧元区的通货膨胀，而不是某一单个成员国家的通货膨胀，所以它没有动机去调整利率来影响价格水平的发散。即使欧洲中央银行想要阻止价格水平差异进一步扩大，它也无法仅靠使用货币政策来实现这一目标。欧洲中央银行在达成总体通货膨胀目标上比较成功这一事实也不能影响上述结论。

如果没有任何抵消力量，国家间价格水平的差异会对欧元的稳定产生威胁。在最低限度上，它也会对某些成员国施加真实的成本。那么这种单一的货币是怎样得以持续的呢？方程 (14.109) 式的含义是实际利率差异一定会消除，由于各国间的名义利率是相同的，这意味着需要需要利用政策来影响国内通货膨胀率。较高通货膨胀的国家需要降低通货膨胀，而较低通货膨胀的国家则需要更具扩张性的政策。各国由于放弃了自己对货币政策的控制权，随后发现欧元区统一的货币政策并不适用于自己的国家，因此有必要运用国内的财政政策来控制通货膨胀以弥补这一点。这意味着较高通货膨胀的国家可能需要采用从紧的财政政策。

具有较高通货膨胀率的欧元区国家还会有负的实际利率。这使得信贷成本降低，甚至可能完全没有成本，伴随而来的是，这几乎也肯定会成为导致私人财政与公共财政状况恶化的重要因素。有几个国家的债务水平达到了不可持续的程度，甚至威胁到了欧元区是否能够继续存在。对于这些问题更深入的讨论可参见 Wickens (2010a)。

2010 年欧元区因债务危机出现了新的特点：长期政府债务的收益开始有了较大差异，反映了不同的风险溢价。公共财政最弱的国家承受了最大利差的信用违约掉期，这是测度违约风险的重要指标。2010 年初，德国 10 年期政府债券的利差已经反映了这些关切，但是其低于除希腊之外的整个欧洲水平 2 个百分点，希腊则只有不到 3 个百分点的利差。随着危机的加深，担心主权违约的可能性也在加大，利差也进一步扩大。到 2011 年 11 月，希腊的 10 年期债券的利差稳步攀升到 30 个百分点，而三年期的利差则达到了惊人的 80 个百分点。在债务 –GDP 比率达到了 150% 的情况下，如果希腊想在 2011 年 11 月对其全部 10 年期债券进行再融资，则其仅债务利息的支付就将点 GDP 的 50%。欧元区另一个成员国葡萄牙也在寻求紧急金融援助，2011 年 11 月其债券利差达到将近 20 个百分点。爱尔兰和意大利的利差仅有不到 7 个百分点。尽管如此大利差的直接原因是因为政府债务水平及利息支出水平过高而导致的债务违约风险，但是几乎肯定是前些年政府借贷的负的实际利率鼓励了政府大量借贷。近来出现的针对各国不同情况的不同的借款利率表明，市场可能会对为整个欧元区制订一个平均通货膨胀的货币政策的不当之处找到一个解决之道。

14.9 结论

在本章我们分析了在封闭经济中，以钉住通货膨胀为目标、以货币当局 (通常是中央银行) 控制的官方短期名义利率为政策工具的货币政策。中央银行可以相机抉择地选择利率，也可以按照向公众承诺的、以众人皆知的规则来制定利率。我们假设经济体的通货膨胀和产出是由新凯恩斯主义模型的形式来描述的，进而考察了经济体的性质。

我们的主要结论是中央银行要想最好地实现以通货膨胀、产出或社会福利表示的政策目标，需要实施规则导向而不是相机抉择政策，并且要仅以通货膨胀为目标而不是以产出为目标。在相机抉择政策下，无论是在中央银行的目标函数中包含产出还是实现一个比自然 (即充分就业的长期均衡) 水平高的产出水平，这些都是无济于事的，因为通货膨胀最终都会超过目标值，并且无法取得任何补偿性的额外产出。然而，在规则导向政策下，平均来看，实现通货膨胀目标并将产出保持在自然水平上是可能的。

我们考察了是否可能以优化的方式来选择一个规则 (即一个最大化社会福利的方式)。我们发现这需要在规则中给予通货膨胀极高的权重，而这会导致利率的不稳定。平滑利率可以避免利率的不稳定，但若要平滑利率，则需要在目标函数中包含利率和通货膨胀水平以及他们的变化。

接着我们把分析延伸至浮动汇率的开放经济中。比如，在 UIP 下，国内利率的增加会引起汇率的升值，从而减少了竞争力，增强了由较高实际利率引起的对产出的负向作用。换句话说，浮动汇率为利率对通货膨胀的传导机制创造了一个新的途径。我们发现无论在相机抉择政策下还是规则导向政策下，国内的通货膨胀都主要由国外的通货膨胀决定，不同之处在于，采用相机抉择政策可能会消除国外通货膨胀的影响，而在 Taylor 规则导向下通常只能部分抵消国外通货膨胀的影响。这意味着我们或者可以采用相机抉择政策，或者可以采用一个与 Taylor 规则不同的规则。在 Taylor 规则导向下，浮动汇率降低了通货膨胀冲击对产出的影响。

供给冲击，如正向石油价格冲击，使得利率政策陷入了一个两难的困境，即究竟是否应该提高利率以抵消通货膨胀的上升，或是降低利率以减少产出的下降。决定因素看起来似乎是冲击会持续多久，而利率的反映程度则取决于经济的开放程度。

固定汇率所产生的结果就是国内通货膨胀会与汇率所钉住的国家的通货膨胀绑定，国内货币政策的作用便是保持汇率比价。这和欧元区的情况有所不同。在欧元区，各成员国通过使用同一种货币而实现固定汇率比价，ECB 通过钉住欧元区的平均通货膨胀率为整个欧元区设定统一的利率。我们已经讨论过，即便如此，欧元区通货膨胀也可以实行目标制，各个国家通货膨胀率的差异使得统一利率对低通货膨胀的国家过高，而对高通货膨胀的国家过低。由于竞争力作用的抵消作用，我们已经表明各个国家通货膨胀的差距似乎不会发散，但价格水平的差距可能会发散。

尽管本章反映了现代货币政策所关注的内容，但其更侧重于独立的中央银行使用单一的政策工具 (利率) 来控制通货膨胀，而我们应该知道，在政策制定的问题上其他的方法也是可能的。由于在短期，利率影响产出而财政政策影响通货膨胀，因此一个不太严格的方法是将货币政策和财政政策结合，以同时实现两个主要政策目标：控制通货膨胀和稳定产出。当然，在长期，我们期望货币政策对产出没有影响，并且在不考虑货币政策时，财政政策对通货膨胀没有影响。

建议独立的中央银行通过利率来控制通货膨胀的一个主要原因是，它给予了货币政策更多的信誉和透明度，从而使得货币政策更多地向公众负责，而不是屈从于短期的政治压力。但如此严格执行货币政策可能会有一个代价：它可能不那么有效，特别是在短期，经济体各处可能还会存在意想不到的溢出作用，比如汇率、产出和失业等。为了抵消这一点，我们已经证明财政政策在短期的微调是很困难的：政府支出在一段时间之后才会起作用，而在长期所起的作用似乎又被挤出了，并且按照第 5 章税收平滑部分所讨论的，由于不断调整税收政策而私人决策不断被破坏，那么进一步调整税收政策的成本是很高的。所以，尽管理论上钉住通货膨胀可能不是控制通货膨胀的最好方式，但在实践中，目前它仍是最有效的方法。

加入单一货币区如欧元区的好处是在该货币区内的汇率波动被消除了。还有，这也被认为对有些在控制通货膨胀上成绩不佳的国家来说，可以获得与那些经济运行比较成功的国家同样的控制水平。我们证明了这可能只是个幻觉，因为对这些国家来说货币政策可能过于宽松，甚至可能会引致负利率，这会引起各成员国间通货膨胀率差距发散并鼓励过度借贷。这些问题似乎在欧元区都得到了应验。因此，高通货膨胀的国家有必要运用财政政策矫正因货币政策为整个欧元区设定统一的平均水平的通货膨胀目标所造成的不适。欧元区高负债率国家出现的新特点是主权债券市场利率利差超过了德国，这为货币政策提供了某种程度的矫正。

15 银行、金融中介与非传统货币政策

15.1 导论

如前文所述，将宏观经济学与金融学密切联结在一起的，是在为有形资产和金融资产定价时所需要做出的跨期决策；而资产价格中的风险溢价部分，很大程度上来自于宏观经济冲击。最近发生的这次金融危机进一步证实了这种联结：一是起源于房地产市场的宏观经济冲击，二是由抵押资产衍生出来的证券的无法正确定价，二者导致世界上多家大银行濒临破产；由于政府救助银行而受损的公共财政，进一步导致世界最大的投资银行之一的雷曼兄弟公司破产，经济衰退从而蔓延到几乎所有的发达国家；政府的高负债水平及其导致的主权违约风险，又导致了金融体系的其他问题。

此次危机提醒我们重新考量宏观经济理论与政策中的诸多问题。我们需要在宏观经济学中增强金融学的成分，我们应注意到大部分宏观经济模型中银行部门的缺位，而且货币政策应当不仅仅只是设定官方利率，中央银行还应当负责向银行体系注入流动性。政府甚至还需要向纳税人承诺：为了保证银行不破产，中央银行会通过持有公司债券的方式为其融资。

我们在第 8 章扼要讨论了信用的使用，在第 11 章介绍了金融理论，在第 12 章讨论了如何将上述理论应用到为股票、债券、外汇等核心资产的定价之中。我们在本章进一步讨论宏观经济学与金融学之间的交互关系，并由此展开如下与金融危机相关的话题。一是金融市场的几种不完美（imperfection）：源于借贷限制的信用供给约束、违约、信息不完全（imperfect）。二是银行作为金融中介的作用以及中央银行为危机中的银行提供流动性的作用。三是违约风险如何进入 DSGE 宏观经济模型以及它如何定价。

15.2 金融危机的若干教训

这次危机在经济体中的传播方式，揭示了金融与宏观经济体之间的联系。在对资产进行定价时，需要首先明确关于未来的预期。因为这些预测并不确定，所以形成预期意味着承担风险。假设投资者是风险厌恶的，那么资产定价时就必须包含风险溢价的部分。这次危机，很大程度上要归咎于金融部门未能正确估算其在房地产市场里面临的风险。很多充当抵押贷款贷款人的银行，发现这些资产（asset）价值的下降超过了其权益资本（equity capitcal），使得它们在技术上已经破产（technically insolvent）。银行的基本职能是期限转换（maturity transformation），即通过借入短期存款为贷出长期贷款融资。当银行持有的抵押贷款以及持有的 MBS 发生违约时，银行的偿付能力就会发生问题。若公众无法得知哪些银行面临清偿问题时，整个银行行业将无法借到短期存款进行再融资（roll over）。这就会导致流动性危机，即银行出借资金的能力受损，并因此带来了影响整个经济体系的信用危机，甚至威胁到国际货币体系的运行。

这次危机还揭示出传统货币政策和财政政策效果的局限性。近年来，中央银行执行的货币政策几乎完全是通过设定利率来完成的。当为了刺激经济而需要大幅度调低利率至利率为负值时，货币政策却面临名义利率的零下限约束。其实最迫切的任务是为银行提供流动性。公开市场操作作为传统货币政策工具，是中央银行通过购入商业银行持有的先前购入的政府债券而向银行释放流动性，在危机时货币政策的执行力度则需要远远超出常规。此时的流动性如此短缺，以至于中央银行购入的除了政府债券，还会包含公司债券等其他资产，有些政府为了救助银行，甚至购入银行的权益（equity），并向非银行的公众或者国外出售政府债券来偿还贷款。这些超常的手段实则是财政政策，因为纳税人已经开始参与分担风险。某些国家执行这些操作的力度相对于其 GDP 而言如此之大，以至于其财政立场（fiscal stance）变得无法持续，并导致市场融资因为风险溢价高企而变得昂贵。面对政府债券不可避免的违约，以及因此带来的对其他国家无法预测的影响，IMF 以及 ECB 为这些国家提供远低于市场利率的贷款。但这些措施是否足够，还有待观察。

政府因巨额的财政赤字而大规模举债，已经成为欧元区许多国家的一个综合症候。它会增加主权违约发生的概率。因为欧元区国家发行的债券以欧元结算，政府债券的违约会威胁到欧元的未来。对于那些出借了大量贷款并因此持有了深陷困境的国家大量债权的国家而言，它们只能在两种成本之间进行选择：是（部分或者全部的）违约，还是欧元区解体。

很多经济评论家——包括专业经济学家以及主流媒体的财经记者——将此次危机归

咎于现代宏观经济学，特别是 DSGE 宏观经济学。这些批评集中于两点：宏观经济理论中的理性预期假设以及模型对银行和金融的处理不足。对于这些批评的回应，以及为何这些批评是对现代宏观经济学的误解，可以参见 Wickens(2010b)。本章集中关注第二个批评：宏观金融（macrofinance）模型的缺失。我们将考察传统货币政策通过利率的传导过程中债券市场的作用，并讨论如何将 DSGE 宏观经济模型中加入金融市场。因为银行与金融体系自身的复杂性，使得为金融市场建模并不容易，且当前尚未就孰为最佳建模方式达成共识。

做跨期决策时，需要首先明确关于未来的预期形成机制。宏观经济学使用理性预期假设，这正是它被批评的第一点。最初提出理性预期假设时，目的是为刻画预期形成提供一个最优化的框架。它主张，信息会被最优化地利用，而且犯过的错误不会再犯。与理性预期假设不同的是静态预期、局部调整或者封闭变量（close variant)，其主张是使用不需要微观基础的（ad hoc)、次优的模型。这类模型在预测中出现的错误往往会持续存在。因为在现实中，不少人的行动很可能并非理性，所以理性预期假设可以看作是出于方便处理而简化的设置，其本身是有局限性的。近年来，有些研究首先假设从无微观基础的简单模型出发，然后令行为人通过逐渐学习从而最终得出理性预期的结果，这是把两类模型结合在一起的做法。通过学习形成预期的文献综述可参见 Evans and Honkapohja (2001)。

尽管我们在本书中一直强调在宏观经济学中金融学的重要性，但是第二个批评还是很有道理的。在 DSGE 宏观经济学中，因为很多决策都是跨期的，会包含对资产的定价，所以实质上属于金融决策。未来的不确定性，使得决策包含着风险。而金融的核心问题就是为风险定价。资产定价中所包含的大部分风险是源于宏观经济问题的，既包含系统性风险，又包含特异性（idiosyncratic）风险。如上立场曾出现在第 11 章和第 12 章，本章我们将继续讨论。比较困难的部分是，金融学在评估风险时，是否把宏观经济因素考虑得足够充分。

虽然关于银行业的模型已有不少，但是大部分的建模方式既不适用于 DSGE 模型又不适用于陈述此次金融危机的话题。这些银行业模型通常着力于表述提供信用时的约束或者表述银行挤兑的原因，而不太关注宏观经济层面更加广义的银行职能。此外，近年来的货币政策通常关注利率或者关注其通过利率期限结构对借贷成本施加影响的传导效果，而不太关注通过银行体系对货币总量或者金融中介的影响。因此，本章将设法在 DSGE 模型里考虑如上对货币政策的新关切，并以此次金融危机作为展开讨论的背景。首先我们来讨论金融市场不完善的几个重要方面：借贷约束（信用配给）、违约、不完全信息的影响。

15.3 金融市场不完善

15.3.1 借贷约束

银行业危机的后果之一是家庭和厂商会面临借贷约束。第 4 章假设人们并无借贷约束，那么当他们面临暂时的收入冲击时，得以通过借贷来避免消费的波动。这是生命周期假说的核心结果。当他们面临持久的收入冲击时，会永久地改变消费，而且不会改变借贷。为了研究银行业危机带来的不利影响，我们现在讨论借贷约束对家庭的影响。

考虑第 4 章的简单 DSGE 模型，家庭的借贷行为表达如下：

$$\max_{\{c_{t+s},b_{t+s}\}} V_t = E_t\sum_{s=0}^{\infty}\beta^s U(c_{t+s}), \quad \beta=\frac{1}{1+r},$$

其预算约束为

$$rb_t + c_t = y_t + \Delta b_{t+1},$$

其中 c_t 是消费，b_t 是家庭在利率 r 时的借入数量，y_t 是收入。为了简化起见，假设 $b_t=b$ 以及 r 都是常数。我们区分存在与不存在借贷约束、存在与不存在收入冲击等不同情形下的模型求解。

当既不存在借贷约束也不存在收入冲击时，我们就可以假设 $E_t y_{t+s}=y(s\geqslant 0)$ 是常数，则模型的解为：

$$\begin{aligned}c_t &= \frac{r}{1+r}\sum_{s=0}^{\infty}\frac{E_t y_{t+s}}{(1+r)^s} - rb\\ &= y - rb = c,\\ E_t c_{t+s} &= c_t = c,\\ b_t &= \sum_{s=0}^{\infty}\frac{E_t(y_{t+s}-c_{t+s})}{(1+r)^{s+1}} = b,\\ b_{t+1} &= b.\end{aligned}$$

可见，最优的、可持续的、稳态的债务水平，就是预期储蓄的现值，后者正是用于偿还前者。

现在假设每期存在一个已知概率 π 的收入冲击 Δy，即：

$$\begin{aligned} E_t y_{t+s} &= (1-\pi)y + \pi(y-\Delta y) \\ &= y - \pi\Delta y. \end{aligned}$$

冲击会影响到决策者行为，最优的消费和债务水平取决于是否有冲击、以及家庭是否知道冲击存在。我们考虑如下几种情形。

(i) 本期的收入冲击是否已经发生以及将来是否会发生都未知。 这只影响到本期决策，因为到了下期就已经明确知道本期的收入冲击情况了。t 时期的最优解是：

$$\begin{aligned} c_t &= c - \pi\Delta y < c, \\ E_t b_{t+1} &= b_t = b. \end{aligned}$$

因此，若已知 t 时期会以某概率发生收入冲击，但冲击是否已发生（以及冲击是否即将发生）尚且未知，那么 t 时期的消费水平会比较低，但是债务水平不会受影响。在如上以及后面的解之中，无论 c_t 取什么值，都有 $E_t c_{t+s} = c_t$ $(s \geqslant 0)$ 成立。

(ii) t 时期无冲击。 如果已知 t 时期冲击没有发生，但是未来有发生冲击的可能，那么最优解为：

$$\begin{aligned} c_t &= c - \frac{\pi}{1+r}\Delta y, \\ c &> c_t > c - \pi\Delta y, \\ E_t b_{t+1} &= b - \frac{\pi}{1+r}\Delta y < b. \end{aligned}$$

此时消费的水平，低于恒没有收入冲击的消费水平，但是高于 t 时期以及各个时期都可能存在收入冲击的消费水平。因为本期收入高于预期水平，所以本期借款会比较少。

(iii) 已知 t 时期已经发生了收入冲击。 其最优解为：

$$\begin{aligned} c_t &= c - \frac{r+\pi}{1+r}\Delta y, \\ c &> c - \frac{\pi}{1+r}\Delta y > c - \pi\Delta y > c_t, \\ E_t b_{t+1} &= b + \frac{1-\pi}{1+r}\Delta y > b. \end{aligned}$$

即消费水平进一步下降，借款增加。

(iv) 存在借贷约束。 假设每期都面临借贷约束 B，即家庭面临约束 $B < E_t b_{t+1}$。考虑向情形 (iii) 中加入借贷约束的情况。如果

$$E_t b_{t+1} = b + \frac{1-\pi}{1+r}\Delta y \geqslant B,$$

那么，约束条件就起了限制作用。为了避免受到借贷限制的约束，家庭的初始债务水平必须低于 $B - [(1-\pi)/(1+r)]\Delta y$。如果这一项是负值，则意味着家庭需要持有的是资产而不是债务。

如果借贷约束起到了限制作用，则家庭就无法消费到他们计划的水平。其消费水平的上限会被限制在：

$$\begin{aligned} c_t &= y - \Delta y + B - (1+r)b \\ &= c - \Delta y + B - b \\ &< c - \frac{r+\pi}{1+r}\Delta y. \end{aligned}$$

具体结果可以根据未来收入冲击的预期值得到。

总之，当收入下降或者预期未来收入会下降时，紧的借贷约束使得消费无法平滑化，从而使得消费下降。消费从而随着收入的波动而波动。这解释了为什么现实数据中的消费的波动几乎与产出一样剧烈（参见第 16 章）。避免受到借贷约束限制的途径之一是在当期就多持有一些资产。这既适用于家庭，也适用于银行。

15.3.2 违约

违约的原因有很多种。当一个项目的预期折现值小于包含利息支出在内的预期成本现值时[①]，即预期净现值为负，该项目有可能会违约，即使投资者并未因此破产。一个厂商的市值为负值，会导致该厂商在技术上破产。类似的情形是，一个家庭的净财富为负值，或者家庭（或厂商）的当前收入不足以支付利息支出。当债务超过资产时，对于债权人而言，有时更好的选择可能是接受局部的违约，从而接受债务的重组（比如降低本金或者利息支付），而不是一定要讨回资产，因为此时的资产可能只剩下转卖价值（resale value）。

再次考虑前文包含收入冲击的例子。对家庭财富的通用表达是

$$W_t = E_t \sum_{s=0}^{\infty} \frac{y_{t+s}}{(1+r)^s} - b_t = E_t \sum_{s=0}^{\infty} \frac{c_{t+s}}{(1+r)^s}.$$

[①] 译者注：原书此处为“当一个项目的预期折现值大于包含利息支出在内的预期成本现值时”，疑似作者笔误。

若 $W_t < 0$，则家庭会因无法偿付而违约。若

$$E_t \sum_{s=0}^{\infty} \frac{y_{t+s}}{(1+r)^s} - (1-\phi_t) b_t \geqslant 0,$$

即只有把债务的 ϕ_t 部分勾销掉，该家庭才不会破产。故有

$$\phi_t \geqslant 1 - \frac{1}{b_t} E_t \sum_{s=0}^{\infty} \frac{y_{t+s}}{(1+r)^s} \geqslant 0,$$

这意味着，当收入流的现值超过债务时，违约才不会发生。而一旦违约发生，就必须勾销掉一部分债务，否则随着收入流的现值与债务的比例的降低，破产会增加。

我们可以分别讨论如上几种不同情形下的 ϕ_t 水平：

(i) 如果 $E_t y_{t+s} = y\ (s \geqslant 0)$，即没有收入冲击，且 $b_t = b$，那么

$$W_t = \frac{1+r}{r} y - b,$$

$$\phi_t \geqslant 1 - \frac{1+r}{r} \frac{y}{b}.$$

(ii) 如果每期都以已知的概率 π 发生收入冲击 Δy，但是当期的冲击是否已发生尚未知，那么

$$W_t = \frac{1+r}{r}(y - \pi \Delta y) - b,$$

$$\phi_t \geqslant 1 - \frac{1+r}{r} \frac{y - \pi \Delta y}{b}.$$

(iii) 如果已知 t 时期已发生收入冲击，那么

$$W_t = \frac{1+r}{r} y - \frac{\pi + r}{r} \Delta y - b,$$

$$\phi_t \geqslant 1 - \frac{1+r}{r} \frac{y}{b} + \frac{\pi + r}{r} \frac{\Delta y}{b}.$$

可见，当没有收入冲击时，如果 $(1+r)y - rb \geqslant 0$ 成立，那么破产就不会发生。这实际上意味着利息支出不超出收入。当 $\Delta y > 0$ 时，从情形 (i) 到情形 (iii)，ϕ_t 的取值是在增加的。情形 (i) 和 (ii) 下，若贷款人知道了 Δy 与 π，借贷就不会发生，故可以假设此时的 $\phi_t > 0$。这意味着，若破产发生，则当期一定发生了收入冲击。此收入冲击的大小可以由情形 (ii) 与 (iii) 中财富的表达式算出。若令情形 (ii) 时 $W_t \geqslant 0$，且情形 (iii) 时 $W_t \leqslant 0$，那么收入的减少必须满足

$$\frac{(1+r)y - rb}{(1+r)\pi} \geqslant \Delta y \geqslant \frac{(1+r)y - rb}{\pi + r} \geqslant 0.$$

因此，若收入冲击小于上限，则破产不会发生；若收入冲击超过了下限，则破产会发生。稍后本章会在模型经济体中引入违约。

15.3.3 不完全信息

借贷约束的起因是，贷款人担心借款人的贷款有可能会违约。因为哪个借款人更可能会违约，对于贷款人而言是个不完全信息，所以即使在均衡时，贷款人也可能不仅会向不同的借款人配给信用（ration credit），还会收取不同的贷款利率。这被称作是逆向选择问题。因为愿意以高利率借入资金的借款人，一般而言会有更高的违约倾向并愿意承担更高的风险，所以对不同借款人收取不同利率的做法，会直接影响借款人的行为，从而影响贷款项目的风险程度。这会带来道德风险问题。这两类问题在此次金融危机中都凸显出来，它们最初是被 Stiglitz and Weiss (1981) 提出，下文的讨论是基于他们的模型，以及 Walsh (2003) 的讨论。

假设有多个借款人，它们是靠贷款融资进行投资并追求投资回报的厂商，还有许多作为贷款人的银行。借款人依据其投资项目的风险程度被划分为两个类型：低风险的好借款人 g 和高风险的差借款人 b。厂商以利率 r^L 借入资金量 L，当投资成本 $(1{+}r^L)L$ 超出了投资总收益 $(1{+}R)L$ 与抵押品 A 之和时，即若 $(1{+}r^L)L > (1{+}R)L{+}A$，厂商会选择违约。收益率 R 是分别以 0.5 为概率取值 $\rho \pm \sigma$ 的随机变量，其方差为 σ^2。当收益率是 $\rho+\sigma$（投资结果理想）时，借款人会获得利润 $(\rho+\sigma-r^L)L$；当收益率是 $\rho-\sigma$（投资结果不理想）时，如果借款人选择违约，则其最多损失掉抵押品 A。故借款人（Borrower）的预期利润为：

$$
\begin{aligned}
E\pi^{\mathrm{B}} &= 0.5[(\rho+\sigma-r^L)L - A] \\
&= 0.5(\rho+\sigma-r^L-a)L.
\end{aligned} \tag{15.1}
$$

其中 $a = A/L$，表示贷款中抵押品所占份额。

定义 $\sigma^* = -\rho + r^L + a$，则 $E\pi^{\mathrm{B}} = 0.5(\sigma - \sigma^*)$。当 $\sigma > \sigma^*$ 时[①]，意味着投资的预期利润大于零，即当投资结果理想时，收益中的随机部分 σ 超出了预期回报率之差 $(\rho - r^L)$ 与 a 之和。r^L 越大，σ^* 就越大，预期利润越不可能大于零。当利润跌到零时，厂商就会停止借入。借款人的类型是 g 还是 b，取决于其选择项目时愿意承担的风险程度 σ 的高低，根据定义，$\sigma^{\mathrm{b}} > \sigma^{\mathrm{g}}$。当 $\sigma^{\mathrm{b}} > \sigma^{\mathrm{g}} > \sigma^*$ 时，两种借款人都会赚钱。r^L 的取值越大，类型 g 的借款人越难赚到钱。当只有类型 b 的借款人在借钱时，逆向选择就发生了。

作为贷款人的银行既无法识别借款人的类型，也不知道投资结果的收益率高低。借款人不违约时，银行得到事先承诺的 $(1+r^L)B$；借款人违约时，银行得到

[①] 译者注：原书此处为“$\sigma > \rho - r^L - a = \sigma^*$”，疑似作者笔误。

$(\rho-\sigma)L+A$。因此贷款人（Lender）的预期利润为：

$$\begin{aligned} E\pi^L &= 0.5[(r^L+\rho-\sigma)L+A]-rL \\ &= 0.5(r^L+\rho-\sigma-2r+a)L, \end{aligned} \tag{15.2}$$

其中，r 是银行放贷的机会成本，即银行把资金用于其他用途的收益率。r^L 越高，银行的预期利润就越高。

若类型 g 和类型 b 的借款人一样多，则当 $\sigma^{\mathrm{g}} \geqslant \sigma^*$ 时，贷款人的预期利润为

$$\begin{aligned} E\pi^L &= 0.5[(r^L+\rho)L+A]-0.25(\sigma^{\mathrm{b}}+\sigma^{\mathrm{g}})L-rL \\ &= 0.5[r^L+\rho-0.5(\sigma^{\mathrm{b}}+\sigma^{\mathrm{g}})-2r+a]L. \end{aligned} \tag{15.3}$$

逐步提高 r^L，会导致 $\sigma^{\mathrm{g}}=\sigma^*$。继续提高 r^L，会导致类型 g 的借款人停止借贷，但类型 b 的借款人仍然会借贷。当 $\sigma^{\mathrm{b}} \geqslant \sigma^* \geqslant \sigma^{\mathrm{g}}$ 时，贷款人的预期利润会下降为

$$E\pi^L = 0.5(r^L+\rho-\sigma^{\mathrm{b}}-2r+a)L. \tag{15.4}$$

(15.2) 式至 (15.4) 式表明，银行的利润是贷款利率 r^L 的增函数，但是一旦贷款利率提高到类型 g 的借款人退出借贷，则利润会突然下降，从而利润函数在此处是不连续的。此后的利润将仅仅来自于类型 b 的借款人。上述分界点处的贷款利率取值对应于利润从 (15.3) 转向 (15.4) 的地方，此处利润从正值跳跃到负值。因为此时 $\sigma^{\mathrm{g}}=\sigma^*$，且 $\sigma^*=-\rho+r^L+a$，所以分界点的贷款利率取值为[①]

$$r^L=\rho+\sigma^{\mathrm{g}}-a=r^*.$$

在此贷款利率处，利润达到局部极大值，但是贷款利率稍微增加一点，就会导致利润跳跃到局部极小值：如图15.1 所示。

虽然当贷款利率大于 r^* 时，类型 g 的借款人不会再借贷，但是当贷款利率等于 r^* 时，他们是愿意借贷的。这时可能存在对贷款的超额需求（excess demand），贷款供给者的一个自然的反应是提高贷款利率，但是此举会导致利润的锐减，因此贷款人不会把贷款利率提至 r^* 之上。所以，当贷款利率为 r^* 时若存在对贷款的超额需求，银行会采取信贷配给的做法。

在这里，假设了厂商的回报率是外生的。若现在假设不同项目具有不同的风险，厂商知道这些信息，并可以据此选择所融资投资的项目，但是银行却不知道这些信息。

[①] 译者注：原书此处为“当由 (15.2)—(15.4) 得到的平均利润为零时，贷款利率为：$r^L=2r-\rho+0.5\sigma^{\mathrm{g}}+\sigma^{\mathrm{b}}-a=r^*.$”，疑似作者笔误。

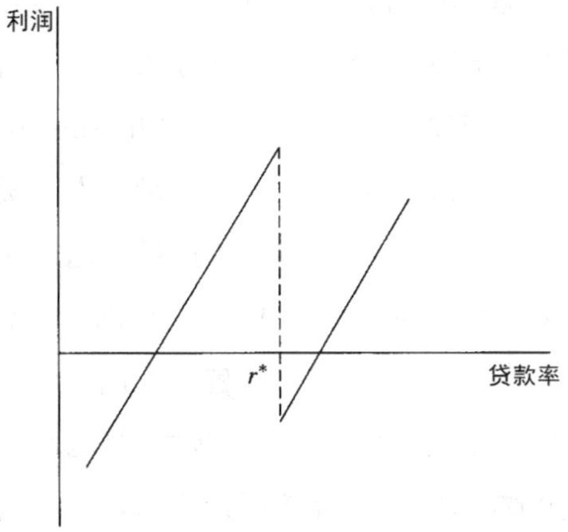

图 15.1　存在逆向选择条件下，贷款人的预期利润

银行因无法监控这些风险从而面临了道德风险的问题，因为厂商可能会选择风险更高的项目。

继续使用上面的例子。假设有两个项目 X 和 Y，投资结果理想时，其回报率分别是 $r^i\ (i = X, Y)$，且 $r^X > r^Y$；投资结果不理想时，回报率都是 0。两种项目发生的理想结果的概率为 p^i 且 $p^X > p^Y$。故项目 Y 的风险更大。则两个项目的预期利润为

$$\begin{aligned} E\pi^{\mathrm{B},i} &= p^i(r^i - r^L)L - (1 - p^i)A \\ &= [p^i(r^i - r^L) - (1 - p^i)a]L, \quad i = X, Y. \end{aligned}$$

当 $E\pi^{\mathrm{B},X} \geqslant E\pi^{\mathrm{B},Y}$ 时，厂商选择项目 X，这时贷款利率需要满足

$$r^L \leqslant \frac{p^X r^X - p^Y r^Y}{p^X - p^Y} + a.$$

若 $r^L = r^*$，则两个项目的预期利润都相同。若 $r^L < r^*$，厂商会选择项目 X；若 $r^L > r^*$，厂商会选择项目 Y。

当 $r^L < r^*$ 时，银行的预期利润是

$$E\pi^{L,X}(r^L) = [p^X(1 + r^L) + (1 - p^X)a]L,$$

当 $r^L > r^*$ 时，银行的预期利润是

$$E\pi^{L,Y}(r^L) = [p^Y(1 + r^L) + (1 - p^Y)a]L,$$

其中，$E\pi^{L,X}(r^*) > E\pi^{L,Y}(r^*)$。因此，尽管银行的利润随着贷款利息的增加在增长，但是在贷款利率为 r^* 处，同样存在一个不连续点，贷款利率越过此处时，利润会有一个向下的跳跃。

这些结果的含义是：贷款利率既影响贷款人的利润，又影响贷款项目的质量。贷款利率越高，贷款项目的风险越大。降低风险的办法之一是对贷款项目进行监管。但是，这样做会提高成本并降低贷款人的利润（参见 Williamson，1987；Walsh，2003）。在信贷市场里，事实上掌握信息的是借款人，因此借款人是贷款人的代理人。因为缺乏关于借款人做决策时的背景信息，会导致逆向选择、道德风险以及监管成本。这些统称为代理成本。Bernanke and Gerlter (1989) 在简单的新古典世代交叠模型框架下分析了代理成本。他们发现，借款人的资产净值越高，代理成本越小。所以，银行在经济繁荣时期，因其资产负债表比较漂亮而会进一步刺激投资。

Kiyotaki 和 Moore (1997) 考察了在经济周期中信贷约束与经济活动之间的交互关系。在他们的模型中，厂商的土地、厂房、机器等耐用资产，不仅是生产要素，同时又充当抵押物。这些资产价格的上升会提高厂商的信贷上限，进而提高他们的借入资金量以及投资支出水平，而资产价格的下降有相反的作用。这种信贷约束与资产价格之间的动态交互关系作为一种传导机制，使得模型中技术冲击的影响能够被放大和持续。

15.4 现代银行业简史及其在金融危机中的作用

前文提到过，对现代宏观经济学的一个合理的批评是，大部分 DSGE 宏观经济模型中缺少银行部门。我们一直以来的一个隐含的假设是：忽略家庭储蓄的具体细节，或者说忽略家庭将他们的储蓄贷出去的具体细节。借款人（家庭、厂商、政府）被假设是向家庭发行单期债券。在第 12 章，我们引入了包括股票（equity）和长期债券（longer-maturity bonds）在内的其他资产。这种个体与个体直接进行金融交易的运行方式，虽然在理论上的确是可行的，但是在实践中，还是由银行等金融中介机构通过建立市场来协调着各个个体的金融决策。

银行的传统角色是从家庭、厂商和政府那里吸收存款，再将其贷给家庭、厂商或者其他银行。在此过程中包含了期限转换，因为贷款期限一般比较长，而存款期限一般较短。因为这些贷款又会作为别人的存款重新回到银行体系中来，所以它们会带来新一轮的存款以及贷款。这个过程被称为存款乘数或者货币乘数。这些存款的总和，被称为内部货币。经济体中的货币供给包括内部货币与现金之和，后者是中央银行所发行的，被称为外部货币。中央银行新发行的现金会由于存款乘数的作用而带来货币总供给的一个更大规模的扩张。银行除了可以放贷给厂商，还可以购买厂商的债券(即公司债券)。

发生在银行之间的借贷通常都是很短期的，比如隔夜，通过银行间市场来进行交易，其目的是彼此提供短期的流动性。此次金融危机的一个堪称空前的特征是，因为担心作为借款人的银行可能会破产，从而作为贷款人的银行拒绝借出资金，进而带来银行间货币市场的运行不畅。正常情况下，银行通过认购政府债券来放贷给政府。近期美国联邦储备银行以及英格兰银行所使用的量化宽松政策就是为了逆转上述不畅。为了提供银行间市场无法提供的短期流动性，中央银行通过向银行购买政府债券（gilts）的途径来为其提供必需的流动性。中央银行这种使用现金来置换银行的资产从而增加流动性的做法，实际上是在执行传统的公开市场操作。

银行获取收入的传统做法是，收取的贷款利率高于支付的存款利率。近来，银行为活期存款支付利息也已成为常见的做法。贷款利率通常高于存款利率。存贷款利息之差，有时被称作信用溢价（credit premium）或者贷款溢价（loan premium），其大小受到多种因素的影响。其一是违约风险。当贷款的风险未知而且没有被抵押资产担保时，或者当已知的风险很高时，贷款利率中会包含很高的风险溢价。这也是为什么信用卡利率远高于抵押贷款利率。其二，因为贷款利率通常使用的是名义量，当贷款期限较长时，固定的贷款利率在支付时会因为通货膨胀的存在而使得实际收益率打了折扣。使用通货膨胀率调整的可变贷款利率可以避免这个问题。其三，签订贷款合同也会收取一些费用。如上三者构成银行的收入。

如今很正常的一个做法是，银行用自己的资产直接进行投资，也就是说，银行也可以像普通投资者一样投资于不同的资产组合。这成为此次金融危机的另一个原因。很多（甚至是很大很著名的）银行购买的资产——特别是抵押贷款证券（mortgage-backed securities，简称 MBSs）——在数小时之内贬值大半，起因是抵押贷款的大规模且不断攀升的违约。其他金融中介机构出售针对债券的保险以对冲其违约风险，称作信用违约掉期（credit default swaps，简称 CDSs）。当违约由本来预期的特异性的、分散化的转为系统性的现象时，这些中介机构面临的风险就很高了。因为大家都不知道具体哪个银行持有着不良资产，所以银行在银行间市场里彼此不再贷出。而在以前，只有投资银行才可以用自己的资产直接进行投资，商业银行只是吸收存款和发放贷款。当前的做法则是大部分银行兼具商业银行与投资银行的职能。1960 年，英国银行的总资产占 GDP 的 40%，到了 2010 年，这个数字已经超过 450%，可见规模之大。

现在金融市场的另一个特征是，抵押贷款公司（或者建房互助协会）的行为很像银行。许多抵押贷款公司不仅仅吸收存款和发放抵押贷款，它们还提供全套的银行服务。最初它们能够发放的贷款额度取决于它们所吸收的存款以及贷款的偿还。为了提高贷款量，它们只能通过提高存款利率以吸收更多的存款。但是通过金融工程的工具可以很大程度上巧妙地绕过这个约束。抵押贷款公司联合同样发行抵押贷款的银行一起发行被称作是 MBSs 的债券。对于抵押贷款公司而言，抵押贷款是它的资产，对抵押贷款的偿还形成它的收入流。抵押贷款公司所有未还清的贷款都打包成其资产。使用 MBS 的目标是为了将其中的资金再一次贷出去。其做法是将许多抵押贷款组合起来之后以债券的形式卖出去，得到的收益用于发放新的抵押贷款。对抵押贷款的偿还是 MBS 的息票。抵押贷款通过如上的证券化，使得抵押贷款公司不再十分依赖新吸收的存款。

抵押贷款公司以前的收入仅仅来自于存款和抵押贷款二者之间的利差。如今其收入来源新增了 MBS 息票利率与抵押贷款利率之间的差。甚至还会包括债券价格高于其背后的抵押贷款价值的部分。一旦把高风险和低风险的抵押贷款打包在一起，并让信用评级机构为其评级为低风险债券，则收入会进一步增加。而抵押贷款出乎意料的高违约率降低了相关 MBSs 的市场价值。结果金融市场开始将 MBS 认定为潜在的不良资产。作为 MBS 主要持有者的银行，其偿付能力开始受到人们的质疑。因为不知道具体哪一家银行的偿付能力有可能会出问题，作为短期信贷主要提供者的银行间市场向银行提供借贷的能力会大打折扣，从而带来流动性危机。

抑制银行间借贷的更深层次原因在于很多银行极高的杠杆率（债务对权益资本之比）。在某些银行，这一比率已经如此之高，以至于一个不大的资产损失就可能会超出其权益资本，从而在技术上破产。雷曼兄弟在破产时的杠杆率是 44，尽管它不是银行，但是英国某些银行的情况更加糟糕，其杠杆率已经超过 50，这意味着银行资产只需发生 2% 的损失，就会因为其权益资本无法偿付这个损失而在技术上破产。当抵押贷款市场崩溃时，因为不知道具体哪一家银行情况最糟糕，银行间市场规避风险的办法就是停止借贷。

市场依据 CDSs 的价格来度量违约风险的高低。伦敦银行同业拆解利率（London Interbank Offer Rate，简称 LIBOR）——银行之间相互借贷的利率——与无风险隔夜指数掉期（risk-free overnight indexed swap，简称 OIS）利率之间的利差，反映的是银行间借贷的风险高低或者信用的短缺程度。如图 15.2 所示，正常情况下，这一数值趋近于零，但在 2008 年 10 月金融危机时达到 370 个基点的历史高位。其时若有银行间借贷发生，借贷利息也一定会很高。

对此次突如其来的危机采取的措施是货币政策与财政政策的组合。中央银行执行了量化宽松（quantitative easing，简称 QE）的政策，即通过从银行手中购买政府债券来向它们提供现金。其实这等同于传统的公开市场操作，即用货币来置换银行的资

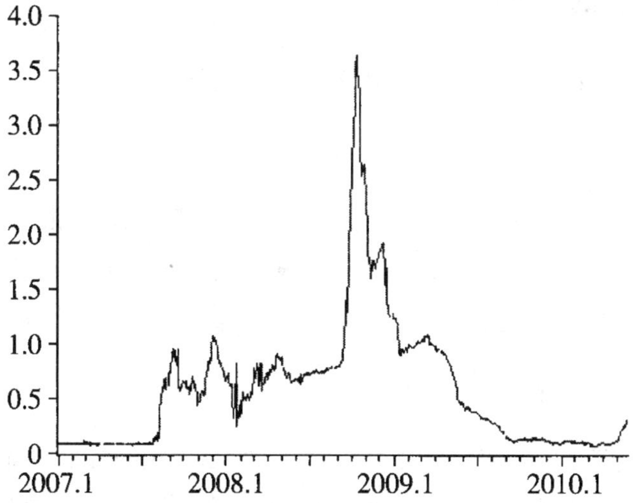

图 15.2 LIBOR 与 OIS 利率之间的利差

产（政府债券）。因为最初政府发行这些债券是为赤字融资，所以 QE 至少部分地等同于最初的赤字通过新印货币来融资了。也许比 QE 更有效的，是政府愿意通过购买银行权益来保证银行的存款并放贷给银行。此举可以被认为是财政政策，因为最终买单的是纳税人。毫无疑问，QE 为银行提供了流动性，政府的贷款消除了银行紧急的破产威胁，某种程度上重建了银行体系的信心，但是这些政策在鼓励银行放贷给非银行公众部门从而为经济复苏融资方面，并非取得了全面胜利。

事实上，此次金融危机的原因在于无法为银行体系中所积累起来的风险正确地定价。这些风险来自于银行运营过程中超高的杠杆率以及对 MBSs 过度使用。人们认为将许多抵押贷款打包在一起所形成债券组合了多样化的资产，从而降低了整体的违约风险，进而提高了 MBSs 的价格。如果不同抵押贷款的违约风险彼此独立的话，那么上述逻辑是成立的。但是事实上，这些风险是高度相关的，因为作用于它们背后的共同风险在本质上是在宏观经济层面的（系统性的），它不是影响某些特定人群，而是每个家庭都会受到其影响。当前，人们都已意识到大而不倒（too big to fall）的银行对经济体是个持续的威胁，但是人们还未就如何改革金融体系以避免危机重演达成共识。Reinhart and Rogoff (2008) 考察了银行危机的发生周期，但是并没得出最终的解决方案。但是可以肯定的是，深化对宏观经济体运行及其对金融风险的认识，会有助于避免下一次金融危机的发生。

15.5 部分准备金的银行业

对银行业建模的传统方式是使用部分准备金。银行的资产负债表是

$$H_t + L_t = D_t,$$

其中 H_t 是高能货币，或者银行放在中央银行的准备金，L_t 是银行发放的贷款，D_t 是银行持有的活期存款。在部分准备金的银行业，准备金占存款的份额是 θ，即 $H_t = \theta D_t$。因此，银行贷款就取决于

$$L_t = (1-\theta)D_t.$$

降低准备金要求（较小的 θ 取值）会提高贷款量。因为对准备金的持有减少了银行发放贷款的数量，从而降低了银行的盈利能力，国际清算银行的巴塞尔协定（Basel II）实际上降低了对准备金的要求。取而代之的是，银行运用资产组合理论（portfolio theory）来决定自己的准备金率：将贷款视作是一种同其他风险资产一样的、具有风险收益的资产；将存款也视作是一种资产，只是其回报率为负。资产组合理论提供的是风险与收益之间的权衡分析。银行运用资产组合理论，根据借入的存款数量来决定放出的贷款数量，从而确定自己的杠杆率。当银行无法正确地为贷款风险定价，这成为诱发金融危机的一个重要原因，虽然此外可能还存在其他原因。无论如何，使用部分准备金已经不是为银行业建模的好方法。

15.6 银行挤兑理论

银行挤兑是银行业危机的最醒目和戏剧性的标志之一，此时储户因为担心银行破产会使其存款尽失而急于将自己的资金取出。因为大量储户取款的后果是加速银行的破产，所以这时往往需要中央银行通过提供流动性或者保证存款安全等措施加以支持。使用资产组合理论对现代银行业建模的一个榜样是 Diamond and Dybvig (1983) 模型。它并非是对银行业的全面陈述，而是专门致力于分析一个特定的问题：银行挤兑是如何发生的、它是如何引起银行破产的。Allen 等 (2009) 则通过向模型中加入银行间市场、以及加入中央银行货币通过公开市场操作实行政策干预等内容来较全面地分析了银行挤兑。更加综合的分析请参见 Allen and Gale (2007) 以及 Miller 等 (2010)。此类分析都会比较复杂。

先简述一下 Diamond-Dybvig 和 Allen 等模型的基本思想。家庭进行存款，有些家庭取出存款进行消费的时间会早一点，有的家庭会迟一点。银行会将这些存款投资

于两期，且到第 2 期才会获得投资收益。希望第 1 期就消费的家庭取回的是他们最初的存款，希望第 2 期消费的家庭会获得正的投资收益。银行面临的问题是，当他们最初进行投资时，他们不知道有多少储户会早一点取出存款，因此他们不确定自己是否有足够的流动性资产来满足提前取款储户的需求。一旦银行低估了这个数量，除非他们可以从银行间市场借到资金，否则他们会缺少现金，此时因为储户又希望自己能全额取出自己的存款，于是挤兑就发生了。Diamond and Dybvig 提出，为了避免这种情况的发生，需要由政府提供存款保险，而且此项保险的资金来源是政府向所有消费者收取的一个最优税，以避免扭曲的发生。Allen 等则证明，可以通过政府征税融资，再由中央银行通过银行间市场执行的公开市场操作，可以避免银行挤兑的风险，并保证经济体获得最优解。因为后者更具一般性，接下来我们详细介绍 Allen 等的模型。

15.6.1 家庭与银行

模型高度抽象地表达银行业，假设存在一个在给定银行系统里最优化家庭福利的中央银行。模型分三期，$t = 0, 1, 2$。在时期 0，家庭在银行里储蓄一个单位的存款，他可以选择在时期 1 取出存款用于消费，称之为“前期消费者”，也可以选择到时期 2 才取款消费，称之为“后期消费者”。前期消费者只能取回其存储的一个单位，后期消费者会取回 $R > 1$ 个单位。家庭在最初存款时，并不确定自己将会何时决定取款。成为前期消费者的概率为 λ，成为后期消费者的概率为 $1 - \lambda$。λ 的取值受到两个不确定因素的影响:

$$\lambda_{\theta_i} = \alpha_i + \varepsilon\theta,$$

其中 ε 是总体冲击，即流动性需求的总量水平是随机的，也就是不确定的，状态 $\theta = 0$ 发生的概率是 π，状态 $\theta = 1$ 发生的概率是 $1 - \pi$，总体冲击的大小依赖于状态取值；α_i $(i = \mathrm{H}, \mathrm{L})$ 是特异性的冲击，给定流动性需求的总体水平的情况下，α_i 刻画了哪个银行受到了高（H）或者低（L）的个体流动性需求冲击，α_i 分别以 0.5 的概率取如下二值:

$$\alpha_{\mathrm{H}} = \alpha + \eta,$$

$$\alpha_{\mathrm{L}} = \alpha - \eta,$$

其中 α_{L} 代表流动性需求低，α_{H} 代表流动性需求高，且 $0 < \alpha_{\mathrm{L}} \leqslant \alpha_{\mathrm{H}} < 1$。故当 $\theta = 0$ 时，$\lambda_0 = \alpha_i$，当 $\theta = 1$ 时，$\lambda_1 = \alpha_i + \varepsilon$。家庭的单期效用函数是 $u(c)$，时期 0 其预期

总效用——此时其存款已完成，但是尚未决定哪一期消费——是：

$$\mathrm{EU}=E[\lambda_{\theta_i}u(c_1)+(1-\lambda_{\theta_i})u(c_2)], \tag{15.5}$$

其中 c_t 分别是在第 $t=1,2$ 期的消费。

银行将时期 0 吸收的存款投资于短期或者长期的无风险资产。短期证券在时期 1 到期时收回 1 个单位；长期证券在时期 2 到期时收回 R 个单位。长期证券在时期 1 的出售价格是依赖于变量 θ 取值的 P_θ。银行选择把每个家庭的存款中的 y 单位投资于短期债券，$1-y$ 投资于长期证券。银行提供给家庭的合约是：要么在时期 1 取出 d 单位，要么到了时期 2，银行把资产平分给所有尚未取款的家庭。那么时期 2 的家庭最少取得 d 单位的充要条件是：

$$\lambda d+(1-\lambda)d\frac{P_\theta}{R}\leqslant y+P_\theta(1-y). \tag{15.6}$$

(15.6) 左侧是时期 1 消费的现值。其中第一项是前期消费者以概率 λ 获得 d 单位，第二项是后期消费者（虽然允许他们宣称自己是前期消费者）的消费，他们以概率 $1-\lambda$ 获得 d 单位后，将它存到时期 2 再消费，因为一单位长期证券在时期 1 的售价是 P_θ、在时期 2 的支付是 R，故时期 2 的一单位消费在时期 1 的现值是 P_θ/R。(15.6) 右侧是银行的资产组合。银行在时期 1 收到 y 单位到期的短期资产，以及单价为 P_θ 收到 $1-y$ 单位的长期资产。

(15.6) 式同时满足了激励相容与预算约束两个条件。若激励相容条件不满足，则后期消费者收到的支付会小于前期消费者，那么他们就会选择提前到时期 1 支取存款，从而引发银行挤兑。这是 Diamond 和 Dybvig (1983) 的核心结论。它说明，因为银行缺乏关于家庭行为的信息，即银行不清楚哪些家庭是前期消费者、哪些家庭是后期消费者，带来流动性短缺，进而导致银行挤兑。所有的不确定性都是在时期 1 确定下来的，此时家庭就知道了自己该选择先消费还是后消费，此时 α_i 和 θ 的取值都已经可以观察到，但是因为银行的投资决策必须是在时期 0 做出，所以这些信息对银行而言已来得太迟。

上述问题的中央计划最优解是：选择 y 与 d 以最大化家庭的预期效用

$$\mathcal{U}=\pi[\lambda_0u(d)+(1-\lambda_0)u(c_{20})]+(1-\pi)[\lambda_1u(d)+(1-\lambda_1)u(c_{21})]. \tag{15.7}$$

其中 $\theta=0$ 发生（概率 π）时，前期消费者被配给的消费量为 d，后期消费者被配给 c_{20}；当 $\theta=1$ 时，后期消费者被配给的消费量为 c_{21}。中央计划者最大化 $\mathcal{U}$ 的四个约束条件（它们依赖于 θ 的取值）是：

$$\lambda_\theta d \leqslant y, \tag{15.8}$$

$$(1-\lambda_\theta)c_{2\theta} = y - \lambda_\theta d + (1-y)R, \tag{15.9}$$

以及 $0 \leqslant d$ 和 $0 \leqslant y \leqslant 1$。当 $\theta = 0$ 时，这些都是关于消费的物理约束（physical constraints）。第一个约束是关于时期 1 的：消费量不能超出产出量。第二个约束是关于时期 2 的：可供 $1-\lambda_0$ 单位的后期消费者的消费的 c_{20}，等于时期 1 没有消费掉的部分 $y-\lambda_0 d$ 与时期 2 的产出 $(1-y)R$。当 $\theta=1$ 时，有类似的解释。

注意 d^* 和最优解 y^* 必须满足：

$$y^* = \lambda_1 d^* = (\alpha+\varepsilon)d^* > \lambda_0 d^*. \tag{15.10}$$

因此，中央计划者的问题就是选择 d 以最大化

$$\begin{aligned}\mathcal{U} = \pi&\left[\lambda_0 u(d) + (1-\lambda_0)u\left(\frac{\varepsilon d + (1-\lambda_1 d^*)R}{1-\lambda_0}\right)\right]\\ &+(1-\pi)\left[\lambda_1 u(d) + (1-\lambda_1)u\left(\frac{(1-\lambda_1 d^*)R}{1-\lambda_1}\right)\right].\end{aligned} \tag{15.11}$$

其一阶条件是

$$\begin{aligned}\pi&\left[\lambda_0 u'(d) + (1-\lambda_0)u'\left(\frac{\varepsilon d + (1-\lambda_1 d^*)R}{1-\lambda_0}\right)(\varepsilon - \lambda_1 d^*)\right]\\ &+(1-\pi)\left[\lambda_1 u'(d) - (1-\lambda_1)u'\left(\frac{(1-\lambda_1 d^*)R}{1-\lambda_1}\right)\lambda_1 R\right] = 0,\end{aligned} \tag{15.12}$$

因为 $u'' < 0$，所以存在唯一解。

15.6.2 银行间市场

银行间市场的关键作用是，通过在流动性资产过剩的银行与流动性资产短缺的银行之间重新配置流动性，以解决流动性不均衡的问题。即将金融资产出售给流动性资产过剩的银行，并从流动性短缺的银行手中购入金融资产。本模型中的银行，在时期 0 使用储户存款购入两种资产：购买 y 单位安全的单期的资产，购买 $1-y$ 单位长期资产，后者被用于银行间市场以重新配置流动性。银行还要决定 d 的取值：银行要在时期 1 发现储户总共需要的流动性数量，这也受到时期 1 发生的特异性冲击的影响，银行据此在银行间市场上以价格 P_θ 买卖长期资产。

在时期 2，为了避免银行的破产，后期消费者的消费量 $c_{2\theta_i}$ 必须满足激励约束，即 (15.9)。于是得到

$$c_{2\theta_i} = \frac{[1 - y + ((y - \lambda_{\theta_i} d)/P_\theta)]R}{1 - \lambda_{\theta_i}} \tag{15.13}$$

其中 $\theta = 0, 1$，$i = \mathrm{H}, \mathrm{L}$。(15.13) 中方括号里的部分表示的是银行在时期 2 持有的长期资产的数量；$1 - y$ 是银行在时期 0 持有的长期资产的数量，$y - \lambda_{\theta_i} d$ 是银行在时期 1 持有的过剩流动性，它可能是正值也可能是负值。长期资产的售价为 P_θ，其支付是 R。所有这些平分给 $1 - \lambda_{\theta_i}$ 单位的后期消费者。

银行在时期 0 需要解决的问题是，选择 y 和 d 以最大化期望效用

$$\begin{aligned}\mathcal{V} = \tfrac{1}{2}\{&\pi[(\lambda_{0H} + \lambda_{0L})u(d) + (1 - \lambda_{0H})u(c_{20H}) + (1 - \lambda_{0L})u(c_{20L})] \\ &+ (1 - \pi)[(\lambda_{1H} + \lambda_{1L})u(d) + (1 - \lambda_{1H})u(c_{21H}) + (1 - \lambda_{1L})u(c_{21L})]\},\end{aligned} \tag{15.14}$$

其中的 P_0 和 P_1 是给定的。根据 (15.13)，关于 y 和 d 的一阶条件分别是

$$\left(\frac{1}{P_0} - 1\right)\{\pi[u'(c_{20H}) + u'(c_{20L})] + (1 - \pi)[u'(c_{21H}) + u'(c_{21L})]\} = 0, \tag{15.15}$$

$$\begin{aligned}[\alpha + (1 - \pi)\varepsilon]u'(d) - \tfrac{1}{2}R\Big\{&\frac{\pi}{P_0}[\alpha_{\mathrm{H}} u'(c_{20H}) + \alpha_{\mathrm{L}} u'(c_{20L})] \\ &+ \frac{1 - \pi}{P_1}[(\alpha_{\mathrm{H}} + \varepsilon)u'(c_{21H}) + (\alpha_{\mathrm{L}} + \varepsilon)u'(c_{21L})]\Big\} = 0.\end{aligned} \tag{15.16}$$

特异性的冲击会影响到银行，使得一半的银行有 α_{H}，另一半银行有 α_{L}。当 $\theta = 0$ 时，$\lambda_0 = \alpha$；当 $\theta = 1$ 时，$\lambda_1 = \alpha + \varepsilon$。面临的流动性需求比较高的银行必须通过在银行间市场上出售他们持有的长期资产来获得额外的现金，而面临的流动性需求比较低的银行则会购入长期资产。因为银行破产不会是最优的选择，所以银行的流动性总量 y 必须足以满足 $\theta = 1$ 时的需求，故有：

$$y \geqslant \lambda_1 d = (\alpha + \varepsilon)d.$$

又因为 $\varepsilon > 0$，故：

$$y > \lambda_0 d = \alpha d,$$

这意味着，当 $\theta = 0$ 时，时期 1 会有过剩的流动性。

银行间市场出清的必要条件是长期资产在时期 0 的定价满足 $P_0 = R$。那么银行会在从时期 1 到时期 2 的期间，既持有长期资产又持有过剩的流动性。若 $P_0 < R$，则银行将只愿意持有长期资产，若 $P_0 > R$，则银行将只愿意持有短期资产。当 $\theta = 1$ 时，$y > (\alpha + \varepsilon)d$ 描述了类似的条件，此时应当有 $P_1 = R$。然而，当 $P_0 = R$ 时，$P_1 = R$

不会是均衡条件，因为 $P_1 = R$ 会使得银行在从时期 0 到时期 1 的期间，只持有长期资产，而没有人投资于短期资产。这意味着均衡需要满足：

$$y = \lambda_1 d = (\alpha + \varepsilon)d.$$

这就意味着 $P_1 < 1$，否则银行会在从时期 0 到时期 1 的期间只持有长期资产.

如果总体冲击相对于特异性冲击而言足够大，则银行间市场将无法为银行提供足够的流动性，银行也会因此而终止彼此之间的交易。若总量流动性需求也很高，$\lambda_1 = \alpha + \eta + \varepsilon$，则终止交易发生的可能性就更大。

15.6.3 中央银行干预

货币政策是通过隔夜利率执行的。通常，中央银行设定政策利率的具体做法是，通过公开市场操作买入或卖出其持有的巨大资产组合中证券的方式来维持这个利率，这里假设其资金来源是政府税收。现在讨论若在模型中恰当地执行这些公开市场操作会带来什么结果。中央银行的目标是确保上文推导出的 y^*、d^*、c_2^* 等约束条件下的最有效率配置能够得以实现。我们分别考虑两种情形：一是只有特异性冲击的情形，即 $\varepsilon = 0$、$\eta > 0$；一是只有总体冲击的情形，即 $\varepsilon > 0$、$\eta = 0$。

情形一：特异性（idiosyncratic）风险。 因为不存在总体冲击，所以有效率的做法是，用短期资产为前期消费融资，用长期资产为后期消费融资。现在用不到符号 θ 了，此时

$$y^* = \alpha d = \lambda d^*,$$
$$c_2^* = \frac{(1 - y^*)R}{1 - \lambda}.$$

假设中央银行持有的、用于干预的资产组合是在时期 0 通过向家庭征收一次总付税 T_0 来进行融资的。家庭将剩下的 $1 - T_0$ 存进银行。中央银行使用这些税收购入短期资产。假设在时期 0 和时期 1 的期间，银行持有的短期资产数量为 $y^* - T_0$，长期资产的数量为 $1 - y^*$。

在时期 1，一半的银行遇到 $\lambda_{\mathrm{H}} = \alpha + \eta$ 的消费者，另一半银行遇到 $\lambda_{\mathrm{L}} = \alpha - \eta$ 的消费者。因为银行的流动性需求为 $\lambda_i d^*$，其中 $i = \mathrm{H}, \mathrm{L}$，而其流动性供给为 $y^* - T_0$，因此其过剩流动性为 $y^* - T_0 - \lambda_i d^*$。若这是个正值，银行会买入长期资产；若是负值，他们卖出长期资产。中央银行将长期资产的价格设定为 $P = 1$，并在银行间市场买入

数量为 T_0 的长期资产。由银行间市场出清，故有

$$\tfrac{1}{2}(y^* - T_0 - \lambda_{\mathrm{H}} d^*) + \tfrac{1}{2}(y^* - T_0 - \lambda_{\mathrm{L}} d^*) + T_0 = y^* - \alpha d^* = 0.$$

类型 i 的银行持有的长期资产数量为

$$(1 - y^*) + (y^* - T_0 - \lambda_i d^*) = 1 - T_0 - \lambda_i d^*,$$

到了时期 2，银行支付给每个后期消费者的数量为

$$\beta_{2i} = \frac{(1 - T_0 - \lambda_i d^*)R}{1 - \lambda_i}.$$

此时中央银行拥有的资产价值是 $T_0 R$。这些回到政府手中的价值又作为一次总支付（lump-sum grant）被平分给 $1-\lambda$ 个后期消费者，每个人分得 $T_0 R/(1-\lambda)$。为了实现约束条件下的最有效率配置，这些支付必须等于 c_2^*，即要求：

$$c_2^* = \beta_{2i} + \frac{T_0 R}{1 - \lambda} = \frac{(1 - y^*)R}{1 - \lambda}.$$

因为 $y^* = \lambda d^*$，这意味着对于任何 λ_i 的取值都有 $T_0 = 1 - d^*$。因此，中央银行通过持有数量为 $1 - d^*$ 的短期资产并通过设定 $P = 1$，会使得银行对遇上前期消费者还是后期消费者都无差异，即面对特异性的冲击已无差异。银行会付给前期消费者 d^*，付给后期消费者

$$\beta_{2i} = \frac{(1 - T_0 - \lambda_i d^*)R}{1 - \lambda_i} = d^* R.$$

前文假设 T_0 是一次总付税以及假设 $d^* < 1$。但是若相对风险规避系数不是比 1 低很多，那么当 $T_0 < 0$ 时有 $d^* > 1$。此时，税收成为支付，在时期 0 成为中央银行的负债，则它更像是货币而不是资产。在时期 1，中央银行必须出售一些资产以从经济体中减少货币，在时期 2，中央银行必须征税来重置长期资产。

情形二：总体风险 当只存在总体冲击不存在特异性的冲击时，约束条件下最优配置的实现途径是：中央银行通过公开市场操作来设定 $P_0 = P_1 = 1$。用 y^*、d^* 和 $c_{2\theta}^*$ 表示最优解，则由前文有

$$\begin{aligned}
y^* &= \lambda_1 d^* = (\lambda_0 + \varepsilon) d^*, \\
c_{20}^* &= \frac{y^* - \lambda_0 d^* + (1 - y^*)R}{1 - \lambda_0} = \frac{\varepsilon d^* + (1 - y^*)R}{1 - \lambda_0}, \\
c_{21}^* &= \frac{(1 - y^*)R}{1 - \lambda_1}.
\end{aligned}$$

在时期 0，银行持有数量为 y^* 的短期资产和数量为 $1-y^*$ 的长期资产。在时期 1，当状态为 $\theta=0$ 时，中央银行需要移除过剩的流动性以保证 $P_0=1$。为了保证中央银行能够执行公开市场操作，政府需要发行数量为 $T_1=\varepsilon d^*$ 的债务，债务将在时期 2 以 R 来支付。为了消除这些过剩的流动性，中央银行在时期 1 以价格 $P_0=1$ 出售债务。这一举动阻止了长期资产的价格因为过剩的流动性而上涨到 $P_0=R$。在中央银行进行公开市场操作之后，银行拥有数量为 $1-y^*+\varepsilon d^*$ 的长期资产。在时期 2，这保证了总量为 $1-\lambda_0$ 的后期消费者每人获得支付

$$\beta_{20}=\frac{(1-y^*+\varepsilon d^*)R}{1-\lambda_0}.$$

在时期 2，中央银行持有数量为 $T_1=\varepsilon d^*$ 的短期资产，同时政府拥有资源 εd^*，而且还负有长期债务 εd^*R。因此需要向总量为 $1-\lambda_0$ 的后期消费者每人征收一次总付税 $(\varepsilon d^*(1-R))/(1-\lambda_0)$，这些人之后会收到上文提及的 c_{20}^*。

在时期 1，当状态为 $\theta=1$ 时，银行向总量为 λ_1 的前期消费者支付 d^*。银行因此不再持有短期资产，只剩下数量为 $1-y^*$ 的长期资产。中央银行设定 $P_1=1$，但是不需要动用公开市场操作来达成这个目标。在时期 2，银行向总量为 $1-\lambda_1$ 的后期消费者支付 $(1-y^*)R$，从而每人会得到前文提及的 c_{21}^*。银行并因此实现了存在总体流动性冲击的前提下的约束条件下的最优解。

15.6.4 简评

Diamond-Dybvig 模型关注的焦点在于银行挤兑的起因以及银行失灵（bank failures）。Diamond and Dybvig 认为这些可以通过国家提供存款保险来避免。在 Allen 等人的模型中，不存在足以导致银行挤兑的不确定性。银行间市场允许流动性在银行之间依据总体冲击以及特异性冲击的具体实现来进行重新配置，银行的最优做法是通过持有足够的流动性来确保自身免受高的总体流动性冲击的影响。保证银行获得必要流动性的是银行间市场的资产价格。

Allen 等人的模型的关键特征是引入了中央银行。中央银行的作用是运用公开市场操作固定住长期资产在银行间市场上的价格，目的在于移除因为缺乏对冲机会而带来的无效率。通过将价格固定在合适的水平，银行就得以通过在银行间市场上买卖资产来消除任何流动性的过剩或者短缺，从而避免银行挤兑或者破产。

Allen 等人将他们的模型扩展到多个时期。银行得以持有由不同到期日的资产所构成的资产组合，设计该组合的目的是匹配储户对流动性的需求，而且还可以在债券市

场上进行交易，从而可以随时应对预期之外的高的流动性需求。中央银行在有必要平滑化债券价格时会出手干预，特别是在银行为了解决流动性短缺问题而面临甩卖资产的威胁之时。

该模型意味着，银行单凭自己在银行间市场上的努力无法解决其对流动性的需求，还需要中央银行的干预。在正常时期，因为存在大量的外来资金，银行间市场足够提供必要的流动性，尽管银行从市场借款的利率可能会很高；反映在模型里，就是银行的长期资产的价格会很低。在金融危机时期，银行间市场的利率与政策利率之间的利差会变得很大。这反映了借钱给银行的风险很高，因为大量银行持有大量有毒资产，而且当超出预期数量的大量前期消费者出现时，会出现银行破产，而不是出现流动性的超额需求。当银行无法在银行间市场获得短期融资时，中央银行的公开市场操作为银行提供了必要的流动性。这反映了中央银行充当最后贷款人的关键角色。只有当政府担保了很多银行的债务、从而让银行间市场相信银行的违约风险已经大大降低之后，银行间市场才能继续扮演其银行流动性提供者的角色。

在 Diamond and Dybvig 的研究之前，Karaken and Wallace (1978) 提出的模型假设银行和家庭都具有完全信息，家庭了解银行部门的所有信息。因此银行不会违约，银行也不存在向储户虚构自己的安全性等道德风险行为。任何扰动都会让市场做出价格上的反应，从而及时恢复均衡，此时政府的干预是没有必要的。这类关于信息的假设是很强的。虽然在 DSGE 宏观经济学里，一般都假设信息是完全（和对称）的，但是金融危机已经表明，这类假设过强了。

金融危机之后，Gertler 等 (2010) 研究了包含金融中介的 DSGE 模型，集中研究流动性风险，以及政府的政策干预、对资产回报风险的认知等是如何影响金融中介对风险披露的程度的。在模型中，银行面临的信用风险，来自于银行向企业发放贷款时作为交换而持有的企业权益。该理论可能存在的一个不足是，它假设企业能够将自己的风险转移到银行，因为不存在违约风险，而且银行不对这些贷款收取风险溢价，虽然这些风险是来自于企业权益价值的波动。

Gertler and Kiyotaki (2010) 使用了一个相关的模型来阐明，对金融中介的扰动能够引致经济实体面的危机。该模型中的金融摩擦和扰动源是银行可以因为私人的或者非生产性的动机而挪用它们从银行间市场获得的资金。这会带来资产负债表上的约束，并进而带来信用提供上的约束，从而限制投资支出，影响到实体面。中央银行的作用是通过向银行注入流动性或者通过直接向私人部门注入资金来减轻此类金融约束。该模型在解释金融危机方面的不足之处是：虽然它分析了金融中介存在的一些问题，但是它没有讨论违约这一类重要的问题。

15.7 关于非传统货币政策的理论

前文提到过，完全立足于设定官方利率的传统货币政策，在受到利率的零下限约束时，可能会力不从心；此时需要非传统货币政策 (有时被称为量化宽松) 来维持银行体系的流动性。Curdia and Woodford (2008, 2011) 运用 DSGE 模型通过讨论中央银行的资产负债表阐述这个观点。该模型是标准新凯恩斯模型的一个扩展。它允许家庭是异质的，即每个家庭在充当借款人和充当贷款人两个不同角色之间随机地切换。因为存在金融摩擦（financial friction），所以借贷行为只能通过银行等金融中介完成，而且这些金融中介可能无法被全额还款或者在提供贷款时会耗费一些资源从而发生一笔成本。这些成本会进一步带来新的金融摩擦，使得借款和贷款利息不同，即存在信贷利差（credit spread)。金融中介通过发债来为自己融资。中央银行的任务是：一是提供银行准备金，二是通过公开市场操作购买政府债以贷款给私人部门，中央银行会因此耗费一些资源成本，三是设定准备金利率，称之为官方利率（the offical rate)。因此中央银行的资产负债表中的负债（即模型中的货币基础）有两个用途：一是购买政府债券，二是不通过金融中介直接为家庭提供资金——这是很强的假设。模型中的货币政策包含三个方面：中央银行对其创造的货币供给量的选择（即中央银行资产负债表的大小)，其在政府债券与贷款之间的配置（即资产组合决策)，为准备金支付的利率（即传统的利率政策)，持有它是为了降低私人银行业的资源成本。这里讨论 Curdia and Woodford (2011) 的一个简化版本，我们省略了诸如新凯恩斯风格的价格设定以及劳动力市场等某些特征。对该模型的评价可参见 Dellas (2011)。

15.7.1 家庭

与通常的代表性行为人模型不同，本模型假设有两类耐心程度不同的家庭，分别标记为 $\tau = \mathrm{B}, \mathrm{D}$。家庭可以是借款人也可以是存款人（储户)，而且每个家庭都可以在这两个角色之间随机地切换。家庭所面临的跨期效用函数形如

$$\mathcal{U}_t^\tau = E_t \sum_{s=0}^{\infty} \beta^s U^\tau(c_{t+s}),$$
$$U^\tau(c_t) = \frac{(c_t^\tau)^{1-\sigma_\tau}\xi_t^\tau}{1-\sigma^\tau},$$

其中 ξ_t^τ 是导致家庭在充当借款人与充当存款人两种角色之间切换的外生扰动。假设每个家庭在每期都等待概率 $1-\delta$ 的机会来转换自己的角色。若某个家庭在某期没有机会转换，则它继续之前的角色。若有机会转换，则它会以概率 ϕ_{B} 成为借款人，以概率 ϕ_{D} 成为存款人，其中 $\phi_{\mathrm{B}}+\phi_{\mathrm{D}}=1$。根据 Markov 链的概率结构，家庭无法事先知道自己未来的角色。但是每个角色的家庭在经济体中所占的份额 ϕ_τ 是个常数，且根据二者不同的消费水平，有 $U^{\mathrm{B}}>U^{\mathrm{D}}$。

在金融中介机构存款进行储蓄的家庭，使用的是单期合同，合同约定会支付无风险利率 i_t^{D}。从金融中介和中央银行借款使用的单期合同约定的利率是 i_t^{B}。因此作为储户的家庭，其预算约束为

$$D_{t+1}+P_t c_t^{\mathrm{D}}=P_t y_t^{\mathrm{D}}+(1+i_t^{\mathrm{D}})D_t+\Pi_t^{\mathrm{D}},$$

其中 c_t^{D} 是消费，y_t^{D} 是外生收入，P_t 是价格水平，D_t 是期初的存款，Π_t^{D} 是从金融中介获得的利润，假设两个角色的家庭获得的利润是相同的。作为借款人的家庭，其预算约束为

$$(1+i_t^{\mathrm{B}})B_t+P_t c_t^{\mathrm{B}}=P_t y_t^{\mathrm{B}}+B_{t+1}+\Pi_t^{\mathrm{B}},$$

其中 y_t^{B} 是外生收入，B_t 是时期 t 期初的名义借款量，Π_t^{B} 是从金融中介获得的利润。

两类家庭分别在其实际预算约束条件下的最大化各自效用，得到一阶条件

$$\begin{aligned}\lambda_t^\tau&=c_t^{\tau-\sigma_\tau}\xi_t^\tau,\\ \lambda_t^\tau&=\beta(1+i_t^\tau)E_t\left[\frac{\lambda_{t+1}^\tau}{1+\pi_{t+1}}\right],\end{aligned}\tag{15.17}$$

其中 λ_t^τ 是类型 τ 家庭的拉格朗日乘子，且 $1+\pi_{t+1}=P_{t+1}/P_t$。如下两个欧拉方程给出了所有家庭在均衡时边际效用的演化，反映了两类家庭在未来相互转换的概率

$$\lambda_t^{\mathrm{B}}=\beta E_t\left[\frac{1+i_t^{\mathrm{B}}}{1+\pi_{t+1}}\{[\delta+(1-\delta)\phi_{\mathrm{B}}]\lambda_{t+1}^{\mathrm{B}}+(1-\delta)\phi_{\mathrm{D}}\lambda_{t+1}^{\mathrm{D}}\}\right],\tag{15.18}$$

$$\lambda_t^{\mathrm{D}}=\beta E_t\left[\frac{1+i_t^{\mathrm{D}}}{1+\pi_{t+1}}\{[(1-\delta)\phi_{\mathrm{B}}]\lambda_{t+1}^{\mathrm{B}}+[\delta+(1-\delta)\phi_{\mathrm{D}}]\lambda_{t+1}^{\mathrm{D}}\}\right].\tag{15.19}$$

如果 $\delta=1$，则 (15.18) 和 (15.19) 简化为 (15.17)。

15.7.2 金融中介

各个金融中介都是同一的、完全竞争的厂商，它们以上述利率从家庭吸收存款、向家庭发放数量为 L_t 的单期贷款。此外，它们在中央银行持有数量为 M_t 的准备金，

并以利率 i_t^{M} 获得利息。关键的假设是，发放贷款时会发生一个资源成本 $Q(L_t, M_t)$，其中 $Q_{\mathrm{L}} \geqslant 0$，$Q_{\mathrm{M}} \leqslant 0$，$Q_{\mathrm{LM}} \leqslant 0$。当 $Q_{\mathrm{M}} - \pi_t = 0$ 时，对准备金的需求就被满足了；能够满足此式的 M_t 的最小值是准备金的满意水平。由坏账带来的成本记作 $Z(L_t)$，且 $Z_L \geqslant 0$。

金融中介的利润是

$$\begin{aligned}\Pi_t = &(1+i_t^{\mathrm{B}})L_t + (1+i_t^{\mathrm{M}})M_t - (1+i_t^{\mathrm{D}})D_t \\ &- L_{t+1} - M_{t+1} - Q(L_{t+1}, M_{t+1}) - Z(L_t) + D_{t+1}.\end{aligned}$$

选择贷款与准备金水平以最大化 $E_t \sum_{s=0}^{\infty} \Pi_{t+s}$ 得到

$$\begin{aligned}E_t[1+i_{t+1}^{\mathrm{B}}] &= Z_{L,t} + \frac{1+E_t Q_{L,t+1}}{\beta}, \\ E_t[1+i_{t+1}^{\mathrm{M}}] &= \frac{1+E_t Q_{M,t+1}}{\beta}.\end{aligned}$$

稳态时，信贷利差为

$$i_t^{\mathrm{B}} - i_t^{\mathrm{D}} = Z_{L,t} + (1+i_t^{\mathrm{D}})\frac{Q_{L,t} - \pi_t}{1+\pi_t}, \tag{15.20}$$

准备金利率与存款利率之差（spread on reserves）为

$$i_t^{\mathrm{M}} - i_t^{\mathrm{D}} = (1+i_t^{\mathrm{D}})\frac{Q_{M,t} - \pi_t}{1+\pi_t}. \tag{15.21}$$

因为 $Q_{L,t} \geqslant 0$，所以贷款的供给越多，信贷利差就越大；因为 $Q_{\mathrm{M},t} \leqslant 0$，所以对准备金的需求越大，存款利率相对于准备金利率（$i_t^{\mathrm{D}} - i_t^{\mathrm{M}}$）就越大。

15.7.3 中央银行

中央银行以利率 i_t^{B} 贷款 B_t^{CB} 给家庭，以利率 i_t^{M} 持有金融中介的准备金 M_t，还以利率 i_t^{D} 购买政府债券 B_t^{G}。假设 $M_t \geqslant B_t^{\mathrm{CB}} \geqslant 0$，以及 $M_t < B_t^{\mathrm{CB}} + B_t^{\mathrm{G}}$。

中央银行有三个渠道来执行货币政策。它可以设定政策利率 i_t^{M} 来控制准备金数量 M_t，它可以运用公开市场操作通过买入家庭持有的政府债券来控制 B_t^{CB}。根据 (15.21)，中央银行可以通过选择 i_t^{M} 来控制存款利率 i_t^{D}。如果中央银行以准备金为目标，则它必须根据 (15.21) 求解出 M_t，并设定对应的 i_t^{M} 的值。但是它无法将 i_t^{M} 设定为负值，也不允许准备金数量太小。因为持有准备金可以降低金融中介的成本，而且准备金并不需要耗费生产成本，最优准备金政策就是要使得准备金的需求数量满足 $Q_{M,t} = \pi_t$ 所定义的餍足点。根据 (15.21)，这意味着最优政策利率是 $i_t^{\mathrm{M}} = i_t^{\mathrm{D}}$。可以把量化宽松政策理解为将准备金的供给扩展到超出这个水平，此时 $i_t^{\mathrm{D}} > i_t^{\mathrm{M}}$。因为 $i_t^{\mathrm{M}} \geqslant 0$，所以准备金的规模会面临一个极限。更进一步的货币扩张需要中央银行执行从公众手中买入政府债券（或其他金融资产）的公开市场操作。这需要给出高于之前利率 i_t^B 的更高价格。

15.7.4 简评

该模型的关键特征是，假设了金融中介在发放和监控贷款时会发生一笔实际资源成本，而此项成本可以因为持有准备金而降低。最优准备金政策（optimal reserve policy）就是实现准备金的餍足水平。中央银行可以通过提高它支付的准备金利率水平来刺激准备金增加。银行对准备金的需求在持有准备金的机会成本（即利差 $i_t^D - i_t^M$）趋近于零时达到餍足。而与此不同的 Friedman 法则的主张则是最优货币量意味着利率 i_t^M 为零。量化宽松（quantitative easing，简称 QE）——是指将准备金扩张到餍足点之外，餍足点不包括对非政府证券的购买——在此模型中并无用处。此时进一步的货币扩张需要中央银行执行非传统货币政策，即购买私人部门的资产。如果这些资产只是政府债券，那么严格地说，这仍然属于传统货币政策。中央银行把钱借给私人部门的假设，在实践中是否可行，值得商榷，因为这将把风险转嫁给纳税人，从而变成了财政政策。

在理论上，中央银行可以不选择为准备金支付利息，而选择在接受准备金时收费，特别是如本模型所假设的，当金融中介可以通过持有准备金而获利之时。此举的目的在于鼓励银行放贷给非银行的私人部门。金融危机期间，瑞典中央银行曾经考虑过这种做法，但最终没有实施。但是在 Curdia and Woodford 的模型中，因为创造准备金的边际成本为零，所以是次优的。

该模型还为信贷利差提供了一个解释。将其归因为创造贷款时的实际成本以及无法收回的贷款。然而，Curdia and Woodford 并未在这方面拓展模型。虽然这与违约有关，但是模型将违约设定为外生的，并假设违约是完全可预见的。对违约更贴近现实的处理，是假设它随机且无法预见。接下来我们就采用这种处理方式来讨论 DSGE 模型，它还给出了为违约风险定价的一般均衡模型。

15.8 包含违约的 DSGE 模型

Diamond–Dybvig 模型与 Allen 等的模型致力于讨论银行间市场对商业银行的流动性供给，研究流动性短缺时的银行挤兑的发生，以及研究中央银行如何通过公开市场操作来避免挤兑。这些模型中的资产都是无风险的，因此不存在违约的可能性。Curdia and Woodford 模型允许贷款无法收回，但假设是外生的。然而此次金融危机的关键特征是，违约——包括非银行的私人部门以及银行业部门——都是内生的，产生的根源在于对违约风险的低估带来的贷款项目的错误定价。它显著影响了对两个部门的流动性供给，致使借贷率显著提高，为了刺激借款者在违约风险很大的情况下继续提供流动性，出现了巨大的利息差。我们要寻找一个包含为违约风险内生定价的银行业模型，并希望能将其内置于本书所讨论的标准的 DSGE 宏观经济分析框架之内。这些是 Diamond–Dybvig 和 Allen 等的模型没有做的。

银行体系因其包括许多金融产品和中介机构而十分复杂，这里讨论的简化模型只包含一个风险资产及其回报。模型有三个部门：一个综合了家庭—厂商的部门（称为非银行私人部门），一个银行部门，一个综合了政府—中央银行的部门。家庭持有存款以支付其现金先行的消费，家庭可以持有政府债券并因此获得无风险的收益，家庭还可以从银行借款，但是其利息需要反映出家庭面临外生的收入或者财富冲击时违约的可能性。贷款和债券都是单期的。银行不向储户支付存款利息，但是向贷款者收取贷款利息。银行将准备金放入中央银行，而且银行既可以向非银行私人部门、也可以在面临流动性短缺时向中央银行借款，两种情况下执行的都是无风险利率。中央银行也可以持有政府债务并获得无风险利率。政府发行债券、贷款给银行、并持有银行准备金。政府也可以消费，以及征收一次总付税。模型中不包括信息不对称，假设对于冲击没有完全信息。

15.8.1 非银行私人部门

非银行私人部门的最大化目标是

$$\mathcal{U}_t = E_t \sum_{s=0}^{\infty} \beta^s U(c_{t+s}) \tag{15.22}$$

其预算约束是

$$L_{t+1} - \Delta D_{t+1} + R_t^{\mathrm{f}} A_t + P_t y_t + \mathit{\Pi}_t = P_t(c_t + i_t) + P_t T_t + \Delta A_{t+1} + \phi_t(1 + R_t) L_t,$$

其中，L_t 是时期 t 期初从银行贷到的单期贷款，其名义利率是 R_t，D_t 是在银行的存款，以备现金先行的消费支出之用，这意味着 $D_t = P_t c_t$，$A_t = B_t^{\mathrm{b}} + B_t^{\mathrm{g}}$ 是银行发行的债券 B_t^{b} 与政府发行的名义债券 B_t^{g} 之和，二者都支付无风险名义利率 R_t^{f}，y_t 是从事生产得到的产出或者收入，c_t 是消费，i_t 是投资，T_t 是一次总付税，P_t 是价格水平。每期偿还贷款（本金加利息）的一个随机份额 $0 \leqslant \phi_t \leqslant 1$，这意味着有发生局部或者全部违约的可能性。未预期到的 ϕ_t 的变化与收入冲击和贷款利率负相关。银行利润 $\mathit{\Pi}_t$ 外

生于非银行私人部门。国民收入恒等式是

$$y_t = F(k_t) = c_t + i_t + g_t, \tag{15.23}$$

其中 k_t 是（物理）资本存量，g_t 是政府实际支出。资本积累过程是

$$\Delta k_{t+1} = i_t - \delta k_t. \tag{15.24}$$

因此，非银行私人部门的资源约束为

$$\begin{aligned} &L_{t+1} - P_{t+1}c_{t+1} + (1+R_t^{\mathrm{f}})A_t + P_tF(k_t) \\ &\qquad = P_t[k_{t+1} - (1-\delta)k_t] + P_tT_t + A_{t+1} + \phi_t(1+R_t)L_t. \end{aligned} \tag{15.25}$$

其拉格朗日方程为

$$\begin{aligned} \mathcal{L}_t = E_t\Bigg\{ &\sum_{s=0}^{\infty} \beta^s U(c_{t+s}) + \lambda_{t+s}[L_{t+s+1} - P_{t+s+1}c_{t+s+1} + (1+R_{t+s}^{\mathrm{f}})A_{t+s} \\ &+ P_{t+s}F(k_{t+s}) - P_{t+s}(k_{t+s+1} - (1-\delta)k_{t+s}) \\ &- P_{t+s}T_{t+s} - A_{t+s+1} - \phi_{t+s}(1+R_{t+s})L_{t+s}]\Bigg\}. \end{aligned} \tag{15.26}$$

对于所有 $s > 0$，关于消费、资本、名义贷款、名义金融资产的一阶条件分别是

$$\begin{aligned} \frac{\partial \mathcal{L}_t}{\partial c_{t+s}} &= E_t\{\beta^s U'(c_{t+s}) - \lambda_{t+s-1}P_{t+s}\} = 0, \\ \frac{\partial \mathcal{L}_t}{\partial k_{t+s}} &= E_t\{\lambda_{t+s}P_{t+s}[F'(k_{t+s}) + 1 - \delta] - \lambda_{t+s-1}P_{t+s-1}\} = 0, \\ \frac{\partial \mathcal{L}_t}{\partial A_{t+s}} &= E_t\{\lambda_{t+s}(1+R_{t+s}^{\mathrm{f}}) - \lambda_{t+s-1}\} = 0, \\ \frac{\partial \mathcal{L}_t}{\partial L_{t+s}} &= E_t\{\lambda_{t+s-1} - \lambda_{t+s}\phi_{t+s}(1+R_{t+s})\} = 0. \end{aligned}$$

因为 R_{t+1}^{f} 是无风险利率，且在时期 t 是已知的，故有

$$\begin{aligned} \lambda_t &= \frac{\beta E_t U'(c_{t+1})}{E_t P_{t+1}} \\ &= E_t\left\{\lambda_{t+1}\frac{P_{t+1}}{P_t}[F'(k_{t+1}) + 1 - \delta]\right\} \\ &= (1+R_{t+1}^{\mathrm{f}})E_t\lambda_{t+1} \\ &= E_t[\lambda_{t+1}\phi_{t+1}(1+R_{t+1})]. \end{aligned}$$

由最后两行可知，贷款利率满足无套利方程

$$E_tR_{t+1} - R^{\mathrm{f}}_{t+1} = \frac{1}{E_t\phi_{t+1}}\Big\{(1+R^{\mathrm{f}}_{t+1})(1-E_t\phi_{t+1}) - \mathrm{Cov}_t(\phi_{t+1}, R_{t+1}) - \frac{\mathrm{Cov}_t[\lambda_{t+1}, \phi_{t+1}(1+R_{t+1})]}{E_t\lambda_{t+1}}\Big\}, \tag{15.27}$$

其中，根据消费的一阶条件，

$$E_t\lambda_{t+1} = \frac{1}{E_tP_{t+2}}[\beta^2E_tU'(c_{t+2}) - \mathrm{Cov}_t(\lambda_{t+1}, P_{t+2})]. \tag{15.28}$$

(15.27) 式是纳入贷款违约概率之后进行分析的关键方程。可以将它解释为确定非银行公众所愿意支付的信贷利差——即贷款利率与存款利率之差。方程右侧诸项都是正值。第一项意味着，预期会被偿还的贷款的份额越小（即违约风险越大），贷款人所需要的贷款利率就越高。第二项是正的，因为一个正的贷款利率冲击与贷款被偿还的份额之间是负相关的。最后一项是常见的风险溢价，它将消费与借贷成本（即考虑了违约可能性之后实际上的借贷成本）相关联。三项之和实际上就是贷款的风险溢价。

贷款在时期 $t+1$ 被偿还的份额 ϕ_{t+1} 越高，风险溢价就越小，当其他条件不变时，则对贷款的需求就越小。有人认为在此次金融危机中，ϕ_{t+1} 被低估，使得贷款价格过低，导致贷款过多。第二项意味着，风险溢价越高，违约与贷款利率之间的相关性就越强。最后一项，因为使用了拉格朗日乘子，所以看起来跟以前不大一样，它就是常见的风险溢价，揭示的是消费与有风险的利率之间的相关性，但是在这里将违约风险考虑了进来。如果没有违约，即若 $\phi_t = 1$，则有

$$E_tR_{t+1} - R^{\mathrm{f}}_{t+1} = -\frac{\mathrm{Cov}_t[\lambda_{t+1}, R_{t+1}]}{E_t\lambda_{t+1}}. \tag{15.29}$$

此时只包含价格风险。

资本的实际回报率 $r^k_{t+1} = F'(k_{t+1}) - \delta$ 对应的无套利方程为

$$E_t(r^k_{t+1} - r_{t+1}) \simeq -\frac{\mathrm{Cov}_t[\pi_{t+1}, r^k_{t+1}]}{1+E_t\pi_{t+1}} - \frac{\mathrm{Cov}_t\{\lambda_{t+1}, (1+\pi_{t+1})(1+r^k_{t+1})\}}{E_t\lambda_{t+1}}, \tag{15.30}$$

其中 $r_{t+1} = R^{\mathrm{f}}_{t+1} - E_t\pi_{t+1}$ 是实际回报率，$\pi_{t+1} = (P_{t+1}/P_t) - 1$ 是通货膨胀率。方程右侧是资本回报的风险溢价。它不依赖于违约风险。

因为有现金先行约束，所以消费的欧拉方程跟通常形式有所不同

$$\frac{\beta E_tU'(c_{t+2})E_tP_{t+1}}{E_tU'(c_{t+1})E_tP_{t+2}}(1+R^{\mathrm{f}}_{t+1}) = \frac{\mathrm{Cov}_t(\lambda_{t+1}, P_{t+2})}{E_t\lambda_{t+1}E_tP_{t+2}}. \tag{15.31}$$

模型中的现金先行约束使得消费必须提前一期进行规划。(15.31) 表明现金先行约束使得欧拉方程中增加了一个风险项，因为未来的价格水平是未知的。除了这个时期上的

不同之外，(15.31) 就是通常欧拉方程的确定性等价版本，其中所有的随机变量都用对应的条件期望来代替，其稳态解与通常的情形一样，有 β 等于实际利率。

15.8.2 银行

银行的利润为

$$\Pi_t = \phi_t(1+R_t)L_t - L_{t+1} + B_{t+1} - (1+R_t^{\mathrm{f}})B_t + \Delta D_{t+1} - \Delta H_{t+1}, \tag{15.32}$$

其中，$B_t = B_t^{\mathrm{b}} + B_t^{\mathrm{bg}}$ 是银行以无风险利息从非银行私人部门借入的名义量 B_t^{b} 与银行从中央银行借入的名义量 B_t^{bg} 之和。H_t 是银行以零利率放在中央银行的准备金。因此银行的利润完全来自于向非银行私人部门的放贷。这是基于从非银行私人部门借款进行杠杆化的结果。在实践中，银行还可以从国外借款。如果无抛补利率平价（UIP）成立，则 B_t 的定义里只需再加入从国外的借款。银行以较低的利率借入资金、再将存款以较高的利率贷出，是银行利润的来源。非银行私人部门借出资金给银行、同时又从银行借出资金，可以被看作是家庭－厂商持有由风险资产与无风险资产构成的资产组合，或者被看成是作为主借款人的厂商在追求其物理资产的实际回报，虽然这个回报可能是有风险的。银行的资产负债表包含了货币与信用，

$$H_t + L_t = D_t + B_t, \tag{15.33}$$

其中，货币供给总量为 D_t，高能货币是 H_t，$L_t - B_t$ 是银行所创造的净信用。

假设给定银行吸收的存款 D_t 及其准备金需求量 H_t，银行需要选择 L_{t+s} 和 B_{t+s} $(s>0)$ 以最大化

$$\mathcal{P}_t = E_t \sum_{s=0}^{\infty} (1+i_{t,t+s})^{-s} V(\Pi_{t+s}), \tag{15.34}$$

其中，$V(\Pi_t)$ 是银行从利润中获得的效用，$i_{t,t+s}$ 是 R_{t+s}^{f} 在时期 t 的远期利率。如第 12 章所讨论过的，远期利率在时期 t 已知，且满足 $i_{t,t+s} = E_t R_{t+s}^{\mathrm{f}}$ $(s>0)$。引入银行的利润效用函数便于讨论银行对风险的态度。当 $V(\Pi_t) \propto \Pi_t$ 时，银行可能会是风险厌恶或者风险偏好的，不一定必须是风险中性的。对于 $s>0$，名义贷款量与名义借款量

的一阶条件是：

$$\frac{\partial \mathcal{P}_t}{\partial L_{t+s}} = E_t[(1+i_{t,t+s})^{-s}V'(\Pi_{t+s})\phi_{t+s}(1+R_{t+s})$$
$$-(1+i_{t,t+s-1})^{-(s-1)}V'(\Pi_{t+s-1})] = 0, \tag{15.35}$$

$$\frac{\partial \mathcal{P}_t}{\partial B_{t+s}} = E_t[(1+i_{t,t+s-1})^{-(s-1)}V'(\Pi_{t+s-1})$$
$$-(1+i_{t,t+s})^{-s}(1+R^{\mathrm{f}}_{t+s})V'(\Pi_{t+s})] = 0. \tag{15.36}$$

当 $s=1$ 时，(15.36) 式意味着

$$V'(\Pi_t) = E_t[(1+i_{t,t+1})^{-1}(1+R^{\mathrm{f}}_{t+1})V'(\Pi_{t+1})]$$
$$= E_tV'(\Pi_{t+1}), \tag{15.37}$$

因为在时期 t，$i_{t,t+1}=E_tR^{\mathrm{f}}_{t+1}$ 是已知的，所以边际利润是鞅 (martingale)，而且在稳态时是常数；当风险中性时，对于所有 s 有 $V'(\Pi_{t+s})=1$。(15.35) 式意味着

$$E_t[V'(\Pi_{t+1})\phi_{t+1}(1+R_{t+1})] = (1+R^{\mathrm{f}}_{t+1})V'(\Pi_t),$$

这说明，银行希望通过向非银行私人部门放贷所得到的预期超额回报率为

$$E_tR_{t+1}-R^{\mathrm{f}}_{t+1} = \frac{1}{E_t\phi_{t+1}}\Bigg\{(1+E_tR^{\mathrm{f}}_{t+1})(1-E_t\phi_{t+1})-\mathrm{Cov}_t(\phi_{t+1},R_{t+1})$$
$$-\frac{\mathrm{Cov}_t[V'(\Pi_{t+1}),\phi_{t+1}(1+R_{t+1})]}{V'(\Pi_t)}\Bigg\}. \tag{15.38}$$

若没有违约风险，则

$$E_tR_{t+1}-R^{\mathrm{f}}_{t+1} = -\frac{\mathrm{Cov}_t[V'(\Pi_{t+1}),R_{t+1}]}{V'(\Pi_t)}.$$

如果银行是风险中性的，那么 (15.38) 式的最后一项是零，此外，若不存在违约风险，则贷款的风险溢价为零。

(15.27) 式和 (15.38) 式分别作为非银行私人部门和银行的均衡条件，其区别只在于最后一项的风险溢价。贷款市场的均衡要求这两个表达式相同，为了

$$\frac{\mathrm{Cov}_t[\lambda_{t+1},\phi_{t+1}(1+R_{t+1})]}{E_t\lambda_{t+1}} = \frac{\mathrm{Cov}_t[V'(\Pi_{t+1}),\phi_{t+1}(1+R_{t+1})]}{V'(\Pi_t)},$$

需要有

$$\lambda_{t+1}+\varepsilon^{\lambda}_{t+1} = V'(\Pi_{t+1})+\varepsilon^{\Pi}_{t+1}, \tag{15.39}$$

其中，$\varepsilon^{\lambda}_{t+1}$ 和 ε^{Π}_{t+1} 都是序列不相关的随机变量，条件均值为零，且与 $\phi_{t+1}(1+R_{t+1})$ 的条件协方差为零。这意味着 $E_t\lambda_{t+1}=E_tV'(\Pi_{t+1})$，并因此有 $\lambda_t/(1+i_{t,t+1})=V'(\Pi_t)$。

非银行私人部门从最后一单位的银行利润中得到预期边际效用等于银行的边际效用。这是完备市场的必要条件，也是引入银行效用函数的一个结果。

若假设银行和非银行私人部门的风险态度不同，则 (15.27) 式和 (15.38) 式就会不同。如果银行是风险中性的，且仅仅最大化其利润，则 (15.38) 式的最后一项会是零。因为 (15.27) 式和 (15.38) 式其余各项都相同，这意味着银行收取的贷款利率以及它从 (15.38) 式中得到的，会少于非银行公众愿意支付的部分。那么，就会存在对贷款的过剩需求以及信贷配给，但是不一定存在逆向选择或道德风险问题，因为无论借方还是贷方都能意识到违约风险的存在。反之，若银行比非银行公众更加风险厌恶，则会存在贷款的过剩供给。

15.8.3 政府

使得模型完整的最后一个组成部分是综合政府—中央银行的预算约束，

$$P_t g_t + (1 + R_t^{\mathrm{f}})(B_t^{\mathrm{g}} + B_t^{\mathrm{bg}}) = P_t T_t + B_{t+1}^{\mathrm{g}} + B_{t+1}^{\mathrm{bg}} + \Delta H_{t+1}. \tag{15.40}$$

政府靠赤字融资，即以官方利率 R_t^{f} 向非银行私人部门借入 B_t^{g}。政府也可以把债务出售给银行，或者以相同利率贷款 B_t^{bg} 给银行。

15.8.4 简评

模型中的一般均衡包括银行设定的贷款利率 (15.38) 式要等于非银行私人部门面对的贷款利率 (15.27) 式。这要求非银行私人部门和银行有相同的风险态度——这是完备市场的关键条件（参见第 11 章）。从而非银行私人部门对贷款的需求等于银行对贷款的供给。而当他们对风险持不同态度时，若银行更加风险中性，则会带来信用配给；若银行更加风险厌恶，则会出现贷款的供给过剩。改变银行对背后风险的认知，会改变贷款利率，从而改变贷款数量。比如，银行预期的贷款偿付比例的下降，会带来贷款利率的提高，以及下一期贷款数量的下降，以及本期银行利润的下降。模型假设违约风险可以被正确地定价。如果银行低估了违约风险，则会导致其设定的贷款利率过低，若非银行私人部门能够正确地评估其违约概率，则贷款量就会比银行不犯估值错误时更大。这也会鼓励银行过度运用低息吸收借款高息发放贷款的杠杆，但是会借得过多。

模型为了方便，做了一系列假设。银行一般会借短期贷长期，其利润就来自于银行能够以比非银行私人部门更低的利率借到钱。模型假设了所有贷款都是单期的。如果假设贷款是长期的，可能更加合理。那么可能就需要使用利率的期限结构来把非银行私人部门面临的贷款利率与模型所假设的单期贷款利率相联系。这又会带来新的风险，即第 12 章介绍过的期限溢价。

模型认为，若存在违约的可能性——即使只是部分违约，贷款利率就要超过存款利率。这种借贷息差可能会随着银行业竞争的加剧而扩大。给定许多国家银行业的集中度，似乎更可能的情况是，银行也通过借贷息差获得垄断利润。

银行间市场在金融危机中扮演了很重要的角色，但是本节未将银行间市场纳入讨论。前文说过，银行间市场的主要职能是通过发放隔夜贷款为银行体系提供流动性，从而有助于将跌宕起伏的交易抚平。这些交易包括诸如存款流量等带来的资金流入或者流出银行带来的短期不匹配。银行从银行间市场借入资金来弥补贷款的不匹配。因为银行借入短期贷出长期，所以它们经常需要大量的再融资。在金融危机期间，因为银行本身存在极大的违约风险，所以银行间市场不愿意再承担其功能，从而带来了流动性危机。本节没有研究货币间市场，而是将银行体系作为一个整体来处理。所以我们无法抓住金融危机的重要特征。但是，我们可以做到将银行体系拆解开来，在讨论贷款的违约风险的同时，引入货币间市场（例如，Goodhart 等 2009）。银行的违约风险越大，银行间市场的借贷成本就会越高。

我们前面假设了违约率取决于宏观经济冲击，比方说收入冲击或者贷款利率冲击。这使得模型中的违约率得以内生。当投资项目的净现值为负时，若违约比偿还本金和利息更加便宜，则违约发生的可能性就很大了。因此，决定违约的因素有可能是，非银行部门的净财富对各种冲击的敏感程度，这些冲击包括，来自贷款与资产之比冲击(称之为存量效应)、来自于利率支付与收入之比的冲击（称之为流量效应)。净财富为负带来的违约可能会带来破产，也可能不会破产。对借贷双方而言，部分违约以及贷款条款的重组往往比全部违约要好。

银行在发放贷款时，似乎已经假设了违约是非系统性的，因此可以通过持有多样化的资产组合来降低风险。但是事实证明，违约很大程度上是系统性的，因此多样化的资产组合远远不能起到有效降低风险的作用。这种区别可以在模型中表达出来，将违约风险 ϕ_t 分解为两个部分，特异性风险（idiosyncratic risk）ϕ_t^{I} 和大得多的系统性风险ϕ_t^{S}，则 $\phi_t = \phi_t^{\mathrm{I}} + \phi_t^{\mathrm{S}}$. ϕ_t^{S} 会受到全局性的宏观经济冲击的影响。这会加强 ϕ_t^{S} 和贷款利率 R_t 之间负的条件协方差，从而提高风险溢价。但是，ϕ_t^{I} 则不会受到宏观经济冲击的太大影响。

本节还忽略了抵押物的重要影响。抵押物指的是用于在违约时保证贷款能够被偿还的资本品。抵押物可以等于或者小于 100% 的贷款价值。模型可以通过改变 ϕ_t 的定义来引入抵押。ϕ_t 是指被偿还的贷款的份额，那么抵押率越高，ϕ_t 就会越大。在没有抵押物且 ϕ_t 取值比较低时，贷款的成本会比较高，甚至贷款完全被拒绝。此时家庭或者厂商就是受到了信贷约束的。信用卡借贷比其他形式的借贷昂贵很多的原因就是因为它是无抵押物的，而且银行也对持卡人的金融背景知之甚少。此时银行假设信用卡借贷的违约率比较高就不足为奇了。

在现实经济中，大部分的家庭贷款是购买房屋的按揭贷款。房屋是耐用品而不是非耐用品，但是模型中假设消费者的支出全部都是非耐用品。按揭贷款会持续很多期 (数年) 而不是像模型中设定的那样只有一期。而且正是按揭贷款违约以及银行为按揭贷款的融资方式出了问题导致了金融危机。不难把模型扩展到包含房地产和按揭贷款融资。它需要在模型中加入家庭部门的耐用品消费 (参见第 4 章)，在非银行公众以及银行的预算约束里加入长期债。可以通过期限结构 (参见第 12 章) 将这种长期债与单期债相关联。按揭贷款的风险溢价将反映于模型中的违约风险之中。对按揭贷款风险的错误定价是导致金融危机的关键因素。

模型刻画了在存在违约风险的前提下经济体达到均衡所需要的各个关系。模型的求解是建立在非银行私人部门与银行已就违约率的评估达成一致认识的基础上的。若双方的评估存在分歧，那么模型的解就会受到影响。金融危机的一个重要特征是银行低估了违约风险。反映在模型中，就是在预期形成时，使用了错误的信息。更具体地说，就是使用了错误的冲击分布。危机之后的一个常见的评论是，导致危机发生的一连串事件太离奇了，因此它们被忽视是很正常的。这意味着，对风险的定价都是正确的，但是只是很偶然地忽略了极端的情形。另一种解释是，如果当时所使用的风险模型认为这些事件发生的可能性很小，那么很可能这些模型是错的。另一种可能是这些是所谓的黑天鹅事件，即出问题的不是那些已知的未知因素 (即概率已知的极端异常值)，而是那些未知的未知因素 (即无法想象到的事件)。即使已经考虑到了违约风险，也仍然不能保证未来就一定可以避免危机的发生。

15.9 结论

本章的目的是将讨论延伸到宏观经济学与金融学的交叉地带。我们的讨论以金融危机为背景展开，展示了宏观经济学与金融学之间密切的关联，以及可能对货币政策的执行带来的影响。我们讨论了借贷约束、违约、信息不完全对家庭和厂商行为的影响，以及如何将银行部门以及金融中介机构引入到宏观经济模型中。

虽然解释银行业的理论有好几种，但是哪个理论最适合用来将银行部门加入宏观经济模型中，尚未形成共识。大部分此类研究当前尚处于工作论文阶段。许多关于银行业的现代理论都是扩展自 Diamond–Dybvig 的银行挤兑模型。我们详细讨论了与之相关的 Allen 等的模型，其长处是阐明了中央银行是如何克服银行挤兑与银行破产的。但是这类建模方法的局限性在于，没有讨论银行贷款违约的话题，而这通常是金融危机与银行挤兑的主要原因。Crudia and Woodford 的模型允许贷款无法偿付但是并未致力于此。它致力于分析非传统货币政策。因此，我们提出了一个包含银行部门并包含违约内生的 DSGE 宏观经济模型。只有当违约风险被正确地估算时，贷款才可以被正确地定价，才可以降低发生下一次金融危机的风险。然而，如果借款人和贷款人的风险态度不同或者所获得的信息不同，那么贷款可能会被错误地定价，违约率可能会被低估。流传甚广的 Lewis (2010) 在其对金融危机进行的陈述中认为，金融中介在发放贷款、为贷款定价以及出售按揭贷款证券相关保险（信用违约掉期）时，没有意识到他们自己在交易中所面临的风险的大小。甚至连那些职责就是评估违约风险的信用评级机构似乎对这些风险都缺乏足够清醒的认识。

对分析金融危机相关的宏观经济学的最后一个观察是，没有一个大的宏观经济对冲基金在危机期间赔钱，这很有意思。也许他们比别人更加理解宏观经济学与金融学之间关联的重要性。

16 实际经济周期、DSGE 模型和经济波动

16.1 导论

本书的目的是解释现代宏观经济理论近年来的最新发展。秉承这一宗旨，本书在整个体系构建中的突出特点是：不断地使用描述整个经济体而非局部经济体的模型；强调跨期而非单一时期的模型；将注意力集中于个体决策所引致的宏观经济后果，也就是说强调微观基础，而不是直接对宏观经济总量进行理论建模。这就提高了模型的复杂程度，并且往往使得模型过于复杂而不得不使用数值模拟进行分析。我们以小型集中的、中央计划的、或者说是代表性行为人的模型开篇，并从各个不同的角度扩展，从而使模型囊括了经济增长、分散化决策和市场结构、政府、开放经济以及货币。当我们将所观察经济体的其他特点加入模型时，为了简化分析，我们尽可能使用初始的基础模型。尽管如此，要在这个过程中分析完整的一般均衡结果仍非常困难，所以通常不得不将分析限制在模型的长期性质上。由于我们对模型的短期性质也感兴趣，所以需要另辟蹊径来分析。此外，我们还想知道经济体的哪些因素对模型是重要的，经济体对不同类型的冲击会做出哪些反应，以及何种政策才是有效的。为了简化我们的说明，在分析过程中在可行的情况下，我们省略经济中的随机性特点，这样我们就将模型称为 DGE 模型。如果我们想要探究这些模型的经验数据方面的特征，就必须要考虑随机冲击，一旦将随机冲击考虑进来，我们称之为 DSGE 模型。

这些问题构成了实际经济周期 (RBC) 分析的一部分内容，RBC 分析始于 Lucas (1975)、Kydland 和 Prescott (1982)、Long 和 Plosser (1983) 以及 Prescott (1986) 所做的工作，对于 RBC 分析的综述见 King 和 Rebelo(1999)。RBC 的第一篇经验研究运用第 2 章中的基础 DSGE 模型，或者说与之高度相关的模型，检验了生产力 (技术) 冲击对主要宏观经济总量的影响；其后，该方法被扩展用于分析不同种类冲击的影响，为了阐明这些冲击，需要更加复杂的模型。在本章中，我们将解释如何进行这种分析，并阐述一些更具影响力文献的研究成果，考察这些结论对 DSGE 模型的设定有何意义。在这个过程中，我们将扩展冲击的范围，从单纯考察不同类型的供给冲击，到考察需

求冲击 (具体而言，货币和财政冲击)，以及国外冲击。在此强调一下，我们的目的是检验宏观经济模型一般均衡性质的经验证据。

在 RBC 分析中，模型的参数值通常是通过校准而非估计得到的，这引起了一些争议，因为获得参数值的传统方法是运用标准的计量经济学方法对模型进行估计而得到的。我们将讨论采用校准方法的原因。

我们以第 3 章的增长模型作为基础来阐述 RBC 分析的方法论；之后，考察不同 RBC 模型的经验证据，包括实际开放经济模型；随后，我们详尽地介绍一个由 Bayesian 方法估计的很具一般性的货币经济 DSGE 宏观经济模型，该模型可用于考察不同类型冲击的影响，包括货币冲击。我们考虑不同 DSGE 模型的密切联系，Smets 和 Wouters 的由于不同的市场楔子与摩擦所致的不完全市场模型是否可以有不止一个结构性解释，不同的 DSGE 模型是否可能有相同的解，我们将讨论大量不同的 DSGE 模型。本章的最后我们将简要地讨论在构建 DSGE 模型时，我们要如何取舍模型中的某些特性。

16.2 RBC 分析的方法论

我们用第 3 章的基础集中经济增长模型阐述实际经济周期的分析方法，之所以选择增长模型是因为我们想要解释观察到的数据。模型假定经济体通过选择总消费 C_t、总劳动力 N_t 以及总资本 K_t 来最大化

$$E_t\sum_{s=0}^{\infty}\beta^s U(C_{t+s}),$$

其中，$U(C_t)=C_t^{1-\sigma}/(1-\sigma)$ ，$\beta=1/(1+\theta)$，受约束于经济体的资源约束。资源约束是由以下所列示的国民收入恒等式、生产函数以及资本积累方程推导出来的：

$$\begin{aligned}Y_t &= C_t+I_t,\\ Y_t &= A_tK_t^{\alpha}N_t^{1-\alpha},\\ \Delta K_{t+1} &= I_t-\delta K_t.\end{aligned}$$

从上边三个式子可以得到资源约束：

$$A_tK_t^{\alpha}N_t^{1-\alpha}=K_{t+1}+C_t-(1-\delta)K_t.$$

我们假定劳动以恒定的速度 n 增长，这意味着

$$N_t=(1+n)^tN_0. \tag{16.1}$$

RBC 分析的目的是确定经济体对生产力冲击的动态反应。用 A_t 表示技术变化，假定 A_t 服从带漂移的随机游走过程。因此，

$$A_t = (1+\mu)^t Z_t, \qquad \ln Z_t = z_t, \qquad \Delta z_t = e_t \sim \text{i.i.d.}(0, \omega^2). \tag{16.2}$$

漂移项 μ 是技术进步的长期增长率。e_t 表示序列无关的生产力冲击，在经济体动态结构的作用下，这些冲击产生了经济体主要总量变量的序列相关的行为，这些主要变量包括：产出、消费、资本、投资以及就业。以上假定意味着技术进步包括两个成分：确定性的指数趋势 $(1+\mu)^t$ 和随机趋势 Z_t，其中 $z_t = z_0 + \sum_{s=0}^{t} e_s$。因此，产出、消费、资本以及投资都为非平稳变量，即使以它们偏离其增长路径的离差形式度量时也是如此。

为了得到模型的解，首先我们要以偏离其长期增长路径的形式重新定义所有变量。和第 3 章中的做法一样，定义变量的人均形式为

$$\begin{aligned} y_t &= \frac{Y_t}{N_t^{\#}} = \frac{Y_t}{[(1+\mu)^{1/(1-\alpha)}]^t N_t} = \frac{Y_t}{(1+\eta)^t N_0}, \\ k_t &= \frac{K_t}{N_t^{\#}} = \frac{K_t}{[(1+\mu)^{1/(1-\alpha)}]^t N_t} = \frac{K_t}{(1+\eta)^t N_0}, \\ N_t^{\#} &= (1+\mu)^{t/(1-\alpha)} N_t = [(1+\mu)^{1/(1-\alpha)}]^t (1+n)^t N_0 = (1+\eta)^t N_0, \end{aligned}$$

其中，我们运用了以下近似

$$\begin{aligned} [(1+\mu)^{1/(1-\alpha)}]^t (1+n)^t &\simeq (1+\eta)^t, \\ \eta &\simeq n + \frac{\mu}{1-\alpha}. \end{aligned}$$

现在，国民收入恒等式为

$$y_t = c_t + i_t,$$

其中

$$\begin{aligned} c_t &= \frac{C_t}{N_t^{\#}} = \frac{C_t}{(1+\eta)^t N_0}, \\ i_t &= \frac{I_t}{N_t^{\#}} = \frac{I_t}{(1+\eta)^t N_0}. \end{aligned}$$

生产函数变为

$$y_t = Z_t k_t^{\alpha}$$

由于 $N^{\#}_{t+1}/N^{\#}_t = 1+\eta$，资本积累方程可以写为

$$\begin{aligned}\Delta K_{t+1} &= I_t - \delta K_t,\\ \frac{K_{t+1}}{N^{\#}_{t+1}}\frac{N^{\#}_{t+1}}{N^{\#}_t} &= \frac{I_t}{N^{\#}_t} + (1-\delta)\frac{K_t}{N^{\#}_t},\\ (1+\eta)k_{t+1} &= i_t + (1-\delta)k_t.\end{aligned}$$

因此，经济体的资源约束变为

$$Z_t k_t^{\alpha} = c_t + (1+\eta)k_{t+1} - (1-\delta)k_t. \tag{16.3}$$

最后，标准化 $N_0 = 1$，我们将效用函数重新写为

$$\begin{aligned}U(C_t) &= \frac{C_t^{1-\sigma}}{1-\sigma}\\ &= \frac{[(1+\eta)^t c_t]^{1-\sigma}}{1-\sigma}.\end{aligned}$$

技术进步使得问题具有了随机性。我们最大化以下值函数

$$\begin{aligned}V_t &= U(C_t) + \beta E_t(V_{t+1})\\ &= \frac{[(1+\eta)^t c_t]^{1-\sigma}}{1-\sigma} + \beta E_t(V_{t+1}),\end{aligned}$$

约束条件为资源约束 (16.3) 式。该随机动态规划问题的一阶条件为

$$\frac{\partial V_t}{\partial c_t} = (1+\eta)^{(1-\sigma)t} c_t^{-\sigma} + \beta E_t\left[\frac{\partial V_{t+1}}{\partial c_{t+1}}\frac{\partial c_{t+1}}{\partial c_t}\right] = 0.$$

由于

$$V_{t+1} = U(C_{t+1}) + \beta E_{t+1}(V_{t+2}),$$

所以有

$$\frac{\partial V_{t+1}}{\partial c_{t+1}} = (1+\eta)^{(1-\sigma)(t+1)} c_{t+1}^{-\sigma},$$

以及

$$\frac{\partial c_{t+1}}{\partial c_t} = \frac{\partial c_{t+1}/\partial k_{t+1}}{\partial c_t/\partial k_{t+1}}$$

从第 t 期和第 $t+1$ 期的预算约束中，可以得到

$$\frac{\partial c_{t+1}}{\partial c_t} = \frac{\alpha Z_{t+1}k_{t+1}^{\alpha-1} + 1 - \delta}{-(1+\eta)}.$$

因此

$$\frac{\partial V_t}{\partial c_t} = (1+\eta)^{(1-\sigma)t}c_t^{-\sigma} - \beta E_t\left[(1+\eta)^{(1-\sigma)(t+1)}c_{t+1}^{-\sigma}\frac{\alpha Z_{t+1}k_{t+1}^{\alpha-1}+1-\delta}{1+\eta}\right]$$
$$= (1+\eta)^{(1-\sigma)t}\{c_t^{-\sigma} - \beta E_t[(1+\eta)^{-\sigma}c_{t+1}^{-\sigma}(\alpha Z_{t+1}k_{t+1}^{\alpha-1}+1-\delta)]\} = 0.$$

从中可以得到欧拉方程

$$E_t\left[\beta\left[(1+\eta)\frac{c_{t+1}}{c_t}\right]^{-\sigma}(\alpha Z_{t+1}k_{t+1}^{\alpha-1}+1-\delta)\right] = 1. \tag{16.4}$$

为了得到模型的解，RBC 分析通常援引确定性等价定理，这使得所有随机变量能够用其条件期望替代。由于这个模型中不存在无风险利率，所以，严格地讲，在欧拉方程中应该将涉及 c_{t+1}、k_{t+1}、Z_{t+1} 的条件方差以及 $\text{cov}_t(c_{t+1}, k_{t+1})$ 纳入考虑。

16.2.1 稳态解

假定存在稳态解，它满足 $\Delta c_{t+1} = \Delta k_{t+1} = 0$，并且在每一期都有 $Z_t = 1$。因此，在稳态时，我们可以去掉时间下标，得到

$$\beta(1+\eta)^{-\sigma}[\alpha k^{\alpha-1}+1-\delta] = 1.$$

正如在第 3 章中所表明的，这意味着在均衡时，有

$$k \simeq \left(\frac{\delta+\theta+\sigma(n+(\mu/(1-\alpha)))}{\alpha}\right)^{-1/(1-\alpha)},$$
$$c = k^{\alpha} - (\eta+\delta)k.$$

尽管在均衡时，k_t 为常数，经济体的人均资本存量 K_t/N_t 随着时间的推移而增长。由于 $k_t = K_t/([(1+\mu)^{1/(1-\alpha)}]^t N_t)$，所以人均资本的最优路径为

$$\frac{K_t}{N_t} = \left[\frac{\delta+\theta+\sigma(n+(\mu/(1-a)))}{\alpha}\right]^{-1/(1-\alpha)}[(1+\mu)^{1/(1-\alpha)}]^t.$$

因此，K_t/N_t 的增长率近似等于 $\mu/(1-\alpha)$。

人均产出 Y_t/N_t 的最优增长率由下式决定

$$y_t = \frac{Y_t}{[(1+\mu)^{1/(1-\alpha)}]^t N_t}.$$

因为 $y_t = k_t^{\alpha}$，$\Delta k_{t+1} = 0$，所以有 $\Delta y_{t+1} = 0$，因此，Y_t/N_t 的增长率也近似等于 $\mu/(1-\alpha)$。人均消费 C_t/N_t 的最优增长率可以从 $\Delta c_{t+1} = 0$ 以及 $c_t = C_t/([(1+\mu)^{1/(1-\alpha)}]^t N_t)$ 这两个条件中得到，于是，人均消费 C_t/N_t 的最优增长率也同样近似等于 $\mu/(1-\alpha)$。我们可通过将人口增长纳入考虑而得到总产出、总资本以及总消费的最优增长率为 $\eta = n + [\mu/(1-\alpha)]$。

16.2.2 短期动态性

现在我们转而考察变量对增长路径对数的短期离差。模型简化为两个方程：欧拉方程和资源约束。由于两个方程都是非线性的，通过泰勒展开式对其进行对数线性化，泰勒近似展开式如下

$$\begin{aligned} f(x_t) &\simeq f(x_t^*) + f'(x_t^*)\left[\frac{\partial x_t}{\partial \ln x_t}\right]_{x_t^*}[\ln x_t - \ln x_t^*] \\ &\simeq f(x_t^*) + f'(x_t^*)x_t^*[\ln x_t - \ln x_t^*]. \end{aligned}$$

略去截距项，引入确定性等价，我们已知 $E_t \ln Z_{t+1} = \ln Z_t = z_t$ 以及在均衡时有 $z_t = 0$，所以欧拉方程的对数线性近似如下

$$E_t \Delta \ln c_{t+1} \simeq -\left(\eta + \frac{\delta+\theta}{\sigma}\right)(1-\alpha)E_t \ln k_{t+1} + \left(\eta + \frac{\delta+\theta}{\sigma}\right)z_t. \tag{16.5}$$

略去资源约束的截距项，对其进行对数线性化：

$$\begin{aligned} \ln k_{t+1} \simeq & -\frac{\theta + \eta(\sigma-\alpha-2) + (1-\alpha)\delta}{\alpha}\ln c_t \\ & + [1+\theta+(\sigma-1)\eta]\ln k_t + \frac{\theta+\delta+\eta(\sigma-1)}{\alpha}z_t. \end{aligned} \tag{16.6}$$

根据 (16.5) 式和 (16.6) 式我们得到整个线性结构：

$$\begin{aligned} &\begin{bmatrix} 1+\theta+(\sigma-1)\eta & -\dfrac{\theta+\eta(\sigma-\alpha-2)+(1-\alpha)\delta}{\alpha} \\ 0 & 1 \end{bmatrix}\begin{bmatrix} \ln k_t \\ \ln c_t \end{bmatrix} \\ &\quad = \begin{bmatrix} 1 & 0 \\ \left(\eta + \dfrac{\delta+\theta}{\sigma}\right)(1-\alpha) & 1 \end{bmatrix} E_t \begin{bmatrix} \ln k_{t+1} \\ \ln c_{t+1} \end{bmatrix} - \begin{bmatrix} \dfrac{\theta+\delta+\eta(\sigma-1)}{\alpha} \\ \eta + \dfrac{\delta+\theta}{\sigma} \end{bmatrix} z_t. \end{aligned} \tag{16.7}$$

以矩阵方程的形式表述 (16.7) 式为

$$Bx_t = CE_t x_{t+1} + Dz_t, \tag{16.8}$$

其中 $x_t' = (\ln k_t, \ln c_t)$，$B$ 和 C 均为 2×2 阶矩阵，D 为 2×1 维向量，可以将 (16.8) 式重新写为

$$x_t = AE_t x_{t+1} + Fz_t, \tag{16.9}$$

其中，$A = B^{-1}C$，$F = B^{-1}D$。

我们现在引入滞后算子 L。我们已经知道，$E_t x_{t+1} = L^{-1} x_t$，于是可以将 (16.9) 式写为

$$(I - AL^{-1})x_t = Fz_t. \tag{16.10}$$

(16.10) 式的动态解依赖于以下行列式方程

$$|A| - (\mathrm{tr}\, A)L + L^2 = 0.$$

该方程存在两个根。令 $L = 1$，可以得到以下三种情形：

(i) $|A| - (\mathrm{tr}\, A) + 1 > 0$ 意味着两个根或者都是稳定的，或者都是不稳定的；

(ii) $|A| - (\mathrm{tr}\, A) + 1 < 0$ 意味着存在一个鞍点路径解 (一个根稳定，另一个根不稳定)；

(iii) 如果 $|A| - (\mathrm{tr}\, A) + 1 = 0$，那么至少有一个根等于 1。

假定 $\sigma \geqslant \alpha + 2$，这是一个充分非必要条件，它表明

$$|A| - (\mathrm{tr}\, A) + 1 = -\frac{[\theta + \eta(\sigma - \alpha - 2) + (1-\alpha)\delta](\eta + ((\delta + \theta)/\sigma))(1-\alpha)}{\alpha[1 + \theta + (\sigma - 1)\eta]} < 0.$$

因此，两个根满足 $\eta_1 > 1$ 以及 $\eta_2 < 1$，并且稳态增长路径的短期动态性是一个鞍点路径。所以 (16.10) 式可以写为

$$\eta_1 \left(1 - \frac{1}{\eta_1} L\right)(1 - \eta_2 L^{-1}) x_t = \mathrm{adj}(A - L) F z_t.$$

因此，

$$\begin{aligned} x_t &= \frac{1}{\eta_1} x_{t-1} + \frac{1}{\eta_1}(1 - \eta_2 L^{-1})^{-1} \mathrm{adj}(A - L) F z_t \\ &= \frac{1}{\eta_1} x_{t-1} + \frac{1}{\eta_1} \sum_{s=0}^{\infty} \eta_2^s G E_t z_{t+s} - \frac{1}{\eta_1} F z_{t-1}, \end{aligned} \tag{16.11}$$

其中 $G = (1 - \eta_2)(\mathrm{adj}(A) - I)F$。由于 (16.2) 式意味着 $s \geqslant 0$ 且 $\Delta z_t = e_t$，$E_t z_{t+s} = z_t$，(16.11) 式可以简化为下式

$$x_t = \frac{1}{\eta_1} x_{t-1} + G_0 z_t + G_1 z_{t-1}, \tag{16.12}$$

或

$$\Delta x_t = \frac{1}{\eta_1} \Delta x_{t-1} + G_0 e_t + G_1 e_{t-1}. \tag{16.13}$$

上式为一个向量自回归移动平均 (VARMA) 模型，即关于 Δx_t 的 VARMA 模型，其中 η_1，G_0 和 G_1 是模型参数的函数，因此 G_0 和 G_1 是受到限制的。

(16.13) 式描述了受到技术冲击 e_t 之后 $\ln c_t$ 和 $\ln k_t$ 的动态行为，经济体遵循的精确路径依赖于模型的 (深层) 结构参数。方程还表明了经济体受到暂时性技术冲击之后还会回到稳态，但是不会回到其初始的稳态，因为冲击 e_t 对技术 z_t 有永久性效应，进而会对 $\ln c_t$ 和 $\ln k_t$ 产生永久性效应。如果技术进步是一个静态的自回归过程，即 $z_t = \rho z_{t-1} + e_t$ ($|\rho| < 1$)，而不是一个 $\rho = 1$ 的非静态过程，那么在稳态时将不存在增长，其解就是一个关于 x_t 的 VARMA 模型。

我们已经证明，对这一 DSGE 模型进行对数线性化的结果是会得到一个后顾型的 VARMA 解或系数矩阵为其结构参数的函数的 VARMA 解。更一般化地说，如果 DSGE 模型中有外生变量，则解会涉及如 (16.11) 式中的未来预期。如果这些外生变量能够以纯时间序列过程表示，如 VAR，那么我们用其以 t 时刻的信息为基础的预测来代替对未来的预期，将会得到如 (16.11) 式的 DSGE 模型的后顾型解。由此，DSGE 模型常常可以由传统的多变量时间序列模型很好地近似，其系数为 DSGE 模型参数的函数，DSGE 模型本身是限制了时间序列的应用的。从另一方面说，如果某些外生变量为政策工具，且这些政策工具是以相机抉择的方式而不是遵循某一固定政策规则的方式加以选择的，则无法将 (16.11) 式表示为如 (16.13) 式的纯后顾型模型。

从对 $\ln c_t$ 和 $\ln k_t$ 的解中可以得到 C_t 和 K_t 的解以及由此得到 Y_t 和 I_t 的相应解。由于 $\ln c_t$ 和 $\ln k_t$ 为偏离稳态增长路径的对数离差值，所以我们先要折回到其增长路径上。因为相应的变量都是以人均形式表示的，所以要先将其转化为总消费和总资本的形式，并且从国民收入恒等式和资本积累方程中解出总产出和总投资。我们还可以从劳动的边际产品中得到隐含的工资率，从资本的净边际产品中得到隐含的实际利率，如果模型中包含劳动，那么就可以得到七个宏观经济变量的动态行为。

16.3 经验研究方法

RBC 分析的最初目的是为了检验技术冲击下模型的数据是否与实际观察到的宏观经济数据匹配，一般会重点分析方差、协方差以及自相关系数的匹配程度。模型产生的数据只有一个随机性来源，即技术冲击，但是观察到的数据有七个独立的随机性来源，因此，在产出的方差—协方差矩阵中存在一个不出现在观测数据中的奇异点。因此，RBC 模型的问题之一是，为模型设定另外的随机性来源。例如，我们可以在 (16.1) 式中加入一个劳动供给的随机冲击，那么，模型的解 (16.13) 式中就存在两个随机冲击。冲击的一些其他潜在来源有：对即时效用函数的偏好冲击；对资本积累方程的冲击，这种冲击或许反映了 (众多因素中) 随机折旧的影响；对涉及工资和实际利率的两个边际生产力关系的冲击；还有对国民收入恒等式的冲击，这反映了所消耗的产出或者存货。将这些结合起来，可以得到七个独立的冲击，产生模型七个变量的结果。

我们可以解析地求出模型的方差—协方差矩阵以及产出的自相关系数，通过将 (16.13) 式写为向量移动平均模型：

$$\Delta x_t = \sum_{s=0}^{\infty} \eta_1^{-s}(G_0 e_{t-s} + G_1 e_{t-s-1}) = \sum_{s=0}^{\infty} H_s e_{t-s}.$$

这意味着

$$V(\Delta x_t) = \sigma^2 H(1) H(1)',$$

其中，$V(e_t) = \sigma^2$，$H(L) = \sum_{s=0}^{\infty} H_s L^s$，$H(1) = H(L)|_{L=1}$。因此，只有一个冲击时，$V(\Delta x_t)$ 为奇异矩阵。H_s 同时定义了对自相关函数以及一单位 e_t 冲击的脉冲响应函数。这些可以通过使用下式，从生产函数中得到：

$$\begin{aligned} e_t &= \Delta \ln Z_t \\ &= \Delta \ln Y_t - \alpha \Delta \ln K_t - (1-\alpha) \Delta \ln N_t - (1+\mu), \end{aligned}$$

其中，$\Delta \ln Y_t$，$\Delta \ln K_t$ 和 $\Delta \ln N_t$ 均为观测数据，α 和 μ 则是通过校准或者估计得到的。e_t 的方差等于 σ^2。

实际上，在大多数 RBC 分析中，计算这些矩所使用的都是数值模拟的方法，而不是解析法，因此，并不需要将模型线性化。实现数值模拟的方法有多种途径，其中一种方法是，从服从零均值和给定方差的分布中抽取独立随机样本以产生冲击，然后计算出模型的各变量。这需要使用非线性理性预期解的方法。关于这种方法的大量介绍见 Canova(2005) 以及 De Jong 和 Dave(2007)。接着，对模型得出的各变量使用 Hodrick-Prescott(HP) 滤波法剔除序列的趋势，并且计算出样本矩。不断重复该过程，从而得到每个矩的数值分布，计算出这些矩分布的均值 (或者中位数)，最后，将计算出的样本矩的均值与观察到的剔除趋势的数据做比较。

与此相比，另一种方法的主要差异在于改变冲击的随机样本的产生方法。大多数研究都以 Solow 残差 估计技术冲击，Solow 残差是通过对观测数据运用 HP 滤波法剔除趋势而得到的。因此，估计的冲击为

$$\begin{aligned} \hat{e}_t &= \ln \tilde{Z}_t \\ &= \ln \tilde{Y}_t - \alpha \ln \tilde{K}_t - (1-\alpha) \ln \tilde{N}_t - (1+\mu), \end{aligned}$$

其中，$\ln \tilde{X}_t$ $(X = Z, Y, K, N)$ 为相应的剔除趋势之后的数据，α 和 μ 是通过校准或者估计得到的。第一种方法中使用的冲击方差是 $\hat{e}_t$ 的方差，第二种方法的下一步是从估

计出的残差中得到一个随机样本，并且使用该样本生成模型中各变量的结果以及它们的矩。从估计的残差中重复抽样，并且计算模型相应的各变量以及它们的样本矩，就得到了这些矩的数值分布，从数值分布中可以计算出均值。这第二种方法被称为自举法。

使用校准法而不是传统计量经济学估计方法引起了诸多争议。Kydland 和 Prescott(1982) 对使用校准方法的解释是，这样做是为了把模型调整到适于分析当前问题。他们指出，参数值的选取要能够反映出在应用研究中对偏好以及技术的设定，并且参数值要使得模型的稳态值接近于在所设定的时期内经济体的均值，换句话说，希望参数值适合于分析当前问题。

传统计量经济学估计方法的不妥之处在于，它通常仅仅以统计上的准则来判断模型的优劣，例如，模型对数据的拟合程度或者系数估计的显著性。因此，当模型出现误设时都会通过更改动态结构来修正，而不是重新思考其背后的宏观经济理论。在模型中加入动态性的好处是，在任何完整经济体的联立方程模型中，对每个内生变量而言，都存在一个特定的单变量时间序列表达式，或者说，对一组变量而言，存在向量自回归表达式，这些表达式要么是精确的，要么可以通过包含足够长的滞后项来高度近似。因此，如果一个结构方程中忽略了序列相关的变量，基本可以通过设定较长的滞后项予以弥补。更进一步，如果模型没有明确包含忽略掉的变量，那么就很难、甚至无法发现模型的误设。校准的 DSGE 模型因为通常具有较为简单的动态结构，所以其拟合程度低于估计的模型。

判断 DSGE 模型优劣的更好的方法可能是更多关注模型的长期解，并将其同期发生的交互相关结构及其脉冲反映的形状与拟合数据的纯时间序列模型的冲击加以比较，如 VAR 模型。因为我们对长期参数值的了解更多。在校准模型时，可以直接将对长期参数值的认知强加于模型。在评价估计得到的结构模型时，可以测试模型的长期参数估计值与先验信息的吻合程度。

近期，人们提出了一些最优校准方法。其中一种是所谓的间接推断法，这种方法的好处是可以运用标准的统计推断方法对校准的模型予以评价，而其另一个优势体现在非线性模型中。传统的计量经济学方法在对模型进行估计时，必须将非线性模型线性化，否则就很难估计，而对于最优校准方法而言，通常不需要对模型进行线性化。

使用最优校准方法时，第一步先要运用传统的估计方法将数据与模型进行拟合，这个模型就叫做辅助模型，它可以是向量自回归或者如 (16.13) 式那样的方程。第二步是校准 RBC 模型，并且通过模拟产生人工数据。(通常在获得模拟值时，并不需要对模型进行线性化。) 第三步则是使用模拟出来的数据估计辅助模型。对于 RBC 模型的不同校准值，重复进行第二步和第三步。所谓最优校准是指，基于模拟的数据所估计出来的辅助模型最接近于基于观测数据所估计出来的辅助模型。可以通过许多种方法将两组数据集进行比较：比较辅助模型估计出的系数 (Gregory 和 Smith，1993，2000) 或者比较似然函数比、似然函数值 (Tauchen，1996)。对评价方法、最优校准以及宏观经济模型模拟的探讨，见 Canova(2005)，De Jong 和 Dave(2007)，Gourieroux 等 (1993) 以及 Gourieroux 和 Monfort (1996)。与之相关用于检验已经校准完毕或已经估计过的 DSGE 模型的方法被称为间接推断法，与代表数据的辅助模型不同。这部分内容可参见 Le 等人即将发表的文献。

尽管 HP 滤波被广泛应用，但它究竟是不是剔除数据趋势的最优方法仍然不甚明了。根据前述理论，我们应该使用线性趋势法剔除数据对数值的趋势。HP 滤波法的一个问题是，它具有很大的灵活性，它的灵活性依赖于对参数 λ 的选取，λ 是给予平滑趋势的权重。它的大小控制着两个极端，要么完全遵循原始数据的趋势，要么遵循线性趋势。尽管我们通常选择某些特定的值，但是对于任意位于两个极端之间的 λ 值的选取都是主观臆断的。我们注意到，通过偏离线性趋势，HP 滤波法降低了冲击效果的波动性。HP 滤波更深入的问题是它引致了去趋势序列，而这一点在原始数据中并不一定存在。综合上述种种原因，也许采用低阶多项式时间趋势会优于 HP 滤波。

我们已经描述了用以评价 RBC 模型的方法论。一般而言，对这些方法稍加改动就能够处理之前章节所考察的更为一般的 DSGE 模型。但与之前相比，我们现在要更多地思考经济体的随机性来源以及对估计法和校准法的选择，从而得到数值模型的特性。

16.4 RBC 模型的经验证据

大多数 DSGE 宏观经济模型的经验证据都与 RBC 模型有关，在这一方面有着大量的研究成果。我们的讨论并不是试图去阐明每个 RBC 模型以及数据设定，因为几乎所有的模型都是前述版本的变形，并且对于不同时期而言，结论并不存在太大差异，因此我们讨论的重点在于总结分析一般性的结论。我们的目的是识别出经济波动的主要影响因素，更为一般地说，是解释重要宏观经济变量的波动。该模型的大部分经验证据都来自美国。我们的初始讨论是基础的 RBC 模型以及它的一些扩展，接着考察开放经济的 RBC 模型，最后讨论货币经济学的 DSGE 模型。欧元区经济周期网站：www.eabcn.org 是一个对了解 RBC 模型一般性信息非常有用的网站。

16.4.1 基准 RBC 模型

我们对基础 RBC 模型的讨论大部分来自于 King 和 Rebelo(1999) 以及 Rebelo(2005)，除此之外，还有 King 和 Plosser (1 988)，King 等 (1988a，b)，Cooley(1995) 以及 Marimon 和 Scott(1999)。King 和 Rebelo 的模型与我们前述 RBC 模型的唯一显著区别在于对劳动的处理。King 和 Rebelo 不考虑人口增长，并将闲暇作为一个因素考虑进效用函数中，因而他们将效用函数定义为

$$U(c_t, L_t) = \frac{c_t^{1-\sigma}}{1-\sigma} + \frac{\phi}{1-\gamma}(L_t^{1-\gamma} - 1),$$

其中，L_t 为闲暇，N_t 为劳动，$L_t + N_t = 1$。除此之外的所有其他方程都如前所述。将技术进步设定如下

$$\ln A_t = \alpha \ln \varPsi_t + \ln \Gamma_t,$$

$$\ln \varPsi_t = \ln \varPsi_{t-1} + \ln \xi,$$

$$\ln \Gamma_t = \rho \ln \Gamma_{t-1} + \varepsilon_t,$$

其中，ε_t 为 i.i.d.$(0, \omega^2)$ 冲击。那么，技术冲击中同时含有永久性和暂时性的成分，并且分别由 $\ln \varPsi_t$ 和 $\ln \Gamma_t$ 所定义，因此，还存在一个对闲暇的一阶条件。尽管有这些变化，但除了对技术冲击的设定之外，模型的解和第 3 章中增长模型的解是一样的。对 King 和 Rebelo 基础 RBC 模型校准的参数值见表 16.1。

表 16.1 基准 RBC 模型的校准

σ	β	ϕ	γ	η	α	δ	ρ	ω
1	0.984	3.48	1	0.004	0.667	0.025	0.979	0.0072

表16.2 中的数据是为了表明，基础模型是如何很好地模拟出美国 1947.1–1996.4 间经济周期数据的。括号外的数据是美国 1947.1–1996.4 间的真实数据，除了实际利率之外，所有变量都是人均量并且取了对数形式，而且已经用 HP 滤波剔除了趋势；括号内的数据是根据基础模型计算出来的。

观测数据表明，人均消费与人均产出在同期内高度相关，人均消费可以解释人均产出四分之三的波动，并且它们的一阶自相关性也很相似。(我们可以将相关系数解释为表示其与产出的长期联动性。) 人均投资的波动性大约为人均产出波动性的三倍，但它们的相关性略低。劳动 (以人均小时数表示) 的波动性与人均产出的波动性一样大，

表 16.2　1947.1–1996.4 美国经济周期以及基准模型统计量 (括号内数字表示模型统计量)

	标准差	相对标准差	一阶自相关	同产出的相关系数
Y	1.81 (1.39)	1.00 (1.00)	0.84 (0.72)	1.00 (1.00)
C	1.35 (0.61)	0.74 (0.44)	0.80 (0.79)	0.88 (0.94)
I	5.30 (4.09)	2.93 (2.95)	0.87 (0.71)	0.80 (0.99)
N	1.79 (0.67)	0.99 (0.48)	0.88 (0.71)	0.88 (0.97)
Y/N	1.02 (0.75)	0.56 (0.54)	0.74 (0.76)	0.55 (0.98)
w	0.68 (0.75)	0.38 (0.54)	0.66 (0.76)	0.12 (0.98)
r	0.30 (0.05)	0.16 (0.04)	0.60 (0.71)	−0.35 (0.95)
A	0.98 (0.94)	0.54 (0.68)	0.74 (0.72)	0.78 (1.00)

并且与人均产出高度相关，但是每小时产出的波动性和相关性都较小，这意味着，就业的短期变动很大部分源自产出的波动。实际工资率 (每小时的报酬) 的波动性远小于人均产出并与人均产出的相关性很低，这说明了实际工资具有相对黏性。实际利率的波动性更低，并且与人均产出负相关。最后，(全要素) 生产率的波动性为人均产出的一半，但是相关性较高。

基准 RBC 模型所对应的统计量如括号中的数据所示。大体而言，与观测到的变量数据相比，模拟出的变量波动性较低，与产出的相关性较大，自相关性较小，消费和投资过于平滑。但是它们的主要差别还在于劳动生产率、实际工资以及实际利率与产出的高度相关性；实际利率也过于平滑。在 King 和 Rebelo 看来，对于一个如此简单的模型而言，基准 RBC 模型对现实经济的解释能力令人惊讶。

从这些结果中我们能看出基准 RBC 模型的哪些不足呢？劳动力市场就是一个值得思考的问题。在本模型中，就业的波动过低，并且工资与产出高度相关，劳动生产率也是一样。这意味着，实际上工资的灵活性较低，而就业的灵活性较高。进一步说就是，工资与其边际产品的联系看起来不是很紧密，并且就业对产出的反应过低。这些结论与工资的高度黏性以及存在额外的冲击相一致，额外的冲击或许来自供给层面，它给主要的宏观经济总量带来了波动性，并且降低了它们与产出的相关性。

模拟数据与观测数据最大的差异在于实际利率与产出的相关性。在所观测数据中，这一相关系数为负，而在模拟的数据中相关系数接近于 1。这意味着，市场上的实际利率与资本的边际产品相关性很小；它还表明，在股权价格与厂商的基础价值之间存在一个缺口；同时也反映了这样一个事实：实际利率并不是简单地反映资本的实际收益，它是由金融市场决定的，并且还受到货币政策的影响。

消费的表现也令人困惑。实践中消费的波动性要远大于模型中的波动性，并且接近于产出的波动性，但是它与产出的相关性却比较低。这又一次意味着，现实中还存在其他独立的冲击，并且该冲击对消费造成的影响不同于产出对消费的影响。按照生命周期理论，消费依赖于税后收入和财富，而非产出；并且，工资虽然具有黏性，但是实际就业的波动性比在模型中波动性更大。这表明，除了产出之外，还存在其他影响消费的因素，例如税收，金融和其他财富来源，以及因就业波动 (或许由于失业) 带来的收入变化。

RBC 模型的主要问题在于它仅仅基于一种类型的冲击，即技术冲击。不难观察到，正向冲击 (例如计算机的新发明) 会提高产出，负向供给冲击 (例如收成欠佳) 会降低经济体的产出 (特别是严重依赖于农业的经济体)。想要观察到负向冲击如何引起衰退是很困难的，而把大萧条归咎于负向技术冲击似乎更不合理。进一步说，对技术冲击的估计是基于 Solow 残差的，而实际上，Solow 残差更像是诸多效应的混合体，包括所投入的要素没有被充分利用。生产函数假定资本和劳动被充分利用了，但是实际上在经济低迷时期要素很可能未被充分利用，如还没有撤销的多余投资或者未解雇的冗余劳动力。因此，Solow 残差也包含了其他冲击的影响。

无论人们认为简单的 RBC 模型表现得有多好，所有这些结论都强烈指出迫切需要一个更为一般的模型。在本书中我们所讨论的 DSGE 宏观经济学分析框架有充分的能力和灵活性构造一个令人满意的经济体模型，该模型能够克服我们在基础的 RBC 模型中所发现的不足。

16.4.2 对基准 RBC 模型的扩展

改善基础 RBC 模型的一种方法是将重点放在引入其他类型的冲击上，需求冲击便是我们的首选。需求冲击包括货币冲击和财政冲击，例如利率、政府支出以及税收变动，还包括偏好冲击和外部贸易冲击。其他类型的冲击包括：由劳动参与率变动以及人口变动所引起的劳动供给冲击；原材料价格冲击，例如石油价格变动；由国外生产力冲击所引起的贸易条件效应；汇率冲击等。改善基础模型的另外一系列研究则将注意力集中于模型的内部结构，如消费和闲暇之间的可替代程度，以及劳动投入的不可分性，而劳动投入的不可分性则限制了对劳动时间的选择，只能自由决定是否要参加工作。除了偏好冲击之外，其他冲击所产生的影响我们之前都已经分析过了。

文献中对基础模型的初次扩展之一是试图加强模型对劳动总供给的反应。由于劳动供给方面的经验证据更多地指向于劳动与闲暇之间可替代性 (广延边际) 这一潜在角色，而非劳动时间的变动性 (集约边际)，人们使用两种办法来处理这一问题：一种是假定居民户有一个保留工资，如果工资低于保留工资他们就不愿意参加工作，并且不同的居民户其保留工资也不同：见 Cho 和 Rogerson(1988)；另一种是假定居民户是同质的，但是一部分居民户按照给定的时间参加工作，而另外一部分居民户不参加工作 (不可分劳动模型)：见 Hansen(1985) 以及 Rogerson(1988)。假定工作与失业之间的配置是随机的。Hansen 发现，这种假定导致了更高的劳动弹性，从而与基础模型相比，提高了就业 (总劳动时间) 相对于生产力的标准差。

对基础模型的另外一种早期扩展是将政府购买冲击囊括到模型中：见 Christiano 和 Eichenbaum(1992)，Baxter 和 King (1993) 以及 McGrattan(1994)。他们认为，对劳动供给函数的正向冲击，即向外移动，会提高就业和工资，并且降低工资反应的幅度。McGrattan 指出，政府为了给政府支出融资而改变税率，居民户对此做出的反应就是在征税活动与非征税活动之间相互替代选择，这就改变了消费、投资、工作时间和生产力的波动性，结果降低了工作时间与生产力之间的相关性。尽管产生的结果很接近现实数据，但是财政冲击作为经济周期的主要影响因素似乎过于渺小了。近来欧元区所发生的种种事件也许会改变这个结论。

Baxter 和 King 基于美国 1930–1985 年数据校准的 DSGE 模型研究了不同类型财政冲击的影响。与前述 RBC 模型不同，他们的模型允许政府支出影响效用和生产力，并且包含了政府预算约束和财政转移支付。他们的主要结论是：

(i) 当以一次性总付税融资时，政府购买的永久性变化对宏观经济活动有重要的影响。他们指出，长期乘数甚至可能大于 1。

(ii) 融资方法的重要性要大于政府购买的直接资源成本，例如，当以收入税融资时，更高的政府购买会使得产出下降。

(iii) 政府购买所产生的影响还依赖于它是否影响私人的边际产品决策，例如，政府购买是否会提高私人资本和劳动力生产力，是否会影响到私人投资。我们在第 10 章曾指出，财政乘数的大小很可能取决于经济体在多大程度上更接近充分就业。

Friedman 和 Schwarz(1963) 将大萧条的主要原因归咎于美国紧缩的货币政策，遵循这一观点以及 Friedman(1968) 的货币政策讲义，我们就可以看到，他们认为货币冲击在两年内都会对产出有很强的影响。因此，直至目前货币冲击在 RBC 模型中仍未占据主导的地位便令人匪夷所思，见 Dotsey 等 (1999)，Clarida 等 (1999) 以及

Christiamo 等 (1999)。我们从之前的分析中清楚地发现，可以很容易地通过对价格和名义工资黏性的校准使产出产生观测数据中所发现的那种经济周期式的反应变化。人们还发现，如果货币政策是宽松的，那么在短期中，技术冲击只能对产出产生扩张效应，见 Altig 等 (2004) 以及 Gali 等 (2004a)。我们将在后面重新回到这些问题上。

16.4.3 开放经济的 RBC 模型

大多数实际经济周期的研究都涉及美国，从多个方面来看，美国接近于一个封闭经济。相比之下，其他大部分国家都是小型开放经济，会受到世界上其他国家的强烈影响，尤其会受到美国的影响，对于世界上的其他经济体而言，美国很可能是冲击的主要来源。研究开放经济下的 RBC 模型很少，该领域的开山之作是 Backus，Kehoe 和 Kydland(Backus 等，1985)，这篇文章至今享有盛名。这篇文章研究了国际经济周期，将基准 RBC 模型应用于 10 个 OECD 国家并且检验了与美国的联动性以及贸易条件冲击所产生的影响。

他们的基准模型实质上就是之前讨论的基础模型，在国民收入恒等式中加入了政府支出和净出口。假定政府支出是一个自回归过程，净出口被视为国民收入恒等式中的残差，也就是说，净出口等于产出减去消费、投资以及政府支出。效用函数为

$$U(c_t, l_t) = \frac{(c_t^{\nu} l_t^{1-\nu})^{1-\sigma}}{1-\sigma},$$

该式意味着消费和闲暇是不可分的。

他们还考察了对基准模型的修正，即将净出口内生化以检验贸易条件冲击所产生的效应。文中所构建的两国模型中，每个国家都专业生产一种产品，以 a 标记国家 1 的产品，以 b 标记国家 2 的产品。两个国家的资源约束分别为

$$y_{1t} = a_{1t} + a_{2t} = F(k_{1t}, n_{1t}),$$

$$y_{2t} = b_{1t} + b_{2t} = F(k_{2t}, n_{2t}),$$

其中，a_{2t} 和 b_{1t} 为出口。生产函数为

$$F(k_{it}, n_{it}) = Z_{it} k_{it}^{\alpha} n_{it}^{1-\alpha}$$

由于投资不能瞬时完成，所以投资为

$$i_{it} = \sum_{j=1}^{J} \phi_j i_{t-j}^s,$$

其中，i^s_{t-j} 表示从第$t-j$期开始的投资。

为了刻画本国和国外产品的不完全替代性，每个国家对消费和投资的总支出加上政府支出被设定为本国和国外产品的复合品，如下所示：

$$c_{1t}+i_{it}+g_{it}=G(a_{1t},b_{1t})=(\omega a_{1t}^{1-\varphi}+b_{1t}^{1-\varphi})^{1/(1-\varphi)},$$
$$c_{2t}+i_{2t}+g_{2t}=G(b_{2t},a_{2t})=(\omega b_{2t}^{1-\varphi}+a_{2t}^{1-\varphi})^{1/(1-\varphi)}.$$

本国和国外产品的替代弹性由 $1/\varphi$ 给出。如果 q_{1t} 和 q_{2t} 分别为本国和国外产品的价格，那么，在均衡时，作为贸易条件的相对价格为

$$\begin{aligned}Q_t&=\frac{q_{2t}}{q_{1t}}\\&=\frac{\partial G/\partial b_{1t}}{\partial G/\partial a_{1t}}\\&=\frac{1}{\omega}\left(\frac{a_{1t}}{b_{1t}}\right)^{\varphi}.\end{aligned}$$

以本国产品的单位数表示的国家 1 的贸易余额为

$$x_{1t}=a_{2t}-Q_t b_{1t}.$$

对两个经济体的冲击是生产力冲击和政府支出冲击，两个冲击满足 VAR 过程：

$$Z_{t+1}=AZ_t+e_{t+1},$$
$$g_{t+1}=Bg_t+\varepsilon_{t+1},$$

其中，$Z_t=(Z_{1t},Z_{2t})'$，$g_t=(g_{1t},g_{2t})'$，两国政府支出冲击是不相关的，但是技术冲击是相关的。

通过校准，选择的参数值为，$\beta=0.99$，$\sigma=2$，$\nu=0.34$，$\alpha=0.36$，$\delta=0.025$，$\mathrm{corr}(e_1,e_2)=0.258$，$J=4$，并且

$$A=\begin{bmatrix}0.906 & 0.088\\0.088 & 0.906\end{bmatrix}.$$

因此，$\mathrm{corr}(Z_1,Z_2)=0.015$。

现在，我们用根据基准模型及其变形模拟得到的数据和根据观察数据计算出的各国不同变量的矩做一个比较。仅选择 Backus，Kohoe 和 Kydland 的结果做一个分析。

表 16.3 列出了对于不同版本的模型，基于美国、加拿大、德国、日本以及英国的观测数据计算出的样本统计量。所有观测数据都用 HP 滤波法剔除了趋势，模型统计

表 16.3 国际经济周期和模型统计量，1970–1990 年代中期

		美国	加拿大	德国	日本	英国	基准	自给自足
标准差	产出	1.92	1.50	1.51	1.35	1.61	1.50	1.26
(%)	贸易条件	3.68	2.99	2.66	7.24	3.14	0.48	—
标准差	消费	0.75	0.85	0.90	1.09	1.15	0.42	0.54
同产出	投资	3.27	2.80	2.93	2.41	2.29	10.99	2.65
标准差	政府支出	0.75	0.77	0.81	0.79	0.69	—	—
之比	就业	0.61	0.86	0.61	0.36	0.68	0.50	0.91
	生产率	0.68	0.74	0.83	0.88	0.88	0.67	0.99
同产出的	消费	0.82	0.83	0.66	0.80	0.74	0.77	0.90
相关系数	投资	0.94	0.52	0.84	0.90	0.59	0.27	0.96
	政府支出	0.12	-0.23	0.26	-0.02	0.05	—	—
	就业	0.88	0.69	0.59	0.60	0.47	0.93	0.91
	生产率	0.96	0.84	0.93	0.98	0.90	0.89	0.99
	净出口	-0.37	-0.26	-0.11	-0.22	-0.19	0.01	—
	贸易条件	-0.20	-0.05	-0.11	-0.22	0.09	0.49	—
同净出口的	贸易条件	0.30	0.05	-0.08	-0.56	-0.58	-0.41	—
相关系数								

量是基于 20 次随机模拟得到一百期数据后再利用 HP 滤波去势得到的。大部分观测到的跨国统计量并没有表现出很大的不同，因此，我们将集中讨论与比较不同模型的统计量与观测数据的统计量。

在基准模型中，政府支出被限制为零，并且不存在贸易条件效应，因此模型数据指向了本国的生产力冲击。模型数据与观测数据的主要差别在于消费的波动性过低以及投资和产出的相关性过低。图 16.1 和图 16.2 是根据 Backus 等 (1995) 重新制作而成，两图分别给出了本国和国外对本国生产力冲击的脉冲响应函数。图中生产力冲击的变化以其占稳态值的百分比度量，其他变量的变化以占产出稳态值的百分比度量。

生产力冲击对投资的影响最大，并导致了净出口赤字，这在图中并未给出。最终，本国生产力冲击通过引起国外生产力的提高而影响了国外经济，但是在刚开始时，国外产出和投资都出现了下降，而消费出现了微弱的上升。表 16.4 给出了各个国家响应变量间的相关系数。欧洲那一列是指美国与欧洲观测数据之间的相关性。因此，在基准模型中，消费的相关系数很高并且为正，它反映了消费的风险分担 (在完备市场下，

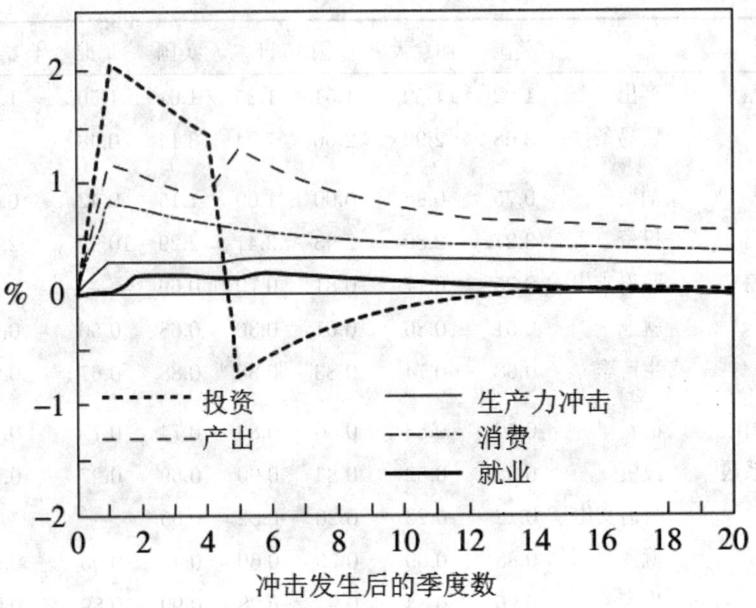

图 16.1　对本国的效应

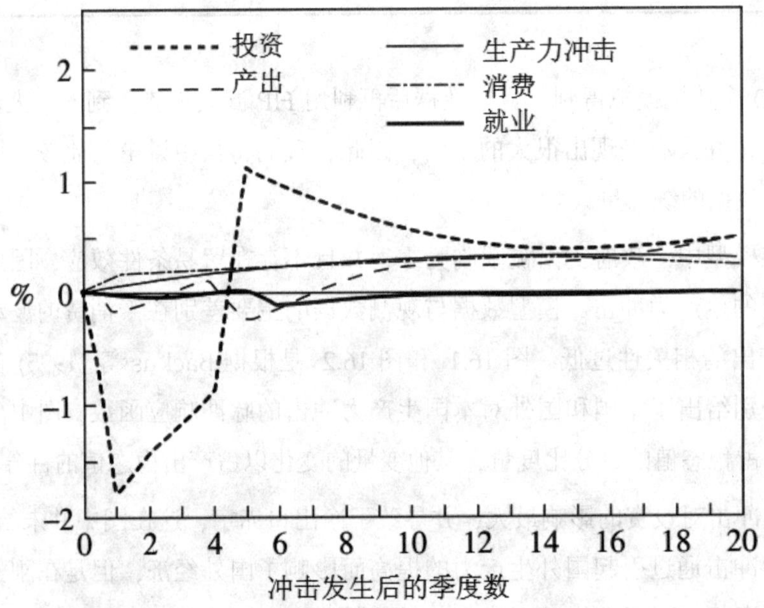

图 16.2　对国外的效应

相关系数等于 1)，生产力冲击正相关，但是其他三个相关系数都为负，这与观测数据正好相反，观测数据显示，这三个变量间都是正相关的。Backus，Kehoe 和 Kydland 对产出、投资和就业之间相关系数符号的差异做了解释，他们认为引起这一现象的原因是，本国经济生产力的急剧提高使得资源从国外流向国内。他们称其为数量异常。

表 16.4　本国和国外变量的相关性

	欧洲	基准	自给自足
产出	0.66	-0.21	0.08
消费	0.51	0.88	0.56
投资	0.53	-0.94	-0.31
就业	0.33	-0.78	-0.51
生产率	0.56	0.25	0.25

Backus，Kehoe 和 Kydland 还检验了加入运输成本所产生的效应。他们发现，这在很大程度上降低了净出口的波动性，从基准模型中的 3.77 降到了 0.37，并且还降低了投资相对于产出的波动性，但是这一波动的降幅不大。

如果禁止一切贸易，那么经济体就得自给自足。不考虑符号，这无疑会降低国家间消费、产出、投资以及就业的相关性。提高这些相关性的一个途径是提高生产力冲击间的相关性，Backus，Kehoe 和 Kydland 指出，这不会同时提高产出和消费的相关性：如果其中一个提高了，另一个就不会提高。

修正后的基准模型将贸易条件的变化纳入了考虑，$\varphi = 0.67$，选择 ω 使得进口占 GDP 的比重为 0.15，并且 $J = 1$。表 16.3中的最后三行总结了该模型的结果。在修正的基准模型中，产出与净出口的相关系数接近于零，远低于实际数据，但是产出与贸易条件的相关系数则远大于实际数据。对此显而易见的解释是，生产力冲击有很强的贸易条件效应并且该效应抵消了对净出口的效应。然而，除了加拿大和德国之外，理论模型中贸易条件与净出口之间的相关系数并不与原始数据矛盾。Backus，Kehoe 和 Kydland 将这种现象解释为价格异常。在其他实证中，对政府支出冲击以及进口占 GDP 更大份额的效应进行了检验，得到的结果与前述结果差异很小。

Backus，Kehoe 和 Kydland 的研究将 RBC 模型在开放经济中的应用向前推进了一大步。研究得出的结果为理论模型提出了一系列有待解决的问题。理论模型的一个明显瑕疵在于，该模型是针对实际经济体而言的，它忽视了名义汇率效应。我们在第 7

章中已经讨论过了，在短期中，贸易条件 (以及实际汇率) 的变动是由名义汇率的波动所主导的。这反应在表 16.2的第二行中：对于修正的基准模型而言，标准差仅为 0.48，然而在观测数据中标准差要远大于此。

16.5 货币经济的 DSGE 模型

我们从真实的封闭经济开始研究 DSGE 模型，然后将其延伸到开放经济，最后我们考虑货币经济。更多与新凯恩斯模型相关的货币经济的经验证据，可参见 Batini 等 (2005)，Gali 等 (2001，2005)，King 和 Plosser(2005)，Leeper 和 Zha(2000)，Roberts(1995) 和 Smith 和 Wickens(2007)；更多关于经济体 VAR 模型的文献可见 Canova 和 De Nicolo(2002)，Christiano 等 (1999，2005) 和 Leeper 等 (1996)。这些证据表明货币冲击在短期有重要的实际效果。VAR 研究方法的主要缺点在于它们对货币冲击的识别，参见 Canova(1995) 和 Wickens 和 Motto(2000)。然而现在我们的兴趣在于货币经济在一般均衡中所蕴含的意义，就像它在 DSGE 宏观经济模型中的特点一样。

Smets 和 Wouters(2003) 是一篇伟大的研究，他们利用 Bayesian 方法而不是校准的方法估计了欧元区封闭经济的 DSGE 模型。值得一提的是，他们的模型融合了很多我们之前讨论的新凯恩斯模型特点，比如由 Calvo 滞后调整模型产生的名义黏性价格和工资。他们的模型还包括两个供给冲击 (生产率和劳动力供给冲击)，三个需求冲击 (偏好冲击，对投资需求的冲击以及政府支出冲击)，三个成本推动冲击 (对产品和劳动力市场加成的冲击和对资本风险溢价的冲击) 以及两个货币政策冲击。

毫无疑问，从所列问题的数量来看，可以想象他们的模型比我们之前所讨论的模型更加复杂。该模型的旨趣部分在于它融合了很多我们之前章节模型所包含的特点，这也为我们展示了他们是如何把我们之前讨论过的诸多模型整合成整个经济体的模型，尽管它所描述的是一个封闭经济。我们利用它们的符号系统引介他们关于欧元区的模型，由此看出它们在某种程度上不同于此前章节中相关模型与符号系统。

16.5.1 The Smets-Wouters 模型

16.5.1.1 居民户

居民户的效用函数是

$$U\left(c_{it}, n_{it}, \frac{M_{it}}{P_t}\right) = \left[\frac{(c_{it} - hc_{i,t-1})^{1-\sigma_c}}{1-\sigma_c} - \frac{n_{it}^{1+\sigma_n}\varepsilon_t^{\mathrm{n}}}{1+\sigma_n} + \frac{(M_{it}/P_t)^{1-\sigma_m}\varepsilon_t^{\mathrm{m}}}{1-\sigma_m}\right]\varepsilon_t^{\mathrm{B}},$$

其中 c_{it}，n_{it} 和 M_{it}/P_{it} 代表第 i 个居民户的消费、工作和实际货币余额，$\varepsilon_t^{\mathrm{i}}$ $(i = \mathrm{B}, \mathrm{n}, \mathrm{m})$ 是偏好冲击，P_t 是一般价格水平，hc_{t-1} 表示消费习惯，c_t 是总消费。居民户的实际预算约束是

$$\frac{M_{it}}{P_t} + p_t^{\mathrm{B}} \frac{B_{it}}{P_t} = \frac{M_{t-1}}{P_{t-1}} + \frac{B_{i,t-1}}{P_{t-1}} + y_{it} - c_{it} - i_{it},$$

其中债券 B_{it} 是价格为 p_t^{B} 的一期国库券。居民户的总收入为

$$y_{it} = w_{it} n_{it} + a_{it} + r_t^{\mathrm{k}} z_{it} k_{i,t-1} - \Psi(z_{it}) k_{i,t-1} + d_{it},$$

其中 w_{it} 是实际工资率，k_{it} 是资本存量，r_t^{k} 是资本收益率，$r_t^{\mathrm{k}} z_{it} k_{i,t-1} - \Psi(z_{it}) k_{i,t-1}$ 代表扣除折旧后的资本收入，z_{it} 是对资本的利用能力，而 d_{it} 是股息收入。

由此得到的欧拉方程是

$$E_t\left[\beta \frac{\lambda_{t+1}}{\lambda_t} \frac{R_t P_t}{P_{t+1}}\right] = 1,$$

其中 R_t 是债券的名义总收益率 ($(R_t = 1/p_t^{\mathrm{B}})$)，$\lambda_t$ 是消费的边际效用:

$$\lambda_t = (c_t - hc_{t-1})^{-\sigma_c} \varepsilon_t^{\mathrm{B}}.$$

货币需求是

$$\left(\frac{M_t}{P_t}\right)^{-\sigma_m} \varepsilon_t^{\mathrm{m}} = (c_t - hc_{t-1})^{-\sigma_c} - \frac{1}{R_t}.$$

假设居民户是劳动力市场上的价格制定者。他们的名义工资是

$$W_{it} = \left(\frac{P_{t-1}}{P_{t-2}}\right)^{\gamma} W_{i,t-1}.$$

居民户设定他们的名义工资以在他们的预算约束和劳动力需求的共同约束下最大化他们的跨期目标函数，其中劳动力需求为

$$n_{it} = \left(\frac{W_{it}}{W_t}\right)^{-(1+\lambda_w,t)/\lambda_{w,t}} n_t,$$

劳动力总需求 n_t 和名义总工资 W_t 分别为

$$n_t = \left[\int_0^1 n_{it}^{1/(1+\lambda_{w,t})} \,\mathrm{d}i\right]^{1+\lambda_{w,t}},$$

$$W_t = \left[\int_0^1 W_{it}^{-1/\lambda_{w,t}} \,\mathrm{d}i\right]^{-\lambda_{w,t}},$$

并且

$$\lambda_{w,t} = \lambda_w + \eta_t^{\mathrm{w}},$$

其中 η_t^{w} 是独立同分布 (i.i.d.) 的冲击。

最大化的结果是再优化了的工资加成方程:

$$\frac{\tilde{w}_t}{P_t}E_t\sum_{s=0}^{\infty}\beta^s\xi_w^s\left(\frac{P_t/P_{t-1}}{P_{t+s}/P_{t+s-1}}\right)^{\gamma}\frac{n_{i,t+s}U_{c,t+s}}{1+\lambda_{w,t+s}}=E_t\sum_{s=0}^{\infty}\beta^s\xi_w^s n_{i,t+s}U_{n,t+s},$$

其中 $\tilde{w}_t$ 是新的最优名义工资，如果工资是完全可变的，则 $\xi_w=0$。实际工资是在当期劳动的边际负效用与额外一单位消费带来的边际效用比率的基础上实施 $1+\lambda_{w,t}$ 的加成。因此，总工资满足

$$W_t^{-1/\lambda_w}=\xi\left[W_{t-1}\left(\frac{P_{t-1}}{P_{t-2}}\right)^{\gamma}\right]^{-1/\lambda_w}+(1-\xi)\tilde{w}_t^{-1/\lambda_w}.$$

拥有公司的居民户通过选择资本存量和投资，在他们的预算约束和资本积累条件的约束下最大化跨期效用，资本积累条件是

$$k_t=(1-\delta)k_{t-1}+I\left(\frac{i_t\varepsilon_t^{\mathrm{i}}}{i_{t-1}}\right)i_t,$$

其中 $I(i_t\varepsilon_t^{\mathrm{i}}/i_{t-1})$ 是成本调整函数，而 $\varepsilon_t^{\mathrm{i}}$ 是由自回归 $\varepsilon_t^{\mathrm{i}}=\rho\varepsilon_{t-1}^{\mathrm{i}}+\eta_t^{\mathrm{i}}$ 决定的投资冲击。

一阶条件是

$$\begin{aligned}
Q_t&=E_t\left[\beta\frac{\lambda_{t+1}}{\lambda_t}[Q_{t+1}(1-\delta)+z_{t+1}r_{t+1}^{\mathrm{k}}-\Psi(z_{t+1})]\right],\\
1&=Q_tI'\left(\frac{i_t\varepsilon_t^{\mathrm{i}}}{i_{t-1}}\right)\left(\frac{i_t\varepsilon_t^{\mathrm{i}}}{i_{t-1}}\right)+\beta E_tQ_{t+1}\frac{\lambda_{t+1}}{\lambda_t}\left(\frac{i_{t+1}\varepsilon_{t+1}^{\mathrm{i}}}{i_t}\right)\left(\frac{i_{t+1}\varepsilon_{t+1}^{\mathrm{i}}}{i_t}\right)\left(\frac{i_{t+1}}{i_t}\right),\\
r_{t+1}^{\mathrm{k}}&=\Psi'(z_t),
\end{aligned}$$

其中 Q_t 是已经投入的资本的价值。

16.5.1.2 厂商

假设只有一种竞争性的最终产品，而中间产品则是具有垄断性质的连续统，用 j 来表示，j 分布在单位区间上 ($j\in[0,1]$)。最终产品由中间产品加工得到，即

$$y_t=\left[\int_0^1 y_t^{j(1/(1+\lambda_{p,t}))}\,\mathrm{d}j\right]^{1+\lambda_{p,t}},$$

其中 y_t^j 是中间产品，$\lambda_{p,t}$①是价格加成，加成的方式为

$$\lambda_{p,t}=\lambda_p+\eta_t^{\mathrm{p}},$$

①原书此处符号为 ν_t，疑似作者笔误。

η_t^{p} 是独立同分布的冲击。通过最小化成本得到的中间产品的需求函数

$$y_{jt} = \left(\frac{p_{jt}}{P_t}\right)^{-(1+\lambda_{p,t})/\lambda_{p,t}} y_t$$

以及最终产品的价格水平

$$P_t = \left[\int_0^1 (p_{jt})^{-1/\lambda_{p,t}}\,\mathrm{d}j\right]^{-\lambda_{p,t}},$$

其中 p_{jt} 为中间产品的价格。

中间产品的生产函数是

$$y_{jt} = (z_t k_{j,t-1})^{\alpha} N_{j,t}^{1-\alpha} \varepsilon_t^{\mathrm{a}} - \Phi,$$

其中 $N_{j,t}$ 是厂商雇佣的不同类型劳动力的指标，Φ 是固定成本，而 $\varepsilon_t^{\mathrm{a}}$ 是生产力冲击。成本最小化意味着

$$\frac{W_t N_{j,t}}{r_t^{\mathrm{k}} z_t k_{j,t-1}} = \frac{1-\alpha}{\alpha}.$$

厂商的边际成本是

$$\mathrm{MC}_t = \frac{1}{\varepsilon_t^{\mathrm{a}}} W_t^{1-\alpha} (r_t^{\mathrm{k}})^{\mathrm{a}} [\alpha^{-\alpha}(1-\alpha)^{-(1-\alpha)}],$$

它和中间产品的生产是独立的。厂商的名义利润是

$$\pi_{j,t} = (p_{jt} - \mathrm{MC}_t)\left(\frac{p_{jt}}{P_t}\right)^{-(1+\lambda_{p,t})/\lambda_{p,t}} y_t - \mathrm{MC}_t \Phi.$$

假设厂商可以像在 Calvo 模型中一样以 $1-\xi_p$ 的概率随机地重新优化他们的价格。从一阶条件中可以得到最优的价格 $1-\xi_p$ 为

$$E_t \sum_{s=0}^{\infty} \beta^s \xi_p^s \lambda_{t+s} y_{j,t+s} \left[\frac{\tilde{p}_t}{P_t}\left(\frac{P_{t+s-1}/P_{t-1}}{P_{t+s}/P_t}\right)^{\gamma} - (1+\lambda_{p,t+s})\frac{\mathrm{MC}_{t+s}}{P_{t+s}}\right] = 0,$$

这表明除非 $\lambda_p = 0$，否则最优价格是未来各期边际成本的函数并且是这些成本的加成。因此一般价格指数满足

$$P_t^{-1/\lambda_{p,t}} = \xi_p \left(P_{t-1}\left(\frac{P_{t-1}}{P_{t-2}}\right)^{\lambda_p}\right)^{-1/\lambda_{p,t}} + (1-\xi_p)\tilde{p}_t^{-1/\lambda_{p,t}}.$$

16.5.1.3 市场均衡

最终产品市场均衡满足国民收入恒等式的约束

$$y_t = c_t + i_t + g_t + \Psi(z_t) k_{t-1}.$$

16.5.1.4 对数线性模型

为了经验分析，需要将模型在其非随机稳态水平进行对数线性化。用^表示对均衡的对数偏离，并注意，时期为 $t+1$ 期的变量都取其理性预期值，对数线性化的模型是

$$\hat{c}_t = \frac{h}{1+h}\hat{c}_{t-1} + \frac{1}{1+h}\hat{c}_{t+1} - \frac{1-h}{(1+h)\sigma_c}[(\hat{R}_t - \hat{\pi}_{t+1}) + (\hat{\varepsilon}_t^{\mathrm{b}} - \hat{\varepsilon}_{t+1}^{\mathrm{b}})],$$

$$\hat{i}_t = \frac{1}{1+\beta}\hat{i}_{t-1} + \frac{\beta}{1+\beta}\hat{i}_{t+1} + \frac{\varphi}{1+\beta}\hat{Q}_t + \beta\hat{\varepsilon}_t^{\mathrm{i}} - \hat{\varepsilon}_t^{\mathrm{i}},$$

$$\hat{Q}_t = -(\hat{R}_t - \hat{\pi}_{t+1}) + \frac{1-\delta}{1-\delta+\bar{r}^{\mathrm{k}}}\hat{Q}_{t+1} + \frac{\bar{r}^{\mathrm{k}}}{1-\delta+\bar{r}^{\mathrm{k}}}\hat{r}_t^{\mathrm{k}} + \eta_t^{\mathrm{Q}},$$

$$\begin{aligned}\hat{\pi}_t = &\frac{\nu}{1+\beta\gamma_p}\hat{\pi}_{t-1} + \frac{\beta}{1+\beta\gamma_p}\hat{\pi}_{t+1}\\ &+ \frac{(1-\beta\xi_p)(1-\xi_p)}{(1+\beta\gamma_p)\xi_p}[\alpha\hat{r}_t^{\mathrm{k}} + (1-\alpha)\hat{w}_t - \hat{\varepsilon}_t^{\mathrm{a}} + \eta_t^{\mathrm{p}}],\end{aligned}$$

$$\begin{aligned}\hat{w}_t = &\frac{1}{1+\beta}\hat{w}_{t-1} + \frac{\beta}{1+\beta}\hat{w}_{t+1} + \frac{\gamma_w}{1+\beta}\hat{\pi}_{t-1} - \frac{1+\beta\gamma_w}{1+\beta}\hat{\pi}_t + \frac{\beta}{1+\beta}\hat{\pi}_{t+1}\\ &- \frac{(1-\beta\xi_w)(1-\xi_w)}{(1+\beta)[1+((1+\lambda_w)\sigma_n/\lambda_w)]\xi_w}\\ &\times\left[\hat{w}_t - \sigma_n\hat{N}_t - \frac{\sigma_c}{1-h}(\hat{c}_t - h\hat{c}_{t-1}) - \hat{\varepsilon}_t^{\mathrm{n}} - \eta_t^{\mathrm{w}}\right],\end{aligned}$$

$$\hat{N}_t = -\hat{w}_t + (1+\Psi)\hat{r}_t^{\mathrm{k}} + \hat{k}_{t-1},$$

$$\begin{aligned}\hat{y}_t &= (1-\delta k_y - g_y)\hat{c}_t + \delta k_y\hat{i}_t + g_y\varepsilon_t^{\mathrm{g}}\\ &= \phi[\hat{\varepsilon}_t^{\mathrm{g}} + \alpha\hat{k}_{t-1} + \alpha\Psi\hat{r}_t^{\mathrm{k}} + (1-\alpha)\hat{N}_t],\end{aligned}$$

$$\begin{aligned}\hat{R}_t = &\rho\hat{R}_{t-1} + (1-\rho)[\bar{\pi}_t + r_\pi(\hat{\pi}_{t-1} - \bar{\pi}_t) + r_y\hat{y}_t]\\ &+ r_{\Delta\pi}(\hat{\pi}_t - \hat{\pi}_{t-1}) + r_{\Delta y}(\hat{y}_t - \hat{y}_{t-1}) - r_a\eta_t^{\mathrm{a}} - r_n\eta_t^{\mathrm{n}} + \eta_t^{\mathrm{R}},\end{aligned}$$

其中 $\varphi = I''^{-1}$，$\beta = (1-\delta+\bar{r}^{\mathrm{k}})^{-1}$，$\psi = \Psi'(1)/\Psi''(1)$，$\bar{\pi}_t$ 是通货膨胀目标，方程所涉及的不同的参数都是长期平均值。因此，模型共包含 9 个内生变量和 10 个独立的冲击，其中 5 个冲击是由技术和偏好引起的 ($\varepsilon_t^{\mathrm{a}}, \varepsilon_t^{\mathrm{i}}, \varepsilon_t^{\mathrm{b}}, \varepsilon_t^{\mathrm{n}}, \varepsilon_t^{\mathrm{g}}$)，它们是由一阶自回归过程生成的，三个是成本推动的独立同分布冲击 ($\eta_t^{\mathrm{w}}, \eta_t^{\mathrm{p}}, \eta_t^{\mathrm{Q}}$)，另外两个是货币冲击 ($\bar{\pi}_t$ 和 η_t^{R})。

16.5.2 经验结论

模型利用 Bayesian 方法和 1970.1–1999.4 的季度数据估计了欧元区 7 个国家的宏观经济变量：GDP，消费，投资，就业，GDP 平减指数，实际工资和名义利率。模型假

设资本和资本租赁价格都不可观测。利用 Bayesian 方法可以将关键的校准参数和样本信息进行整合。模型不仅要以样本矩统计量估计 DSGE 模型，还要使用脉冲响应函数。估计 DSGE 模型所使用的矩和脉冲响应函数是以对模型进行一万次模拟后的中位数为基础的。三阶 VAR 与原始数据相吻合并被用于为原始数据提供脉冲响应函数。现在我们总结主要的结论。

比较 VAR 和模拟的 DSGE 模型的自协方差发现，VAR 的自协方差通常与 DSGE 模型的自协方差非常相近：VAR 的自协方差位于 DSGE 模型的置信带内，但置信带非常宽，这意味着参数很不稳定。二者主要的差异在于产出和预期实际利率间的自协方差，VAR 的要高一些，但并不显著。

在 DSGE 模型的脉冲响应函数方面，首先我们考虑生产率正向冲击的影响。它会引起产出、消费和投资上升，但就业和资本利用水平下降；除此之外还会引起实际工资的逐渐上升。就业的下降与美国观测数据生产率冲击的脉冲响应函数一致，但与没有名义刚性的标准 RBC 模型的预测相反。一个可能的解释是受生产率提高的影响，边际成本下降，并且货币政策的响应强度不足以抵消边际成本的下降，所以通货膨胀逐渐降低。估计得到的货币政策对生产率冲击的响应与美国观测数据的结论一致。

正向的劳动力供给冲击对产出、通货膨胀和利率的影响与正向的生产率冲击相似。因为劳动力供给的冲击会持续很长时间，所以对实际利率的影响并不强烈。劳动力供给冲击与生产率冲击的主要差别在于就业与产出联动上升，但实际工资显著下降。实际工资的下降导致边际成本和通货膨胀下降。负向的工资加成冲击也有类似的影响，除了实际利率上升之外，实际工资和边际成本会下降得更多。负向的价格加成冲击对产出、通货膨胀和利率也有类似的作用，但对边际成本、实际工资和资本租赁价格具有反向影响。

正向需求冲击通常会引起实际利率上升。正向的偏好冲击尽管会引起产出和消费的增加，却对投资有挤出作用。为满足需求的增长，必要的产能扩张没有依赖于新的投资，而是被已置资本使用率的提高和就业的增加所替代。消费需求的提高增加了生产要素的价格压力，而资本租赁价格和实际工资的上升也推动了边际成本和通货膨胀的提高。

正向的政府支出冲击最初能提高产出，但由于工作边际效用的增加会导致居民户有更强烈的工作意愿，因此它对消费有挤出作用，对实际工资，边际成本和价格的影响就小了。

除了价格水平会永久性下降外，负向的货币政策冲击 (利率冲击 η_t^R 增加) 对所有变量有暂时的影响。在最开始的若干期，名义和实际短期利率提高，产出、消费、投资和实际工资下降。利率变化对投资所产生的最大影响是其对消费影响的 3 倍。总的说来，这些结果与欧元区国家的经验证据相一致，尽管模型中对价格的影响比一些可识别 VAR 模型所估计的要大些。

通货膨胀目标 ($\bar{\pi}_t$) 永久性地增加使产出、消费、就业、实际工资或实际利率迅速上升，但影响并不强烈。它对投资的影响更大些，当然，它也引起了价格水平永久性地上升。

我们可以从不同期限的预测误差方差中得到每个结构性冲击对内生变量方差的影响。在一年期间，产出方差的变化主要受偏好和货币政策冲击的驱动。在中期，这两个冲击仍起主导作用，但两个供给冲击 (生产率和劳动供给) 占了预测误差方差的 20%。在长期，劳动力供给冲击起主导作用，但货币政策冲击仍然占产出预测误差方差的 1/4。货币政策冲击主要通过投资传导。价格加成和工资加成冲击对产出变化的影响微乎其微。将生产率和劳动力这两个供给冲击加在一起，他们仅能解释产出长期预测误差方差的 37%，比大部分 VAR 模型的研究都要小。生产率冲击最多只解释了产出预测误差方差的 12%，解释能力的下降可能是因为产出和就业的负相关关系。

在短期，通货膨胀的变化主要受价格加成冲击的驱动，这表现为一个非常缓慢的过程，通货膨胀仅对当期和边际成本的预期变动做出反应。在中长期，偏好冲击和劳动力供给冲击能解释通货膨胀预测误差方差的 20%，而货币政策冲击能解释 15%。

总之，在 Smets 和 Wouters 关于欧元区的 DSGE 模型中，偏好冲击、劳动力供给冲击和货币冲击这三个结构性冲击，很大程度上解释了中长期的产出、通货膨胀和利率方差。另外，价格加成冲击是通货膨胀的主要决定因素，而不是产出的决定因素，但生产率冲击对产出的方差贡献率为 10%，对通货膨胀却没有影响。尽管政府支出冲击对产出有很强的暂时性影响，但 Smets 和 Wouters 并没有报告相应的结果。这佐证了我们之前对 RBC 模型的结论，由于它们侧重于生产率冲击，所以模型不能充分地反映整个经济，甚至产出。而一个 DSGE 宏观经济模型，应将货币政策、财政政策和劳动力供给冲击的作用共同纳入讨论的范围。

16.6 楔子、摩擦与经济波动

我们已经明白了 DSGE 模型如何用于解释经济波动，它为我们提供了一个鉴识不同类型冲击并说明这些冲击如何在经济中传导的框架。Smets 和 Wouters 的研究结果表明，他们的模型中需要包括市场不完美 (market imperfections)因素以拟合数据。这些不完美性的形式为楔子和摩擦，也是新凯恩斯主义模型与 RBC 模型的差异的基础，后者的模型中这两种不完全性都不存在。楔子，如价格和工资加成，这两者都影响模型的均衡解，是 RBC 模型中技术冲击的额外扰动的潜在来源。摩擦，如 Calvo 定价以及交叠工资合约等，引入了价格和工资黏性，降低了经济体对冲击调整的速度。Chari 等 (2007, 2010) 学者提出了一个重要的问题，即这些冲击是否是可以被识别的。它们由于被称之为“楔子”的原因造成的，还是其他一些可观察的虽有相同效果但本质却是不同的原因？更正式地说，某一特定的 DSGE 模型的解是否与另一些具有完全不同结构的 DSGE 模型的解无法区分？我们对这个问题的解释很大程度上以下面两篇论文为基础，即 Chari，Kehoe 和 McGrattan (CKM) 以及 Canova 和 Sala (2009).

16.6.1 基准模型

我们用下面的模型作为基准模型，该模型引入了 4 个楔子：效率 (或技术) 楔子 A_t、劳动力楔子 $1-\tau_{n,t}$、投资楔子 $1/(1+\tau_{it})$ 以及政府消费楔子 g_t。假定消费者通过选择人均消费 c_t 和人均劳动 c_t 以最大化其预期效用

$$E_t\sum_{s=0}^{\infty}\beta^s U(c_{t+s},n_{t+s}),$$

其预算约束为

$$c_t+(1+\tau_{it})i_t=(1-\tau_{n,t})w_t n_t+r_t k_t+T_t$$

资本积累方程为

$$k_{t+1}=i_t+(1-\delta)k_t,$$

其中 i_t 为人均投资，w_t 为工资率，r_t 为人均资本 k_t 的实际收益率，T_t 为人均实际一次总付转移支付。经济体的资源约束为

$$y_t=c_t+i_t+g_t,$$

其中 y_t 为生活技术所带来的人均产出

$$y_t=A_t F(k_t,n_t).$$

由一阶条件得出

$$-\frac{U'_{\mathrm{n},t}}{U'_{\mathrm{c},t}}=(1-\tau_{n,t})A_t F'_{n,t}, \tag{16.14}$$

$$U'_{\mathrm{c},t}(1+\tau_{it})=E_t\{\beta U'_{c,t+1}[A_{t+1}F'_{k,t+1}+(1-\delta)(1+\tau_{i,t+1})]\}. \tag{16.15}$$

该结果会受到所有 4 项楔子的影响。RBC 模型中只有 A_t 项，所有其他的楔子都会使 RBC 模型的均衡解扭曲。这些扭曲使得消费、投资、劳动和产出的结果无效。

CKM (2007) 在校准了基准模型后，检验了美国历史上两个极端时期中，这 4 项楔子对经济波动的影响，这两个时期为“大萧条时期 (1929–1939)”和 1982 年衰退。他们发现效率楔子和劳动楔子结合起来可以用来解释大部分大萧条时期直到 1933 年的产出、就业及投资的下降，也能解释大部分 1933 年之后这些变量的恢复过程。与之不同的是，投资楔子对产出的影响是反向的，而即使投资楔子不起作用，政府楔子也没有影响。1982 年的经济衰退是典型的经济下行期，在这一时期效率楔子和劳动楔子的结果仍然相似，而投资楔子没有作用。在 1959–2004 年期间，效率楔子和劳动楔子仍然起主要作用，政府楔子的作用并不重要，投资楔子的作用很小。

16.6.2 关于楔子的其他解释

我们现在来看一下对这些楔子是否可以有其他的解释，尤其是效率楔子和劳动楔子，因为经验证据表明，这二者是非常重要的。我们的讨论主要利用 Chari, Kehoe, and McGrattan 的工作成果。

16.6.2.1 效率楔子

效率楔子可以有多种解释角度。传统上说，它被归因于要素增广型生产率变化，如体现在新资本中的技术进步以及更熟练的劳动力队伍，或者组织制度变迁。CKM 则代之以考虑效率冲击是否由于金融摩擦所致，金融摩擦扭曲了各厂商间中间投入的配置。他们假定有两类厂商，一类比另一类在金融上所受到的限制要更多些，主要是指这类厂商可能会面对较高的借贷利率。

最终产出 q_t 需要将两个部门的产出 q_{1t} 和 q_{2t} 作为投入，其关系式为

$$q_t = q_{1t}^{\phi} q_{2t}^{1-\phi},$$

其中 $0 < \phi < 1$。最终产出的生产者的目标是最大化其利润

$$\Pi_t = q_t - p_{1t}q_{1t} - p_{2t}q_{2t},$$

其中 p_{1t} 和 p_{2t} 为中间投入的价格。经济体的资源约束为

$$c_t + k_{t+1} + c_{1t} + c_{2t} = q_t + (1-\delta)k_t,$$

其中 c_t 为消费，k_t 是资本存量，m_{1t} 和 m_{2t} 为用于生产的中间投入品，其表达式为

$$q_{it} = m_{it}^{\theta} z_{it}^{1-\theta},$$

其中 $0 < \theta < 1$，z_{1t} 和 z_{2t} 为由劳动 n_t 和资本 k_t 生产的复合增加值产品，其生产函数为

$$z_{1t} + z_{2t} = z_t = F(k_t, n_t).$$

中间产品的生产者最大化其利润

$$\Pi_{it} = p_{it} q_{it} - \nu_t z_{it} - R_{it} m_{it},$$

其中 ν_t 为复合产品的价格，$R_{it} = R_t(1+\tau_{it})$ 为总利率，该总利率满足 $R_{1t} > R_{2t}$，τ_{it} 为消费者支付的利率 R_t(假设为 1) 的差价。复合产品 z_t 的生产者最大化其利润

$$\Pi_{zt} = \nu_t z_t - w_t n_t - r_t k_t,$$

其中 r_t 为资本收益率。

消费者最大化

$$E_t \sum_{s=0}^{\infty} \beta^s U(c_{t+s}, n_{t+s}),$$

其预算约束为

$$c_t + k_{t+1} = w_t n_t + (1 - \delta + r_t) k_t + T_t,$$

其中 $T_t = R_t \Sigma_i \tau_{it} m_{it}$。因此金融摩擦 τ_{it} 以类似扭曲税的形式返还给了消费者。

为了将该模型的结论与基准模型的结论相比较，我们忽略政府楔子的影响并重构消费者的预算约束以使投资楔子与资本得利税相似。由此得到

$$c_t + k_{t+1} = (1 - \tau_{n,t}) w_t n_t + [1 - \delta + (1 - \tau_{kt}) r_t] k_t + T_t.$$

这个备择模型意味着基准模型中的效率楔子为

$$A_t = \kappa (a_{1t}^{1-\phi} a_{2t}^{\phi})^{\theta/(1-\theta)} [1 - \theta(a_{1t} + a_{2t})],$$

其中

$$a_{1t} = \frac{\phi}{1+\tau_{1t}}, \quad a_{2t} = \frac{1-\phi}{1+\tau_{2t}} \quad \text{and} \kappa = [\phi^{\phi}(1-\phi)^{1-\phi}\theta^{\theta}]^{1/(1-\theta)}.$$

该式还可以表明，基准模型中劳动力楔子满足

$$\tau_{n,t} = \frac{\theta}{1-\theta}(a_{1t} + a_{2t} - 1),$$

投资楔子满足 $\tau_{it} = \tau_{kt}$。因此，按照备择模型，效率楔子和劳动力楔子的行为都源于利率差价 τ_{1t} 和 τ_{2t} 的变化，而非传统上所说的技术考量或直接的劳动所得税所致。我们注意到，如果没有利率差价，则 A_t 为常数且 $\tau_{n,t} = \tau_{it} = 0$。

16.6.2.2 劳动力楔子

CKM (2007, 2010) 提出了一个以垄断的工会和黏性名义工资为基础的劳动力市场模型。垄断的工会的影响是在劳动的边际产品和 (16.14) 式中消费与闲暇的边际替代率之间打入一个楔子。这个模型不同于基准模型中对劳动力楔子的解释，它认为楔子可能会由于货币供给冲击而各不相同。CKM (2010) 还提出了第二个备择模型，这是以闲暇效用的波动为基础的，它同样影响了 (16.14) 式，使式中闲暇的边际效用成为随机的。

16.6.3 摩擦

Del Negro 和 Schorfheide (2008) 提出一个问题，即在诸如 Smets 和 Wouters 的模型中的名义刚性是否是由适度的价格刚性及轻微工资刚性造成，或者是否是由于这两类刚性都较强的原因所致。他们估测了一个与 Smets 和 Wouters(2007) 模型的美国版本很相似的模型，模型中要有以下几个关键方程：

$$\pi_t = \frac{\beta}{1+\beta\iota_p}E_t\pi_{t+1} + \frac{\iota_p}{1+\beta\iota_p}\pi_{t-1} + \frac{(1-\beta\zeta_{\mathrm{p}})(1-\zeta_{\mathrm{p}})}{\zeta_{\mathrm{p}}(1+\beta\iota_p)}\mathrm{mc}_t + \frac{1}{\zeta_{\mathrm{p}}}\lambda_{f,t},$$

$$\mathrm{mc}_t = (1-\alpha)w_t + \alpha r_t^k,$$

$$w_t = w_{t-1} - \pi_t - z_t + \iota_w\pi_{t-1} + \frac{1-\zeta_{\mathrm{w}}}{\zeta_{\mathrm{w}}}\tilde{w}_t,$$

$$\begin{aligned}\tilde{w}_t = {} & \zeta_{\mathrm{w}}\beta E_t[\tilde{w}_{t+1} + \Delta w_{t+1} + \pi_{t+1} + z_{t+1} - \iota_w\pi_{t-1}] \\ & + \frac{1-\zeta_{\mathrm{w}}\beta}{1+v_l(1+\lambda_w)/\lambda_w}\left(v_lL_t - w_t - \xi_t + \frac{1}{1-\zeta_{\mathrm{w}}\beta}\phi_t\right)\end{aligned}$$

其中 $\tilde{w}_t$ 是相对于真实的实际工资的最优实际工资，$\lambda_{f,t}$ 是加成冲击，ϕ_t 为偏好冲击，两类冲击都被假设为是由 $AR(1)$ 过程产生的。ζ_{p} 和 ζ_{w} 为价格和工资弹性，当存在完全刚性时，两类弹性均为 0。他们发现，以贝叶斯估计及似然函数估值 (本质上是拟合模型) 为基础，他们发现无法区分适度价格刚性及轻微工资刚性模型和两类刚性均较强的模型。

然而，他们似乎是没有注意到当工资刚性很强时，加成冲击和偏好冲击几乎没有自相关。当刚性较弱时，自相关性却很强，尤其是对于偏好冲击来说。这类冲击影响期内消费和闲暇的替代关系，由此影响到均衡工资，因此在实际效果上就会影响到劳动力供给冲击。模型需要刻画的数据中有相当大的持续性问题，这一点是很清楚的。如果由于贝叶斯先验限制了容许偏差，致使无法通过模型中的刚性问题得以解释这一点，那么能够达成这一点的冲击就是自相关的。这意味着，如果不能控制偏好 (劳动 - 供给) 冲击的自相关程度，就很难辨识价格和工资刚性的相对重要程度。为了使模型更好地拟合数据而不做任何的结构性解释，允许冲击自相关也破坏了模型的可靠性，因为它包含了数据挖掘且揭示了模型的误设之处。

在其他有关价格与工资刚性的研究中，Christiano 等 (2005) 构建了一个完整的 DSGE 模型，模型中包含了名义刚性，其成因为产品市场和劳动力市场均为 Calvo 合约。他们发现该模型能够在不需要考虑价格刚性时刻画美国的数据，尤其是通货膨胀的数据，但是，工资刚性则是很重要的。他们还发现校正模型的实际面非常关键，如停止持续性习惯以及资本利用等，这会对绩效造成很大的负面影响。

在 Le 等人即将发表的研究中，他们构建了三个不同版本的关于美国的 Smets-Wouters 模型：第一个为工资和价格为刚性的不完全竞争市场 (新凯恩斯主义模型)；第二个为完全灵活的工资和价格模型 (新古典模型)；第三个模型为专设 (ad hoc) 的混合型模型——前两个模型的混合体——允许一定比例的产品和劳动力市场具有刚性。他们的研究发现，模型的新凯恩斯主义版本与新古典版本均无法像混合版本的模型那样拟合数据。新凯恩斯主义模型中利率变化太小，新古典模型中通货膨胀的变化则太小。在产品市场有 90% 灵活性，劳动力市场有 80% 灵活性的混合模型中，数据的拟合程度则比较接近。混合模型之所以运转良好的一个解释是经济体的刚性程度可以随着时间的变化而变化。这一点也可以由新凯恩斯主义模型在 1984 年后最有解释力这个事实加以支持。这还可能是由于 1984 年之后价格波动幅度很低，其原因可能是“大缓和时期”所执行的货币政策所致。

16.6.4 简评

尽管这些不同的模型对基准模型中的楔子提供了不同的解释，根据 Smets-Wouters 模型的含义，它们是否对经济波动，尤其是大萧条，给出了更有说服力的解释这个问题还是有待商榷。假设将大萧条归因于利率差价变动或是工会对货币供给冲击的反应，或是劳动力因变得更加偏好闲暇而自愿退出劳动力市场等是否合理？利率差价有可能是大萧条的主要影响因素，就像在反思违约风险时，因违约而导致借款利率的上涨、惜贷等似乎也是紧随 2008 年金融危机后的衰退的主因。不过，按照第 10 章所述的论断，利率冲击本应是会引起需求的减少，而不是像这里第一个备选模型中所蕴含的会引起供给的减少。大萧条的原因也不太可能是由于强硬的工会组织或者由于对闲暇变得更加偏好这么简单。因此，我们也许应该把这些结果看作是对一般性问题从冲击的角度给出的一个结构性解释的说明，而不是对经济波动问题给出的某一种具体的解释。

如果这个分析对 Smets-Wouters 模型显得有些过分苛刻，这只是因为它曾是 DSGE 模型发展史上的一个里程碑。在整合了许多最近的理论创新后，它有潜力成为具有高度影响力的 RBC 模型的后继者。因此，它成了新的基准分析模型，也因此受其自身的成功所累。它最有价值的贡献之一就是帮助我们确定还有哪些问题是待解之谜。

16.7 新凯恩斯主义模型的识别

此前的讨论主要是关注不同设定的模型如何得出了相似的结构方程，却又有不同的含义与解释，Canova and Sala (2009) 讨论了不同的新凯恩斯主义模型却有相同的结论，因而该类模型无法识别。考虑下面的新凯恩斯主义模型

$$\begin{aligned}x_t &= \delta E_t x_{t+1} - \alpha(R_t - E_t\pi_{t+1} - \theta) + e_{xt},\\ \pi_t &= (1-\beta)\pi^* + \beta E_t\pi_{t+1} + \gamma x_t + e_{\pi t},\\ R_t &= \theta + \pi^* + \mu(E_t\pi_{t+1} - \pi^*) + e_{Rt},\end{aligned}$$

这里采用的是标准的符号系统。均衡解为 $x_t = 0$，$\pi_t = \pi^*$ 以及 $R_t = \theta + \pi^*$。解可以表示为

$$\begin{aligned}\begin{bmatrix} x_t \\ \pi_t \\ R_t \end{bmatrix} &= \begin{bmatrix} 0 \\ \pi^* \\ \theta + \pi^* \end{bmatrix} + \begin{bmatrix} 1 & 0 & -\alpha \\ \gamma & 1 & -\alpha\gamma \\ 0 & 0 & 1 \end{bmatrix} \begin{bmatrix} e_{xt} \\ e_{\pi t} \\ e_{Rt} \end{bmatrix}\\ &= \varphi + Ae_t.\end{aligned}$$

该模型无法识别，因为矩阵 A 不包含结构系数 β，δ 或 μ 的信息，只有 α，γ，θ 和 π^* 是可以识别的。

这一结果的含义是其解不会受到 β，δ 以及 μ 不同取值的影响。换句话说，x_t，π_t 以及 d R_t 对冲击的反应不会受到这些系数的某一特定选值的影响。尽管有可能通过解析解判定某一特定的新凯恩斯主义模型是否可以识别，但总的来说要确定一个模型是否可以识别是非常困难的。在实际的研究中，更常见的是 DSGE 模型被过度识别而不是无法识别，这意味着解会有足够多的约束确保结构模型的系数可以被唯一地还原。

由于模型中还有外生变量，这会提高结构模型可以被识别的可能性。这类新凯恩斯主义模型没有外生变量，只有外生冲击。

16.8 对构建 DSGE 模型时如何选择的一些思考

我们已经讨论了大量的 DSGE 模型，每个模型都涉及我们分析过的众多特征的不同组合。文献中对模型中如何最好地取舍某些特征并无指导。所以如能对此提供一些建议也许是有益的。

在影响选择的因素中，没有什么比构建 DSGE 模型的原因更重要的了。这个原因可能是制定短期或长期的政策，也可以是用来解释经济为何如此走势，又或者预测未来经济走向会如何。我们可能着眼于经济整体，也可能会关注单个市场或变量，或者不同经济体的集合。当我们的目标是解释某一具体设定问题时，通常使用更简单的模型，这会使得问题比用复杂模型更容易解决些。相对而言解析解比数值解更受偏好些，因为它比具体量化的模型更能给出一般性的分析。采用简单模型更容易得出解析解。简单模型可能存在的问题是它可能会有误设，进而因此误设而致得出缺乏稳健性的预测。通常我们的目标是构建一个具有足够一般性的模型以使能够解释的问题范围更广，可供不同的分析人士使用。许多由政府机构构建的 DSGE 模型就属此类。

模型分析的时间维度也很重要。如果分析关注的是短期问题，资本积累也许可以不是必须考虑的。例如，极端的新凯恩斯主义模型根本不会考虑资本积累。这使得它们仅适用于短期分析。这类模型通常是整合价格和工资黏性，这在分析短期通货膨胀与失业政策时是要考虑的重要特征。相比之下，RBC 模型假设价格是完全灵活的，且允许存在资本积累。因此，这类模型更适合于长期分析，即资本积累是重要的，且价格和工资的调整需要一定时间。增长理论就是这样一个实例。因此，时间周期——无论是一个月、一年或更长的时间——可能会影响模型的选择。代际交叠模型也是最适合分析长期问题的模型，如对养老金问题的分析。在将代际交叠模型用于短期分析时，往往是为了简化分析，使分析的时期减少到 2 或 3 个周期。

货币政策通常是关注短期的，因此通常使用新凯恩斯主义模型加以分析。财政政策可能关注的是短期稳定或最优税以及债务可持续性等稍长期问题。所以早期人们使用典型的凯恩斯主义宏观经济模型来分析经济稳定问题，该类模型包括投资但不包括资本积累。最优税理论和财政可持续性的研究需要在模型中引入资本积累，但是可能忽略诸如价格和工资通货膨胀之类的短期问题，但是这不包括实际工资在一个稍长时期内的变动。

世界上大部分经济体为开放经济，而 DSGE 模型大多是专为封闭经济而构建的。考虑到美国几乎是一个封闭经济这个事实，这在很大程度上反映了美国在学术界的主导地位。对于开放型经济体，名义汇率和资本流动的作用在短期内是很重要的。事实上，它们的影响可能是非常短期的，以至于比较而言，大多数其他宏观经济变量都是不重要的。相比之下，贸易和实际汇率会在一个更长的时间维度中发挥作用。

当我们考虑用经验证据来检验 DSGE 模型时，观测数据的频率和数据周期的长度将会影响模型的选择。使用月度和季度数据将要求该模型能够解释短期走势。如果数据是年度或更长的时间，可能解释短期走势就不是那么必要了。此外，模型中时滞的长度将会短于月度或季度数据。长时间周期的数据将需要该模型中考虑资本积累。模型如果无法刻画短期走势，往往会反映在存在序列相关扰动。这是经验 DSGE 模型的共同特征。构建模型时如果关注的是长期而不是短期，则很可能显示出序列相关扰动，但是这可能并不影响其长期特性，有时可以通过在模型中包括允许序列相关的扰动项来处理。即使模型着眼于短期，如前述讨论过的 Smets 和 Wouters 模型，也会有高度的序列相关扰动，尽管模型中考虑到了价格和工资黏性。如果模型关注的是短期，即不考虑诸如资本积累的作用等长期问题，就可能需要通过剔除趋势或过滤数据来消除这些长期效应。这也是经验 DSGE 模型的共同特征。

从上述讨论中我们可以确定，构建模型的过程是一门科学，更是一门艺术。它需要良好的判断且并不一定会得出一个完全准确的经济体的代表模型。这可能会令宏观经济学的现代批评家们感到沮丧，但是，在没有更好的选择的情况下，它仍然是得到我们理解宏观经济所必需的直觉的最好的方式。

16.9　结论

我们为 DSGE 模型寻找经验证据的主要目的是为了改进其背后深层的宏观经济理论，并由此加深我们对经济的认知。这是本章所用分析方法的魅力所在。我们说过，DSGE 模型对观测数据解释能力的任何不足都应通过重新考虑经济理论来改进，而不是以诸如加入额外的动态项等形式来维护模型。时间序列计量经济学的一大顽疾便是过于关注模型的统计性质是否可被接受，而太少关注其是否对改进宏观经济理论有所贡献。这导致的不幸后果便是越来越多的宏观经济学家在建模时忽略了他们模型的经验证据，在使用数据时也采用了差强人意的统计方法。计量经济学所面临的挑战是，保持与宏观经济理论的相关性；而宏观经济理论所面对的挑战是，在不损失一般均衡性质的条件下，找到与统计推断原则相一致的经验证据。

我们可以得到的一个推论是，允许在 DSGE 模型的扰动项加入动态结构可以改进观测到的数据的拟合程度，但它也容易招致到批评，即这也可能是数据挖掘。这就是为什么变量之间同期协方差结构是 DSGE 模型充分性的有价值的指南的原因。

另外两个问题涉及 DSGE 模型的识别问题。首先，对一个典型的结构模型可能有多种解释，这些解释可能有非常不同的政策含义。其次，由于多个结构模型可能拥有相同的解，所以 DSGE 模型的解可能无法识别。DSGE 模型中的外生变量越多，出现这种情况的可能性就越小。

本章我们选择了为数不多的几篇关键的文章并且详尽考察了它们的经验特征。这些文章包括封闭经济和开放经济的 RBC 模型，以及货币经济的 DSGE 模型。主要的结论是虽然产出的波动 (即经济周期) 受到生产力冲击的影响，但其他冲击也会影响到产出，譬如，货币冲击。同时经验证据还表明了偏好以及劳动力供给冲击的重要性。通货膨胀似乎是由货币冲击和加成定价冲击驱动的，但是反应却很迟钝，这支持了之前关于价格黏性以及垄断对于价格黏性作用的结论。价格黏性还影响了实际变量对冲击的动态调整。

模型越复杂，则越需要依赖数值方法来分析模型对冲击以及政策变化的动态反应。然而，即使对复杂模型而言，通过解析法得到模型的长期一般均衡性质也是相对简单的。通过仔细简化 DSGE 模型，也可以通过解析法得到模型的短期性质。将模型的长期和短期性质综合考虑，就能大体知道经济是如何运行的了。

归根结底，我们的目标是构建一个宏观经济模型，它不仅要拟合数据，还要有内在一致的及具有解释力的理论结构。这样我们或许能够理解并解释经济为什么如此运行。在一个理想的世界，对于引入一项旨在改变经济行为的政策来说，这是一个前提条件，如此我们才能更好地预测其政策后果。我们讨论了在构建 DSGE 模型时需要判断模型中要包括什么或省略什么。如同这是一门科学一样，它同样是一门艺术，所以并不一定会得出一个完全精确的有关经济体运行的代表性模型，但是在努力获取关于宏观经济运行的必要直觉的过程中，这可能是我们所能做到的最好的了。

17 数学附录

17.1 导论

为了便于查阅，在本附录中我们要对前文宏观经济分析中所用到的数学方法做出解释。本章关于数学的讨论，尽量做到简洁且直中要害；对公式的推导也首先突出启发性，而不是数学上的严格性。有关这些问题更为详尽和严密的分析，读者可以参考其他数学文献：例如，Bellman and Dreyfus (1962)，Intriligator (1971)，Leonard and Long (1992)，Dixit (1990)，Chiang (1992)，以及 Chow (1975, 1981, 1997)。因为本书讨论的宏观经济模型都是以离散时间设定的，所以本章关注的几乎都是离散时间方法。我们首先考察动态优化，接着讨论线性理性预期模型的解法。

17.2 动态优化

跨期宏观经济学的一般数学形式是最大化定义在多个时期上的目标函数，该目标函数会受到约束条件以及边界条件的限制，且至少有一个约束条件是跨期的。这类问题被称为跨期优化，或更为常见地被称为动态优化。目标函数表达的往往是一个关于现值的表达式，它由行为主体对控制变量的选择、以及行为主体不可控制的变量构成；动态约束条件则描述了这些变量间的动态关系。动态优化问题所要跨越的时期可以是无穷期界问题，也可以是有限期界问题。对于有限期界的最后一期结果或决策的初始时期要有一个约束。这个边界条件可以是外生给定的，也可以是内生的选择变量。行为主体所面临的问题可能是非随机的，意味着行为主体对未来可以完美预见；也可能是随机的，意味着未来是不确定的。问题可以以连续时间来设定，还可以以离散时间来设定。我们将主要集中于分析无穷期界的、非随机的、离散时间的动态优化问题，但是也会涉及连续时间、随机优化以及有限期界的情形。

进行动态优化处理的数学方法有若干种：拉格朗日乘子法、变分法、最大值原理法 或者动态规划法。方法的选择，部分地取决于所要处理的具体问题，但无论选择哪种可行方法，所得到的问题的解都是一样的。

一般的非随机离散时间跨期问题采取如下形式：通过选择序列 $\{x_t, z_t; t = 0, 1, \ldots, T\}$ 以最大化凹性的标量目标函数

$$V(x_0, x_1, \ldots, x_T; z_0, z_1, \ldots, z_T)$$

它受约束于 $N \times 1$ 维约束构成的向量 F，其中第 i 个约束形如

$$F_i(x_0, x_1, \ldots, x_T; z_0, z_1, \ldots, z_T) \geqslant 0, \quad i = 1, \ldots, N,$$

这里，x_t 代表 $n \times 1$ 维的状态变量的向量，z_t 代表 $m \times 1$ 维的控制变量的向量。控制变量是 (决策主体能够直接控制的) 工具变量，状态变量则是通过约束条件与控制变量相关联。在这里，我们不打算展开细节，而只是假定相应的正则性条件已经满足，从而保证最优化问题内点解是存在的。例如，我们假定无论 V 采取何种函数形式，在相关定义域内，它都是有定义的，且它至少存在连续的一阶导数和二阶导数，此外，再假定 F 是可微的。那么，该问题就可以使用拉格朗日乘子法求解；或者对于某些具体的函数形式，可以用其他方法求解。

某些一般性问题的具体形式通常会出现在跨期宏观经济学中。目标函数 V 通常在时间上是加性可分的，所以有

$$\begin{aligned} V(x_0, x_1, \ldots, x_T; z_0, z_1, \ldots, z_T) &= U(x_0, z_0) + \beta U(x_1, z_1) + \cdots + \beta^T U(x_T, z_T) \\ &= \sum_{t=0}^{T} \beta^t U(x_t, z_t), \end{aligned}$$

其中，$0 < \beta \leqslant 1$ 为贴现因子；当 $\beta = 0$ 时，则退化为静态优化。将 V 解释为现值函数。如果我们还定义

$$V \equiv V_0 = \sum_{t=0}^{T} \beta^t U(x_t, z_t),$$

$$V_1 = \sum_{t=1}^{T} \beta^t U(x_t, z_t),$$

那么，可以将 V 写成递归式

$$V_0 = U(x_0, z_0) + \beta V_1.$$

换句话说，可以通过不断地将 V_1、V_2 等带入递归式而得到 V。一般说来，至少有一个约束条件采取差分方程的形式

$$x_{t+1} = f(x_t, z_t), \quad t = 0, \ldots, T,$$

该式提供了 $T+1$ 个约束条件，每期一个。决策主体通过选择最优序列 $\{x_t, z_t; t = 0, 1, \ldots, T\}$ 实现最优化。

如上对问题的表达隐含地假定了状态变量的未来值是不包含不确定性的。但是在实际应用中通常会包含不确定性，因此，经济学和金融学中的跨期问题通常采取的形式是：在动态约束条件下最大化目标函数

$$E_t[V(x_t)] = U(z_t) + \beta E_t[V(x_{t+1})].$$

其中 $E_t[\cdot]$ 表示基于截止到第 t 期信息所形成的条件期望。它来自于这样的事实：x_t 和 z_t 可能会是随机变量，它们的未来值在时刻 t 是未知的，因此，必须基于当前信息加以预测。这被称为随机动态规划问题 。虽然可以利用拉格朗日乘子法求解该类问题，但是会有不小的缺陷。

这些问题的最优解是定义在整个计划期内的。这就产生了这样一个问题：是以最初构想的优化方案来安排整个时期的计划，还是在未来的某个时点重新优化并放弃初始计划呢？甚至可以在每一期都进行重新优化，这样计划就只在第一期得以实施。认为以这种方式来重新优化动态规划问题会更有利的理念被称为时间不一致性问题。所谓不一致性是指给定时期宣告的计划被新计划所取代。重新优化之所以有可能是最优的，是因为重新优化会获得关于未来的新信息。经济学中一个更为普遍的问题涉及这样一个事实，即决策通常是由分散化的个体做出的，某人的最优化决策取决于对他人决策的预期。

17.3 拉格朗日乘子法

17.3.1 等式约束

为了阐明拉格朗日乘子法，考虑以下静态最优化问题：最大化 $V(x, z)$，其约束条件为

$$f(x, z) = c,$$

其中，x 和 z 为非负标量，c 为常数。图 17.1描述了该问题。所有位于曲线 $V(x, z)$ 上的值都等于 V，并且沿着箭头的方向为 V 值的增加。

(i) 图解法。 约束条件是 $\{x, z\}$ 空间给定的一条线；目标是在约束条件下选择 $V(x, z)$ 的最大值，该最大值位于 V 与约束条件的切点处，在该点，两条切线的斜率相等。可以通过联立求解两个方程的斜率来获得 x 和 z 的值。

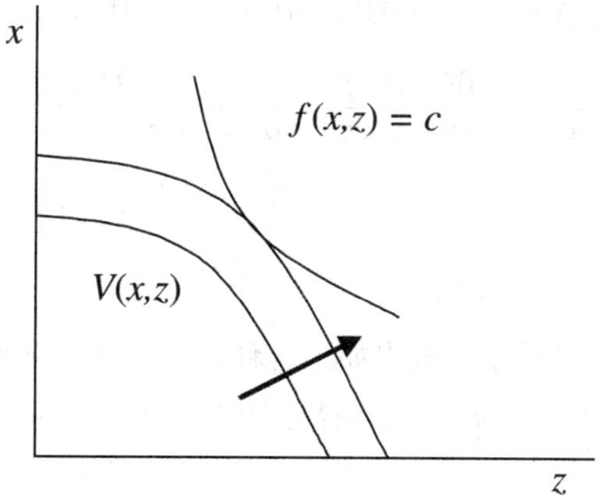

图 17.1　有约束的最优化问题

(ii) 代入法。 假定约束条件严格成立并且可以将约束条件写为 $x = g(z)$，于是可以消去 x 以得到 $V[g(z), z]$。因此，最大值的一阶条件为

$$\begin{aligned}\frac{\mathrm{d}V}{\mathrm{d}z} &= \frac{\partial V}{\partial g}\frac{\partial g}{\partial z} + \frac{\partial V}{\partial z} \\ &= \frac{\partial V}{\partial x}\frac{\partial x}{\partial z} + \frac{\partial V}{\partial z} = 0.\end{aligned}$$

从上式可以求解得出 z 值，然后再由约束条件求得 x 的值。更为一般地，我们已知约束条件的切线斜率为

$$\frac{\mathrm{d}x}{\mathrm{d}z} = -\frac{\partial f/\partial z}{\partial f/\partial x}.$$

与前式联立求解就可以得到 x 和 z 的值。

(iii) 拉格朗日乘子法。 定义以下函数 (称作拉格朗日函数)

$$\mathcal{L}(x, z, \lambda) = V(x, z) + \lambda[c - f(x, z)],$$

其中 λ 被称为拉格朗日乘子。现在对 x、z 和 λ 求解以最大化 $\mathcal{L}$。一阶条件为

$$\frac{\partial \mathcal{L}}{\partial x} = \frac{\partial V}{\partial x} - \lambda\frac{\partial f}{\partial x} = 0, \tag{17.1}$$

$$\frac{\partial \mathcal{L}}{\partial z} = \frac{\partial V}{\partial z} - \lambda\frac{\partial f}{\partial z} = 0, \tag{17.2}$$

$$\frac{\partial \mathcal{L}}{\partial \lambda} = f(x, z) - c = 0. \tag{17.3}$$

从 (17.1) 式中可以得出，$\lambda=(\partial V/\partial x)/(\partial f/\partial x)$ 。将其代入 (17.2) 式得到

$$\begin{aligned}\frac{\partial V}{\partial z}-\frac{\partial V/\partial x}{\partial f/\partial x}\frac{\partial f}{\partial z}&=\frac{\partial V}{\partial z}-\frac{\partial V}{\partial x}\frac{\partial f/\partial z}{\partial f/\partial x}\\&=\frac{\partial V}{\partial z}+\frac{\partial V}{\partial x}\frac{\partial x}{\partial z}=0,\end{aligned}$$

由此得到与代入法相同的解。

我们可以对拉格朗日乘子法做出如下解释。最优解可以写为 $x^*=x^*(c)$，$z^*=z^*(c)$，$\lambda^*=\lambda^*(c)$，由于它们都是 c 的函数，并且 V 的最大值可以写为 V，那么，最优值的拉格朗日函数为

$$\mathcal{L}^*(c)=V^*(c)+\lambda^*(c)\{c-f^*[x^*(c),z^*(c)]\}.$$

这意味着

$$\begin{aligned}\frac{\partial\mathcal{L}^*(c)}{\partial c}&=\frac{\partial V^*(c)}{\partial x^*}\frac{\partial x^*}{\partial c}+\frac{\partial V^*(c)}{\partial z^*}\frac{\partial z^*}{\partial c}+\frac{\partial\lambda^*(c)}{\partial c}\{c-f^*[x^*(c),z^*(c)]\}\\&\quad+\lambda^*(c)\left(1-\frac{\partial f^*}{\partial x^*}\frac{\partial x^*}{\partial c}-\frac{\partial f^*}{\partial z^*}\frac{\partial z^*}{\partial c}\right)\\&=\left[\frac{\partial V^*(c)}{\partial x^*}-\lambda^*(c)\frac{\partial f^*}{\partial x^*}\right]\frac{\partial x^*}{\partial c}+\left[\frac{\partial V^*(c)}{\partial z^*}-\lambda^*(c)\frac{\partial f^*}{\partial z^*}\right]\frac{\partial z^*}{\partial c}\\&\quad+\frac{\partial\lambda^*(c)}{\partial c}\{c-f^*[x^*(c),z^*(c)]\}+\lambda^*(c)\\&=\lambda^*(c),\end{aligned}$$

其中，我们用到了从之前一阶条件中得到的

$$\frac{\partial V^*}{\partial x^*}-\lambda^*\frac{\partial f^*}{\partial x^*}=\frac{\partial V^*}{\partial z^*}-\lambda^*\frac{\partial f^*}{\partial z^*}=0$$

以及从约束条件中得到的 $c-f^*(x^*,z^*)=0$。因此，

$$\frac{\partial\mathcal{L}^*(c)}{\partial c}=\frac{\partial V^*(c)}{\partial c}=\lambda^*(c).$$

因此，可以将拉格朗日乘子解释为，约束条件中的 c 变化一单位所引起的 V 的最大值 V^* 的变化量。

如果约束条件是非紧的，那么约束条件的微小变化将对 V^* 无影响。在这种情形下，$\lambda=0$ 。只有约束条件是紧的，才有 $\lambda\neq 0$ ，这样约束条件的放松或者收紧都会影响到 V^* 。

例 17.1. 最小化 $V=x^2+cz^2$ ，约束条件为 $x=a+bz$。

(i) 使用代入法求解：

$$
\begin{aligned}
V &= (a+bz)^2 + cz^2,\\
\frac{\partial V}{\partial z} &= 2b(a+bz) + 2cz = 0,\\
z &= -\frac{ab}{b^2+c}.
\end{aligned}
$$

(ii) 拉格朗日乘子法：

$$
\begin{aligned}
\mathcal{L} &= x^2 + cz^2 + \lambda(a+bz-x),\\
\frac{\partial V}{\partial x} &= 2x - \lambda = 0,\\
\frac{\partial V}{\partial z} &= 2cz + \lambda b = 0,\\
z &= -\frac{b}{c}x = -\frac{b}{c}(a+bz) = -\frac{ab}{b^2+c}.
\end{aligned}
$$

将拉格朗日乘子法应用于一般性的问题，我们定义如下拉格朗日函数

$$
\mathcal{L} = V(x_0, x_1, \ldots, x_T; z_0, z_1, \ldots, z_T) + \lambda' F(x_0, x_1, \ldots, x_T; z_0, z_1, \ldots, z_T),
$$

其中，λ 为 $N \times 1$ 维为拉格朗日乘子向量。对于 $t = 0, \ldots, T$ 的一阶条件为

$$
\begin{aligned}
\frac{\partial \mathcal{L}}{\partial x_t} &= \frac{\partial V}{\partial x_t} + \frac{\partial F}{\partial x_t}\lambda = 0,\\
\frac{\partial \mathcal{L}}{\partial z} &= \frac{\partial V}{\partial z_t} + \frac{\partial F}{\partial z_t}\lambda = 0,\\
\frac{\partial \mathcal{L}}{\partial \lambda} &= F(x_0, x_1, \ldots, x_T; z_0, z_1, \ldots, z_T) = 0.
\end{aligned}
$$

一般而言，上述方程可以解出 $x_0, x_1, \ldots, x_T$，$z_0, z_1, \ldots, z_T$ 以及 λ.

最后，考察一个特殊情形：V 为现值，并且约束条件由差分方程给出。拉格朗日

函数可以写为[①]

$$\begin{aligned}\mathcal{L} &= \sum_{t=0}^{T}\beta^t U(x_t,z_t)+\lambda_0[f(x_0,z_0)-x_1] \\ &\qquad +\lambda_1[f(x_1,z_1)-x_2]+\cdots+\lambda_T[f(x_T,z_T)-x_{T+1}] \\ &= \sum_{t=0}^{T}\{\beta^t U(x_t,z_t)+\lambda_t[f(x_t,z_t)-x_{t+1}]\} \\ &= \sum_{t=0}^{T}H(x_t,z_t,\lambda_t),\end{aligned}$$

其中

$$H(x_t,z_t,\lambda_t)=\beta^t U(x_t,z_t)+\lambda_t[f(x_t,z_t)-x_{t+1}].$$

由于存在 $T+1$ 个约束条件，于是需要 $T+1$ 个拉格朗日乘子。注意到，$T+1$ 时期的变量，如 x_{T+1}，出现在最优化问题中，但是我们假定最优化仅在 $0,1,\ldots,T$ 期发生，因此该问题的一个隐含的条件是 x_{T+1} 必须是事先设定的。我们还假定，x_0 作为状态变量是给定的。一阶条件为

$$\begin{aligned}\frac{\partial\mathcal{L}}{\partial x_t} &= \frac{\partial H(x_t,z_t,\lambda_t)}{\partial x_t}=\beta^t\frac{\partial U(x_t,z_t)}{\partial x_t}+\lambda_t\frac{\partial f(x_t,z_t)}{\partial x_t}-\lambda_{t-1}=0, \\ &\qquad\qquad t=1,2,\ldots,T, \\ \frac{\partial\mathcal{L}}{\partial z_t} &= \frac{\partial H(x_t,z_t,\lambda_t)}{\partial z_t}=\beta^t\frac{\partial U(x_t,z_t)}{\partial z_t}+\lambda_t\frac{\partial f(x_t,z_t)}{\partial z_t}=0,\quad t=0,\ldots,T, \\ \frac{\partial\mathcal{L}}{\partial \lambda_t} &= \frac{\partial H(x_t,z_t,\lambda_t)}{\partial \lambda_t}=f(x_t,z_t)-x_{t+1}=0,\qquad t=0,\ldots,T.\end{aligned}$$

[①] 译者注：原书此处为

$$\begin{aligned}\mathcal{L} &= \sum_{t=0}^{T}\beta^t U(x_t,z_t)+\lambda_1[f(x_0,z_0)-x_1] \\ &\qquad +\lambda_2[f(x_1,z_1)-x_2]+\cdots+\lambda_T[f(x_T,z_T)-x_{T+1}] \\ &= \sum_{t=0}^{T}\{\beta^t U(x_t,z_t)+\lambda_t[f(x_t,z_t)-x_{t+1}]\} \\ &= \sum_{t=0}^{T}H(x_t,z_t,\lambda_t),\end{aligned}$$

疑似作者笔误。

注意到，一阶条件

$$\frac{\partial \mathcal{L}}{\partial x_t} = \frac{\partial H(x_t, z_t, \lambda_t)}{\partial x_t} = \beta^t \frac{\partial U(x_t, z_t)}{\partial x_t} + \lambda_t \frac{\partial f(x_t, z_t)}{\partial x_t} - \lambda_{t-1} = 0, \quad t = 1, 2, \ldots, T,$$

$$\frac{\partial \mathcal{L}}{\partial z_t} = \frac{\partial H(x_t, z_t, \lambda_t)}{\partial z_t} = \beta^t \frac{\partial U(x_t, z_t)}{\partial z_t} + \lambda_t \frac{\partial f(x_t, z_t)}{\partial z_t} = 0, \quad t = 0, \ldots, T,$$

$$\frac{\partial \mathcal{L}}{\partial \lambda_t} = \frac{\partial H(x_t, z_t, \lambda_t)}{\partial \lambda_t} = f(x_t, z_t) - x_{t+1} = 0, \quad t = 0, \ldots, T.$$

定义了一系列关于 λ_t 的差分方程，这是因为对每个 t 而言，都有两个约束条件含有 x_t。具体地，我们在给定 x_{T+1} 和 x_0 的情况下，可以解出 $\{x_t, z_t, \lambda_t; t = 0, \ldots, T\}$。

例 17.2. 最大化

$$V = \sum_{t=0}^{T} \beta^t U(c_t), \quad U' > 0, \ U'' < 0,$$

$$U(c_t) = \ln c_t,$$

约束条件为

$$s_{t+1} - s_t = \alpha(s_t - c_t), \quad s_{T+1} = 0, \quad 0 < a < 1, \tag{17.4}$$

其中，可将 $\beta = 1/(1+\theta)$ 解释为贴现因子，θ 为对应的贴现率。拉格朗日函数为

$$\mathcal{L} = \sum_{t=0}^{T} \{\beta^t \ln c_t + \lambda_t[(1+\alpha)s_t - \alpha c_t - s_{t+1}]\}.$$

对于 $t = 0, \ldots, T$ 的一阶条件为

$$\frac{\partial \mathcal{L}}{\partial c_t} = \beta^t \frac{1}{c_t} - \alpha \lambda_t = 0,$$

$$\frac{\partial \mathcal{L}}{\partial s_t} = (1+\alpha)\lambda_t - \lambda_{t-1} = 0.$$

因此，$\lambda_t = \beta^t/(\alpha c_t)$，并且

$$c_{t+1} = (1+\alpha)\beta c_t, \tag{17.5}$$

$$= \frac{1+\alpha}{1+\theta} c_t, \tag{17.6}$$

意味着 c_t 的增长率为正或负，这取决于 $\alpha > \theta$ 或 $\alpha < \theta$。

通过一阶条件与约束条件联立求解可以得到 s_t 的解为

$$s_{t+2} - (1+\alpha)(1+\beta)s_{t+1} + (1+\alpha)^2 \beta s_t = 0. \tag{17.7}$$

因此，很明显，仅仅利用 s_{T+1} 来求解是不够的，还需要知道另外一个有关 s_t 的值，譬如，s_{T+2}，s_T 或 s_0，也可以是 c_{T+1}。

在跨期宏观经济学中，动态解通常为一个鞍点路径。鞍点路径是指同时存在一个稳定的根和不稳定的根，并且存在一个能被解释为具有前瞻性长期目标的局部调整模型的解。若要 s_t 成为一个鞍点路径解，那么辅助方程应该满足

$$[1-(1+\alpha)(1+\beta)L+(1+\alpha)^2\beta L^2]_{L=1}<0. \tag{17.8}$$

这就要求 $\alpha[(1+\alpha)\beta-1]<0$。如果 $\beta=1/(1+\theta)$，那么对于鞍点路径解而言，要求 $\theta>\alpha$。

如果 $T\to\infty$，那么约束条件 (17.4) 式意味着

$$s_t=\frac{\alpha}{1+\alpha}\sum_{i=0}^{\infty}\left(\frac{1}{1+\alpha}\right)^i c_{t+i}. \tag{17.9}$$

从 (17.5) 式中，得到 $c_{t+i}=[(1+\alpha)\beta]^i c_t$，代入 (17.9) 式得到

$$c_t=\frac{(1+\alpha)(1-\beta)}{\alpha}s_t. \tag{17.10}$$

17.3.2 不等式约束

考虑如下问题：

$$\max_x V(x)$$

约束条件为

$$f(x)\geqslant 0,\ x\geqslant 0$$

其中，$V(x)$ 为凹函数，x 为 $n\times 1$ 维向量变量，f 为 k 的约束条件向量，其中一些为等式或者紧约束，另一些为不等式约束。不等式约束允许松弛，例如可以自由处置，并非所有的结果都要得到满足。这就是所谓的非线性规划问题。

该问题的一阶条件是对拉格朗日乘子法得出的一阶条件的修正，称之为 Kuhn-Tucker 条件。为了阐明这点，首先定义拉格朗日函数

$$\begin{aligned}\mathcal{L}(x,\lambda)&=V(x)+\lambda' f(x)\\&=V(x)+\sum_{i=1}^{k}\lambda_i f_i(x),\end{aligned}$$

其中，λ 为 $k\times 1$ 维拉格朗日乘子向量 $f_i(x)$ 为第 ith 个约束条件。如果 $\{x^*,\lambda^*\}$ 是问题的一个解，那么一阶条件为

$$\begin{aligned}\frac{\partial\mathcal{L}(x^*,\lambda^*)}{\partial x^*}\leqslant 0,\quad x^*\geqslant 0,\quad x^{*\prime}\frac{\partial\mathcal{L}(x^*,\lambda^*)}{\partial x^*}=0,\\ \frac{\partial\mathcal{L}(x^*,\lambda^*)}{\partial \lambda^*}\geqslant 0,\quad \lambda^*\geqslant 0,\quad \lambda^{*\prime}\frac{\partial\mathcal{L}(x^*,\lambda^*)}{\partial \lambda^*}=0.\end{aligned}$$

这个条件 $\partial\mathcal{L}(x^*,\lambda^*)/\partial x^*\leqslant 0$ 反映了由不等式约束引起的任何对无约束的最大值的偏离都必须小于该最大值。$x^{*\prime}(\partial\mathcal{L}(x^*,\lambda^*)/\partial x^*)=0$ 这个条件则反映了对 x^* 和 $\partial\mathcal{L}(x^*,\lambda^*)/\partial x^*$ 的第 i 个元素的符号限制可能使得这两项同时非负，但是对每个 i 而言，它们的乘积必须为零，例如，如果 $x_i^*>0$，那么 $\partial\mathcal{L}(x^*,\lambda^*)/\partial x_i^*=0$(紧约束的一般情形)，但是如果 $x_i^*=0$，则 $\partial\mathcal{L}(x^*,\lambda^*)/\partial x_i^*<0$。类似的结论适用于关于 λ^* 的条件。我们还注意到，当约束条件是非紧的并且 $\lambda^*=0$ 时，$\lambda^{*\prime}(\partial\mathcal{L}(x^*,\lambda^*)/\partial\lambda^*)=0$ 成立；在这种情形下，$\partial\mathcal{L}(x^*,\lambda^*)/\partial\lambda^*$ 可能为正。如果 $\lambda^*>0$，那么我们有 $\partial\mathcal{L}(x^*,\lambda^*)/\partial\lambda^*=0$。

我们要注意的是，该解仅适用于与前面所述的完全一致的条件。如果不等式约束不同，则要对之前的问题进行重新构建才能使这些条件适用。

例 17.3. 考虑如下问题：

$$\max_{x,z} V(x,z).$$

约束条件为

$$f(x,z)\leqslant c,\ x,z\geqslant 0.$$

可以通过定义新变量 y 获得问题的解

$$f(x,z)+y=c,\quad x,z,y\geqslant 0.$$

现在，最大化 $V(x,z)$，受约束于 x、z 和 y 以及新的等式约束。拉格朗日函数为

$$\begin{aligned}\mathcal{L}^*(x,z,y,\lambda)&=V(x,z)+\lambda[c-f(x,z)-y]\\&=\mathcal{L}-\lambda y,\end{aligned}$$

其中，通常的拉格朗日函数为

$$\mathcal{L}(x,z,\lambda)=V(x,z)+\lambda[c-f(x,z)].$$

Kuhn-Tucker 一阶条件为

$$\begin{aligned}
\frac{\partial \mathcal{L}^*}{\partial x} &= \frac{\partial V}{\partial x} - \lambda\frac{\partial f}{\partial x} = \frac{\partial \mathcal{L}}{\partial x} \leqslant 0,\\
\frac{\partial \mathcal{L}^*}{\partial z} &= \frac{\partial V}{\partial z} - \lambda\frac{\partial f}{\partial z} = \frac{\partial \mathcal{L}}{\partial z} \leqslant 0,\\
\frac{\partial \mathcal{L}^*}{\partial y} &= -\lambda \leqslant 0,\\
\frac{\partial \mathcal{L}^*}{\partial \lambda} &= \frac{\partial \mathcal{L}}{\partial \lambda} - y \geqslant 0\\
&= c - f(x,z) - y = 0.
\end{aligned}$$

最后一个方程来源于不等式约束被转化为等式约束这样一个事实。消去 y，得到

$$\begin{aligned}
\frac{\partial V}{\partial x} - \lambda\frac{\partial f}{\partial x} &\leqslant 0,\\
\frac{\partial V}{\partial z} - \lambda\frac{\partial f}{\partial z} &\leqslant 0,\\
c - f(x,z) &\geqslant 0,\\
x, z, \lambda &\geqslant 0.
\end{aligned}$$

17.4 连续时间的优化

我们可以将离散时间的拉格朗日乘子法与“变分法”和“最大化原则”这两个连续时间的标准方法进行比较。因为我们在本书中不使用连续时间的优化，所以只是简要介绍些内容使之能与拉格朗日乘子法进行比较即可。(更多的细节可参见诸如 Intriligator(1971) 等文献)。

17.4.1 变分法

变分法是为 $y(t)$ 选择一个路径来最大化

$$\int_0^{\mathrm{T}} f[y(t), \dot{y}(t), t]\, \mathrm{d}t,$$

其中 $\dot{y}(t) = \mathrm{d}y/\mathrm{d}t$ 和 $y(t)$ 可以是向量。我们发现并非 $\dot{y}(t)$ 中所有的元素都会出现在 $f[y(t), \dot{y}(t), t]$ 中，并且 $y(0)$ 和 $y(T)$ 可能会受到限制。一阶条件是

$$\frac{\partial f(t)}{\partial y(t)} - \frac{\mathrm{d}}{\mathrm{d}t}\left(\frac{\partial f(t)}{\partial \dot{y}(t)}\right) = 0.$$

这被称作欧拉方程。

例 17.4. 考虑例 17.2在无限期界下连续时间的形式，目标函数为

$$V = \int_0^{\infty} \mathrm{e}^{-\theta t} \ln c_t,$$

其中约束条件是微分方程

$$\dot{s}(t) = \alpha[s(t) - c(t)].$$

用 Δs_{t+1} 替代 $\dot{s}(t)$ 能得到之前的差分方程。

令 $y(t) = \{s(t), c(t), \lambda(t)\}$ 以及

$$f[y(t), \dot{y}(t), t] = \mathrm{e}^{-\theta t} \ln c(t) + \lambda(t)[\alpha(s(t) - c(t)) - \dot{s}(t)].$$

应用变分法得到欧拉方程为

$$\begin{aligned}
\frac{\partial f}{\partial s} - \frac{\mathrm{d}}{\mathrm{d}t}\left(\frac{\partial f}{\partial \dot{s}}\right) &= \alpha\lambda + \dot{\lambda} = 0, \\
\frac{\partial f}{\partial c} &= \mathrm{e}^{-\theta t}\frac{1}{c} - \alpha\lambda = 0, \\
\frac{\partial f}{\partial \lambda} &= \alpha(s - c) - \dot{s} = 0.
\end{aligned}$$

据此可得 $\lambda = \mathrm{e}^{-\theta t}/\alpha c$ 以及 $\dot{\lambda} = -\lambda((\dot{c}/c) + \theta)$；因此一阶条件意味着

$$\frac{\dot{c}}{c} = \alpha - \theta.$$

上式和约束条件构成了一个微分方程组可求得 $y(t)$。

与离散时间的解进行比较，我们发现离散时间的解可以写成

$$\begin{aligned}
\frac{c_{t+1} - c_t}{c_t} &= \frac{1+\alpha}{1+\theta} - 1 \\
&\simeq \alpha - \theta.
\end{aligned}$$

17.4.2 最大化原理

最大化原理是在约束条件

$$\dot{x}(t) = g[x(t), z(t), t]$$

的限制下，选择 $\{x(t), z(t)\}$ 来最大化 $\int_0^{\mathrm{T}} f[x(t), z(t), t]\,\mathrm{d}t$，并且可能在 $t = 0$ 和 $t = T$ 处受到限制。首先我们定义函数 (被称为汉密尔顿函数)

$$h[x(t), z(t), \lambda(t)] = f[x(t), z(t), t] + \lambda(t)g[x(t), z(t), t].$$

一阶条件是

$$\frac{\partial h}{\partial x} = -\dot{\lambda},$$
$$\frac{\partial h}{\partial z} = 0,$$
$$\frac{\partial h}{\partial \lambda} = \dot{x}.$$

例 17.5. *再次考虑例 17.3。现在我们定义*

$$h[x(t), z(t), \lambda(t)] = \mathrm{e}^{-\theta t} \ln c(t) + \lambda(t)\alpha[s(t) - c(t)].$$

一阶条件是

$$\frac{\partial h}{\partial s} = \alpha\lambda = -\dot{\lambda},$$
$$\frac{\partial h}{\partial c} = \mathrm{e}^{-\theta t}\frac{1}{c} - \alpha\lambda = 0,$$
$$\frac{\partial h}{\partial \lambda} = \alpha(s - c) = \dot{s}.$$

这些一阶条件和变分法中得到的结果是一样的。

17.5 动态规划

当离散时间的跨期问题有一个时间可分的目标函数且该函数可表示成递归结构时，它可以用 Bellman(1957) 提出的“最优化原则”方法求解，这个方法也被称为动态规划。

最优化原则的基本思想是逐期地来求解优化问题：求解过程从最后一期开始，将之前各期的解视作给定的，然后依此方法不断回推，直到第一期。在优化了最后一期后，也就是第 T 期，将它代入第 $T-1$ 期的问题，然后 $T-1$ 期也就被优化了。依次替代之前的各解，就可以按同样的方式有序地求出 $T-2, T-3, \ldots, 0$ 期的解。

假设问题是最大化 $t, t+1, \ldots, T$ 期的目标函数

$$V(x_t) = U(x_t, z_t) + \beta V(x_{t+1}). \tag{17.11}$$

约束条件为

$$x_{t+1} = f(x_t, z_t). \tag{17.12}$$

和 $x_{T+1} = x$。在优化控制的文献中 z_t 被称作控制变量，x_t 则被称作状态变量。

考虑第 T 期的问题。首先，我们选择 z_T 以最大化

$$V(x_T) = U(x_T, z_T) + \beta V(x_{T+1}) \tag{17.13}$$

约束条件是 $x_{T+1} = f(x_T, z_T)$ 并且 x_T 被视作给定的。因此我们最大化

$$V(x_T) = U(x_T, z_T) + \beta V[f(x_T, z_T)]. \tag{17.14}$$

一阶条件是

$$\frac{\partial V(x_T)}{\partial z_T} = \frac{\partial U(x_T, z_T)}{\partial z_T} + \beta \frac{\partial V_{T+1}[f(x_T, z_T)]}{\partial z_T} = 0. \tag{17.15}$$

z_T 解的形式是

$$z_T = g_T(x_T). \tag{17.16}$$

严格地说我们应将 $z_T = g_T(x_T)$ 写成 $z_T = g_T(x_T, x)$ 的形式，但为了方便起见，我们省略了 x。将 z_T 的解代入 $V(x_T)$ 得到

$$\begin{aligned} V(x_T) &= U(x_T, z_T) + \beta V[f(x_T, z_T)] \\ &= U\{f(x_{T-1}, z_{T-1}), g_T[f(x_{T-1}, z_{T-1})]\} \\ &+ \beta V\{f[f(x_{T-1}, z_{T-1})], g_T[f(x_{T-1}, z_{T-1})]\} \\ &= V_T(x_{T-1}, z_{T-1}). \end{aligned} \tag{17.17}$$

转到 $T-1$ 期，我们选择 z_{T-1} 以最大化

$$V(x_{T-1}) = U(x_{T-1}, z_{T-1}) + \beta V(x_T) \tag{17.18}$$

约束条件是 $x_T = f(x_{T-1}, z_{T-1})$，且将 x_{T-1} 视作给定的。一阶条件是

$$\frac{\partial V(x_{T-1})}{\partial z_{T-1}} = \frac{\partial U(x_{T-1}, z_{T-1})}{\partial z_{T-1}} + \beta \frac{\partial V_T(x_{T-1}, z_{T-1})}{\partial z_{T-1}} = 0. \tag{17.19}$$

我们把 z_{T-1} 的解写为

$$z_{T-1} = g_{T-1}(x_{T-1}). \tag{17.20}$$

将该解代入 $V(x_{T-1})$ 得

$$\begin{aligned} V(x_{T-1}) &= U[x_{T-1}, g_{T-1}(x_{T-1})] + \beta V_T[x_{T-1}, g_{T-1}(x_{T-1})] \\ &= V_{T-1}(x_{T-2}, z_{T-2}). \end{aligned}$$

我们在第 $T-2, T-3, \ldots, 0.$ 期采取类似的操作。

第 t 期通解的一阶条件是

$$\frac{\partial V(x_t)}{\partial z_t}=\frac{\partial U(x_t,z_t)}{\partial z_t}+\beta\frac{\partial V_{t+1}(x_t,z_t)}{\partial z_t}=0. \tag{17.21}$$

其解是

$$z_t=g_t(x_t). \tag{17.22}$$

(17.22) 式的解在优化控制的文献中被称作闭环解，因为控制变量 z_t 在 t 期内的最优值是该期期初的状态变量 x_t 的函数。与之相反的是开环控制，在开环结构中控制变量的解只是时间的函数。典型地，动态规划得出的是闭环解，而最大化原则得出的是开环解。

当 $T\to\infty$ 时，我们也可以推导出 (17.22) 式给出的解，推导过程中用到了

$$\frac{\partial V_{t+1}(x_t,z_t)}{\partial z_t}=\frac{\partial V(x_{t+1},z_{t+1})}{\partial z_{t+1}}\frac{\partial z_{t+1}}{\partial z_t},$$

其中

$$\frac{\partial z_{t+1}}{\partial z_t}=\frac{\partial z_{t+1}}{\partial x_{t+1}}\frac{\partial x_{t+1}}{\partial z_t}$$

可以直接从约束条件 (17.12) 式中得到，或者还可以通过把约束条件表示成两期的跨期约束

$$\begin{aligned}x_{t+2}&=f(x_{t+1},z_{t+1})\\&=f[f(x_t,z_t),z_{t+1}]\\&=h(x_t,z_t,z_{t+1}).\end{aligned}$$

得到。对 $x_{t+2}-h(x_t,z_t,z_{t+1})=0$ 取全微分，并把 x_{t+2} 和 x_t 视作给定的，得到

$$\frac{\partial z_{t+1}}{\partial z_t}=-\frac{\partial h/\partial z_t}{\partial h/\partial z_{t+1}}.$$

因此有

$$\frac{\partial V(x_t)}{\partial z_t}=\frac{\partial U(x_t,z_t)}{\partial z_t}+\beta\frac{\partial V(x_{t+1},z_{t+1})}{\partial z_{t+1}}\frac{\partial z_{t+1}}{\partial x_{t+1}}\frac{\partial x_{t+1}}{\partial z_t}=0 \tag{17.23}$$

或

$$\frac{\partial V(x_t)}{\partial z_t}=\frac{\partial U(x_t,z_t)}{\partial z_t}-\beta\frac{\partial V(x_{t+1},z_{t+1})}{\partial z_{t+1}}\frac{\partial z_{t+1}}{\partial h}\frac{\partial h}{\partial z_t}=0. \tag{17.24}$$

例 17.6. 重新考虑例 17.2。它可以写成：选择第 $t=0,1,\ldots,T$ 期的 s_t 和 c_t 以最大化

$$\begin{aligned}V_0&=\sum_{t=0}^{T}\beta^t U(c_t)\\&=\ln c_0+\beta V_1\end{aligned}$$

约束条件是

$$s_{t+1}=(1+\alpha)s_t-\alpha c_t,\quad s_{T+1}=0,\quad 0<a<1,$$

其中 $U(c_t)=\ln c_t$。与一般性问题比较，我们定义 $x_t\equiv s_t$ 和 $z_t\equiv c_t$。

首先考虑第 T 期的解，我们选择 c_T 以

$$V(s_T)=U(c_T)+\beta V(s_{T+1})$$

约束条件是 $s_{T+1}=(1+\alpha)s_T-\alpha c_T$ 和 $s_{T+1}=0$，并把 s_T 视作给定的，因此我们最大化 $V(s_T)=U(c_T)$。在这种情形下，并不需要求最大化，可以从约束条件中得到要求的解

$$c_T=\frac{(1+\alpha)s_T}{\alpha};$$

因此

$$V(s_T)=\ln\left[\frac{(1+\alpha)s_T}{\alpha}\right]+\beta V(0).$$

第 $T-1$ 期的问题是选择 c_{T-1} 以最大化①

$$\begin{aligned}V(s_{T-1})&=\ln c_{T-1}+\beta V(s_T)\\&=\ln c_{T-1}+\beta\ln\left[\frac{(1+\alpha)s_T}{\alpha}\right]+\beta V(0)\end{aligned}$$

约束条件是 $s_T=(1+\alpha)s_{T-1}-\alpha c_{T-1}$，并把 s_{T-1} 视作给定的。一阶条件是

$$\frac{\partial V(s_{T-1})}{\partial c_{T-1}}=\frac{1}{c_{T-1}}-\beta\frac{\alpha}{(1+\alpha)s_{T-1}-\alpha c_{T-1}}=0.$$

因此有，

$$c_{T-1}=\frac{1+\alpha}{\alpha(1+\beta)}s_{T-1}$$

以及

$$V(s_{T-1})=\ln\left[\frac{1+\alpha}{\alpha(1+\beta)}s_{T-1}\right]+\beta\ln\left[\frac{(1+\alpha)^2\beta}{\alpha(1+\beta)}s_{T-1}\right].$$

①译者注：原书此处为 $V(s_{T-1})=\ln c_{T-1}+\beta V(s_T)=\ln c_{T-1}+\beta\ln\left[\frac{(1+\alpha)s_T}{\alpha}+\beta V(0)\right]$，疑似作者笔误。

类似地，$T-2$ 期的问题是选择 c_{T-2} 以最大化

$$\begin{aligned} V(s_{T-2}) &= \ln c_{T-2} + \beta V(s_{T-1}) \\ &= \ln c_{T-2} + \beta \ln\left[\frac{1+\alpha}{\alpha(1+\beta)} s_{T-1}\right] + \beta^2 \ln\left[\frac{(1+\alpha)^2\beta}{\alpha(1+\beta)} s_{T-1}\right] \end{aligned}$$

约束条件是 $s_{T-1} = (1+\alpha)s_{T-2} - \alpha c_{T-2}$，并把 s_{T-2} 视作给定的。一阶条件是

$$\frac{\partial V(s_{T-2})}{\partial c_{T-2}} = \frac{1}{c_{T-2}} - (\beta+\beta^2)\frac{\alpha}{(1+\alpha)s_{T-2} - \alpha c_{T-2}} = 0.$$

因此，

$$c_{T-2} = \frac{1+\alpha}{\alpha(1+\beta+\beta^2)} s_{T-2}.$$

现在很明显 $t = 0, \ldots, T$ 期通解的形式是

$$\begin{aligned} c_t &= \frac{1+\alpha}{\alpha(1+\beta+\cdots+\beta^{T-t})} s_t \\ &= \frac{(1+\alpha)(1-\beta)}{\alpha(1-\beta^{T-t+1})} s_t. \end{aligned}$$

我们发现 $T \to \infty$ 时上式变为

$$c_t = \frac{(1+\alpha)(1-\beta)}{\alpha} s_t,$$

这和所对应的以拉格朗日乘子求得的解，即 (17.10) 式是一致的。

我们还发现在这种情况下可以利用 (17.23) 式来求解，有

$$\begin{aligned} \frac{\partial V(s_t)}{\partial c_t} &= \frac{\partial \ln c_t}{\partial c_t} + \beta \frac{\partial \ln c_{t+1}}{\partial c_{t+1}} \frac{\partial c_{t+1}}{\partial s_{t+1}} \frac{\partial s_{t+1}}{\partial c_t} \\ &= \frac{1}{c_t} + \beta \frac{1}{c_{t+1}} \frac{1+\alpha}{\alpha}(-\alpha) = 0. \end{aligned} \tag{17.25}$$

这意味着

$$c_{t+1} = (1+\alpha)\beta c_t, \tag{17.26}$$

这与我们在 (17.5) 式中利用拉格朗日乘子法得出的解是相同的。

17.6 随机动态优化

经济学和金融学中的跨期问题通常采取最大化期望现值的形式

$$E_t[V(x_t)] = E_t\left[\sum_{s=0}^{\infty} \beta^s U(z_{t+s})\right] \tag{17.27}$$

约束条件为

$$x_{t+1} = f(x_t, z_t). \tag{17.28}$$

其中，$E_t[\cdot]$ 表示基于包括 t 期在内的信息的条件期望，它反映了 x_t 和 z_t 可能是随机变量，它们的未来值在 t 时刻是未知的，因此要基于当前信息做出预测。之前，我们隐含地假定变量的未来值是已知的，即假定具有完美预见性。

随机问题可以通过拉格朗日乘子法求解，但是这个解有一个问题。我们可以将拉格朗日函数写为

$$\mathcal{L} = E_t \sum_{s=0}^{\infty} \{\beta^s U(z_{t+s}) + \lambda_{t+s}[f(x_{t+s}, z_{t+s}) - x_{t+s+1}]\}.$$

一阶条件为

$$\begin{aligned}
\frac{\partial \mathcal{L}}{\partial x_{t+s}} &= E_t\left\{\lambda_{t+s}\frac{\partial f(x_{t+s}, z_{t+s})}{\partial x_{t+s}} - \lambda_{t+s-1}\right\} = 0, \qquad s > 0,\\
\frac{\partial \mathcal{L}}{\partial z_{t+s}} &= E_t\left\{\beta^s\frac{\partial U(z_{t+s})}{\partial z_{t+s}} + \lambda_{t+s}\frac{\partial f(x_{t+s}, z_{t+s})}{\partial z_{t+s}}\right\} = 0, \quad s \geqslant 0,\\
\frac{\partial \mathcal{L}}{\partial \lambda_{t+s}} &= E_t[f(x_{t+s}, z_{t+s}) - x_{t+s+1}] = 0, \qquad s \geqslant 0.
\end{aligned}$$

除非条件方差为零，否则在求解这些方程的最优值时，我们会遇到下边这一项

$$\begin{aligned}
&E_t\left[\lambda_{t+s}\frac{\partial f(x_{t+s}, z_{t+s})}{\partial z_{t+s}}\right]\\
&\qquad = \mathrm{Cov}_t\left[\lambda_{t+s}, \frac{\partial f(x_{t+s}, z_{t+s})}{\partial z_{t+s}}\right] + E_t[\lambda_{t+s}]E_t\left[\frac{\partial f(x_{t+s}, z_{t+s})}{\partial x_{t+s}}\right]\\
&\qquad \neq E_t[\lambda_{t+s}]E_t\left[\frac{\partial f(x_{t+s}, z_{t+s})}{\partial x_{t+s}}\right],
\end{aligned}$$

这意味着 λ_{t+s} 与 $\partial f(x_{t+s}, z_{t+s})/\partial z_{t+s}$ 是条件不相关的。因此，我们无法按照之前的方法消去 λ_{t+s}。

这就使得我们在求解该问题时不能使用拉格朗日乘子法，而要使用动态规划法，这需要写出现值关系的递归形式 (也称为 Bellman 方程)

$$E_t[V(x_t)] = U(z_t) + \beta E_t[V(x_{t+1})] \tag{17.29}$$

在 (17.28) 式的约束下直接对其最大化。

考虑例 17.6，尤其是其中的 (17.25) 式，我们可以得到一阶条件

$$E_t\left[\frac{\partial V(x_t)}{\partial z_t}\right] = \frac{\partial U(z_t)}{\partial z_t} + \beta E_t\left[\frac{\partial V(x_{t+1})}{\partial z_{t+1}}\frac{\partial z_{t+1}}{\partial x_{t+1}}\frac{\partial x_{t+1}}{\partial z_t}\right] = 0. \tag{17.30}$$

因此有

$$\frac{\partial V(x_{t+1})}{\partial z_{t+1}}=\frac{\partial U(z_{t+1})}{\partial z_{t+1}},$$
$$\frac{\partial z_{t+1}}{\partial x_{t+1}}=-\frac{\partial f_{t+1}/\partial x_{t+1}}{\partial f_{t+1}/\partial z_{t+1}},$$
$$\frac{\partial x_{t+1}}{\partial z_t}=\frac{\partial f_t}{\partial z_t},$$

其中，最后两个导数是从约束条件 (17.28) 式中得到的。因此，问题的解满足

$$\frac{\partial U(z_t)}{\partial z_t}-\beta E_t\left[\frac{\partial U(z_{t+1})}{\partial z_{t+1}}\frac{\partial f_{t+1}/\partial x_{t+1}}{\partial f_{t+1}/\partial z_{t+1}}\frac{\partial f_t}{\partial z_t}\right]=0. \tag{17.31}$$

问题的最优解可以从 (17.31) 式和 (17.28) 式中得到。

例 17.7. 考虑例 17.6的随机版本，将其重新写为

$$\max E_t[V(s_t)]=U(c_t)+\beta E_t[V(s_{t+1})],\quad U(c_t)=\ln c_t,$$

约束条件为

$$s_{t+1}=(1+\alpha)s_t-\alpha c_t,\quad s_{T+1}=0,\quad 0<a<1.$$

一阶条件为

$$E_t\left[\frac{\partial V(s_t)}{\partial c_t}\right]=\frac{\partial \ln c_t}{\partial c_t}+\beta E_t\left[\frac{\partial \ln c_{t+1}}{\partial c_{t+1}}\frac{\partial c_{t+1}}{\partial s_{t+1}}\frac{\partial s_{t+1}}{\partial c_t}\right]$$
$$=\frac{1}{c_t}-\beta E_t\left[\frac{1+\alpha}{c_{t+1}}\right]=0.$$

由此得到

$$\frac{1}{c_t}=\beta(1+\alpha)E_t\left[\frac{1}{c_{t+1}}\right].$$

由于 $E_t[c_{t+1}]\neq 1/(E_t[c_{t+1}])$，因此我们无法运用例 17.6中的方法，即简单地以 $E_t[c_{t+1}]$ 代替 (17.26) 式中的 c_{t+1}，也就是说，不能再利用确定性等价原理来得到问题的解了。由 c_t 的二阶泰勒展开式可以得到

$$E_t\left[\frac{1}{c_{t+1}}\right]\simeq\frac{1}{c_t}-\frac{1}{c_t}E_t\left[\frac{\Delta c_{t+1}}{c_t}\right]+\frac{1}{c_t}E_t\left[\left(\frac{\Delta c_{t+1}}{c_t}\right)^2\right];$$

因此有，

$$E_t\left[\frac{\Delta c_{t+1}}{c_t}\right]=[\beta(1+\alpha)-1]+E_t\left[\left(\frac{\Delta c_{t+1}}{c_t}\right)^2\right].$$

于是，与 (17.26) 式相比，隐含的 c_t 最优增长率中多了额外一项。

17.7 时间一致性和时间不一致性

时间不一致性可能会引起多期优化的问题。在已经制定了当期和未来各时期的优化计划后，下期或许会通过再优化对原计划加以改进，并实施新的计划而放弃原来的计划，这被称为时间不一致性。相反，时间一致性政策是指在未来始终坚持实施最初的优化方案。下面对时间一致性和不一致性的讨论是以 Kydland 和 Prescott(1977) 的开创性论文为基础的。

考虑如下只包含 t 期和 $t+1$ 期的两期问题。假设第 t 期的社会福利定义为

$$V_t = V(x_t, x_{t+1}, z_t, z_{t+1}), \tag{17.32}$$

其中 z_t 和 z_{t+1} 分别是 t 期和 $t+1$ 期唯一的政策工具，且 x_t 和 x_{t+1} 满足约束

$$x_t = C(x_{t-1}, z_t, z_{t+1}), \tag{17.33}$$

$$x_{t+1} = C(x_t, z_t, z_{t+1}), \tag{17.34}$$

在 t 时刻 x_{t-1} 是给定的。我们发现由于 z_{t+1} 的存在，因此第 t 期的约束是前瞻的。现在需要选择 z_t 和 z_{t+1} 来最大化 V_t。V_t 的例子之一是时间可分函数

$$V_t = U(x_t, z_t) + \beta U(x_{t+1}, z_{t+1}). \tag{17.35}$$

政策制定者在 t 时刻可以通过选择 z_t 和 z_{t+1} 来满足一阶条件

$$\frac{\partial V_t}{\partial z_t} = \frac{\partial V}{\partial z_t} + \frac{\partial V}{\partial x_{t+1}}\left[\frac{\partial x_{t+1}}{\partial z_t} + \frac{\partial x_{t+1}}{\partial x_t}\frac{\partial x_t}{\partial z_t}\right] + \frac{\partial V}{\partial x_t}\frac{\partial x_t}{\partial z_t} = 0,$$

$$\frac{\partial V_t}{\partial z_{t+1}} = \frac{\partial V}{\partial z_{t+1}} + \frac{\partial V}{\partial x_{t+1}}\left[\frac{\partial x_{t+1}}{\partial z_{t+1}} + \frac{\partial x_{t+1}}{\partial x_t}\frac{\partial x_t}{\partial z_{t+1}}\right] + \frac{\partial V}{\partial x_t}\frac{\partial x_t}{\partial z_{t+1}} = 0.$$

这两个一阶条件可以写成

$$\frac{\partial V}{\partial z_t} + \frac{\partial V}{\partial x_{t+1}}\frac{\partial x_{t+1}}{\partial z_t} + \left[\frac{\partial V}{\partial x_t} + \frac{\partial V}{\partial x_{t+1}}\frac{\partial x_{t+1}}{\partial x_t}\right]\frac{\partial x_t}{\partial z_t} = 0, \tag{17.36}$$

$$\frac{\partial V}{\partial z_{t+1}} + \frac{\partial V}{\partial x_{t+1}}\frac{\partial x_{t+1}}{\partial z_{t+1}} + \left[\frac{\partial V}{\partial x_t} + \frac{\partial V}{\partial x_{t+1}}\frac{\partial x_{t+1}}{\partial x_t}\right]\frac{\partial x_t}{\partial z_{t+1}} = 0. \tag{17.37}$$

通过这两个条件和约束条件以及给定的 x_{t-1} 的值可以解出 x_t、x_{t+1}、z_t 以及 z_{t+1} 的最优值。

政策制定者在 $t+1$ 时刻能够通过再优化来选择 z_{t+1}，但此刻 x_t 和 z_t 是给定的了。x_t 的取值取决于在第 t 期 z_{t+1} 的取值。现在关于选择 z_{t+1} 的一阶条件是

$$\frac{\partial V}{\partial z_{t+1}} + \frac{\partial V}{\partial x_{t+1}}\frac{\partial x_{t+1}}{\partial z_{t+1}} = 0. \tag{17.38}$$

对于既定的 x_t 和 z_t 取值，上式可以求得 x_{t+1} 和 z_{t+1}，进而求得和。我们用 x^*_{t+1} 和 z^*_{t+1} 来表示新的解，如果政策是时间一致的，那么 $z_{t+1}=z^*_{t+1}$，并且因此有 $x_{t+1}=x^*_{t+1}$。但如果是时间不一致的，那么 $z_{t+1}\neq z^*_{t+1}$，并且还有 $x_{t+1}\neq x^*_{t+1}$。

为了使所得的解是时间一致的，即要使 (17.37) 式和 (17.38) 式相同，那么，必须有

$$\frac{\partial x_t}{\partial z_{t+1}}=0,$$

即 x_t 不受对 z_{t+1} 选择的影响，或者要有

$$\frac{\partial V}{\partial x_t}+\frac{\partial V}{\partial x_{t+1}}\frac{\partial x_{t+1}}{\partial x_t}=0,$$

即必须满足 x_t 对 V 的总影响为零。由于后者缺乏合理性，因此我们的结论为，当预期到未来选择的 z_{t+1} 会影响到当前对 x_t 的选择时，很可能就会引起政策的时间不一致性。

例 17.8. 考虑这样一个问题

$$\max V_t=U(x_t,z_t)+U(x_{t+1},z_{t+1}),$$
$$U(x_t,z_t)=-\tfrac{1}{2}[x_t^2+\gamma z_t^2],$$

约束条件为[①]

$$x_t=\alpha x_{t-1}+\theta z_t,$$
$$x_{t+1}=\alpha x_t+\theta z_{t+1},$$
$$x_{t-1}=x>0.$$

当 $x_t=x_{t+1}=z_t=z_{t+1}=0$ 时 U 的最大化便是无约束优化问题的解，但初始条件保证了这种情况不会发生。(17.36) 式和 (17.37) 式的两个一阶条件是

$$-\gamma z_t=0,$$
$$-\gamma z_{t+1}-(1+\alpha)\theta x_{t+1}-\theta x_t=0.$$

①译者注：原书此处第一个条件为 $x_t=\alpha x_{t-1}+\theta z_{t+1}$，疑似作者笔误。

由此得到 t 时刻的最优解为

$$\begin{aligned}
z_t &= 0, \\
z_{t+1} &= -\alpha\phi x, \\
x_t &= \alpha(1-\theta\phi)x, \\
x_{t+1} &= \alpha[\alpha-(1+\alpha)\theta\phi]x, \\
\phi &= \frac{[1+\alpha(1+\alpha)]\theta}{\gamma+[1+(1+\alpha)^2]\theta^2}.
\end{aligned}$$

从 (17.38) 可知 $t+1$ 时刻的最优解满足

$$-\gamma z^*_{t+1} - \theta x^*_{t+1} = 0;$$

因此，给定约束条件和之前 x_t 与 z_t 的解，第 $t+1$ 期新的最优解是

$$\begin{aligned}
z^*_{t+1} &= -\frac{\alpha^2\theta(1-\theta\phi)}{\gamma+\theta^2}x, \\
x^*_{t+1} &= \frac{\alpha^2\gamma(1-\theta\phi)}{\gamma+\theta^2}x.
\end{aligned}$$

所以通常来说，z^*_{t+1} 和 z_{t+1} 是不同的，也就是说政策是时间不一致的。

考虑一个数值的例子，其中 $\alpha=\gamma=\theta=\frac{1}{2}$，由此求得 $\phi=\frac{2}{3}$。因此有：$z_t=0$，$z_{t+1}=-\frac{1}{3}x$，$z^*_{t+1}=-\frac{1}{18}x$，$x_t=\frac{1}{3}x$，$x_{t+1}=0$，$x^*_{t+1}=\frac{1}{18}x$，$U_t=-\frac{1}{18}x^2$，$U_{t+1}=-\frac{1}{36}x^2$，$U^*_{t+1}=-\frac{1}{216}x^2$。我们发现 $z^*_{t+1}>z_{t+1}$，所以政策是时间不一致的。由于 $U^*_{t+1}>U_{t+1}$，因此对政策的再优化使得福利得到了改善。如果初始条件是 $x=0$, 那么政策就可能不再是时间不一致的。

17.8 线性理性预期模型

为了简单起见，我们之前往往忽视了这样一个事实，即跨期宏观经济模型是随机的，未来具有不确定性，相反，我们经常认为未来具有确定性并且是已知的。然而，在求解动态方程时，这些问题就显露出来了，因此我们需要将动态方程通常是随机的这个事实纳入考虑，并且在存在未来变量时，应该将其视为基于当前信息的对于未来的理性预期。因此，我们下面要考察线性理性预期模型的解法，而不再是非随机差分方程的解法。

17.8.1 理性预期

基于 t 时刻可获得信息的 x_{t+1} 的理性预期可以写为

$$E_t(x_{t+1}) = E(x_{t+1} \mid \Phi_t),$$

其中，Φ_t 为在 t 时刻可获得的信息集。因此，上式表示在给定 Φ_t 的条件下 x_{t+1} 条件分布的均值。

此处涉及两类信息：Φ_t 和 x_{t+1} 的条件概率分布。经济学中，在完全理性假设下，我们宏观经济学模型需要拥有完全的信息，该模型是对经济体的一个正确表达，模型中的变量以及模型潜在的随机结构都是正确的。这是对理性一个很苛刻的解释，并且最好将其视为受到限制的情形。实际上，或许我们希望能实现的最好结果就是不重复犯错，换句话说，x_{t+1} 的预测误差与历史预测误差不相关。

从形式上看，如果对于 Φ_t 而言，预期是理性的，那么预测误差为

$$\varepsilon_{t+1} = x_{t+1} - E_t(x_{t+1})$$

并且它满足以下性质

$$E_t(\varepsilon_{t+1}) = 0.$$

换句话说，基于信息 Φ_t 对 ε_{t+1} 的最佳预测为零。由于 Φ_t 包含了当期和历史信息，包括历史的预测误差 $\{\varepsilon_{t-s}, s \geqslant 0\}$，因此

$$E_t(\varepsilon_{t+1}\varepsilon_{t-s}) = 0, \quad s \geqslant 0.$$

未来的预测误差与历史预测误差不相关，基于这个原因，有时候也将预测误差称作新息，意味着它们是新的、无法预期的事件。注意到，如果 Φ_t 仅仅包含 x_t 的当期和历史值，也就是说，$\{\Phi_t\colon x_{t-s}, s \geqslant 0\}$，那么，则称预期是弱理性的。

我们描述的理性预期模型的求解法是 Whiteman(1983) 所提到的，这是对 Muth(1961) 提出的待定系数法以及 Lucas(1972) 对待定系数法所做的变形的扩展。除此之外还有其他很多解法。Whiteman 求解法的优势在于，当得到的解并非唯一时，它会有助于说明其中的原因所在，它的劣势在于它不是一个完整的通解。

运用 Whiteman 对待定系数法的扩展，我们得到了经常出现在动态一般均衡宏观经济学模型中的两个理性预期模型的解法，从而我们能够得出这些解法大体上的套路。我们还会表明，如果解是唯一的，那么还存在更为简单的、更直接的解法。最后，我们以考察理性预期方程的系统解法以及如何确定它们的解是否唯一来结束我们的讨论。这与 Blanchard 和 Kahn(1980) 的另外一种解法是相关的。

17.8.2　一阶非随机方程

我们以考察一个简单的、非随机的一阶差分单一方程的解法来开始我们的讨论。考虑以下模型

$$x_t = \alpha x_{t-1} + z_t. \tag{17.39}$$

引入滞后算子 L，滞后算子具有将 x_t 滞后或者向前的性质：

$$L^s x_t = x_{t-s},$$
$$L^{-s} x_t = x_{t+s}.$$

因此，可以将一阶差分方程重新写为

$$(1-\alpha L)x_t = z_t$$

或者

$$\alpha(L)x_t = z_t.$$

我们引入辅助多项式方程

$$\alpha(L) = 1 - \alpha L = 0.$$

上式决定了 x_t 的动态行为。解出 L，得到多项式的 (单一的) 根为

$$L = 1/\alpha.$$

如果根的绝对值大于等于 1，那么差分方程是稳定的；如果根的绝对值小于 1，则该方程是不稳定的。

17.8.2.1　稳定的情形：$|\alpha| \leqslant 1$

在此情形下，根 $|1/\alpha| \geqslant 1$，位于单位圆外，那么，能从 (17.39) 式解出 x_t：

$$\begin{aligned} x_t &= \frac{z_t}{1-\alpha L} \\ &= \left(\sum_{s=0}^{\infty} \alpha^s L^s\right) z_t \\ &= \sum_{s=0}^{\infty} \alpha^s z_{t-s}. \end{aligned}$$

(注意，如果 $|\alpha| < 1$，则 $\lim_{s\to\infty} \alpha^s L^s = 0$。) 因此，$x_t$ 由 z_t 的当前值和历史值决定，z_t 的变化会导致 x_t 以几何速率 α 收敛回均衡位置。

不使用滞后算子，将 (17.39) 式中的 $x_{t-1}, x_{t-2}, \ldots$ 进行连续替代也可以得到这个解：

$$\begin{aligned} x_t &= \alpha(\alpha x_{t-2} + z_{t-1}) + z_t \\ &= \alpha^2 x_{t-2} + z_t + \alpha z_{t-1} \\ &\vdots \\ &= \sum_{s=0}^{\infty} \alpha^s z_{t-s}, \end{aligned}$$

只要满足 $\lim_{s\to\infty} \alpha^s x_{t-s} = 0$。

17.8.2.2 不稳定的情形：$|\alpha| > 1$

在此情形下，$\lim_{s\to\infty} \alpha^s L^s$ 是发散的，所以不存在极限值，那进而也就无法再通过后向替代求解该方程 (也就是说，求解 x_t 使其成为 z_t 历史值的一个函数)。因此，考虑用前向替代解该差分方程。首先，重新写出第 $t+1$ 期的差分方程，然后左乘 $-(1/\alpha)L^{-1}$，得到

$$\left(1 - \frac{1}{\alpha}L^{-1}\right)x_t = -\frac{1}{\alpha}L^{-1}z_t.$$

可以将其整理为

$$\begin{aligned} x_t &= \frac{-(1/\alpha)L^{-1}z_t}{1-(1/\alpha)L^{-1}} \\ &= -\left(\sum_{s=0}^{\infty} \alpha^{-s} L^{-s}\right)\frac{1}{\alpha}L^{-1}z_t \\ &= \sum_{s=1}^{\infty} \alpha^{-s} z_{t+s}, \end{aligned} \tag{17.40}$$

其中，我们使用了 $\lim_{s\to\infty} \alpha^{-s} L^{-s} = 0$。因此，在不稳定的情形下，$x_t$ 能够表示为 z_t 未来值的函数，给定这些未来值的具体信息，通过 (17.40) 式我们就能够得到 x_t 的值。根据这种解法，z_t 未来值的变化 (即 z_{t+s}，$s > 0$) 会导致 x_t 在 z_t 之前发生变化。在一个具有完全信息的世界中，这意味着 z_{t+s} $(s > 0)$ 的取值唯一；因此它不会因为未来的政策变化等原因而发生改变。我们还注意到，要使得 (17.40) 式有解，还需要满足 z_{t+s} $(s > 0)$ 增长的速度不大于 α^{-1}。

实际上，在获得 (17.40) 式时，我们已经将 (17.39) 式重新表示为

$$x_t = \frac{1}{\alpha}x_{t+1} - \frac{1}{\alpha}z_{t+1}$$

并且，注意到 $|1/\alpha| < 1$，我们已经利用前向替代求解了。

17.8.3 线性理性预期模型的 Whiteman 求解法

Whiteman 求解法可用于求解大量不同形式的理性预期 (RE) 模型。我们推导两个宏观经济分析中很常见的模型的解，它们是

$$x_t = \alpha E_t x_{t+1} + \gamma z_t + e_t, \quad |\alpha| < 1, \tag{17.41}$$

$$x_t = \alpha E_t x_{t+1} + \beta x_{t-1} + \gamma z_t + e_t, \tag{17.42}$$

其中，z_t 满足

$$\begin{aligned} z_t &= \sum_{s=0}^{\infty} \phi_s e_{t-s} + \sum_{s=0}^{\infty} \theta_s \varepsilon_{t-s} \\ &= \phi(L) e_t + \theta(L) \varepsilon_t \end{aligned} \tag{17.43}$$

设定 $\phi_0 = 1$，$\theta_0 = 1$，$\sum_{s=0}^{\infty} \phi_s^2 < \infty$，$\sum_{s=0}^{\infty} \theta_s^2 < \infty$，并且 $\phi(L) = \sum_{s=0}^{\infty} \phi_s L^s$ 和 $\theta(L) = \sum_{s=0}^{\infty} \theta_s L^s$ 为解析函数 (不严格地说，这大致是指，当以方程的根评价时，它们存在连续的导数)，其中，e_t 和 ε_t 为不相关的零均值独立同分布过程 (i.i.d.)，L 为滞后算子，于是有 $L^s x_t = x_{t-s}$，$L^{-s} x_t = E_t x_{t+s}$，这意味着 x_t 和 z_t 均为稳定的零均值过程。如果它们包含单位根，那么我们就用 Δx_t 和 Δz_t 代替 x_t 和 z_t。我们还可以加上非零均值的假设。如果 $\theta_s = 0$ $(s \geqslant 0)$，那么 z_t 为一个强外生过程；而如果 $\theta_s = 0$ $(s > 0)$，那么 z_t 为一个弱外生过程。

还注意到，Whiteman 求解法可以应用于模型中理性预期采取 $E_{t-p} x_{t-q}$ $(p > q)$ 的情形：例如，

$$x_t = \alpha E_{t-1} x_t + \gamma z_t + e_t.$$

假定模型的通解具有以下形式

$$\begin{aligned} x_t &= \sum_{s=0}^{\infty} a_s e_{t-s} + \sum_{s=0}^{\infty} b_s \varepsilon_{t-s} \\ &= A(L) e_t + B(L) \varepsilon_t, \end{aligned} \tag{17.44}$$

其中，$A(L) = \sum_{s=0}^{\infty} a_s L^s$ 和 $B(L) = \sum_{s=0}^{\infty} b_s L^s$ 都不含有在单位圆内的根。问题是如何确定 $\{a_s, b_s;\ s \geqslant 0\}$ 的值；这也就是待定系数法的概念。

我们要使用关于稳定过程的 Weiner–Kolmogorov 预测公式，该公式有 Wold(移动

平均) 的表示形式:

$$\begin{aligned} y_t &= \sum_{s=0}^{\infty} c_s e_{t-s} \\ &= C(L)e_t, \end{aligned}$$

其中，e_t 为零均值独立同分布 (i.i.d.) 过程。因此

$$\begin{aligned} E_t y_{t+n} &= E_t(c_0 e_{t+n} + c_1 e_{t+n-1} + \cdots + c_n e_t + c_{n+1} e_{t-1} + \cdots) \\ &= c_n e_t + c_{n+1} e_{t-1} + \cdots \\ &= L^{-n}\left[C(L) - \sum_{s=0}^{n-1} c_s L^s\right] e_t. \end{aligned}$$

我们还注意到

$$\frac{1 - \alpha L^{-1} C(\alpha) C(L)^{-1}}{1 - \alpha L^{-1}} y_t = \sum_{s=0}^{\infty} \alpha^s E_t y_{t+s}. \tag{17.45}$$

接下来我们考察 (17.41) 式和 (17.42) 式的解法。

17.8.3.1 (17.41) 式的解

使用 Weiner–Kolmogorov 公式，并且根据 (17.44) 式和 (17.43) 式，(17.41) 式可以写为

$$\begin{aligned} A(L)e_t + B(L)\varepsilon_t = \alpha L^{-1}\{&[A(L) - a_0]e_t + [B(L) - b_0]\varepsilon_t\} \\ &+ \gamma[\phi(L)e_t + \theta(L)\varepsilon_t] + e_t. \end{aligned}$$

令 e_t 和 ε_t 前的系数相等，得到

$$A(L) = \frac{L + \gamma L\phi(L) - \alpha a_0}{L - \alpha}, \tag{17.46}$$

$$B(L) = \frac{\gamma L\theta(L) - \alpha b_0}{L - \alpha}, \tag{17.47}$$

其中，a_0 和 b_0 为自由系数。

(17.46) 式和 (17.47) 式在 $|L| < 1$ 时是有解析解的，当且仅当辅助方程

$$L - \alpha = 0$$

的根位于单位圆上或者单位圆外 (也就是说，如果 $|\alpha| \geqslant 1$)，这就是稳定的情形。当 $|\alpha| < 1$ 时，我们得到不稳定的解。

(i) 稳定的情形。 通过将 (17.46) 式和 (17.47) 式代入 (17.44) 式中求解，得到

$$x_t = \frac{L + \gamma L\phi(L) - \alpha a_0}{L - \alpha} e_t + \frac{\gamma L\theta(L) - \alpha b_0}{L - \alpha} \varepsilon_t.$$

因此有

$$-\alpha\left(1 - \frac{1}{\alpha}L\right)x_t = \gamma L[\phi(L)e_t + \theta(L)\varepsilon_t] + (L - \alpha a_0)e_t - \alpha b_0 \varepsilon_t$$

或者

$$x_t = \frac{1}{\alpha}x_{t-1} - \frac{\gamma}{\alpha}z_{t-1} - \frac{1}{\alpha}e_{t-1} + a_0 e_t + b_0 \varepsilon_t. \tag{17.48}$$

由于系数 a_0 和 b_0 是待定的，所以解并不唯一。我们由 (17.44) 式可知，其最后两项中包含了基于 $t-1$ 时刻可获得的信息的 x_t 的新息，即，

$$x_t - E_{t-1}x_t = a_0 e_t + b_0 \varepsilon_t.$$

假定我们简单地将 (17.41) 式反转为

$$x_{t+1} = \frac{1}{\alpha}x_t - \frac{\gamma}{\alpha}z_t + \frac{1}{\alpha}e_t + (x_{t+1} - E_t x_{t+1}), \tag{17.49}$$

其中，从 (17.44) 式中，得到 x_{t+1} 的新息为

$$x_{t+1} - E_t x_{t+1} = a_0 e_{t+1} + b_0 \varepsilon_{t+1}.$$

这和 (17.48) 式完全一样。那么我们可以总结出，至少在稳定的情形下，仅通过反转 (17.41) 式就可以得到问题的解。然而，注意到，由于 $t+1$ 时刻的新息在 t 时刻是未知的，因此这不是唯一的解；任何 $t+1$ 时刻的新息都可以得到有效解。当然，根据给定 t 时刻的信息对新息的最好的预测是零，从而设定新息为零就能够得到唯一的解，这是很吸引人的，尽管在 $t+1$ 时刻得到的新息未必等于零。

理性预期方程的解与非随机一阶差分方程的解的差别在于，理性预期的解中存在新息，从而会使得理性预期的解不唯一。

(ii) 不稳定的情形。 现在我们考察 $|\alpha| < 1$ 的情形，实际上，这是我们在设定 (17.41) 式时所作的假定。现在在此情形下，求解的程序变得更为复杂，$A(L)$ 和 $B(L)$ 方程在 $L = \alpha$ 处存在奇异点。为了消除奇异点，我们要求这两个方程在 $L = \alpha$ 处的残差等于零。因此，我们要求

$$\lim_{L \to \alpha}(L - \alpha)A(L) = \alpha + \gamma\alpha\phi(\alpha) - \alpha a_0 = 0.$$

上式决定了自由系数 a_0 为

$$a_0 = 1 + \gamma\phi(\alpha).$$

因此

$$\begin{aligned}A(L) &= 1 + \frac{\gamma L\phi(L) - \alpha\gamma\phi(\alpha)}{L-\alpha} \\ &= 1 + \gamma\phi(L)\frac{1-\alpha L^{-1}\phi(\alpha)\phi(L)^{-1}}{1-\alpha L^{-1}}.\end{aligned}$$

同理有，$b_0 = \gamma\theta(\alpha)$，并且

$$\begin{aligned}B(L) &= \frac{\gamma L\theta(L) - \alpha\gamma\theta(\alpha)}{L-\alpha} \\ &= \gamma\theta(L)\frac{1-\alpha L^{-1}\theta(\alpha)\theta(L)^{-1}}{1-\alpha L^{-1}}.\end{aligned}$$

从 (17.45) 式中，我们可以将 x_t 的解写为

$$\begin{aligned}x_t &= \gamma\left\{\sum_{s=0}^{\infty}\alpha^s E_t[\phi(L)e_{t+s} + \theta(L)\varepsilon_{t+s}]\right\} + e_t \\ &= \gamma\sum_{s=0}^{\infty}\alpha^s E_t z_{t+s} + e_t.\end{aligned} \tag{17.50}$$

因此，在不稳定的情形下，x_t 能够被 z_t 的当期值和未来值的期望现值唯一地确定。

现在假定我们可以通过向前求解，直接从 (17.41) 式中得到解。因此，将 (17.41) 式重新整理为

$$\begin{aligned}x_t &= \alpha L^{-1}x_t + \gamma z_t + e_t \\ &= \frac{\gamma z_t + e_t}{1-\alpha L^{-1}} \\ &= \sum_{s=0}^{\infty}\alpha^s L^{-s}(\gamma z_t + e_t) \\ &= \sum_{s=0}^{\infty}\alpha^s E_t(\gamma z_{t+s} + e_{t+s}) \\ &= \gamma\sum_{s=0}^{\infty}\alpha^s E_t z_{t+s} + e_t.\end{aligned}$$

这和使用扩展的待定系数法得到的完整解，(17.50) 式，是完全相同的。

最后，将该解与非随机情形下的解 (17.40) 式做一个比较。(17.50) 式和 (17.40) 式最主要的区别在于，在非随机的情形下，z_{t+s} 的预期值代替了实际值；而 z 在未来时期的值是不能改变的，基于当期信息的预期值则是可以改变的。

17.8.3.2 (17.42) 式的解

运用 Weiner–Kolmogorov 公式，我们可以将 (17.42) 式写为

$$
\begin{aligned}
A(L)e_t + B(L)\varepsilon_t = \alpha L^{-1}\{[A(L) - a_0]e_t + [B(L) - b_0]\varepsilon_t\} \\
+ \beta L[A(L)e_t + B(L)\varepsilon_t] + \gamma[\phi(L)e_t + \theta(L)\varepsilon_t] + e_t.
\end{aligned}
$$

令 e_t 和 ε_t 前的系数相等，得到

$$A(L) = -\frac{L + \gamma L\phi(L) - \alpha a_0}{\beta L^2 - L + \alpha}, \tag{17.51}$$

$$B(L) = -\frac{\gamma L\theta(L) - \alpha b_0}{\beta L^2 - L + \alpha}, \tag{17.52}$$

其中，a_0 和 b_0 为自由系数。以 λ_1 和 λ_2(为了方便，假定它们为实根) 表示以下辅助方程的根

$$\beta L^2 - L + \alpha = 0$$

我们得到

$$(L - \lambda_1)(L - \lambda_2) = 0, \tag{17.53}$$

$$L^2 - (\lambda_1 + \lambda_2)L + \lambda_1\lambda_2 = 0. \tag{17.54}$$

因此，$\lambda_1 + \lambda_2 = 1/\beta$，$\lambda_1\lambda_2 = \alpha/\beta$。

考察以下三种情形：

(i) $|\lambda_1|, |\lambda_2| \geqslant 1$，模型是稳定的；

(ii) $|\lambda_1|, |\lambda_2| < 1$，模型是不稳定的；

(iii) $|\lambda_1| \geqslant 1, |\lambda_2| < 1$ ，模型存在鞍点路径解。

如果要求两个根要么稳定，要么不稳定，那么多项式在 $L = 1$ 处的值为

$$(L - \lambda_1)(L - \lambda_2)|_{L=1} = (1 - \lambda_1)(1 - \lambda_2) \geqslant 0,$$

即 $\alpha + \beta \geqslant 1$ 。但是，如果解为鞍点路径解，那么

$$(L - \lambda_1)(L - \lambda_2)|_{L=1} \leqslant 0,$$

即 $\alpha + \beta \leqslant 1$。存在一个单位根时，等号成立。因此，不等式提供了一个判断解类型的快速途径。接下来我们考察 x_t 的解。

(i) 稳定的情形：$|\lambda_1|, |\lambda_2| \geqslant 1$。 x_t 的解为

$$x_t = -\frac{L + \gamma L\phi(L) - \alpha a_0}{\beta L^2 - L + \alpha} e_t - \frac{\gamma L\theta(L) - \alpha b_0}{\beta L^2 - L + \alpha} \varepsilon_t,$$

可将上式整理为

$$(\beta L^2 - L + \alpha)x_t = -\gamma L[\phi(L)e_t + \theta(L)\varepsilon_t] - (L - \alpha a_0)e_t + \alpha b_0 \varepsilon_t \tag{17.55}$$

或者

$$\begin{aligned} x_t &= \frac{1}{\alpha}x_{t-1} - \frac{\beta}{\alpha}x_{t-2} - \frac{\gamma}{\alpha}z_{t-1} - \frac{1}{\alpha}e_{t-1} + \frac{\beta}{\alpha}(a_0 e_t + b_0 \varepsilon_t) \\ &= \frac{1}{\alpha}x_{t-1} - \frac{\beta}{\alpha}x_{t-2} - \frac{\gamma}{\alpha}z_{t-1} - \frac{1}{\alpha}e_{t-1} + \frac{\beta}{\alpha}(x_t - E_{t-1}x_t), \end{aligned}$$

由于 a_0 和 b_0 都是待定的，所以解不唯一。

通过简单地反转 (17.42) 式得到的相应的解为

$$x_{t+1} = \frac{1}{\alpha}x_t - \frac{\beta}{\alpha}x_{t-1} - \frac{\gamma}{\alpha}z_t - \frac{1}{\alpha}e_t + \frac{\beta}{\alpha}(x_{t+1} - E_t x_{t+1}).$$

(ii) 不稳定的情形：$|\lambda_1|, |\lambda_2| < 1$。 由于两个根都是不稳定的，因此在 $L = \lambda_1$ 和 $L = \lambda_2$ 处，$A(L)$ 和 $B(L)$ 存在奇异点。为了消除这些奇异点，要求

$$\lim_{L \to \lambda_i} (L - \lambda_i)A(L) = \lambda_i + \gamma\lambda_i\phi(\lambda_i) - \alpha a_0 = 0, \quad i = 1, 2.$$

从而得到

$$a_0 = \frac{\lambda_i + \gamma\lambda_i\phi(\lambda_i)}{\alpha}$$

对于 $L = \lambda_1$ 和 $L = \lambda_2$ 同时成立。因此，解是超定的；我们不知道选择 a_0 的哪个值，并且 b_0 也是类似的结果：

$$b_0 = \frac{\gamma\lambda_i\phi(\lambda_i)}{\alpha}.$$

尽管如此，继续求解，可以得到 x_t 的解仍然为 (17.55) 式。注意到

$$\begin{aligned} \beta L^2 - L + \alpha &= \beta(L - \lambda_1)(L - \lambda_2) \\ &= \alpha L^2(1 - \lambda_1 L^{-1})(1 - \lambda_2 L^{-1}) \end{aligned}$$

并且

$$\begin{aligned} \frac{1}{(1 - \lambda_1 L^{-1})(1 - \lambda_2 L^{-1})} &= \frac{1}{\lambda_1 - \lambda_2}\left(\frac{\lambda_1}{1 - \lambda_1 L^{-1}} - \frac{\lambda_2}{1 - \lambda_2 L^{-1}}\right) \\ &= \frac{1}{\lambda_1 - \lambda_2}\sum_{s=0}^{\infty}(\lambda_1^{s+1} - \lambda_2^{s+1})L^{-s}, \end{aligned}$$

因此，解可以写为

$$x_t = -\frac{L^{-2}}{\alpha(\lambda_1-\lambda_2)}\sum_{s=0}^{\infty}(\lambda_1^{s+1}-\lambda_2^{s+1})L^{-s}\{\gamma L[\phi(L)e_t+\theta(L)\varepsilon_t] + (L-\alpha a_0)e_t-\alpha b_0\varepsilon_t\}$$

$$= -\frac{\gamma}{\alpha(\lambda_1-\lambda_2)}\sum_{s=1}^{\infty}(\lambda_1^{s}-\lambda_2^{s})E_t z_{t+s}+\frac{1}{\lambda_1-\lambda_2}(a_0e_t+b_0\varepsilon_t), \tag{17.56}$$

其中，对每个 a_0 和 b_0 都存在两个选择。这是一个完全前瞻性的解。

如果采取更为直接的方法，我们就可以将 (17.42) 式写为

$$(\beta L^2-L+\alpha)x_{t+1}=\alpha L^2(1-\lambda_1L^{-1})(1-\lambda_2L^{-1})x_{t+1}$$
$$=-\gamma z_t-e_t,$$

其中，我们运用了 $E_tx_{t+1}=L^{-1}x_t$，而不是 $E_tx_{t+1}=x_{t+1}-(x_{t+1}-E_tx_{t+1})$。从而得到解

$$x_{t+1}=-\frac{\gamma}{\alpha(\lambda_1-\lambda_2)}\sum_{s=1}^{\infty}(\lambda_1^{s}-\lambda_2^{s})E_t z_{t+s+1},$$

上式省略了 (17.56) 式中的新息项，因而是一个非完整解。

(iii) 鞍点路径情形：$|\lambda_1|\geqslant 1, |\lambda_2|<1$。这种形式的解在 DSGE 宏观经济模型中很常见，因此是我们最感兴趣的。现在我们有一个稳定的根 λ_1 和一个不稳定的根 λ_2。$A(L)$ 和 $B(L)$ 这两个函数中有一个奇异值，它出现在 $L=\lambda_2$ 处。为了消除这个奇异值，我们要求

$$\lim_{L\to\lambda_2}(L-\lambda_2)A(L)=\lambda_2+\gamma\lambda_2\phi(\lambda_2)-\alpha a_0=0.$$

由此可得

$$a_0=\frac{\lambda_2+\gamma\lambda_2\phi(\lambda_2)}{\alpha}.$$

类似地，对于 b_0 我们有

$$b_0=\frac{\gamma\lambda_2\phi(\lambda_2)}{\alpha}.$$

因此 x_t 的解是

$$(\beta L^2-L+\alpha)x_t=-[L+\gamma L\phi(L)-\lambda_2-\gamma\lambda_2\phi(\lambda_2)]e_t-[\gamma L\theta(L)-\gamma\lambda_2\phi(\lambda_2)]\varepsilon_t.$$

因为

$$\beta L^2-L+\alpha=-\alpha\lambda_1 L\left(1-\frac{1}{\lambda_1}L\right)(1-\lambda_2L^{-1})$$

我们有

$$\alpha\lambda_1\left(1-\frac{1}{\lambda_1}L\right)x_t$$
$$=\gamma\left[\phi(L)\frac{1-\lambda_2L^{-1}\phi(\lambda_2)\phi(L)^{-1}}{1-\lambda_2L^{-1}}e_t+\theta(L)\frac{1-\lambda_2L^{-1}\theta(\lambda_2)\theta(L)^{-1}}{1-\lambda_2L^{-1}}\varepsilon_t\right]+e_t$$

或

$$x_t=\frac{1}{\lambda_1}x_{t-1}+\frac{\gamma}{\alpha\lambda_1}\sum_{s=0}^{\infty}\lambda_2^sE_tz_{t+s}+\frac{1}{\alpha\lambda_1}e_t, \tag{17.57}$$

这是唯一一个同时包含前向项和后向项的解。

假设现在我们对 (17.42式应用更直接的方法。所以首先我们将其重写为

$$(\beta L^2-L+\alpha)x_t=-\gamma z_t-e_t.$$

因此有

$$\alpha\lambda_1L\left(1-\frac{1}{\lambda_1}L\right)(1-\lambda_2L^{-1})x_t=\gamma z_t+e_t$$

或者

$$\begin{aligned}x_t&=\frac{1}{\lambda_1}x_{t-1}+\frac{1}{\alpha\lambda_1}\frac{\gamma z_t+e_t}{1-\lambda_2L^{-1}}\\&=\frac{1}{\lambda_1}x_{t-1}+\frac{\gamma}{\alpha\lambda_1}\sum_{s=0}^{\infty}\lambda_2^sE_tz_{t+s}+\frac{1}{\alpha\lambda_1}e_t,\end{aligned} \tag{17.58}$$

这与 (17.57) 式的解是一样的。因此，当解是唯一的时，我们又有一个不同且简便的方式来求解。

(17.57) 式还可以写成

$$\Delta x_t=\left(1-\frac{1}{\lambda_1}\right)(x_t^*-x_{t-1}), \tag{17.59}$$

$$x_t^*=\frac{\gamma}{\alpha(\lambda_1-1)}\sum_{s=0}^{\infty}\lambda_2^sE_tz_{t+s}+\frac{1}{\alpha(\lambda_1-1)}e_t. \tag{17.60}$$

这是一个局部调整模型，其中 x_t 的动态调整随长期均衡值 x_t^* 的变动 (由 z_t 当期值和预期未来值的变动所引起的) 而变动，它的动态调整可能由两部分组成。在 t 时刻，x_t 以 x_t^* 与 x_{t-1} 间差距的 $1-(1/\lambda_1)$ 的比例调整；在接下来的时间里，它在之前各期变化的基础上以 $1/\lambda_1$ 的比例调整直到达到新的均衡。这两部分调整，前者指 x_t 跳到鞍点路径上；后者指 x_t 沿着鞍点路径移动到均衡处。

鞍点路径有时也会演变成刀刃解，此时 x_t 没能成功的跳到鞍点路径上，这便会使解不断发散，很可能发散到无穷。这是一种误导，这种解释来源于与解相关的相图，

误导称，正是相图中鞍点路径以外的点导致了 x_t 从鞍点路径和新的均衡处不断发散。事实上，x_t 必须总是处于鞍点路径之上，不能偏离鞍点路径，这是因为 x_t 必须同时满足初始模型和鞍点路径。(17.59) 式只是 (17.57) 式的另一种表达形式；而且鞍点路径的准确特点取决于 (17.57) 式的参数。

17.8.3.3 求解结果小结

我们阐述了怎样求得像 (17.41) 式和 (17.42) 式这种理性预期模型的解。有些解是不唯一的，典型地例如一些解是稳定；有些解是超定的，例如在 (17.42) 式中，有不止一个非稳定的根；还有些解则是唯一的。我们已表明了如何判别出现哪种类型的解：当一个方程像 (17.41) 一样，只有唯一的前向预期，没有滞后项，而且唯一的根是不稳定的；如果一个方程像 (17.42) 还有滞后项，并且有两个根，一个稳定另一个不稳定，从而得到鞍点路径，这样的方程才有唯一的解。当方程的解唯一时，我们还阐述了一种更简单更直接的求解方法。现在我们将讨论延伸至理性预期方程组来研究如何判别解的类型，以及当解唯一时，如何推导求解。

17.8.4 理性预期方程组

我们讨论三种不同的方法，这三种方法基本上都是求解数值的方法。

17.8.4.1 Blanchard 和 Kahn (1981) 的求解法

该求解法适用于可以写成如下形式的模型：

$$\begin{bmatrix} x_{t+1} \\ E_t y_{t+1} \end{bmatrix} = \begin{bmatrix} A_{xx} & A_{xy} \\ A_{yx} & A_{yy} \end{bmatrix} \begin{bmatrix} x_t \\ y_t \end{bmatrix} + \begin{bmatrix} C_x \\ C_y \end{bmatrix} z_t, \tag{17.61}$$

其中 x_{t+1} 是在 t 时刻已经前定的 n 维向量，y_{t+1} 是 t 时刻非前定的 m 维向量，z_t 是外生变量。我们希望求得 y_t 的解，下面用一个例子来阐述怎样用下述方式来表达模型。

我们把 $n+m$ 矩阵 A 表示成

$$A = \begin{bmatrix} A_{xx} & A_{xy} \\ A_{yx} & A_{yy} \end{bmatrix}.$$

它的 Jordan 标准型是

$$A = Q\Gamma Q^{-1},$$

其中 Γ 是按特征值大小排列的对角阵：

$$\Gamma=\begin{bmatrix}\Gamma_{xx} & 0\\ 0 & \Gamma_{yy}\end{bmatrix}.$$

命题. 如果 Γ_{xx} 有 n 个特征值，所有特征值都在单位圆上或单位圆内，并且 Γ_{yy} 有 m 个特征值，所有特征值都在单位圆外，那么方程组有唯一的解。

方程组的解可以通过以下方式来获得：首先对方程组 (17.61) 求期望，有

$$\begin{bmatrix}E_t x_{t+1}\\ E_t y_{t+1}\end{bmatrix}=\begin{bmatrix}A_{xx} & A_{xy}\\ A_{yx} & A_{yy}\end{bmatrix}\begin{bmatrix}x_t\\ y_t\end{bmatrix}+\begin{bmatrix}C_x\\ C_y\end{bmatrix}z_t \tag{17.62}$$

然后定义

$$Z_t=\begin{bmatrix}X_t\\ Y_t\end{bmatrix}=Q^{-1}\begin{bmatrix}x_t\\ y_t\end{bmatrix}$$

使得方程组可以写成

$$\begin{aligned}E_t Z_{t+1}&=Q^{-1}AQZ_t+Q^{-1}Cz_t\\ &=\Gamma Z_t+Q^{-1}Cz_t,\end{aligned} \tag{17.63}$$

其中

$$C=\begin{bmatrix}C_x\\ C_y\end{bmatrix}.$$

因此 (17.63) 式由 $n+m$ 个方程组成，方程形式是

$$E_t Z_{i,t+1}=\gamma_i Z_{it}+P_i z_t,\quad i=1,\ldots,n+m,$$

其中 γ_i 是 Λ 的各个特征值，P_i 是 $P=Q^{-1}C$ 的第 i 行。

现在我们来应用从上述这些方程中所推导出的结论，注意 γ_i 是之前特征值的逆，所以 $\gamma_i\equiv\lambda_i^{-1}$。我们之前讨论过如果 λ_i 在单位圆内，则方程组有唯一的解，也就意味着，如命题中所述，γ_i 必须在单位圆外。也就是说 Z_{it} $(i=n+1,\ldots,m)$ 有唯一的解，可表示成

$$Z_{it}=-\sum_{s=0}^{\infty}\gamma_i^{-s}P_iE_tz_{t+s},$$

因此

$$Y_t=-\sum_{s=0}^{\infty}\Gamma_{yy}^{-s}PE_tz_{t+s}.$$

我们对 y_t 的解感兴趣，它由下式得出：

$$\begin{bmatrix} x_t \\ y_t \end{bmatrix} = Q \begin{bmatrix} X_t \\ Y_t \end{bmatrix};$$

因此，由于 $X_t = x_t$ (即 $Q_{xx} = I$ ，$Q_{xy} = 0$)，解为

$$y_t = Q_{yx}x_t - \sum_{s=0}^{\infty} Q_{yy}\Gamma_{yy}^{-s}PE_t z_{t+s}, \tag{17.64}$$

$$x_t = \Gamma_{xx}x_{t-1} + C_{xx}z_{t-1}. \tag{17.65}$$

因此

$$\begin{bmatrix} I & 0 \\ -Q_{yx} & I \end{bmatrix}\begin{bmatrix} x_t \\ y_t \end{bmatrix} = \begin{bmatrix} \Gamma_{xx} & 0 \\ 0 & 0 \end{bmatrix}\begin{bmatrix} x_{t-1} \\ y_{t-1} \end{bmatrix} - \begin{bmatrix} 0 \\ I \end{bmatrix}\sum_{s=0}^{\infty}\Gamma_{yy}^{-s}Q_{yy}PE_t z_{t+s} + \begin{bmatrix} C_{xx} \\ 0 \end{bmatrix} z_{t-1}$$

或者

$$\begin{bmatrix} x_t \\ y_t \end{bmatrix} = \begin{bmatrix} \Gamma_{xx} & 0 \\ Q_{yx}\Gamma_{xx} & 0 \end{bmatrix}\begin{bmatrix} x_{t-1} \\ y_{t-1} \end{bmatrix} - \begin{bmatrix} 0 \\ I \end{bmatrix}\sum_{s=0}^{\infty}\Gamma_{yy}^{-s}Q_{yy}PE_t z_{t+s} + \begin{bmatrix} C_{xx} \\ Q_{yx}C_{xx} \end{bmatrix} z_{t-1}.$$

该解意味着前定的 x_t 不会对 t 时刻可用的当前信息做出反应，而 y_t 为非前定变量，所以它会对当前信息做出反应。

最后，我们需要推导出 $E_t z_{t+s}$。例如，假设 z_t 是由如下 VAR 生成

$$z_{t+1} = Rz_t + \varepsilon_{t+1}. \tag{17.66}$$

我们则有 $E_t z_{t+s} = R^s z_t$ $(s > 0)$，因此

$$\begin{aligned} \begin{bmatrix} x_t \\ y_t \end{bmatrix} &= \begin{bmatrix} \Gamma_{xx} & 0 \\ Q_{yx}\Gamma_{xx} & 0 \end{bmatrix}\begin{bmatrix} x_{t-1} \\ y_{t-1} \end{bmatrix} - \begin{bmatrix} 0 \\ I \end{bmatrix}\left(\sum_{s=0}^{\infty}\Gamma_{yy}^{-s}Q_{yy}PR^s\right) z_t + \begin{bmatrix} C_{xx} \\ Q_{yx}C_{xx} \end{bmatrix} z_{t-1} \\ &= \begin{bmatrix} \Gamma_{xx} & 0 \\ Q_{yx}\Gamma_{xx} & 0 \end{bmatrix}\begin{bmatrix} x_{t-1} \\ y_{t-1} \end{bmatrix} - \begin{bmatrix} 0 \\ I \end{bmatrix} Hz_t + \begin{bmatrix} C_{xx} \\ Q_{yx}C_{xx} \end{bmatrix} z_{t-1}, \end{aligned} \tag{17.67}$$

其中 $H = \sum_{s=0}^{\infty}\Gamma_{yy}^{-s}Q_{yy}PR^s$。我们已经表明 DSGE 模型可以以伴随矩阵的形式表示为 z_t 的向量自回归移动模型 VARMA(1,1)(以下简称为 VARMA)。不过，如果 z_t 是个非平衡过程，如

$$\Delta z_{t+1} = R\Delta z_t + \varepsilon_{t+1}, \tag{17.68}$$

则 $E_t\Delta z_{t+s} = R^s\Delta z_t$ ，$E_t z_{t+s} = (\sum_{i=0}^{s} R^s) z_t$ $(s > 0)$。因此解仍然是如 (17.67) 式中的 z_t 的 VARMA(1,1)。如果 z_t 的生成过程是不确定的，则无法替代其解中的预期终值。

我们可以由 (17.64) 式和 (17.65) 式以及 z_t 的过程求得 y_t 的解。例如，对于 (17.66) 式，它的解为

$$
\begin{aligned}
y_t &= \Gamma_{xx}y_{t-1} - \sum_{s=0}^{\infty}\Gamma_{yy}^{-s}Q_{yy}PR^s z_t + \left(\sum_{s=0}^{\infty}\Gamma_{xx}\Gamma_{yy}^{-s}Q_{yy}PR^s + Q_{yx}C_{xx}\right)z_{t-1} \\
&= (\Gamma_{xx}+R)y_{t-1} - R\Gamma_{xx}y_{t-2} - \sum_{s=0}^{\infty}\Gamma_{yy}^{-s}Q_{yy}PR^s\varepsilon_t \\
&\quad + \left(\sum_{s=0}^{\infty}\Gamma_{xx}\Gamma_{yy}^{-s}Q_{yy}PR^s + Q_{yx}C_{xx}\right)\varepsilon_{t-1},
\end{aligned}
$$

这是一个序列独立过程 ε_t 的 VARMA(2,1)。我们知道 y_t 的内部动态是由外生变量的动态和冲击驱动的，而且与冲击相关的 y_t 的动态是由原始的结构方程决定的。

17.8.4.2 Sims (2001) 的求解法

这一求解方法是用变量的观测值减去新息误差项来代替理性预期变量。因此该方法也不必区分前定变量与非前定变量，(17.61) 式就可以写成

$$
\begin{bmatrix} x_{t+1} \\ y_{t+1} \end{bmatrix} = \begin{bmatrix} A_{xx} & A_{xy} \\ A_{yx} & A_{yy} \end{bmatrix}\begin{bmatrix} x_t \\ y_t \end{bmatrix} + \begin{bmatrix} C_x \\ C_y \end{bmatrix} z_t + \begin{bmatrix} 0 \\ I \end{bmatrix} e_{t+1}, \tag{17.69}
$$

其中 $e_{t+1} = y_{t+1} - E_t y_{t+1}$。

Sims 探讨了如下模型

$$
Aw_{t+1} = Bw_t + Cz_t + De_{t+1},
$$

其中 A 和 B 可以是奇异的。他引入了 “QZ” 因式分解

$$
\begin{aligned}
A &= Q'\Lambda Z', \\
B &= Q'\Omega Z',
\end{aligned}
$$

其中 Q 和 Z 为单位矩阵 (即 $Q'Q = QQ' = I$) 而且可以是复值的，Λ 和 Ω 为上三角矩阵。Q，Z，Λ 和 Ω 以 A 和 B 的广义特征值的绝对值递增排序。(注意: A 的广义特征值是由 $Aq = \lambda Hq$ 求得的，其中 λ 是特征值，q 是特征向量，H 是对称矩阵。)

因此，定义 $v_t = Z'w_t$，然后左乘 $Q'^{-1} = Q$，

$$
\Lambda v_{t+1} = \Omega v_t + QCz_t + QDe_{t+1}.
$$

将 Λ 和 Ω 划分为稳定的 (上三角) 和不平稳的 (下三角) 两个区块，该方程可以写为

$$\begin{bmatrix} \Lambda_{11} & \Lambda_{12} \\ 0 & \Lambda_{22} \end{bmatrix} \begin{bmatrix} v_{1,t+1} \\ v_{2,t+1} \end{bmatrix} = \begin{bmatrix} \Omega_{11} & \Omega_{12} \\ 0 & \Omega_{22} \end{bmatrix} \begin{bmatrix} v_{1,t} \\ v_{2,t} \end{bmatrix} + u_{t+1},$$

其中

$$u_{t+1} = QCz_t + QDe_{t+1}.$$

下三角区块为

$$\Lambda_{22}v_{2,t+1} = \Omega_{22}v_{2,t} + u_{2,t+1}.$$

因此

$$\begin{aligned} v_{2,t} &= \Omega_{22}^{-1}\Lambda_{22}v_{2,t+1} - \Omega_{22}^{-1}u_{2,t+1} \\ &= -\sum_{s=0}^{\infty}(\Omega_{22}^{-1}\Lambda_{22})^s\Omega_{22}^{-1}u_{2,t+s+1}. \end{aligned}$$

结果会有

$$\begin{aligned} E_t v_{2,t} &= v_{2,t} \\ &= -\sum_{s=0}^{\infty}(\Omega_{22}^{-1}\Lambda_{22})^s\Omega_{22}^{-1}E_t u_{2,t+s+1} \\ &= -\sum_{s=0}^{\infty}(\Omega_{22}^{-1}\Lambda_{22})^s\Omega_{22}^{-1}QCE_t z_{t+s}. \end{aligned}$$

接下来我们需要求解出 $v_{1,t}$。这可通过将整体方程组写成如下形式求得

$$\begin{bmatrix} v_{1,t+1} \\ v_{2,t+1} \end{bmatrix} = \begin{bmatrix} \Lambda_{11} & \Lambda_{12} \\ 0 & \Lambda_{22} \end{bmatrix}^{-1} \begin{bmatrix} \Omega_{11} & \Omega_{12} \\ 0 & \Omega_{22} \end{bmatrix} \begin{bmatrix} v_{1,t} \\ v_{2,t} \end{bmatrix} + \begin{bmatrix} \Lambda_{11} & \Lambda_{12} \\ 0 & \Lambda_{22} \end{bmatrix}^{-1} u_{t+1}$$

替代第一个方程区块中的 v_{2t} ，利用 $w_t = Zv_t$ 可以求得原始变量 w_t 。

17.8.4.3 Klein (2000) 的求解法

该求解法适用于如下形式的模型

$$AE_t w_{t+1} = Bw_t + Cz_t,$$

其中 A 和 B 可以是奇异的且 z_t 为零均值 VAR。像 Blanchard 和 Khan 求解法一样，w_t 包括了对前定变量和非前定变量的区分。该求解法采用 Schur 分解法分解 A 和 B ，其

他都与 Blanchard 和 Khan 求解法相似。用 Schur 分解法分解 A 和 B 的形式为

$$QAZ = S,$$
$$QBZ = T,$$

其中 Q 和 Z 为单位矩阵，S 和 T 为上三角矩阵，其对角线元素包含 A 和 B 的广义特征值。详细内容可参见 Klein (2000) 或 De Jong 及 Dave (2011)。

17.8.4.4 重写理性预期模型

下面我们举例来说明如何以 (17.61) 式的形式写出理性预期模型。

例 17.9. 考虑如下模型的解

$$E_t \Delta y_{t+1} = y_t - x_t + e_t, \tag{17.70}$$

$$x_t = 0.25 x_{t-1} + \varepsilon_t, \tag{17.71}$$

其中 e_t 和 ε_t 为零均值的新息过程。

模型可以写成 (17.61) 式的形式如下

$$\begin{bmatrix} x_{t+1} \\ E_t y_{t+1} \end{bmatrix} = \begin{bmatrix} 0.25 & 0 \\ -1 & 2 \end{bmatrix} \begin{bmatrix} x_t \\ y_t \end{bmatrix} + \begin{bmatrix} \varepsilon_{t+1} \\ e_t \end{bmatrix}. \tag{17.72}$$

利用滞后算子，方程组 (17.72) 式可以采用 (17.63) 式的符号体系写为

$$B(L) Z_{t+1} = z_t, \tag{17.73}$$

其中 $B(L) = I - AL$. 从

$$\det B(L) = 0.$$

中可得到特征值。我们知道

$$\begin{aligned} \det(I - AL) &= (1 - \lambda_1 L)(1 - \lambda_2 L) \\ &= 1 - (\lambda_1 + \lambda_2) L + \lambda_1 \lambda_2 L^2 \\ &= 1 - (\operatorname{tr} A) L + (\det A) L^2, \end{aligned}$$

其中，特征根为 $\gamma_i = 1/\lambda_i$，是由

$$\{\lambda_1, \lambda_2\} = \tfrac{1}{2} \operatorname{tr} A \pm \tfrac{1}{2} [(\operatorname{tr} A)^2 - 4(\det A)]^{1/2}.$$

得到的，因此其特征根满足

$$\{\lambda_1, \lambda_2\} = \tfrac{1}{2}\operatorname{tr} A \pm \tfrac{1}{2}[(\operatorname{tr} A)^2 - 4(\det A)]^{1/2}.$$

对平方根项做一阶 *Taylor* 展开的近似会得到一个结果，该结果有时会很有用，特别是在对非线性方程组做局部近似时，即

$$\{\lambda_1, \lambda_2\} \simeq \left\{\frac{\det A}{\operatorname{tr} A}, \operatorname{tr} A - \frac{\det A}{\operatorname{tr} A}\right\}.$$

因此有

$$\left| I - \begin{bmatrix} 0.25 & 0 \\ -1 & 2 \end{bmatrix} L \right| = (1 - 2L)(1 - 0.25L) = 0,$$

可以得到根是 $1/\lambda_1 = 4$ 和 $1/\lambda_2 = 0.5$，意味着有一个鞍点解。

$B(L)$ 的逆是 $B(L)$ 的伴随矩阵除以 $B(L)$ 的行列式：

$$B(L)^{-1} = \frac{\operatorname{adj} B(L)}{\det B(L)},$$

其中

$$\det B(L) = (1 - 2L)(1 - 0.25L).$$

因此有

$$[\det B(L)]Z_t = [\operatorname{adj} B(L)]Lz_t$$

或者

$$\begin{aligned}(1 - 2L)(1 - 0.25L)Z_t &= -2(1 - 0.5L^{-1})(1 - 0.25L)LZ_t \\ &= \begin{bmatrix} 1 - 2L & 0 \\ L & 1 - 0.25L \end{bmatrix} Lz_t.\end{aligned}$$

因此，y_t 的解为

$$(1 - 0.25L)y_t = -\frac{1}{2(1 - 0.5L^{-1})}[\varepsilon_t + (1 - 0.25L)e_t]$$

或者

$$\begin{aligned}y_t &= 0.25y_{t-1} - \sum_{s=0}^{\infty} 0.5^{s+1} E_t[\varepsilon_{t+s} + (1 - 0.25L)e_{t+s}] \\ &= 0.25y_{t-1} - 0.5\varepsilon_t - 0.375e_t + 0.25e_{t-1}.\end{aligned}$$

例 17.10. 考虑如下单个方程

$$y_t = \alpha E_t y_{t+1} + \beta y_{t-1} + \gamma z_t + e_t.$$

我们可以把它写成由两个方程构成的方程组

$$\begin{bmatrix} 1 & 0 \\ 0 & \alpha \end{bmatrix} \begin{bmatrix} y_t \\ E_t y_{t+1} \end{bmatrix} = \begin{bmatrix} 0 & 1 \\ -\beta & 1 \end{bmatrix} \begin{bmatrix} y_{t-1} \\ y_t \end{bmatrix} + \begin{bmatrix} 0 \\ -1 \end{bmatrix} (\gamma z_t + e_t),$$

或者把它写成 (17.61) 的形式

$$\begin{bmatrix} y_t \\ E_t y_{t+1} \end{bmatrix} = \begin{bmatrix} 0 & 1 \\ -\beta/\alpha & 1/\alpha \end{bmatrix} \begin{bmatrix} y_{t-1} \\ y_t \end{bmatrix} + \begin{bmatrix} 0 \\ -1/\alpha \end{bmatrix} (\gamma z_t + e_t).$$

从

$$\begin{aligned} \det(I - AL) &= 1 - \frac{1}{\alpha} L + \frac{\beta}{\alpha} L^2 \\ &= (1 - \lambda_1 L)(1 - \lambda_2 L) = 0, \end{aligned}$$

中可得到方程组的单位根分别为 $1/\lambda_1$ 和 $1/\lambda_2$。假设我们有唯一的鞍点解且 $|\lambda_1| \leqslant 1$ 及 $|\lambda_2| > 1$，解为

$$\det(I - AL) = -\lambda_2 L(1 - \lambda_1 L)(1 - \lambda_2^{-1} L^{-1}).$$

把解写成如下形式

$$[\det B(L)] Z_t = [\mathrm{adj} B(L)] L \begin{bmatrix} 0 \\ -1/\alpha \end{bmatrix} (\gamma z_t + e_t),$$

$$-\lambda_2 L(1 - \lambda_1 L)(1 - \lambda_2^{-1} L^{-1}) Z_t = \begin{bmatrix} 1 - (1/\alpha)L & -(\beta/\alpha)L \\ L & 1 \end{bmatrix} \begin{bmatrix} 0 \\ -1/\alpha \end{bmatrix} (\gamma z_t + e_t),$$

我们得到

$$(1 - \lambda_1 L) Z_t = -\frac{1}{\lambda_2 (1 - \lambda_2^{-1} L^{-1})} \begin{bmatrix} 1 - (1/\alpha)L & -(\beta/\alpha)L \\ L & 1 \end{bmatrix} \begin{bmatrix} 0 \\ -1/\alpha \end{bmatrix} (\gamma z_t + e_t).$$

因此

$$y_t = \lambda_1 y_{t-1} + \frac{\gamma}{\alpha \lambda_2} \sum_{s=0}^{\infty} \lambda_2^{-s} E_t z_{t+s} + \frac{1}{\alpha \lambda_2} e_t,$$

这和之前 (17.58) 式的解是一样的，除了根的逆的标示不同。

最后，我们发现在我们所讨论的方程组中有不稳定的单位根的数量与非前定变量的数量一样多，我们集中讨论了唯一解的情形。如果不稳定的单位根数小于 (稳定的单位根数多于) 非前定变量，那么我们有有限的解；而如果不稳定的单位根数大于非前定变量，那么就无解。前者是稳定模型的情形。

索引

《货币论》(凯恩斯), 6
《通论》(凯恩斯), 6

鞍点路径, 6
　　动态, 28
　　均衡, 28
奥肯定律, 413

Balassa–Samuelson 效应, 171
Basel II, 484
Bellman 方程, 559
Beveridge 曲线, 250
Blanchard–Kahn 求解法, 564
BP 方程, 364
保险费, 272
本国和国外投资者的混合外汇模型, 347
比例税, 114
比索效应, 340
闭环控制, 556
边际产出, 222
边际成本, 222, 239
边际收益, 222
变分法, 20, 542, 552
不等式约束, 550
不可分劳动模型, 79
不完全可替代性, 293
不完全灵活的实际工资, 246
　　失业, 246
不完全替代性
　　贸易品, 173–176
不完全信息, 477
布雷顿森林体系, 355–356
部分准备金的银行业, 484

Cagan 货币需求模型, 205–207
Calvo 的交错价格调整模型, 234
Cox-Ingersoll-Ross(CIR) 模型, 317
财政政策, 374, 380
　　Dornbusch 模型, 386
　　OLG 模型, 养老金, 147
　　时间一致性与时间不一致性, 129–140
　　以债务支付, 151
　　有效性, 265–267
　　与货币政策相比的优势, 408
财政状况的可持续性, 102–108
策略维度, 6
产出, 人均最优增长率, 52
产品
　　市场, 85
持续性习惯, 306
持有名义货币余额的机会成本, 207
冲击
　　技术, 30
　　技术，暂时的, 31
　　生产力, 508
　　生产率, 30
储蓄, 69–70
传统宏观经济学, 3–4

纯公共物品, 89
存量均衡, 6

Dornbusch 模型, 372
　　财政政策, 386
　　货币政策, 383
　　与货币模型的比较, 388
Dornbusch 模型
　　汇率, 381–388
代表性行为人
　　经济, 8
　　模型, 比较, 146
代际交叠模型 (OLG), 100, 140, 147
代理成本, 480
待定系数法, 564
怠工模型, 255
贷款的风险溢价, 499
贷款市场均衡, 501
单位有效劳动产出, 49
当地货币定价, 173, 231
道德风险
　　问题, 477
抵押, 477, 481, 503
抵押贷款违约, 483
抵押贷款证券, 481
调整
　　最优动态, 236
定价
　　当地货币, 231
　　风险资产, 284
　　开放经济, 230
　　理论，不完全竞争, 221
　　名义收益, 286
　　生产者货币, 173, 231
　　无风险资产, 285
　　中间产品, 227
动态规划, 20, 542, 554–558
动态规划法, 559
动态随机一般均衡 (DSGE), vii, 1
动态无效率, 161, 180
动态一般均衡 (DGE), viii, 2
动态优化, 20, 542
动态有效率, 180
赌局，精算值, 270
多因子仿射模型, 320

Epstein–Zin 效用函数, 307
恶性通货膨胀, 205–207
二次损失函数, 最优通货膨胀政策, 444

Friedman 法则, 207
　　最优性, 210
菲利普斯典线
　　包含预期, 413
菲利普斯方程, 363
菲利普斯曲线
　　附加预期, 239
非加速通货膨胀的失业率 (NAIRU), 239
非贸易品, 164–169
非耐用品消费, 73–75
非系统性风险, 299
非线性规划问题, 550
费雪方程
　　定义, 414
　　通货膨胀, 411–413

分散
解, 135
经济, 59
模型，与集中模型的比较, 86–87
分散经济的一般均衡, 81–86
封闭经济, 154
风险, 270
规避, 270, 271
价格, 278
偏好, 271
数量, 278
态度, 282
中性, 271
风险的宏观经济来源, 286
风险的价格, 278
风险的数量, 278
风险分散和完备市场, 296
风险溢价, 271
贷款, 501
风险中性定价, 278
风险中性概率, 278
风险资产, 资产组合中的份额, 290
浮动汇率的好处, 357
浮动汇率制, 356–359
福利收益, 91
附加预期的菲利普斯曲线, 239

Goodhart 定律, 416
Gordon 股利增长模型, 302
岗位空缺, 248
供给冲击 (负向), 287
公共财政，优化, 111–127
公共财政的优化, 111–127
公开市场操作, 481
工资, 218–220
加成, 533
黏性, 260–265
谈判, 249, 252–253
工作岗位
创造与破坏, 249
工作转换模型, 255
购买力平价 (PPP), 170
股份, 价值, 83
股利 -价格比率, 303
股利分红股票, 301
股票回购, 303
股票市场, 302–309
股权溢价之谜, 306
固定汇率, 358
规则导向政策, 454
国际收支平衡, 156
方程，简化为无抛补利率平价条件, 365
可持续性, 177–182
国际收支平衡的货币分析模型 (MABP), 367, 373
国库券, 301
国外投资者外汇模型, 347

Hodrick–Prescott (HP) 滤波, 514, 522
合成谬误, 8
横截条件, 20
宏观经济学
复杂性, 8

凯恩斯主义, 1
黄金法则, 18, 23
动态分析, 18
求解, 16–19
稳定性及其动态特征, 32
黄金法则解的动态分析, 18
回报率 (实际), 23
汇率
名义, 154
目标区间模型, 404
实际, 154
通货膨胀目标制下的汇率决定, 434–435
无抛补利率平价 (UIP), 340
或有权益, 275–279
货币
超中性, 212–215
购物时间模型, 196–198
简史 (, 187
现金先行模型, 190–192
效用函数中, 193–195
作用, 187
货币的超中性, 212–215
货币定价
当地, 173
当地与生产者, 230
生产者, 173
货币联盟, 356
货币模型
财政政策, 380
汇率, 375–381
黏性价格, 388
与 Dornbusch 模型的比较, 388
政策, 377
货币需求
现金先行模型, 190–192
货币政策, 373
Dornbusch 模型, 383
非传统, 493–496
浮动汇率, 407
固定汇率, 407
规则导向, 407
货币主义, 406
欧元区, 460–467
欧元区，“统一适用”, 466
期限结构, 327–331
相机抉择, 407
有效性, 265–267
与财政政策相比的优势, 408
货币主义
汇率, 356
货币政策, 406
控制货币供给, 408
货币作为中间产品模型 (MIG), 196–198

Inada 条件, 15
IS-LM-BP 模型
布雷顿森林体系, 367
IS-LM-BP 模型, 359
IS-LM 模型, 360
财政政策, 362
货币政策, 362
IS-LM 模型, 359

菲利普斯方程, 363

Jensen 不等式, 271
基础均衡汇率 (FEER), 181
基础欧拉方程, 19
即期汇率, 340
预测, 341
极大值原理, 20
集中
经济, 14
模型，与分散模型的比较, 86–87
集中经济模型的最优解的图形表示, 22
技术冲击, 30
暂时的, 31
技术进步, 43
加成, 239
价格, 218–220
不完全灵活的, 10
加成, 533
完全灵活的, 10
债券, 92
价格黏性, 232–238
价格设定
不完全竞争, 220–232
价格水平
财政理论, 110–111
动态, 237
价格水平的财政理论, 110–111
监管成本, 480
建设时间, 39–40
交易成本, 198–200
借贷约束, 473
金本位制, 353–355
金融摩擦 (financial friction), 493
金融市场不完善, 473
金融中介, 481
经常账户
跨期方法, 183
美国赤字, 157
实际, 157
经常账户实际余额, 157
经济增长, 42
原因, 42
经济账户
可持续性, 177–184
经济周期, 29
动态, 31
风险资产定价, 285
静态均衡, 1
就业
匹配函数, 249–251
居民户的财富, 61
居民户和厂商的预算约束的整合, 82
局部均衡, 1

Klein 求解法, 579–580
Kreps-Porteus 的时间不可分效用, 307
Kuhn–Tucker 条件, 550
开放经济, 154
RBC 模型, 521
资源约束, 155
开环控制, 556
凯恩斯
边际消费倾向, 67

消费函数, 66
凯恩斯主义的通货膨胀模型, 413–416
看涨期权, 302
可变的通货膨胀目标制, 407
可执行力条件, 117
跨期
财政政策, 98
动态优化, 5
方法，经常账户, 183
预算约束，两时期, 62
跨期生产可能性边界 (IPPF), 22, 159

Lucas 批评, 416
拉格朗日乘子, 20, 542
拉格朗日乘子法, 544–552
劳动
供给, 75–77
市场, 84
税收, 119
需求, 无调整成本, 77
需求, 有调整成本, 79
有效单位产出和资本, 49
劳动供给的工资弹性, 266
劳动力
基本模型, 32–35
劳动力市场均衡, 246
李嘉图等价定理, 99
李嘉图式政策, 110
理性, 5
理性泡沫, 304
理性预期, 5
对该假设的批评, 472
求解方法, 564–583
理性预期方程组, 575
理性预期假设下的期限结构, 314
利差交易, 337, 345
利率
掉期, 312
名义, 零下限约束, 471
期限结构, 310, 311
利率期限结构, 310, 311
利用收益率曲线估计未来通货膨胀, 325
连续时间的优化, 552–554
两部门增长模型, 56–58
两期跨期预算约束, 62
量化宽松 (QE), 482
量化宽松 (quantitative easing), 496
流动性
危机, 471
流量均衡, 6
垄断竞争厂商, 227
伦敦银行同业拆解利率（LIBOR）, 482

Maastricht 条件, 109
Marshall–Lerner 条件, 164
Modigliani-Miller 定理, 79
Mundell-Fleming 模型, 372
财政政策, 374
汇率, 372–374
货币政策, 373
买方垄断势力, 222
贸易品, 164–169
贸易品, 不完全替代性, 173–176
贸易品的替代性, 不完全, 173

贸易品间的替代效，不完全, 173–176
贸易条件
实际汇率, 169–172
实际汇率, 典型事实, 171–172
每股价值, 83
每股收益, 303
美国经常账户赤字, 157
美元化, 356
名义汇率, 154
通货膨胀目标制下的汇率决定, 434–435
名义基础预算赤字, 103
名义利率的零下限约束, 471
模拟分析, 124
模型
Solow-Swan, 53
青春永驻, 72
目标区间, 356

纳什谈判, 252
耐用品消费, 73–75
内部货币, 480
内生增长, 53–58
AK 模型, 54
人力资本模型, 55–58
内生增长的 AK 模型, 54
内生增长的人力资本模型, 55–58
内在动态, 15
逆向选择
模型, 255
问题, 477

Obstfeld-Rogoff redux 模型, 392–403
基本, 对数线性近似, 397
基本, 灵活可变价格, 392
小型经济，黏性价格, 400
欧拉
方程, 资产定价, 283
方程，解释, 21
基础方程, 19
欧元区
国家间通货膨胀差异, 465–466
债务危机, 466
最优货币政策, 463–464
欧洲汇率机制 (ERM), 356, 357, 409

抛补利率平价 (CIP), 337, 338
抛补利率平价 (CIP)
条件, 339
偏好，央行 v.s. 公众, 450
偏好冲击, 513
平衡增长, 47

q- 理论
投资, 35
q-理论, 35
QZ 因式分解, 578
期望效用和风险, 270
期限溢价, 316
潜在仿射因子模型, 317
期限溢价的潜在仿射因子模型, 317
期限溢价的一般均衡模型
期限溢价, 322
期限转换, 471, 480
青春永驻
理论, 72

模型, 72
青春永驻理论, 72

Ramsey 模型, 2
Ramsey 政策, 税收, 130
Robinson Crusoe 经济, 14

Schur 分解法, 579
Sims 求解法, 578–579
Solow-Swan
模型, 53
增长理论, 44
Solow 残差, 514
商品
贸易与非贸易, 164–169
社会福利与通货膨胀目标函数, 438
社会计划模型, 14
生产力冲击, 508
生产率冲击, 30
生产者货币定价, 173, 231
生命周期
假说, 65
理论, 70–72
失业, 245–268
自愿, 245
实际工资
不完全灵活, 246
完全灵活, 246
隐含, 87
实际汇率, 154
实际经济周期 (RBC) 分析, 506
时间一致性, 561–563
财政政策, 129–140
通货膨胀目标制, 447
市场不完备 (market incompleteness), 299
市场不完美 (market imperfections), 532
市场有效性, 274
收入冲击
未预期到的, 67
预期到的, 67
收益率曲线, 314
估计未来通货膨胀, 325
双赤字, 181
税率, 最优, 115
税收
向劳动征收, 134
向资本征收, 134
税收的平滑性, 121
税收融资, 94
搜寻理论, 248–255
随机动态规划, 544
解, 辅助定价, 283
随机动态优化, 558–560
随机贴现因子方法, 276

Taylor 规则, 412, 425, 433–435
Taylor 的合约交叠模型, 232
态度
风险, 282
时间, 282
套利与无套利, 273
特异性 (idiosyncratic) 风险, 489, 503
替代弹性, 165
通货膨胀
费雪方程, 411–413

可变目标制, 407
严格目标制, 407
一般均衡解, 208
通货膨胀保值债券 (TIPS), 327
通货膨胀目标制
浮动汇率制, 430–434
供给冲击, 435–438
欧元区, 462–467
起源, 409
时间一致性, 447
新凯恩斯主义模型 NKM，有效性, 423
通货膨胀偏误, 443
投资, 35–40

UIP 和汇率的决定, 370–372

Vasicek 模型, 319

Weiner–Kolmogorov 预测公式, 567
Whiteman 求解法, 414
线性理性预期模型, 567
Wold(移动平均) 的表示形式, 568
瓦尔拉斯均衡, 253
外汇
本国和国外投资者的混合模型, 347
风险溢价，正负符号, 346
国外投资者模型, 347
基于 C-CAPM 的风险溢价, 348
市场, 335–349
一般均衡模型, 346
外汇风险套期保值, 349
完备市场, 295–299
风险分散, 296
均衡, 296
完全浮动汇率, 356
完全基金制养老金, 148
完全可替代性, 293
完全灵活的实际工资, 246
完全流动性法则, 207
违约, 475–476
风险, 497
稳定与增长公约 (SGP), 102, 108–110
稳定状态, 1
无风险隔夜指数掉期 (OIS), 482
无风险收益, 277
无风险收益率之谜, 308
无抛补利率平价 (UIP)
汇率的决定, 370–372
无抛补利率平价 (UIP), 337
汇率, 340
经验证据, 341
条件, 339
无套利
方程, 277
条件, 对数正态, 288
条件，国际债券市场, 337
无效率带来的损失, 229

息票债券转化成零票息债券, 311
系统性风险, 503
现代银行业，简史, 480–483
现金先行模型 (CIA), 186, 190–192
现收现付制养老金, 149
现值模型, 302
线性理性预期模型的 Whiteman 求解法,

567
相对风险规避系数 (CRRA), 65
相对购买力平价 (RPPP), 376
相机抉择, 423–425, 432
最优通货膨胀政策, 441
相机抉择与政策导向, 447
相机抉择政策下的最优通货膨胀政策
相机抉择, 441
相位图, 集中经济模型, 25
消费
不确定性, 293–294
非耐用品, 73–75
函数, 64
集中经济体之中, 14
劳动所得税, 119
耐用品, 73–75
效率工资
理论, 255–260
楔子, 533
劳动力, 536
效率, 534–536
新凯恩斯主义的 IS 函数, 418
新凯恩斯主义的菲利普斯曲线, 238–243, 418
开放经济, 241
新凯恩斯主义的通货膨胀模型 (NKM), 417–438
新凯恩斯主义模型 (NKM)
批评, 420
识别问题, 538–539
通货膨胀, 435
信用, 配给, 477
严格通货膨胀目标制, 407, 444
鞅
条件, 305
养老金, 147
完全基金制, 148
现收现付制, 149
要素的供给弹性, 222
一般均衡解
最优通货膨胀率, 208
一般均衡模型
股票价格, 306
外汇, 346
一般均衡资产定价, 279–289
一部门增长模型, 55–56
一次总付
税收, 112, 131
一价定律 (LOOP), 170
以规则为导向的货币政策, 425, 433
以消费为基础的资本资产定价模型, 281
因市定价, 173, 231
银行
商业, 481
失灵 (failures), 491
违约, 492
银行挤兑, 472
理论, 484–493
银行间市场, 487–489
隐含的实际工资, 87
隐含工资率, 34
永久收入假说, 65

优化控制, 554
预期到的和未预期到的收入冲击, 67
预算约束
居民户和厂商的整合, 82
政府, 91–94
远期合约价值, 338
远期汇率, 340
远期利率, 312
曲线, 312
远期溢价, 342
运用相机抉择, 452

增长
Solow-Swan 理论, 44
经济发展, 47
均衡, 1
内生, 53–58
内生，AK 模型, 54
平衡, 47
最优, 48–53
债券, 302
价格, 92
融资, 95
市场, 309–335
债务，财政政策, 151
长期均衡, 1, 6
开放经济, 160
贸易条件与实际汇率, 180
政府，作用, 89
政府的作用, 89
政府预算约束, 91–94
实际, 92
政府债务 –GDP 的比率
英国 vs 美国, 101
政府支出
GDP, 90
美国, 90
融资, 94–101
英国, 90
最优, 112
政府支出乘数, 265
政府支出融资, 94–101
中间产品生产, 228
中央计划
解, 134
模型, 14
中央银行
干预, 489–491
资产负债表, 493
铸币税, 93
状态价格, 280
准备金要求, 484
准备金政策, 最优, 496
资本
单位有效劳动, 49
税收, 118
隐含实际回报率, 23
资本不完全替代下的汇率决定机制, 369
资本隐含实际回报率, 23
资本资产定价模型 (CAPM), 282, 292
资产定价, 275–279
多因子模型, 288–289
一般均衡, 279–289

资产配置, 289–293
资源约束
  封闭经济, 15
  开放经济, 155
自然科学, 6
自愿失业, 245
总体风险, 490
最大化原理, 553
最大化原则, 552
最大值原理, 542
最优动态调整, 236
最优货币政策
  欧元区, 463–464
  运用新凯恩斯主义模型, 452–455
最优解, 19–29
  开放经济, 158
最优税率, 115
最优通货膨胀率, 207–212
最优通货膨胀目标, 438, 451
最优通货膨胀政策
  二次损失函数, 444
  规则导向, 446
最优性
  Friedman 法则, 210
最优增长
  理论, 48–53
  人均产出, 52
最优增长理论, 48–53
最优政府支出, 112

参考文献

- Abel, A. B. 1990. Asset prices under habit formation and catching up with the Joneses. *American Economic Review* 80:38–42.
- Aghion, P., and P. Howitt. 1998. *Endogenous Growth Theory*. Cambridge, MA: MIT Press.
- Akerlof, G. A., and J. L. Yellen. 1986. *Efficiency Wage Models of the Labor Market*. Cambridge University Press.
- Allen, F., and D. Gale. 2007. *Understanding Financial Crises*. Oxford University Press.
- Allen, F., E. Carletti, and D. Gale. 2009. Interbank market liquidity and central bank intervention. *Journal of Monetary Economics* 56:639–52.
- Altig, D., L. J. Christiano, M. Eichenbaum, and J. Linde. 2004. Firm-specific capital, nominal rigidities and the business cycle. Photocopy, Northwestern University.
- Altug, S. 1989. Time-to-build and aggregate fluctuations: some new evidence. *International Economic Review* 30:889–920.
- Altug, S., and P. Labadie. 1994. *Dynamic Choice and Asset Markets*. San Diego, CA: Academic Press.
- Anderson, L., and J. Jordon. 1968. Monetary and fiscal actions: a test of their relative importance in economic stabilization. *Federal Reserve Bank of St. Louis Review* 50:11–24.
- Ang, A., and M. Piazzesi. 2003. A no-arbitrage vector autoregression of term structure dynamics with macroeconomic and latent variables. *Journal of Monetary Economics* 50:745–87.
- Backus, D. K., P. J. Kehoe, and F. E. Kydland. 1992. International real business cycles? *Journal of Political Economy* 100:745–75.
- ——. 1995. International business cycles: theory vs evidence. In *Frontiers of Business Cycle Research* (ed. T. F. Cooley). Princeton University Press.

- Backus, D. K., S. Foresi, and C. Telmer. 1996. Affine models of currency pricing. NBER Working Paper 5623.
- Bailey, M. J. 1956. The welfare costs of inflationary finance. *Journal of Political Economy* 64:93–110.
- Balassa, B. 1964. The purchasing power parity doctrine: a reappraisal. *Journal of Political Economy* 72:584–96.
- Balfoussia, H., and M. R. Wickens. 2007. Macroeconomic sources of risk in the term structure. *Journal of Money, Credit and Banking* 39:205–36.
- Ball, L., and D. Romer. 1991. Sticky prices as coordination failure. *American Economic Review* 81:539–52.
- Barro, R. J. 1974. Are government bonds net wealth? *Journal of Political Economy* 82:1095–117.
- ——. 1979. On the determination of the public debt. *Journal of Political Economy* 87:940–71.
- ——. 1989. The Ricardian approach to budget deficits. *Journal of Economic Perspectives* 3:37–54.
- ——. 1997. *Macroeconomics*, 5th edn. New York: Wiley.
- Barro, R. J., and D. B. Gordon. 1983. Rules, discretion and reputation in a model of monetary policy. *Journal of Monetary Economics* 12:101–21.
- Barro, R. J., and X. Sala-i-Martin. 2004. *Economic Growth*, 2nd edn. Cambridge, MA: MIT Press.
- Batini, N., B. Jackson, and S. Nickell. 2005. Inflation dynamics and the labour share in the UK. *Journal of Monetary Economics* 52:1061–71.
- Baxter, M., and R. G. King. 1993. Fiscal policy in general equilibrium. *American Economic Review* 83:315–34.
- Bellman, R. 1957. *Dynamic Programming*. Princeton University Press.
- Bellman, R., and S. E. Dreyfus. 1962. *Applied Dynamic Programming*. Princeton University Press.
- Benigno, P., and M. Woodford. 2003. Optimal monetary and fiscal policy: a linear-quadratic approach. *NBER Macroeconomics Annual* 18:271–364.
- Bernanke, B., and M. Gertler. 1989. Agency costs, net worth, and business fluctuations. *American Economic Review* 79:14–31.

- Bernanke, B., and M. Woodford (eds). 2005. *The Inflation-Targeting Debate*. University of Chicago Press.
- Betts, C., and M. B. Devereux. 1996. The exchange rate in a model of pricing-to-market. *European Economic Review* 40:1007–22.
- ——. 2000. Exchange rate dynamics in a model with pricing-to-market. *Journal of International Economics* 50:215–44.
- Bils, M., and P. J. Klenow. 2004. Some evidence on the importance of sticky prices. *Journal of Political Economy* 112:947–85.
- Bils, M., P. J. Klenow, and O. Kryvtsov. 2003. Sticky prices and monetary policy shocks. *Federal Reserve Bank of Minneapolis Quarterly Review* 27:2–9.
- Blanchard, O. J., and S. Fischer. 1989. *Lectures on Macroeconomics*. Cambridge, MA: MIT Press.
- Blanchard. O. J., and J. Gali. 2010. Labor markets and monetary policy: a New Keynesian model with unemployment. *American Economic Journal: Macroeconomics* 2:1–30.
- Blanchard, O. J., and C. M. Kahn. 1980. The solution of linear difference models under rational expectations. *Econometrica* 48:1305–11.
- Blanchard, O. J., and N. Kiyotaki. 1987. Monopolistic competition and the effects of aggregate demand. *American Economic Review* 77:647–66.
- Blinder, A. S., E. R. D. Canetti, D. E Lebow, and J. B. Rudd. 1998. *Asking About Prices: A New Approach to Understanding Price Stickiness*. New York: Russell Sage Foundation.
- Bohn, H. 1995. The sustainability of budget deficits in a stochastic economy. *Journal of Money, Credit and Banking* 27:257–71.
- Bordo, M. 1993. The Bretton Woods international monetary system: an historical overview. NBER Working Paper 4033.
- Bordo, M., and B. J. Eichengreen. 1993. *A Retrospective on the Bretton Woods System: Lessons for the International Monetary System*. University of Chicago Press.
- ——. 1998. The rise and fall of a barbarous relic: the role of gold in the international monetary system. NBER Working Paper 6436.
- Branson, W. H., and D. W. Henderson. 1985. The specification and influence of asset markets. In *Handbook of International Economics* (ed. R. W. Jones and P. B.

Kenen), volume 2. Amsterdam: North-Holland.

- Breedon, D. 1979. An intertemporal asset pricing model with stochastic consumption and investment. *Journal of Financial Economics* 7:265–96.
- Brock, W. A. 1974. Money and growth: the case of long run perfect foresight. *International Economic Review* 15:750–77.
- ——. 1990. Overlapping generations models with money and transactions costs. In *Handbook of Monetary Economics* (ed. B. M. Friedman and F. H. Hahn), volume 1, pp. 263–95. Amsterdam: North-Holland.
- Buchanan, J. M. 1976. Barro on the Ricardian equivalence theorem. *Journal of Political Economy* 84:337–42.
- Cagan, P. 1956. The monetary dynamics of hyperinflation. In *Studies in the Quantity Theory of Money* (ed. M. Friedman), pp. 25–117. University of Chicago Press.
- Calvo, G. 1983. Staggered prices in a utility-maximizing framework. *Journal of Monetary Economics* 12:383–98.
- Campbell, J. Y. 2002. Consumption-based asset pricing. In *Handbook of the Economics of Finance* (ed. G. Constantinides, M. Harris, and R. Stulz). Amsterdam: Elsevier.
- Campbell, J. Y., and J. H. Cochrane. 1999. By force of habit: a consumption-based explanation of aggregate stock market behavior. *Journal of Political Economy* 107:205–51.
- Campbell, J. Y., A. W. Lo, and A. C. MacKinlay. 1997. *The Econometrics of Financial Markets*. Princeton University Press.
- Canova, F. 1995. VAR models: specification, estimation, inference and forecasting. In *Handbook of Applied Econometrics* (ed. H. M. Pesaran and M. R. Wickens). Oxford: Blackwell.
- ——. 2005. *Methods for Applied Macroeconomic Research*. Princeton University Press.
- Canova, F., and G. De Nicolo. 2002. Money matters for business cycle fluctuations in the G7. *Journal of Monetary Economics* 49:1131–59.
- Canova, F., and L. Sala. 2009. Back to square one: identification issues in DSGE models. *Journal of Monetary Economics* 56:431–444.

- Cass, D. 1965. Optimal growth in an aggregate model of capital accumulation. *Review of Economic Studies* 32:233–40.
- Chamley, C. 1986. Optimal taxation of capital income in general equilibrium with infinite lives. *Econometrica* 54:607–22.
- Chari, V. V., and P. J. Kehoe. 1999. Optimal fiscal and monetary policy. In *Handbook of Macroeconomics* (ed. J. B. Taylor and M. Woodford), volume 1C, pp. 1671–745. Amsterdam: Elsevier.
- ——. 2006. Modern macroeconomics in practice: how theory is shaping policy. *Journal of Economic Perspectives* 20:3–28.
- Chari, V. V., P. J. Kehoe, and E. C. Prescott. 1989. Time consistency and policy. In *Modern Business Cycle Theory* (ed. R. Barro), pp. 265–305. Cambridge, MA: Harvard University Press.
- Chari, V. V., L. J. Christiano, and P. J. Kehoe. 1994. Optimal fiscal policy in a business cycle model. *Journal of Political Economy* 102:617–52.
- ——. 1996. Optimality of the Friedman rule in economies with distorting taxes. *Journal of Monetary Economics* 37:203–23.
- Chari, V. V., P. J. Kehoe, and E. R. McGrattan. 2007. Business cycle accounting. *Econometrica* 75:781–836.
- ——. 2010. New Keynesian models: not yet useful for policy analysis. *American Economic Journal Macroeconomics* 1:242–266.
- Chiang, A. C. 1992. *Elements of Dynamic Optimization*. New York: McGraw-Hill.
- Cho, J. O., and R. Rogerson. 1988. Family labor supply and aggregate fluctuations. *Journal of Monetary Economics* 21:233–45.
- Chow, G. C. 1975. *Analysis and Control of Dynamic Economic Systems*. New York: Wiley.
- ——. 1981. *Econometric Analysis by Control Methods*. New York: Wiley.
- ——. 1997. *Dynamic Economics: Optimization by the Lagrange Method*. Oxford University Press.
- Christiano, L. J., and M. Eichenbaum. 1992. Current real business cycle theories and aggregate labor market fluctuations. *American Economic Review* 82:430–50.
- Christiano, L. J., M. Eichenbaum, and C. L. Evans. 1999. Monetary policy shocks: what have we learned and to what end? In *Handbook of Macroeconomics* (ed. J. B.

Taylor and M. Woodford), volume 1A, pp. 65–148. Amsterdam: Elsevier.

- ——. 2005. Nominal rigidities and the dynamic effects of a shock to monetary policy. *Journal of Political Economy* 113:1–45.
- Christiano, L. J., M. Trabandt, and K. Walentin. 2010. Involuntary unemployment and the business cycle. NBER Working Paper 15,801.
- Clarida, R., J. Gali, and M. Gertler. 1999. The science of monetary policy: a New Keynesian perspective. *Journal of Economic Perspectives* 37:1661–707.
- ——. 2000. Monetary policy rules and macroeconomic stability: evidence and some theory. *Quarterly Journal of Economics* 115:147–80.
- ——. 2001. Optimal monetary policy in open vs. closed economies. *American Economic Review* 91:253–57.
- Clower, R. W. 1967. A reconsideration of the microfoundations of monetary theory. *Western Economic Journal* 6:1–8.
- Cochrane, J. H. 2005. *Asset Pricing*, 2nd edn. Princeton University Press.
- ——. 2008. Financial markets and the real economy. In *Handbook of The Equity Premium*, pp. 237–325. Amsterdam: Elsevier.
- Constantinides, G. M. 1990. Habit formation: a resolution of the equity premium puzzle. *Journal of Political Economy* 98:519–43.
- Cooley, T. F. (ed.). 1995. *Frontiers of Business Cycle Research*. Princeton University Press.
- Cooper, R. N. 1982. The gold standard: historical facts and future prospects. *Brookings Papers on Economic Activity* 1:1–45.
- Correia, I., and P. Teles. 1996. Is the Friedman rule optimal when money is an intermediate good? *Journal of Monetary Economics* 38:223–44.
- Correia, I., J. P. Nicolini, and P. Teles. 2008. Optimal fiscal and monetary policy: equivalence results. *Journal of Political Economy* 116:141–70.
- Cox, J. C., J. E. Ingersoll, and S. A. Ross. 1981. A reexamination of traditional hypotheses about the term strucure. *Journal of Finance* 36:769–99.
- ——. 1985a. An intertermporal general equilibrium model of asset prices. *Econometrica* 53:363–84.
- ——. 1985b. A theory of the term structure of interest rates. *Econometrica* 53:385–408.

- Curdia, V., and M. Woodford. 2008. Credit frictions and optimal monetary policy. Working Paper 146, National Bank of Belgium.
- ——. 2011. The central bank balance sheet as an instrument of monetary policy. *Journal of Monetary Policy* 58:54–79.
- Dai, Q., and K. Singleton. 2000. Specification analysis of affine term structure models. *Journal of Finance* 55:1943–78.
- ——. 2003. Fixed income pricing. In *Handbook of the Economics of Finance* (ed. G. M Constantinides, M. Harris, and R. M Stulz), volume 1B, pp. 1207–46. Amsterdam: Elsevier.
- De Jong, D. N., with C. Dave. 2011. *Structural Macroeconometrics*, 2nd edn. Princeton University Press.
- Dellas, H. 2011. Comment on "The central-bank balance sheet as an instrument of monetary policy". *Journal of Monetary Policy* 58:80–82.
- Del Negro, M., and F. Schorfheide. 2008. Forming priors for DSGE models (and how it affects the assessment of nominal rigidities). *Journal of Monetary Economics* 55:1191–208.
- Devereux, M. 1997. Real exchange rates and macroeconomics: evidence and theory. *Canadian Journal of Economics* 30:773–808.
- Devereux, M., and C. M. Engel. 2003. Endogenous exchange rate pass-through when nominal prices are set in advance. NBER Working Paper 9543.
- Diamond, D. W., and P. H. Dybvig. 1983. Bank runs, deposit insurance, and liquidity. *Journal of Political Economy* 91:401–19.
- Diamond, P. A. 1965. National debt in a neoclassical growth model. *American Economic Review* 55:1126–50.
- ——. 1982a. Wage determination and efficiency in search equilibrium. *Review of Economic Studies* 49:217–27.
- ——. 1982b. Aggregate demand management in search equilibrium. *Journal of Political Economy* 90:881–94.
- Diebold, F. X., G. D. Rudebusch, and S. B. Aruboa. 2006. The macroeconomy and the yield curve: a dynamic latent factor approach. *Journal of Econometrics* 15:697–715.

- Dixit, A. K. 1990. *Optimization in Economic Theory*, 2nd edn. Oxford University Press.
- Dixit, A. K., and J. E. Stiglitz. 1977. Monopolistic competition and optimum product diversity. *American Economic Review* 67:297–308.
- Dixon, H. D., and N. Rankin. 1994. Imperfect competition and macroeconomics. *Oxford Economic Papers* 46:171–99.
- Dixon, H. D., and N. Rankin (eds). 1995. *The New Macroeconomics, Imperfect Markets and Policy Effectiveness*. Cambridge University Press.
- Dornbusch, R. 1976. Expectations and exchange rate dynamics. *Journal of Political Economy* 84:1161–76.
- Dotsey, M., R. G. King, and A. L. Wolman. 1999. State-dependent pricing and the general equilibrium dynamics of money and output. *Quarterly Journal of Economics* 114:655–90.
- Duesenberry, J. S. (ed.). 1965. *The Brookings Quarterly Econometric Model of the United States*. Washington, DC: Brookings Institution/Amsterdam: North-Holland.
- Eichengreen, B. J. 1996a. *Globalizing Capital: A History of the International Monetary System*. Princeton University Press.
- ——. 1996b. *Golden Fetters: The Gold Standard and the Great Depression, 1913–1939*. Oxford University Press.
- Engel, C. M. 2000. Long-run PPP may not hold after all. *Journal of International Economics* 51:243–73.
- Epstein, L. G., and S. E. Zin. 1989. Substitution, risk aversion, and the temporal behavior of consumption and asset returns: a theoretical framework. *Econometrica* 46:937–69.
- Ercig, C. J., D. W. Henderson, and A. T. Levin. 2000. Optimal monetary policy with staggered wage and price contracts. *Journal of Monetary Economics* 46:281–313.
- Evans, G. W., and S. Honkapohja. 2001. *Learning and Expectations in Macroeconomics*. Princeton University Press.
- Fama, E. 1984. Forward and spot exchange rates. *Journal of Monetary Economics* 14:319–38.
- Fama, E. F., and K. R. French. 1995. Size and book-to-market factors in earnings and returns. *Journal of Finance* 50:131–55.

- ——. 1996. Multi-factor explanations of asset-pricing anomalies. *Journal of Finance* 51:426–65.
- ——. 2003. The CAPM: theory and evidence. Working Paper 550, Center for Research in Security Prices, University of Chicago.
- Feenstra, R. C. 1986. Functional equivalence between liquidity costs and the utility of money. *Journal of Monetary Economics* 17:271–91.
- Ferson, W. E. 1995. Theory and empirical testing of asset pricing models. In *Finance* (ed. R. A. Jarrow, V. Maksimovic, and W. T. Ziemba). Handbooks in Operational Research and Management Science, volume 9. Amsterdam: North-Holland.
- Fischer, S. 1980. Dynamic inconsistency, cooperation and the benevolent dissembling government. *Journal of Economic Dynamics and Control* 2:93–107.
- Fleming, J. M. 1962. Domestic financial policies under fixed and under floating exchange rates. *International Monetary Fund Staff Papers* 9:369–79.
- Flood, R. P., and P. M. Garber. 1984. Collapsing exchange rate regimes: some linear examples. *Journal of International Economics* 17:1–13.
- ——. 1991. The linkage between speculative attack and target zone models of exchange rates. *Quarterly Journal of Economics* 106:1367–72.
- Frenkel, J. A. 1976. A monetary approach to the exchange rate: doctrinal aspects and empirical evidence. *Scandinavian Journal of Economics* 78:200–224.
- Frenkel, J. A., and H. Johnson. 1976. The monetary approach to the balance of payments: essential concepts and historical origins. In *The Monetary Approach to the Balance of Payments* (ed. J. A. Frenkel and H. Johnson). University of Toronto Press.
- Friedman, M. 1957. *A Theory of the Consumption Function*. Princeton University Press.
- ——. 1968. The role of monetary policy. *American Economic Review* 58:1–17.
- ——. 1969. The optimum quantity of money. In *The Optimum Quantity of Money and Other Essays*, pp. 1–50. Chicago, IL: Aldine.
- Friedman, M., and A. J. Schwartz. 1963. *A Monetary History of the United States, 1867–1960*. Princeton University Press.

- Froot, K. A, and K. Rogoff. 1995. Perspectives on PPP and long-run real exchange rates. In *Handbook of International Economics* (ed. G. M. Grossman and K. Rogoff), volume 3, pp. 1647–88. Amsterdam: Elsevier.
- Froot, K. A, M. Kim, and K. Rogoff. 1995. The law of one price over seven hundred years. NBER Working Paper 5132.
- Fuhrer, J. C., and G. R. Moore. 1995. Inflation persistence. *Quarterly Journal of Economics* 110:127–59.
- Gali, J. 2008. *Monetary Policy, Inflation, and the Business Cycle*. Princeton University Press.
- Gali, J., M. Gertler, and J. D. Lopez-Salido. 2001. European inflation dynamics: a structural econometric analysis. *European Economic Review* 45:1237–70.
- Gali, J., J. D. Lopez-Salido, and J. Valles. 2004a. Technology shocks and aggregate fluctuations: assessing the Fed's performance. *Journal of Monetary Economics* 50:723–43.
- ——. 2004b. Rule-of-thumb consumers and the design of interest rules. *Journal of Money, Credit and Banking* 36:739–63.
- Gali, J., M. Gertler, and J. D. Lopez-Salido. 2005. Robustness of the estimates of the hybrid New Keynesian Phillips curve. *Journal of Monetary Economics* 52:1107–18.
- Gertler, M., and N. Kiyotaki. 2011. *Handbook of Monetary Economics* (ed. B. M. Friedman and M. Woodford), volume 3, chapter 11, pp. 547–99. Amsterdam: Elsevier.
- Gertler, M., N. Kiyotaki, and A. Queralto. 2010. Financial crises, bank risk exposure and government financial policy. Photocopy.
- Giannoni, M. P., and M. Woodford. 2005. Optimal inflation targeting rules. In *Inflation Targeting* (ed. B. S. Bernanke and M. Woodford). University of Chicago Press.
- Goldberg, P. K., and M. M. Knetter. 1997. Goods prices and exchange rates: what have we learned? *Journal of Economic Literature* 35:1243–72.
- Goodhart, C. A. E., C. Osorio, and P. Tsomocos. 2009. The optimal monetary policy instrument, inflation versus asset price targeting, and financial stability. Photocopy.

- Gordon, M. 1962. *The Investment, Financing and Valuation of the Corporation*. Homewood, IL: Irwin.
- Gordon, R. J. 1997. The time-varying NAIRU and its implications for policy. *Journal of Economic Perspectives* 11:11–32.
- Gourieroux, C., and A. Monfort. 1996. *Simulation-Based Econometric Methods*. Oxford University Press.
- Gourieroux, C., A. Monfort, and E. Renault. 1993. Indirect inference. *Journal of Applied Econometrics* 8:S85–S118.
- Gregory, A., and G. Smith. 1993. Calibration in macoeconomics. In *Handbook in Statistics* (ed. G. S. Maddala), pp. 703–19. Amsterdam: North-Holland.
- Hall, R. E. 1978. Stochastic implications of the life cycle–permanent income hypothesis: theory and evidence. *Journal of Political Economy* 86:971–87.
- ——. 2005. Job loss, job finding, and unemployment in the U.S. economy over the past fifty years. *NBER Macroeconomics Annual* (ed. M. Gertler and K. Rogoff). Cambridge, MA: MIT Press.
- ——. 2009. By how much does GDP rise if the government buys more output? NBER Working Paper 15,496.
- Hansen, G. D. 1985. Indivisible labor and the business cycle. *Journal of Monetary Economics* 16:309–27.
- Hansen, G. D., and R. Wright. 1992. The labor market in real business cycle theory. *Federal Reserve Bank of Minneapolis Quarterly Review* 16:2–12.
- Hayashi, F. 1982. Tobin's marginal Q and average Q: a neoclassical interpretation. *Econometrica* 50:213–24.
- Heaton, J., and D. J. Lucas. 1995. The importance of investor heterogeneity and financial market imperfections for the behavior of asset prices. *Carnegie–Rochester Conference Series on Public Policy* 42:1–32.
- ——. 1996. Evaluating the effects of incomplete markets on risk sharing and asset pricing. *Journal of Political Economy* 104:443–87.
- Hordahl, P., O. Tristiani, and D. Vestin. 2006. A joint econometric model of macroeconomic and term structure dynamics. *Journal of Econometrics* 131:405–44.
- Howitt, P. 1999. Steady endogenous growth with population and R&D inputs growing. *Journal of Political Economy* 107:715–30.

- Inada, K. 1964. Some structural characteristics of turnpike theorems. *Review of Economic Studies* 31:43–58.
- Ingersoll, J. E. 1987. *Theory of Financial Decision Making*. New York: Rowman and Littlefield.
- Intriligator, M. D. 1971. *Mathematical Optimisation and Economic Theory*. Englewood Cliffs, NJ: Prentice Hall.
- Isard, P. 1977. How far can we push the law of one price? *American Economic Review* 67:942–48.
- Jones, L. E., and R. Manuelli. 1990. A convex model of equilibrium growth: theory and policy implications. *Journal of Political Economy* 98:1008—38.
- Judd, K. L. 1985. Redistributive taxation in a simple perfect foresight model. *Journal of Public Economics* 28:59–83.
- Karaken, J. H., and N. Wallace. 1978. Deposit insurance and bank regulation: a partial equilibrium exposition. *Journal of Business* 51:413–38.
- Keynes, J. M. 1930. *A Treatise on Money*. London: Macmillan.
- ——. 1936. *The General Theory of Employment, Interest and Money*. London: Macmillan.
- King, R. G., and C. I. Plosser. 1988. Real business cycles: introduction. *Journal of Monetary Economics* 21:191–93.
- ——. 2005. The econometrics of the New Keynesian price equation. *Journal of Monetary Economics* 52:1059–60.
- King, R. G., and S. T. Rebelo. 1999. Resuscitating real business cycles. In *Handbook of Macroeconomics* (ed. J. B. Taylor and M. Woodford), volume 1B, pp. 927–1008. Amsterdam: Elsevier.
- King, R. G., C. I. Plosser, and S. T. Rebelo. 1988a. Production, growth and business cycles. I. The basic neoclassical model. *Journal of Monetary Economics* 21:195–232.
- King, R. G., C. I. Plosser, and S. T. Rebelo. 1988b. Production, growth and business cycles. II. New directions. *Journal of Monetary Economics* 21:309–41.
- Kirsanova, T., C. Leith and S. Wren-Lewis. 2009. Monetary and fiscal policy interactions: the current consensus assignments in the light of recent developments. *Economic Journal* 119:F482–96.
- Kiyotaki, N., and J. Moore. 1997. Credit cycles. *Journal of Political Economy* 105:211–48.

- Klein, P. 2000. Using the generalized Schur form to solve a multivariate linear rational expectations model. *Journal of Economic Dynamics and Control* 24:405–23.
- Klenow, P. J., and O. Kryvtsov. 2005. State-dependent vs time-dependent pricing: does it matter for recent US inflation? Photocopy, Stanford University.
- Knetter, M. M. 1993. International comparisons of pricing to market behavior. *American Economic Review* 83:473–86.
- Koopmans, T. J. 1967. Objectives, constraints and outcomes in optimal growth models. *Econometrica* 67:1–18.
- Kreps, D., and E. Porteus. 1978. Temporal resolution of uncertainty and dynamic choice theory. *Econometrica* 46:185–200.
- Krugman, P. R. 1991. Target zones and exchange rate dynamics. *Quarterly Journal of Economics* 116:669–82.
- Kydland, F. E., and E. C Prescott. 1977. Rules rather than discretion: the inconsistency of optimal plans. *Journal of Political Economy* 85:473–91.
- ——. 1982. Time to build and aggregate fluctuations. *Econometrica* 50:1345–70.
- Lane, P. 2001. The new open economy macroeconomics: a survey. *Journal of International Economics* 54:235–66.
- Lazear, E. P., and R. L. Moore. 1984. Incentives, productivity, and labor markets. *Journal of Political Economy* 92:275–95.
- Le, V. P. M., D. Meenagh, P. A. Minford, and M. R. Wickens. Forthcoming. How much nominal rigidity is there in the US economy? Testing a New Keynesian DSGE model using indirect inference. *Journal of Economics Dynamics and Control*, in press.
- Leeper, E. M., and T. Zha. 2001. Assessing simple policy rules: a view from a complete macroeconomic model. *Federal Reserve Bank of St. Louis Review* 83:83–110.
- Leeper, E. M., C. A. Sims, and T. Zha. 1996. What does monetary policy do? *Brookings Papers on Economic Activity* 2:1–63.
- Leonard, D., and N. V. Long. 1992. *Optimal Control Theory and Static Optimisation in Economics*. Cambridge University Press.
- Lewis, K. K. 1995. Puzzles in international financial markets. In *Handbook of International Economics* (ed. G. Grossman and K. Rogoff), volume 3, pp. 1913–71. Amsterdam: Elsevier.

- Lintner, J. 1965. The valuation of risky assets and the selection of risky investments in stock portfolios and capital budgets. *Review of Economics and Statistics* 47:13–37.
- Ljungqvist, L., and T. J. Sargent. 2004. *Recursive Macroeconomic Theory*, 2nd edn. Cambridge, MA: MIT Press.
- Long, J. B., and C. I. Plosser. 1983. Real business cycles. *Journal of Political Economy* 91:31–69.
- Lucas, R. E. 1972. Expectations and the neutrality of money. *Journal of Economic Theory* 4:103–24.
- ——. 1975. An equilibrium model of the business cycle. *Journal of Political Economy* 83:1113–44.
- ——. 1976a. Econometric policy evaluation: a critique. In *The Phillips Curve and Labor Markets* (ed. K. Brunner and A. H. Meltzer), pp. 19–46. Amsterdam: North-Holland.
- ——. 1976b. Nobel lecture: monetary neutrality. *Journal of Political Economy* 104:661–82.
- Lucas, R. E. 1978. Asset prices in an exchange economy. *Econometrica* 46:1429–46.
- ——. 1980a. Equilibrium in a pure currency economy. In *Models of Monetary Economies* (ed. J. H. Karaken and N. Wallace), pp. 131–45. Federal Reserve Bank of Minneapolis.
- ——. 1980b. Two illustrations of the quantity theory of money. *American Economic Review* 70:1005–14.
- Malcomson, J. M. 1981. Work incentives, hierarchy, and internal labor markets. *Journal of Political Economy* 92:486–507.
- Malinvaud, E. 1977. *The Theory of Unemployment Reconsidered*. Oxford: Basil Blackwell.
- Mankiw, N. G. 2006. The macroeconomist as scientist and engineer. *Journal of Economic Perspectives* 20:29–46.
- Mankiw, N. G., and D. Romer (eds). 1991. *New Keynesian Economics*. Cambridge, MA: MIT Press.
- Marimon, R., and A. Scott. 1999. *Computational Methods for the Study of Dynamic Economies*. Oxford University Press.

- Mark, N. 1985. On time-varying risk premia in the foreign exchange market: an econometric analysis. *Journal of Monetary Economics* 16:3–18.
- Mark, N., and Y. Wu. 1998. Rethinking deviations from uncovered interest parity: the role of covariance risk and noise. *Economic Journal* 108:1686–706.
- Marsh, T. A. 1995. Term structure of interest rates and the pricing of fixed income claims and bonds. In *Finance* (ed. R. A. Jarrow, V. Maksimovic, and W. T. Ziemba), pp. 273–314. Handbooks in Operations Research and Management Science, volume 9. Amsterdam: Elsevier.
- McCallum, B. T., and E. Nelson. 1999. An optimizing IS–LM specification for monetary policy and business cycle analysis. *Journal of Money, Credit and Banking* 31:296–316.
- McGrattan, E. R. 1994. A progress report on business cycle models. *Federal Reserve Bank of Minneapolis Quarterly Review* 18:2–16.
- ——. 1998. A defense of AK growth models. *Federal Reserve Bank of Minneapolis Quarterly Review* 22:13–27.
- Mehra, R., and E. C. Prescott. 1985. The equity premium: a puzzle. *Journal of Monetary Economics* 15:145–61.
- Merton, R. C. 1973. An intertemporal capital asset pricing model. *Econometrica* 41:867–87.
- Merz, M. 1995. Search in the labor market and the real business cycle. *Journal of Monetary Economics* 36:269–300.
- Michel, P., and D. de la Croix. 2002. *A Theory of Economic Growth: Dynamics and Policy in Overlapping Generations*. Cambridge University Press.
- Miller, M., L. Zhang, and H. H. Li. 2010. Riding for a fall? Concentrated banking with hidden tail risk. Photocopy.
- Modigliani, F. 1963. The monetary mechanism and its interaction with real phenomena. *Review of Economics and Statistics* 45:79–107.
- ——. 1970. The life cycle hypothesis of saving and intercountry differences in the saving ratio. In *Induction, Growth and Trade: Essays in Honour of Sir Roy Harrod* (ed. W. A. Eltis, M. G. Scott, and J. N. Wolfe). Oxford: Clarendon Press.
- Modigliani, F., and R. Brumberg. 1954. Utility analysis and the consumption function: an interpretation of cross-section data. In *Post Keynesian Economics* (ed.

K. K. Kurihara). New Brunswick, NJ: Rutgers University Press.

- Modigliani, F., and M. H. Miller. 1958. The cost of capital, corporation finance and the theory of investment. *American Economic Review* 48:261–97.
- Mortensen, D. T. 1970. Job search, the duration of unemployment and the Phillips curve. *American Economic Review* 60:847–62.
- Mortensen, D. T. 1982. The matching process as a non-cooperative/bargaining game. In *The Economics of Information and Uncertainty* (ed. J. J. McCall). University of Chicago Press.
- Mortensen, D. T., and C. A. Pissarides. 1994. Job creation and job destruction in the theory of unemployment. *Review of Economic Studies* 61:397–415.
- Mossin, J. 1966. Equilibrium in a capital asset market. *Econometrica* 35:768–83.
- Mulligan, C. B., and X. Sala-i-Martin. 1997. The optimum quantity of money: theory and evidence. *Journal of Money, Credit and Banking* 24:687–715.
- Mundell, R. A. 1963. Capital mobility and stabilization policy under fixed and flexible exchange rates. *Canadian Journal of Economics and Political Science* 29:475–85.
- Mussa, M. 1976. The exchange rate, the balance of payments, and monetary and fiscal policy under a regime of controlled floating. *Scandinavian Journal of Economics* 78:229–48.
- ——. 1982. A model of exchange rate dynamics. *Journal of Political Economy* 90:74–104.
- Muth, J. F. 1960. Optimal properties of exponentially weighted forecasts. *Journal of the American Statistical Association* 55:299–306.
- ——. 1961. Rational expectations and the theory of price movements. *Econometrica* 29:315–35.
- Neiss, K. S., and E. Nelson. 2005. Inflation dynamics, marginal cost, and the output gap: evidence from three countries. *Journal of Money, Credit and Banking* 37:1019–45.
- Obstfeld, M. 2001. International macroeconomics: beyond the Mundell–Fleming model. *First Annual Conference, International Monetary Fund Mundell–Fleming Lecture 2001*. NBER Working Paper 8369.
- Obstfeld, M., and K. Rogoff. 1995a. Exchange rate dynamics redux. *Journal of Political Economy* 103:624–60.

- ——. 1995b. The intertemporal approach to the current account. In *Handbook of International Economics* (ed. G. M. Grossman and K. Rogoff), volume 3, pp. 1731–99. Amsterdam: Elsevier.
- ——. 1996. *Foundations of International Macroeconomics*. Cambridge, MA: MIT Press.
- ——. 2000. The six major puzzles in international macroeconomics: is there a common cause? *NBER Macroeconomics Annual* 15:339–90.
- O'Driscoll, G. P. 1977. The Ricardian nonequivalence theorem. *Journal of Political Economy* 85:207–10.
- Okun, A. M. 1962. Potential GNP: its measurement and significance. In *Proceedings of the Business and Economics Statistics Section, American Statistical Association*, pp. 98–103. Washington, DC: American Statistical Association.
- Patinkin, D. 1965. *Money, Interest, and Prices: An Integration of Monetary and Value Theory*, 2nd edn. New York: Harper & Row.
- Phelps, E. S. 1966. *Golden Rules of Economic Growth*. New York: W. W. Norton & Co.
- ——. 1968. Money–wage dynamics and labor market equilibrium. *Journal of Political Economy* 76:678–711.
- ——. 1970. *Foundations of Employment and Inflation Theory*. New York: W. W. Norton & Co.
- ——. 1973. Inflation in the theory of public finance. *Swedish Journal of Economics* 75:67–82.
- Phillips, A. W. 1958. The relationship between unemployment and the rate of change of money wages in the United Kingdom, 1861–1957. *Economica* 25:283–99.
- Pissarides, C. A. 2000. *Equilibrium Unemployment Theory*. Cambridge, MA: MIT Press.
- Polito, V., and M. R. Wickens. 2007. Measuring the fiscal stance. University of York Discussion Paper 07/14.
- ——. 2011. Assessing the fiscal stance in the European Union and the United States, 1970–2011. *Economic Policy* 26:599–647.
- Prescott, E. C. 1986. Theory ahead of business-cycle measurement. *Carnegie–Rochester Conference Series on Public Policy* 25:11–44.

- Ramsey, F. P. 1927. A contribution to the theory of taxation. *Economic Journal* 37:47–61.
- ——. 1928. A mathematical theory of saving. *Economic Journal* 38:543–59.
- Rebelo, S. 1991. Long-run policy analysis and long-run growth. *Journal of Political Economy* 99:500–521.
- ——. 2005. Real business cycle models: past, present, and future. *Scandanavian Journal of Economics* 107:217–38.
- Reinhart, C. M., and K. S. Rogoff. 2008. The forgotten history of domestic debt. NBER Working Paper 13,946.
- Remolona, E., M. R. Wickens, and F. Gong. 1998. What was the market's view of UK monetary policy? Estimating inflation risk and expected inflation with indexed bonds. Federal Reserve Bank of New York, Staff Report 57 (December).
- Rivera-Batiz, F. L., and L. Rivera-Batiz. 1985. *International Finance and Open Economy Macroeconomics*. New York: Macmillan.
- Roberts, J. M. 1995. New Keynesian economics and the Phillips curve. *Journal of Money, Credit and Banking* 27:975–84.
- ——. 1997. Is inflation sticky? *Journal of Monetary Economics* 39:173–96.
- Rogerson, R. 1988. Indivisible labor, lotteries and equilibrium. *Journal of Monetary Economics* 21:3–16.
- Rogerson, R., and R. Shimer. 2010. Search in macroeconomic models of the labor market. NBER Working Paper 15,901.
- Rogoff, K. 2002. Dornbusch's overshooting model after twenty-five years. *Second Annual Conference, International Monetary Fund Mundell–Fleming Lecture 2001*. IMF Working Paper 02/39.
- Romer, P. M. 1986. Increasing returns and long-run growth. *Journal of Political Economy* 94:1002–37.
- ——. 1987. Growth based on increasing returns due to specialization. *American Economic Review* 77:56–62.
- ——. 1990. Endogenous technological change. *Journal of Political Economy* 98:S71–S102.
- Rotemberg, J. J. 1982. Sticky prices in the United States. *Journal of Political Economy* 90:1187–211.

- Rotemberg, J. J., and M. Woodford. 1997. An optimization-based econometric framework for the evaluation of monetary policy. *NBER Macroeconomics Annual* 2:297–346.
- ——. 1999. The cyclical behavior of prices and costs. In *Handbook of Macroeconomics* (ed. J. B. Taylor and M. Woodford), volume 1B, pp. 1052–1135. Amsterdam: Elsevier.
- Rudebusch, G. D., and T. Wu. 2008. A macro-finance model of the term structure, monetary policy and the economy. *Economic Journal* 118:906–26.
- Rudebusch, G. D., B. P. Sack, and E. T. Swanson. 2007. Macroeconomic implications of changes in the term premium. *Federal Reserve Bank of St. Louis Review* 89:241–69.
- Rumler, F., and J. Vilmunen. 2005. Price setting in the euro area: some stylised facts from micro consumer data. ECB Working Paper 524.
- Salop, S. C. 1979. A model of the natural rate of unemployment. *American Economic Review* 69:117–25.
- Samuelson, P. A. 1958. An exact consumption–loan model of interest with or without the social contrivance of money. *Journal of Political Economy* 66:467–82.
- Sargent, T., and N. Wallace. 1981. Some unpleasant monetarist arithmetic. *Federal Reserve Bank of Minneapolis Quarterly Review* 3:1–19.
- Schmitte-Grohe, S., and M. Uribe. 2004a. Optimal fiscal and monetary policy under imperfect competition. *Journal of Macroeconomics* 26:183–209.
- Schmitte-Grohe, S., and M. Uribe. 2004b. Optimal fiscal and monetary policy under sticky prices. *Journal of Economic Theory* 114:198–230.
- Shapiro, C., and J. E. Stiglitz. 1984. Equilibrium unemployment as a worker discipline device. *American Economic Review* 74:433–444.
- Sharpe, W. F. 1964. Capital asset prices: a theory of market equilibrium under conditions of risk. *Journal of Finance* 19:425–42.
- Sheffrin, S. M., and W. T. Woo. 1990. Present value tests of an intertemporal model of the current account. *Journal of International Economics* 29:237–53.
- Shell, K. 1967. A model of inventive activity and capital accumulation. In *Essays on the Theory of Optimal Economic Growth* (ed. K. Shell), pp. 67–85. Cambridge, MA: MIT Press.

- Sidrauski, M. 1967. Rational choice and patterns of growth in a monetary economy. *American Economic Review* 57:534–44.
- Sims, C. A. 1980. Macroeconomics and reality. *Econometrica* 48:1–48.
- ——. 1994. A simple model for the study of the determination of the price level and the interaction of monetary and fiscal policy. *Economic Theory* 4:381–99.
- ——. 2001. Solving linear rational expectations models. *Computational Economics* 20:1–20.
- Singleton, K. J. 2006. *Empirical Dynamic Asset Pricing*. Princeton University Press.
- Skidelski, R. 1992. *John Maynard Keynes. Volume 2: The Economist as Saviour 1920–1937*. London: Macmillan.
- ——. 2009. *Keynes: The Return of the Master*. London: Allen Lane.
- Smets, F., and R. Wouters. 2003. An estimated dynamic stochastic general equilibrium model of the euro area. *Journal of the European Economic Association* 1:1123–75.
- ——. 2007. Shocks and frictions in U.S. business cycles: a Bayesian DSGE approach. *American Economic Review* 97:586–606.
- Smith, P. N., and M. R. Wickens. 2002. Asset pricing with observable stochastic discount factors. *Journal of Economic Surveys* 16:397–446.
- ——. 2007. The new consensus in monetary policy: is the NKM fit for the purpose of inflation targeting. In *The New Consensus in Monetary Policy* (ed. P. Arestis), pp. 97–127. New York: Palgrave Macmillan.
- Smith, P. N., S. Sorensen, and M. R. Wickens. 2006. General equilibrium theories of the equity risk premium: estimates and tests. Photocopy, University of York.
- Solow, R. M. 1956. A contribution to the theory of economic growth. *Quarterly Journal of Economics* 70:65–94.
- ——. 1979. Another source of possible wage stickiness. *Journal of Macroeconomics* 1:79–82.
- Stiglitz, J. E. 1976. Prices and queues as screening devices in competitive markets. IMSSS Technical Report 212, Stanford University.
- Stiglitz, J. E., and A. Weiss. 1981. Credit rationing in markets with imperfect information. *American Economic Review* 71:393–410.

- Svensson, L. E. O., and M. Woodford. 2003. Indicator variables for optimal policy. *Journal of Monetary Economics* 50:691–720.
- ——. 2004. Indicator variables for optimal policy under asymmetric information. *Journal of Economic Dynamics and Control* 28:661–90.
- Swan, T. W. 1956. Economic growth and capital accumulation. *Economic Record* 32:334–61.
- Taylor, J. B. 1979. Staggered wage setting in a macro model. *American Economic Review* 69:108–13.
- ——. 1993. Discretion versus policy rules in practice. *Carnegie–Rochester Conferences Series on Public Policy* 39:195–214.
- Taylor, J. B. 1999. Staggered price and wage setting in macroeconomics. In *Handbook of Macroeconomics* (e.d J. B. Taylor and M. Woodford), volume 1B, pp. 1009–50. Amsterdam: Elsevier.
- Tobin, J. 1969. A general equilibrium approach to monetary theory. *Journal of Money, Credit and Banking* 1:15–29.
- Trigari, A. 2004. Labor market search, wage bargaining and inflation dynamics. IGIER Working Paper 268.
- ——. 2009. Equilibrium unemployment, job flows, and inflation dynamics. *Journal of Money Credit and Banking* 41:1–33.
- Vasicek, O. 1977. An equilibrium characterization of the term structure. *Journal of Financial Economics* 5:177–88.
- Walsh, C. E. 2003. *Monetary Theory and Policy*, 2nd edn. Cambridge, MA: MIT Press.
- Weiss, A. 1980. Job queues and layoffs in labor markets with flexible wages. *Journal of Political Economy* 88:526–38.
- Wickens, M. R. 2010a. Some unpleasant consequences of EMU. *Open Economies Review* 21:351–64.
- ——. 2010b. What's wrong with modern macroeconomics? Why its critics have missed the point. *CESifo Economic Studies* 56:536–53.
- Wickens, M. R., and R. Motto. 2000. Estimating shocks and impulse response functions. *Journal of Applied Econometrics* 16:371–87.

- Wickens, M. R., and P. N. Smith. 2001. Macroeconomic sources of FOREX risk. Photocopy, University of York.
- Wilcox, D. W. 1989. The sustainability of government deficits: implications of the present-value borrowing constraint. *Journal of Money, Credit and Banking* 21:291–306.
- Williamson, J. 1993. Exchange rate management. *Economic Journal* 103:188–97.
- Williamson, S. D. 1987. Costly monitoring, loan contracts, and equilibrium rationing. *Quarterly Journal of Economics* 102:135–45.
- Whiteman, C. H. 1983. *Linear Rational Expectations Models: A User's Guide*. Minneapolis: University of Minnesota Press.
- Woodford, M. 1995. Price level determinacy without control of a monetary aggregate. *Carnegie–Rochester Conference Series on Public Policy* 43:1–46.
- ——. 2001. Fiscal requirements for price stability? *Journal of Money, Credit and Banking* 33:669–728.
- ——. 2003. *Interest and Prices*. Princeton University Press.
- —— . 2010. Simple analytics of the government expenditure multiplier. NBER Working Paper 15,714.
- Yaari, M. E. 1965. Uncertain lifetime, life insurance, and the theory of the consumer. *Review of Economic Studies* 32:137–50.
- Yashiv, E. 2007. Labor search and matching in macroeconomics. CEP Discussion Paper 803.
- Yellen, J. L. 1984. Efficiency wage models of unemployment. *American Economic Review* 74:200–205.

译后记

有些非常流行的经济学教科书，因其体系成熟且广受欢迎，所以在不断更新过程中尽量保持与上一版的一致性，相对更多地着力于更新案例及习题。Wickens 却大胆甚至有些“吃力不讨好”地对自己的第二版《宏观经济理论——动态一般均衡方法》做了大刀阔斧式的修订。除了对原有各章内容进行了较大篇幅的充实之外，更是加入了两章宏观经济理论中最新、最前沿的内容 (第 15 章的非传统货币政策及第 10 章的失业与搜寻理论)。为了向原作者这种勇于吸收新内容、打破旧格局的精神致敬，我们也对第二版做了非常彻底的重新翻译。

有两个情况使得这次重译工作遇到了很大困难。

第一，原书中所增加的内容的确非常前沿，我们限于水平，不敢确认能把握得很好，因此恳请广大同行不吝赐教，随时以各种方式向我们指出错漏。

第二，本次我们下决心采用科学排版软件 LaTeX 开展翻译的排版工作。此前我们只是普通的 LaTeX“发烧友”，并未真正用其从事过如此严肃的正式出版工作。非常感谢东北财经大学出版社的责任编辑李季女士，对我们这项有些“疯狂”的举动给予了极大的包容和实质的支持。事实上这种做法还是给出版社及李老师本人都带来了不少困扰，毕竟一个完全脱胎于英文环境的排版软件，在处理中文的某些极细微的表达方式时，还是会有些小小的不尽如意。因此这一版中留下的任何版式技术上的遗憾，责任也完全在我们。希望随着对 LaTeX 的不断学习和加深掌握，我们会做得更好。

我们向在第一版翻译工作中做出了巨大贡献的刘安禹、吴德燚及李薇致敬，感谢他们做出的优秀的基础工作。

段鹏飞　冯文成

2015 年 12 月